서양고대철학 1

서양고전학 연구총서 · 1

서양고대철학 1

철학의 탄생으로부터 플라톤까지

강철웅 · 박희영 · 이정호 · 전헌상 외 지음

도서출판 길

서양고전학 연구총서 · 1

서양고대철학 1
철학의 탄생으로부터 플라톤까지

2013년 2월 5일 제1판 제1쇄 펴냄
2014년 2월 10일 제1판 제2쇄 펴냄
2016년 10월 31일 제1판 제3쇄 펴냄

2019년 3월 15일 제1판 제4쇄 찍음
2019년 3월 20일 제1판 제4쇄 펴냄

지은이 | 강철웅 · 박희영 · 이정호 · 전헌상 외
펴낸이 | 박우정

기획 | 이승우
편집 | 이현숙

펴낸곳 | 도서출판 길
주소 | 06032 서울 강남구 도산대로 25길 16 우리빌딩 201호
전화 | 02) 595-3153   팩스 | 02) 595-3165
등록 | 1997년 6월 17일 제113호

철학이 무엇인지에 대해서는 오늘날 다양한 견해가 있다. 하지만 2,500여 년 전 그리스의 일군의 지성인들이 했던 활동이 철학이라는 데는 이견의 여지가 있을 수 없다. 우선 '철학'이라는 말 자체가 'philosophia'라는 그리스어에서 유래된 현대 서구어들에 대한 번역어로 동아시아에 소개된 것이다. 또 동아시아와 인도의 고대를 비롯해서 세계 곳곳의 역사에서 오늘날에 이르기까지 '철학'이라고 불리는 활동들은, 거칠게 말하면, 고대 그리스의 일군의 지성인들이 했던 활동과의 유사성 때문에 그렇게 불린다고 할 수 있다. 도대체 고대 그리스에서는 어떤 일이 일어났던가? 흔히 최초의 철학자들이라고 불리는 고대 그리스의 일군의 지성인들은 도대체 어떤 작업을 했던가? 철학의 역사는, 혹은 적어도 서양철학의 역사는 태생적으로 고대 그리스의 철학자들에게 빚진 바가 있으며, 그 빚의 정체가 어떤 것인지를 확인하는 것은 '철학'이라고 불리는 활동이 어떤 것인지를 이해하는 데도 중요한 한 부분이 된다고 하겠다.

한동안 서양고대철학의 정체를 확인하는 작업은 외국어를 모르는 사람에게는 원천적으로 불가능하던 때가 있었다. 사정이 많이 바뀌어 이제는 고대 그리스어나 라틴어로 쓰인 원전 텍스트들 중 상당수가 우리말로 번역되었고 또 번역되고 있다. 하지만 서양고대철학 전반에 대한 조망 없이 개별 철학자의 개별 작품을 바로 읽는 것은 상대적으로 버거운 일이다. 철학적 논의도 진공 속에서 나오는 것이 아니기 때문에, 논의의 배경이 되는 사상적 맥락을 모르면 이해하기도 어렵고 또 오늘날의 시각으로 시대착오적인 해석을 하기도 쉽다. 물론 '서양철학사'류의 책들이야 예전부터 있었고, 최근에는 서양고대철학 전반을 다루는 책들이 번역되어 소개되기도 하고 국내 학자들에 의해서 저술되기도 하였다. 하지만 이런 책들은 대개의 경우 단순히 서양고대철학에 대한 피상적인 소개에 그치거나, 그렇지 않은 경우에도 개별 저자의 관점에서 서양고대철학 전체를 조망하는 것이기 때문에 다소 편향성을 띠게 되는 경우가 많았다. 사정이 이러하다 보니, 대중서나 일반 교양 서적으로 분류될 수 있는 책들과 전문 학술서적으로 분류될 수 있는 책들 사이의 간격을 메워줄 수 있는 우리말 자료는 거의 없었다고 할 수 있다. 한마디로 말해서 서양고대철학 전반을 소개하는 대학 수업 등에서 교재로 사용할 수 있는 자료, 서양고대철학 전체에 대해서 균형 잡힌 시각의 조망을 제시하는 우리말 자료는 거의 없었던 셈이다.

『서양고대철학』은 처음부터 이러한 필요를 충족시킬 자료를 만드는 것을 목적으로 기획되었다. 1천 년에 달하는 서양고대철학의 역사 전체를 책 한 권에 담는 것은 애초부터 불가능하다고 여겨졌기 때문에, 서양고대철학의 양대 산맥이라고 할 수 있는 플라톤과 아리스토텔레스를 기준으로 삼아서 플라톤까지를 제1권에서, 아리스토텔레스 이후를 제2권에서 다루기로 하였다. 또 균형 잡힌 시각과 전문성을 유지하기 위해서 장별로 서로 다른 연구자가 저술하는 공동 저작의 형태를 취하기로 하였다. 전체 체계와 각 장의 목차는 서구에 출판되어 있는 기존의 문헌들을 참고하고 우리 학계의 역량을 고려해서 구성하였으나, 이 과정에서도 이 책이 교육의 목적으로 사용될 것이라는 점을 항상 염두에 두었다.

『서양고대철학』 제1권은 전체 3부로 구성되었다. 제1부는 통상 '자연철학자들'이라고 불리는 그리스 최초의 철학자들과 그들의 탄생 배경을 다룬다. 제2부는 기원전 5세기 그리스의 사상적 토양이 되었고, 플라톤 철학에 긍정적이든 부정적이든 가장 직접적으로 영향을 끼친 이른바 '소피스트 운동'과 소크라테스를 다루고, 제3부는 플라톤 철학을 다룬다. 이렇게 3부의 구성을 갖추기로 결정하는 데는 큰 어려움이 없었지만, 각 부의 세부 구성을 어떻게 할지를 결정하는 것은 쉽지 않았다. 특히 제1부의 구성은 가장 큰 문제였다. 제1부에서 다루어야 할 철학자들의 범위 자체는 비교적 분명하였다. 하지만 그들 중 누구를 포함시키고 누구를 포함시키지 않을 것인가, 포함시킨 철학자들 중 어떤 이들을 하나의 장에서 다루고 어떤 이들을 다른 장에서 다룰 것인가. 그들을 다루는 순서는 또 어떻게 잡을 것인가 등이 모두 논란거리였다. 많은 논의가 있었으나, 결국 제1부에서 다루는 철학자들을 따로 떼어 한 권의 독립적인 책을 만들지 않는 한, 완벽하게 정당화될 수 있는 선택과 분류는 가능하지 않다는 결론에 이르게 되었다. 이러한 어려움은 고대철학 전체를 다루는 서구의 문헌들에서 이 부분의 구성이 정말로 제각각이라는 데서도 드러난다. 우리의 선택에서 가장 어려웠던 부분은, 눈치 빠른 독자들은 목차만 보고도 이미 짐작하고 있겠으나, 엘레아학파를 하나의 장에서 다루고 또 그리스 다원론자들을 하나의 장에서 다루기로 한 것이었다. 많은 서구의 문헌들이 엠페도클레스와 아낙사고라스, 그리고 데모크리토스를 각각 별도의 장에서 다루곤 하는데, 이들을 하나로 묶은 우리의 선택은 파르메니데스와 이들의 관계에 대해서 좀더 크게 주목하게 된 최근의 연구 동향을 어느 정도 반영하는 것이다. 다른 한편, 엘레아학파를 하나의 장으로 묶어서 파르메니데스와 제논, 멜리소스를 함께 다룬 것은 보다 전통적인 방식을 따른 것이라고 할 수 있다. 물론 엘레아학파 장에서 크세노파네스에 대해서 상대적으로 비중 있게 다룬 것은 새로운 연구 동향을 반영하는 것이기도 하다. 이 두 장의 경우만이 아니라 제1부의 전체 구성에서 우리가 선택한 방식은 전통적인 방식과 새로운 연구 동향을 적절히 절충해서 반영한 것이라고 하겠다.

제2부에서 소피스트들을 다소 비중 있게 다루기로 한 점도 20세기 후반 이후에 이들에 대한 관심이 폭발적으로 증대한 것을 어느 정도 반영한 것이다. 여기에서는 제1부에서 했던 것처럼 개별 소피스트들을 각 장에서 독자적으로 다룰 것인지, 아니면 여러 소피스트들의 사상을 문제 중심으로 묶어서 다룰 것인지를 선택해야 했다. 최근의 증대된 관심을 고려하면 개별 소피스트들의 사상을 독립적으로 다루는 것이 더 나은 선택일 수도 있을 것이다. 하지만 그럴 경우 역시 이 책의 목적에 비추어 볼 때 우리가 수용할 수 있는 것보다 너무 많은 장들이 제2부에 포함될 것이라는 점이 지금의 선택을 내리는 데 결정적인 이유가 되었다. 우리는 소피스트들의 사상을 두 장으로 나누어서, 첫째 장은 언어 이론과 인식론을, 둘째 장은 윤리학과 정치철학을 중심으로 다루기로 했다. 그리고 여기에 소크라테스를 다루는 장을 추가하였다. 그동안 소크라테스는 주로 플라톤의 대화편들에서 묘사된 것을 통해서 소개되어 왔다. 하지만 우리는 등장인물이 아니라 역사적인 인물로서 소크라테스의 본래 모습을 추적해본다는 취지에서, 그가 실제로 활동했던 시기의 사상적 풍토와의 관련 속에서 그를 살펴보기로 했다.

플라톤의 철학을 다루는 제3부의 구성에서도 소피스트들의 사상을 다루는 제2부의 구성에서와 비슷한 고민을 해야 했다. 일반적으로 어떤 철학자를 소개할 때 그가 씨름했던 문제들을 중심으로 그의 사상을 소개하는 것이 자연스러운 일이다. 하지만 플라톤은 다른 철학자들처럼 논문 형식의 글을 쓴 것이 아니라 대화편들을 저술했고, 대개의 경우 각 대화편의 드라마적 통일성에 대해서 깊이 고민했다. 이 점을 고려하면 적어도 플라톤의 경우는 문제 중심이 아니라 개별 대화편들을 중심으로 그의 사상을 다루는 것이 더 현명한 방법이 될 수도 있다. 그러나 플라톤만을 다루는 책이라면 모르겠으나 서양고대철학 전체를 다루는 책에서 플라톤 부분을 그렇게 구성하기는 어렵다는 결론에 도달하였다. 우리는 플라톤 철학에서 가장 중요하다고 생각되는 주제들을 선택해서 윤리학, 영혼론, 인식론, 형이상학, 정치철학, 예술철학의 여섯 부문으로 제3부를 구성하기로 하였다. 제3부에 할애될 수 있는 분량이 더 많았다면, 플라톤과 신화, 플라톤과 에로스, 플라톤의 자연철학과 수학철학, 언어관 같은 주제도 독립적으로 다룰 수 있었겠으나, 앞에서 이야기한 것과 같은 이유로 이들은 다루지 못하거나 다른 주제들과 연관해서 부분적으로 다룰 수밖에 없었다.

전체 구성이 결정되고 각 장의 집필자가 결정된 후, 우리는 구체적인 집필에 앞서 각자가 담당한 장의 세부 목차를 만들어 함께 검토하고 수정하는 작업부터 시작하였다. 그리고 나서 각자가 집필한 원고를 발표하고 이에 대한 논평과 토론을 거쳐서 원고를 재집필하는 작업을 여러 차례 반복하였다. 이런 과정을 통해서 우리는 우리 작업의 결과물이 각자의 개성과 전문성을 균형 있게 담아낸 하나의 통일체의 모습을 갖추도록 노력하였다. 처음부터 우리는 서양고대철학 관련 수업의 교재를 만들 목적으로 작업을 하였기 때문에 이 책이 그러한 목적에 부합하는 결과물이 되었기를 희망한다. 하지만 이와 동시에 일반 독자들에게는 이 책이 서양고대철학에 대한 심화된 입문서의 역할도 수행할 수 있기를 희망한다. 기획 단계에서부터 우리 작업에 함께 참여하고 우리 작업을 후원해준 서울대학교 인문학연구원 HK문명연구사업단과 서양고전학연구소에 감사드린다. 참고로 이 책은 서양고전학연구소가 기획 중인 '서양고전학 연구총서'의 제1호임을 밝힌다. 이 책이 탄생하기까지, 특히 서양고전학연구소를 창립하고 연구소의 운영에 참여하며 귀중한 조언과 탁견을 내주신 서울대 철학과 김남두 교수님께 감사의 말씀을 드린다. 또한 어려운 여건 속에서도 흔쾌히 출판을 맡아준 도서출판 길에도 감사드린다.

2013년 1월
집필진을 대표하여
강성훈

■ 차 례

■ 일러두기

1. 외국 인명·지명은 외래어 표기법에 따라 표기하는 것을 원칙으로 하되 그리스어의 경우는 예외를 허용하였다.
2. 소크라테스 이전 철학자들에 대한 연구는 독일의 고전 문헌학자 헤르만 딜스가 편집한 Diels, H. & Kranz, W., *Die Fragmente der Vorsokratiker*, 3 vol., 6th ed., Weidmann, 1952(1903)를 주요 전거로 삼고 있다(DK로 약칭). 또한 '소크라테스 이전 철학자들'이라는 말이 애초에 이 책 이름에서 비롯되었으며, 이 책의 저자별 분류 체계를 따르는 것이 연구의 관행이다. 이를테면 DK14A7은 피타고라스에 대한 간접 전승을 담은 문헌 전거의 일련번호 일곱 번째 것을 지칭하며, DK28B2는 파르메니데스 저술을 직접 인용한 것으로 추정되는 단편의 일련번호 둘째 것을 지칭한다.
3. 플라톤 작품의 특정 구절을 지칭할 때는 전통적으로 1578년 Henricus Stephanus (Henri Estienne)가 출간한 플라톤 작품의 쪽수인 '스테파누스 쪽수'(Stephanus pagination)를 기준으로 삼는다. 이를테면『소크라테스의 변론』29d에서 29d는 그 쪽수이다. 한편 30a7은 30a면의 일곱째 줄을 가리키며, 이와 같이 특정 쪽의 줄 수를 지칭하는 방식은 1900~07년에 존 버넷(John Burnet)이 간행한 옥스퍼드 고전 텍스트 (Oxford Classical Text)의 편제를 따른다.
4. 아리스토텔레스 작품의 특정 구절을 지칭할 때는 1831년 독일 학자 이마누엘 베커 (Immanuel Bekker)가 편찬한 판본의 쪽, 단, 줄 수(Bekker numbers) 형식을—이를테면『영혼론』411a7과 같이—따르는 것이 관행이다.

제1부

철학의 탄생과 최초의 철학자들

제1장 그리스 철학의 탄생

박희영

1 철학사를 왜 배우는가

철학이란 의식(意識)의 한 형태이다. 왜냐하면 철학은 대상에 대한 일차적 사유 자체를 다시 대상으로 하여 사유하는 이차적 사유이기 때문이다. 철학은 이렇게 사유 자체를 대상으로 삼는 의식이지만, 예술적·종교적 의식과 다르게, 그 일차적 대상으로서의 사유를 인식론적·존재론적·가치론적 구조 속에서 구성할 수 있는 메타적 의식이다. 따라서 철학사를 배운다는 것은 단순히 과거에 존재하였던 일차적 자료로서의 철학적 사상 내지 이론을 배우는 것이 아니라, 그러한 사상 내지 이론을 생성시킨 의식의 구조 내지 사유 방식 자체를 배우는 것이다. 물론 하나의 사실적 자료로서의 철학사에 대한 학습은 이미 존재하는 이론들을 미리 앎으로써 동일한 대상을 연구하기 위해 헛된 노력을 기울일 필요가 없게 만들어준다는 점에서, 사유 경제(Denkenoikonomie)의 가치를 지닌다. 그러한 가치를 지님에도 불구하고, 만약에 철학사에 대한 학습이 인터넷 정보 검색과 같이 기존의 철학 사상들을 단순히 하나의 일차적 데이터로서 받아들이는 데 그친다면, 그러한 배움은 진정한 의미에서 철학사 연구가 되지 못한다. 철학사를 진정한 의미에서 연구한다는 것은 기존의 철학적 이론들이 어떠한 개념들을 이용하여 탐구 대상들을 문제로서 설정하였고, 더 나아가 그 개념들이 어떠한 의식 구조 속에서 발생된 것인지를 살펴봄으로써, 오늘날의 우리가 특정 주제에 관하여 철학적으로 어떻게 사유해야 하는지 그 사유 방법 자체를 터득함이라 할 수 있다.

새로운 사유 방법에 대한 탐색 작업으로서 철학사 연구는 과거의 사유들을 마치 박물관의 유리 진열장 속에 전시된 유물들과 같이 현재의 사유와 단절된 석화(石化)된 고정체로서가 아니라, 현재의 새로운 관점들과 끊임없이 교통되는 살아 숨 쉬는 유기체로서 바라보도록 해준다. 이러한 의미에서 철학사 연구는 인간 정신에 다양한 관점들을 부여함으로써, 특정 대상에 대한 고정된 관념 내지 평가로부터 우리를 해방시켜주고, 새로운 관점에서 바라보는 시각을 제공할 것이다. 철학사 연구의 의의를 이러한 새로운 시각의 발견에서 찾으려는 순간, 우리는 철학적 사유 자체가 그리스인들의 어떠한 사유 체계와 문화적 조건 속에서 인류 문화 최초로 새로운 시각으로서 발생할 수 있었는지를 묻는 시원에 관한 탐구가 왜 그렇게 철학사 연구에서 중요한 의의를 지니는지를 깨닫게 된다.

철학적 사유가 그리스 자연철학으로부터 기원한 것인지, 아니면 그보다 훨씬 더 이전의 메소포타미아나 이집트 문화권의 사유로부터 기원한 것인지에 대한 논쟁은 '철학적 사유 자체를 무엇으로 규정하느냐'에 따라 달라진다. 즉 그것은 철학적 사유를 여타의 종교적 · 정치적 · 과학적 사유들로부터 완전히 독립된 특수한 사유 자체로 볼 것인지, 아니면 그러한 사유들과 혼합되어 있는 일반적 사유 전체로 볼 것인지에 달려 있는 것이다. 사실 모든 개별 과학들은 그 개념 정의상 자체의 고유한 탐구 대상과 방법을 확립하였을 때에만 비로소 학문으로서 인정받게 된다. 물론 개별 과학의 하나로서가 아니라 만학의 여왕으로서 철학은 다른 모든 분과 과학의 사유들을 대상으로 하여 이차적 차원에서 총체적으로 다룰 때에 성립한다. 그럼에도 불구하고, 하나의 분과 과학으로서 철학은 여타 사유들로부터 독립된 순수한 사유만을 철학적 사유로 받아들이려는 경향을 띠게 된다. 이 같은 경향을 염두에 두어야만, 우리는 왜 현존하는 대부분의 서양 철학사 책들이 하나의 독립적 분과 과학으로서 철학의 시원을 고대 그리스의 자연철학에서 찾게 되는지를 이해할 수 있다.

　　오늘날 대학 강단에서 일반화된 이러한 견해의 밑바탕에는 그리스의 자연철학에 와서야 비로소 인류가 최초로 퓌시스(physis)와 노모스(nomos)에 대한 유별(類別)을 통해, 자연 현상들이 일어나는 원인을 초자연적인 것이 아니라 자연적인 것 자체에서 찾는 합리적·과학적 사유의 태도를 확립하였기 때문이라는 판단이 깔려 있다. 그러나 20세기 초에 발달하기 시작한 인류학, 고고학, 비교언어학, 비교종교학, 신화학 등의 연구는 그러한 합리적 내지 과학적 사유가 일부 철학자들이 주장하듯이, 그리스의 자연철학에 의해 과거의 전통적 사유와 완전히 단절되어, 어느 날 갑자기 기적처럼 발생한 것인지 의문을 던지게 된다. F. M. 콘퍼드(F. M. Cornford)의 『종교에서 철학으로』, 브루노 스넬(Bruno Snell)의 『정신의 발견』, 길버트 머리(Gilbert Murray)의 『그리스 서사시의 융기』 등은 바로 이러한 의문에서 출발하기에, 그러한 합리적·과학적 사유가 잉태된 사상사적·문화사적 배경에 초점을 맞추어 그리스의 철학적 사유의 시원을 전통적인 종교적 사유 내지 문학적 상상 속에서 찾는다. 이러한 관점을 취하면, 철학적 사유의 사명은 이제 단순히 자연 현상의 원인을 탐구하고 그 원인에 근거한 설명 체계를 정립함을 넘어, 자연 및 사회와 인간의 관계를 전체적 관점에서 조망하고 삶의 가치를 종합적으로 판단함에 근거한 설명 체계를 정립하는 것으로 확장된다.

　　철학적 사유의 사명을 이렇게 확장된 의미에서 받아들이는 최근의 연구들은 철학적 사유의 기원을 여타 사유와의 콘텍스트적 관계에서 찾고자 하기 때문에, '철학적 사유란 어떠한 것인지가 아니라, 어떠한 것이어야 하는지'를 묻게 된다. 따라서 그러한 연구는 단순히 역사적 기록으로서의 철학적 텍스트 자체에 대한 분석에 머물지 않고, 한 단계 더 나아가 그러한 작품들 속에서 발견되는 철학적 사유가 종교 의례, 신화, 정치적·경제적 제도, 문학 작품과 어떠한 관계가 있는지에 대한 콘텍스트적 분석으로 나아가게 된다. 조지 톰슨(George Thomson)의 『최초의 철학자들』, 장피에르 베르낭(Jean-Pierre Vernant)의 『그리스인들의 신화와 사유』 등은 바로 이러한 콘텍스트적 분석의 결과물이라 할 수 있다.

이러한 입장에서 보면, 철학적 사유의 기원을 전통적 사유의 연장선에서 찾을 것인가, 아니면 그것의 비연속적 단절에서 찾을 것인가에 대하여 20세기 초에 유행했던 논쟁들은 그다지 의미를 지니지 못한다. 따라서 우리는 이러한 논쟁들이 어떠한 것이었는지를 소개하기보다는, 그리스인들이 어떠한 개념 체계와 의식 구조 속에서 철학적으로 사유하는 길을 개척할 수 있었는지 그 정신사적 배경을 밝히는 데 초점을 맞추고자 한다. 이러한 의도에서, 이 장은 그리스인들의 종교적 사유 체계가 어떻게 그들의 자연관 내지 세계관 형성에 영향을 끼쳤고, 더 나아가 그러한 자연관 내지 세계관이 문학 작품(호메로스Homēros와 헤시오도스Hēsiodos 그리고 비극 작가들의 작품)을 통해 어떠한 변환 과정을 거쳐 승화됨으로써 인류 문화 최초로 철학을 탄생시키게 되었는지를 살펴보고자 한다.

2 그리스인들의 종교적 사유

20세기 초부터 여러 학자들은 그리스에서 인류 문화 최초로 철학이 탄생할 수 있었던 원인을 각자 나름대로의 입장에서 밝히고자 노력해왔다. 존 버넷(John Burnet)이 그 원인을 의학 내지 기하학의 발달과 함께 나타난 '사물에 대한 관찰력을 중시하는 과학적 사유'에서 찾았다면, 콘퍼드는 퓌시스, 아르케(archē), 모이라(moira)와 같은 기본적인 철학적 개념들을 잉태시킨 종교적 사유에서 찾고 있다. 톰슨이 그 원인을 사물의 교환 가치와 추상적 가치에 대한 관념을 보편화한 무역업 내지 화폐 제도와 같은 경제적 조건에서 찾았다면, 베르낭은 모든 시민이 대등한 자격으로 토론할 수 있는 광장 문화를 잉태시킨 정치적·사회적 조건에서 찾고 있다. 다른 한편, 머리가 그 원인을 영웅을 영웅답게 만들어주는 정신적 가치들(aidōs, nemesis)의 중요성을 고취한 서사시에서 찾았다면, 스넬은 이성적 사유를 통해 문화적 인간의 개념을 창안한 '인간의 정신'에 대한 발견에서 찾고 있다. 물론 우리는 그리스에서 철학이 탄생할 수 있었던 것이 이러한 모든 요인들이 총체적으로 작용하였기 때문임을 안다. 그럼에도 불구하고, 우리는 이 모든 요인들 중에서도 특히 종교적 사유에 초점을 맞추고자 한다. 그러나 그것은 콘퍼드가 주장하였듯이 특정의 종교적 개념들이 철학적 개념들의 형성에 결정적 영향을 끼쳤기 때문이 아니라, 철학이 그 당시 그리스인들의 일상적 삶의 실제들뿐 아니라 사유 구조 자체도 심층적 차원에서 지배했던 종교적 사유에 대한 비판, 특히 그것의 세계관 내지 자연관 자체에 대한 철저한 비판을 통해 새로운 정신세계를 개척하는 작업에서 발생할 수 있었기 때문이다.

철학적 사유의 기원을 종교적 사유에 의해 구조화된 세계관 내지 자연관에 대한 비판적 작업에서 찾으려는 이러한 시도는 물론 종교를 유일신에 대한 무조건적 믿음이라는 비합리적 태도에 근거한 것으로 인식하는 사람이나, 철학을 그러한 종교적인 것과 전혀 상관없는 것으로 여기는 사람에게는 무모한 것으로 보일 수 있다. 왜냐하면 종교적 사유의 독립성을 고집하는 종교인이나, 과학적 사유의 독립성을 주장하는 과학자 모두 비합리적 신앙의 극치에서 성립하는 종교적 사유가 합리적 추론만을 인정하는 철학적 사유와 어떠한 공통점에서 서로 연결될 수 있는지 강한 의문을 던지게 될 것이기 때문이다. 그러나 그리스인의 종교는 현대인이 생각하는 종교와 근본적으로 다른바, 우리는 그들의 종교가 지닌 특성을 정확히 알아야만 비로소 그러한 의문에서 벗어날 수 있고, 더 나아가 종교적 사유는 어떠한 의미에서 일차적 단계에서 철학적 사유 형성에 영향을 끼치고, 철학적 사유는 어떻게 이차적 단계에서 그것에서 탈피하게 되는지를 이해할 수 있게 된다.

그리스 종교는 종교 의식을 통해 펼쳐지는 삶의 체계와 신화를 통해 펼쳐지는 사유 체계를 중심으로 발달하였다. 특정의 시공 속에서 전개되는 종교 의식은 한편으로 특별한 성스러움 속에서 행해지는 형이상학적 · 가치론적 명상을 통하여, 다른 한편으로 일상적 실생활의 차원에서 그것이 발휘하는 정치적 · 사회적 구속력을 통하여, 그들의 철학적 사유 형성에 지대한 영향을 끼치게 된다. 우선 제도적 실제로서의 그리스 종교 의식은 모두 공동체의 사회적 안녕과 질서 유지 그리고 농작물의 다산성 획득을 제일의 목표로 삼았기 때문에, 사회적 · 정치적 조건과 밀접하게 연관되어 있었다. 이러한 정치와 종교의 상호 연관성을 고려해야만, 우리는 비로소 그리스 종교에는 왜 신학적 도그마나 경전은 없고, 오직 종교 의식이라는 제도와 의식 참여를 규정하는 실제만이 존재했는지 그 이유를 알 수 있다. 동일한 근거에서, 우리는 또한 그리스 종교가 왜 국가로부터 완전히 독립된 믿음 체계 자체로서의 종교로 발달하지 못하고, 언제나 국가에 종속된 국가 종교에만 머물 수밖에 없었는지도 이해할 수 있다. 그리스의 이러한 국가 종교는 청동기와 철기 시대에 융성하기 시작한 도시국가와 함께 발달하였기 때문에, 그 당시 새롭게 대두된 정치적 이데올로기의 성향을 강하게 띠고 있다. 그럼에도 불구하고, 그 기본 정신은 구석기, 신석기부터 내려온 가족 종교의 전통을 그대로 이어받고 있다.

그리스의 종교는, 퓌스텔 드 쿨랑주(Fustel de Coulanges)가 밝혔듯이, 집 안의 중심에 설치되어 있는 화덕(hestia)의 불을 각 가정의 안녕과 질서를 지켜주는 조상신 즉 수호신으로 모시면서 모든 것이 전개되는 가족 종교에서 출발하였다. 종교 발달의 원초적 단계에 속하는 이러한 가족 종교는, 각 가정(oikos)의 수호신에게 모든 좋은 것을 가져오고 동시에 모든 악을 쫓아내주기를 기원한다는 점에서, 마술적 사유에 기초해 있다. 바로 그러한 이유에서, 각 가정의 가장(家長)들은 그 불을 꺼뜨리지 않고 신성하게 유지하는 일을 자신의 가장 본질적인 임무로 간주하였다. 따라서 모든 중요한 집안일들은 이 화덕을 중심으로 이루어졌다. 새로 태어난 아이에게 이름을 부여하는 의식의 명칭이 '화덕 돌기'(amphidromia)인 것은 가장이 신생아를 안고 화덕 주위(amphi)를 돌며(dromia) 조상신에게 아이의 건강과 성공을 기원할 뿐 아니라, 그 아이를 가족의 적법한 일원으로 받아들여서 평생 동안 수호해주기를 기원하였기 때문이다. 결혼 전까지 다른 가족 안에서 다른 조상신의 수호를 받아왔던 이방인으로서의 신부를 신랑의 가족으로 받아들이는 결혼식(eggamos)이 화덕 주위에서 치러진 것도 바로 이 이방인인 신부를 신랑의 가족으로 받아들이는 행위가 신랑 가족의 조상신인 화덕의 신이 허락할 때에만 비로소 가능하였기 때문이다.

헤스티아 여신을 중심으로 하여 각 가정의 안녕과 질서 그리고 그 구성원들의 번영과 행복을 확보하는 것을 목표로 하는 가족 종교의 기본 정신은 그 집단의 크기가 가정(oikos)에서 씨족사회(phratria), 부족사회(phyle)를 거쳐 국가(polis)로 확대되었을 때에도 계속하여 유지되었다. 그리스인들이 가족신을 'theoi patrooi'로, 씨족신을 'theoi phratrioi'로, 부족신을 'theoi phyloi'로, 그리고 국가의 신전을 공공의 화덕(hestia koine)으로 부른 것은 결국 공동체의 규모가 아무리 확대되어도, 그 공동체는 모두 가정이라는 최소 공동체의 동심원적 확대에 지나지 않는다고 여겼기 때문이다. 국가 종교의 기본 정신이 바로 이러한 가족 종교의 샘으로부터 흘러나온 것임을 염두에 두어야만, 비로소 우리는 왜 그리스 철학이 '자연 현상의 원인을 밝히려는 자연철학적 탐구'의 정신과 함께 다른 한편으로 '인간 사회의 정의와 정치 제도의 이상을 모색하려는 정치 · 사회철학적 탐구'의 정신을 발달시켰는지를 이해할 수 있다. 그리스 종교의 본질적 정신은 이렇게 공동체의 단일성 유지에 그 초점이 맞춰져 있었기 때문에, 그리스인들의 종교적 사유는 추상적인 원리의 차원에서 기본적인 개념들(신, 창조, 우주 등)을 규정하는 종교적 교리보다는 구체적인 실생활 차원에서 그러한 단일성을 공고히 해주는 종교 의식을 훨씬 더 중시하였다.

그리스에서는 구석기와 신석기의 대지모 여신, 지하의 신 내지 다이몬을 중심으로 전개되는 카타크토니아(katachtonia) 의식과 청동기의 남신을 중심으로 전개되는 올림피아(olympia) 의식이라는 두 종류의 의식이 공존하였다. 올림포스 신을 모시는 의식은 낮에 치러지고, 주로 국가의 안녕과 질서를 기원하는 목적을 지녔기에, 국가에 의해 주도되는 공적 의식이었다. 따라서 그 의식에 참여할 수 있는 자격은 오직 시민에게만 주어졌다. 그러나 의식 참여는 시민의 권리인 동시에 의무이기도 하였는데, 그 이유는 만약에 시민이 그 의식에 참여하지 않으면 시민권을 박탈당하였기 때문이다. 모든 사적·공적 종교 의식에 참여하는 경험으로부터 형성된 가치 체계는 개인 간의 상거래, 도시국가 간의 동맹 및 휴전 협정 등에서 서로 약속을 지키기 위한 증표로 행하는 서약식 등 모든 일상적 행위들을 지배하였다. 종교가 실생활의 차원에서 차지하는 이러한 역할을 고려해야만 우리는 종교 의식이 왜 도덕, 관습, 법의 기초가 되는지, 또한 한 개인의 종교적 차원에서의 행위가 왜 정치적 차원에서의 행위와 그렇게도 밀접하게 연관되어 있는지를 이해할 수 있게 된다. 시민의 권리와 의무를 대립 관계가 아니라 상보 관계로서 바라보는 태도를 구조화한 이러한 종교적 사유 체계에서, 우리는 도시국가(polis)와 시민(polites)의 관계를 전체와 부분 사이에서 성립하는 필연적·유기적 관계로서 바라보는 그들 고유의 정치철학적 사유의 씨앗을 발견할 수 있다.

반면에 항상 밤에만 치러지는 카타크토니아 의식은 주로 다산성을 기원하는 의식이었기에, 시민 이외에도 누구나 참여할 수 있었다. 시민들에게만 열려 있었던 올림피아 의식이 정치철학적 사유의 씨앗을 뿌렸다면, 만인에게 열려 있었던 이 의식은 자연철학적·형이상학적 사유의 씨앗을 뿌리게 된다. 우리는 그 단적인 예를 수많은 종교 의식 가운데에서도 특히 엘레우시스 비밀 의식에서 찾아볼 수 있다. 데메테르-페르세포네 신화의 의미가 곡물 정령(corn spirit)의 죽음과 부활에 있음을 사제가 말해주는(legomena) 이 의식의 첫째 단계는 만물의 생성·소멸을 지배하는 자연법칙이 무엇인지를 사유하게 해준다. 물론 이러한 종류의 신화는 메소포타미아 문화권의 이난나-두무지 신화나 이집트 문화권의 이시스-오시리스 신화의 예에서 볼 수 있듯이, 그리스 문화권에만 유일하게 나타나는 특수한 것은 아니다. 그러한 신화를 극으로 연출하는(dromena) 둘째 단계 또한 여러 문화권에서 공통적으로 나타난다. 그러나 이 신들의 행위를 연출하는 의식의 주체를 왕과 여사제로만 국한했던 다른 두 문화권과 다르게, 그리스 문화권은 참석자 전원이 그러한 연출의 주체가 될 수 있었다. 만인이 그러한 의식의 주체가 될 수 있었기에, 그리스인에게 그 의식은 왕권신수설을 정당화하는 정치적 의미만을 지닌 다른 두 문화권과 다르게, 신과 하나 됨의 경험을 통해 신적 질서로서 자연의 이치를 깨닫게 해주는 철학적 의미를 지니게 된다. 바로 이러한 둘째 단계의 체험 덕분에, 그들은 사제가 한 알의 밀알을 보여주는(deiknymena) 셋째 단계에서, 자연의 모든 존재자들이 가시적 세계의 개체로서는 오직 한시적 생명(bios)만을 지닌 유한한 존재자들이지만, 종적(種的) 차원에서는 비가시적 세계에 속한 영원한 생명력(zoe)을 지닌 무한한 존재의 현현임을 직관하는(epopteia) 경지에 도달할 수 있다.

이러한 종교적 차원의 직관은 가시적 세계의 현상들 배후에서 비가시적 원리가 작용함을, 다시 말해 구체적 개별자들 배후에는 그것들을 지배하는 보편적 원리가 존재함을 직관하는 철학적 인식의 모태가 된다. 이러한 철학적 인식의 차원에 도달한 덕분에, 그들은 단순히 의식의 첫째 단계에서 실제로 읽혔던 신화를 이제 '자연 현상의 원인을 설명해주는 신화'(aitiological myth)로서 새롭게 생각할 수 있게 된다. 바로 그러한 이유에서, 의례 신화도 그리스인들에게는 모든 현상을 특정한 원인(aitia)에 의해서 발생하는 것으로 바라보는 인과율적 사유와 모든 개별자들을 자연 전체와의 연관성 속에서 바라보는 자연철학적 내지 형이상학적 사유를 발달시키는 씨앗의 역할을 하게 된다.

종교 의식 참여는 이러한 형이상학적 차원의 사유뿐 아니라, 동시에 논리적으로 사유하는 방법 자체도 발달시키는 계기가 된다. 제프리 로이드(Geoffrey Lloyd)가 그리스인의 사유 방식을 지배하는 공통적 원리로서 규정한 것은 극성(極性)의 원리(principle of polarity)와 유비추리(類比推理)의 원리(principle of analogy)이다. 그러나 이 두 원리는 발생론적 입장에서 보면, 종교적 사유와 체험에서 기원한 것이다. 즉 극성의 원리는 두 개의 대립된 극항의 구분에 그 기원을 두고 있는바, 우리는 구분(horizein) 일반의 가장 원초적 형태를 금역(禁域; temenos)으로서의 성역(聖域; hieros)과 세속적 영역(bebelos)에 대한 공간적 구분에서, 그리고 종교 의식 중에 겪게 되는 신과 합일하는 성스러운 순간과 일상생활에서 매일매일 겪게 되는 세속적 흐름에 대한 시간적 구분에서 발견할 수 있다. 'temenos'라는 용어가 어원학상 '자르다'를 뜻하는 'temno' 동사에서 유래한 것은 결코 우연이 아니다. 그것은 양 극항의 이타성(異他性)을 가장 분명하게 드러내줄 작업으로서 '자른다'는 행위야말로 인간의 지각으로는 항상 연속된 것으로만 느껴지는 비-구분적 시·공에 대한 최초의 인식론적 차원에서의 구분 일반의 시발점이 되기 때문이다. 사실 양 극항의 이타성을 가장 극명하게 드러낼 수 있는 이러한 구분의 태도는 훗날 개별자들 각각의 특성을 인식하고 더 나아가 그 특성을 언어로써 규정할 때, 제일 먼저 그 개별자의 고유한 모습(eidos)을 그 개별자와 연속되어 있는(syneches) 모든 것들로부터(apo) 따로 잘라내는 또는 오려내는(horizein) 철학적 작업의 기초가 된다. 그러한 작업에 익숙해 있었기에, 그리스인은 개별자들의 오려진 모습들 모두에 공통적인 보편적 모습 내지 특성(to katholou)을 규정하는 정의(定義; horismos)의 개념을 발달시킬 수 있었다.

이러한 정의 개념의 형성은 인간이 극성의 원리와 유비추리의 원리를 서로 아무 관계가 없는 독립적인 것이 아니라, 필연적 관계를 지닌 것으로 인식하며 그 두 원리를 연결할 때에만 가능하게 된다. 즉 인간의 지성은 일차적으로 극성의 원리를 이용하여 양 극항을 전혀 별개의 것으로 구분함으로써 각 항이 지닌 독립적 특성을 규정한 다음 그 대립된 양 극항을 유비적으로 연관시킴을 통해서만, 비로소 각 항의 특성들을 비교하고 그 비교로부터 공통치를 추출해내는 추상적 사유를 발달시킬 수 있는 것이다. 이러한 추상적 사유 덕분에, 그리스의 철학자들은 가시적 세계에 속하는 자연 현상들을 관찰하면서도 그것에 대한 감각적 지각의 수준에만 머무르지 않고, 그러한 현상들을 가능하게 만드는 비가시적 세계에 속하는 원인들을 탐구할 수 있었던 것이다. 바로 그러한 탐구를 통해, 그들은 현상/본질, 가시계/비가시계, 소우주/대우주에 대한 양극적 구분을 목표로 하는 일차적 단계의 사유를 넘어, 이러한 양극 간의 관계 맺음을 목표로 하는 이차적 단계의 사유로 나아가게 된다. 따라서 그리스인들은 양 극항을 단순히 이분법적으로 병치함(coordinatio)에 만족하지 않고, 이 양 극항을 그것들보다 한 차원 위에 있는 제3의 항에 종속시킴(subordinatio)의 사유를 발달시키게 된다. 훗날 플라톤(Platōn)이 이오니아학파의 변화 사상과 엘레아학파의 불변 사상을 종합할 수 있었던 것이나, 운동과 정지, 동일성과 타자성을 모두 존재라는 상위 개념에 종속시킬 수 있었던 것도 바로 이러한 두 가지 사유 원리에 근거한 것이라 할 수 있다.

3 그리스의 신화 및 문학 체계와 철학적 사유

종교 의식 참여 경험이 그리스인들에게 이러한 형이상학적 사유와 논리적 사유 방식을 잉태시켰다면, 문자화된 신화들은 그들의 철학적 사유의 발달에 어떠한 영향을 끼쳤는가? 어원학상 본래 '이야기'를 뜻하는 그리스어 뮈토스(mythos)는 동양어로의 번역 신화(神話)가 암시하듯이, '신에 관한 이야기' 또는 '신에 가까운 사람들의 이야기'를 뜻한다. 그러나 이러한 신화가 철학적 사유 발달에 영향을 끼치게 되는 것은 이야기 자체를 통해서가 아니라, 그 이야기 속에 담겨 있는 내용에 대한 명상에서 습득하는 사유 방식, 그리고 그러한 사유에 의해 형성되는 자연관 및 세계관을 통해서이다. 사유 방식의 관점에서 보았을 때, 신화는 세계를 일상적 차원의 감각적 시각과 전혀 다른 시각 즉 시적·신화적 시각에서 바라보는 계기를 인간에게 제공한다. 물론 세계에 대한 이러한 신화적 시각에서의 사유와 설명은 오늘날의 과학적 입장에서 보면, 얼핏 비합리적·비과학적 사유 내지 설명으로 여겨질 수도 있다. 그럼에도 불구하고, 그러한 비합리적 사유 내지 설명이 오늘날에도 여전히 철학적 관점에서 중요한 의미를 지니는 것은 그것이 인류의 사유를 특정 시대에만 통용되는 하나의 고정된 시각에 얽매이도록 만드는 것이 아니라, 끊임없이 새로운 시각의 지평을 향하도록 인도해주기 때문이다.

어느 하나의 고정된 시각에만 얽매이지 않도록 만들어준다는 의미에서, 클로드 레비스트로스(Claude Lévi-Strauss)는 신화적 사유를 만능 목공(bricoleur)의 사유에 비유한다. 이 만능 목공은 비록 특정 분야에 능통한 전문 지식을 갖추지는 못했지만, 모든 분야에 두루 활용할 수 있는 아마추어적 지식을 갖춘 기술자이다. 따라서 그는 실제 세계에서 부딪히는 모든 종류의 문제들을 주위에서 발견되는 구체적 재료만을 이용하여 해결할 수 있는 만능 기술자라 할 수 있다. 예를 들어 특정 종류의 자동차가 고장이 났을 때, 그는 그 차종에만 쓰이는 동일한 부속품을 구해야만 한다는 생각에 얽매여 바로 그 부속품을 구하지 못하면 아예 수리를 할 생각도 못하는 오늘날의 자동차 전문 정비공이 아니라, 다른 차종의 비슷한 부속품을 고쳐서 수리할 수 있는 동네 정비소의 만능 정비공과 같다. 바로 이러한 만능 목공 내지 정비공과 같은 사유 방식을 가지고 있었기에, 초기 인류는 자연 현상을 이해하고 설명할 때 난관에 부딪히면, 신화를 통해 그 자연적인 것과 유(類)가 전혀 다른 초자연적인 것을 끌어들여 이해하고 설명하는 데 아무런 어려움을 느끼지 않게 된다. 그것은 그의 사유가 같은 유에 속한 대상들만을 사용하여 설명하려는 논리적 사유의 경직성에 얽매이지 않는 유연성을 지니기 때문이다. 바로 이러한 신화적 사유의 유연성을 염두에 두어야만, 우리는 비로소 신화가 어떻게 '있는 그대로의 세계'에 대한 이야기보다 '있어야만 할 세계'에 대한 이야기를 창출하게 되었는지를 이해할 수 있다. 물론 우리는 '있는 그대로의 세계'를 설명하는 데 훨씬 더 효과적인 것은 논리적 내지 과학적 사유임을 잘 안다. 그럼에도 불구하고, 그러한 논리적 사유는 '있어야만 할 세계'를 설명하는 데는 전혀 그 힘을 발휘하지 못한다. 바로 그러한 이유에서, '있어야만 할 세계'에 대한 관념 자체를 잉태시킨 신화적 사유는 논리적 사유의 약점을 보완할 수 있다. 사실 그리스의 철학자들이 감각적 현실계 배후에 존재하는 이성적 실재계(예를 들어 플라톤의 이데아계)라는 형이상학적 관념 내지 이상 국가와 같은 정치철학적 관념을 생각해낼 수 있었던 것은 바로 이러한 신화적 사유의 철학적 투사(投射) 덕분이라 할 수 있다.

다른 한편 '이야기 창작'(mythopoiesis)의 관점에서 보았을 때, 신화는 인간에게 아리스토텔레스(Aristotelēs)가 주장하는 '줄거리 구성'의 기능을 강화해준다. 줄거리 구성의 작업은 이야기의 처음부터 끝까지 관통하는 논리성을 중시함으로써, 기승전결에 대한 관념을 형성해준다. 이러한 관념은 우리의 의식에 부분으로서의 이야기 각각이 이야기 전체에 대하여 맺고 있는 관계에 대해서뿐 아니라, 이야기 전체 자체에 대해서도 통찰하는 습관을 제공한다. 이러한 사실을 염두에 두어야만, 우리는 헤시오도스(Hēsiodos)의 『신통기』에서 극명하게 나타나듯이, 신화가 왜 세계의 시초, 사물 및 인간의 기원 등에 관하여 이야기함으로써 인간의 사유 속에 전체로서의 시간, 자연 전체 또는 존재 전체에 대한 개념 등을 구조화하는 데 결정적 역할을 수행하게 되는지를 이해할 수 있다. 사실 일상사에만 몰두하는 보통 사람들은 오직 자신의 이익과 관련된 일에만 관심이 있기 때문에, 부분적이고 파편적인 자연 내지 존재만 사유의 대상으로 삼을 수밖에 없다. 반면에 신화를 읽는 사람들은 세계의 시초나 만물의 기원과 같이 우주 전체와 관련된 문제들에 대해서도 관심을 갖게 된다. 이러한 사실을 염두에 두어야만, 우리는 왜 그리스의 자연철학이 우주론적 사유로 나아갈 수 있었는지를 이해하게 된다.

그리스 철학은 한편으로 바로 이러한 신화적 사유의 토양에서 자라났지만, 다른 한편으로는 역설적으로 신화적 사유 자체에 대한 근본적인 비판, 그중에서도 특히 신 개념에 대한 비판을 통해서 발달하게 된다. 그것은 그리스 철학자들이 다른 문명권의 현인들과 다르게, 초자연적 존재로서의 신에 대해 종교적 차원이 아니라 철학적 차원에서 사유할 수 있었기 때문이다. 철학적 차원에서 사유하였기에, 그들은 단순히 종교 의식 속에서 느껴지는 신의 개별적 특성에 대해서가 아니라 세계의 시초 내지 근본 물질(archē), 질서, 운행 원리와 관련되는 신의 보편적 속성에 대해서 따지게 된다. 바로 이러한 차원에서의 '합리적 따짐'(logos) 덕분에, 그리스 자연철학자들은 자연 현상 전체의 원인 내지 법칙에 대한 관념을 형성할 수 있었다. 그러나 그들이 이렇게 신적 속성의 새로운 측면을 찾아내고, 신화에서 철학적 주제를 도출해낼 수 있었던 것은 여러 단계에 걸친 사유의 전환 작업을 통해서이다.

앞에서 살펴보았듯이, 신화는 본래 사제가 종교 의식 중에 참석자들에게 직접 읽어주었던 실제 신화(true myth) 내지 의례 신화(ritual myth)에 그 기원을 두고 있다. 그러나 특정 시공 안에서 단순히 일회적인 구술 대상이었던 이러한 의례 신화들은 산문 형태의 '신에 관한 이야기'(theologia) 속에서 철학적 사유의 대상으로 바뀌게 된다. 사실 본래의 뮈토스는 호메로스의 작품에서, '전장이나 논쟁적인 회합의 열기 속에서 강력한 힘을 지닌 남성이 행하는 퉁명스럽고 공격적이며 솔직한 발화 행위의 결과로 나타나는 말'을 의미한다. 그것은 신적 존재 내지 그에 가까울 만큼 완벽한 존재인 영웅들의 '장엄한 말'이기에 그 자체로 권력과 권위를 표명하는 담론이 된다. 바로 그러한 이유에서, 그 말은 언제나 우리가 믿거나 복종해야 할 그 무엇으로 제시된다. 따라서 사람들은 그것의 권위에 대하여 의심하거나 따지지 않는다. 반면에 평범한 인간들의 말에 지나지 않는 로고스(logos)는 수단과 방법을 안 가리고 주어진 문제를 해결하고자 할 때 사용되는 실용적 지식(metis)에 따르는 말을 의미한다. 평범한 인간의 말인 로고스는 뮈토스에 비해 치사하고 비천한 것으로 평가되었기에, 항상 그 권위를 의심받았고, 그 결과 검증의 대상이 되었다. 그러나 영웅의 말에 비해 그러한 평가를 받을 수밖에 없었던 보통 사람의 말은 훗날 그것에 내재한 꼼꼼히 따지는 특성 덕분에 철학자들에 의해 역설적으로 그 위상이 전도된다. 진리 탐구의 관점에서 중요한 것은 이제 단순히 장엄하기 때문에 무조건적으로 권위를 지니게 되는 말이 아니라, 합리적 근거를 제공할 수 있는 논리성을 지닌 말이어야 했기 때문이다.

그리스 철학자들은 이렇게 합리성을 꼼꼼히 따짐을 그 특성으로 지니는 새로운 로고스를 도구로 사용하여 사유하였기 때문에, 신과 신화에 대하여 그때까지 전통적으로 유지되어온 종교적 관점과는 전혀 다른 관점에서 고찰할 수 있었다. 이러한 새로운 도구 덕분에, 그들은 종교적 체험에 기초한 종교적 신의 관념을 사변적 이성에 기초한 철학적 신의 관념으로 변환시키게 된다. 사실 그들이 종교 의식과 직접 연관되는 신의 관념, 즉 '성스러운 힘'과의 합일을 보장해주는 매개자로서의 신 또는 인간이 원하는 것을 가져다줄 기능적 도구로서의 신만을 생각하는 개념 체계에만 묶여 있었다면, 그들은 신 개념이 지닌 철학적 속성들을 찾아내지 못했을 것이다.

그리스 철학자들이 이렇게 신을 이성적 사유의 대상으로 바라봄으로써 신의 개념에 관하여 철학적 규정을 할 수 있었던 것은 물론 언어학자 에밀 벤베니스트(Émile Benveniste)가 주장하였듯이, 그리스어 언어 체계가 지닌 고유한 특성 덕분이라 할 수 있다. 우리는 그 단적인 예를 신을 지칭하는 그리스어 테오스(theos)가 지닌 언어학적 특성에서 발견할 수 있다. 벤베니스트에 따르면, '신을 불러내다'라는 산스크리트 어원을 지닌 인도의 신 'ghut'는 단순히 '인간의 소원 내지 기도를 들어주는 존재'라는 종교적 차원의 관념만을 떠올리게 만든다. 반면에 'tithemi' 동사에서 파생된 그리스의 신 테오스는 인식론적 관점에서 주체와 객체 사이의 일정한 거리를 함축하는 어간 the-로 구성되어 있기 때문에, '인식론적 주체인 나에 대비되는 객체로서의 신'이 지닌 특성은 무엇인지에 대하여 철학적 탐구를 하도록 만들어준다. 바로 이러한 인식론적 거리 두기를 가능케 하는 언어학적 구조의 틀 속에서 사유하였기에, 그리스 철학자들은 '신과 함께함'이란 종교적 체험의 구체적인 질적 공간을 벗어나 '신에 관한 이야기 내지 논의'라는 추상적 논의의 공간 속에서, 신에 대한 표상을 가치론적 개념 체계의 차원만이 아니라 형이상학적 개념 체계의 차원에서도 고찰할 수 있게 된다. 그 결과 그들은 가치론적 차원의 신 개념을 그리스의 전통적인 의인주의적 신 관념에 대한 철학적 의인화 작업을 통해, 형이상학적 차원의 신 개념을 바로 그 전통적인 신 관념에 대한 비판을 통해 새로운 차원에서 표상하게 된다.

　일반적으로 의인주의적 신 관념은 신에 대한 의인화(personificatio) 작업을 통해 얻어진다. 신·인동형주의(anthropomorphism)의 근간을 이루는 이 작업은 그 기본적 사유 구조상 신·동물동형주의(theriomorphism)나 신·식물동형주의(phytomorphism)를 만들어낸 사유와 동일하게, 모든 형태의 존재로 자유롭게 변신할 수 있는 능력을 지닌 존재로서의 신에게서 그 신성한 힘(mana)을 가져오고 싶은 인간의 근본적 욕망으로부터 나온 것이다. 물론 이 세 형태의 동형주의 중에서도 특히 신·인동형주의가 일찍부터 우세했음은 초기의 모든 인류 문화권에 공통적으로 나타나는 현상이다. 자신만이 경험한 특수한 부분적 대상을 통해서든지 그 경험을 유추적으로 확대한 일반적·전체적 대상을 통해서든지 간에, 만물에 동일한 신성한 힘이 내재해 있다고 생각했고 그 힘과 함께하고자 했던 원시인들이 모든 대상들에 대해서 인칭적 이름을 부여한 것은 당연한 현상이라 할 수 있다. 그러나 자연 속의 대상을 자신과 친밀하게 만들고, 그것과 교통하기 위해 그것에 사람과 같은 인격성을 부여하는 원시인들의 이러한 심정적 의인화는 엄밀한 의미에서 의인화라고 할 수 없다. 그러한 의인화는 그들의 전 존재

내지 전 인격이 행위에 직접 연루되어 있어서, 신성한 힘을 따로 대상화하여 의인화할 수가 없기 때문이다. 사실 의인화란 행위는 기본적으로 '주체와 객체의 차이에 대한 자각'을 전제할 때에만 가능하다. 다시 말해 엄밀한 의미에서 의인화는 개인 내지 인격체로서의 주체에 대한 생생한 자각을, 그리고 더 나아가 그 인격성을 주체와 분명하게 구별되는 것으로서 자각되는 대상 속에 투사함을 함축하고 있다. 그렇다면 이러한 투사로 얻어진 의인화를 통해 형성된 그리스인들의 신 개념은 심정적 의인화로 얻어진 원시인들의 신 개념과 어떻게 다른가?

　일찍이 헤로도토스(Hērodotos)는 "페르시아인들은 태양, 달, 지구, 물, 불 등과 같은 자연 신들을 섬기고, 그리스인들은 인간의 본성을 지닌(anthrophyes) 신들을 섬긴다"고 서술하였다. 그의 이러한 서술은 원시인들의 심정적 의인주의와 크게 다를 바 없는 그 당시 그리스 일반인들의 의인주의적 신관을 단적으로 표명하고 있다. 이러한 사실을 염두에 두어야만, 우리는 종교 의식의 주체로서의 신을 더 중시하였던 일반인들이 왜 의인주의적 신과 신·동물동형주의적 신을 동일하게 여길 수밖에 없었는지를 쉽게 이해할 수 있다. 그러나 이러한 일반인들이 생각했던 신은 산문 형태의 올림포스 신화를 통해, 점차적으로 식물적·동물적 형태를 벗어 던지고 대지의 다이몬이길 거부할 뿐 아니라, 공기와 하늘의 다이몬이기도 거부함을 통해 철저하게 의인화된 신으로 바뀐다. 완전히 인간적으로 되어버린 올림포스 신들이 자신들로부터 대지 태생(gegenes)의 다이몬적 특성을 떼어내고 싶은 욕망은 '지상의 다이몬들과의 싸움'(gigantomachia)의 신화에, 그리고 천상의 다이몬적 특성을 떼어내고 싶은 욕망은 '천상의 다이몬들과의 싸움'(titanomachia)의 신화에 극명하게 투사되어 있다.

　올림포스 신들의 이러한 환골탈태는 일차적으로 그리스인들이 먹을 것을 제공하는 대지의 식물이나 동물의 다산성 그리고 하늘의 기상 변화보다는, 인간사의 원인들에 대한 것 내지 우주 전체의 현상 자체에 대하여 더 많은 관심을 갖게 되었음을 보여준다. 그리스인들이 이렇게 인간사에 더 많은 관심을 기울이게 된 것은 적어도 기원전 12세기부터 기원전 8세기까지 그들이 겪었던 암흑기의 암울한 체험을 고려해 볼 때, 그들이 먹을 것을 구하고자 하는 본능적 욕구보다는 '안정된 국가와 질서 잡힌 사회'에 대한 정치적·사회적 갈망에 의해 훨씬 더 영향을 받았기 때문이다.

이러한 갈망은 신들을 주로 인간사와 관련된 문제 해결의 맥락에서만 바라보려는 그 당시 사람들의 시대정신에, 그리고 그러한 시대정신은 호메로스와 헤시오도스의 작품 도처에서 발견되는 의인주의적 신관 속에 극명하게 나타나 있다. 사실 과학이 발달하지 못하였던 시대의 사람들이 특정 자연 현상이 왜 발생하는지를 정확히 알 수 없는 경우, 그 원인을 초자연적 존재자인 신에게서 찾는 것은 당연한 현상이다. 이 같은 현상을 염두에 두면, 고대인들이 왜 인간의 특정한 행위에 대해서도 그 원인을 자기 자신에게서 찾지 않고 신 안에서 찾았는지도 쉽게 설명할 수 있다. 그런데 모든 것의 원인을 신 안에서 찾고, 신들이 모든 것을 결정한다고 여기는 생각은 역으로 인간이 자신의 일에 대해 스스로 어떠한 결정도 못 내림을 의미하기도 한다. 예를 들어 아킬레우스는 볼이 예쁜 브리세이스를 인도해줄 것을 요구하는 아가멤논에게 격노하여 검을 뽑으려고 하지만, 그 순간에 아테나 여신이 나타나 다음과 같이 말하면서 그를 저지한다. "나는 그대의 노여움(menos)을 진정시키고자 하늘에서 내려왔다. 만약 그대가 내 말에 복종하겠다면, [……] 그러니 자, 말다툼을 중지하고 칼을 빼지 말도록 하라." 반면에 아테나 여신은 "디오메데스여! 그대는 아레스든 다른 불사신이든 그렇게 두려워하지 말라. 그만큼 내가 그대를 도와주고 있으니까. [……] 난폭한 아레스를 겁내지 말라"며 인간을 격려하기도 한다. 이 같은 예를 통해, 호메로스적 인간은 아직 자신이 '스스로 결단을 내릴 수 있는 존재'라는 사실을 자각하지 못했음을 알 수 있다. 다시 말해, 자신이 숙고한 후에 결단을 내렸을 때조차도, 인간은 그 결단이 신들에 의해서 이루어졌다고 생각하는 것이다. 그렇다면 모든 행위의 원인을 신에게 돌리는 이러한 호메로스적 인간은 그리스인들로 하여금 자신의 모든 삶을 신에게 전적으로 맡기는 수동적 삶을 영위하도록 만들었는가?

의인주의에 기인하여 나타나는 '모든 것을 신의 뜻으로 여기는' 태도는 인류 문화에서 역사적으로 극단적으로 대비되는 두 개의 사유 방식과 생활 방식을 낳는다. 즉 그러한 태도는 한편으로는 모든 것을 자신과 다른 존재인 신의 뜻으로 여기면서 신에 의해 써진 운명(fatum)을 수동적으로 따르는 운명주의적·비관주의적 사유와 수동적 생활 태도를, 다른 한편으로 신이 지닌 인간과의 근본적 차이점인 완전성 자체에 주목하여 그 완전성에 도달함을 목표로 삼고 도전하는, 즉 운명을 능동적으로 창조해가는 낙관주의적 사유와 적극적 생활 태도를 발달시키게 된다. 적어도 고전기의 그리스인들이 운명에 대해 낙관주의적 사유와 적극적 생활 태도를 취했음은 잘 알려진 사실이다.

그렇다면 호메로스 시절의 그리스인들과 고전기의 그리스인들 사이에는 근본적으로 다른 질적 차이가 있는 것인가? 앞의 예를 통해 볼 때, 호메로스적 인간은 운명에 순종하는 숙명론자로 해석될 수밖에 없으니까 말이다. 게다가 우리는 고전기의 그리스인들도 일상적 도덕 생활의 차원에서 항상 자신에게 주어진 운명에 순종함을 미덕으로 삼았음을 안다. 그러한 중용을 중시하는 정신을 우리는 헤시오도스의 작품이나 그리스의 속담—"절대로 만용(또는 오만, hybris)을 범하지 말라", "절대로 지나치지 말라"(meden agan)—에서, 그리고 운명의 세 여신(Klōthō, Lachesis, Atropos)이나 제우스가 인간의 운명의 실을 잣고 묶어주는 권능을 지녔음을 이야기하는 신화에서 쉽게 찾아볼 수 있다. 주어진 운명에 순종해야 함은 스카만드로스의 개입으로 시작된 신들의 혼전이 아킬레우스가 '자신에게 주어진 운명을 거슬러(hyper moron) 성벽을 허물어버리지 않을까 걱정하는' 제우스의 허락에 따라 벌어진다거나, 아가멤논의 귀향 제의에 동조하여 아카이아인들이 귀향 준비를 할 때 헤라와 아테나가 그들의 '운명을 거스르는 귀향'을 막기 위해 개입하는 예에서, 즉 인간사에 개입하고 그것들을 해결하느라 '바쁜 신'

(deus studiosus)의 모습에서 분명하게 나타난다. 이러한 예를 보면, 우리는 그리스인들이 어떻게 운명을 능동적으로 개척해가는 낙관주의적 삶의 태도를 지니게 되었는지 그 이유를 설명할 수가 없게 된다.

그것에 대한 설명은 이 'hyper moron'의 의미를 더 깊은 차원에서 고찰함을 통해서만 가능하다. 일찍이 리처드 B. 오니언스(Richard B. Onians)는 'hyper moron'의 의미를 '운명을 거슬러 넘어섬'이 아니라, '운명을 극복하여 넘어섬'으로 해석함으로써, 인간의 차원에서 운명을 넘어서는 가능성을 암시하고 있다. 사실 운명을 넘어설 수 없음은 신들이 관장하는 인간사 및 우주 만물의 전체적 질서의 차원에서 작용하는 일반적 법칙의 관점에서 보았을 때에만 타당한 일이다. 그러나 그러한 일들도 구체적 행위의 차원에서는 항상 개인의 선택 문제와 연관된다. 아킬레우스가 '명예는 없지만 목숨을 오랫동안 유지할 수 있는 삶' 대신에, '기간은 짧지만 명예로운 삶'을 선택함은 신의 입장에서 보면 신이 그에게 부과한 운명이지만, 인간 아킬레우스의 입장에서 보면 그 자신이 선택한 운명이다. 이러한 예를 통해 볼 때, 비록 자신의 죽음 내지 파멸을 가져오는 거시적 세계의 법칙을 거스를 수는 없지만, 인간은 자신의 행위를 스스로 결정하는 미시적 세계에서는 자신이 지닌 가치관에 따라 선택할 수 있는 즉 운명을 극복하여 넘어설 수 있는 것이다.

이러한 점을 염두에 두어야만, 우리는 비로소 그리스인들이 왜 한편으로는 거시적 관점에서 운명에 순응하는 사유를 삶의 근본적 태도로서 간직하면서도, 동시에 다른 한편으로 미시적 관점에서 자기에게 선택지가 주어지는 경우 가치관에 따라 그중 하나를 선택하는 능동적 행위를 통해 삶에 대한 긍정적이고 낙관적인 태도를 지니게 되었는지를 이해할 수 있다. 훗날 가치론적 사유를 잉태하게 될 이러한 태도를 그리스인들이 형성할 수 있었던 것은 물론 그들의 무의식의 심층에 신비의 신과 함께하였던 종교적 체험이 자리 잡고 있었기 때문이다. 종교의식을 통한 '신과 함께함'(enthousiasmos)의 체험은 뤼시앵 레비브륄(Lucien Lévy-Bruhl)의 표현대로 원시인들에게는 단순히 종교적 차원에서의 '신비스러운 함께함'(la participation mystique)일 뿐이지만, 그리스인들에게는 '신과 같은 완전한 존재'로의 탈자(脫自; ekstasis)이다. 그들은 이러한 경험을 통해 철학적 차원에서 자신이 지향하고 닮아야만 할 자신의 대자적 모습으로서의 실존(實存)을 자각하게 된다. 이러한 자각이 있었기에, 그들은 종교 의식이라는 특수한 시간으로부터 일상생활의 시간으로 되돌아왔을 때에도 완전한 존재에 대한 끊임없는 탐구의 정열(erōs)을 지닐 수 있었다. 그리고 바로 이러한 정열을 형이상학적 차원에서 가질 수 있었기에, 그들은 또한 엘레우시스 비밀 의식에서 곡물 정령의 삶을 체험함을 통해 그 정령으로 대표되는 한시적 생명력(bios)의 유한성을 자각하면 할수록, 인간의 그 짧은 삶을 최대한 완벽하게—살아 있는 동안만이라도—영위해야만 한다는 그들 특유의 인생관을 정립할 수 있었다.

그들의 이러한 인생관은 전사로서의 신체적 아레테(aretē)의 필요성이 가장 뼈저리게 느껴지던 호메로스의 영웅시대에, 그리고 인간 내면세계의 정신적 아레테에 대한 탐구가 절실하였던 비극시대에, 어떠한 행위가—비록 그것이 자신의 주어진 운명을 거스르는 것이기 때문에 신의 처벌을 받는다 할지라도—가장 영웅다운 행위이고 덕목인지, 그 원형을 탐구하고 그 원형에 따라 행동하고자 하는 정신을 낳게 된다. 이러한 정신사적 토양에서 자라났기에, 민주 사회의 시민이 지녀야 할 사회적 아레테에 대한 규정이 간절히 요구되었던 고전기에 살았던 소피스트와 철학자들은 사회 정의와 질서에 대한 로고스를 통한 고찰을 심화하게 된 것이다. 이러한 점을 염두에 두어야만, 우리는 비로소 그리스인들의 의인주의적 신관이 어떻게 고전기에 인간의 운명을 능동적으로 창조해나가는 정신을 잉태하고, 더 나아가 그러한 정신이 철학적으로 자신의 의식에 대한 자각을 통하여 아레테에 대한 탐구 정신의 기초를 이루게 되는지를 이해할 수 있다.

아레테에 대한 탐구의 지성사적 흐름의 관점에서 볼 때, 호메로스 서사시의 중요성은 에이도스(aidōs: 수치심, 명예심, 자존심)와 네메시스(nemesis : 분노, 의분)에 근거한 귀족주의적 가치 체계를 문명 세계의 모델로서 제시했다는 점에 있다. 물론 이러한 윤리적 덕목들은 오늘날 어느 정도의 학교 교육을 받은 사람이면 누구나 갖추고 있다고 여겨지기 때문에 그 중요성이 전혀 느껴지지 않는다. 그러나 정글의 법칙이 지배하던 암흑기에, 즉 육체적 탁월성만이 유일한 덕목으로 중시되던 시대에 그러한 새로운 차원의 덕목들이 의식화되고 실현되기에 얼마나 어려웠을지, 따라서 그것이 가치론적 탐구의 흐름 속에서 얼마나 중요한 의미를 지니게 되었을지는 쉽게 추론할 수 있다. 게다가 그러한 덕목을 지닐 수 있는 존재가 신이 아니라 바로 인간이라는 사실을 일반인에게 무의식적으로 고취하고 있는 서사시, 그래서 '인간의 위대한 업적'(klea andron)을 보존하고 전승하는 역할을 수행하게 된 서사시는 신을 종교적 체험의 대상이 아니라, 여러 가능한 행위의 선택지 중에서 가장 바람직한 행위를 선택하기 위해 고민하는 가치론적 반성의 대상으로서 표상하게 만들어준다.

서사시가 수행한 이러한 역할 덕분에, 그리스인들은 '인간도 신과 같은 행위를 할 수 있다'는 신념에 입각하여 운명에 도전하거나 또는 운명을 적극적으로 창조해가는 낙관주의적 태도를 유지하게 된다. 물론 운명에의 도전은 자유로운 정신을 지닌 소수의 비극적 영웅의 몫일 수밖에 없지만 말이다. 그럼에도 불구하고, 평범한 사람들과 다르게 운명에 도전하였던 영웅들이 비극적 처벌을 받는 것은 역으로 모든 인간이 본래는 그러한 도전을 할 수 있는 존재임을 암시하는 것이다. 이러한 도전의 근저에는 인간의 본성이 신의 본성과 유사하기 때문에(신과 인간은 똑같이 흙에서 태어난 존재이기 때문에) '신과 같은 행위를 할 수 있다'는 신념이 깔려 있다. 물론 인간의 본성이 신의 본성과 같다고 해서, 그리스인들이 신과 인간의 차이를 무시했던 것은 아니다. 즉 그들은 자신을 유한한 존재자(thnetos, brotos)로, 반면에 신을 늙지도 죽지도 않는 불멸적 존재로, 따라서 인간보다 훨씬 더 많은 능력을 지닌 존재로 생각했다. 그러나 그들은 그러한 차이에도 불구하고 인간 재능의 범위와 가능성을 확신했기 때문에, 다시 말해 인간도 신적 속성으로 알려진 완전성에 도달할 능력이 있다고 확신했기 때문에, 운명에 도전할 수 있었고 더 나아가 신을 인간의 모습으로 형상화할 수 있었던 것이다.

바로 이러한 확신이 있었기에, 그리스인들은 '인간도 완전성으로 나아갈 수 있다'는 관념을 통해, 그리고 더 나아가 '인간이 신에 의해 구속되어 있다'는 관념을 최초로 깨뜨림으로써, 서구 문화를 이룩할 수 있었던 것이다. 물론 그러한 깨뜨림을 통해 얻게 된 인간 정신에 대한 자각은 비극 작품들 속에서 최초로 외화(外化)된다. 그러나 그러한 자각의 씨앗은 이미 종교 의식 참여를 통해 얻은 '완전자로서의 신과 함께함'의 신성한 체험과 일상적 삶으로 회귀하여 그 특수한 상태를 반복해 되돌아봄으로써 얻게 된 '완전자로서 대자화된 자신의 모습에 대한 추구'의 철학적 열망(erōs) 속에 잉태되어 있었다. 그러나 특정의 신성한 시공 속에서 얻을 수 있는 체험들을 통해서 순간적으로만 배태되었던 그러한 씨앗들은 서사시와 비극의 비옥한 토양—영웅들로 하여금 운명을 무조건 따르는 수동적 삶이 아니라, 신과 같이 완전한 행위를 실천하는 적극적 삶을 추구하게 만든 토양—에서 지속적으로 숙성될 수 있었기 때문에, 훗날 탁월성(aretē)에 대한 철학적 규정의 결실을 맺을 수 있었던 것이다.

그리스인들이 이러한 정신적 고양을 이룰 수 있었던 것은 그들이 논리적 사유 속에서 모든 것들을 양 극항으로 대립시킨(극성의 원리) 다음에, 현실 세계의 중간 항들에 대한 감각과 인식을 그 양극과의 연관 속에서(유비추리의 원리) 획득하는 습관을 지니고 있었기 때문이다. 그리스 철학자들이 즐겨 사용하는 대립자 개념 쌍들의 예를 통해 알 수 있듯이, 중간 항들의 속성을 양극으로 분리·집중시켜서 얻게 되는 양 극항의 완벽한 속성은, 마치 플라톤의 이데아가 현상들에 대해 그렇듯이, 중간 항들에 대한 인식론적·존재론적 기준이 된다. 바로 이러한 이유에서, 그리스인들의 신은 모든 존재자들로서의 중간 항들 한쪽 끝에서 '가장 완벽한 존재'로서 다른 한쪽 끝의 '가장 불완전한 존재'로서의 인간에 극적으로 대립되는 것이다. 가사적(可死的)이며 유한한 능력의 소유자인 인간에 대비되는 불사적(不死的)이고 무한한 능력을 지닌 존재로서의 신에 대한 표상은 적어도 각 지방의 특수 조건 또는 종교 의식의 구속을 받지 않는 관념에서는, 신을 '어떠한 모습으로도 변신할 수 있고, 어떠한 기능도 수행할 수 있는 능력을 지닌 존재'로 규정하게 된다. 이러한 점을 고려하면, 우리는 그리스의 신들이 왜 그렇게 수많은 부가 형용사를 지닌 존재로 묘사되는지를 이해할 수 있다. 더구나 그러한 현상은 그리스인들이 지닌 문학적 · 예술적 상상의 자유로움과 거침없음을 생각한다면 너무나 자연스러운 일이다. 그들의 예술적 시선은 신을 인간과 완전히 다른 존재로 바라보는 것이 아니라, 중간 항들의 단계를 거쳐서 어렵게 도달한 인간의 완전한 모습에 대한 투사로서 바라보도록 만든다. 올림포스의 신들이 "경외의 현실적 대상이 아니라 예술적 상상을 통해서 생겨났다"는 요한 빙켈만(Johann Winckelmann)의 주장이나, "비교주의적 · 명부적 · 무아적 존재와 다른 문학, 조형 예술을 지배하는 범그리스적 · 고전적 신"이라는 베네데토 크로체(Benedetto Croce)의 주장은 바로 이 같은 근거에서만 이해될 수 있다. 그러나 이러한 예술적 시선이 가능한 것은 양극으로서의 신과 인간을 연결하려는 유비추리의 원리에 따라 작동하는 철학적 사유가 그 심층에 있기 때문이다.

그리스인들이 이러한 사유의 두 원리를 통해 원시인들의 심정적 의인주의에서 벗어나 철학적 의인주의로 나아갈 수 있었던 것은 그들이 종교 의식이라는 구체적 · 체험적 공간에서 심정적 합일의 대상으로서 느껴지는 종교적 신들을 신화와 서사시라는 추상적 · 상상적 공간에서 자신의 완벽한 모습이 어떤 것이어야 하는지를 사유하는 대상으로서 인식되는 철학적 신들로 바꿔놓았기 때문이다. 사실 올림포스의 테오스는 다이몬과 다르게 각자 자신의 고유한 이름을 지니고 있는바, 이는 각 신이 자신만의 특정한 신격(神格; persona)을 지니게 되었음을 의미한다. 그런데 이러한 신격 부여의 행위는 개별 인격체로서의 주체에 대해 생생하게 자각하게 된 인간이 자신의 불완전한 인격성과 분명하게 구별되는 완전한 인격성을 완전한 존재로서의 신에 투사함을 의미한다. 그리스인들은 자신이 지닌 인격의 대자적 모습을 속성으로 지닌 바로 그 신격을 신에게 부여함을 통해, 정서적으로 신성한 힘과 하나로 묶여 있는 공생(holopsychosis, symbiosis)의 상태에서 벗어나, 각각의 대상들을 그 신성한 힘과의 연관 관계 속에서 유별(類別)하는 인식과 표현의 단계로 들어가게 된다. 이렇게 대상과의 심정적 합일 상태를 벗어날 수 있었기 때문에, 그들은 개별화의 원리(principium individuationis)에 근거한 분류 작용을 통해 무규정적 · 신적 힘들을 특수한 개별적 힘들로 확정할 수 있었다. 이러한 분류 작용이야말로 훗날 철학적 차원에서 앎 일반을 객관화하는 작업의 초석이 된다. 사실 객관화한다는 것은 제인 해리슨(Jane E. Harrison)이 주장하였듯이, 알아야만 할 것을 대상화하여 그것을 자기 밖에 존재하는 이질적인 그 무엇으로서 투사하는 것이다. 안다는 것은 적어도 부분적으로는 지각을 자아 중심적 감정 내지 공감으로부터 정화하는 것, 즉 추상하는 것이다. 다시 말해 그것은 감정을 제거한 상태에서 대상을 보는 것이다.

올림포스 신들에 대한 그리스인들의 의인화가 바로 이러한 감정 제거의 상태에서 완벽한 것을 객관적으로 바라보는(theorein) 인식론적 작용을 통해 이루어졌다는 사실을 염두에 두어야만, 우리는 그 신들이 왜 차가운 소원성(remoteness)과 완전성을 지닌 존재로 새롭게 규정되는지, 그리고 더 나아가 그러한 규정이 어떻게 모든 대상 일반의 완전한 성질을 찾고자 하는 진리 발견적(euristike) 차원의 철학적 사유를 발달시키게 되는지를 이해할 수 있다. 이제 올림포스의 신들은 인간들과 뜨거운 호흡을 같이하며, 그들을 돕기 위해 필요에 따라 여러 모습으로 현현하는 변신 능력을 지닌 신비적 신(mystery god)이 아니다. 그 신들은 이제 주체에 대한 객체들이자, 인간의 마음으로부터 내던져져 거리를 둔 상태에서만 보일 수 있는 존재들이며, 느껴지고 살아지는 신비스러운 신들이 아니라 인식 대상으로서의 신들이 된 것이다. 이렇게 철학적 차원의 새로운 공간에서 사유되기 시작했기 때문에, 그리스 신들은 더 분명하게 보이면 보일수록, 그만큼 더 합리적 사유와 성찰의 대상이 되고, 그만큼 더 인간 감정의 근원과 표현에서 멀어지게 되는 것이다.

신을 인식론적 대상으로 삼음은 신을 종교적 차원에서 '신비적 함께함'의 대상으로 느끼거나, 서사시나 비극의 차원에서 영웅이 완전한 아레테를 통해 닮고자 함의 대상으로 여기는 것이 아니라, 로고스 차원에서의 서술이나 규정의 대상으로 삼게 되었음을 의미한다. 로고스를 통한 철학적 차원에서의 신 개념에 대한 규정은 무엇보다도 먼저 완전자로서의 신이 어떠한 특성을 지닌 존재자인지 탐구하는 데서 출발한다. 물론 완전자로서의 신 개념은 신화 속에서 잉태된 '유한한 인간에 대비되는 무한한 존재'로서의 신 개념을 이어받은 것이다. 그러나 이러한 완전자로서의 신 개념은 철학적 사유에 의해 '완전성 자체의 특성만을 지닌 존재'로 오려내어진다. 그 결과 이제 완전자로서의 신은 그 본질적 정의상, '모든 존재자들의 원인이자 주재자'로서 규정된다. 바로 이러한 규정 덕분에, 이제 신은 퓌시스에 대한 탐구의 시선을 지닌 철학적 사유에 의해, 인간사뿐 아니라 우주 전체 내지 자연 현상의 원인과의 관련 속에서 새롭게 고찰되기 시작한다.

이러한 철학적 시선의 변화를 염두에 두어야만, 비로소 우리는 아레테에 대한 가치론적 추구의 길을 열어주었던 의인주의적 신 관념이 왜 다른 한편으로 동시에 세계를 움직이는 힘으로서 자연신의 관념도 산출하게 되는지를 이해할 수 있다. 물론 이러한 자연신 관념은 전체를 '조직화하는 지능'(intelligence organisatrice)을 지닌 인간의 영혼을 투사한다는 점에서 의인주의적 신 관념에 그 기원을 두고 있다. 그럼에도 불구하고 모든 문화권에 공통적으로 나타나는 이러한 의인주의적 신 관념이 그리스 문화권에서 유일하게 자연신의 관념으로도 나아갈 수 있었던 것은 전적으로 헤시오도스의 영향이라고 할 수 있다. 그의 『신통기』는 신성한 힘들 전체를 테오스(theos)라는 하나의 일반명사로 지칭함에 만족하지 않고, 그 힘들 하나하나에 각각의 고유한 이름과 기능 및 영역을 부여하며, 그 기능의 위계에 따라 서열을 정하는 체계적 계보로서의 '신들에 관한 이야기'이다. 이 이야기 속에서 그가 신들에게 이름을 부여한 행위는 단순히 신들을 언어학적으로 지칭함 이상의 의의를 지닌다. 인간은 이름이 함축하는 의미를 가지고(con) 세계에 존재하는 모든 것들의 관계를 파악할 수(capio) 있는 도구로서의 개념들(conceptus)을 통해서만, 비로소 세계에 대해 인식하고 그 인식한 것을 말로써 표현할 수 있기 때문이다.

세계의 기원과 인간 및 만물의 기원을 논하는 『신통기』는 바로 이러한 개념들을 이용한 서술이기 때문에, 세계에 대한 개념적 밑그림을 전체적 공간화의 구조 속에서 그릴 수 있다. 그러한 구조를 염두에 두었기 때문에, 그는 맨 처음에 우주 발생의 원리에 해당하는 추상적 신들로서 카오스(Kaos)와 에로스(Erōs)를, 그다음에 자연물을 지칭하는 신들로서 가이아(Gaia), 우라노스(Ouranos), 폰토스(Pontos) 등을, 인간이 지닌 기능을 지칭하는 신들로서 므네모쉬네(Mnemosynē), 메티스(Mētis) 등을, 사회적 법칙을 지칭하는 신들로서 모이라(Moira), 테미스(Themis), 디케(Dikē) 등을 설정하고, 마지막으로 제우스를 비롯한 올림포스 신들을 등장시킨다. 『신통기』는 자연 및 인간 세계 전체의 질서가 어떻게 운행되는지를 상위의 신들과 하위의 신들의 관계에 대한 논리적 표상을 통해 설명하고 있다는 점에서, 우주 발생론(cosmogonia)으로서의 신통기(theogonia)라기보다는 우주론(cosmologia)으로서의 신에 관한 이야기(theologia)인 것이다.

『신통기』가 유 개념의 차원에서 자연에 대한 시간적·공간적 밑그림을 그릴 수 있게 해주었다면, 자연의 운행적 질서를 기술하는 책력으로서의 『일과 나날들』은 개별자의 차원에서 인간이 자연법칙이 무엇인지를 구체적으로 깨닫게 해주었다. 사실 다른 문화권에서는 국가의 공인(公人)으로서 제관이 농사일을 언제 시작하고 끝낼지를 결정하고 각 단계마다 해야 할 구체적 일을 지시해주었기 때문에, 자연법칙에 대한 앎은 소수의 성직자들에게만 허용된 특권적 지식이었다. 반면에 그리스 문화권에서 이 특권적인 신성한 지식은 『일과 나날들』을 통해 사인(私人)으로서의 농부들에게 보편화됨으로써 만인에게 평등한 세속적 지식으로 탈바꿈한다. 그러한 탈바꿈 덕분에, 그리스의 농부들은 자연법칙으로서의 농사일에 대하여 스스로 인식하고, 그 인식을 행위로 옮길 수 있게 된다. 자연법칙에 대한 관념 자체가 이렇게 상식화·보편화되었기에, 훗날 우주 및 인간 세계의 질서라는 철학적 개념이 잉태되고, 이러한 종류의 개념들이 무한 증식하기 시작한 사상적 토양에서 자연철학자들의 자연에 대한 탐구 정신은 꽃필 수 있었던 것이다.

이러한 관점에서 볼 때, 헤시오도스의 『신통기』는 한편으로 질서화된 우주 즉 인간이 따라야만 하는 질서가 지배하는 우주의 관념을 통해 그리스인들에게 아르케라는 자연철학적 개념을 가르쳐주고 있을 뿐 아니라, 다른 한편으로 신과 인간 그리고 만물의 관계를 공간적 구조 속에서 조감하게 하여 전체를 보는 시선 그리고 일자와 그 아래 포섭되는 개별자들의 관계를 꿰뚫어 보는 시각도 부여하고 있다. 그런데 그리스의 신화 체계는 다른 한편으로 그러한 형이상학적 시각 외에도, 인간이 구체적으로 어떠한 실천(praxis)을 해야 하고 그러한 실천을 위해 얼마나 노력해야 하는지에 대한 가치론적 시각도 제공한다. 예를 들어 '지상의 다이몬들과의 싸움'과 '천상의 다이몬들과의 싸움'에서 승리함으로써 이 우주에 질서를 가져오고 불변의 통치권을 확립한 제우스의 업적에 대한 신화는 피상적으로 보면 단순히 지상에서 일어나는 악과 천상에서 일어나는 불규칙적인 이변에 대한 인간의 완전한 제어를 투사하는 것처럼 보인다. 그러나 이 신화를 심층적으로 읽어보면, 이러한 제어가 저절로 얻어지는 것이 아니라 인간의 끊임없는 노력을 통해서 얻어지는 것임을 알 수 있다. 이러한 진리를 우리는 헤시오도스의 다섯 종족의 신화에서 분명하게 찾아볼 수 있다. 사실 이 신화는 베르낭이 잘 지적하였듯이, 인간이 불의와 욕망을 제어할 수 없으면 이 세상은 언제라도 불의가 지배하는 철의 시대로 다시 타락할 수 있음을, 따라서 인간은 정의와 용기가 지배하는 영웅시대를 유지하기 위해 끊임없는 노력을 기울여야 할 의무가 있음을 갈파하고 있다. 여기에서 우리는 디케가 결국 신들의 정의가 아니라, 인간이 사회 속에서 행위를 통해 실현해야만 하는 목표인 완전한 정의에 대한 표상임을 알 수 있다. 이 같은 관점에서 보았을 때, 『일과 나날들』에서 신의 노작(ergon)에 참여하는 노동의 즐거움을 권장하고 찬미함은 훗날 철학자들이 정의로운 사회 실현에 온 힘을 기울여야 할 당위성과 필연성을 미리 이야기해주고 있는 것이다.

4 철학의 탄생

지금까지 우리는 고정된 관점에서 해방됨으로써 새로운 관점을 발견함을 목표로 하는 철학사 연구에서 철학적 사유의 기원을 안다는 것이 어떠한 의미를 지니는지, 종교 의식과 의례 신화 그리고 문자화된 신화에서 끊임없는 변신 과정을 통해 형성된 신 개념을 중심으로 구조화된 그리스인들의 사유 방법 및 인식 체계가 자연과 세계에 대한 학문적 해석의 길, 즉 철학적 사유의 길을 어떻게 새로이 열게 되었는지를 살펴보았다.

물론 우리는 그리스에서만 철학이 탄생할 수 있었던 이유로서 몇몇 학자들처럼 경제적 조건(화폐 경제와 해상 무역으로 인한 합리주의적 사유의 발달), 정치적 조건(사법적·입법적 공간에서 자기 의사를 분명하게 표현하는 기술의 발달), 문화적 조건(토론을 통해 명제화되고 검증된 것만을 진리로서 받아들이는 분위기의 발달) 등을 주된 원인으로 들 수 있다. 그러나 이 모든 조건들이 서로 조화를 이루어 철학을 탄생시킬 수 있었던 것은 그리스인들의 사유 방식 자체가 그 심층에서 이미 자연 및 세계를 철학적으로 바라볼 수 있도록 구조화되었기 때문이다. 우리가 철학의 기원을 종교적 사유에서 철학적 사유로의 전환 과정 속에서 집중적으로 찾은 이유는 그리스인들의 종교적 사유가 '자연과 세계를 기존의 전통적 시각과 다른 철학적 시각에서 보는 능력'을 형성해주는 데 주도적 역할을 수행하였기 때문이다.

바로 그러한 점을 밝히고자 하였기에, 우리는 그리스인들의 신 개념이 어떠한 과정을 거쳐 올림포스 이전의 신비적 신들에서 올림포스 만신전의 합리적 신들로 변천하였고, 그러한 변천이 그들의 철학적 사유 방식 자체에, 특히 인식 및 가치 체계의 사유에 어떠한 영향을 끼쳤는지에 분석의 초점을 맞추었던 것이다. 그러한 분석을 통해, 우리는 인류의 종교적 사유의 뿌리가 발생학적으로 원시인들이 지녔던 신성한 힘과의 직접적 함께함에 닿아 있다는 것, 그리고 그러한 직접적 함께함이 상실된 시대에 신성한 힘과의 함께함을 매개해줄 존재로서 발생하게 된 신 개념이 그리스인들의 사유를 통해 여러 모습—함께함의 대상으로서 감정적 차원의 신, 인간이 원하는 것을 가져다줄 마술적 힘을 구현하는 기능적 차원의 신, 완전성이라는 속성을 통해 만물의 본질을 판가름해주는 시금석으로서 인식론적 차원의 신, 완전자의 모습을 통해 인간이 닮고자 하는 모델을 제공하는 가치론적 차원의 신—으로 표상되었다는 것, 신에 대한 그러한 다양한 관점에서의 표상은 존재론적 · 인식론적 · 가치론적 차원에서 철학적 사유의 기본적 구조 형성에 주도적 역할을 수행했다는 사실을 알 수 있었다.

그리스 신들이 지닌 이러한 다중적 모습을 통해, 우리는 그리스의 종교가 왜 유일신을 신봉하는 종교로 나아가지 않았고, 그 신들이 왜 그렇게 의인주의적 특성을 지닐 수밖에 없었는지를 이해할 수 있었다. 또한 그리스인들이 한편으로는 신들을 인간이 함께함을 통해 합일할 수 있는(종교 의식 속에서) 대상으로, 동시에 다른 한편으로 신과 일정한 거리를 유지하면서 관조 및 차가운 인식의(신화 속에서) 대상으로 삼는 가운데 종교적 사유와 철학적 사유를 대립이 아니라 상호 보완성 속에서 융합하고 있음을 볼 수 있었다. 즉 우리는 그리스의 신 개념 속에 이미 잉태되어 있는 두 가지 속성—즉 일자성 · 완전성 · 무한성이라는 형이상학적 차원의 속성, 가치로운 삶의 방식(modus vivendi)의 원형이라는 윤리학적 차원의 속성—이 그리스인들로 하여금 인간 사회 안에서 가장 완전한 법과 제도를 세우고자 철학적 차원에서 노력하도록 만들었음을 알 수 있었다. 그들의 이러한 철학적 차원의 노력이 있었기에, 후대의 인류는 수많은 보편적 가치들을 창출할 수 있게 된다.

물론 그리스인들이 '인간의 정신'—스넬이 말하는 의미에서—을 최초로 발견하고, 가장 완벽한 또는 모범적인 행위 규범을 모든 인류에게 제시해줄 수 있었던 것은 단순히 그들이 특유의 신 개념을 지녔기 때문이 아니라, 그들 자신이 그 개념을 도구로 하여 인간으로서 이상적인 사회 건설을 위하여 또는 완벽한 인간이 되기 위하여 어떻게 행위해야 하는지 철학적 성찰을 지속적으로 심화했기 때문이다. 결국 중요한 것은 종교 내지 신이라는 도구가 아니라, 그러한 도구를 이용하여 완전한 것을 찾으려는 철학적 사유의 노력 자체에 있음을 알 수 있다. 이러한 관점에서 볼 때, 오늘날 우리가 바로 그러한 철학적 사유의 원형을 찾아 그것을 오늘날의 문제들을 해결할 수 있는 새로운 시각 형성에 적용할 수 있을 때에만, 철학사 연구는 비로소 그 진정한 의미를 지니게 될 것이다.

■ 참고 문헌

베르낭, J. P.,『그리스인들의 신화와 자유』, 박희영 옮김, 아카넷, 2006.
스넬, B.,『정신의 발견』, 김재홍 옮김, 까치, 1994.
콘퍼드, F. M.,『종교에서 철학으로』, 남경희 옮김, 이화여대 출판부, 1995.
쿨랑주, F. de,『고대 도시』, 김응종 옮김, 아카넷, 2001.
톰슨, G.,『고대 사회와 최초의 철학자들』, 조대호 옮김, 고려원, 1992.

Harrison, J. E., *Prolegomena to the Study of Greek Religion*, Cambridge

Univ. Press, 1922.

Lévy-Bruhl, L., *Les fonctions mentales dans les sociétés inférieures*, Librairie Félix Alcan, 1922.

Murray, G., *The Rise of the Greek Epic*, Oxford Univ. Press, 1934.

Onians, R. B., *The Origins Of European Thought*, Cambridge Univ. Press, 1954.

제2장 밀레토스학파

손윤락

1 신화와 철학

서양철학은 그리스에서 시작했고, 이는 흔히 뮈토스(mythos)에서 로고스(logos)로의 이행으로 일컬어진다. 그리스어 뮈토스와 로고스는 둘 다 이야기 혹은 말이란 뜻이다. 그렇지만 신화라고 번역되는 뮈토스는 '들은 이야기'로 내가 그 말을 하더라도 근거를 댈 책임이 없는 말인 반면, 로고스는 어떤 대상에 대해 내놓는 설명으로서 내가 책임지고 하는 말이다. 물론 뮈토스 안에도 로고스가 들어 있고, 로고스 안에도 뮈토스가 들어 있다. 말하자면 신과 영웅의 이야기인 뮈토스 안에는 그들의 말, 즉 로고스가 들어 있는데, 이 말들은 대개 조리 있고, 신이나 영웅도 말을 잘할 때 더 권위를 세울 수 있는 모습을 볼 수 있다. 한편 철학자들의 작품인 로고스 안에도 신들의 이야기가 들어 있는데, 예컨대 파르메니데스(Parmenidēs)의 철학시는 신화적인 무대 위에서 펼쳐지는 것이며, 플라톤의 대화편들은 수많은 뮈토스를 담고 있다. 그렇지만 뮈토스는 전해지는 이야기를 그대로 혹은 각색해서 표현하는 것인 반면, 로고스는 화자 자신의 생각을 표현하는 말이며 화자가 근거 있게 하는 말이다. 그래서 로고스는 그리스 철학에서 중요한 합리성을 표현하는 '근거 제시'(logon didonai)라는 맥락에서 사용되며, '논리' 혹은 '이성'

으로도 이해된다.

　그리스인들이 즐겨 듣고 후대에 전해주었던 뮈토스, 즉 신화와 우리가 지금 알아보려고 하는 철학은 어떻게 다를까? 신화는 사실 인류가 주술적 사고를 벗어나 세계에 대해 나름의 체계적인 설명을 시도한 결과물이다. 사람들은 어느 순간, 세상에는 아무것도 온 데 없이 생겨나지 않고 간 데 없이 사라지지도 않는다는 것을 깨닫게 되고, 그렇다면 하늘의 천체들도 이 땅의 모든 놀라운 존재들도 누구에게선가 태어난 것으로 설명하게 된 것이다. 고대 그리스인들에게 신은 여럿이며, 이 신들은 시간과 공간 안에서 즉 특정한 때와 장소에서 부모에게서 몸을 받고 태어나 살아가는 존재이다. 그리스인들에게 우주란 한마디로 신들의 몸이다. 신들의 움직임을 지켜보는 것이 천체의 운행과 계절의 순환을 이해하는 것이었다. 신들의 기원에 대해서는 조상들이 전해준 이야기만 해도 많았다. 그들은 이 이야기에 귀를 기울였으니, 그들에게 신들의 기원이란 다름 아닌 이 세계의 기원이었기 때문이다.

　그런데 기원전 6세기의 그리스인들은 이런 전통과는 사뭇 다른 세계관을 만나게 된다. 이른바 '신화에서 철학으로'의 이행이 일어난 것인데, 이 지적인 혁명을 이끈 이들이 바로 밀레토스(Milētos)학파 사람들이다. 밀레토스학파란 기원전 6세기 소아시아 이오니아 지방의 그리스 식민도시 밀레토스에서 활동했던 사상가들을 함께 일컫는 말이다. 소아시아는 현재 터키 서부 해안 지역으로, 기원전 10세기경부터 본토의 그리스인들이 이주해 와서 여러 도시를 건설했는데, 이오니아 지방은 소아시아의 중남부를 차지한다. 밀레토스는 기원전 6세기 이오니아 지방에서 가장 크고 문물이 발달한 도시였다. 사상적으로도 당시 문명의 원천이었던 바빌로니아와 이집트 등 동방의 영향을 받아 그리스인들이 전통적으로 믿어왔던 세계관이 약화되었으며, 특히 제우스를 정점으로 하는 신화적 설명 이외의 방식으로 세계를 설명하려는 움직임이 일어났다. 이 새로운 조류의 선봉에 선 사람들이 나중에 '철학자'들이라고 불리게 되는데, 대표적으로 탈레스, 아낙시만드로스, 아낙시메네스가 알려져 있다.

그렇다면 이제 신화에서 철학으로의 이행이란 무엇인가? 최초의 철학자 탈레스는 "만물은 신들로 가득 차 있다"(panta plērē theōn)고 말한 것으로 전해진다.[1] 여기서 'panta'는 모든 존재하는 것들, 즉 우주(pan)를 가리키므로 이 말은 "우주는 신들로 가득 차 있다"는 뜻이다. 존재의 총합이라는 단일한 우주 개념이 생겨난 것을 탈레스를 비롯한 최초의 철학자들이 활동한 기원전 6세기 즈음으로 볼 수 있다면, 이때가 신에 관한 전통적인 개념에서 벗어나는 시기이기도 한 것으로 보인다. 이때를 뮈토스에서 로고스로의 이행이 일어난 시기로 본다면, 인류 지성사의 맥락에서 어떤 특징을 보여주는 것일까? 이 물음에 대한 대답은 밀레토스의 철학자들이 취한 자연과 세계에 대한 세 가지 태도에서 찾아볼 수 있을 것이다.

첫째, 철학은 합리적 지식을 추구한다. 신화와 달리 철학적 담론에서는 세계의 어떤 현상을 의인화된 신의 이름을 들어 설명하려고 하지 않는다. 예컨대 흉작의 이유를 날씨의 신인 제우스의 분노나 곡물의 신인 데메테르의 파업으로 설명하는 대신 그해의 가뭄 등의 자연법칙으로 설명하는 것이다. 이러한 특징을 합리성이라는 말로 표현하면 중세적 신앙과 신비주의로부터 벗어나려고 했던 근대의 합리주의 사상과 혼동될 수는 있겠다. 그렇지만 실은 그와 같이 고대 그리스에서도 최초의 철학자들이 취한 태도는 바로 변덕스러운 신들의 의지에 맡겨진 세계가 아닌, 관찰과 계산을 통해 얻은 자료를 바탕으로 일정한 법칙을 추출해냄으로써 근거 있는 설명 모델을 제시하려고 했던 데서 합리성을 첫째 특징으로 한다고 말할 수 있다.

둘째, 철학적 담론은 기존의 설명에 대해 비판적이다. 신화와 달리 철학적 담론은 기존의 유력한 설명을 답습하지 않고, 오히려 기존 담론에 대해 비판적으로 접근한다. 물론 전통 종교에 대한 비판과 재해

---

1) 아리스토텔레스, 『영혼론』 411a7.

석은 호메로스부터 시작된 것이겠지만, 그에게서 비판은 전통의 수용보다 크지 않다. 호메로스의 작품들은 긴 시대에 걸친 여러 지역의 다양한 전통을 수용하고 있다. 그런 까닭에 한 작품에서 예컨대 '헤파이스토스의 추락'과 같이 동일한 모티프를 서로 다른 방식으로 노래하기도 한다. 한편 철학적 담론은 기존 담론에 대한 비판을 생명으로 한다. 탈레스의 생각은 세계에 대한 신화적 설명 모델을 거부하는 것이며, 그를 잇는 아낙시만드로스의 이야기는 탈레스의 신화 비판을 환영하면서도 그의 모델이 가진 문제점을 지적하며, 그것을 뒤엎는 새로운 모델을 제시함으로써 성립하는 것이다.

셋째, 철학자는 자기 목소리를 낸다. 신화를 전해주는 작가는 자신이 지어낸 것이 아니라 그가 받은 전통 안에서 모티프를 가져오고 이야기를 재구성하여 들려준다. 새로운 면모를 가진 신화 작품은 사람들에게 환영받지만 그렇다고 그 이전의 이야기가 바로 폐기되는 것도 아니다. 상충하는 이야기가 있다고 해도 신화 작가가 책임을 질 필요는 없다. 반면 철학적 담론에서는 철학자가 자신의 이름으로 이야기를 내놓는다. 철학자는 전통적인 설명에 매몰되지 않고 새로운 설명 모델을 제시한다. 밀레토스학파의 경우 지정학적 여건으로 인해 바빌로니아와 이집트 등 외부의 선진 문명으로부터 새로운 지식과 사상을 받아들였겠지만, 철학자 개인의 역량에 의해 경쟁력 있는 새 설명 모델이 제시되었고 그중 일부가 살아남은 것이다. 이것은 철학적 담론이 가진 창의성이라고 할 수 있다.

밀레토스학파의 활동만 놓고 철학 혹은 철학적 담론 전체의 특징을 논하는 것은 무리한 일일 수 있지만, 여기서는 신화적인 이야기와 철학적인 담론의 차이에서 나오는 특징을 본 것이므로, 그런 한에서 수용할 수 있는 것으로 하자. 서구 지성사에서 '지적 혁명'이라고 일컬어지는 이 사태를 '철학의 발명'이라고 해본다면, 철학의 발명은 과연 신화와의 단절을 의미하는 것일까?

이 문제는 버넷의 '단절론' 해석에 대해 콘퍼드가 반론을 제기하면서 증폭되었다.[2] 버넷은 밀레토스에서 자연철학이 등장한 것을 로고스의 출현 혹은 "이성의 갑작스러운 계시"라고 표현할 정도로 단절을 강조했다.[3] 이는 베르낭의 표현처럼 "마치 장님의 눈에서 딱지가 떨어지듯이, 로고스는 밀레토스학파에서 처음으로 신화에서 해방되어 나온" 것으로 비유된다.[4] 반면 콘퍼드는 신화시대의 종교적 사유와 철학적 담론에서 보이는 합리적 인식의 시작 사이를 잇는 연결고리를 분명히 밝히려고 노력했다. 그는 버넷에 반대하여 이오니아의 '자연학'은 우리가 과학이라고 부르는 것과 아무런 공통점이 없다고 주장했다. 이오니아의 자연학은 실험을 몰랐으며, 관찰도 자연적 대상에 대해 직접적인 방식으로 수행된 것이 아니라는 것이다. 콘퍼드는 "그것은 종교가 엮어낸 표상 체계를 세속화된 형태로, 더욱 추상적인 사유의 차원으로 옮겨놓은" 것에 불과하다고 주장한다.[5]

이러한 논쟁에 대해 어느 한쪽의 견해가 완전히 옳고 그 반대편 견해는 완전히 그르다는 식의 선택을 하기는 어렵다. 그러나 대체로 콘퍼드의 해석이 신화시대 사람들의 생각과 최초의 철학자들의 사유 사이에 있을 법한 연속과 불연속의 관계를 좀더 유연한 방식으로 이해할 수 있게 한다고 보고, 이제 밀레토스학파의 개별 사상가 이야기로 넘어가자.

2 탈레스

탈레스(Thalēs, 기원전 624~546년경)는 기원전 6세기 초 밀레토스

---

2) F. M. Cornford, *From Religion to Philosophy*, 1957(1912).

3) J. Burnet, *Early Greek Philosophy*, 1920³(1892), p. v.

4) J. -P. Vernant, *Mythe et pensée chez les Grecs*, 1965(『그리스인들의 신화와 사유』, 박희영 옮김, 아카넷, 2005, 429쪽).

5) 위의 책, 431쪽에서 재인용.

에서 활동했던 사람으로, 흔히 그리스의 7현인 가운데 한 사람으로 일컬어진다. 이것이 탈레스에게 일종의 이상적인 성격을 부여하는 전통을 이루었는데, 그리스 사람들이 지혜와 관련한 말이나 행위를 대개 그에게 돌렸던 것이다.

탈레스에 관한 가장 오래된 기록은 사실 백여 년 뒤의 역사가 헤로도토스(기원전 484~425년경)의 『역사』인데, 이 책을 비롯하여 다른 전거들에서 탈레스는 일식을 예언한 것으로 기록되어 있다.[6] 천문학적 계산 결과 실제로 기원전 585년 이오니아 지방에 개기일식이 일어난 것으로 밝혀지기도 했다. 아리스토텔레스는 탈레스를 최초의 철학자이며 자연철학의 창시자라고 부른다.[7] 그가 전해주는 선대 사상가들에 대한 기록과 보고에 따르면,[8] 탈레스는 그리스에 처음으로 수학을 도입했고 만물의 '아르케' 즉 근원을 물이라고 보았으며,[9] 대지 역시 물 위에 떠 있다는 주장을 폈다고 한다. 그리고 만물은 신들로 가득 차 있다는 주장 또한 내놓았다고 한다.

수학
일반적으로 탈레스는 이집트에서 기하학을 배웠으며, 그것을 그

---

6) 헤로도토스, 『역사』 I 74; H. Diels and W. Kranz, *Die Fragmente der Vorsokratiker*, 1951⁶(1903)[이하 DK로 표기], 11A5.

7) 아리스토텔레스, 『형이상학』, 983b6~28(=DK11A12).

8) 이러한 보고들을 독소그라피(doxography)라고 하는데, 이는 의견이나 학설을 뜻하는 doxa의 기록이라는 뜻이다. 고대 그리스에서 소크라테스 이전의 사상가들은 저술이 있었지만 거의 남아 있지 않고 대개 단편의 형태로 전해지는데, 그래서 이들을 연구할 때 직접 단편 외에 그 사람의 삶과 사상을 후대의 학자들이 쓴 글에서 찾게 된다. 초기의 그리스 철학에 대해서는 아리스토텔레스가 대표적인 학설사가(doxographer)이며, 고대 말기에 이르기까지 이런 전통이 이어진다.

9) 아르케(archē)란 그리스어로 시작, 기원 혹은 원리를 의미하는 말로, 탈레스 자신이 쓴 용어가 아니라 후대에 엠페도클레스(기원전 490~430년경)가 처음 쓴 말로 알려져 있다. 아리스토텔레스는 어떤 주제를 탐구할 때 먼저 앞선 사람들의 생각을 검토하는데, 탈레스 이하 모든 사상가들의 주장에 대해 '아르케'라는 용어를 사용한다.

리스에 도입한 것으로 인정된다. 그는 특히 다음의 정리들을 발견한 것
으로 여겨진다.

① 원은 지름에 의해 이분된다.
② 이등변삼각형의 밑변의 두 각은 동일하다.
③ 두 직선이 교차하면, 마주하는 두 각은 동일하다.
④ 반원 내부에 그려지는 각은 직각이다.
⑤ 밑변과 그것에 관계하는 두 각이 주어지면 하나의 삼각형이 결
    정된다.

위의 정리 ①~③과 ⑤는 5세기의 신플라톤주의자 프로클로스
(Proklos, DK11A20)[10]가 에우데모스(Eudēmos)의 『기하학의 역사』에서
보았다고 전하는 것이다. 정리 ④는 디오게네스 라에르티오스(Diogenēs
Laertios)가 1세기의 편집자 팜필라의 책에서 인용한 것이다.[11]
그러나 실제로 탈레스가 이루어낸 수학적 성취가 어디까지인지를
평가하기란 불가능하다. 고대에는 특정한 발견을 현자로 소문난 사람
들에게 묶으려는 유혹이 강했다. 정리 ⑤는 바다에 있는 배들이 해안과
떨어진 거리를 측정한 공적과 연관되어 있다.[12] 그런데 이것은 역시 그

---

10) 프로클로스(410~485)는 5세기 콘스탄티노플에서 태어나 아테네에서 활동했던 신플라
    톤주의자로, 플라톤 주석으로 유명하다.

11) 디오게네스 라에르티오스(3세기경 활동), *Lives and Opinions of Eminent Philo-
    sophers*[이후 DL], I.24.

12) 이것은 프로클로스가 에우데모스의 『기하학의 역사』에서 인용한 데서 알려졌는데, 에
    우데모스는 다음과 같은 방법을 제시했다. 해안의 두 지점(A, B)을 밑변으로 하고 이
    두 점에서 배 사이의 두 각(a, b)을 측정한 다음, AB를 밑변으로 육지 쪽으로 각 a와 각
    b만큼을 양 각으로 하는 삼각형을 그리고 그 꼭지점을 C라고 한다면, C에서 밑변 AB까
    지의 거리는 밑변 AB에서 배까지의 거리와 같다. R. D. McKirahan(1994), *Philosophy
    Before Socrates: An Introduction with Texts and Commentary*, Cambridge: Hacket. 김인
    곤 외(2005), p. 123에서 재인용.

가 한 것으로 여겨진바 피라미드의 높이를 그 그림자를 측정함으로써 계산하는 것과 같은 것으로, 기하학 지식이 전혀 없이 경험적 규칙만 가지고서도 얻어질 수 있었을 것이다. 사실 고대의 전거들에서 탈레스가 이러저러한 정리를 "증명했다"고 했을 때, '증명'이라는 말은 역사적인 맥락에서만 의미를 지니는 것이다. 현존하는 어떤 전거도 탈레스의 증명들에 대한 일차 문헌 기록을 가지고 있지 않다. 그럼에도 불구하고 우리는 대체로 프로클로스가 따르는 전통에 어느 정도 사실이 있는 것으로 볼 수 있는데, 즉 탈레스가 이집트에서 얻은 지식뿐 아니라 그 자신이 직접 많은 발견을 이루어냈다는 것이다.

물이 최초의 원리다

탈레스는 "물이 모든 것의 근원(아르케)이다"라고 말한 것으로 잘 알려져 있다. 그런데 이 말은 아리스토텔레스가 우리에게 전해준 것이며, 후대의 전거는 모두 그의 전언에 의존하고 있다. 탈레스가 글로 된 작품을 남겼는지도 의문이지만, 이 문제에 대해서는 아리스토텔레스 이후 작가들이 언급한 것만 있으며, 그것도 서로 상충한다. 아리스토텔레스가 탈레스에 대해 논하는 텍스트들도 직접 인용이 아니라 간접 전거 형태가 많으며,[13] 이것은 후대 작가들이 모두 그의 전언을 토대로 하면서도 혼란을 일으킨 것과 무관하지 않다. 아리스토텔레스는 탈레스의 물질적 '근원'이라는 생각을 전하기 위해 그가 직접 사용하지 않은 아르케(archē)라는 말을 썼으며, 옛 사상가들의 이론을 설명하기 위해 자신이 개발한 실체와 속성(ousia, pathos), 단적인 생성(genesis), 기체 혹은 요소(hypokeimenon, stoicheion)라는 용어들을 끌어들이고 있기 때문이다. 따라서 아리스토텔레스의 독소그라피를 읽어내는 데는 주의가 필요하다. 그렇다고 그의 모든 전언이 옛 사상들에 대한 완전한 와전이라고 생각할 필요는 없다. 밀레토스학파가 다양한 외적 변화에도

---

13) 『형이상학』 983b6~984a5 참조.

잔존하는 어떤 하나의 토대를 추구하되 그것을 물질적인 언어로 표현한 것이 사실이라면, 탈레스가 그 첫 번째 사람이라는 데 우리는 대체로 동의하고 있기 때문이다.

어쨌든 탈레스는 물이 근원이라고 한 것으로 인정된다. 이 생각은 신화적인 세계 인식과 어떻게 다를까? 탈레스가 태초의 원리를 설명하기 위해서 가이아나 우라노스 같은 신들의 이름을 들지 않고 물이라는 기본적인 물질을 들었다는 점에서 획기적이라고 할 만하다. 이제 만물을 의인화된 신들이 아니라 물의 본성으로부터 설명하면 되는 것이다. 그러나 여기서 '아르케'를, 흔히 후대에 그렇게 해석하듯, 만물이 그것으로 환원될 수 있는 궁극적 원소라는 식의 환원주의를 요구하는 의미로 보는 것은 시대착오적인 면이 있다. 그보다는 밀레토스학파가 이런 의미의 용어로 사용했건 안 했건 그 시대의 사람들에게 이해되었던 대로 '시작' 혹은 '기원'이라는 의미를 살린다면, 아르케는 '모든 것이 그것으로부터 비롯된 최초의 원리'라고 하는 편이 원래 뜻에 더 가까운 것으로 보인다.

그렇다면 "물이 아르케다"라는 말로 전해지는 탈레스의 생각은 아직 어느 정도 신화적인 세계관에서 출발하는 것일 수 있다. 이것은 탈레스의 이러한 주장이 그와 동향의 시인이었던 호메로스가 가이아를 두르는 강의 신 오케아노스(Oceanos)와 원초적인 바다의 신 테튀스(Tethys)를 태초의 존재이자 만물의 토대로 그린 것과 유사한 생각이라는 사실에서도 엿보인다. 즉 그는 세상의 맨 처음 존재와 땅의 토대가 물이라고 주장하고 있는 것이다. 다른 한편, 탈레스의 이러한 생각은 당시 그리스보다 앞서 문명을 발전시켰으며, 둘 다 강 문화를 가지고 있었던 바빌로니아와 이집트의 사상에 부합하는 것이라는 점도 지적해야겠다. 후대의 기록에는 이집트의 사제들이 그리스의 위대한 두 사람 호메로스와 탈레스가 이집트로부터 물이 만물의 근원이라는 것을 배웠다는 사실에 자부심을 가졌다는 이야기가 남아 있다.[14]

신화적 전승과 합리적인 설명

그럼에도 불구하고, 탈레스가 '물'을 근원으로 제시함으로써 신화적인 언어가 아니라 사물의 본성을 나타내는 물질적인 언어로 세계의 근원을 설명하고 있다는 점은 서양 지성사에서 획기적인 의의가 있는 것으로 평가된다.

이를 밀레토스학파의 일반적인 사상에 비추어 말하면, 물은 첫째, 세계의 다양한 현상이 그것으로부터 비롯되는바 최초의 상태이며 둘째, 그 다양한 세계가 존재할 수 있는 항구적인 토대인 것이다. 그러므로 만일 물이 아르케라면, 모든 것은 한때 물이었으며, 지혜로운 사람의 눈에는 모든 것이 지금도 여전히 궁극적으로는 물이다.

이렇게 물을 모든 것의 근원이자 토대로 보는 탈레스의 생각은 우주론 혹은 우주구조론의 측면에서 보아도 상당히 혁신적인 사상임을 알 수 있다. 그에 따르면, 땅은 엄청난 양의 물 위에 떠 있으며, 땅에서 일어나는 현상들은 이 사실에 영향을 받는다. 예컨대 지진은 포세이돈이 분노한 것이 아니라 땅을 떠받치는 물이 흔들리는 것으로 설명된다. 지구에 관한 탈레스의 주장들을 정리하면 다음과 같다.

① 지구는 구형이다.[15]
② 지구는 물 위에 떠 있다.
③ 지진은 지구를 떠받치는 물의 흔들림 때문에 일어난다.

---

14) 플루타르코스(기원후 46~120년경), *Isis et Osiris* 34; 프로클로스, 아에티오스, DK11A11 참조.

15) 현대에 와서는 탈레스가 평평한 지구를 상정했다는 해석들이 있지만, 정작 고대 아리스토텔레스의 보고와 후대에 이어지는 독소그라피 혹은 학설사에 따르면, 탈레스는 지구가 구형임을 알고 있었던 것으로 보인다. 아리스토텔레스는 『천체론』 293b33 이하에서 지구의 모양에 대해 구형, 평면, 원주형 등의 주장이 있음을 언급한 다음, 294b14~15에서 지구가 평평하다고 믿은 이들로 아낙시메네스, 아낙사고라스, 데모크리토스를 들고 있는데, 거기에 탈레스의 이름은 없다.

탈레스는 이집트를 여행하면서 수학을 공부했고, 그리스에 처음으로 기하학을 도입한 사람으로 인정되고 있다. 탈레스는 최초로 일식을 계산한 놀라운 천문학자였으며, 심지어 태양과 달의 지름을 측정했다는 후대의 보고도 있으므로,[16] 신화가 아닌 나름의 합리적인 계산에 의거한 우주와 천체에 관한 그림이 있었을 것이다. 그러나 그가 그 이상의 구체적인 우주론을 내놓았다는 기록은 남아 있지 않다.

만물은 신들로 가득 차 있다

그러나 탈레스는 여전히 우주에 대해 신들과 관련된 언급을 남긴 것으로 이해된다. 그는 "만물은 신들로 가득 차 있다"(panta plērē theōn)고 말한 것으로 유명하기 때문이다. 서두에서 언급한 것과 같이, 여기서 'panta'는 모든 존재하는 것들 즉 우주(pan)를 가리키므로, 이 말은 "우주는 신들로 가득 차 있다"는 뜻이 된다.

그러나 탈레스가 이런 말을 남겼다면, 여기에 나오는 '신들'(theoi)은 그 이전의 신화적인 세계 이해에서 그랬던 것과는 달리, 특정한 이름으로 불리는 의인화된 신들을 가리키는 것이 아니다. 그 말은 자연의 변화에 숨어 있는 보편적인 법칙 같은 것을 가리키는 것으로 보이며, 천체들의 질서 있는 운행과 계절의 순환 등 우리의 관찰 결과가 그러한 법칙의 존재를 입증한다는 의미로 해석할 수 있다.

따라서 우리는 탈레스가 개별 신들이 공간을 차지하고 있는, 각각의 부분으로 나뉘어 기능하는 세계가 아니라 존재하는 모든 것들의 총합이라는 단일한 우주를 상정한 것으로 이해할 수 있다. 거스리의 표현을 빌리면, 탈레스야말로 처음으로 자연의 다양성을 초자연적인 것이 아니라 오직 자연 '안에 있는' 어떤 것의 변화로부터 생겨나는 것으로 설명하려고 한 사람이다.[17] 이런 맥락에서 우리는 탈레스를 비롯한

---

16) DL I.24.

17) W. K. C. Guthrie, *A History of Greek Philosophy*, vol. 1, 1962, p. 68.

최초의 철학자들이 활동한 바로 이즈음, 즉 기원전 6세기경에 자연법칙에 의거한 하나의 단일한 우주 개념이 형성되었다고 보는 것이다. 이것은 밀레토스학파가 최초의 철학자들이라고 불리게 된 중요한 이유가 되는데, 변화하는 현상 안에서 불변의 법칙 혹은 진리를 파악하려고 하는 것이 철학의 근본적인 태도이기 때문이다.

물질과 생명

아리스토텔레스에 따르면, 몇몇 사상가들이 만물의 근원으로 물을 선택한 것은 무엇보다도 그들에게 축축한 것이 생명과 관련이 있는 것으로 보였기 때문이다.[18] 현대의 시각에서, 예컨대 버넷의 해석에 따르면, 물을 근원으로 선택할 만한 이유는 무엇보다도 그것이 어떤 실험 도구 없이 온도에 따라 고체로, 액체로, 그리고 기체의 형태로 변할 수 있는 유일한 물질이라는 것이다. 그러나 아리스토텔레스가 보기에 탈레스가 물을 선택한 것은 그것이 생명이라는 개념과 관련이 있기 때문이다. 음식과 씨앗은 항상 습기를 가지고 있으며, 생명의 온기는 바로 축축한 온기다. 이렇게 경험에 비추어 명백한 온기와 동물의 생명 간의 관계는 고대에는 지금보다 더 본질적인 것으로 주장되었다.

3 아낙시만드로스

아낙시만드로스(Anaximandros, 기원전 610~546년경)는 탈레스와 같은 밀레토스 사람으로, 그의 제자이자 후계자로 일컬어진다. 아낙시만드로스는 『자연에 관하여』라는 책을 쓴 최초의 그리스인으로 알려져 있으며, 이후 많은 그리스 철학자들이 같은 제목의 책을 쓰게 된다. 그는 탈레스가 시작한 자연철학의 탈의인화 작업을 거시적 체계에

---

18) 아리스토텔레스, 『영혼론』 405b1 =DK31A4 참조.

서 구현했다고 할 수 있는데, 그의 독자적인 사상은 사실 탈레스에 대한 반박에서 시작한다. 그는 무한자 혹은 무한정자로 이해되는 아페이론(apeiron)이라는 개념을 만들어내서, 이 세상이 그것으로부터 시작되었다고 주장했다. 그는 이 개념을 토대로 자연 세계를 설명했는데, 그의 우주론은 당시의 그리스 천문학의 지평에서 볼 때 대담하고 획기적이었던 것으로 평가된다.[19]

아페이론

아낙시만드로스는 만물의 근원을 설명하기 위해 아페이론이라는 말을 사용했다. 이 낱말은 결여를 나타내는 접두어 a-와 경계 혹은 한도를 의미하는 말 'peras'가 결합한 것으로 일단 '무한'이라는 말로 옮길 수 있다.[20] 그는 만물의 근원이 불, 공기, 물 등 어떤 하나의 원소라면 그것은 진정한 제일의 궁극적인 원리일 수 없다고 생각한 것 같다. 그 하나의 원소가 다른 원소들을 압도함으로써 결국 세상의 다양한 사물들의 존재를 설명할 수 없게 되기 때문이다. 만일 탈레스의 주장에 따라서 물이 세상의 근원이라면, 그것과 대립하는 성질을 가진 불의 존재는 어떻게 설명할 수 있겠는가? 아낙시만드로스의 주장은 따라서 세계의 근원이란 아직 저러한 원소들의 구분이 없는 '아페이론', 즉 무한자 혹은 무한정자로서 그것에서 모든 천체들과 그 안의 세계들이 생겨났다는 것이다.

먼저 아페이론은 무한자(infinite)로 이해할 수 있다. 그러나 그것은 헤시오도스의 카오스처럼 다른 모든 것들이 그것에서 생겨 나올 수 있는 텅 빈 공간이 아니라, 일종의 원초적인 물체인 것으로 보이지만, 결

---

19) J. Barnes(1982)는 당시 밀레토스의 상황을 "한편에 대부분의 천문가 그룹이 있고 다른 한편에 홀로 아낙시만드로스가 있었다"고 하여 아낙시만드로스의 위상을 크게 묘사한다. *The Presocratic Philosophers*, p. 23.

20) W. K. C. Guthrie(1962), pp. 76~78 참조.

코 다함이 없는 무진장의 어떤 것으로서 이로부터 만물의 시초가 형성된다. 이는 현존하는 모든 생성이 결코 중단되지 않게 하려는 장치다. 다음으로 아페이론은 무한정자(indefinite)로 이해할 수 있다. 그것은 그 내부에 구별되는 경계가 없다는 뜻이다. 그것은 아직 어떤 원소도 아니고, 최초의 원소들이 그것으로부터 비롯되는 궁극적인 존재이기 때문이다.

아낙시만드로스는 영원한 운동으로 인해 하나인 아페이론에서 원초적인 대립자들(enantiotētes)이 분리되어 나온다(apokrinesthai)고 주장했다.[21] 그에 대한 보고에 따르면, 대립자들의 분리에 의해 우주가 생성되고, 서로 반대되는 힘들이 상충하며 하나가 다른 하나를 이기는 방식으로 변화를 거듭하다가 궁극적으로는 파괴되어 아페이론으로 돌아가며, 거기서 또다시 새로운 우주가 생겨난다. 대립에 의한 파괴는 '불의'이며 그것에 대해 불의를 불의로써 갚는 방식으로 우주는 탄생과 소멸을 반복한다.

심플리키오스(Simplikios)의 『아리스토텔레스 자연학 주석』(150.24＝DK12A9)에 따르면, 대립자들은 '뜨거운 것'(thermon)과 '차가운 것'(psychron) 그리고 '건조한 것'(xēron)과 '축축한 것'(hygron) 등이다. 그렇다면 이 대립자들은 원소들의 성질들 간에 나타나는 온-냉, 건-습이라는 대립자들을 가리키는 것으로 볼 수도 있다. 그런데 아리스토텔레스 자신의 설명은 이런 해석을 바로 지지하지 않는다. 그는 『자연학』 3권에서 아낙시만드로스의 아페이론을 설명하면서 "공기는 차갑고, 물은 축축하며, 불은 뜨겁다"(204b27)고 말했다. 따라서 아낙시만드로스가 아페이론에서 분리되어 나오는 최초의 대립자들을 '뜨거운 것'과 '차가운 것'이라고 했다면 이는 불-공기의 대립을 가리키는 것이며, 결국 아페이론에서 대립하는 원소들이 분리되어 나온다는 것으로 이해할 수 있겠다.

---

21) DK12A9, B1(심플리키오스, 『자연학 주석』 24,13): DK12A10(플루타르코스, 『학설집』 2) 참조.

그러나 이런 해석을 받아들이기도 쉽지 않은데, 아리스토텔레스 자신의 자연철학에서 원소 차원의 공기는 '온+습'의 본원적인 성질을 가지고 있으므로 차가운 것이 아니라 뜨거운 것이다. 우리의 상식에 비추어 보아도 '뜨거운 것'과 '차가운 것'의 대립은 불-공기가 아니라 불-물의 쌍으로 가장 잘 표현되는 것 같다. 그렇다면 아낙시만드로스가 말한 원초적인 대립자는 원소들이 아니라 원소들의 성질들, 즉 온-냉, 건-습이라는 대립자들을 가리키는 것일까? 그리고 이 대립자들로부터 원소들이 생겨나는 것일까? 답은 부정적이다. 만일 아낙시만드로스를 이렇게 해석하게 되면 그의 생성 이론을 너무 정교한 것으로 만드는 결과를 낳을 것인데, 불·공기·물·흙 등 원소들의 생성과 소멸을 그 원초적인 성질들 즉 온-냉, 건-습의 조합으로 설명하는 것은 2백 년 뒤 아리스토텔레스의 이론에서 볼 수 있다.

아낙시만드로스의 원초적 대립자는 보통 원소들의 성질들이 아니라 원소들 혹은 최초의 물질들로 이해된다. 사실 아리스토텔레스가 대립자를 언급할 때 일관된 방식이 있는 것은 아닌데, '뜨거운 것'과 '차가운 것'의 대립도 예컨대 『형이상학』에서 파르메니데스를 소개할 때에는 불-흙의 쌍으로 제시하고 있다.[22] 그렇다면 아낙시만드로스의 아페이론에서 분리되어 나오는 최초의 대립자는, 그것이 아리스토텔레스의 『자연학』에서처럼 불-공기든 『형이상학』에서처럼 불-흙이든 아니면 우리의 상식에서처럼 불-물이든, 원소들 혹은 최초의 물질들을 가리키는 것으로 보자.

우주론

아낙시만드로스는 아마도 탈레스와 마찬가지로 기하학과 수학을 공부한 것으로 보인다. 그는 기하학적인 지식을 사용하여 그가 주장하는 우주의 모습을 설명하고 있기 때문이다. 그에 따르면 지구는 평평한

---

22) 아리스토텔레스, 『형이상학』 986b28~987a1.

원통형으로 생겼고, 그 높이는 지름의 3분의 1이다. 말하자면 펑퍼짐하고 짤막한 장기말 모양이다. 아낙시만드로스는 처음으로 지구를 비롯한 천체들이 일종의 수학적 비례로 이루어져 있으며, 또한 그러한 원리에 따라 배치되어 있다는 생각을 보여준다.

아낙시만드로스에 따르면 하늘의 천체들은 사실 어떤 실체가 아니라 일종의 불덩이인데, 그것이 아주 촘촘한 안개로 된 바퀴통 같은 것 안에 들어 있고, 그 바퀴통에 구멍이 나 있어서 안에 있는 불빛이 우리에게 보이는 것이다. 아낙시만드로스의 이 생각은 그리스 신화에서 하늘과 신들의 거처가 청동의 문턱을 가진, 온갖 진귀한 금속으로 되어 있는 건축물이라는 생각과 정면으로 배치된다. 아낙시만드로스의 그림에 따르면 천체들은 불이고, 하늘에는 불만 있을 것이다. 왜 그럴까?

아낙시만드로스는 '뜨거운 것'과 '차가운 것' 혹은 원소들의 대립을 생성의 원초적 힘으로 보고 이 대립으로부터 모든 생성을 설명한다. 먼저 저 대립자들이 아페이론에서 분리되어 나오고, 그것들 즉 원소들의 결합으로 만물이 생겨난다는 것으로 이해할 수 있다. 이렇게 생성의 실제적인 원리가 되는 원초적인 물질 혹은 원소는 불(pyr), 공기(aēr), 물(hydor), 흙(gē) 등이다.[23] 이 네 종류의 원소 가운데 흙은 본성상 무거운 것으로 이해된다. 고대 그리스에서 가장 기본적인 물리학적 원리 가운데 하나가 "가벼운 것은 위로, 무거운 것은 아래로"라는 것이다. 흙은 우주의 중심인 땅을 이루지만, 그런 만큼 무거운 원소이고, 이것은 하늘의 천체들의 재료가 될 수 없는 것이다. 천체들은 가벼운 원소인 불로 이루어져 있다는 것이 합리적인 사상가들이 내린 결론이다.

아낙시만드로스가 주장한 것으로 전해지는 우주와 천체들에 관한

---

23) 신화시대 이후 초기의 철학자들은 좀체 흙을 최초의 원소라고 말하지 않는다. 흙은 초기 자연철학에 대한 파르메니데스의 반론이 있은 다음에 등장하는 다원론자에게서 4원소들 가운데 하나로 끼어들지만, 플라톤에서도 다른 세 원소들과는 다른 구조를 가지는 까닭에 그것들과 섞이지 않는 것으로 간주되었다. 흙은 아리스토텔레스에 가서야 처음으로 4원소 가운데 다른 것과 대등한 하나의 원소로 취급된다.

이론을 정리하면 다음과 같다.

① 천체들의 궤도는 완전한 원을 이룬다.
② 지구는 우주의 한가운데 위치하므로 지탱물 없이 떠 있다.
③ 천체들은 어떤 사물이 아니라 불이다.
④ 천체들의 길은 바퀴통 모양으로, 지구를 중심으로 동심원을 그리며 중첩되어 있다.
⑤ 바퀴통은 촘촘한 안개이며, 뚫린 구멍들로 나오는 빛이 우리가 보는 천체들이다.
⑥ 별들, 달, 해의 순서로 지구로부터 지구 지름의 9배, 18배, 27배의 거리에 있다.

세상의 모든 것이 그 위에 서 있는 이 땅은 무엇 위에 놓여 있을까? 이 흔한 물음에 대해 아낙시만드로스는 처음으로 "아무것 위에도 놓여 있지 않다"는 충격적인 답을 내놓았다. 지구가 "우주의 한가운데 위치하기 때문에 지탱물이 필요하지 않다"는 것이다. 이 해결책이야말로 그리스 사유가 내놓은, 신화적인 사고를 벗어나 합리적인 사고를 표현한 대표적인 장면이라고 할 수 있다. 우주에 관해 아낙시만드로스가 제시한 이러한 이론들은 천문학이 수학적 계산의 결과물이라는 전제하에 성립되는 것이기 때문이다. 우주의 천체들은 이제 신들의 관계라는 인간적인 상상력을 넘어서 서로 간에 수적인 비례에 따라 배열되어 있는 것으로 간주되며, 별들과 달과 태양도 그 바퀴통의 두께가 지구의 지름과 같은 것으로 가정된다.
그런데 지구에서 가장 가까운 거리를 두르는 바퀴통이 별들의 궤도라는 것이 좀 이상해 보인다. 해나 달에 비해 별들은 더 멀리 있지 않을까? 별들이 해나 달보다 더 지구에 가까이 있다고 가정하는 것은 후대의 그리스 천문학과 반대되는데, 후대의 천문학자들은 일반적으로 항성들이 구형 우주의 가장 바깥쪽 천구에 위치하며 해, 달, 그리고 행성들은 항성들의 천구 아래에서 서로 다른 궤도를 도는 것으로 보게 된다. 사실 아낙시만드로스가 별들의 궤도가 상대적으로 가까운 거리에 위치한다고 주장한 것은 그리스인의 상식에는 독특한 것으로, 이 점은 그가 바빌로니아 천문학의 영향을 받았음을 시사하는 대목이라고 이해된다.[24] 아낙시만드로스의 우주론이 실제로 작동한다고 가정하고, 그 모델을 최대한 복원하여 사계절의 변화라는 자연 현상을 설명해내는 데 성공한 해석도 있다.[25]

아낙시만드로스는 태양을 거대한 크기의 물질로 본 최초의 천문학자였으며, 따라서 그것이 지구로부터 얼마나 먼지를 처음으로 따져본 사람이다. 위에서 본 것처럼, 그는 천체들이 서로 다른 거리에서 회전하는 하나의 체계를 처음으로 제시한 사람이기도 하다. 디오게네스 라에르티오스에 따르면(II 2), 아낙시만드로스는 처음으로 물리학적 의미에서 천구라는 개념을 만들었다. 이 고안이 아낙시만드로스의 것이라면, 로마의 플리니우스(Plinius)가『자연사』에서 보고한 바와 같이(II 8), 그가 최초로 황도대의 기울기를 깨달은 사람이라는 추론도 가능할 것이다.

그러나 아낙시만드로스의 우주론적 발견이 지나치게 과대평가되었다는 해석도 있다. 조너선 반즈는 독소그라피의 전통에서 아리스토텔레스와 2세기 로마의 히폴뤼토스(Hippolytos)의 전언이, 우주의 모습이 지구를 중심으로 하는 거대한 바퀴들이라는 점에서는 같지만, 왜 지구가 이 자리에 머물러 있는지에 대한 설명이 미묘하게 차이가 난다는 점을 지적한다.[26] 히폴뤼토스에 따르면, "지구는 어떤 것에 의해서도 떠받쳐지지 않은 채 공중에 떠 있으며, 모든 것들로부터 등거리만큼

---

24) F. M. Cornford(1952), p. 199; F. Ricken(1988), *Philosophie der Antike*, 김성진 옮김 (2000), 42쪽 참조.

25) D. L. Couprie, G. Naddaf, R. Hahn(2002), p. 304 참조.

26) J. Barnes, p. 37.

떨어져 있기 때문에 머물러 있다."[27] 그런데 아리스토텔레스의 전언은 조금 약한 표현을 쓰고 있다. 아리스토텔레스에 따르면, 그 이유는 "한 가운데 자리 잡고 있어 극단들과 유사하게(homoiōs) 관계하는 것은 위나 아래로 [좌우] 어느 한쪽으로 움직일 이유가 없고, 동시에 반대쪽으로 움직일 수도 없어서 머물러 있어야 하기 때문이다."[28]

히폴뤼토스가 전하는 그림은 원의 중심점과 원주의 등거리성에 근거한 수학적인 개념을 나타내고 있으므로 그 자체는 이설의 여지가 없으나, 과연 이것이 아낙시만드로스 자신의 그림인지 의문이다. 한편 그가 전거로 삼았을 아리스토텔레스의 구도는 "한가운데 있어서 바퀴의 양극단까지 유사하게 관계하기 때문에" 어디로도 움직일 이유가 없다는 것이다. 여기서 '유사하다'는 말의 의미는 이렇다. 지구 중심으로부터 우주 경계의 한 지점까지 그려진 직선을 '우주적인 바퀴살'(S)이라고 하자. 만일 우주적 바퀴 위에 질적으로 구별되지 않는 두 점 P_1과 P_2가 있다면, 중심에서 각 점까지 그려진 바퀴살 S_1과 바퀴살 S_2는 유사하다. 그렇다면 히폴뤼토스의 그림은 "모든 우주적 바퀴살들은 유사하다"는 것이고, 아리스토텔레스의 구도는 "어떤 우주적 바퀴살도 그 반대편에 유사한 바퀴살이 있다"는 것을 함축한다. 이것은 "어떤 우주적 바퀴살도 그것과 유사하면서 구별되는 하나의 바퀴살이 존재한다"는 것을 전제로 한다. 그런데 이 전제는 아낙시만드로스의 구도 내에서 자명하지 않으며, 따라서 그의 우주구조론이 위의 그림에서처럼 문제 없이 작동하는 것은 아니라는 것이다.

사실 우주가 처음에 아페이론에서 나왔다고 보는 아낙시만드로스의 우주론은 오르페우스 종교에서 세계가 알에서 나왔다고 믿는 우주 난생설과 유사하다는 지적이 있다. 히폴뤼토스에 따르면 아낙시만드로스는 "있는 것들의 근원은 무한정한 것 혹은 본연의 어떤 것인데,

---

27) 『제 이교설 논박』 I.6.3 = DK12A11.

28) 『천체론』 295b10~16 = DK12A26.

이것에서 하늘들과 그 속의 세계(cosmos)가 생겨난다"고 말했다(히폴뤼토스, 앞의 책). 하나의 씨앗에서 최초의 싹이 발아하는 것처럼, 아페이론에서 뜨거운 것과 차가운 것 혹은 원소들 간의 원초적인 대립자가 분리되어 나옴으로써 우주의 생성이 시작된다는 것인데, 이 설명은 마치 태아가 자궁에서 처음으로 떨어져 나오는 모습과 유사하다는 것이다.[29] 그러나 아낙시만드로스의 우주발생론(cosmogony)이 아페이론에서 우주가 씨앗의 발아와 유사하게 처음 생겨났다는 이 설명을 넘어가면, 그 너머에는 상당히 잘 짜인 우주론의 모델이 엿보인다는 것도 사실이다. 이 사실 때문에 철학사에서도 과학사에서도 그에게서 우주론(cosmology)의 시작을 보는 것이다. 아낙시만드로스의 우주론은 무엇보다 우주를 유기적인 단일체로 보고 그것의 운행을 하나의 체계화된 모델로 설명하려는 최초의 시도라는 데 의의가 있다.

동물과 인류의 기원

아낙시만드로스에 따르면, 아페이론에서 대립자들 혹은 원소들이 분리되어 나옴으로써 세계 질서가 형성되고 난 다음에 동물의 생명이 출현했다. 이것은 상당히 정합적으로 설명되는데, 뜨거운 것과 건조한 것이 차가운 것과 습한 것에 작용함으로써, 우주의 생성과 똑같은 과정을 거쳐서 나온다는 것이다. 생명은 태양의 온기가 습한 요소에 작용해서 그것에서 생겨나는 것이기 때문이다.

히폴뤼토스가 전하기를, "그는 생명체들은 태양에 의해 습한 요소가 증발하면서 생겨난다. 그리고 인간은 원래 다른 생물, 즉 물고기와 비슷했었다고 말했다"고 한다.[30] 아에티오스(Aetios)에 따르면, "아낙시만드로스는 첫 번째 동물들은 습기에서 태어났으며 가시 돋친 외피로 둘러싸여 있었으나, 그들이 자랄수록 건조한 부분으로 나타났고 외

---

29) W. K. C. Guthrie(1962), pp. 89~92 참조.

30) 히폴뤼토스, 앞의 책.

피는 벗겨졌으며, 짧은 시간 동안 살게 되었다고 말했다."[31]

인류의 기원에 대한 전거들은 자연히 각별한 관심거리다. 이런 언급에서 우리는 아낙시만드로스가 다윈주의와 같은 선상에서 인류가 어떤 해양의 종으로부터 점차 진화해온 것으로 묘사했다고 가정하게 된다. 히폴뤼토스가 "인간은 원래 물고기 같은 생물과 닮았었다"고 전하는 데서 그런 해석이 나오는 것이 사실이다. 그러나 이것은 그가 의미했던 것으로 보이지 않는다. 플루타르코스(Ploutarchos)는 『향연』에서 "처음에 인간들은 물고기'에서' 생겨났다"고 하는데,[32] 이 말은 "인간들이 물고기와 관련 있다"는 견해와도 다르다. 이 작품에서 손님들은 종교적인 이유에서 물고기를 삼가는 관습에 대해 대화하고 있다. 아낙시만드로스는 물고기와 인간을 함께 분류하지 않고, 오히려 인간이 처음에 물고기에서 태어났고, 그렇게 양육되었으며, 그들 자신을 돌볼 수 있게 되면서 모습을 드러내고 땅을 점령했다고 본 것이다. 그러므로 그의 이론은 인간의 태아가 처음에 물고기와 같은 생물의 몸속에서 자랐으며, 나중에 남성 혹은 여성으로 완전히 형태를 갖추고 나타났다는 의미로 보인다.

기상론

아낙시만드로스가 기상 현상들에 대해 남긴 것으로 보고되는 견해들은 그의 정합성 원리의 또 하나의 예가 된다. 즉 이 세계의 사건들은 처음에 그것이 형성될 때 가해진 것과 동일한 힘과 과정이 지속적으로 작동한 덕분임이 틀림없다는 것이다. 이것은 특히 그가 바람을 설명하는 데서 명백한데, 그는 그것을 공기의 흐름으로 혹은 운동 속에 있는 공기로 간주했다.

아낙시만드로스에 관한 보고에 따르면, 물이 땅에서 분리되고 난

---

31) 『학설집』 V.19.4＝DK12A30.

32) 플루타르코스, 『일곱 현자들의 향연』 VIII, 730e＝DK12A30.

후, 태양이 물을 증발시켜서 대기를 형성하도록 했다. 이것은 다시, '분리되어 나오기'가 계속되고 있을 때, 두 물질로, 즉 '더 가벼운 것' 혹은 더 건조한 것과 '더 무거운 것' 혹은 더 습한 것으로 나뉘었다. 전자는 바람처럼 움직이며, 후자는 비처럼 쏟아진다. 그것은 생명의 출현에 책임이 있는 축축한 중심에 주변의 열기가 동일하게 작동할 때 일어나는 것이다.

공기가 가볍고 건조한 부분 즉 바람과 무겁고 축축한 부분 즉 비구름 속으로 분리되어 들어갔다면, 이것들로부터 천둥과 번개가 형성될 수 있다. 이 이야기를 아에티오스는 다음과 같이 전해주고 있다. "아낙시만드로스는 이 모든 것은 바람에 의해 일어난다고 했다. 그것이 두터운 구름에 갇혀 있을 때에는 맹렬한 것이 소음을 일으키며, 구름의 어두움과 대조가 섬광을 일으킨다." 여기서, 공기가 바람과 구름 속으로 '분리되어 나가는' 과정에서 일부 더 가벼운 종류가 더 촘촘한 것들에 의해 완전히 둘러싸임으로써 유사한 것들과 함께 모이는 과정을 쉽게 완수할 수 없게 된다. 그 결과 구름의 맹렬한 폭발이 일어나고, 우리에게는 천둥과 번개로 인식된다는 것이다.

4 아낙시메네스

아낙시메네스(Anaximenes, 기원전 585전~528년경)는 기원전 6세기 중반에 밀레토스에서 활동했던 사람으로 아낙시만드로스보다 약간 나이가 어렸으며 그의 친구이자 제자이며 후계자로 알려져 있으나, 정확한 연대를 측정하기는 어렵다.[33] 그는 "단순하고 경제적인 이오니아 문체"로 글을 썼다고 하며(DL II.3), 아낙시만드로스의 시적 언어에 비

---

33) G. B. Kerferd, "The Date of Anaximenes", *Museum Helveticum*, 1954, pp. 117~21. Guthrie(1962), p. 115에서 재인용.

68

해 산문체의 과학적인 언어를 사용한 것으로 전해진다. 우리는 그에게서 어떤 '불의'에 대해 '앙갚음' 혹은 적대적인 힘과 같은 투쟁을 부르는 대립자들에 대한 이야기를 더는 듣지 않게 된다.

만물의 근원은 공기다

아낙시메네스는 공기(aēr)가 만물의 근원이라고 주장한 것으로 알려져 있다. 이것은 그가 탈레스와 아낙시만드로스 등 다른 밀레토스 사상가들과 같이 여전히 일원론적인 전통 안에 있음을 말해준다. 그러나 그의 주된 관심사는 아낙시만드로스가 제기한, 이름 붙일 수 없는 원리인 아페이론을 파기하고 모든 사물의 근원으로서 다른 어떤 것을 놓는데 있다. 이것은 아낙시메네스가 규정되지 않은 것이 규정된 것들의 원리라는 아낙시만드로스의 주장을 받아들이지 않는다는 뜻이다. 달리 말하면 아낙시메네스의 근원은 어떤 성질들이 아니라 그러한 성질들을 가진 사물들이며, 다시 탈레스와 같이 어떤 실체적 이름을 선택하는 것이다. 그것이 바로 공기다. 공기는 더 응축될 수도 있고 더 희박해질 수도 있으며, 더 뜨거워질 수도 있고 더 차가워질 수도 있지만, 여전히 동일한 물질로 남는다. 이 점에서, 그가 아직 완전하게 의식하지는 않지만, 우리는 아낙시메네스에게서 실체와 속성 간의 구별에 한 걸음 더 가까이 다가서게 된다. 아낙시메네스의 공기는 언뜻 보면 아낙시만드로스의 아페이론에서 후퇴한 것처럼 보이지만, 그의 이론을 살펴보면 그것이 탈레스보다 진정으로 앞선 것이며 심지어 아낙시만드로스보다도 앞선 것임을 알게 된다.

우리의 경험에 주어지는 모든 형태의 물질은 동일 수준에서 존재하는 것으로 여겨짐이 틀림없다. 따라서 유일한 제일 실체가 존재한다면 그것은, 예컨대 아낙시만드로스의 아페이론처럼, 모든 유사한 것들이 그것에서 나온바 더욱 원초적이고 지각될 수 없는 상태에 있을 것이다. 그런데 왜 아낙시메네스는 우리에게 친근한 물질의 하나인 물로 돌아갔을까? 그리고 어떻게 그렇게 함으로써 그가 아낙시만드로스에 비해 진정한 발전을 이루었다고 말할 수 있을까?

변화의 설명 : 응축과 희박

아낙시메네스의 관심은 변화를 설명하는 것이었다. 그는 물질이 최초의 상태를 유지하지 않는다면, 우리 세계의 변화와 다양한 전개를 설명할 수 없을 것이라고 생각했다. 즉 변화의 과정을 설명하려고 한다면 불변하는 토대 물질이 요구된다는 것이다.

물질의 원초적 상태라는 아낙시만드로스의 개념은 대립자들의 너무나도 완벽한 융합이었으므로, 그것들의 개별적인 특성들은 완전히 묻혀 있고 대립자들로서 그것들은 아직 존재한다고 말할 수 없다. 따라서 아낙시만드로스에게 아페이론은 하나였던 것이다. 그것들이 잇따라 생겨나는 것은 일련의 분리 과정, 즉 우주라는 살아 있는 자궁의 영원한 운동 덕분이었다. 이것은 뛰어난 추측이지만 완전히 임의적인 것이었다. 더구나 이렇게 사전에 한 덩어리로 혼융되어 있었던 것으로부터의 분리라는 우주 창조의 개념은 그리스에서도 다른 지역에서도 많은 초기의 신화적 우주발생론의 바탕에 깔려 있었다.

아리스토텔레스는 선대의 자연철학자들을 두 부류로 구분했다. 한편에 일원론자들이 있는데, 그들은 사물들의 토대가 되는 실체는 하나로서 예컨대 물, 공기 혹은 불 등이고, 나머지 것들은 그 하나로부터 예컨대 희박화(araiosis)와 응축(pyknosis)을 통해서 생겨나는 것들이라고 간주한다. 다른 한편에 다원론자들이 있는데, 이들은 사물의 근원으로 특정한 하나의 물질이 있는 것이 아니라, 이미 다수의 물질적 근원이 존재하며 그것들의 다양한 결합과 분리로부터 모든 사물들이 생성하고 소멸하는 것으로 본다. 그런데 여기서 아리스토텔레스는 다원론자로 엠페도클레스(Empedoklēs)와 아낙사고라스를 들면서 아낙시만드로스도 함께 거론하고 있다. 이는 그가 아낙시만드로스의 아페이론을 진정한 일원론적 원리로 간주하지 않는다는 것이다.[34]

아리스토텔레스는 첫째 부류에서 이름을 거론하지 않지만, 희박화와 응축의 과정을 부여할 수 있는 초기 자연철학자는 아낙시메네스임이 틀림없으며, 그가 공기를 제일의 원리로 선택했다는 것도 아리스토텔레스의 다른 텍스트에서 확인된다.[35) 후대의 전거들에서는 좀더 나아간 해석들이 끼어든다.

심플리키오스에 따르면, "그[아낙시만드로스]와 같이 그[아낙시메네스]도 잔존하는 본성(hypokeimenē physis)은 하나이며 무한하다고 말한다. 그러나 그는 그것을 공기라고 말하므로 저 사람처럼 무한자가 아니라 한정된 것으로 간주했다. 공기는 희박화와 응축에 따라 실체의 측면에서 달라진다. 즉 공기가 희박해지면 불이 되고, 응축되면 차례로 바람, 구름, 물이 되고, 그다음에는 흙이 되고, 돌이 된다. 그리고 다른 것들은 이것들로부터 생겨 나온다. 한편 그도 운동을 영원한 것으로 놓았으며, 이 운동으로 인해 변화(metabolē)가 생겨난다고 말한다."[36)

히폴뤼토스의 전언은 좀더 구체적이다. "1) 아낙시메네스는 다음과 같이 말했다. 무한정한 공기가 근원이다. 생겨나고 있는 것들, 생겨난 것들, 생겨날 것들, 그리고 신들과 신적인 것들이 이것에서 생겨난다. 그리고 기타 다른 것들은 이것의 산물들에서 생겨난다. 2) 공기의 모습은 이러하다. 그것이 가장 고를 때에는 시각으로 보이지 않지만, 차가운 것, 뜨거운 것, 축축한 것, 그리고 움직이는 것에서는 보인다. 그것은 언제나 운동한다. 그것이 운동하지 않는다면 변화하는 모든 것이 변화하지 않을 것이기 때문이다. 3) 그것은 응축되거나 희박해짐에 따라 다르게 나타난다. 즉 그것이 흩어져서 가장 희박해질 때는 불이 된다. 반대로 공기가 응축된 것이 바람이다. 구름은 압축에 의해 공기에서 생겨나며, 더 응축하면 물이 생겨나고, 더 응축하면 흙이 되며, 가장 많이 응축한 것이 돌이다. 따라서 생성의 가장 주도적인 것은 대립

---

34) 『자연학』 187a12.

35) 『형이상학』 984a5.

36) 『자연학 주석』 24.26 = DK13A5.

자들인 '뜨거운 것'과 '차가운 것'이다."[37]

한편 키케로(Cicero)는 "아낙시만드로스의 제자 아낙시메네스는 무한한 공기를 상정했다. 그것에서 나오는 산물은 유한자인 흙, 물, 불이다. 그리고 이것들에서 모든 것들이 생겨난다"는 구절을 전해주고 있다.[38]

우주의 생성에 대한 아낙시메네스의 설명은 두 단계로 나뉜다. 1) 먼저 공기가 희박화 혹은 응축되어 불, 물, 흙 등의 다른 원소들이 나오고, 2) 다음으로 이 원소들로부터 생명체들과 그 기관들이 생겨난다. 그런데 이 가운데 둘째 단계는 희박화와 응축을 통해 만들어지는 것이 아니다. 따라서 아낙시메네스는 이 둘째 단계의 생성에 대해 별도의 설명을 내놓을 필요성을 느꼈을 것이다. 그러나 아리스토텔레스의 제자 테오프라스토스(Theophrastos)가 그랬던 것처럼, 아낙시메네스에게서 4원소와 그것들의 조합이라는 후대의 이론을 읽어내는 것은 곤란하다. 그 이론은 엠페도클레스에게서 명시적으로 형성되며 아리스토텔레스가 자신의 변화 이론을 위해 채용했던 것으로, 아낙시메네스에게서는 아직 의식적으로 주장된 것은 아니기 때문이다. 아마도 아낙시메네스는 아낙시만드로스를 따라서 공기로부터 변화한 첫 번째 산물들을 불, 물, 흙이라고 놓았을 것이며, 엠페도클레스의 '뿌리들'이나 아리스토텔레스의 '요소들'이 여전히 미래의 용어지만 이 세 가지, 즉 '뜨거운 것', '축축한 것', '차가운 것'이 그에게 어느 정도 우선성을 가지고 있었을 것으로 보인다.

사실 4원소의 존재를 인정한다고 해서 자연 세계가 어떻게 생성되고 변화하는지 설명할 필요가 없어지는 것은 아니다. 그러나 우리는 현재 전해지는 전거들만 가지고서는 아낙시메네스가 4원소들로부터 유기체인 자연 세계가 어떻게 나왔다고 설명하는지를 알 수가 없다.

---

37) 『제 이교설 논박』 I.7.1~3=DK13A7.

38) 『아카데미카』 II.37, 118=DK13A9.

아낙시메네스가 공기를 만물의 근원으로 선택한 이유 가운데 가장 그럴듯한 것은 공기의 보이지 않는 상태가 가장 자연스럽다고 생각했기 때문이라는 것이다. 공기는 끊임없이 변화하고 운동하고 있으며, 그렇게 함으로써 희박화 혹은 응축을 일으키며, 이를 통해서 다른 원소로 예컨대 물이라고 할 수 있는 안개나 비가 되는 것이다. 플루타르코스는 이렇게 설명한다. "아낙시메네스가 생각했던 것처럼, 차가운 것도 뜨거운 것도 실체에 속하는 것으로 놓아두지 말고, 변화에 수반되는 질료(hylē)의 공통 성질로 놓자. 그것 중에서 압축되고 응축된 것은 차갑지만, 희박하고 느슨한 것은 뜨겁다고 그가 말하기 때문이다. 그러므로 [……] 숨은 입술에 의해 압축되고 응축되어 차가워지지만, 입이 열리면 빠져나가면서 희박해지므로 뜨거워진다."[39]

현대의 일부 학자들은 이오니아 사상의 과학적인 특성을 신뢰하고 있으며, 특히 아낙시메네스의 이론이 지니는 실험적인 측면을 높이 평가한다. 그러나 콘퍼드는 이들과는 달리 입김 실험을 과대평가해서는 안 된다고 본다. 그는 물보다 차가운 얼음은 밀도가 더 낮기 때문에, 아낙시메네스의 기대와는 달리 물이 얼면 부피가 커진다는 점을 근거로 들었다.[40] 그러나 아낙시메네스의 이론은 대체로 옳다. 물의 온도가 4도 이하일 때는 다르지만, 일반적으로 온도가 올라가면 밀도가 낮아져 부피가 커지고 온도가 내려가면 반대로 부피가 작아지는 것이 사실이기 때문이다.

아낙시메네스는 두 가지 측면에서 밀레토스학파와 그리스 사상의 발전에 기여했다. 하나는, 그리스어 'aēr'는 원래 안개나 어둠을 의미했는데 그에게서 처음으로 일차적인 의미가 오늘날과 같이 우리 주위의 보이지 않는 실체라는 의미로 쓰였다는 점이다. 다른 하나는, 아낙시메네스에게서 처음으로 눈에 띄는 종류 혹은 질의 차이가 양의 차이로 환

---

39) 『원리인 차가운 것에 관하여』 7.947 = DK13B1.

40) F. M. Cornford(1952), p. 6.

원되었다는 점이다. 버넷은 이런 설명이 밀레토스학파의 우주론을 처음으로 정합적인 것으로 만들었다고 지적했다. 만물이 단일한 실체로 만들어졌다는 일원론을 고수하면서 다양함을 설명하는 유일한 방법은 양의 차이가 다양함의 원천이라고 말할 수밖에 없지 않을까?

공기, 생명, 인간의 영혼

아낙시메네스가 공기를 근원으로 선택한 동기는 그것으로 자연 세계의 다양한 물리적 현상을 일원론적으로 자연스럽게 설명할 수 있기 때문이었다. 아낙시만드로스처럼 그는 존재의 최초 원천은, 즉 그로서는 공기는, 언제나 운동 중에 있고, 이것이 존재의 변화를 가능하게 한다고 생각했다. 그 역시 운동을 영원한 것으로 간주했으나, 그는 여기에다 영원한 운동이 그로부터 변화가 일어나는 수단이라는 것을 추가한 것이다.

아리스토텔레스는 운동을 설명하면서 물질과 그것을 움직이게 하는 원인을 구분하며 전자를 '질료인', 후자를 '작용인'이라고 부른다. 그런데 그렇게 하려면, 사물의 운동이 어떻게 시작되었는지 설명하기 위해 그것의 물질 이외에 어떤 행위자를 도입해야 한다. 그러나 아낙시메네스는 공기가 다른 행위자에 의해서 촉발되는 물질이 아니라 스스로 원인이 되는 영원한 존재라고 생각했다.

그렇다면 스스로 원인이 되는, 스스로 움직이는 것은 무엇일까? 그것은 영혼(psychē)이다. 근원으로서의 공기는 살아 있는 것인데, 영원할(aidion) 뿐 아니라 불사이며(athanaton) 따라서 신성하다(theion). 또한 아낙시메네스의 시대에는 숨과 영혼은 관련이 있다는 생각이 상식이었다. 아낙시메네스도 이러한 개념을 받아들였을 것이다. 그는 더 나아가 우리가 숨 쉬는 공기 그 자체가 생명이라고 생각했다. 아낙시메네스는 우주의 공기 혹은 숨과 인간의 영혼 사이에는 유비 관계가 있다고 주장한다. 그에 따르면 살아 있는 모든 것은 공기다. 그리고 공기에서 만물이 생겨나고 다시 만물은 최종적으로 공기로 용해된다. 여기서 공기와 숨은 동의어로 사용된다.

한 세기 뒤인 기원전 5세기 아폴로니아의 디오게네스(Diogenēs)는 공기가 제일 실체라는 아낙시메네스의 이론을 받아들였다. 그는 특히 그것이 만물의 기원일 뿐 아니라 우주 영혼의 요소이며, 따라서 동물 및 인간의 영혼과 특별한 유사성이 있다는 점을 발전시켰다. 이로부터 신성한 우주적 정신과 인간의 정신 간에 밀접한 관련성이 있을 것이라는 결론이 나온다. 이오니아 지방은 이런 믿음이 자연스럽게 받아들여졌던 분위기였으며, 이로 인하여 아낙시메네스는 아르케로서 공기를 자연스럽게 선택했던 것으로 보인다. 또한 이러한 생각은 만물을 살아 있는 것으로 보는 물활론(hylozoism)과 관련이 있는데, 공기는 신이며 흙은 가이아, 물은 오케아노스, 불은 헤파이스토스 신이라고 하는 것은 아낙시메네스가 자연 세계를 신화적으로 해석한 결과라기보다 물활론적인 시각에서 본 것으로 이해된다.

우주론과 천체의 구조, 기상론

아낙시메네스의 우주발생론은 다소 소박한 것으로, 아낙시만드로스의 추론과 상상력에 미치지 못하는 것이 사실이다. 아낙시메네스의 우주는 공기 혹은 바람(pneuma)으로 둘러싸여 있다. 그에 따르면 지구는 우주에서 처음으로 생성된 부분이었으며, 공기의 압축으로 생겨났다. 지구는 평평하며, 공기 위에 올라타고 있다. 아리스토텔레스는 이를 지구가 "평평하기 때문에" 공기 위에 올라타고 있는 것으로 그리기도 한다.[41] 앞서 아낙시만드로스는 지구가 우주의 중심에 있기 때문에 어떤 것에 의해서 지탱될 필요가 없다고 생각했다. 그러나 아낙시메네스는 이렇게 대담한 구상을 받아들일 수 없었다. 결국 그는 지구는 물질적인 것에 의해서 지탱되어야 한다는 탈레스의 가설로 후퇴한 것이다. 아낙시메네스에 따르면 지구가 맨 처음 형성되었고, 그다음에 천체

---

41) 『천체론』 294b13＝DK13A20 참조.

들이 그로부터 형성되었다. 이런 이론은 그가 종교적인 선입견으로부터는 해방되어 있었음을 보여주는 것이다.

자연 세계의 운동과 변화를 공기의 희박화와 응축으로 설명하는 아낙시메네스의 이론은 상당히 발전적인 것임에도 불구하고, 그는 우주를 설명하는 다른 정교한 체계에 큰 관심이 없었다. 사실, 후대 사람들은 그의 우주론을 단순한 그림으로 전해준다. 해와 달과 다른 천체들도 지구와 같이 평평하고 공기 위에 올라타고 있다는 것이다. 어떤 사람들은 아낙시메네스가 처음으로 행성과 항성을 구별한 사람이라고 말하기도 한다. 행성은 나뭇잎 모양으로 평평해서 불규칙적으로 자유롭게 움직이고, 항성은 딱딱한 바퀴에 고정되어 있다. 공기가 응축, 압축되면 바람이 되고, 차례로 구름, 비, 눈이 되며, 우박이 된다. 천둥과 번개는 구름이 바람의 힘에 의해 쪼개지는 효과일 뿐이고, 무지개는 아이리스 여신의 광채가 아니라 태양빛이 압축된 공기를 비춘 효과다. 그리고 지진은 지구가 젖거나 마를 때 쪼개지는 현상이다.

그렇지만 아낙시메네스는 종교의 영향을 거의 받지 않았다. 그는 신비적인 경향을 가진 사람이라기보다는 오히려 모든 것을 자연의 사실로 받아들이는 사람이었다. 남아 있는 기록이 빈약함에도 불구하고, 그 안에서 우리는 아낙시메네스가 자연을 세심하게 관찰하고 그 관찰을 통해서 자신의 이론을 만들어내는 잘 정돈된 성격을 가지고 있음을 알아볼 수 있다. 후대 사람들은 그가 철학자로서 포착한 획기적인 영감에 빚을 지고 있다. 그 영감이란 만일 세계가 단일한 실체로부터 생성되었다면, 세계의 변화는 그 하나의 실체로만 설명될 수 있다는 생각이다. 그 결과가 그로서는 공기의 응축과 희박화를 통해 만물의 생성을 설명하는 것이었다. 그가 이를 바탕으로 완전하고 더 정합적인 체계를 만들어내지는 못했다고 하더라도, 그의 중심 사상은 남아서 큰 결실을 맺게 될 것이다.

5 맺는 말

우리는 이 장의 서두에서 철학의 발생을 뮈토스로부터 로고스로의 이행으로 규정하면서 신화와 달리 철학적인 담론이 어떤 고유한 특성을 가지는지 미리 논의한 바 있다. 그리고 그것을 바탕으로 최초의 철학자들로서 밀레토스학파에 속한 개별 철학자들의 사상을 어느 정도 살펴보았다. 이제 그들의 생각이 가진 주요한 특색과 후대 그리스 사유에 끼친 그들의 전통을 다시 한 번 간략하게 요약한다면 다음 세 가지 항목을 정리할 수 있을 것이다. 이것은 철학사에서 일반적으로 받아들여지는 항목들로서, 자연에 관한 그들의 관점이 합리적이고, 점진적이며, 물활론적이라는 것이다.

첫째, 세계의 지식에 대한 그들의 시각은 합리적이다. 밀레토스학파 철학자들은 자연 세계의 존재와 현상에 대해 신화적인 설명을 벗어나 합리적인 설명을 추구했다. 철학자들은 신화 기록자들과 달리 인간의 정신 속에서 관찰과 추론에 의해 정합적으로 성립된 이론을 내세웠다. 둘째, 세계의 생성과 변화에 대한 그들의 관점은 점진적이다. 밀레토스학파 철학자들은 자연 세계의 생성과 발생을 창조가 아니라 점진적인, 혹은 발전적인 시각에서 바라보았다. 즉 그들은 어떤 것이 전적인 무에서 기적적으로 창조되는 것이 아니라 이미 있는 어떤 것에서 생겨난다고 본 것이다. 셋째, 자연 세계의 사물들에 대한 그들의 생각은 물활론적이다. 밀레토스학파 철학자들은 자연 세계에 존재하는 모든 사물들이 살아 있거나 살아 있는 것과 밀접하게 관련이 있다고 보는, 이른바 물활론적인 시각을 가지고 있었는데, 이런 시각은 물질이 생명과 불가분이라는 생각을 전제로 하는 것이다.

■ 참고 문헌

김남두, 「아낙시만드로스와 서양적 자연이해의 맹아」, 『철학사상』 15, 2002, 153~83쪽.

김성진, 「탈레스 철학의 작용영향사와 아리스토텔레스의 테오리아」, 『서양고 전학연구』 24, 2005, 125~49쪽.

김인곤, 「아낙시만드로스의 아페이론」, 『시대와 철학』 13, 2002, 7~35쪽.

김인곤 외, 『소크라테스 이전 철학자들의 단편 선집』, 아카넷, 2005.

손병석, 『희랍신화 속에 나타난 Mythos와 Logos의 이분법적 구분에 대한 재 성찰』, 고려대학교(한국연구재단 연구성과물), 2002.

Barnes, J., *The Presocratic Philosophers*, 2nd ed., London: Routledge and Kegan Paul, 1982.

_____, *Early Greek Philosophy*, London, 1920³(1892).

Cornford, F. M., *From Religion to Philosophy*, New York: Harper & Row, 1957(1912).

_____, *Principium Sapientiae: The Origins of Greek Philosophical Thought*, Guthrie, W. K. C.(ed.), Cambridge Univ. Press, 1952.

Couprie, D. L., Naddaf, G., Hahn, R., *Anaximander in Context: New Studies in the Origins of Greek Philosophy*, New York: Suny Press, 2002.

Diels, H. and W. Kranz, *Die Fragmente der Vorsokratiker*, 3 vols., original ed. 1903; reprint of 6th ed., Berlin: Weidmann, 1974.

Diels, H., *Doxographi Graeci*, 4th ed., 1879; reprinted Berlin: de Gruyter, 1965.

Graham, D. W., *Explaining the Cosmos: The Ionian Tradition of Scientific Philosophy*, Princeton: Princeton Univ. Press, 2006.

Guthrie, W. K. C., *A History of Greek Philosophy*, vol. I, Cambridge: Cambridge Univ. Press, 1962.

Ricken, F., *Philosophie der Antike*, Stuttgart, 1988(『고대 그리스 철학』, 김성진 옮김, 서광사, 2000).

Vernant, J. -P., *Mythe et pensée chez les Grecs*, 1965(『그리스인들의 신화와 사유』, 박희영 옮김, 아카넷, 2005).

제3장 피타고라스학파

이기백

1 피타고라스

피타고라스 관련 출전 문제

소크라테스(Sōkratēs) 이전 철학자들 가운데 피타고라스(Pytha-goras, 기원전 570~490년경)만큼이나 지속적으로 큰 영향을 미친 철학자도 없었던 것으로 보인다. 피타고라스가 기원전 490년경에 죽은 이후에도 피타고라스주의는 유지되고, 특히 기원전 1세기에서 기원후 3세기에 이르는 시기에는 신피타고라스주의가 풍미했다. 포르퓌리오스(Phorphyrios, 234~305)와 이암블리코스(Iamblichos, 245~325) 같은 신플라톤주의자들도 그 영향을 크게 받아 중세와 르네상스 시대에 이르기까지 피타고라스주의가 유지되는 데 크게 기여했다.

그러나 정작 역사적 피타고라스의 생애와 사상이 어떠했는지는 몹시 불분명하다. 우선 그의 공동체에서는 외부로 그의 사상을 발설하는 것을 금기시했기 때문이다. 그리고 신피타고라스주의 이후에는 피타고라스와 관련한 많은 저작들이 나오긴 했으나, 그 대부분은 그에 대한 왜곡된 정보를 전해주었기 때문이다. 신피타고라스주의는 피타고라스를 신적인 존재로 묘사하는가 하면, 그의 사상을 플라톤과 아리스토텔레스를 비롯한 그리스 주요 철학자들의 사상의 원천으로 부각시키는 등, 피타고라스를 과장되게 소개하는 경향이 강했다. 피타고라스와 관련해 풍부한 정보를 제공하고 가장 영향력이 있는 전기들을 남긴 디오게네스 라에르티오스(Diogenēs Laertios, 200~250)와 포르퓌리오스 및 이암블리코스도 그런 경향을 짙게 보여주고 있다. 따라서 이들이 믿을 만한 초기 자료를 인용한 경우가 아닌 한 엄밀한 검토가 필요하다.

결국 역사적 피타고라스의 생애와 사상을 알아보기 위해서는 왜곡된 후기 자료들이 나오기 전의 초기 자료들을 주목해 볼 필요가 있다. 그러나 초기 자료이긴 하지만 중요한 자료로 평가받기 힘든 것들도 있다. 이를테면 플라톤의 계승자들인 스페우시포스(Speusippos), 크세노크라테스(Xenokratēs), 헤라클레이데스(Hērakleidēs), 그리고 아리스토텔레스의 제자인 테오프라스토스(Theophrastos) 등은 플라톤의 후기 형이상학을 무리하게 피타고라스에게 귀속시키는 경향을 보인다. 이런 점에서 이들은 신피타고라스주의의 원조라 해도 좋을 것이다.

다른 한편 주목할 만한 주요 초기 자료로는 기원전 4세기 무렵의 것들로서 지금은 소실된 아리스토텔레스(기원전 384~322)의 두 저서, 즉『피타고라스의 철학에 관하여』와『피타고라스주의자들에 관하여』의 단편들과 그의 제자들인 디카이아르코스(Dikaiarchos)와 아리스톡세노스(Aristoxenos)의 단편들, 그리고 시켈리아(시칠리아)의 역사가인 티마이오스(Timaios)의 단편들이 있다. 더 나아가 아리스토텔레스 이전의 자료들도 주목해 볼 만한데, 아쉽게도 이 자료들은 많지 않으며 또한 간략한 언급으로 되어 있다. 하지만 피타고라스의 경우에는 아리스토텔레스 이전 증언들이 다른 초기 철학자들의 경우보다는 폭넓게 있는 편이다. 크세노파네스(Xenophanēs), 헤라클레이토스, 엠페도클레스, 이온(Iōn), 헤로도토스, 이소크라테스(Isocratēs), 그리고 플라톤 등의 귀중한 증언들이 있기 때문이다.[1]

---

1) *Stanford Encyclopedia of Philosophy*(웹 사전)에서 C. A. Huffman이 집필한 "Pythagoras" (2005. 2. 23)는 이 글의 출전 설명 부분을 비롯해 피타고라스의 주요 사상을 정리하는 데

피타고라스의 생애와 사상

피타고라스의 생애와 관련해서 많은 이야기가 전해지지만 신빙성 있는 것은 아주 적다. 비교적 믿을 만한 이야기만을 간추려보면 다음과 같다. 그는 기원전 570년경에 사모스 섬에서 태어나 거기서 살면서 이집트를 여행하기도 하지만, 기원전 530년경에 폴뤼크라테스(Polykratēs)의 폭정 때문에 이탈리아 남부에 있는 크로톤으로 이주한다. 거기서 이른바 '피타고라스적 삶의 방식'을 은밀하게 공유하는 공동체를 만들고 종교적·도덕적으로뿐 아니라 정치적으로도 큰 영향력을 갖는다. 하지만 기원전 510년경 반발 세력이 피타고라스와 그의 추종자들에게 압박을 가하자 그는 메타폰티온으로 이주하고 기원전 490년경에 죽음을 맞는다. 피타고라스 사후에도 피타고라스주의자들은 이탈리아 남부 여러 나라의 국사를 돌보며 큰 영향력을 행사하는데, 기원전 450년경 크로톤에서 피타고라스주의자들이 회의를 하던 밀론(Milōn)의 집을 퀼론(Kylōn)의 추종자들이 불살라 상당수의 피타고라스주의자들이 희생된다. 그 후로도 피타고라스학파에서 주목할 만한 인물 두 명이 나오는데, 그들은 크로톤 사람인 필롤라오스(Philolaos, 기원전 470~385)와 타라스 사람인 아르퀴타스(Archytas, 기원전 428~350)이다.

일반적으로 피타고라스는 수학자이며 합리적인 우주론자로 이해되곤 한다. 그러나 이런 이해를 뒷받침할 만한 초기 자료는 거의 보이지 않는다. 초기 자료들을 통해 일단 알 수 있는 것은, 그가 혼의 전이설(metempsychōsis)의 전파자이며, 이른바 피타고라스적 삶의 방식의 창시자라는 것이다. 아울러 그는 합리적인 것과는 상당히 거리가 먼 불가사의한 능력의 소유자처럼 보이기도 한다.

혼의 불사와 전이

크세노파네스는 피타고라스에 관해 다음과 같은 이야기를 한 것

큰 도움이 되었다.

으로 전해진다. "언젠가 그는, 개가 심하게 맞고 있을 때, 그 곁을 지나 가다가 불쌍히 여겨 이런 말을 했다고 한다. '멈추어라. 나의 친구인 사람의 혼이니까. 그 개가 짖는 소리를 들었을 때 나는 그 혼을 알아보았다.'" 이 이야기는 피타고라스를 웃음거리로 만들 듯하다. 그러나 혼에 관한 그의 사상을 엿보게 해준다.

피타고라스는 죽음이 삶의 끝이 아니고 사후에 혼의 삶이 있다고 믿었다. 곧 그는 사람의 혼이 불사적일 뿐 아니라 다른 종류의 동물들로 옮겨 가고, 그래서 모든 동물은 동족 관계에 있다는 믿음을 갖고 있었다. 게다가 혼의 전이가 주기적으로 일어난다고 생각했던 것으로 보인다. 이렇게 보면 피타고라스의 혼의 전이설은 불교의 윤회설과 아주 유사하다고 할 수 있다. 그런데 피타고라스는 이런 윤회의 굴레에서 벗어날 수도 있다고 보았던 것일까? 적어도 헤로도토스의 살목시스(Salmoxis)—잘목시스라고도 함—이야기에 따르면(『역사』 IV 95) 그는 그런 믿음을 갖고 있었던 것으로 보인다. 살목시스는 한때 피타고라스의 노예였으나 그에게서 혼에 관해 가르침을 받아서 "사람들에게 영원히 살아남아 온갖 좋은 것을 소유할 곳으로 가게 될 것이라고 가르쳐주었다"고 한다. 이 언급은 인간이 언젠가는 윤회의 굴레에서 벗어나게 된다는 뜻으로 보인다. 그 밖에 피타고라스가 혼이 식물로도 옮겨 간다고 생각했다거나,[2] 윤회의 주기를 3천 년이라고 믿었다는 설도 있는데 이는 분명하지 않다.

혼은 불사적이라는 피타고라스의 견해는 아폴론 종교에 비추어 보면 상당히 혁신적인 것이었다. 이 종교에서 불사성은 신의 속성이었고, 인간은 사멸하는 자로서 하루살이에 비유되기도 했기 때문이다. 그리고 혼의 전이설은 그리스의 전통 종교에서 찾아볼 수 없는 새로운 교설이었다. 그렇다면 이 교설은 어디에서 유입된 것이었을까? 그것은

---

2) 엠페도클레스는 사람이 동물뿐 아니라 식물로도 다시 태어난다고 보았다(DK31B117, B127).

이집트나 흑해 지역에서 유입된 것으로 추정되곤 했다. 하지만 이들 지역에는 정확하게 혼의 전이설이라고 할 만한 설이 없었다. 따라서 페르시아의 퀴로스(Kyros) 왕이 이오니아로부터 인도까지 영역을 확장했던 시기에 그 설이 그리스 쪽으로 유입되었다는 견해가 더 설득력 있어 보인다.[3]

피타고라스적 삶의 방식

피타고라스는 크로톤에서 이른바 '피타고라스적 삶의 방식'을 은밀하게 공유하는 공동체를 창설했다. 그 공동체에는 아무나 들어갈 수 없었다. 크로톤에서 영향력이 막강하던 귀족인 퀼론조차도 성품이 안 좋다는 이유로 거부되었다. 이 일로 인해 퀼론과 그의 추종자들은 피타고라스 공동체에 적대감을 갖고 집요하게 공격을 가했다. 그런데 공동체에 들어가기 위해서는 성품이 좋아야 할 뿐 아니라, 또한 "친구들의 것들은 공동의 것이다"(koina ta philōn)라는 규칙을 받아들여야 했던 것으로 보인다(티마이오스의 단편 13a). 피타고라스적 삶의 방식의 특징은 특히 종교 의식이나 식생활을 비롯한 생활 방식과 관련된 금기 사항들의 준수 등에서 나타난다. 금기 사항들은 글이 아니라 구두로 제자들에게 전달되었던 금언 형태의 가르침(akousmata) 속에 담겨 있었다. 이 가르침은 피타고라스주의자들과 보통 사람들을 구분시켜주는 징표나 상징(symbolon)이 되었다.

피타고라스는 혼의 전이설과 아울러 인과응보도 믿었고, 그런 만큼 그의 관심이 삶의 방식으로 이어지는 것은 자연스러워 보인다. 그런데 그 연관 관계에 대해 명시적으로 언급한 초기 자료들은 보이지 않는다. 하지만 양모로 된 옷을 입혀 매장하는 것을 금하는 피타고라스주의의 장례 의식과 같은 것은 혼의 전이설과 삶의 방식의 연관성을 엿보게 해준다. 그 밖에 종교 의식이나 음식과 관련한 피타고라스의 가르침은

---

3) C. H. Kahn, *Pythagoras and The Pythagoreans : A Brief History* (2001), p. 19.

그 연관성을 추정해볼 소재가 된다.

피타고라스는 신께 제물을 바치는 것이 가장 올바른 일이라고 생각했을 정도로 제의에 큰 관심을 기울였다. 그런데 여기서 주목할 점은 동물을 제물로 바치는 것을 피타고라스가 용인한 것으로 보인다는 것이다. 이는 "제물로 바쳐지는 물고기에 손을 대지 말라"는 가르침을 통해서도 단적으로 확인할 수 있다. 그러니까 혼의 전이설을 주장하는 피타고라스로서도 당시 그리스의 일반적인 종교 의식인 희생 제의를 금지할 만큼 급진적이지는 못했던 것으로 보인다. 하지만 제사가 아닌 식생활에서의 육식에 대해서는 어떤가?

에우독소스(Eudoxos, 기원전 408~355)는 피타고라스가 육식을 삼갔을 뿐 아니라 푸주한이나 사냥꾼을 멀리했다고 증언한다. 이런 증언은 신빙성이 있어 보인다. 피타고라스는 모든 동물이 동족 관계에 있다고 생각한 것으로 전해지기 때문이다. 그러나 에우독소스와 동시대인인 "아리스토크세노스는 피타고라스가 생명을 지닌 다른 모든 것을 먹는 것을 인정했으되, 다만 경작용 황소와 숫양을 삼가게 했을 뿐이라고 말했다"는 증언도 있다. 그리고 아리스토텔레스도 피타고라스가 완벽한 채식주의를 요구했다고 보는 것 같지는 않다. 그는 피타고라스가 "흰 수탉에 손을 대지 말라", "제물로 바쳐지는 물고기에 손을 대지 말라"고 말했다고 하는데, 이는 그 이외의 동물에 대해서는 손을 대도 좋다, 즉 음식으로 먹어도 좋다고 용인하는 것으로 여겨지기 때문이다.

그리고 포르퓌리오스의 『피타고라스의 생애』(42)에서는 일상생활 방식과 관련한 여러 금언들과 뜻풀이를 볼 수 있다. "저울을 넘어가지 말라"(이것은 탐욕을 부리지 말라는 것이다), "칼로 불을 쑤시지 말라"(이것은 화가 나서 터질 듯한 사람에게 화를 돋우어대는 말들로 자극하지 말라는 것이다), "왕관을 벗겨내지 말라"(이것은 법률을 어기지 말라는 것이다), "심장을 먹지 말라"(이것은 자신을 슬픔으로 괴롭히지 말라는 것이다) 등이 있다.

더 나아가 피타고라스적 삶의 방식에 특징적인 규칙으로서 도덕적 훈련을 위한 묵언의 규칙도 있었던 것으로 보인다. 이소크라테스는 연설을 중시하던 기원전 4세기에조차도 피타고라스주의자들이 놀라우리만치 묵언을 했음을 증언해준다(『부시리스』 28). 개인적 훈련을 위한 묵언의 규칙 말고도 피타고라스의 가르침을 외부에 발설해서는 안 된다는 '예사롭지 않은 묵언(siōpē)'의 규칙 혹은 '보안'(phylakē)의 규칙도 있었던 것으로 보인다. 아리스토텔레스는 피타고라스주의자들이 "이성적 존재(to logistikon zōion)의 한 부류는 신이고, 다른 한 부류는 인간이며, 또 다른 부류는 피타고라스와 같은 존재이다"라는 것을 비밀로 했다고 한다(14A7). 이처럼 피타고라스의 특정 가르침이 비밀 사항이었다면, 그의 모든 가르침이 보안 사항이었다고 볼 필요는 없을 것이다.

피타고라스적 삶의 방식을 따르는 공동체가 언제까지 존속했는지 분명히 알 수는 없으나, 플라톤의 증언에 의하면 피타고라스 사후 적어도 100년이 넘은 시점까지도 '피타고라스적 삶의 방식'을 고수하는 사람들이 있었고 평판도 좋았던 것으로 보인다(『국가』 10권, 600a~b).

불가사의한 일들

피타고라스는 불가사의한 능력을 지닌 인물로 그려지기도 한다. 아리스토텔레스에 따르면, 피타고라스는 같은 날 같은 시간에 두 곳에 출현하고, 자신의 한쪽 허벅지가 금으로 되어 있음을 보여주기도 하고, 그가 강을 건널 때 강이 그에게 인사말을 하기도 했다고 한다(DK14A7). 또 독사가 물려고 하자 물어 죽이기도 했다(14A16)는 등 실로 예사롭지 않은 일화들을 아리스토텔레스는 전해주고 있다. 더욱이 그는 크로톤 사람들이 그를 아폴론 휘페르보레이오스로 불렀다고도 말하는데(14A7), 이는 그가 아폴론 신이 현시된 존재로 여겨졌다는 것을 뜻한다. 아리스토텔레스는 구전되는 이야기를 전해준 것이겠는데, 여하튼 피타고라스는 신은 아니라 하더라도 초인적인 사람처럼 여겨졌던 것 같다. 이런 이야기들은 신피타고라스주의나 신플라톤주의와 같이 피타고라스를 신격화하는 후기 전통에서 나옴직한 것이다. 그러나 그 이야기들의 출처가 역사적 피타고라스에 관한 한 비교적 권위가 있는 아리스토텔레스의 단편들이다. 따라서 그 이야기들을 무시해버릴 수는 없다. 그리고 피타고라스의 영향을 받은 철학자인 엠페도클레스도 스스로 자신이 불가사의한 능력을 지닌 듯이 말한다는 점을 고려하면 (31B111), 피타고라스에 관한 증언들이 공연한 이야기 같지만은 않다. 그러니까 피타고라스와 관련한 일화들이 실제로 있었던 일들이라고 믿기는 힘들지만 당시 사람들은 그가 불가사의한 능력을 지닌 것으로 생각했던 것 같다.

수학과 음악에 대한 피타고라스의 관심

피타고라스라고 하면 그의 이름이 붙은 '정리'가 곧바로 연상될 만큼 그는 수학자로서 널리 알려져 있다. 하지만 안타깝게도 초기 자료에서 그런 모습을 찾아보기는 힘들다. 그렇다면 어떻게 그 정리가 피타고라스의 것으로 알려지게 된 것일까? 그것은 다음과 같은 후기 자료에서 비롯된 것이다. "피타고라스가 널리 알려진 그 도식(정리; gramma)을 발견했을 때, 그 일로 그는 그 유명한 황소 제사를 거행했다."[4] 이런 언급은 아마도 아폴로도로스(Apllodōros)라는 산술가 혹은 수학자가 한 것으로 보이며, 나중에 디오게네스, 아테나이오스(Athēnaios), 플루타르코스가 인용하고, 또한 프로클로스가 『유클리드의 「원리들」 I권 주석』(47)에서 인용하여 널리 알려지게 된 것으로 보인다.

그런데 피타고라스가 이른바 '피타고라스 정리'와 관련해 어떤 기여를 했다고 보아야 할까? 아폴로도로스의 언급에서 '발견했다' (heureto)는 말이 주목된다. 이 말은 무엇을 뜻할까? 혹 '발견했다'는 말은 '증명했다'는 의미를 함축하는 것일까? 아폴로도로스 자신은 그런 생각을 했을지 몰라도, 실제로 피타고라스가 그걸 증명했음을 보여주는 초기 자료는 없다. 더욱이 수학의 증명 방법은 기원전 5세기 말이

---

4) 디오게네스 라에르티오스, 『유명한 철학자들의 생애와 사상』 VIII, 12.

나 4세기 초에 개발되었다. 그러면 '발견했다'는 것은 증명 없이 '최초로 알아냈다'는 것을 뜻하는 것일까? 수학사에서는 그렇게 보기도 힘들다. 피타고라스 이전에 바빌로니아인들에게 그 정리가 증명되지는 않은 상태로 이미 알려져 있었기 때문이다. 그것도 기원전 2000년부터 3:4:5와 같은 피타고라스 정리의 수 조합들이 설형문자의 문서에 나타난다는 것이다.[5]

그러므로 피타고라스는 특정한 기하학적 관계를 발견한 자도, 엄격한 증명을 한 수학자도 아니라고 보는 게 옳다. 그렇다면 남은 가능성은 단지 그는 그 정리가 참이라는 것을 알았을 뿐이라는 것이다. 하지만 피타고라스는 그 정리를 알고 황소 제사를 거행했다는 말이 전해질 만큼 기하학적인 관계를 매우 중시했음이 분명하다.

또한 피타고라스는 음계에서 중심적인 세 협화음(synpōnia)과 네 자연수(1, 2, 3, 4)의 비율 관계를, 즉 옥타브는 2:1로, 제5음은 3:2로, 제4음은 4:3으로 이루어짐을 발견한 것으로도 유명하다. (여기서 4:3과 3:2는 1과 2 사이의 조화 평균과 산술 평균에 해당된다.)

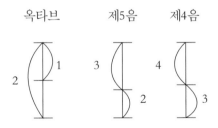

그런데 피타고라스가 협화음과 자연수의 관계를 발견했음을 뒷받침하는 초기 자료는 없고, 오히려 피타고라스 시대에는 이미 그 관계가 알려져 있었다고 한다.[6] 따라서 피타고라스가 그 관계를 발견했다고

5) G. E. R. 로이드(1996), p. 54 참조.

6) 부케르트(1972), p. 377.

하기는 힘들다. 그리고 협화음의 비율들을 증명하는 실험은 히파소스(Hippasos)[7]가 네 개의 청동 디스크를 이용해 최초로 시도했다고 전해진다(DK18, 12). 결국 협화음들과 자연수의 관계에 대해서도 피타고라스는 그 관계를 증명한 학자도 최초로 발견한 자도 아니고, 다만 그 관계의 중요성을 깊이 인식했다고 보는 게 적절할 것이다.

그가 수학이나 음악 자체에 전문적 학자는 아니라 하더라도 이들 분야에 큰 관심을 기울였다는 것은, 그가 비합리적인 모습만이 아니라 합리적인 면도 갖고 있음을 보여주는 것이다. 더욱이 그는 협화음이 비율로 표현될 수 있다는 사실을 우주 이해에 적용하고자 했던 것으로 보인다. 곧 협화음이나 아름다운 음악의 비결이 비율에 있다면 우주의 아름다움의 비결도 비율에서 찾을 수 있으리라고 생각했던 것으로 보인다. 실제로 피타고라스가 이런 생각을 했다면 그는 질료를 중시한 철학자들과는 달리 만물의 근원을 수에서 찾았다고 보아도 무리가 없을 것이다. 그런데 과연 그가 이런 수학적 우주론을 폈다는 근거를 찾을 수 있을까?

수학적 · 도덕적 관점에서 본 우주

피타고라스는 세 협화음을 구성하는 네 자연수(1, 2, 3, 4)의 합이 완전수인 10이 되며, 그 네 수를 점으로 바꿔 배열하면 아래와 같이 테트락튀스(tetraktys)라는 삼각형이 형성된다는 것을 중요하게 생각했다.

---

7) 히파소스는 기원전 5세기 상반기에 살았던 것으로 보이며, 아리스토텔레스는 그가 헤라클레이토스처럼 불을 제1 원리로 여겼다고 한다. 그리고 히파소스는 자연철학자일 뿐 아니라 수학과 음악 이론에 전문적 식견이 있었던 것으로 보인다.

그는 델포이의 신탁을 테트락튀스라고 보고, 테트락튀스를 "세이렌들(Seirēnes)이 이루어내는 화음(조화; harmonia)"과 연관시키며, 또 화음(조화)을 가장 아름다운 것이라고 본다(DK58C4).[8] 여기서 델포이의 신탁, 테트락튀스, 화음, 아름다움의 상호 관계와 그 의미를 분석해 볼 필요가 있다.

우선 세이렌들이 이루어내는 화음이 뜻하는 바부터 살펴보자. 세이렌들은, 『오디세이아』(12.39~46)에서는 섬에 살면서 노래로 선원들을 홀려서 죽이는 요정들로 묘사된다. 다른 한편 알크만(Alkman)은 세이렌을 무사(Mousa)와 동일시하기도 한다. 그런가 하면 플라톤은 여덟 세이렌이 천구들의 화음을 만들어내는 것으로 이야기하고 있다(『국가』 617b).[9] 여기서 우리는 플라톤의 언급을 주목해 볼 필요가 있다. "세이렌들이 이루어내는 화음(조화)"이라는 피타고라스의 표현은 바로 플라톤이 말하는 "천구들의 화음"의 싹을 보여주는 것이라 할 수 있다. 다만 초기 자료에 따르면 피타고라스에게는 '천구' 개념이 없다는 점에서 차이가 있다. 그러므로 피타고라스의 경우에는 천구의 화음이란 표현보다는 우주의 화음이라는 표현이 무난할 것이다.

그러니까 피타고라스가 테트락튀스를 "세이렌들이 이루어내는 화음"이라고 본 것은 테트락튀스와 우주의 화음을 연관시켜 본 것이라 할 수 있다.[10] 그러면 그는 그 둘 사이에서 무엇을 주목해 본 것일까? 그는 이렇게 생각한 것으로 보인다. 즉 우주는 화음을 갖고 있는데, 그 우주의 화음은 협화음들처럼 테트락튀스인 네 자연수 1, 2, 3, 4의 비율로 표현될 수 있다는 것이다. 이런 점에서 피타고라스는 우주가 수적인

---

8) 위의 구절은 이암블리코스가 아리스토텔레스의 언급을 인용한 것으로 여겨진다. 이암블리코스, 『피타고라스적 삶에 관하여』, 82.

9) *The Oxford Classical Dictionary*(3ed.) p. 1413 참조.

10) 칸은 "피타고라스학파 사람들에게 테트락튀스는 우주의 음악적, 수적 질서에 대한 완전한 상징이다"라고 볼 뿐 아니라 이런 관점은 피타고라스학파 전통의 초창기부터 있었던 것으로 본다. C. H. Kahn, 앞의 책, pp. 32, 34~35.

구조를 지닌 것으로 보았다고 할 수 있다.

여기에 그는 "가장 아름다운 것은 조화(화음)이다"라는 생각도 덧붙이고 있다. 그런데 조화나 화음이 아름다운 것이라면 이것을 지니고 있는 우주도 아름다운 것이 될 것이다. 그러니까 그의 생각을 종합해보면, 우주는 수적인 비율로 표현될 수 있는 화음을 지닌 것으로서 아름다운 것이라 할 수 있다. 달리 말해서, 우주는 아름다운 것이고, 이는 그것이 조화(화음)를 가졌기 때문이며, 이 조화는 수적인 비율에서 비롯되었다는 게 피타고라스의 생각이다. 그렇다면 우주를 제대로 연구하고 알려면 우주가 지닌 수적인 비율들, 즉 테트락튀스인 네 수들의 비율들을 통해 그것에 접근해야 할 것이다. 이런 점에서 피타고라스는 델포이의 신탁을 테트락튀스라고 했던 것으로 보인다. 우리가 신탁을 통해 지혜를 얻을 수 있는 것처럼 우리는 테트락튀스를 통해 우주에 대한 앎을 얻을 수 있다는 것이다.

피타고라스는 수적 비율에 기초해 우주를 이해하고자 했다는 점에선 이오니아 철학자들과 같이 신화적인 사고를 벗어나 자연 현상을 합리적으로 설명하려 했던 철학자라 할 수 있다. 하지만 피타고라스의 우주론은 비합리적인 면도 갖고 있다. 피타고라스는 바다를 크로노스의 눈물이라 하고, 곰자리는 레아의 손이며 플레이데스는 무사(Mousa)들의 뤼라라고 말했다고 한다. 그리고 지진은 죽은 자들의 모임일 따름이고, 천둥은 타르타로스에 있는 자들이 겁먹도록 그들을 위협하기 위한 것이라고도 말하는 등 여전히 신화적인 사고의 틀을 벗어나지 못한 모습을 보여준다. 그런데 이는 혼의 불사설과 관련된 피타고라스의 믿음에서 비롯된 것으로 해석할 여지가 있다. 이를테면 그는 태양과 달이 축복받은 사람들의 섬이라고 하고, 행성들을 페르세포네의 개들이라고 말하기도 하는데, 이런 말들은 선하게 살면 태양과 달로 가서 축복받은 삶을 살고, 악하게 살면 행성들로 가서 응징을 당한다는 뜻으로 해석할 수 있다.[11] 다시 말해 그는 자연 설명을 통해 사람들의 도덕적 의식을 고양하고자 했던 것으로 보인다. 다른 한편 피타고라스가 우주의 아름다움을 조화와 수적 비율로 설명한 것도 우주 자체에 대한 자연철학적 설명에 그치지 않고, 인간의 삶의 방식이 어떠해야 하는지를 보여주려는 것으로 보인다. 피타고라스는 인간의 삶의 방식에 더없이 관심을 가졌던 철학자였기 때문이다.

피타고라스 이후

피타고라스와 관련해서는 자연철학자들이 증언한 것들도 있고, 게다가 상반된 평가를 보이기도 해서 흥미롭다. 헤라클레이토스는 "피타고라스가 어느 누구보다도 더 탐구를 했고, 이 저작들을 선별해내어 자신의 지혜, 박식, 술책(kakotechnie)을 만들었다"(DK22B129)고 말하는데, 이는 피타고라스가 참다운 지자인지를 의심하는 것으로 보인다. 그는 피타고라스가 박식하긴 하지만 "박식이 분별력을 갖게끔 가르치지는 못한다"(22B40)고 말하는가 하면, 심지어 "피타고라스는 허튼소리를 하는 사람들의 원조다"(22B81)라고 말하기까지 한다. 반면에 엠페도클레스는 피타고라스에 관해 "예사롭지 않은 일을 아는 어떤 사람이 있었으니, 그는 생각들로 가장 부유한 자이며, 특히 온갖 지혜로운 일에 정통한 자이다"(31B129)라고 증언한다. 좋은 평가를 담은 증언이든 아니든, 그에 대해서는 아리스토텔레스 이전 시기의 증언들이 비교적 폭넓게 있는 편이다. 이는 곧 그가 상당히 유명한 인물이었음을 보여주는 것이다.

피타고라스에 대해 상반된 평가가 존재하듯이, 그의 사상에는 상반된 두 측면, 즉 합리적인 면과 비합리적인 면이 공존한다. 그는 수학에 기초한 합리적인 측면을 보이는가 하면, 신화적 사고의 틀을 벗어나지 못한 측면을 보이기도 한다. 불가사의한 능력을 지닌 자로서 그의 모습도 합리적으로 이해할 수 있는 범위를 훌쩍 넘어서 있다. 이처럼 상반된 두 측면이 피타고라스에게는 병존하고 있었고, 그와 아울러 그

---

11) Huffman(2005), p. 15 참조.

의 가르침도 두 가지 방식으로 이루어졌을 것으로 추정되기도 한다. 아마도 이런 정황이 피타고라스 사후 기원전 5세기 중엽에 피타고라스주의가 두 부류로 분열되어 서로 대립하는 결과를 초래한 것으로 보인다. 그 한 부류는 '듣고 따르는 사람들'(akousmatikoi)이고, 다른 한 부류는 '학문하는 사람들'(mathēmatikoi)이다.

학문하는 사람들은 다른 쪽 사람들을 피타고라스주의자들로 인정하긴 했지만, 자신들이 훨씬 더 피타고라스적이며 자신들이 말한 것이 진리라고 주장했다고 한다. 다른 한편 듣고 따르는 사람들은 학문하는 사람들을 피타고라스주의자들로 인정하지 않았고, 이들의 관심사를 피타고라스의 것이 아니라 히파소스의 것이라고 여겼다고 전해진다. 아마도 피타고라스주의자들 가운데는 히파소스가 자연철학뿐 아니라 수학과 음악에 전문적인 식견을 가진 최초의 인물이었던 것 같다. 두 부류의 대립은 기원전 4세기에는 사실상 사라졌을 것으로 추정된다.

2 필롤라오스

필롤라오스 관련 출전 문제

필롤라오스(Philolaos, 기원전 470~385년경)는 피타고라스학파에서 『자연에 관하여』란 책을 펴낸 첫 번째 인물로 간주된다(DK44A1). 현재 그 책의 일부로 여겨지는 단편들(Fragments)과 신빙성 있는 증언들(Testimonia)이 적지 않게 보존되어 있다. 단편들 중 어떤 것이 진짜 필롤라오스의 책에 있던 것인지, 그리고 어떤 증언이 신빙성 있는 것인지에 관해서는 부분적으로 이견들이 있다. 그렇지만 그것을 판별하는 큰 틀의 기준에 대해서는 대체로 의견이 일치한다. 곧 플라톤과 아리스토텔레스의 용어와 사상을 필롤라오스 것인 양 기술한 것은 가짜로 보고, 기원전 5세기 피타고라스주의자들에 대한 아리스토텔레스의 증언들과 유사한 내용을 담고 있는 것은 진짜로 보는 것이다. 아리스토텔레스의 증언을 중시하는 까닭은, 우선 그는 플라톤의 계승자들이나 테오프라스토스처럼 무리하게 피타고라스를 진리의 원천으로 내세우지 않고, 피타고라스와 플라톤을 구분해 보기 때문이다. 그리고 그가 기원전 5세기의 피타고라스주의자들에 대해 설명한 것들은 필롤라오스의 책을 직접 보고 쓴 것이라고 추정되기 때문이다.

필롤라오스의 생애와 사상

필롤라오스는 피타고라스나 아르키타스와 더불어 피타고라스학파의 중심인물이다. 그는 소크라테스와 동시대의 철학자로서, 기원전 470년경에 태어나서 385년경에 죽은 것으로 추정된다. 그러니까 그는 피타고라스가 죽고 20년이 지난 후에 태어났고, 아르키타스보다는 50년쯤 앞서 태어난 셈이다. 자연철학자들과 비교하면 그는 엠페도클레스와 아낙사고라스보다는 한 세대쯤 뒤에 태어나고, 데모크리토스보다는 10년쯤 앞서 태어났다. 그의 출생지와 관련해서는 이견이 있다. 아리스토크세노스는 그가 타라스 사람이라고 하고, 아리스토텔레스의 제자 메논(Menōn)과 디오게네스 라에르티오스는 크로톤 사람이라 한다. 이런 이견의 해소를 위해, 필롤라오스가 이탈리아 남부의 크로톤에서 태어났으나 나중에 타라스에 정착해서 살았다고 추정하는 게 일반적이다.

필롤라오스는 피타고라스학파의 일원으로 분류되지만, 혼의 전이설이나 여러 금기 사항에 관한 것보다는 자연과학적 탐구에 더 많은 관심을 기울였던 것으로 보인다. 그리고 그는 피타고라스의 수학적 우주론의 영향을 받은 것은 사실이지만, 피타고라스에게서는 볼 수 없던 한정하는 것들(perainonta)과 한정되지 않은 것들(apeira)이란 개념으로 새로이 형이상학적 체계를 세운다. 이를 통해 그는 자연철학의 주된 흐름 속에 분명한 위치를 갖게 된다. 더 나아가 다른 자연철학자들의 연구 결과도 충분히 고려하며 철학적 탐구를 진행했던 것으로 보인다.

필롤라오스의 핵심적 사상은 세 가지 원리, 즉 한정하는 것들과 한정되지 않은 것들 및 조화에 대해 언급한 단편들에 담겨 있다. 그러므로 우선 세 가지 원리를 살펴보고, 다음으로 그의 인식론, 우주발생론 등을 개괄적으로 살펴보자.

세 가지 근본 원리들: 한정하는 것들, 한정되지 않은 것들, 조화

필롤라오스는 우주(kosmos)와 그 속에 있는 모든 것은 한정되지 않은 것들과 한정하는 것들이라는 두 요소로 짜 맞추어졌다(harmochthē)고 본다(DK44B1). 한정되지 않은 것과 한정하는 것들을 우주의 근원적인 요소 혹은 우주를 설명하는 '원리'(근원; archē)로 보는 것이다. 그가 그 둘 가운데 어느 하나만을 원리로 보지 않고 둘 다 원리로 채택한 것은 이전 자연철학자들의 한계를 넘어서려는 것으로 볼 수 있다. 아낙시만드로스나 아낙시메네스는 근원이 되는 것을 비한정성의 측면에서 본 반면,[12] 파르메니데스는 한정성(한계; peiras)의 측면에서 보았다.[13] 필롤라오스는 이와 같은 두 전통을 비판적으로 보고, 한정되지 않은 것과 한정하는 것, 이 둘 다를 원리로 받아들임으로써 그 두 전통을 비판적으로 종합하고자 한 것으로 보인다.

그런데 필롤라오스는 한정하는 것들과 한정된 것들이라는 두 "원리(archē)들은 서로 닮은 것들도 닮은 부류들도 아닌 상태로 있어서"(44B6), 이 두 원리만으로 우주와 그 속에 있는 사물들이 구성될 수는 없다고 본다. 그리하여 그는 그 두 원리를 묶어주는 것으로 조화

---

12) 아낙시만드로스는 한정되지 않은 것을 만물의 근원으로 보았고, 아낙시메네스는 한정되지 않은 것 자체를 만물의 근원으로 보지는 않았으나, 그가 근원으로 삼은 요소인 공기가 한정되지 않은 특성을 갖는 것으로 보았다. 이를테면 아낙시메네스는 "공기이며 한정되지 않은 것이 근원(archē)이다"(DK13A1) 혹은 "이것(공기)은 크기에서 한정되지 않은 것이다"(13A6)라고 말했다.

13) "〔있는 것은〕커다란 속박들의 한계(peiras)들 안에서 부동하며⋯⋯"(DK28B8. 26); "맨 바깥에 한계가 있기에⋯⋯"(B8. 42); "한계들 안에 같은 방식으로 있다"(B8. 49).

(harmonia)를 상정한다. 결국 그는 우주와 만물의 생성 이치를 설명하기 위해 세 가지 원리를 상정하고 있는 셈이다. 그는 한정하는 것들과 한정되지 않은 것들이 조화를 이룰 경우에만 우주와 만물이 생성된다고 보는 것이다. 다시 말해서 한정되지 않은 것들이 한정하는 것들에 의해 한정되어 조화가 이루어질 때만 그것들이 생성된다는 것이 필롤라오스의 생각이다.

그런데 세 원리들, 즉 한정하는 것들과 한정되지 않은 것들 및 조화란 대체 무엇일까? 이를 알 수 없다면 우리는 필롤라오스의 철학 체계 자체를 이해할 수 없을 것이다. 그러므로 이 물음에 답하는 것은 아주 중요하다. 그런데 필롤라오스 자신은 그 물음에 대해서는 답이 가능하다고 생각하지 않는 듯이 보인다. 그는 다음과 같이 말하고 있기 때문이다. "사물들의 영원한 존재와 본성 자체는 인간적이 아닌 신적인 앎(gnōsis)만을 허용한다. 우주를 이루고 있는 것들, 즉 한정하는 것들과 한정되지 않은 것들의 존재가 〔앞서〕 있지 않았다면, 있는 것들이며 우리에 의해서 알려지는 것들 가운데 어떤 것도 생겨날 수 없었다는 것을 제외하면 말이다"(44B6). 이 구절을 보면, 그는 한정하는 것들과 한정되지 않은 것들의 존재를 영원한 존재로 보고 있으며, 이것과 관련하여 사람들이 알 수 있는 것은, 그 두 존재가 우리에게 알려지는 사물들이 생성되는 데 필요한 조건이 된다는 점뿐이라고 본다. 그러나 영원한 존재, 즉 한정하는 것들과 한정되지 않은 것들의 존재 자체에 대해 우리가 신적인 완전한 앎은 가질 수는 없다 하더라도, 적어도 그것들의 사례들을 알아보는 것까지 가능하지 않다고 볼 까닭은 없을 것이다. 사실상 그의 몇몇 단편들은 한정하는 것들과 한정되지 않은 것들이 어떤 것들인지를 어느 정도 드러내주고 있기 때문이다.

필롤라오스는 우주의 중심부에서 우주의 화덕(hestia)이라 불리는 불이 있으며, 이것은 "최초로 짜 맞추어진 것"이라고 본다(44B7). 여기서 이 짜 맞춤의 요소들은 분명 한정하는 것들과 한정되지 않은 것들일 것이다. 그러면 이 둘로 구성된 우주의 화덕에서 그 두 요소가 어떤 것인지를 추적해 볼 수 있을 것이다. 우선 우주의 화덕은 우주의 중심에 있는 불이므로, 이것에서 불과 중심이라는 두 요소를 분리해 볼 수 있다. 여기서 화덕의 질료가 된 불은 그 자체로는 양적으로나 공간적으로 한정이 없는 것으로 여겨질 수 있는 것으로서 한정되지 않은 것의 좋은 후보가 된다. 다른 한편 우주의 중심이란 개념에서 한정하는 요소를 찾을 수 있다. 우선 중심이란 것은 한정되지 않은 불에 공간적으로 특정한 위치를 정해주는 것으로서 한정하는 것이다. 그리고 화덕은 천구(天球: sphaira)의 중심에 있는 것으로서 그것 역시 구형으로 되어 있다고 볼 수 있는데, 이 구형도 불을 양적으로 한정하는 것이라 할 수 있다.

그러니까 한정하는 것들은 중심점, 구형과 같은 기하학적 요소들이라고 보는 게 적절할 것이다. 여기에다 수도 추가할 수 있겠다. 화덕은 하나인 것으로 생성되므로, 적어도 화덕이 단일성 혹은 통일성을 갖게 하는 데 1이 한정하는 기능을 한다고 볼 수 있기 때문이다. 한정되지 않은 요소들로는 앞서 언급한 불에 더하여 공기, 물, 흙 등의 질료적 요소들도 들 수 있을 것이다. 더 나아가 필롤라오스는 하늘(우주) 바깥에 있는 무한한 영역(to apeiron)에 시간, 숨, 허공이 있는 것으로 상정하는데, 이것들도 한정되지 않은 것이라 할 수 있다.

그러면 조화(harmonia)란 어떤 것일까? 필롤라오스는 한정하는 것들과 한정되지 않은 것들이 조화를 이룰 경우에만, 즉 한정되지 않은 것들이 한정하는 것들에 의해 한정되어 조화가 이루어질 때만 우주와 만물이 생성된다고 본다. 그가 조화의 예로 들고 있는 것은 음계(harmonia)와 같은 것이다(44B6). 그런데 음계란 무한한 연속체로서의 소리가 일정 비율들에 의해 한정됨으로써 생기는 것이다. 즉 필롤라오스가 생각한 음계는 옥타브와 제4음과 제5음을 2 : 1, 4 : 3, 3 : 2의 비율로 갖는 것이다. 그러니까 한정되지 않은 것들이 한정하는 것들에 의해 한정되어 음계와 같은 조화로운 음악적 구조가 이루어질 때 우주와 만물이 생긴다는 것이 필롤라오스의 생각이다. 이런 생각은 플라톤의 우주론에 큰 영향을 주었다.

인식론

필롤라오스는 파르메니데스 이후에 다른 철학자들도 그랬듯이 '영원한 존재' 혹은 불변하는 근원적인 요소를 상정한다(44B6). 하지만 그는 영원한 존재와 관련하여 아주 신중한 태도를 취한다. 곧 그는 신적인 앎과 인간적인 앎을 구분함으로써, 크세노파네스(21B34)와 헤라클레이토스(22B78) 및 알크마이온(Alkmaiōn, 24B1)처럼 인간의 앎과 관련해 회의주의적이거나 겸허한 태도를 갖고 있다.

다른 한편 필롤라오스는 앎과 관련해서 수나 한정하는 것의 기능을 중시한다. 다음 두 언급을 주목해 보자. "모든 것이 한정되지 않은 것들이라면, 애초에 앎을 가질 것이 없을 것이다"(44B3). "알려지는 모든 것은 수를 갖고 있다. 이것 없이는 아무것도 사유될 수도 알려질 수도 없기 때문이다"(44B4). 이 두 구절에서 보듯이 사물들이 한정되어 있지 않다면, 혹은 수를 갖고 있지 않다면 우리는 사물들에 대한 앎을 가질 수 없다. 다시 말해 그는 한정을 가짐 혹은 수를 가짐을 우리가 앎을 갖기 위한 필요조건으로 보는 것이다. 더 단순화하면, 한정하는 것 혹은 수가 앎의 필요조건이라는 것이 필롤라오스의 생각이다. 이처럼 그는 앎의 문제와 관련해서 한정하는 것과 수가 같은 기능을 한다고 본다.

우주발생론과 인간발생론

그는 "우주는 하나이고, 한가운데부터 생기기 시작했으며"(44B17), "우주의 중심부 한가운데에는 우주의 화덕이라 불리는 불이 있다"(44A16)고 말한다. 태초에 우주가 생성될 때 우주의 중심화(中心火) 즉 우주의 화덕부터 생기기 시작했다는 것이다. 그리고 그는 "최초로 짜 맞추어진(harmosthen) 것, 즉 천구 한가운데에 있는 하나인 것(to hen)은 화덕이라 불린다"(44B7)고도 말하는데, 여기서 이 짜 맞춤의 요소들은 물론 한정하는 것들과 한정되지 않은 것들로 볼 수 있다.

더 나아가 다른 자연철학자들처럼 필롤라오스도 이른바 소우주-

대우주 사상을 보여주고 있다. 그는 특히 우주의 탄생과 인간의 탄생 사이에 유비 관계가 성립한다고 본다. 우선 그는 우주의 화덕이 불로 되어 있다고 보듯이, 사람의 몸이 따듯함(thermon)으로 이루어졌다고 여긴다. 그리고 그는 사람이 태어난 후 곧바로 바깥의 차가운 공기를 들이쉰다고 보듯이, 우주의 화덕인 하나인 것(to hen)이 구성된 후 곧 바로 한정되지 않은 공기를 들이쉬는 것으로 본다. 여기서 공기 혹은 숨을 들이쉬고 내쉼을 통한 외부의 찬 공기와 내부의 뜨거운 공기의 상호 작용은 흙과 물 등의 질료가 형성되게 하는 것으로 여겨졌던 것 같다. 그리고 우주의 화덕이 허공이나 시간도 들이쉬는 것으로 언급되는데, 이는 허공을 들이쉼으로써 공간적으로 개별 사물들이 서로 구분되고, 시간을 들이쉼으로써 우주가 펼쳐지고 행성들의 운행 주기가 측정될 수 있게 되었음을 뜻하는 것으로 보인다.

필롤라오스는 우주의 중심화, 즉 우주의 화덕을 중심으로 회전하는 10개의 천체들이 구성됨으로써 우주의 형성이 완결된다고 본다. 천체들의 배열 순서는 다음과 같이 설명된다. 즉 우주의 화덕-대지구(對地球: antichtōn)-지구-달-태양-다섯 개의 행성들-항성들의 구의 순서로 있다고 한다(44A16). 여기서 흥미로운 점은 당시 일반적인 견해들과 달리 지구가 우주의 중심에 있지 않다는 것이다. 그것은 둘째 자리에도 있지 못하고 셋째 자리를 차지한다. 천체들의 배열을 그림으로 표현하면 다음과 같다.

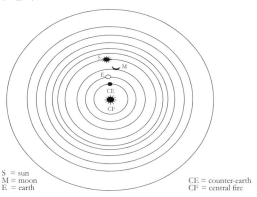

S = sun
M = moon
E = earth

CE = counter-earth
CF = central fire

의학적 이론

필롤라오스는 혼의 네 가지 기능을 구분하고, 그 기능들을 몸의 부분들과 연결하며 머리에 지성(nous)을 위치시키는 흥미로운 견해를 펴고 있다(44B13). 혼의 네 기능 구분은 아리스토텔레스의 구분과 유사하다. 그리고 혼의 기능들을 몸의 부분들과 연결한 것은, 플라톤이 『티마이오스』편에서 혼의 세 기능을 머리와 심장과 간에 위치시킨 것을 연상하게 하며, 아울러 플라톤과 같은 견해를 보여주는 갈레노스(Galēnos)의 학설도 떠올리게 한다. 그리고 심장을 중시한 엠페도클레스와 달리, 지성을 머리에 위치시킨 것은 알크마이온과 플라톤 및 갈레노스와 맥을 같이하는 것이다.

필롤라오스의 의학론은 주로 『런던의 작자 미상 의학선집』에 담겨있다. 그 선집에는 질병의 원인을 인체의 구성 요소에서 찾는 사상가 20명의 견해가 소개되어 있는데, 필롤라오스는 그중 한 사람이다. 그는 인체가 하나의 요소인 뜨거운 것으로 이루어졌다고 본다. 그렇다면 뜨거운 것 하나로 질병을 설명해야 할 것 같지만, 예상과 달리 그는 질병을 담즙, 피, 점액을 통해 설명한다(44B27). 이는 그가 이 세 요소를 다 뜨거운 것으로 여겼기 때문일 것이다.

3 기원전 5세기의 이른바 피타고라스주의자들

아리스토텔레스는 『형이상학』 제1권 5장에서 데모크리토스와 동시대 혹은 그 이전 시대의 피타고라스주의자들을 "이른바 피타고라스주의자들"이라 부르면서 이들의 견해를 전해주고 있다. 그는 이들 속에 필롤라오스도 포함시키고 있는 것으로 보인다. 아리스토텔레스가 전해주는 피타고라스주의자들의 주요 사상은 다음과 같다(DK58B4, B5).

1) 수는 모든 사물의 원리(근원)이다.

2) 수는 질료적 원리이다. 사물은 수로 구성된다.

3) 짝수는 한정되지 않은 것이고, 홀수는 한정된 것 혹은 한정자이다.

이 세 가지는 훗날 널리 알려지게 되고, 오늘날에도 피타고라스학파의 견해로 자주 거론되곤 한다. 그러나 실제로 피타고라스주의자들이 이런 견해들을 갖고 있었는지는 의문이다. 아리스토텔레스는 특히 기원전 5세기에 전성기를 보낸 필롤라오스의 저술을 참고하여 이 견해들을 제시한 것으로 추정된다. 그런데 그것들은 필롤라오스의 사상과 유사한 측면을 담고 있으나 그의 사상을 정확히 반영한 것으로 보기 힘들다. 이 점은 분명히 살펴볼 필요가 있다. 아리스토텔레스의 해석이 미친 영향이 너무 커서 자칫 일반 독자들이 피타고라스학파에 대해 잘못된 인식을 가질 수 있기 때문이다.

그러면 아리스토텔레스에 어떤 문제점이 있는지 짚어보자. 먼저 1)은 필롤라오스의 사상과 어떤 점에서 다른 것일까? 이미 앞서 살펴보았듯이, 필롤라오스는 사물의 원리로 단순히 수를 제시하지 않고, 한정하는 것들과 한정되지 않은 것들 및 조화를 제시했다는 점에 유의해야 한다. 여기서 한정하는 것들이나 조화는 수로 이해될 수 있다 하더라도, 적어도 한정되지 않은 것들은 불, 공기, 물, 흙 등의 질료적 요소들이므로 수로 볼 수 있는 것이 아니다. 따라서 피타고라스주의자들이 수를 모든 사물의 원리로 보았다고 하는 것은 지나친 단순화라 할 수 있다.

그리고 2)는 어떤가? 일단 피타고라스주의자들이 수를 질료적 요소로 보았다는 아리스토텔레스의 해석은 그의 『형이상학』의 두 부분에서도 확인된다(DK58B9, 10). 거기서 그는 피타고라스주의자들이 수를 추상적 단위들로 이루어진 것으로 보지 않고 크기를 갖는 단위들로 이루어진 것으로 보아서 감각적 실체인 "사물이 수로 구성된다" 혹은 "사물은 수이다"라고 말했다고 증언하고 있다. 그런데 이것은 적어도 필롤라오스의 견해를 제대로 반영한 것이 아니다. 필롤라오스는 수가 아니라 한정되지 않은 것들을 질료적 요소들로 보았고, 또한 사물이 수로 이루어졌다고 하지 않고 한정하는 것들과 한정되지 않은 것들로 이루어졌다고 말했기 때문이다. 다만 필롤라오스나 5세기의 어느 피타고라스주의자가 사물은 수라고 말한 것이 사실이라면, 이는 사물이 질료적 요소인 수로 이루어졌다는 것이 아니라 사물이 수적 비례 관계를 갖고 있음을 나타내는 것이라 할 수 있다.

끝으로 3)과 관련해서 왜 짝수를 한정되지 않은 것과 연관시키고, 홀수를 한정자와 연관시키는 견해[14]가 나왔는지를 추정해보고, 과연 이런 연관 관계를 필롤라오스가 염두에 두고 있었는지를 알아보자.

아리스토텔레스는 『자연학』에서 한정되지 않은 것과 짝수의 관계, 그리고 한정된 것과 홀수의 관계에 대해 피타고라스주의자들이 어떻게 생각했는지를 증언해주고 있어 주목된다.

어떤 이들[피타고라스주의자들]은 한정되지 않은 것을 짝수라고 말한다. ① 왜냐하면 짝수가 홀수에 의해 둘러싸이고 한정될 때, 있는 것들에 무한성(apeiria)을 제공하기 때문이라는 것이다. 수들에서 일어나는 일이 이 점을 보여준다. ② 그노몬(곱자)들이 하나 둘레에 놓일 때와 그와 달리(chōris) 놓일 때, 한편에서는 모양이 계속해서 달

---

14) 아리스토텔레스는 이른바 피타고라스주의자들 가운데 어떤 이들이 대립자들의 쌍으로 이루어진 원리들을 제시했다는 증언도 한다. 그것은 다음과 같다.

한정자(peras)	비한정자(apeiron)
홀수	짝수
하나	여럿
오른쪽	왼쪽
수컷	암컷
정지	운동
곧음	굽음
빛	어둠
좋음	나쁨
정사각형	직사각형

라지는 반면, 다른 한편에서는 한결같기 때문이다. (아리스토텔레스,
『자연학』 Γ4, 203a10, DK58B28)

이 인용문은 이해하기 쉽지 않다. 특히 한정되지 않은 것이 짝수
인 근거를 제시한 ①은 아주 난해하다. 그러나 ②와 관련해서는 다음
그림[15]을 통해 그 의미를 추정해볼 수 있다.

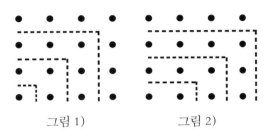

그림 1)   그림 2)

그림 1)은 하나에 홀수들이 계속 더해질 경우 가로와 세로의 비가
한정된 상태로 유지됨을 보여주는 데 반해, 그림 2)는 둘에 짝수들이
계속 더해질 경우 가로와 세로의 비가 한정 없이 계속 변함을 보여준
다. 그러니까 두 그림은 홀수가 한정하는 것인 데 반해, 짝수는 한정되
지 않은 것임을 단적으로 보여주는 듯하다.[16] 하지만 이런 이해가 ②에
대한 정확한 이해인지, 만일 그렇다고 한다면 ①은 어떻게 이해할 수
있을지가 문제로 남는다.

하지만 더 문제 되는 것은 앞의 인용문 전체가 과연 필롤라오스의
생각과 잘 일치한다고 볼 수 있느냐는 것이다. 여기서 필롤라오스의 단

---

15) 그림 1)과 2)는 현재의 논의 맥락과 다른 맥락에서 피타고라스주의자들의 수 개념을 설
명하기 위해 활용된다. 즉 두 그림은 그들이 수를 기하학적으로 표현했음을 보이는 데
활용된다. 그림 1)에서 홀수의 합인 수들은 정사각형으로 표현되므로 정사각형수라 불
리고, 그림 2)에서 짝수의 합인 수들은 직사각형으로 표현되므로 직사각형수로 불렸다.
그 밖에 자연수의 합인 수들은 삼각형으로 표현된다고 해서 삼각형수로 불렸다.

16) KRS, pp. 336~37 참조.

편 3(44B3)과 단편 4(44B4)를 함께 고려해볼 필요가 있다. 필롤라오스는 "알려지는 모든 것은 수를 갖고 있다. 이것 없이는 아무것도 사유될 수도 알려질 수도 없기 때문이다"(단편 4)라고 말한다. 이 말은 어떤 것이 수를 갖는 것이 그것에 대한 앎이 성립하는 데 필요조건임을 뜻한다. 그러니 아리스토텔레스가 말하듯 짝수가 한정되지 않은 것이라면, 한정되어 있지 않음도 앎이 성립하는 데 필요조건이 될 것이다. 그러나 이는 필롤라오스의 생각이 아니다. 왜냐하면 그는 "모든 것이 한정되지 않은 것들이라면 애초에 앎을 가질 것이 없을 것이다"(단편 3)라고 말하기 때문이다. 이는 한정되어 있지 않음이 아니라 오히려 한정을 가짐이 앎이 성립하는 데 필요조건임을 함축하는 것이다.

그러니까 짝수가 한정되지 않은 것이라는 해석도 필롤라오스의 사상을 제대로 반영한 것은 아니다. 그는 한정되지 않은 것을 아예 수로 보지 않는다. 오히려 그는 한정자를 수와 밀접한 연관 관계를 갖는 것으로 본다. 이미 살펴보았듯이 단편 3과 4를 보면 한정자도 수도 똑같이 앎을 위한 필요조건이라 할 수 있기 때문이다. 그리고 필롤라오스는 수를 한정하는 것들의 일부로 여겼다고 보아야 한다. 화덕의 구성에 대한 설명에서 알 수 있듯이, 한정하는 것들은 수뿐 아니라 점이나 도형 등의 기하학적 요소들도 두루 포함한다고 할 수 있기 때문이다.

이상에서 아리스토텔레스가 "이른바 피타고라스주의자들"의 견해로 제시한 것들이 필롤라오스가 아니라 5세기의 다른 피타고라스주의자들의 견해일 가능성을 완전히 배제할 수는 없을 것이다. 그러나 그당시 필롤라오스는 전성기를 보낸 대표적인 피타고라스주의자였을 뿐 아니라 아리스토텔레스가 그의 견해를 참고한 것으로 보이는 대목도 여럿 있음에 유의할 필요가 있다. 그러니 아리스토텔레스가 소개한 피타고라스주의자들의 견해는 주로 필롤라오스의 사상에 대한 잘못된 해석일 가능성이 높다.

피타고라스학파 사상의 철학사적 의의

서양 철학사의 개설서들을 보면 흔히 피타고라스학파는 밀레토스학파나 헤라클레이토스와 비교되는 정도이고, 그 이후의 자연철학자들과 더불어 언급되더라도 엠페도클레스가 네 뿌리들의 결합에서 비율을 중시한 것은 피타고라스학파의 영향이라고 간단히 언급될 뿐이다. 그래서 피타고라스학파는 소크라테스 이전 자연철학사의 주된 흐름에서 벗어나 있었다는 인상을 받기 쉽다. 피타고라스의 경우는 그 주된 흐름 속에서 철학을 했다고 보기 힘든 점들이 있는 게 사실이다.

철학자로서 피타고라스의 공헌은 우선 수학적 우주론의 싹을 보여주었다는 것을 들 수 있다. 그러나 그것은 너무 불분명한 상태로 제시되었고, 더욱이 신화적인 요소를 덧붙여 지님으로써 그 의미가 크게 퇴색되고 말았다. 사실 그의 일차적 관심사는 수학적 우주론보다는 오히려 종교적, 도덕적인 문제였다고 할 수 있다. 혼의 불사설과 전이설에 대한 그의 믿음은 자연스럽게 삶의 방식에 관한 관심으로 이어지고, 그리하여 '피타고라스적 삶의 방식'이 탄생했던 것으로 보인다. 우주에 대한 관심도 결국은 그의 삶의 방식에 대한 관심에서 비롯되었다고 보는 게 옳다. 그러므로 피타고라스는 다른 자연철학자들처럼 형이상학자라기보다는 '어떻게 살아야 하는가'(pōs biōteon) 하는 윤리적 문제에 답을 구하고 실천하는 도덕적 현자라고 하는 게 더 적절할 것이다.

그러나 적어도 필롤라오스의 경우는 사정이 다르다. 그는 피타고라스학파의 일원이면서도, 피타고라스처럼 혼의 전이설이나 여러 금기 사항의 준수에 큰 관심을 가졌던 것 같지 않다. 오히려 필롤라오스의 단편들을 보면 그는 자연철학적 문제에 더 큰 관심을 기울였던 것으로 보인다. 그의 단편들을 보면 자연철학자들의 주요 개념들, 이를테면 본성(physis), 우주(kosmos), 한정하는 것들, 한정되지 않은 것들, 조화(harmonia), 원리(근원; archē), 근원적 존재(estō; ousia)와 같은 용어들이 쏟아져 나온다. 이런 개념 사용만 놓고 보더라도 필롤라오스는 자연철학사의 주류에 편입될 수 있는 철학자임을 알 수 있다.

그는 다른 철학자들과 연관해서 살펴봄직한 여러 측면을 보여주고 있다. 파르메니데스 이후 자연철학자들이 파르메니데스를 의식하지 않고 철학 할 수 없었듯이 필롤라오스 역시 그랬고, 더 나아가 다른 자연철학자들의 연구 결과도 충분히 고려하며 철학적 탐구를 진행했던 것으로 보인다. 그는 "존재하는 것들은 모두 한정하는 것들이거나, 아니면 한정되지 않은 것들이거나, 아니면 한정하는 것들과 한정되지 않은 것들이라는 게 필연적이다"라는 언급을 시작으로 근원적 존재를 한정성과 관련해서 찾는 자연철학자들이나 비한정성에서 찾는 자연철학자들의 견해들을 두루 검토하면서 자신의 입장을 정립해나가고 있다. 그런데 그는 한정하는 것들과 한정되지 않은 것들, 이 둘 중 어느 하나만을 원리로 받아들이는 것은 적절하지 않다고 보고 그 둘을 우주를 설명하는 원리들로 받아들임으로써, 두 부류의 자연철학 경향을 비판적으로 종합하고 있다.

필롤라오스가 피타고라스에게서 받은 중요한 영향은 우주를 수학적인 관점에서 바라보는 것이라 할 수 있다. 피타고라스는 테트락튀스를 '세이렌들이 이루어내는 화음(조화)'과 연관시킴으로써 우주를 수적인 구조를 지닌 것으로 보았고, 이런 통찰을 필롤라오스는 한정하는 것들과 한정되지 않은 것들 및 조화라는 세 원리를 통해 체계적인 형이상학으로 발전시킨 것으로 볼 수 있다. 그리고 그는 피타고라스가 관심을 기울이지 않았던 인식론적인 문제에 관심을 기울였다는 것도 주목된다. 그의 형이상학은 플라톤에게 큰 영향을 주었고, 『티마이오스』편이나 『필레보스』편은 그 흔적을 짙게 보여주고 있다.

다른 한편 필롤라오스의 철학을 통해 발견하는 흥미로운 사실은 피타고라스학파의 공인된 입장처럼 되어버린 아리스토텔레스의 몇몇 증언들, 이를테면 "사물들은 수이다" 혹은 "한정자는 홀수이고 비한정자는 짝수이다"라는 증언들이 실은 아리스토텔레스의 해석일 뿐이지, 그 학파의 일반적인 입장은 아니라는 것이다. 피타고라스주의자들이 수를 공간적 크기를 갖는 것으로 보아 "사물이 수들로 이루어졌다" 혹은 "사물들은 수이다"라고 말했다는 아리스토텔레스의 증언은 사실과는 다른 것으로 보인다. 적어도 아리스토텔레스 자신이 전거로 삼은 것으로 보이는 필롤라오스의 글들 속에서 그런 증언을 뒷받침할 수 있는 것은 발견되지 않는다. 한정자와 비한정자를 홀수와 짝수와 동일시하는 것도 마찬가지이다.

■ 참고 문헌

이기백, 「필롤라오스의 세 가지 근본 원리와 수」, 『시대와 철학』 13, 2002.

Aristotle, *Fragments*, Jonathan Barnes and Gavin Lawrence(trans.), *The Complete Works of Aristotle*, vol. 2, Barnes, J.(ed.), Princeton: Princeton Univ. Press, 2384~2462, 1984.

Burkert, W., *Weisheit und Wissenschaft*, Nürnberg: Verlag Hans Carl, 1962.

_____, *Lore and Science in Ancient Pythagoreanism*, Minar, E.(trans.), Cambridge, Mass.: Harvard Univ. Press, 1972.

_____, "Craft Versus Sect: The Problem of Orphics and Pythagoreans"(pp. 1~22), *Jewish and Christian Self-Definition*, Meyer, Ben F. & Sanders, E. P.(eds.), Philadelphia: Fortress Press, 1983.

Diogenes Laertius, *Lives of Eminent Philosophers*, Hicks, R. W.(trans.), Cambridge, Mass.: Harvard Univ. Press, 1950.

Huffman, C. A., "The Role of Number in Philolaus' Philosophy", *Phronesis* vol. XXXIII/1, 1988.

_____, "Philolaus' Cosmogony", *Ionian Philosophy*, Boudouris, K. J.(ed.), Athen, 1989.

_____, *Philolaus of Croton: Pythagorean and Presocratic*, Cambridge Univ. Press, 1993.

_____, "The Pythagrean tradition", *The Cambridge Companion to Early Greek Philosophy*, Long, A. A.(ed.), Cambridge: Cambridge Univ.

Press, 1999.

_____, "Philolaus", *Stanford Encyclopedia of Philosophy*(웹사전), Standford Univ., 2003. 9. 15.

_____, "Pythagoras", *Stanford Encyclopedia of Philosophy*(웹사전), Standford Univ., 2005. 2. 23.

Kahn, C. H., *Pythagoras and The Pythagoreans: A Brief History*, Indianapolis & Cambridge: Hackett Publishing Com., 2001.

Kirk, G. S., Raven, J. E., & Schofield, M., *The Presocratic Philosophers*(2nd Edition), Cambridge & New York: Cambridge Univ. Press, 1983.

Mansfeld, J., *Die Vorsokratiker I: Milesier, Pythagoreer, Xenophanes, Heraklit, Parmenides*, Reclam, 1995.

Robinson, J. M., *An introduction to Early Greek Philosophy*, Boston: Houghton Mifflin Com., 1968.

Ross, W. D., *Aristotle's Metaphysics: A Revised Text with Introduction and Commentary*, Oxford: Clarendon Press, 1924.

_____, *Aristotle's Physics: A Revised Text with Introduction and Commentary*, Oxford: Clarendon Press, 1936.

제4장 헤라클레이토스

김인곤

1 수수께끼의 철학자

헤라클레이토스(Hērakleitos)는 기원전 540년에 태어나서 60세까지 살았다고 전해진다. 에페소스의 귀족 출신으로 왕위를 물려받았지만 포기하고 동생에게 주었다는 정도 외에는 그의 생애와 관련해 믿을 만한 정보가 거의 없다. 전해지는 일화들 대부분은 그의 특징적인 면모를 설명하기 위해 남아 있는 그의 단편들을 바탕으로 지어낸 이야기들이다. 그가 태어난 에페소스는 소아시아 해변의 그리스 식민도시로 이오니아 지역에서 잘 알려진 도시였고 당시에는 페르시아의 지배 아래 있었다. 그곳에서 멀지 않은 밀레토스는 최초의 철학자들로 인정되는 사상가들이 살았던 곳이지만 헤라클레이토스가 그들(탈레스, 아낙시만드로스, 아낙시메네스)과 교분을 나누었다거나 그들의 가르침을 받았다는 기록은 없다.

서양 철학사를 통틀어 헤라클레이토스만큼 다양하게 해석되어온 철학자도 드물다. 후대에 미친 영향으로 치면 소크라테스 이전 철학자들 중에서는 파르메니데스에 버금간다고 할 수 있는데, 이 철학자를 둘러싼 해석들은 이미 고대부터 심하게 엇갈렸다. 비근한 예로 플라톤은 헤라클레이토스가 만물은 모든 점에서 변한다는 견해를 가지고 있었다고 보고 그를 만물유전설의 장본인으로 소개한다. 그런가 하면 아리스토텔레스는 헤라클레이토스가 불을 근원적 실체로 여겼다고 해석하여 그를 이오니아 일원론자들의 전통 속에 놓는다. 그리고 스토아학파는 그를 자신들이 신봉하는 철학의 선구자로 여긴다. 그들의 철학에서 불은 일차적인 것이고 우주는 로고스에 의해 다스려지며 불, 로고스, 신은 어떤 의미에서 동일한데, 헤라클레이토스의 철학 속에 그 이론들이 모두 들어 있다고 해석하기 때문이다. 3세기 로마의 주교 히폴뤼토스(Hippolytos)는 헤라클레이토스를 기독교 이단 학설의 원조로 간주했다. 그는 자신이 비판하는 노에토스(Noētos)의 학설이 헤라클레이토스가 말하는 대립자들의 통일 이론에서 나온 것으로 이해했기 때문이다. 현대에도 물론 사정은 다르지 않으며 앞으로도 일치된 해석을 기대하기는 어렵다.

헤라클레이토스를 놓고 이렇게 백인백색의 해석이 나오는 중요한 이유 중 하나는 이 철학자가 취하는 독특한 글쓰기 방식에 있다. 그는 책을 한 권 썼다고는 하나 남아 있지 않고 약 120개 정도의 짧은 단편들만이 전해진다. 이 단편들은 칠현인들의 격언이나 고대 문헌에 많이 남아 있는 금언들과 매우 닮아 있는데, 그 의미를 정확히 파악하기가 쉽지 않다. 단편들 대부분은 신탁이나 수수께끼, 또는 은유의 분위기를 띠고 있으며, 역설적이고 자기모순적이라 여겨지는 표현들이 있는가 하면, 은유적으로도 이해할 수 있고 문자 그대로 이해할 수 있는 경우도 있으며, 하나 이상의 주어를 넣어서 해석할 수 있는 경우도 있다. 단편들은 각각 독립적으로 해석할 수도 있지만 다른 단편들과 관련지어 해석할 수도 있게 되어 있다. 단편들 하나하나의 의미를 충분히 드러내는 것도 문제지만, 단편들을 순서 있게 정리하여 전체에 일관성을 부여하는 작업도 대단히 어렵다. 같은 주제가 여러 다른 맥락에서 등장하므로 단편들을 주제별로 깨끗하게 분류하기도 쉽지 않고 해석 여하에 따라 얼마든지 다른 순서로 배열할 수가 있기 때문이다. 글쓰기 방식의 이런 특징 때문에 동시대 사람들뿐 아니라 후대 사람들에게도 헤라클레이토스는 이해하기 어려운 철학자로 통했고, 그래서 그는 "수수께끼를 내는 자", "어두운 자"라 불리기도 했다.

 그러나 헤라클레이토스의 독특한 글쓰기 방식은 의도적으로 기획된 것임을 인식하는 것이 중요하다. 단편들의 문구나 문장에 부여된 리듬과, 낱말의 배열이 만들어내는 관념들의 병치는 글쓴이의 세심한 주의가 깃들어 있음을 시사해준다.[1] 이러한 효과들을 일일이 정확하게 우리말로 번역하기는 불가능에 가깝지만 그것들은 헤라클레이토스가 자신의 철학적 목적에 적합한 방법이 무엇인지를 의식하고 의도적으로 선택했음을 알려주는 중요한 정보이다. 그러니까 헤라클레이토스는 단순하고 분명한 표현으로 메시지를 전달하는 대신에 독자들에게 암시를 주어 읽을 때마다 계속해서 더 생각해보도록 만드는 전략을 쓰고 있는 것이다. 그가 이 전략을 선택한 이유는 독자들 각자가 스스로의 노력으로 이해에 이르는 것이 중요하다고 보았기 때문이다. 철학적 탐구는 단순한 지식의 습득이나 암기 과정이 아니며, 탐구자 스스로가 문제와 직접 씨름함으로써 궁극적인 이해와 통찰에 이를 수 있다는 것, 이것이 헤라클레이토스의 글쓰기 방식이 의도하는 바다. 물론 이 의도는 헤라클레이토스가 추구하는 철학적 앎의 성격에 기인하며, 그가 선배 사상가들과 당대 지식인들을 싸잡아 비판하고 대중의 어리석음을 질타하는 이유도 이와 무관하지 않다. 그의 비판을 들어보자.

---

1) 예를 들어 단편 25를 보면 moroi mezones mezonas moiras lanchanousi("더 큰 죽음은 더 큰 몫을 받는다")라고 되어 있다. 처음 네 낱말의 첫머리는 모두 'm'으로 시작한다. 그리고 "더 큰"이라는 낱말이 두 가지 형태로 병치되며(mezones/mezonas), 각운(-as)을 맞추고 있다("mezonas moiras", "moroi moiras"). 또 다른 예로 단편 119를 보면, ēthos anthrōpoi daimōn("사람의 성격이 그의 수호신이다")이라고 하는데, '사람'(anthrōpoi)이 다른 두 낱말, '성격'(ēthos)과 '수호신'(dainōn) 사이에 놓여 있어서 문법적으로 앞뒤 어느 낱말에든 붙여서 읽을 수 있게 되어 있다. 이 문장에서 '사람'(anthrōpoi)은 이렇게 이중으로 사용되기를 의도한 것으로 보인다("사람의 성격이 사람의 수호신이다").

박식과 상투적 앎에 대한 비판

(단편 1) 이 로고스는 언제나 그러한 것으로 있지만, 사람들은 듣기 전에도 듣고 나서도 언제나 이해하지 못한다. 왜냐하면 모든 것이 이 로고스에 따라서 생기지만, 내가 각각의 것을 본성에 따라 구분하고 그것이 어떠한지를 보이면서 상술하는 그러한 말들과 일들을 그들이 경험하면서도, 그들은 경험 없는 사람들 같기 때문이다. 남들은 깨어서 하는 모든 것들을 알아채지 못하는데, 이는 마치 그들이 자면서 하는 모든 것을 잊어버리는 것과 같다.

(단편 2) 그렇기 때문에 공통적인 것을 따라야 한다. 그러나 로고스는 공통적인 것임에도 많은 사람들은 마치 자신들만의 고유한 생각을 가지고 있다는 듯이 살아간다.

(단편 17) 많은 사람들은 그들이 마주치는 사물들을 이해하지 못한다. 그들은 배우고도 알지 못하지만 안다고 생각한다.

(단편 19) 그들은 들을 줄도 말할 줄도 모르는 자들이다.

(단편 34) 그들은 듣고도 이해하지 못하므로 귀머거리 같다. "곁에 있음에도 떠나 있다"는 속담이 그들에 대해 증언한다.

(단편 72) 그들은 가장 지속적으로 친밀한 관계를 갖는 것, 즉 전체를 다스리는 로고스와 갈라선다. 그리고 날마다 마주치는 것들이 그들에게는 낯선 것으로 보인다.

(단편 104) 어떤 지성이나 생각을 그들이 갖고 있는가? 그들은 대중의 시인들을 믿고 군중을 선생으로 삼는다. 다수의 사람들은 나쁘

고, 소수의 사람들이 좋다는 것은 알지도 못하면서.

사람들이 헤라클레이토스의 말(로고스)을 이해하지 못하는 데는
이유가 있다. 그들은 자신의 감각과 지성을 무반성적으로 일관성 없이
사용하고(단편 1, 17, 19, 34, 104), 전통과 권위에 의존하며 서로에게 귀
를 기울임으로써(단편 104) 결국은 자신들의 생각에 머무는 것으로 만
족한다(단편 2). 그들은 배워도 알지 못하며 그러면서도 안다고 생각하
지만(단편 17), 하나인 진리가 어디에나 있으며(단편 1, 72) 모든 이들에
게 공통된다는 것을(단편 2) 인식하지 못한다.
기존의 지식인들도 예외는 아니다.

(단편 40) 박식이 지성을 갖도록 가르치지 않는다. 그것은 헤시오
도스와 피타고라스도, 크세노파네스와 헤카타이오스(Hekataios)도 가
르쳤을 것이므로.

(단편 57) 대부분의 사람들을 가르친 자는 헤시오도스이다. 그들은
그가 가장 많이 안다고 알고 있다. 낮과 밤도 알지 못하는 그가. 그것
들은 하나인데도.

(단편 81) 피타고라스는 사기꾼들의 우두머리다.

(단편 106) 헤시오도스는 모든 날들의 본성이 하나라는 것은 모르
고 있다.

(단편 129) 므네사르코스(Mnēsarchos)의 아들 피타고라스는 어느
누구보다도 더 탐구에 힘썼고, 그 글들을 발췌해서 자신의 지혜, 즉
박식과 술책을 만들었다.

헤라클레이토스는 서사시인 호메로스와 헤시오도스, 시인이자 철학자인 크세노파네스, 역사가 헤카타이오스, 종교 지도자 피타고라스, 프리에네의 현인 비아스(Bias), 시인 아르킬로코스(Archilochos), 그리고 밀레토스 철학자들을 비롯한 선배 사상가들의 사유와 언어로부터 많은 영향을 받았지만 이들 대부분을 비판한다. 그들은 박학다식할지는 모르지만 분별력을 갖지는 못했다는 것이다(단편 40, 57, 129). 그는 서사시인들을 어리석은 자로 취급했으며(단편 106), 피타고라스를 사기꾼이라 불렀다(단편 81). 그렇다면 헤라클레이토스가 참된 지식으로 인정하는 앎은 어떤 성격의 것이며 그 지식은 어떻게 획득할 수 있는가?

진리 탐구의 방법

헤라클레이토스는 근본적인 진리를 발견했다고 주장한다(단편 1). 그것은 모든 것을 이해하는 열쇠와도 같다. 여기서 '모든 것'은 자연 세계뿐 아니라 윤리와 정치, 종교적 실천의 세계를 모두 포괄한다. 그는 이 근본적인 진리를 '로고스'라고 부르며, 로고스를 이해하는 것이야말로 사람들에게 가장 중요한 일이라고 주장한다. 이 로고스에 대한 통찰은 두 방면에서 이루어진다. 하나는 자신을 탐구하는 것이다.

(단편 101) 나는 나 자신을 탐구했다.

그리고 다른 하나는 자연 세계를 탐구하는 것이다. 자연 세계는 우선 감각을 통해 접근하게 되어 있다. 그러나 감각이 자연 세계를 탐구하는 데 무조건 도움이 되는 것은 아니다(단편 1, 34, 46, 19, 107).

(단편 46) 시각은 사람을 속인다.

(단편 107) 눈과 귀는 사람들에게 나쁜 증인이다. 말을 알아듣지 못하는 혼을 가진 한에서.

(단편 22) 금을 찾는 사람들은 많은 땅을 파내고 적은 것을 발견한다.

(단편 35) 지혜를 사랑하는 사람들은 실로 많은 것들을 탐구하는 자이어야 한다.

(단편 18) 기대하지 않는다면 기대하지 않은 것은 찾아낼 수 없을 것인데, 그것은 찾을 수 없는 막연한 것이기 때문에.

(단편 41) 지혜로운 것은 하나인데, 모든 것들을 통해서 모든 것들을 조종하는 예지를 숙지하는 것이다.

언어를 제대로 사용할 줄 모르고서는 감각을 올바로 사용할 수가 없다(단편 107). 감각만으로는 충분하지 않으며 지성과 함께 감각을 사용할 줄 알아야 한다. 그러고서도 통찰을 얻기란 쉽지 않다. 마치 소량의 금을 얻기 위해 엄청난 양의 땅을 파야 하는 것처럼(단편 22) 그것은 많은 양의 탐구를 필요로 하며(단편 35), 끝내 찾을 수 있을 것이라는 희망을 가지고 노력해야 한다(단편 18). 모든 것을 조종하는 하나의 원리를(단편 41) 발견하기 위해서는 그런 원리가 있다고 믿고 찾지 않으면 찾을 수 없을지도 모르기 때문이다. 왜 그것이 그처럼 찾기 어려운가?

(단편 123) 자연은 스스로를 감추곤 한다.

(단편 93) 델포이에 있는 신탁의 주재자는 말하지도 감추지도 않고, 다만 징표를 보일 뿐이다.

우리가 자연의 원리 내지는 사물의 본성에 대한 통찰을 얻고자 하는 것은 우리에게 나타나는 모든 현상들을 제대로 이해하기 위함이다. 그러나 자연의 원리나 사물의 본성은 바로 들여다볼 수 있는 것이 아니다. 그것들은 현상들의 이면에 놓여 있어서(단편 123) 통찰을 얻으려면 현상들을 뚫고 들어가야 한다. 현상들은 감추어진 이면적 진리의 '표지'이다. 그것들은 의도적으로 진리를 감추지 않지만 그렇다고 바로 드러내 보여주지도 않는다(단편 93). 그러므로 우리는 현상에 드러난 '표지'에 주의를 기울여 마치 델포이의 신탁을 해석하듯이 심혈을 기울여 그것을 해석해야 한다.

2 로고스의 진리

헤라클레이토스는 자신이 발견한 진리를 '로고스'라고 표현한다. 만물은 이 로고스에 따라 있게 된다(단편 1). 그런 점에서 이 로고스는 만물에 공통적인 것이다(단편 2). 뿐만 아니라 사람들이 감각과 지성의 능력을 제대로 발휘한다면 누구라도 공유할 수 있다는 점에서도 이 로고스는 공통적인 것이다. 그러나 헤라클레이토스가 말하는 로고스의 정확한 의미를 한정하기는 어렵다. 로고스는 한마디 말이나 문장을 가리킬 수도 있고, 이것들이 결합해서 만들어진 이야기, 논변(논증, 논거), 설명을 뜻할 수도 있으며, 더 확장된 뜻으로는 비율이나 비례, 법칙이나 원리를 가리킬 수도 있다. 이런 여러 용례들 중에서 헤라클레이토스의 로고스에 꼭 들어맞는 한 가지를 집어내기는 곤란하다.

이 로고스를 "사람들은 듣기 전에도 듣고 나서도 이해하지 못한다"고 불평하는 대목(단편 1)에서 '로고스'는 헤라클레이토스 자신의 말이나 글 내지는 설명을 뜻하는 것으로 읽힌다. 이런 뜻의 로고스를 유지하면, "모든 것이 이 로고스에 따라 생긴다"는 헤라클레이토스의 말이나 글이 세계에 대한 올바른 설명이나 이론을 담고 있다는 뜻이 된다. 그런데 단편 50의 "나에게 귀를 기울이지 말고 로고스에 귀를 기울여 만물이 하나라는 데 동의하는 것이 지혜롭다"는 '로고스'를 헤라클레이토스 자신의 말이나 글로부터 구별할 것을 요구한다. 이 요구에 따르자면 로고스는 자연의 원리 내지는 사물 일반의 본성을 가리키는 것으로 보는 것이 자연스럽다. 물론 이런 의미의 로고스는 '계산', '비율', '척도'와도 무관하지 않을 것이다. 그런가 하면 헤라클레이토스는 자신의 로고스를 불과 연관시키기도 하는데(단편 64), 이 점에 주목하면 로고스를 단순한 추상적인 법칙이나 원리 정도가 아니라 만물의 생겨남과 운행을 조종하는 능동적이며 근원적인 요소이자 원인으로 이해할 수도 있다(단편 1, 41). 아마도 스토아주의자들이 헤라클레이토스에서 이런 관념을 읽어내고자 했던 것 같다.

이렇듯 헤라클레이토스의 로고스는 한 가지 뜻으로 규정될 수는 없다. 그가 말하는 로고스는 존재하는 모든 것에 적용되므로 가장 보편적이며 일반적인 성격을 지닌다는 것은 분명하다. "모든 것이 하나"라는 로고스의 진리는 모든 것이 겉으로는 여럿이고 하나하나가 분리되어 있는 것처럼 보이지만 실제로는 복합적 관계 속에 통합되어 있으며, 인간도 그 복합적 관계의 일부라는 사실을 압축적으로 표현한 것이다. 이 복합적인 관계 속의 통일성을 이해하는 것이 바로 현상들로부터 현상들 이면의 통일적 관계를 이해하는 것이다. 이처럼 사물 일반의 진리를 표현하는 수단(언어)이자 진리 자체(원리, 법칙)를 가리키는 헤라클레이토스의 로고스가 사람들에게 쉽게 이해되지 않는 것은 당연한 일이다. 헤라클레이토스의 역설적이고 수수께끼 같은 언명들은 사물들의 복합적인 본성과 그것들의 상호 관계들을 표현하는 효과적인 방법인 것이다.

모든 것으로부터 하나, 하나로부터 모든 것

헤라클레이토스는 로고스의 진리를 한마디로 "모든 것은 하나다"라고 표현한다. 그는 이 표현을 다음과 같이 확장한다.

(단편 10) 함께 붙잡힌 것들. 전체이면서 전체가 아닌 것, 함께 모이면서 따로 떨어지는 것, 같은 음을 내면서 다른 음을 내는 것, 모든

것으로부터 하나이면서 하나로부터 모든 것인 것.

　　세계는 다수의 사물들로 구성된 전체이며 개별 사물들은 세계의 부분이다. 세계 내의 사물들을 고찰하는 올바른 방법은 전체를 이해하고 그 전체 내의 부분들을 인지하는 과정을 포함한다. 개별 사물들에 대한 우리의 이해는 그것들의 상호 관계나 그것들이 부분으로 속하는 전체에 주의를 기울임으로써 분명해질 수 있다. 이러한 앎은 모든 것으로부터 어떻게 해서 하나가 성립하는지, 그리고 하나로부터 어떻게 해서 모든 것이 성립하는지를 이해하는 과정의 일부이다. 하나인 전체를 이해하기 위해서는 모든 부분들이 어떻게 기능하는지, 그것들이 자신의 정체성을 어떻게 해서 가지면서 갖지 않는지("전체이면서 전체가 아닌 것"), 그것들이 어떻게 해서 결합하고 결합하지 않는지("함께 모이면서 따로 떨어지는 것"), 그것들이 어떻게 여러 맥락들 속에서 함께 작용하고 작용하지 않는지("같은 음을 내면서 다른 음을 내는 것")를 고찰해야 한다. 이러한 고찰은 다양성 이면의 통일성을 찾아내는 작업이다. 이것은 매우 어려운 작업이다. 우리의 감각에 끊임없이 주어지는 것은 개별 사물들이 보여주는 현상의 다양성이며, 이러한 현상들의 다양성을 이해하기 위한 우리의 작업은 그 이면에 놓인 복합적인 관계의 통일성을 파악하는 일이기 때문이다.
　　단편 10은 다양성의 통일이 대립적 성질들의 통일임을 말해주고 있다. '모든 것'은 대립적 성질들에 해당하고, '하나'는 통일성을 가리킨다고 볼 때, 하나와 모든 것, 전체와 부분들이 보여주는 대립 관계의 통일성은 이중적인 상호 관계를 함축한다. ① 대립적 성질들과 그 이면의 통일성 간의 상호 관계와 ② 대립적 성질들 간의 상호 관계가 그것이다. 부분들이 없이는 전체가 존재할 수 없고, 전체 없이는 부분들이 부분으로서의 정체성을 가질 수 없듯이, 현상으로 드러나는 대립적 성질들은 이면에 숨어 있는 통일성의 원리를 따른다는 점에서, 그리고 통일성의 원리는 대립적 성질들을 통해서 접근할 수 있다는 점에서(현상들은 감추어진 이면적 진리의 '표지'이다) 양자는 상호 의존적이라 할 수 있다. 통일성을 대립자들의 균형과 조화의 원리라고 볼 때 양자의 상호 관계는 더욱 분명해진다. 조화는 서로 다른 것들 간의 관계이므로 차이를 만들어내는 요소들이 없다면 조화도 없다. 그러므로 대립하는 것은 화합하고, 불화하는 것들로부터 가장 아름다운 조화가 이루어지며 파괴와 소멸을 가져오는 투쟁이 생성을 가져오는 장본인이기도 한 것이다(단편 8).

　　(단편 8) 대립하는 것은 한데 모이고, 불화하는 것들로부터 가장 아름다운 조화가 이루어진다. 그리고 모든 것은 투쟁에 의해 생겨난다.

　　대립자들 간의 관계 역시 상호 의존적인 관계로서 대립 쌍의 한쪽이 존재함으로써 다른 쪽이 존재하게 되는 관계이지만 대립 관계의 유형에 따라 다양한 모습을 보인다. 로고스의 진리는 바로 이런 복합적인 상호 관계에서 성립한다. 대립자들의 통일성이 보여주는 이 복합적인 상호 관계를 활의 사례를 통해 생각해보자.

　　(단편 51) 그것이 어떻게 자신과 불화하면서도 자신과 일치하는지 사람들은 이해하지 못한다. 그것은 마치 활과 리라의 경우처럼 반대로 당기는 조화이다.

　　(단편 54) 보이지 않는 조화가 보이는 것보다 더 강하다.

　　활은 시위와 활대로 이루어진다. 그것은 겉으로 볼 때 아무런 변화도 없는 것처럼 보인다. 그러나 활을 활로 만들어주는 관계, 즉 시위와 활대의 긴장과 투쟁이 이면에서 작용하고 있다(단편 54). 이 긴장 관계의 원리는 이성의 눈으로 파악해야 한다. 시위와 활대는 서로 반대쪽으로 향하는 긴장 관계를 유지한다. 시위는 활대에 의해 바깥 방향으로 당겨지고 활대의 양 끝은 시위에 의해 안으로 모아지는 방향으로 당겨진다. 활의 존재와 그 기능은 활대와 시위 간의 이러한 대립적인 긴장에 의존하고 있다(전체와 부분들의 상호 관계). 바깥으로 당겨짐과 안으로 당겨짐은 상호 의존적이며, 이 대립된 두 힘의 긴장과 투쟁이 균형을 이룰 때 활은 활로서 존재하며 기능을 발휘하게 된다. 대립 관계의 통일성이란 바로 이 긴장 관계의 균형을 말하며 이 균형의 원리를 이해함으로써 우리는 활이 어떻게 기능하는지 이해하게 된다. 일단 이 통일성의 원리를 이해하게 되면, 활대와 시위 각각의 개별 성질에 따라 우리는 활을 디자인하는 일을 더 잘해낼 수 있고, 어떤 유형의 활대와 시위를 사용해야 할지 더 잘 결정할 수 있게 된다("하나로부터 여럿"). 뤼라의 경우도 비슷하다. 활과 뤼라는 삼라만상의 세계가 어떻게 작동하는지, 그리고 우리는 그것을 어떻게 이해해야 하는지 보여주는 모범적인 사례이다. 이 사례가 보여주는 교훈은 전체가 부분들의 관계 때문에 기능하는, 그리고 부분들이 자신들만의 독특한 본성 때문에 전체의 작동에 기여하는 모든 복합적인 것들에 적용될 수 있다. 헤라클레이토스가 발견한 로고스의 진리란 바로 현상들의 다양성 이면에 작용하는 이와 같은 대립과 통일의 복합적인 관계를 가리키는 것이다.

대립 관계의 유형들

"하나로부터 모든 것, 모든 것으로부터 하나"라는 로고스의 진리는 현상들이 보여주는 대립적 성질들과 그 이면의 통일적 관계를 압축적으로 표현한 것이다. 헤라클레이토스는 하나의 사물이 대립적 성질을 갖는 사례들을 다양하게 언급한다. 그것들은 일상의 경험에서 취한 사례들로서 대부분 아무런 설명 없이 제시된다.

(단편 9) 당나귀들은 금보다 차라리 쓰레기를 택할 것이다. 왜냐하면 당나귀들에게는 금보다 먹을 것이 더 즐겁기 때문에

(단편 12) 같은 강에 발을 담근 사람들에게 다른 강물이, 그리고 또 다른 강물이 계속해서 흘러간다.

(단편 58) 의사들은 자르고 태우며 온갖 방식으로 아픈 사람들을 지독하게 괴롭히면서도, 아픈 사람들로부터 마땅한 보수를 받지 못한다고 불평한다.

(단편 59) 축융기의 길은 곧바르고 굽었다.

(단편 60) 올라가는 길과 내려가는 길은 하나이며 동일하다.

(단편 103) 원의 둘레에서 시작과 끝은 공통이다.

(단편 111) 병은 건강을 달콤하고 좋은 것으로 만든다. 굶주림은 포만을, 피로는 휴식을 그렇게 만든다.

이 사례들 속에서 로고스의 진리가 어떻게 구현되고 있는지 일목 요연하게 제시하기는 쉽지 않다. 그러나 이것들이 보여주는 대립적 성질들은 동일한 사물에 공존하며 상호 의존적이고 상호 변환적인 관계에 있다는 점은 분명히 확인할 수 있다. 질병이 없다면 우리는 건강이 유쾌하고 좋다는 것을 알지 못할 것이다. 하나의 길이 오르막의 성질을 갖지 않는다면 그것은 내리막의 성질도 갖지 않을 것이다. 강은 그 속의 물이 끊임없이 흘러가지 않는다면, 즉 변화의 성질을 갖지 않는다면 결코 같은 강으로 존재할 수 없을 것이다. 의사의 수술은 고통을 주지만 질환을 낫게 하기에 보수를 기대하는 것이다. 돼지나 나귀, 황소는 저마다 다른 것을 선호하며 특히 사람이 선호하는 것과 아주 다른 것들을 선호한다. 이들이 선호하는 것들은 저마다 상반된 가치나 성격을 갖는 것으로 평가될 것이다.

해석하기에 따라서 이러한 대립적 성질들은 관점이나 맥락에 따라 인지되는 상대적인 성질에 불과할 뿐 실재하는 성질들이 아니라고 볼 수도 있겠다. 특히 질병과 건강의 관계를 위시해서 마지막에 든 사례들은 우리가 주관적으로 내리는 평가의 상대성을 지적한다고 읽는 것이 자연스럽기조차 하다. 하려고만 든다면 다른 사례들도 상대화하는 쪽으로 갈 수 있다. 길의 오르막과 내리막은 여행하는 자의 방향에 상대적이고, 강의 같고 다름은 강 자체를 하나로 간주하느냐 아니면 물의 집합으로 간주하느냐에 따라 상대적이라는 식으로 말이다. 그러나 이런 해석을 따라가게 되면 헤라클레이토스가 대립적 성질들 전반에 부여하고자 하는 로고스의 진리를 설명하기 곤란해진다. 무엇보다도 자연의 불가피한 순환을 언급하는 중요한 단편들(126, 88, 67, 36, 31, 76)은 실재하는 대립 상태를 말하고 있다. 이를테면 낮과 밤이 "하나다"라고 말할 때(단편 57), 낮과 밤은 교대로 나타나는 대립 상태들이며 이 대립 상태를 겪는 주체가 명시적으로 지목되지 않지만, 대립 상태를 규칙적으로 겪는 하나인 그 무엇이 전제되고 있다.

다른 한편, 변화에 따라 대립 상태를 겪는 사례가 아닌 경우를 헤라클레이토스가 어떻게 언급하는지 보자.

(단편 61) 바닷물은 가장 깨끗하면서도 가장 더럽다. 물고기들에게는 마실 수 있고 삶을 보존해주는 것이지만, 인간들에게는 마실 수 없고 삶을 앗아가는 것이다.

바닷물은 누가 마시느냐에 따라 그 효과가 상대적이다. 이 사실로부터 헤라클레이토스는 바닷물이 "깨끗하면서도 더럽다"고 단언한다. 여기서 깨끗함과 더러움이라는 대립적 성질은 어떤 식으로든 바닷물에 실재한다고 봐야 한다. 바닷물의 '깨끗함'과 '더러움'은 지각이나 관찰로부터 주어지는 대립적 성질이지만, 그것은 단순히 주관적 관점이나 선호에 따른 평가가 아니라 바닷물에 관계하는 객관적인 조건들(물고기, 사람)에 따른 평가이기 때문이다. 그렇게 본다면 바닷물의 존재('하나')는 다른 것들과의 관계 맺음 속에서 그것이 갖게 되는 다양한 성질들의 복합적인 통일체('모든 것')라 할 수 있다. 따라서 바닷물에 대한 이해는 이러한 성질들을 포괄적으로 이해함으로써 가능한 것이다("모든 것으로부터 하나"). 바닷물의 깨끗함과 더러움은 마실 수 있음과 마실 수 없음의 성질에 관계하며, 이것은 다시 생명의 보존과 생명을 빼앗음의 성질에 관계한다. 이런 성질들을 이해함으로써 우리는 바닷물의 깨끗함과 더러움에 대한 이해를 얻게 된다. 그리고 이 이해는 바닷물에 관계하는 대상들(물고기와 인간)에 대한 이해와 맞물려 완성된다. 이런 방식으로 바닷물의 대립적 성질들에 대해서도 로고스의 진리는 작용한다. 바닷물이 대립적 성질들의 통일성을 어떻게 구현하는지는 활과 뤼라의 사례처럼 알기 쉽게 드러내 보일 수는 없지만, 깨끗함과 더러움에 관한 이해가 바닷물에 관계하는 것들에 대한 포괄적인 이해와 맞물려 이루어진다는 사실에서 알 수 있듯이, 그런 이해의 과정에서 지성은 숨겨진 통일성을 파악할 수 있게 될 것이다. 그것은 궁극적으로 바닷물과 관계하는 모든 것들에 대한 포괄적인 이해를 통해 가능한 것이기에 로고스의 진리는 보통 사람들이 이해하기가 어려울 수밖에 없다. 그것을 이해하려면 실로 많은 것들을 탐구해야 하며(단편 35) 올바른 예지력을 습득해야 한다(단편 41).

바닷물을 비롯한 모든 사물들은 직간접적으로 서로 관계를 맺음으로써 이러저러한 대립적 성질들을 갖는다. 그리고 각 사물들은 자신이 갖는 대립적 성질들에 대해 나름대로의 통일성을 유지함으로써 존속한다. 하나의 사물이 대립적인 성질을 함께 갖는다는 것은 어떤 의미에서는 모순에 해당한다. 논리에 충실하자면 모순 관계에 있는 쌍은 결코 하나일 수가 없다. 그러나 활과 뤼라의 사례는 대립적 성질들의 이면에 작용하는 통일성이 모순율을 액면 그대로 들이댈 수 있는 성질의 것이 아님을 보여준다. 활에서 대립하는 두 요소(활대와 시위)의 긴장 관계는 정적인 상태가 아니라 동적인 상태이다. 시위를 당겨 화살을 쏘지 않는 상태에서도 활은 반대 방향으로의 움직임이 계속되면서 균형을 이룰 때 활로서 존재한다. 활이 보여주는 통일성은 동적인 상태를 전제로 성립하는 것이다. 그리고 활의 대립적 성질들은 활로서 기능을 하지 않을 때는 겉으로 드러나지 않다가 화살을 메기고 시위를 당겨 쏘는 과정 속에서 표면화되는데 이 움직임의 과정 역시 동적인 상태이기는 마찬가지다. 이렇듯 사물의 대립적 성질들과 이면의 통일성은 동적인 상태 내지는 움직임의 과정 속에서 이루어진다. 예컨대 길은 사람이나 짐승들이 오르고 내리는 것을 허용하는 과정에서, 바닷물은 물고기나 사람에게 흡입되는 과정에서 각각의 대립적 성질들을 드러낸다. 모든 대립적 성질들과 이면의 통일성은 동적인 상태를 전제로 하지만 동적인 상태(운동과 변화)의 편차는 시간의 경과에 따라 현저하게 드러날 수도 있고 감지가 불가능할 정도로 미미할 수도 있다. 단편들에 언급된 대립적 성질의 여러 유형들은 이런 차이를 반영하고 있다고 볼 수 있겠다. 이러한 동적인 상태와 진행 과정의 중심 역할은 헤라클레이토스가 대립자들의 통일을 우주론과 영혼론에 적용할 때 더욱 분명해진다.

3 우주론

세계는 영원하다. 그 영원함은 '살아 있는 불'의 이미지가 연상케 하듯이 동적인 상태, 즉 움직임(운동과 변화)의 과정 속에서 성립한다(단편 30). 이 움직임의 과정은 세계를 구성하는 물질적 요소들(물, 불, 흙)의 규칙적인 상호 변화의 과정이다(단편 31). 이 변화의 규칙성은 역설적이게도 세계의 정체성을 보장한다(단편 84a).

(단편 30) 이 세계는, 모두에게 동일한데, 어떤 신이나 인간이 만든 것이 아니라 언제나 있어왔고 있고 있을 것이며, 영원히 살아 있는 불로서 적절한 만큼 타고 적절한 만큼 꺼진다.

(단편 31) 불의 전환. 우선 바다, 그리고 바다의 절반은 땅, 나머지 절반은 뇌우(雷雨) 〔……〕 땅이 바다로서 쏟아져 나오고, 땅이 되기 전과 동일한 양으로 재어진다.

(단편 84a) 움직이면서도 쉰다.

세계가 자기 정체성을 가지고 존재하는 것은 이 움직임의 과정 속에 있기 때문이다. 강물이 흐름을 멈춘다면 더는 강이 아닌 것과 같은 이치다. 마찬가지로 밀크, 보리, 치즈가루 등으로 만들어진 음료는 젓지 않으면 분리되기 때문에 음료가 되지 못한다(단편 125). 그렇듯이 세계와 그 속의 모든 사물들은 운동과 변화의 과정 속에 있지 않으면 자신의 정체성을 잃어버린다.

(단편 125) 보리 음료도 젓지 않으면 분리된다.

그러니까 전체로서의 우주는 변화의 과정과 정체성의 유기적 통일체라 할 수 있다. 세계가 변화 속에서 정체성을 가진다는 것은 곧 세계 속의 다양한 개별 사물들이 변화 속에서 제각기 나름의 정체성을 유지한다는 말이기도 하다. 변화의 측면은 대립적 성질을 드러내는 사물들의 다양성을 의미하며, 정체성은 그 다양성 이면에 작용하는 통일성을 가리킨다. "모든 것은 하나"라는 로고스의 진리는 우주와 사물들 일반에 철저하게 관철된다.

같은 강에 두 번 들어갈 수 없다?

이러한 해석에 따르면, 헤라클레이토스는 변화의 과정과 정체성에 똑같은 무게를 두고 있다. 달리 표현하자면 헤라클레이토스가 말하는 변화는 정체성을 전제로 하는 변화이다. 이 대목에서 헤라클레이토스의 해석과 관련된 한 가지 오해를 바로잡기로 하자. 우주와 사물들의 변화를 언급할 때 헤라클레이토스는 근본적인 변화 이론을 주장한 철학자로 간주되어왔다. 이른바 "헤라클레이토스적 흐름 이론"이 그것이다. 이 해석은 플라톤까지 거슬러 올라가는데, 플라톤은 『테아이테토스』와 『크라튈로스』에서 이 이론을 제시한다.

> 어디에선가 헤라클레이토스는 "모든 것은 나아가고 아무것도 제자리에 머무르지 않는다"고 말하고, 있는 것들을 강의 흐름에 비유하면서 "너는 같은 강물에 두 번 들어갈 수 없을 것이다"라고 말한다. (『크라튈로스』 402a)

플라톤은 헤라클레이토스가 말하는 변화의 과정을 어떤 정체성도 갖지 않는 철저한 변화로 해석한다.

> 그 자체로 하나인 것은 아무것도 없으며, 자네는 어떤 것이라고, 하물며 어떤 성질의 것이라고도 옳게 이를 수조차 없을 것이며, 오히려 자네가 큰 것이라고 일컬으면 작은 것으로도 나타날 것이며, 무거운 것이라고 일컬으면 가벼운 것으로도 나타날 것이고, 일체의 모든 게 다 그런 식이다. 어떤 것이든 어떤 성질이든 아무것도 하나가 아니기 때문이다. 사실 우리가 '있다'고 말하는 모든 것은 장소 이동과 운동 그리고 서로 간의 혼합에서 생겨나고 있는 것이다. 우리가 '있다'고 말하는 것조차 옳지 않다. 아무것도 결코 있지 않고 언제나 생성 중에 있으니까. (『테아이테토스』 152d~e)

플라톤에 따르면 사물들은 모든 점에서 철저한 변화의 과정 속에 있기 때문에 어떤 사물을 가리켜 "그것이 어떠하다"라고 말할 수 없고, 심지어는 '그것'이라고 지칭할 수조차 없다. 그렇게 말하고 지칭하는 순간 그것은 변화를 멈추어야 하기 때문이다. 그러나 세계 내의 어떤 사물도 언어가 지시하는 것을 확보하기에 충분할 정도의 정체성을 갖지 못하며, 그렇기 때문에 언어조차 불가능하다는 철저한 흐름 이론을 과연 헤라클레이토스의 것으로 돌려야 할까? 그렇지 않다. 그래야 할 뚜렷한 근거가 없기 때문이다. 그것은 플라톤의 해석일 뿐이다. 강에 관한 몇 개의 단편들이 전해지지만 가장 믿을 만한 것으로 받아들여지는 단편(단편 12)[2]은 강 자체의 변화를 말하지 않고 강물의 변화를 말하고 있다.

> (단편 12) 같은 강에 발을 담근 사람들에게 다른 강물이, 그리고 또 다른 강물이 계속해서 흘러간다. 그리고 혼들은 젖은 것들로부터 증발되어 나온다.

단편 12가 말하고자 하는 요지는 강은 물의 흐름으로 말미암아 대립적 성질을 갖는다는 것이다. 그렇게 읽어야 강의 사례가 대립적 성질들의 여러 유형 가운데 하나로서 다른 단편들의 맥락과도 잘 들어맞는다. 단편이 말하는 대로 강이 동일한 것("같은 강")으로 남아 있다면, 우리는 같은 강물에는 두 번 들어갈 수 없지만 같은 강에는 들어갈 수 있다. 강의 본질은 물의 흐름에 있기 때문이다. 이것은 플라톤의 해석과는 다르다.

그러나 어쨌든 요소들(물, 불, 흙)이 끊임없는 변화의 과정 속에 있는 한, 그것들로 구성되는 개별 사물들도 어떤 식으로든 변화의 과정 속에 있다고 봐야 하는데, 시간의 경과에 따라 변화하는 정도가 현저하게 크든 아주 미세하든 일단 변한 것은 같은 것일 수 없지 않은가? 강

---

2) 이것은 커크(1954)와 마르코비치(1967)의 결론이며, 라인하르트(1916)로 거슬러 올라가는 해석에 기초를 두고 있다. 단편 12를 진짜 헤라클레이토스의 것으로 보는 이유는 그것이 헤라클레이토스의 다른 단편들과 공유하는 특징들 때문이다. 강에 관한 다른 단편들과는 달리 단편 12는 구문적 애매성(toisin autoisin, '동일한 것(3격)'은 '강들'("같은 강들")과 연결될 수도 있고 '들어가는 자들'("동일한 사람들")과 연결될 수도 있다. 즉 그 낱말 앞뒤에 오는 낱말 어느 쪽과도 연결될 수 있다)과 교차 대구법, 운율과 두운법(頭韻法)의 특징들이 살아 있다.

물을 강의 구성 요소들 가운데 하나로 구별한다 하더라도 전체로서의 강은 강물과 불가분의 관계에 있는 것이며 따라서 강물이 변했다면 강도 변한 것 아니냐고 반문할 수 있다. 이것이 아마도 논리적 엄밀성을 극단까지 밀고 나간 플라톤의 해석일 것이다. 과연 헤라클레이토스가 그런 논리적 엄밀성의 관점에서 변화의 문제를 생각했을까? 그랬다면 그는 "이 세계는 모두에게 동일하다"(단편 30)거나 "같은 강"(단편 12)이라고 말하기를 주저했을 것이다. 사실 플라톤의 해석대로라면 요소들의 상호 변화를 언급하는 것조차 무의미하다. 그것이 의미를 가지려면 요소들 각각이 나름의 정체성을 어느 정도 확보한다는 전제가 있어야 한다. 요소들 간의 끊임없는 변화 속에서 물(바닷물)의 일부가 어느 순간에 불이나 흙(땅)으로 변할 수는 있지만 물 전체가 변해버린다고 생각하기는 곤란하다. 단편들이 제시하는 일상의 사례들에 충실하자면, 활이 대립적 요소들의 동적인 긴장 관계에 의지하면서도 활대가 부러지거나 시위가 끊어지기 전까지 활로서 정체성을 일정 기간 유지하는 것처럼, 사물들은 끊임없이 변하고 있고 변화의 편차도 다양하지만 그러한 변화 과정 속에서도 나름의 정체성을 어느 정도 유지할 만큼 안정성과 지속성을 가지고 존립한다고 봐야 한다. 이것은 상식과도 일치하며 헤라클레이토스가 가졌을 법한 자연스러운 견해이다. 이것을 뒷받침해줄 이론의 가능성도 단편들 속에서 어느 정도 엿볼 수 있다.

(단편 76) 불의 죽음이 공기에게는 생겨남이고, 공기의 죽음이 물에게는 생겨남이다.

(단편 90) 모든 것은 불의 교환물이고 불은 모든 것의 교환물이다. 마치 물건들이 금의 교환물이고, 금은 물건들의 교환물이듯이.

단편 31이 시사하는 규칙성은 요소들 간의 상호 변화가 양적인 보존의 원리를 따른다는 점이다. 바다가 땅으로 변하고 땅이 바다로 변할 때, 변하는 바다와 땅의 양은 일정하게 보존된다(땅이 바다가 되었을 때, 생겨난 바다의 양은 이전에 땅이 될 때의 양과 같다). 그리고 요소들 간의 변환에는 순서가 있다. 불이 물로 변하고 물이 흙으로 변하며 반대 방향으로도 진행된다. 그러나 불이 곧바로 흙으로 변하거나 흙이 불로 변하지는 않는다. 그러므로 물질적 요소들이 상호 간에 끊임없이 변하더라도 요소들 각각에는 양의 보존과 순서의 원리가 적용되기 때문에 전체로서의 세계는 규칙성을 가지고 언제나 '동일한 것'(단편 30)으로 유지된다고 말할 수 있다. 뿐만 아니라 단편 90에서 "금의 교환물"은 고대의 화폐 사용을 연상케 하는데, 금을 교환의 매체로 사용하는 것은 정해진 교환의 비율이 존재한다는 것을 시사한다. 교환에서 금의 양과 상품의 양 간의 일정한 비율이 있듯이 불이 다른 요소들로 변화할 때 일정한 비율이 있으며, 이 비율은 불을 변환의 기준으로 다른 요소들 간의 변화에도 적용된다고 볼 수 있다.[3] 이런 추측이 맞는다면 우주와 사물들의 정체성은 요소들 각각의 양적 보존의 원리, 그리고 요소들 상호 간의 교환 순서와 비율에서 주어진다고 말할 수 있을 것이다.

만물의 근원은 불?

지금까지 우리는 "모든 것은 하나다"라는 로고스의 진리를 대립자들의 다양성과 통일성의 측면에서 시종 해석해왔다. 그러나 이 언명은 우주론과 관련하여 일찍부터 물질 일원론을 주장하는 것으로 받아들여져왔는데, 그것이 밀레토스 철학자들의 물질 일원론적 표현과 매우 닮았기 때문이다. 탈레스는 모든 것은 물에서 생겨난다고 했고, 아낙시만드로스는 무한정한 것(아페이론)에서 생겨난다고 했으며, 아낙시메네스는 공기에서 생겨난다고 했다. 이런 맥락에서 보면 헤라클레

---

3) 단편 30과 단편 90은 불을 기준으로 요소들의 변화를 언급한다는 점에서 같고, 단편 30은 우주적 차원의 상호 변화라는 점에서 차이가 있을 뿐 요소들의 상호 변화를 언급한다는 점에서 단편 76과 내용이 같다.

이토스는 불을 만물의 근원으로 간주한 것으로 이해된다. 그렇게 이해할 만한 소지는 충분히 있다. 분명히 헤라클레이토스는 요소들 가운데서 불을 가장 중요한 자리에 놓고 있다. 단편 30은 "영원히 살아 있는 불"을 세계와 동일시하고, 단편 31과 단편 90은 요소들의 상호 변환을 불을 기준으로 전개하고 있다. 실제로 테오프라스토스는 "모든 것은 불의 교환물"(단편 90)이라는 말을 불은 근원(archē)이자 원소(stoicheion)라는 뜻으로 받아들여, 아낙시메네스에서처럼 불이 응축과 희박에 의해서 다른 물체들을 형성한다고 보았다. 그러나 헤라클레이토스는 불에 대해 '원소'라는 말을 사용하지 않는다. 만약 그가 불을 단순히 땅이나 물이 될 때 형태나 외관을 바꾸는 원소로 묘사하고자 했다면 표현을 달리하지 않았을까?(이를테면 "금이 동전이나 목걸이로 변형되는 것처럼") 하나의 사물이 불이라는 원소로 구성되어 있다면 그 사물은 어떤 의미에서든 불로 되어 있다고 말할 수 있지만 헤라클레이토스는 그렇게 말하지 않는다. 단편 90에서 불을 금에 비유한 것은 불이 다른 요소로 변환될 때 변환되는 비율을 말할 뿐이고 변환된 것이 불로 되어 있다는 말은 아니다. 상거래에서 본질적인 것은 가치의 등가이다. 이를테면 금화 한 닢과 빵 한 덩어리의 교환이 이루어졌을 때, 빵 한 덩어리가 금화 한 닢의 값어치가 있다는 뜻이지 빵이 금으로 되어 있다는 뜻은 아니다. 게다가 원소는 생겨나거나 없어지지도 않을뿐더러 다른 원소로 변하지도 않는다. 반면에 헤라클레이토스의 불은 변화 중에도 동일한 것으로 남아 있는 불변적인 물질이 아니다. 그런 불변적인 본성은 우주 만물에 공통된 변화와 흐름의 법칙에 맞지 않는다. 요소들(물, 불, 흙) 각각은 상호 변환을 겪는다. 즉 하나는 다른 하나의 죽음에 의해 모습을 드러낸다(단편 76, 36). 밀레토스 철학자들 누구도 이런 식으로 요소들의 죽음을 말하지 않았다.

(단편 36) 혼들에게 죽음은 물이 되는 것이고, 물에게 죽음은 흙이 되는 것이다. 흙에서 물이 생겨나고, 물에서 혼이 생겨난다.

그런가 하면, 밀레토스 철학자들이 근원적인 것으로 놓는 요소들 (물, 공기, 아페이론)은 대립자들 사이에 개재하는 중간적인 것이라는 공통점을 갖는다. 물은 공기와 흙의 중간적인 것이고 공기는 불과 물의 중간적인 것이다. 그러므로 물이나 공기는 대립 쌍의 어느 쪽으로부터든 생겨나고 대립하는 양방향으로 전개된다. 후대의 저자들은 아낙시만드로스의 아페이론조차도 "물보다 더 회박하지만 공기보다 더 조밀한 어떤 것"이라고 생각했다. 반면에 불은 이 요소들의 한 극단에 해당한다. 중간적인 것으로서의 물이나 공기가 대립하는 양방향으로 전개될 수 있는 이유는 대립적인 성질들을 자신 속에 포함하고 있기 때문이라 할 수 있는데, 그런 점에서 한쪽 극단으로서의 불은 대립자들을 포함하지 않는다. 헤라클레이토스가 이런 점을 고려했는지 확인할 길은 없다. 그래서 몇 가지 차이점에도 불구하고 헤라클레이토스의 불을 밀레토스 철학자들의 물이나 공기와 같은 레벨의 요소로 간주하는 입장을 결정적으로 거부하기는 어렵다. 양적 변환의 원리(밀도의 차이)만 제외하면 헤라클레이토스의 불은 아낙시메네스의 공기와 가장 닮은 근원적 요소로서의 성격을 갖는다고 볼 수는 있다. 그렇지만 대립자들의 불가피한 공존을 언급하는 단편(단편 30, 67)에서 알 수 있듯이, 헤라클레이토스의 불은 세계와 동일시된다는 점도 주목할 필요가 있다.

(단편 67) 신은 낮이며 밤이고, 겨울이며 여름이고, 전쟁이며 평화이고, 포만이며 굶주림이다. 불이 향료들과 함께 섞일 때 각각의 향에 따라 이름 붙여지듯이, 신은 그렇게 변화한다.

불이 대립자들을 포괄하는 것은 그것이 곧 세계 자체이기 때문이다. 그러나 아낙시메네스는 공기를 세계 자체와 동일시하지 않는다. 그는 공기를 영원한 것으로 신성시하지만 그것의 소멸을 강조하지는 않는다.

이 대목에서 단편 30이 만물이 불이었던 우주의 원초적인 상태가 있었음을 주장하고자 하는지의 문제를 생각해봄직하다. 만물은 원초적인 불로부터 존재하게 되었고 언젠가는 그와 유사한 총체적인 불의 상태로 되돌아가는 것인가? 그렇게 되면 새로운 차원의 다른 우주적 주기가 뒤따를 것이다. 이 그림은 우주는 요소들 간의 끊임없는 변환에 의해 유지되는 안정적인 체계라는 생각과 양립 가능하다. 단편들이 제공하는 정보만 가지고는 이 문제에 답하기 어렵다. 헤라클레이토스의 우주론에 관한 많은 자료의 출처가 후기 스토아주의 저자들에게서 나온 것이기 때문이다. 그들은 모든 우주가 불이 되는 주기적 대화재라는 전 우주적 순환을 주장했었다. 그러나 헤라클레이토스 자신이 이와 유사한 생각을 가지고 있었을 가능성을 배제할 결정적인 근거는 없다.

불, 로고스, 신

불이 밀레토스 철학자들의 물이나 공기와 같은 레벨의 근원적 원소인가의 문제를 접어두더라도, 헤라클레이토스가 불에 우선적인 지위를 부여하는 중요한 이유가 있다. 아리스토텔레스가 말했듯이 불은 가장 미묘한 원소이다(『영혼에 관하여』 405a). 그것은 비물질적인 것에 가장 가깝고, 그 자체가 운동 중에 있으며 다른 것들에게 운동을 전달한다. 그래서 불은 살아 있는 우주의 끊임없는 변화와 그 이면의 통일적 원리, 그리고 생명의 원리인 영혼의 활동성을 통합적으로 표현하기에 가장 적합한 요소이다. 물이나 흙과는 달리, 불은 능동적이고 우주에서 다스리는 역할을 한다(단편 64).

(단편 64) 번개가 만물을 조종한다.

천둥 번개는 불의 순수하고 대단히 활동적인 형태이다. 천둥 번개에 관한 관념은 불을 헤라클레이토스 철학의 다른 주요 특징들과 밀접하게 연결한다. 우리 한 사람 한 사람을 살아 있게 하고 삶을 이끌어가는 영혼은 불로 되어 있다('불'과 '영혼'은 단편 36과 단편 31에서 교환 가능한 말로 사용된다). 더구나 모든 것을 지배하는 불은 로고스와 동일시되며(단편 64), 이 로고스에 따라 모든 것들이 발생한다(단편 1). 우주의 능동적 활동은 전쟁과 싸움이다(단편 53).

(단편 53) 전쟁은 모든 것의 아버지이고, 모든 것의 왕이다. 그것이 어떤 이들은 신으로 또 어떤 이들은 인간으로 드러내며, 어떤 이들은 노예로 또 어떤 이들은 자유인으로 만든다.

(단편 80) 전쟁은 공통된 것이고 투쟁이 정의이며, 모든 것은 투쟁과 필연에 따라서 생겨난다는 것을 알아야만 한다.

헤라클레이토스는 전쟁과 싸움을 정의라고 선언한다(단편 80). 이것은 아낙시만드로스에 대한 비판이다. 아낙시만드로스는 세계 내에서 세력을 떨치는 대립자들의 상호 작용을 불의라고 말했다. 세계 내의 사건들, 즉 대립적 성질들 간의 변화들을 포함해서 한 실체가 다른 실체로 변환되는 일에는 전쟁이나 투쟁이 필수적으로 개입한다. 이 전쟁과 투쟁은 세계를 존속시키는 데 필요하다. 개별적 경우에 어떤 결과가 나오든, 이기든 지든, 그것은 우주를 정의로 지배하는 전체 과정의 부분이다. 그러므로 정의는 불이기도 하다(단편 66). 그리고 불은 신에 비견된다(단편 67).

(단편 66) 불이 덮쳐와서 모든 것을 판결하고 단죄할 것이다.

(단편 67) 신은 낮이며 밤이고, 겨울이며 여름이고, 전쟁이며 평화이고, 포만이며 굶주림이다. 불이 향료들과 함께 섞일 때 각각의 향에 따라 이름 붙여지듯이, 신은 그렇게 변화한다.

(단편 102) 신에게는 모든 것이 아름답고 좋고 정의롭지만 인간들

은 어떤 것들은 정의롭지 않다고 생각하고, 또 어떤 것들은 정의롭다고 생각한다.

인간들이 보기에는 정의와 불의가 구별되지만, 신에게는 모든 것이 아름답고 좋고 정의롭다(단편 102). 그것은 신이 모든 대립적인 것들을 자신 속에 포괄하기 때문일 것이다(단편 67). 신과 불은 둘 다 다른 상황에서 다른 모습을 취하지만 자신의 본성을 유지한다. 어떤 의미에서 불은 여럿("모든 것")이면에 놓인 '하나'이다. 즉 세계의 모든 다양함 속의 통일이다. 이처럼 헤라클레이토스는 로고스, 불, 영혼, 전쟁, 정의, 신을 연결한다. 어떤 의미에서 그것들은 동일하다. 그것들은 모두 우주 내에서 지배하는 역할을 담당한다. 그러나 정확히 그것들이 어떻게 동일한지는 분명하지 않다.

4 영혼론

헤라클레이토스는 전통에서 벗어난 영혼(psychē) 개념을 사용한다. 호메로스에게서 영혼은 사는 동안 중요한 기능을 하지 않는다. 영혼은 죽었을 때 몸을 떠나 하데스로 가게 되며, 거기서 그림자 같은 존재로 머무를 따름이다. 소크라테스 이전 철학자들에게서 가장 자주 발견되는 영혼 개념은 '숨'으로서의 영혼이었다. 영혼은 공기로 이루어지며 몸을 살아 있게 한다. 그리고 죽으면 몸을 떠나서 우주의 공기와 합쳐지거나 다시 환생하게 된다(피타고라스학파). 헤라클레이토스는 선배들보다 더 멀리 나아간다. 그는 영혼 개념을 우주론에 통합시킬 뿐아니라, 영혼을 살아 있는 동안 개인의 정체성과 특성의 담지자이자 지성과 행위를 조직화하는 구심체로 간주한다. 이제 남은 과제는 이러한 영혼 개념이 헤라클레이토스의 우주론과 어떻게 이어지는지를 살펴보는 일이다. 이것은 한편으로 이 모든 것을 이해하는 우리의 영혼을 지금까지 살펴본 로고스의 과정 속에 포섭되는 방식을 이해하는 것이며, 다른 한편으로 이런 관점에서 우리의 영혼이 우리 삶을 만들어가는 방식을 이해하는 것이다.

영혼의 삶과 죽음

살아 있는 우주가 불로 표현되듯이 생명의 원리인 영혼도 불과 동일시된다(단편 31, 36). 우주의 불이 "모든 것을 조종"하듯이(단편 64), 영혼이 우리의 삶과 행위를 지도한다. 세계를 구성하는 요소들이 주기적 변화의 과정 속에 있으므로 불로 이루어진 영혼도 자연의 주기적 변화에 종속된다. 그리하여 영혼도 대립적 성질들 이면에 놓인 통일성으로 작용하며, 변화의 과정 속에서 자신을 드러낸다.

(단편 76) 불의 죽음(타나톤)이 공기에게는 생겨남이고, 공기의 죽음이 물에게는 생겨남이다.

(단편 117) 사람은 취했을 때, 어디로 가는지 알지 못하면서 비틀거리며 철들지 않은 아이에게 이끌려 다닌다. 젖은 혼을 지녔으므로.

(단편 118) 빛은 건조한 혼이다. 즉 가장 현명하고 가장 뛰어난 혼이다.

영혼은 건조하고 가장 불에 가까운 상태에 있을 때(단편 118) 최선의 상태에 있다. 반대로 영혼이 젖게 되면, 사람이 술에 취했을 때처럼, 우리의 행위를 지도하는 기능을 수행할 수 없게 되고 우리의 활력은 감소한다(단편 117). 그리고 완전히 젖어서 물이 되면 영혼도 죽는다(단편 77). 그러나 헤라클레이토스에게는 어떤 것도 영속적이지 않으며 죽음조차도 영속적이지 않다. 그러므로 죽음을 뜻하는 '타나톤'(thanaton)은 죽어 있는 상태를 가리키는 것이 아니라, 죽어가는 과정 내지 사건을 가리킨다. 죽음은 삶에 대립하는 자연적 과정이며, 따라서 죽어가는 상태란 인생의 정점을 지나 몸과 마음이 점차 쇠퇴해가는 것을 의미할 것이다. 하지만 영원한 죽음의 상태란 있을 수 없다. 우주론의 관점에서 보면 죽어 있는 것은 순환의 극점에 위치한 순간적인 사태에 불과할 것이기 때문이다.

> (단편 88) 동일한 것 〔……〕 살아 있는 것과 죽은 것, 깨어 있는 것과 잠든 것, 젊은 것과 늙은 것. 왜냐하면 이것들이 변화하면 저것들이고, 저것들이 다시 변화하면 이것들이기 때문에.

만약 영혼이 본성상 새로운 의미에서 번갈아 살고 죽는다면, 영혼은 언제나 죽어감에 종속되어 있으므로 "사멸하는 것"으로 서술될 수 있는가 하면, 언제나 삶으로 되돌아갈 수 있으므로 "불사적인 것"으로 서술될 수 있을 것이다. 이것은 헤라클레이토스에게 대립자들의 통일의 새로운 사례를 제공한다.

> (단편 62) 불사자들은 가사자들이고, 가사자들은 불사자들이다. 저들의 죽음을 살고, 저들의 삶을 죽으니까.

이 단편은 전통적으로 건널 수 없는 심연으로 믿어져온 신과 인간 간의 차이가 헤라클레이토스에게는 본질적이지 않다는 것을 시사해준다. 영혼은 본성상 사멸적이기도 하고 불사적이기도 하다. 그렇다면 영혼이 인간으로 존재하느냐 아니면 전통적인 신들과 같은 존재로서 존재하느냐는 삶과 죽음의 순환 과정에서 영혼이 차지하는 우연적인 위치에 따라 정해지는 문제일 것이다.

삶과 죽음의 문제와 관련하여 헤라클레이토스가 내세를 믿었는지는 분명치 않다. 만약에 믿었다면, 사후의 삶은 죽음의 순간에 영혼의 상태에 좌우된다고 생각했을 것이다(단편 25, 27, 63).

(단편 25) 더 큰 죽음은 더 큰 몫을 받는다.

(단편 27) 사람들이 죽었을 때 기대하지도 생각지도 않은 것들이 그들을 기다린다.

(단편 63) 거기에 있는 자 앞에서 일어나고, 깨어 있으면서 산 자들과 시신들의 수호자가 된다.

영혼 일반은 우주적 변화의 주기에서 벗어나 있지 않지만, 만약 단편 63이 최선의 죽음을 죽는 사람들의 영혼을 언급하는 것이라면, 그 영혼들은 우주의 불에 흡수되며 그렇게 됨으로써 우주를 다스리는 역할을 한다는 생각을 담고 있을지 모른다.

성품이 수호신

헤라클레이토스에게 영혼은 생명의 원리 이상이다. 영혼은 인식 기능을 가지고 있으며, 그것에 의지하여 삶을 이끌어간다. 인식은 감각에서 출발하며 감각의 증언을 올바르게 해석할 수 있어야 한다. 그러기 위해서 영혼은 언어를 몰라서는 안 된다. 그리고 바른 언어를, 즉 로고스의 보편적 언어를 사용해야 한다. 그렇게 해야 영혼은 현상을 로고스의 현현으로 해석할 수 있고 그것에 의지하여 삶의 올바른 인도자 노릇을 할 수 있다. 영혼이 이와 같은 자신의 기능을 잘 수행하려면 가장 좋은 상태에 있어야 한다. 여기에는 당연히 스스로의 선택과 노력이 요구되기 마련이다. 헤라클레이토스의 단편들은 영혼이 현생의 삶에서 행하는 방식 속에 인간 스스로 선택하는 요소가 들어 있음을 암시한다.

(단편 29) 가장 뛰어난 자들은 모든 것들 대신에 하나를 선택한다. 사멸하는 자들로부터의 영속하는 영예를. 그러나 많은 사람들은 가축들처럼 배불러 있다.

(단편 119) 인간에게는 성품이 수호신(다이몬)이다.

그리스어 '에토스'(ēthos)는 성품, 성격, 습관 등의 뜻이 있다. 이 말들은 의미가 서로 밀접하게 연관되어 있다. 성품은 본래 타고나는 것(본성: 퓌시스)이 아니라 후천적으로 만들어가는 것이다. 사람의 습관과 성격이 서로를 형성한다는 생각은 이미 헤시오도스(『신통기』 31~36)에서 발견된다. 헤라클레이토스는 한 걸음 더 나아가 각자에게 할당된 수호신(다이몬)이 우리의 삶을 결정한다는 보통 사람들의 숙명론적 믿음을 뒤집는다. 습관을 통해 형성되고 성격으로 굳어진 성품이 우리의 삶을 결정한다는 것이다(단편 119). 성품이 수호신이라면 그 신적인 측면들은 습관을 통해 다져지고 성품으로 드러나는 것 이상의 것이 아니다. 그러하기에 우리는 자신의 자질과 성품을 개발하는 데 최선을 다해 노력해야 한다. 이 노력의 과정은 좋은 것을 선택해서 지속적으로 실행에 옮기는 과정이며, 예지와 통찰력을 언제나 요구한다. 로고스에 대한 지혜가 중요한 이유이다. 아무도 나면서부터 이 지혜를 갖고 있지 않지만, 우리가 그것을 획득하고 못하고는 우리 자신의 노력에 달려 있다(단편 35, 18, 22, 123, 93). 이 지혜를 헤라클레이토스는 우리가 노력하여 습득하는 자질들 가운데서 가장 훌륭한 것으로 여긴다(단편 32, 41, 55).

(단편 55) 보고 듣고 배울 수 있는 그 모든 것들을 나는 더 중시한다.

(단편 32) 하나인 것, 유일하게 현명한 것이 제우스의 이름으로 불리고자 하지 않으면서 또한 그렇게 불리고자 한다.

그러나 완전한 지혜는 인간의 능력을 넘어서거나 획득하기가 매우 어렵다(단편 78, 79, 32). 그래서 대다수 사람들의 지성은 그것을 얻는 데 번번이 실패한다(단편 29).

(단편 78) 인간의 본성은 예지(叡智)를 갖지 않지만 신의 본성은 그 것을 갖는다.

(단편 79) 아이가 어른에게서 어리석다는 말을 듣는 것처럼 어른은 신(다이몬)에게서 어리석다는 말을 듣는다.

그렇다고 여기서 인간적 본성과 신적 본성 사이의 건널 수 없는 심연을 다시 읽어낼 필요는 없다. 그것은 성격(성품)의 문제이지 본성 (자연)의 문제가 아니기 때문이다. 헤라클레이토스가 구사하는 아이- 어른의 유비도 사람이 '성장해서' 다이몬이 될 수 있다는 해석, 즉 인간 이 온전한 이해에 도달할 수 있다는 해석에 닫혀 있지 않다. 헤라클레 이토스의 또 다른 단편들이 그런 해석의 가능성을 뒷받침한다.

(단편 113) 생각하는 것은 모두에게 공통이다.

(단편 116) 자신을 아는 것과 사려하는 것이 모든 인간들에게 주어 져 있다.

지혜는 신적인 것이다. 그래서 지혜를 획득함으로써 우리는 신과 같이 되려고 노력한다. 헤라클레이토스에게 신적인 존재는 올림포스 신들이 아니라 로고스 자체이다(단편 64, 66, 67). 우리가 신적인 존재 에 더 가까우면 가까울수록 로고스는 우리의 영혼 속에서 더욱더 활동 적으로 의식적이며 자각적으로 있게 된다. 더 나아가서 헤라클레이토 스는 로고스를 순수한 우주의 불과 관련시키고 있으므로 가장 지혜로 운 영혼이 가장 불다운 불이다(단편 118).
그러므로 가장 훌륭한 인간의 삶은 우리 주위의 세계와 우리 자신 을 탐구함으로써 완전한 지혜를 추구하는 데 시간을 보내는 삶일 것이 다(단편 101, 35). 그러나 자연 세계의 감추어진 로고스를 이해하는 것도 쉬운 일은 아니지만, 영혼의 자기 성찰에는 좀더 특별한 측면이 있다. 헤라클레이토스는 "나는 나 자신을 탐구했다"(단편 101)고 말하고 있지만, 그가 추구한 자기 탐구의 구체적인 방법에 대해서 우리는 더 이상 알 길이 없다. 다만 이 탐구가 역설적이며 파악하기 어려울 수밖에 없음을 시사하는 단편만이 남아 있을 뿐이다.

　　(단편 45) 그대는 가면서 모든 길을 다 밟아보아도 영혼의 한계를 찾을 수 없을 것이다. 영혼은 그렇게도 깊은 로고스를 가지고 있다.

　　(단편 115) 영혼에는 스스로 자라나는 로고스가 있다.

　　이 단편들은 영혼을 사유의 주체이자 객체로 간주함에 의한 무한 후퇴를 만들어낼 수 있는 자기의식의 문제를 언급하고 있을지 모른다. 아니면 그것들은 우리의 영혼을 자신이 우주의 일부이면서도 그 우주를 지배하는 막대한 양의 불(즉 로고스)과 연계시키는 것일지도 모른다. 후자라면 '한계'는 모든 곳을 다 밟는 '여행'의 이미지 그대로 공간적인 한계일 것이다. 그러나 전자라면 영혼의 본성을 다른 것들과 구별하는 논리적 한계, 그러니까 자기 자신을 대상화하는 사유의 역설적 성격을 의미할 것이다. 영혼은 자기를 돌아보면서 말을 하지만, 다시 그렇게 말을 하고 있는 자신에 대해 이야기해야 한다. 영혼이 자신에 대해 이야기해야 한다면 자신에 대한 자신의 이야기에 대해서도 이야기해야 하며, 이렇게 계속 나아간다. 그러므로 영혼의 이야기는 한정 없이 스스로 자라나는 '로고스'이다.

5 맺는 말

　　헤라클레이토스의 로고스 이론은 인간과 사회, 그리고 우주를 포괄하는 이론이다. 그의 로고스는 인간의 법을 "육성한다"(단편 114). 그러므로 우주의 다른 부분들과 마찬가지로 인간의 법도 로고스의 표현이다.

> (단편 114) 지성을 가지고 말하려는 사람들은 모든 것에 공통된 것에 확고히 기반을 두어야만 한다. 마치 도시가 법에 그래야 하는 것처럼, 그것도 훨씬 더 그래야 한다. 모든 인간의 법들은 하나인 신의 법에 의해서 양육되기 때문이다.

로고스 이론이 이처럼 윤리와 정치 이론에 형이상학적 토대를 제공한다는 점은 헤라클레이토스를 선배 사상가들로부터 확연히 구별 지어주는 특징이다. 로고스 이론이 포괄하는 영혼론의 윤리학적 의미도 새롭다. 호메로스에게서 탁월한 인간이 지녀야 할 자질은 신체적인 뛰어남, 언변을 통해서 드러나는 실천적인 지혜, 그리고 좋은 가문이나 부의 소유 같은 것이었다. 이러한 자질과 조건을 잘 활용하고 발휘하여 공동체의 구성원들로부터 영예를 얻는 것이 윤리적인 미덕이었다. 그러나 헤라클레이토스의 영혼론은 인간의 탁월성이 서사시의 영웅들처럼 전쟁터에서 자신의 뛰어남을 증명하는 데 있는 것이 아니라, 만물이 도처에서 매 순간 전쟁을 치르고 있음을 깨닫는 것, 즉 우주와 인간을 관통하는 로고스의 진리를 이해하고 그것에 따라 살아가는 데 있음을 시사해준다.

무엇보다도 헤라클레이토스의 로고스 이론이 보여주는 가장 두드러진 특징은 존재론에 있다. 그의 로고스 이론은 파르메니데스처럼 참된 실재를 하나로 보는 일원론과 플라톤처럼 여럿으로 보는 다원론과는 대척점에 있는 존재론이다. 파르메니데스의 일자와 플라톤의 이데아들은 변하는 것과 변하지 않는 것(감각에 드러나는 현상)의 구별을 전제로 변하지 않는 것(이데아), 고정된 것에 존재의 정체성과 가치를 두는 이론인 반면에, 헤라클레이토스의 로고스 이론은 모든 것은 변한다는 전제 아래 변화 자체에 존재의 정체성과 가치를 두는 이론이다. 운동과 변화는 정체성을 전제해야만 성립하는 것이기에 변화 자체에 정체성을 둔다는 말이 모순으로 여겨지지만 달리 표현할 방법은 없다. (실제로 플라톤과 아리스토텔레스는 헤라클레이토스가 모순율을 위반한다고 비판했다. 플라톤은 크라튈로스의 해석을 받아들여 감각 세계를 설명하는 모델로 사용했다.) 아무런 정체성도 없는 완전한 흐름 상태에 대해서는 '변화'라는 말조차 무의미하다("A가 B로 변했다"는 말이 성립하려면 B와 A를 연결시켜주는 정체성이 어떤 의미에서든 전제되어야 한다). 운동과 변화의 존재론인 헤라클레이토스의 로고스가 대립자들의 유기적 통일로 표현되고 파악되는 것도 그 때문이다.

영혼의 사멸성과 불멸성을 비롯한 우주의 모든 대립하는 원리들이 유기적 통일성을 이루는 것, 그것이 헤라클레이토스가 말하는 로고스의 진리이며, 그것에 대한 이해와 통찰이 진정한 의미의 지혜이다. 이 로고스의 진리는 그것이 무엇이든 간에 오직 언어 안에서 표현될 수 있는 어떤 것이며, 그렇게 언어적으로 표현될 수 있기에 이해될 수 있는 것이다. 언어와 사유는 실재를 인식하고 표현하는 수단이자 능력이므로 그것들의 구조와 작용은 서로 상응할 수밖에 없다. 세계와 세계 속의 존재자들이 대립하는 것들의 긴장 관계에서 역동적으로 성립하듯이, 그 긴장 관계의 통일성을 인지하고 언표하는 언어와 사유 또한 모순과 대립의 긴장 속에서 역동적으로 이루어지는 것이다. 그러므로 박식과 상투적 앎은 지혜가 될 수 없을 뿐 아니라 역동적인 세계를 이해하는 데 오히려 방해가 될 수 있다. 그렇다면 각자는 주어진 이성적 사유를 각성시켜 역동성 속으로 들어가는 것이 최선의 방법일 것이다.

글의 첫머리에 언급했던 것처럼 헤라클레이토스는 같은 시대, 같은 지역에서 같은 언어를 쓰는 철학자들에 의해서도 그 이상 차이가 날 수 없을 정도로 다양하게 해석되어온 철학자이다. 그의 조각글 하나하나의 이해에서부터 시작해서, 조각글을 어떤 순서로 모아서 하나의 체계적인 생각을 읽어내느냐는 문제에 이르기까지 해석과 관련한 문제들은 끊임없이 제기되어왔다. 우리 역시 지금까지 헤라클레이토스에 대한 일련의 오해를 넘어서서 모순되는 듯한 발언과 서로 관련이 없어 보이는 주제들로부터 하나의 일관된 사유를 해석해내려고 노력했다. 세계에 대한 그의 이해와 영혼에 대한 생각을 따라가다 보면 살아 있다는 것, 이해한다는 것 혹은 사유한다는 것이 어떻게 서로 연결되어 있는지 놀라울 정도로 실감하게 된다. 세상은 "영원히 살아 있는 불"이고 그것을 파악하는 사유도 스스로 살아 있는 불처럼 되어야 그 불을 제대로 이해할 수 있다. 이렇듯 헤라클레이토스는 우리에게 남겨진 그의 조각글을 통해 자신의 사유를 살아 있게 만들었을 뿐 아니라 그를 이해하고자 하는 사람들의 사유도 "영원히 살아 있는 불"로 초대하는 철학자이다.

■ 참고 문헌

Mckirahan, R. D. Jr., *Philosophy Before Socrates : An Introduction with Text and Commentary*, Indianapolis & Cambridge : Hackett, 1994.

Kahn, C. H., *The Art and Thought of Heraclitus*, Cambridge, 1979.

Kirk, G. S., *Heraclitus : The Cosmic Fragments*, 2nd ed., Cambridge, 1962.

Marcovich, M., *Heraclitus*, Merida, 1967.

Graham, D. W., "Heraclitus and Parmenides", Caston, V. & Graham, D. W.(eds.), *Presocratic Philosophy : Essays in Honour of Alexander Mourelatos*, Aldershot, 2002, pp. 27∼44.

Hussey, E., "Epistemology and Meaning in Heraclitus", Schofield, M. & Nussbaum, M.(eds.), *Language and Logos*, Cambridge, 1982.

제5장 엘레아학파

강철웅

1 엘레아학파를 찾아서

서양고대철학, 그 가운데서도 소크라테스 이전의 최초 철학자들의 발자취를 좇는 우리 여정을 등산에 빗대자면, 이제까지 우리는 야트막한 고원 하나와 큰 봉우리 세 개를 넘은 셈이다. 이제 이 여정의 기로요 고비가 되는 중심 봉우리 엘레아를 눈앞에 두고 우리가 온 길과 가게 될 길을 잠시 더듬어보는 게 좋겠다. 주요 길목에 설 때마다 길을 되짚고 전망했던 엘레아 철학자 파르메니데스의 바로 그 길 이야기 정신을 따라서 말이다.

처음에 설레는 마음으로 올랐던 신화(종교) 혹은 시라는 넓은 고원의 탐색은 생소하긴 하나 비교적 가뿐하게 소화했던 것 같다. 거기서부터 산세가 가팔라졌는데, 그중 밀레토스라는 첫 봉우리는 지금도 이 산의 첫인상으로 강하게 남아 있다. 아르케나 퓌시스 같은 생소한 개념, 하나의 원리, 물이나 공기 같은 원소, 아니면 그보다 좀더 고급스럽고 신선했던 아페이론 같은 키워드로 기억되면서 말이다.

그 옆쪽에 자리 잡은 색다르고 신비스러운 풍광의 피타고라스라는 봉우리는 영혼의 불사나 윤회, 정화, 수나 비례, 조화(하르모니아), 조금 더 상기하자면 홀짝이나 한정, 무한정 같은 키워드를 남기는데,

형상이라는 별칭을 이 봉우리에 주고 나니 이전의 밀레토스는 질료로 이름 붙여 보겠다던 아리스토텔레스의 구도가 생생하게 다가온다.

그런데 그쯤에서, 아니 피타고라스를 오르기 전부터 여정의 기획자들은 보통 고민하기 마련이다. 밀레토스학파와 엘레아학파 사이에 놓인 피타고라스, 크세노파네스, 헤라클레이토스를 어떤 순서로 탐색할지가 일단 문제다.[1] 크세노파네스는 아예 여정에서 제외할지 여부 자체가 논란거리다. 이 산을 제대로 구경하려면 그 봉우리를 꼭 들러야 한다는 쪽과 안 봐도 대세에 지장 없다는 쪽으로 앞선 여행자들의 평이 나뉜다. 우리는 중요한 선택의 상당 부분을 이미 한 상태다. 피타고라스를 먼저 오른 후 방금 헤라클레이토스를 넘었으니 연대상으로는 일단 크세노파네스는 그냥 지나쳐 온 셈이다. 세 철학자를 다루는 순서가 뭐 그리 문제일까 싶기도 하지만, 희랍(그리스) 식민지 밀레토스 내지 이오니아 지방(지금 터키 서부의 에게 해 연안)에서 철학이 '시작'(?)하여 제2의 식민지 '마그나 그라이키아'(Magna Graecia) 즉 남부 이탈리아로 주 무대가 옮겨 가는 과정의 이야기를 어떻게 풀어 이해할 것인가를 좌우하는 중요한 문제다. 여기서 자세히 다룰 수는 없지만, 밀레토스와 엘레아 사이의 세 사람을 꼭 이 책에서 우리가 택한 순서와 비중을 따라 다루어야 하는 건 아니며 관점에 따라 얼마든지 다른 길이 열려 있다는 점에 유의할 필요가 있다.[2]

---

1) 절정기(akmē)를 기준으로 본 밀레토스학파의 활동 시대가 대략 기원전 6세기 전반(590년대에서 550년대까지)이라면, 아낙시만드로스나 아낙시메네스보다 한 세대쯤 후 거의 비슷한 때(570년경) 태어난 피타고라스와 크세노파네스는 540년경이 절정기였다. 다시 헤라클레이토스는 그들보다 한 세대쯤 후 사람(540년경 출생)으로 500년경이 절정기였을 것으로 추정된다. 크세노파네스를 다룬다고 할 때, 일단 연대만 기준으로 본다면 피타고라스 전이나 후에 다루는 게 정상이다. 별다른 언급이 없는 한 이 장에서 거론되는 연대는 모두 기원전을 가리킨다.

2) 실은 이 장 후반부에 다루게 될 2세대 엘레아주의자들과 다음 장에 다루게 될 다원론자, 원자론자 들 사이의 연대 내지 선후 문제야말로 그들 간 상호 작용의 양상이 그들 논의를 이해하는 데 관건이 되기 때문에 중요한데 해결의 실마리는 묘연한 문제로 남아 있다. 여기서 상세히 다룰 수는 없으며, 다만 엘레아학파를 전후한 시기 철학자들의 연대 내지 선

아무튼 이런 우여곡절을 가진 선택을 거쳐 세 번째로 오른 헤라클레이토스는 첫 봉우리와 비슷한 것 같으면서도 중후하고 수수께끼 같은 요상한 모습을 띤 꽤나 험난한 코스였다.[3] 만물 유전(流轉)이나 강물, 불이나 로고스, 지성(누스), 조화, 영혼, 혹은 '……이면서 아니다'나 모순, 아니면 투쟁, 대립자의 통일이나 변증법 등등 떠오르는 키워드들의 수가 제법 많아졌다.

　　이제 우리는 바야흐로 네 번째 여정을 눈앞에 두고 있는데, 엘레아라고 부르지만 실은 그냥 파르메니데스라고 불러도 좋은, 이 등산의 하이라이트라고 입소문을 많이 탄 코스다. 이 봉우리를 오르면 왜 거기가 고비요 정점인지 알게 되리라 기대한다. 이후 내려오는 여정은 2세대 엘레아주의와 다원론, 원자론이라는 봉우리들을 탐색하는 것으로 꾸려져 있다. 파르메니데스의 직계 제자 그룹이라 할 수 있는 2세대 엘레아주의자 제논(Zēnōn)과 멜리소스(Melissos)까지 이 장에서 다루고, 다원론과 원자론은 다음 장에서 다루어질 것이다. 앞에서 잠시 제쳐둔 크세노파네스는 이 네 번째 여정에서 함께 다룬다.[4] 이제 그 연유를 이야기하면서 엘레아학파에 대한 탐색을 시작해 보자.

후 관계가 자료상의 한계와 내용상의 복합성 때문에 해석과 논란에 열려 있다는 것, 그러니까 이 책이 제시하는 견해나 관점도 비판과 선택의 대상이라는 것만큼은 새삼스럽긴 하지만 짚어두면 좋겠다.

3) 헤라클레이토스를 파르메니데스보다 나중에 다루어야 한다는 논의가 대두되어 논란거리가 되었지만, 우리가 따르는 순서가 대체로 받아들여지는 추세다.

4) 파르메니데스를 다루는 장에 크세노파네스와 두 엘레아주의자가 함께 들어가 있는 것은 학문적 이유 때문이라기보다 이 책의 기획과 실행 과정상의 실용적 편의 때문이다. 이 책의 편제 자체가 각 철학자들의 위상과 비중을 완벽하게 반영하고 있다고 미리부터 생각하지 않기를 바란다.

2 노모스 너머 퓌시스를 탐색하는 시인 철학자 크세노파네스

엘레아[5]는 이오니아의 포카이아[6]에 살던 그리스인들이 530년대 초쯤 페르시아인들에게 밀려나 남부 이탈리아로 이주하면서 새로 개척한 식민 도시다. 밀레토스학파처럼 엘레아학파도 활동 무대인 도시에서 이름을 따온 것이다. 파르메니데스가 이 도시의 이주민 2세로 태어나 입법가이자 철학자로 활동했고, 아킬레우스의 역설 등 패러독스로 일반인들에게는 더 친숙한 제자 제논도 이 도시 출신이다. 엘레아학파라고 하면 주로 이 두 사람을 가리키며, 잘 알려져 있지 않은 세 번째 인물 멜리소스는 엘레아 출신도 아니고 직업 철학자도 아닌 인물이지만 파르메니데스 철학을 교과서적으로 대변하는 사람이어서 이 학파에 소속시키는 게 무리가 없다.

반면에 지금 이야기하게 될 크세노파네스(Xenophanēs)는 이오니아의 콜로폰[7] 출신인데, 540년대 중반쯤, 그러니까 방금 말한 포카이아인들보다도 먼저, 페르시아인들에게 밀려나 고향을 등지고 망명한 후 그리스 도처를 떠돌아다니며 시를 읊던 음유시인(rhapsodos)이다. 엘레아 출신이 아닌 그가 엘레아학파와 연결되는 것은 엘레아가 건립될 때 거기서 활동했다는 기록이 남아 있기 때문이기도 하지만,[8] 보다 근본

---

5) 지금의 벨리아(Velia). 로마에서 차를 타고 남동쪽으로, 그러니까 티레니아 해 해안선과 같은 방향으로 내려가면 (220킬로미터쯤 해안에 나폴리가 있고) 350킬로미터쯤 해안에 벨리아가 있다. 거기서 굽이굽이 왔던 만큼을 더 내려가면 다른 쪽(구두 아래쪽) 바다인 이오니아 해의 항구 크로토네(Crotone), 그러니까 피타고라스가 이주해 온 도시 크로톤이 나온다.

6) 지금의 포차(Foça). 밀레토스학파의 도시는 터키 남서부 멘데레스(Menderes: 옛날의 마이안드로스) 강 하구에 있었는데, 그 밀레토스 터에서 차로 200킬로미터쯤 북쪽에 엘레아 사람들의 고향 포카이아가 있었다.

7) 밀레토스 터에서 100킬로미터쯤 북쪽, 그러니까 포카이아까지 가는 거리의 절반쯤에 있었다.

8) 디오게네스 라에르티오스, 『유명한 철학자들의 생애와 사상』(이하 DL로 줄임),

적으로는 그를 엘레아학파의 창립과 연관 지은 플라톤과 그를 따라 두 사람을 사제 관계로 묶은 아리스토텔레스의 영향력 때문이며,[9] 방금 말한 기록도 바로 그런 전통의 영향을 받아 나왔을 가능성이 높다. 우리에게 철학자의 대명사인 플라톤과 아리스토텔레스가 (특히 후자가) 사실 맨 처음 철학사 내지 학설사(doxography) 전통을 시작한 사람이라는 걸 기억할 필요가 있는데, 그들의 학설사 관련 언급에는 자신들의 철학적 관점이나 구도가 거의 늘 덧씌워져 있다는 것도 함께 기억해야 한다. 현대인의 입장에서는 견강부회로 느껴질 경우가 적지 않을 정도로 사제 관계나 학통을 유연하고 느슨하게 적용하고 이론이나 저술의 저작권에도 크게 개의치 않는 관행은 역사적 사실 관계보다 철학적 메시지의 의의나 내용상 연관에 더 주목하려는 그들의 의도와 무관치 않다 할 것이다.

그를 엘레아학파에 포함시켜야 할 것인가 하는 문제 말고도 아예 그의 철학자로서의 정체성과 위상 자체가 논란거리다. 완벽한 분석적 논변을 구사하는 어엿한 철학자라는 찬사에서부터 실수로 철학사에 편입된 음유시인에 불과하다는 폄하에 이르기까지 평가의 진폭이 매우 크다. 해석상 이견들을 다루는 것이 우리의 목적이 아니므로 생각해볼 거리들이 있다는 점만 짚어두고 이제 크세노파네스의 논의를 직접 살펴보자.

신론

철학 이전의 신화/시 전통에서 신은 인간의 모습을 하고 인간 세상의 일들을 좌지우지하는, 그래서 세상사의 설명 원리가 되는 것이었다. 철학의 시대로 들어선 6세기 전반 이오니아학파 철학자들이 내세

IX.18(DK21A1).

9) 플라톤, 『소피스트』 242d(DK21A29); 아리스토텔레스, 『형이상학』 A5, 986b22 (DK28A6).

운 '하나'는 세부 내용은 서로 달라도 계속 신과 연관되어 있었다. 이오니아 중심의 이런 기존 전통들이 새롭게 재편된 것은 비슷한 시기에 이오니아에서 이탈리아로 건너온 피타고라스와 크세노파네스에 의해서였다. 피타고라스가 이오니아 철학의 아르케 논의를 색다른 방향에서 전개하고 철학의 위상에 대한 의식적 반성을 처음 시도했다면, 크세노파네스는 이 반성을 훨씬 더 의식적이고 도전적이며 전면적으로 행하면서 시인들의 신론(神論: theology)을 혁신한다.

그는 지혜와 힘의 대결 구도를 세운다. B2[10]에서 그는 올림픽 등 경기의 승자가 국가로부터 과분하게(ouk axios) 대우받는 건 무작정 지켜지는(eikēi nomizetai) 부정의한 관행이라고 지적하면서 국가가 훌륭한 법질서(eunomia)를 갖추게 되는 건 "사내들의 힘"에 달려 있지 않고 "우리의 지혜"에 달려 있다고 선포한다.[11] 당대 그리스의 문화, 교육 전반에 걸쳐 가장 영향력이 큰 호메로스와의 대결 구도를 강하게 의식하면서 사유를 펼치고 있다는 짐작을 가능하게 하는 언급[12]과 연결하여 이해하자면, 바야흐로 문화적 권위를 놓고 벌어진 시와 철학의 한판 싸움을 선언하고 있는 것이다. 그렇다면 호메로스의 무엇이 문제인가?

B1에서 크세노파네스는 당대인들이 축제에서 펼쳐지는 힘자랑을 보면서, 그리고 축제나 향연의 하이라이트 가운데 하나인 호메로스 시 낭송 가운데 펼쳐지는 옛 무사들의 힘자랑 이야기를 들으면서 정작 덕/훌륭함(아레테)을 기억하고 그것을 얻으려는 노력을 기울이지 않는다고 비판한다. 술판을 벌일 줄은 알면서, 또 술판 첫머리에 신에게 헌주를 하면서도 정작 신을 제대로 이해하고 있지도 못하며 숙고하지도

---

10) 숫자 앞의 'B'와 'A'는 각각 DK의 B 단편과 간접 전승 A를 가리킨다. 해당 철학자가 누구인지 분명할 경우 DK 장 번호(DK 21은 크세노파네스, 28은 파르메니데스, 29는 제논, 30은 멜리소스)를 생략하겠다.

11) 철학의 위상과 가치를 말하기 위해 경기 승자와 지혜로운 자를 대립시키는 구도는 경기자(및 장사꾼)와 구경꾼을 대립시킨 피타고라스적 구도(DL VIII.8)를 떠올리게 한다.

12) "처음부터 모든 사람은 호메로스를 따라 배웠다"(B10).

않는다고 비판한다. 사실상 호메로스적 이야기 일반에 대한 불만이 표명되어 있다. "옛사람들의 허구"인 여러 싸움 이야기들은 "전혀 쓸데없고", "신들에게 존경심을 갖는 것이 좋다"고 이야기된다.

이어지는 크세노파네스 저작에서 구체적인 호메로스 비판은 크게 두 부류로 나뉘어 전개된다. 하나는 신의 부도덕성을 노래하고 있다는 것이요, 다른 하나는 신인동형론(神人同形論; anthropomorphism)적이라는 것이다. 비난받을 일이나 법도에 맞지 않는 행위(도둑질, 간통, 속이기 등)를 신에게 돌린다는 비판을 가했다는 섹스투스 엠피리쿠스(Sextus Empiricus)의 전승들(B11, B12)이 전자에 속한다. 그런가 하면 주관적 표상을 신에게 덧씌우는 것에 대해 문제를 제기하고 있다는 클레멘스(Klemens)의 전승들(B14, B15, B16)은 직접 호메로스를 거론한 것은 아니지만 호메로스 이야기의 영향하에 널리 퍼져 있는 신인동형론적 신관을 포괄적으로 문제 삼는 것이라 할 수 있다. 특히 인간들이 자기들처럼 신들도 '생겨난다'고 생각하며, 자기들의 '형체'(demas)를 갖고 있다고 생각한다는 언급(B14)은 신은 "형체도 생각도 가사자(可死者)들과 전혀 비슷하지 않다"는 언급(B23)과 연결하여 이해할 필요가 있다. 이 두 언급은 신이 아예 형체를 갖지 않는다는 취지의 말일까?

서로 다른 인간 종족의 신 표상을 거론하는 단편(B16)은 새로운 인간학적 접근을 보여주며, 이는 결국 퓌시스(physis)-노모스(nomos) 구분으로 발전한다. 서로 다른 동물의 신 표상을 거론하는 단편(B15) 역시 사람들이 표상하는 신의 모습은 관행(노모스)일 뿐 본연의 모습(퓌시스)이 아니라는 생각을 표명하고 있다. 이런 비판을 통해 크세노파네스는 퓌시스와 노모스의 문제를 논의 선상에 올려놓고 있는 것이다.

기존 신관의 문제점에 대한 이런 비판의 다음 단계로 우리가 기대할 만한 것은 크세노파네스 자신의 적극적인 신론이다. 먼저 위에서도 잠깐 언급된 "유일신론 단편"(monotheistic fragment)이라 불리는 대목을 살펴보자.

하나다, 신은. 신들과 인간들 가운데서 가장 위대하며,
형체도 생각도 가사자들과 전혀 비슷하지 않다. (B23)

이미 언급한 둘째 행은 신인동형론적이지 않은 신을 말하고 있고, 첫 행은 하나인 신을 말하고 있다. 많이 논란되어온 문제는 이 하나의 신과 바로 뒤에 언급된 '신들'의 관계가 무엇이냐는 것이다. 하나의 신을 말하면서 어떻게 복수의 '신들'을 의미 있게 말할 수 있는가 하는 것이다. 이 물음에 대한 아주 간편한 해결 가운데 하나는 "모든 신들 가운데서 하나의 신이 가장 위대하다"로 읽는 방식이 아닐까 싶다. 크세노파네스가 일종의 단일신론(henotheism)을 표명하고 있다고 보는 이런 해석은 그러나 크세노파네스가 그다지 새로운 이야기를 하는 게 아니라고 본다는 점, 고대의 여러 간접 전승이 그를 유일신론자(monotheist)로 해석했다는 점 등이 한계로 지적될 수 있다. 텍스트를 그렇게 우회하지 않고 정면으로 승부하는 해석, 곧이곧대로 '가장 위대한 오직 하나의 신이 있다'는 취지로 읽을 수는 없을까? 그런 자연스러운 독해 방식을 취하면서 위에서 제기한 문제도 해결할 수 있는 길이 없을까? 다른 단편들을 실마리로 삼아 각자 혜안을 발휘해보자.

그런데 그는 언제나 같은 곳에 전혀 움직이지 않은 채 머물러 있다.
또한 그가 이때는 여기, 저때는 저기로 옮겨 다니는 것은 알맞지
(epiprepei) 않다. (B26)

오히려 그는 애쓰지 않고도 마음의 생각으로 모든 것을 흔든다.
(B25)

B26은 이리저리 옮겨 다닌다는 것이 신에게 "알맞지 않다", 달리 말해 움직이는 신은 '적절하지 않다'는 생각을 표명하고 있고, B25는 움직임이 '불필요하다'는 생각을 표명하고 있다. 이제 이오니아 철학자

아낙시만드로스의 유일한 단편의 내용을 되짚어 보자.

> 올바름(to chreōn)에 따라 〔……〕 왜냐하면 그것들은 시간의 질서
> 에 따라 서로에게 자신의 불의(adikia)에 대한 대가(dikē)와 보상을 치
> 르기 때문이다. (DK12B1)

엘레아 철학과의 연결에서 관심을 가질 만한 것은 아낙시만드로
스 우주론의 세부 내용이 아니라 디케(정의)와 필연이 어떻게 관련되는
것으로 묘사되어 있는가 하는 점이다. 우주 내 사물의 생성·소멸 과정
이 '올바름/필연(to chreōn)에 따라' 진행된다는 것을 아낙시만드로스
는 대립자들(혹은 원소들)이 서로에 대한 부당한 침해(불의)와 그에 대
한 대가의 지불이 순차적으로 진행되는 것으로 설명한다. 아낙시만드
로스의 이 설명에서 주목할 만한 것은 '필연'으로 흔히 번역되는 '크레
온'(chreōn)이 정의 혹은 의무의 의미로 읽힐 수 있는 방식으로 사용된
다는 점이다. 크레온에 따른다는 것은 각 대립자들이 누릴 만한 어떤
시간적 측면의 몫이 있는데, 그 몫을 넘어설 경우 그것에 대한 보상을
상대방에게 지불한다는 것이다. 자연적 과정의 진행은 이런 크레온에
따라, 즉 자기에게 합당한 시간만 향유한다는 질서에 따라 일어난다.[13]
이렇게 아낙시만드로스에게 크레온은 지켜야 할 어떤 것, 따라야 할 어
떤 것이었다.

이런 생각의 연장 선상에 있다고 할 만한 크세노파네스의 B26에서
'알맞다'(epiprepei)는 어떻게 읽어야 할까? 그저 '마음에 든다', '멋있
다'쯤인가? 아니면 엄밀하게 '(논리적으로) 필연적이다'로 읽을까? 자
세히 논하기 어렵지만, 그 두 극단 가운데서 한쪽을 택하기보다 신이

---

13) 이런 '시간의 질서'(chronou taxis)에 대한 생각은 헤시오도스에 이미 잘 표현되어 있었
다. 헤메라(낮)와 뉙스(밤)는 상대방이 바깥세상에 나가 제 일을 하는 동안 집에서 자기
'여행의 때'(hōrē hodou)를 기다려야 했다(『신통기』 754행). 디케로 대변되는 올바름이
란 한쪽이 활동할 때 다른 쪽은 조용히 제 시간을 기다리는 것이다.

갖추어야 할 어떤 기준이 있는데 그것에 부합한다는 의미로 읽으면 어떨까? 예컨대 "미국 대통령이 직무 중에 인턴 사원과 성관계를 갖는다는 것은 '부적절'하다"고 말할 때, 우리는 그런 일이 그저 불쾌한 일이라고 말하는 것도 아니요, 그렇다고 해서 그런 일이 논리적으로 성립될 수 없는 일이라고 말하는 것도 아니다. 다만 그런 일이 미국 대통령에게서 기대되는 어떤 기준에 부합하지 않는다고 말하는 것이다. 그렇게 읽을 수 있다면, 위에서 이야기한 유일신론 단편(B23)의 문제(즉 유일한 신과 여러 신들의 조화 문제)에 대답할 수 있는 실마리를 얻을 수 있지 않을까? 신이라 불리는 여럿이 있다. 이것은 기존 신 관념에 대한 관행상의 인정이며, 예컨대 신 관념의 혁신을 시도하는 후대의 플라톤조차도 『티마이오스』 등에서 이런 관행을 인정한다. 그런데 그 가운데 크세노파네스 자신의 신의 기준에 맞는 규범적 신, 다양한 관행(노모스)을 넘어선 본연의 모습(퓌시스)으로서의 신은 하나뿐이다. 이런 일종의 규범적 필연성 개념은 이오니아의 아낙시만드로스가 포착하고자 했던 자연적 질서의 규범성을 계승, 발전시키면서 결국 파르메니데스의 논리적 필연성 개념으로 발전할 수 있는 기반을 제공하게 된다.

자연학

이제 자연학으로 눈을 돌려보자. 사실 그의 자연학자로서의 면모는 이제까지 신학자로서의 면모에 밀려 거의 연구자들의 관심권 밖에 있었다. 그러나 이오니아적 탐구가 이후 엘레아적 논의로 넘어가는 데 일종의 가교 역할을 한다고 할 만한 것이 특히 그의 자연학적 논의에서 발견되기 때문에 재조명할 필요가 있다. 그의 자연학적 메시지를 간단히 요약하면 다음과 같다. 첫째, 물과 흙이 자연 사물의 본성[14]이요 원천[15]이다. 흙을 아르케로 삼은 사람은 이전에 아무도 없었다. 그런

---

14) "생겨나고 자라는 것들은 모두 흙과 물이다"(B29).
15) "우리 모두는 흙과 물로부터 생겨났으니까"(B33). "흙으로부터 모든 것이 나오고 흙으

데 흙이 논의 선상에 나왔다는 데 의의가 있으며, 이것이 파르메니데스 자연학에도 영향을 주게 된다. 둘째, 생성과 소멸은 물과 흙의 혼합(meixis)으로 설명된다. 이오니아 전통만 고려하면, 복수의 아르케, 그리고 그것들의 혼합이라는 사고는 참신한 것이다.[16] 이전의 이오니아적 사고는 단지 하나의 아르케로부터의 분리(apokrisis, ekkrisis)로써 세상의 생성, 소멸을 설명하였다. 이 혼합의 아이디어 역시 파르메니데스 우주생성론에 영향을 준다.

노모스를 넘어선 퓌시스를 찾겠다는 것이 크세노파네스 신론의 목표였다고 한다면, 그의 자연학에서도 이런 정신은 그대로 유지된다. "사람들이 이리스(무지개)라 부르는 것이 본래(pephyke) 구름이다"(B32). 사람들이 명명하는 것, 즉 그들의 관행(노모스)을 넘어 그것의 본성(퓌시스)을 말하면 그것은 구름이다. 이 단편은 신론 단편이면서, 그의 신론이 자연학적 논의와 어떻게 연계되는지를 잘 보여준다. 그의 신론만이 아니라 자연학 논의도 호메로스적 전통에 대한 반정립으로 제시되고 있음을 짐작게 한다.

인식론

마지막으로 그의 인식론적 논의들을 살펴보자. B34에 따르면 1) 아무도 분명한 것을 알지 못하는 반면 누구나 의견(dokos)[17]은 가지고 있다. 2) 왜냐하면 혹시 우연히 제대로 된 말을 하는 경우가 있을 수는 있지만, 그것이 앎은 아니기 때문이다. 이 단편은 참된 것을 말한다는 것만으로는 앎이 되기에 부족하다고 설파한다. 1)은 앎과 의견을 구분

로 모든 것이 끝난다"(B27). "바다는 물의 원천이고 바람의 원천이다"(B30).

16) 물론 비슷한 아이디어가 피타고라스학파에 나오지만, 거기에는 자료상 혹은 연대상의 문제가 남아 있다.

17) 파르메니데스를 거치면서 결국 '독사'(doxa)라는 용어로 수렴되고 플라톤에게 넘겨져 본격적으로 조명된다.

하고 있으며, 2)는 앎과 참된 의견까지도 구분하는 듯하다. 다른 곳에서 자신의 언명이 "진실과 유사한 의견"이라고 말하는 것으로 보아[18] 크세노파네스는 자신의 생각도 참된 의견에 속하는 것으로 보는 듯하다. 결국 이 단편의 메시지는 이렇다. 분명한 앎은 우리가 가질 수 없고 우리는 의견을 가질 뿐이다. 개중에 참된 의견을 가질 수도 있지만 그건 엄밀한 의미에서 앎은 아니다.

그렇다면 그런 한계가 분명한데 인간이 굳이 탐구에 나서야 할 이유가 무엇이며, 탐구가 과연 무슨 의미를 가질 수 있을까?

> (가) 사실 신들이 가사자들에게 처음부터 모든 것을 밝혀주지는
>   않았지만,
> (나) 가사자들은 시간을 두고 탐구하다 보면 더 잘 발견하게 된다.
>   (B18. 번호 매김은 인용자의 것)

(가)는 인간의 한계를 논한다. B36과 B38에서도 잘 표명되어 있는 것처럼, 인간은 결국 그들에게 주어진 것(그들에게 드러나는 것)만을 보게 된다.[19] 즉 신처럼 모든 것을 분명히 알 수 없을지도 모른다. 이것은 호메로스적 전통에서 잘 강조되어 있던 것이다. 거기서는 불사자 대 가사자 구분이 강조된다. 신은 신이요 인간은 인간이다. 또 시인과 뮤즈 (Mousa) 여신의 구분이 중요하다. 시인은 모든 것을 아는 뮤즈 여신에게 의존한다. 분명한 앎, 신적인 앎은 인간에게 속하지 않는 것일 수 있다. 이런 인간의 한계만 강조하면 회의주의자가 된다. 실제로 그를 회의주의자로 보는 해석이 고대 이래로 많이 있었다.

---

18) "이것들이 진실과 유사한 것들이라 받아들이자(dedoxasthō)"(B35).

19) "[가사자들이] 바라볼 수 있게 그들[아마 신들]이 가사자들에게 분명히 드러낸 것들" (B36), "만일 신이 노란 꿀을 만들지 않았더라면, 우리는 무화과가 훨씬 더 달다고 생각했을 것이다"(B38).

(나)는 그런 인간의 한계를 극복하는 과정으로서의 탐구를 이야기한다. 비록 모든 것을 분명히 알 수는 없지만, 그런 주어진 한계 내에서 인간은 진리를 향한 끝없는 탐구를 수행하는 과정 속에서 더 잘 발견하게 된다. 혹은 (B35의 표현을 빌리면) 진실에 끊임없이 가까이 갈 수 있다는 것이다. 이것이 그가 새롭게 세우려는 탐구 전통의 모습이요, 우리가 추구하는 철학의 정신이 아닐까?

초기 철학사에서 크세노파네스는 이오니아학파 및 피타고라스학파와 엘레아학파 사이에 있으며, 문화사적으로는 상고 시대를 마감하고 고전 시대로 배턴을 넘겨주는 지점에 서 있으며, 그 자신 시인이기도 했지만 서사시 전통과 철학 전통 사이에 서 있는 '긴 세대' 인물이다. 이렇게 한 전통과 다른 전통 사이에서 다리 역할을 하는 가운데 기존 시 전통, 종교 전통에 대한 합리적 비판과 형성되어가는 철학의 정체성에 대한 치열한 반성을 통해 노모스를 넘어선 퓌시스를 찾으려 노력했다. 특히 그의 종교 비판과 인간학적 개안은 다원적 가치가 존중되는 현대 사회에서 종교나 정치 등을 둘러싼 신념을 형성하고 상호 소통하는 바람직한 담론의 방식이 무엇인가에 대한 통찰을 제공하는 소중한 지적 자산이라 할 수 있다.

3 퓌시스 너머 길과 진리를 찾는 철학자 시인 파르메니데스

이오니아에서 태동하고 남부 이탈리아에서 논의의 진전을 이룬 소크라테스 이전 철학사의 흐름이 일대 혁명을 겪게 된 것은 파르메니데스(Parmenidēs)에 와서였다. 피타고라스와 크세노파네스가 활동했던 바로 그 남부 이탈리아에서 가장 중요한 철학 혁명이 일어난 것은 우연이 아니었을 것이다. 이오니아 식민 도시 엘레아의 귀족 집안 이주민 2세로 태어나(515년경) 존경받는 입법가이자 철학자로 활동했던 파르메니데스에게는 그래서 사제 관계에 관한 두 가지 전통이 대립한다. 앞에서 이미 언급한 플라톤적 전통은 그가 크세노파네스의 제자라는 점을 강조하지만, 피타고라스학파의 영향력을 강조하는 전통도 전해진다.[20] 학맥에 관한 보고를 곧이곧대로 받아들여 어느 쪽이 더 신빙성 있느냐를 따지기보다는 그가 당대의 유력한 철학 전통들을 자연스럽게 전수받고 거기에 자신의 이야기를 덧붙였을 것이라고 이해하는 편이 자연스럽다.

파르메니데스는 시로 철학한 사람이다. 음유시인으로 살았던 크세노파네스가 시를 쓴 건 어쩌면 특이한 일이 아니라 할 수도 있겠지만, 입법가요 사상가로 살았던 파르메니데스가 시로 소통했다는 건 설명이 필요한 문젯거리다. 이미 확립된 산문 전통을 버리고 제약이 많은 시라는 매체를 의식적으로 택했다는 것 자체가 그의 철학 담론을 이해하는 데 중요한 관건이 될 것이다. 이 문제는 생각해볼 거리로 남기고 시의 내용을 본격적으로 검토해보자.

보통 그의 시는 "진리의 길"로 불리는 전반부와 "의견의 길"로 불리는 후반부로 나누고 전반부에는 그의 핵심 주장이, 후반부에는 그가 반대하려는 생각이 들어 있다고 보는 것이 지배적 관행이었다.[21] 이 두 부분 앞에 서시가 붙어 있다는 것은 자주 무시되었고, 그렇지 않은 경우라도 그것에 우회적으로 접근하려는 방식들이 모색되곤 했다. 그러나 파르메니데스에 대한 온전한 이해는 그의 작품을 가능한 한 선이해를 개입시키지 않은 채 있는 그대로 두고 접근하는 데서 시작될 수 있을 것이다. 이제 작품 전체의 내용을 서시, 진리편, 의견편이라는 세 부분의 흐름을 따라 좇아가보자.

---

20) DL IX.21(DK28A21).

21) 아래에서 다시 거론하겠지만, 이 장에서는 파르메니데스가 반대하기 위해 후반부 의견편을 개진했다는 관행적 이해를 따르지 않는다.

여신에게 가는 길

그의 세 작품 부분 가운데 서시가 철학적인 대접을 받지 못했던 것은 그것이 가진 독특한 시적 표현 방식과 내용 때문일 것이다. 사실 세 부분 가운데 서사시 운율을 택한 파르메니데스의 선택에 그나마 어울리는 것이 서시다. 서시는 익명의 여신을 만나러 가는 저자의 여행을 서사시적인 방식으로 묘사한다. 그 여행의 끝에 만난 여신이 저자에게 들려준 이야기 내용이 바로 두 핵심 부분, 진리편과 의견편이다. 이를테면 진리편과 의견편 메시지를 이야기하기 위한 예고편 비슷한 것이다.

서시 즉 B1이 재현하는 여행은 파르메니데스가 익명의 여신을 만나러 가는 '길'로 표상되어 있다. 너울을 걷어붙이고 밤의 집에서 빛으로[22] 온 태양의 딸들이 길잡이 역할을 하고 암말들이 끄는 마차를 탄 상태에서, 시인은 자기 충동(튀모스)이 이끄는 대로 길을 간다. 마차 양쪽 바퀴의 축은 빛과 소리를 내면서 시인을 날라주고, 일행은 결국 밤과 낮의 길에 놓여 있는 에테르의 문에 이른다. 그 문을 지키는 디케(정의) 여신에게 문을 열어달라고 그 처녀들(즉 태양의 딸들)이 부드러운 말로 설득하고, 디케는 빗장을 밀어내어 문을 열어주게 되며, 일행은 문짝의 쩍 벌어진 틈을 가로질러 큰 마찻길로 들어서게 된다. 그리하여 시인은 이름 모르는 여신을 만나 환대를 받게 되고, 여신에게서 가르침을 받게 된다. 여신은 시인이 지나온 '길'의 성격을 규정하면서 앞으로 배우게 될 내용이 무엇인지 이야기해준다. 그녀는 시인이 배우게 될 내용을 '두 길'로 제시한다.

서시를 대하면 그 스케일과 방식이 마치 『장자』의 서두에 자리한 소요유(逍遙遊)편을 보고 있는 것과도 같은 착각이 든다. 현실감이 없는 웅대한 규모의 우화적인 이야기, 일상적 삶과 사유에서 멀리 떨어진

---

22) 한동안 밤에서 빛으로의 여행을 시인 자신의 것으로 보는 해석이 유행한 적이 있고 한국 독자들에게도 친숙하지만, 결정적으로 반박되어 지금은 받아들이는 사람이 별로 없다.

비약,[23] 그렇게 커다란 시야를 이야기하면서도 우리가 살던 세상에 (비록 다른 시야와 안목을 통해서긴 하지만) 여전히 눈길을 주고 있다는 점에서 말이다. 서시는 그렇게 앞으로 펼쳐질 담론의 분위기와 구도를 예비한다. 여신이 설파하는 본격적인 내용, 즉 파르메니데스가 배우게 될 '두 길'은 크게 진리편(B2부터 B8.49까지)과 의견편(B8.50부터 B19까지)으로 나뉜다.

진리의 길

진리편을 간략히 정리하자면, 우선 서두(B2)에서 여신은 사유(노에인)[24]를 위한 '탐구의 길'로서 '두 길'을 제시한다.[25] '있다'라는 길과 '있지 않다'라는 길. 곧 그녀는 후자를 배울 수 없는 길로 기각하게 되고, 이후 B7까지의 내용은 사유를 가능하게 하는 길로서 '있다'라는 길만 성립한다는 논점을 확립하는 내용을 골자로 하고 있다. 그런데 B6과 B7에서 이 두 길을 혼동하는 '가사자의 길'이 제시되고 기각된다. 핵심 단편으로 간주되는 B8은 유일하게 남은 '있다'라는 길에 관한 논의다. 확실한 사유의 대상인 '있는 것'은 불생불멸하며 온전한 한 덩어리고 부동이며 완전하다는 것을 '표지'(標識)로 갖고 있다는 것이 주장되고, 각 표지를 정당화하는 논변들이 제시된다. 이 논변들의 끝자락에 이 논변들을 아우르면서, 있는 것을 완벽하게 둥근 공에 비유하는 것으로, 있는 것에 관한 논의가 마무리된다.

---

23) 등 넓이가 수천 리가 되며 불끈 힘이 솟아 날아오를(怒而飛) 때 그 날개가 하늘에 드리운 구름 같다(其翼若垂天之雲)는 '붕'(鵬)이라는 새의 모습은 뒤모스의 힘을 받아 갈 수 있는 데까지 날아오르는 암말을 탄 시인의 여행(B1.1)과 아주 닮은꼴이다.

24) '노에인'(noein)을 어떻게 읽을 것이냐가 진리편 이해의 관건 가운데 하나다. 틀릴 수도 있는 생각까지 포함하는 넓은 의미로 읽을지, 아니면 제대로 된 사유에 한정된 좁은 의미로 읽을지에 따라 해석이 크게 갈릴 수 있다. 후자로 읽어야 한다는 논의를 하게 될 때까지는 중립적인 번역어 '사유'를 취하지만, '사유/앎'으로 바꿔 이해해도 좋을 것이다.

25) 이 탐구의 '두 길'이 여신이 서시에서 말한 배움의 '두 길'과 다르다는 데 주의할 필요가 있다.

이 진리의 길 혹은 진리편에는 서양 지성사 최초로 완전한 모습의 연역 논변이 등장한다. 좀더 자세히 그 내용을 따라가 보자.

> 자, 이제 내가 말할 터이니 그대는 이야기를 듣고 명심하라,
> 탐구의 어떤 길들만이 사유(noein)를 위해 있는지.
> 그중 하나는 있다(estin)라는, 그리고 있지 않을 수 없다라는 길로서
> 페이토(설득)의 길이며(왜냐하면 진리를 따르기 때문에),
> 다른 하나는 있지 않다(ouk esti)라는, 그리고 있지 않을 수밖에 없
> 다라는 길로서
> 그 길은 전혀 배움이 없는 길이라고 나는 그대에게 지적하는 바다.
> 왜냐하면 바로 그 있지 않은 것을 그대는 알(gnōnai) 수도 없고(실
> 행 가능한 일이 아니기에)
> 지적할(phrazein) 수도 없을 것이기에. (B2)

이야기 허두인 이 B2에서 탐구의 길 둘이 제시된다. '있다'라는 길과 '있지 않다'라는 길. 사유를 위한 탐구의 길로 그 둘만 있다고 제시된다. 그런데 두 선택지 가운데 둘째 길은 곧바로 기각된다. 있지 않은 것은 알 수도 지적할 수도 없기 때문이다.

진리편의 출발점에 해당하는 이 논의를 이해하는 데는 커다란 언어적 장벽이 놓여 있다. 우리는 편의상 '있다'라는 말을 대표 번역어로 택했지만, 사실 '있다'에 해당하는 원어 '에스티'(esti)는 그저 '존재한다'를 뜻하지 않는다. '……이다' 내지 '참으로 ……이다'로 새길 수도 있는 말이다. 해서 이 단편을 비롯한 파르메니데스 저작을 읽을 때 기본적으로 부딪치는 문제가 이 '에스티'를 어떻게 읽을 것이냐다. 이른바 존재적 해석은 이것을 존재사로 읽어서 '존재한다'로 새긴다. 반면 이른바 서술적 해석은 이것을 계사로 읽어서 '……이다'로 새긴다. 파르메니데스의 탐구의 길은 '에스티'(esti; 영어의 'It is')냐 '욱 에스티'(ouk esti; 영어의 'It is not')냐지만, 우리에게는 '존재한다'는 길이냐 '존

재하지 않는다'는 길이냐만이 아니라 '……이다'는 길이냐 '……이지 않다'는 길이냐로 읽힐 수도 있는 것이다. 길을 명사화한 표현 '있는 것'의 원어 '온'(to on)도 마찬가지다. '온'(to on; 영어의 what-is)은 '존재'만이 아니라 '……인 것' 내지 '실재'로 새길 수도 있고, '메 온'(to mē on; 영어의 what-is-not)은 '존재하지 않는 것', '비존재', '없는 것'만이 아니라 '……이 아닌 것'으로 새길 수도 있는 말이다. 여기서는 순전히 편의상 '있다', '있는 것' 등 완결되고 고정된 표현을 주로 사용하지만, '존재한다'와 '……이다' 양쪽 의미를 다 포괄하는 것으로, '……이다/있다', '……인/있는 것'을 줄인 말로 이해하면 좋겠다.

'에스티'의 의미 말고 그것의 주어도 사실은 문제다. 영어로 말하면 'It is'에 해당하는 말인데, 그때의 'It'이라는 주어가 무엇을 가리키는지가 문제인 것이다. 지난 세기 초 한동안은 그 주어를 '있는 것'으로 생각했다. 그렇게 읽으면 첫째 길은 '있는 것은 있다'라는 길이고 둘째 길은 '있는 것은 있지 않다'라는 길이다.[26] 첫째 길의 확립과 둘째 길의 기각을 분명히 뒷받침해주는 이런 이해 방식이 문제인 것은 사실 그 뒷받침이 너무 분명하다는 데 있다. 파르메니데스의 B2를 면밀히 검토하면, 그는 둘째 길의 기각과 첫째 길의 옹호를 위해 논변이 필요하다고 생각하는 것으로 보인다. 그런데 이 해석에 따르면 둘째 길은 모순율을 어기는 것이어서 논변할 필요조차 없이 단칼에 기각될 수 있다. 그래서 지난 세기 후반 이래 많은 해석자들은 주어를 바로 앞 문맥이나 B6 등에서 읽어내는 방식을 취하고 있다. 사유의 대상, 혹은 말과 사유의 대상, 탐구의 대상 정도를 보충해서 읽자는 것이다.

이제 B2의 문제로 돌아오자. 왜 있지 않은 것이 알 수 없고 지적할 수 없는 길인가? 존재적 독해에 따르면, 존재하지 않는 것을 어떻게 알 수 있고, 어떻게 지시할 수 있겠느냐는 문제가 되고, 서술적 독해에 따르면 ……이지 않은 것(즉 어떤 속성을 갖지 않는 것)을 어떻게 알 수 있

---

26) 이것이 20세기 전반에 유행했고 한국 독자들에게는 여전히 가장 친숙한 해석이다.

고, 어떻게 지적할 수 있겠느냐는 문제가 된다. B2 논변이 확립하고 있는 것은 있지/……이지 않은 것은 앎과 전달의 대상이 되지 않기 때문에 있지 않다는 쪽을 사유의 길로 받아들일 수 없다는 것이다.[27] 그리고 B2와 아마도 긴밀히 연결되어 있었을 단편인 B3은 사유의 대상은 곧 있는 것이라고 말한다.

존재사 쪽으로 읽는 사람은 B2의 끄트머리와 B3을 "존재하지 않는 것은 사유될 수 없다"고 새기는 셈이다. 이런 해석을 취하는 이는 대개 B3의 (그리고 B2에 제시된 길의 목표로서의) '사유' 즉 '노에인'을 약하게 읽어 '머릿속에 떠올림'(conceiving) 정도로 이해하려 한다. 이런 약한 의미의 노에인을 상정하면, 당장 페가수스나 봉황 같은 반례가 문제가 된다. 페가수스는 존재하지 않지만, 존재하지 않는 페가수스를 얼마든지 머릿속에 떠올릴 수는 있지 않은가 하는 것이다. 게다가 파르메니데스 자신도 존재하지 않는 것에 관해 떠올려 생각을 전개하고 있다. 이런 반직관성을 피하는 길로는, '노에인'을 제대로 된 사유를 가리키는 강한 용어로 읽는 방식이 유용할 수 있다. '제대로 생각한다', '성공적으로 사유한다'는 의미로 읽으면서, 결국 B2 끝의 앎(gnōnai)과 동일선상의 지위를 갖는 말로 읽는 것이다. 이런 독해 방식에 따르면, B3 및 B2의 이야기는 제대로 사유하려면, 즉 성공적으로 앎에 이르려면, 그 탐구의 대상이 있는/……인 것이어야 한다.

그런가 하면 서술적으로 읽는 사람은 "……이지 않은 것은 사유될 수 없다"고 말하는 셈이다. 여기서 '사유'를 방금 논의한 정신에 따라 강한 의미로 읽는다고 해보자. 당장 문제가 되는 것은 이때의 ……이지 않음을 상대적 부정으로 이해할 수 있는가 하는 것이다. 사실 ……이지 않음이 얼마든지 ……임으로 바뀔 수가 있다. F가 아닌 것을 예로

---

27) 원문의 '보여주다'(phrazein)를 지금 이 글에서도 '지시', '지적', '전달' 등 문맥에 따라 차이가 나는 말들로 옮겼다. '에스티'를 이해하는 방식에 따라 얼마든지 달리 읽을 수 있는 말이기 때문이다.

들자면, F는 아니지만 G인 것을 얼마든지 생각할 수 있지 않은가? 그러니까 서술적 해석을 취하는 경우, ……이지 않음은 상대적 부정(즉 F가 아님처럼 무언가 긍정성이 인정되는 부정)이 아니라 절대적 부정[즉 F도 아니고, G도 아니고 등등처럼 아무것도 아님(mēden; nothing), 그러니까 아무 긍정성도 받아들이지 않는 부정]으로 받아들여야 논변이 자연스럽게 성립한다.

그런데 이 절대적 부정은 존재적 해석자가 의도하는 존재하지 않음과 양립 불가능하지 않은 것으로 보인다. 아무것도 아닌 것은 존재하지 않는 것이다.[28] 결국 우리는 존재사와 계사 가운데 어느 하나를 섣불리 택하고 다른 하나를 버리는 것보다는 양자가 만나는 지점 어딘가에서 그의 있는 것을 이해하려 시도해야 할 것 같다. 즉 그가 말하는 있는 것이란 어떤 것이면서 존재하는 것, 그리고 있지 않은 것이란 아무것도 아니면서 존재하지도 않는 것이라고 말이다.[29]

다시 B2의 판가름(krisis)으로 돌아와 보자. 사유를 위한 탐구의 길에는 있다(is)라는 길과 있지 않다(is not)라는 길 둘밖에 없다. 이 두 선택지를 놓으면서 그는 있으면서 있지 않다는 길을 선택지에서 아예 제외하고 있다. 그 선택지는 비일관성(즉 모순율을 어긴다는 점) 때문에 제외되어 있다. 탐구의 두 길은 있다를 일관되게 주장하거나 있지 않다를 일관되게 주장하는 길이다. 있다가 있지 않은 것이 '되는'(becomes), 혹은 있지 않다가 있는 것이 '되는' 길은 제대로 된 탐구의 길이 아니다.

사실 이오니아학파 이래 철학자들의 관심사는 이 '됨'에 있었다.

---

28) 물론 우리의 직관상 존재하지 않는 것은 아무것도 아닌 것이 아닐 수 있고, 이 직관을 어떻게 처리할 것인가의 문제는 남는다.

29) 사실 이런 해석을 뒷받침하는 구절이 B6에 나온다. "말의 대상, 사유의 대상은 있어야 한다. 왜냐하면 그것은 있을 수 있지만 아무것도 아닌 것은 있을 수 없으니까." 자세히 말할 수는 없지만 이 논변에는 '어떤 것인 것은 존재하는 것이다'(혹은 대우로 말해 '존재하지 않는 것은 아무것도 아니다')라는 숨은 전제가 들어 있는 것 같다. 이런 전제는 위에서 말한 우리의 직관(존재하지 않는 것은 아무것도 아닌 것이 아닐 수 있다)을 배제하는 기능을 하는 셈이다.

만물이 무엇으로부터 왔는가? 물로부터. 이렇게 문답하는 경우 물이 물 아닌 것으로 '되지만'(becomes) 물 아닌 것으로 보이는(seems) 만물이 사실은 물'이다'(is)라고 말하는 것이다. 이 '됨'(becoming 혹은 coming to be)의 과정 밑바탕에 '임'(being)이 있다는 것이다. 파르메니데스의 문제 제기는 있다가 있지 않게 '될' 수가 없다는 것이다. 예컨대 물이 물 아닌 것으로 될 수가 없다는 것이다. 여기서 물 아닌 것으로 되는 것은 진짜 물이 아니다. 진짜 물'이려면' 그것은 물'이기만' 해야 한다. 그것에 '아님'이 끼어드는 순간 그것은 진짜 물이라고 할 수 없다.

　이오니아 자연학이 결국 찾으려 했던 것은 진짜 ……인 것/진짜 ……로 있는 것(즉 실재)이었다. 그런데 진짜 ……인 것은 …… 아닌 것의 측면이 전부 빠져야 한다. …… 아닌 것으로 될 수 있다면, 그것은 진짜 ……인 것이라 할 수 없다. 진짜 ……인 것, 그것에 관해서만 이야기해야 한다. …… 아닌 것/있지 않은 것은 앎의 대상이 아니다. 그것을 사유에서 밀어내야 한다. 온전히 ……임에만 사유를 집중해야 한다. …… 아님/있지 않음이 완전히 빠져버린 것, 그것만이 진정한 사유, 앎의 대상이다. 이렇게 생각하면, 일체의 '됨' 즉 생성, 소멸과 변화는 엄밀한 앎의 대상에서 제외된다. 진리편의 사유는 이렇게 있지 않은 것을 배제하고 있는 것을 앎의 대상으로 확립하는 과정이다.

　있는 것을 앎의 유일한 대상으로 확립한 후 파르메니데스는 있는 것의 성격을 밝힌다. 그 작업은 B8에서 진행된다. 있는 것의 표지는 크게 넷이 언급된다. 생성·소멸하지 않음, 온전한 한 종류의 것, 부동, 완전함. 그리고 이 네 표지는 B2의 판가름에 기반하여 연역적으로 논변된다. 예컨대 가장 중요한 생멸 부인 논변(6b~21행)을 보자.

　있는 것이 1) 어떻게, 그리고 2) 무엇으로부터 나오는가? 우선 '2) 무엇으로부터?'가 문제된다. '있지 않은 것으로부터'라고는 할 수 없다. 그것은 말과 사유의 대상에서 배제되었다. 둘째, 설사 있지 않은 것으로부터 나올 수 있다고 가정해주어도 '1) 어떻게?'가 문제된다. 있지 않은 것 즉 아무것도 아닌 것으로부터 나오려면 그것은 어느 특정 시점에 나와야 한다. 그런데 임의의 시간 t_m의 아무것도 아닌 것(있지 않은 것)의 상태를 S_m, 그리고 그보다 나중인 임의의 시간 t_n의 상태를 S_n이라고 해보자.

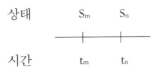

상태　　　S_m　　S_n

시간　　　t_m　　　t_n

　우선 이 아무것도 아닌 것이 있는 것으로 되는 임의의 시점을 t_n이라고 해보자. 그런데 1) 아무것도 아닌 것의 정의상 $S_m = S_n$이다. 그렇다면 그것의 생성 시점이 t_m이 아닐 이유가 없다. 즉 생겨나기 위해 t_n을 굳이 기다려야 할 이유가 없다. (이 논변은 t_m에도 그대로 적용되므로 결국 t_n 이전으로 무한 소급이 일어나고, 같은 논변이 t_n 이후의 임의의 시간에도 적용되므로 t_n 이후로도 무한 소급이 일어난다.) 결국 아무것도 아닌 것이 있는 것으로 되는 특정의 시점 t_n을 잡을 만한 충분한 근거가 없다. 그렇다고 해서 2) S_n에 무언가를 야기할 만한 어떤 새로운 조건을 부가한다고 해보자. 그러면 그 조건이 부가된 것은 더 이상 아무것도 아닌 것이 아니게 된다.
　이 논변은 서양 철학사에서 충족 이유율 혹은 무차별성 원리[30]를 명시적으로 논변에 이용한 거의 최초의 사례라 할 수 있다. 아낙시만드로스 우주론에도 비슷한 논거가 사용되었으리라고 추측할 만한 대목이 있었다. 아울러 이 생성·소멸 부인 논변에는 그리스적 사유를 대표할 만한 공리인 "무로부터는 아무것도 안 나온다"(ex nihilo nihil fit)는 원칙에 대한 논변적 반성이 들어 있다.
　이렇게 생성, 소멸을 부인한 후 그는 연속성, 부동성, 완전성을 차

---

30) 무차별성(indifference) 원리란 변화가 일어나기 위해서는 그것을 가져오기에 충분히 유의미한 차이가 있어야 한다는 생각을 가리킨다.

례로 증명한다. 그런데 그 증명의 와중에 '속박'이라는 이미지가 계속 강조되고 있다.[31] 아울러 '설득의 힘'과 관련된 말들도 도드라지게 부각된다.[32] 속박 이미지에 관련된 신적 존재들은 모두 올바름, 불가피성, 필연성 등과 연관되어 있으며, 이것이 설득의 힘을 이야기하는 와중에 나오고 있는 것이다.

이제 부동성 논변(26~31행)으로 눈을 돌려, 크세노파네스의 평행 구절들(B26, B25, B24)과 견주어 보자.

> 그러나 그것은 커다란 속박들의 한계들 안에서 부동(不動)이며
> 시작이 없으며 그침이 없는 것으로 있다. 왜냐하면 생성과 소멸이
> 아주 멀리 쫓겨나 떠돌아다니게 되었는데, 참된 확신이 그것들을
> 밀쳐냈기 때문이다.
> 같은 곳에(en tautōi) 같은 것으로 머물러 있음으로써, 그 자체만으
> 로 놓여 있고
> 또 그렇게 확고하게(empedon) 그 자리에 머물러 있다. 왜냐하면
> 강한 아낭케(필연)가
> 그것을 빙 둘러 에워싸고 있는 한계의 속박들 안에 그것을 꽉 붙들
> 고 있기 때문이다. (B8.26~31)

다음은 크세노파네스의 B26이다.

> 그런데 그는 언제나 같은 곳에(en tautōi) 전혀 움직이지 않은 채 머
> 물러 있다.

---

31) 13~14행의 "디케의 족쇄", 26행의 "속박의 한계", 30~31행의 "강한 아낭케가 한계의 속박으로 붙든다", 37~38행의 "모이라(운명)의 속박" 등.
32) 12행의 "확신의 힘", 16~18행의 "두 길에 대한 판가름이 필연적이다", 28행의 "생성, 소멸을 참된 확신이 밀쳐냈다" 등.

또한 그가 이때는 여기, 저때는 저기로 옮겨 다니는 것은 알맞지
(epiprepei) 않다. (DK21B26)

크세노파네스는 '또한'이라고 말하면서 둘째 문장을 도입하지만,
사실상 앞 문장의 근거 역할을 하는 문장이라고 볼 수 있다. 그런데 파
르메니데스는 평행 구절에서 근거 문장을 '알맞다' 대신 그것보다 훨씬
강한 "강한 아낭케(필연)"의 이야기로 바꾸어놓았다. 이 차이는 두 사
람의 논의가 비슷한 어구로 되어 있긴 하지만 전혀 다른 방향으로 가고
있음을 드러낸다.

'알맞다'는 것은 이미 말한 대로 일종의 규범적 필연성을 가리킨
다. 그런데 호메로스에서 '아낭케'는 힘의 아이디어와 연결되어 있고
자발성, 자유와 대조된다. 즉 내키지는 않지만 하도록 강제하는 힘이나
명령을 가리킨다(예컨대 마지못해 하는 종살이). 파르메니데스는 이미
생멸 불가능 논변의 와중에 디케의 족쇄를 이야기했고, 그곳에서도 인
격화된 채로는 아니나 아낭케가 등장했었다. 그리고 이 둘은 B2의 판가
름을 지시하기 위해 도입되었었다. 이제 있는 것이 움직이느냐 여부를
따지는 대목에서 파르메니데스는 있는 것이 그 판가름에 철저히 종속
됨을 강한 어조로 이야기하고 있고, 그러면서 크세노파네스가 신에 대
해 했던 언명들에 비판적 주석을 붙이고 있다.

우선 크세노파네스 B23을 다시 살펴보자.

하나다, 신은. 신들과 인간들 가운데서 가장 위대하며,
형체도 생각도 가사자들과 전혀 비슷하지 않다. (DK21B23)

가사적인 것들과 조금도 닮지 않은 크세노파네스의 신에서 파르
메니데스는 자신이 사유하는 있는 것과 닮아 있는 측면들을 발견했을
것이다. 이제 그가 크세노파네스의 신에서 떼어내고 싶은 측면이 무엇
인가 하는 것은 아마 위 B26에 연이어 나왔을 법한 B25와 B24에 들어

있다.

> 오히려 그는 애쓰지 않고도 마음(누스)의 생각으로(noou phreni) 모든 것을 흔든다. (DK21B25)

말하자면 그의 신은

> 전체가 보고, 전체가 노에인하며, 전체가 듣는다. (DK21B24)

가사적인 것을 넘어서 있는, 불생불멸로 있는 것은 크세노파네스의 신처럼 자유롭게 누스로 생각을 하면서 만물을 움직이는 것이 아니다. 그것은 오히려 아낭케의 속박에 묶여 완전히 정지해 있다. '확고하게'(empedon)라는 말에서도 드러나듯이 있는 것은 말하자면 발이 묶여 있다. 아낭케가 발목을 꽉 붙들어 매었기 때문이다. 크세노파네스의 신은 움직이는 것이 그의 위상에 걸맞지 않아서 가만히 있으면서 생각으로 세상을 움직이는 것이었다.

그러나 파르메니데스에서 이런 세상을 움직이는 자로서의 신은 진리편에 빠져 있고, 오히려 의견편에 등장한다. 그런가 하면 '알맞다'와 맥이 통하면서도 그것보다 훨씬 강한 의미, 즉 그 부정 사태의 가능성이 철저히 배제된 '강한 아낭케'에 의해 묶여 있는, 파르메니데스의 있는 것은 사유조차 할 수 없다.

서시의 디케가 B8의 치밀한 논변의 와중에 (강한) 아낭케로 동일시 혹은 대체되는 과정은 속박, 힘, 설득/확신, 이 세 아이디어를 매개로 한 것이었다. 디케와 아낭케가 있는 것을 (족쇄와 한계로) 속박한다는 것은 B2 판가름의 필연적 귀결이 어떠한지를 보여주기 위한 은유다. 있지 않은 것이 배제됨은 필연적으로 생성, 소멸의 부인을 귀결한다. B2 판가름을 받아들이면 어쩔 수 없이 생성, 소멸의 부인도 받아들여야 하며 이것은 논리적 필연이다. B8 논변의 핵심부에서 신적 존재들을 다시 끌어들이면서 파르메니데스가 말하고자 했던 것은 바로 논변의 각 단계를 이어주는 이 논리적 힘의 신비스러움이며, 이 힘에 의해 귀결되는 것이라면 비록 상식과 어긋나는 것에 이르더라도 받아들일 수밖에 없다는 생각이다.

심플리키오스가 전해주는 간접 전승에 따르면, "파르메니데스가 믿을 만한 가치가 없는 논변(로고스)들을 따랐으며 또 그 당시로서는 명료하지 않았던 것들에 기만당했다는 것은 놀랄 일이 아니다. 그런데 그것들은 논변들과 반대 논변들로부터 얻어졌다. 그는 필연적인 것(anankaion)으로 보이지 않는 한 인정하려 하지 않았던 것이다. 반면에 이전 사람들은 논증 없이(anapodeiktōs) 의견을 개진했다"(A28). 이는 규범적 필연성이 논리적 필연성으로 이행하여 새롭게 개념화하는 발전이 파르메니데스에서 시작되고 있다는 보고로 이해할 만하다. 그런 논리적 필연성의 강제를 상식적 직관이나 감각의 증거보다 우선시하는 철저한 로고스 중시 정신이 이목을 끈다. 이런 철저한 로고스 정신 때문에 파르메니데스의 논의는 이후 철학자들에게 심각한 고민거리를 제공하게 된다. 로고스 즉 논변으로만 보면 틀림없이 그런 귀결들이 나오고 그것들을 받아들여야만 하는데, 상식이나 감각은 그런 귀결들을 받아들일 수 없는 것으로 생각하게끔 한다. 이런 어려움 때문에 이후 철학자들은 일종의 '파르메니데스 콤플렉스'에 빠지게 되고 그 콤플렉스에서 빠져나오기 위해 부단히 노력하게 된다.

의견의 길

결국 있는 것이 둥근 공 비슷하다고 정리하는 것으로(B8.42 이하) 진리편 논의를 마감하는데, 그러면서 그는(즉 여신은) 이제 자기 이야기의 '기만적인 질서'를 들면서 '가사자들의 의견'을 배우라고 명한다. 가사자들의 그 어떤 견해도 따라잡지 못할 만큼 '그럴듯한' 설명으로 제시되는 이 우주론은 두 형태, 즉 빛(불)과 밤(흙)을 원리로 놓는 자연 설명이라는 점이 B8의 후반부와 B9에서 얼개로 제시되고, B10과

B11에서는 앞으로 개진될 우주론이 다룰 항목들이 열거된다. 이후 B18까지 각 분야별 설명(즉 우주의 모습과 다이몬의 역할, 에로스의 탄생, 달의 작용, 지구의 성격, 가사자의 사유에 관한 이론, 남녀의 발생과 결합 등)이 제시되어 있고, B19에서 이런 생멸이 끝없이 되풀이됨을 언급하는 것으로 마무리된다.

의견편의 자연 설명에서 특기할 만한 것은 '달리 됨'과 '나뉨'에 주로 의존했던 이오니아적 설명에는 빠져 있던 '섞임'이 논의 선상에 올라와 있고, 이것이 이후 다원론자들에 의해 집중적으로 조명된다는 점이다. 우리에게 전해지지 않는 부분들까지 접했을 것이 분명한 플루타르코스의 전승에 따르면 그의 의견편에는 자연학적 저술이 담기 마련인 주요 내용들이 모두 포괄되었던 것으로 전해진다.[33]

진리편이 이후 철학자들에게 일종의 콤플렉스(즉 로고스를 따라야 하는데, 그것을 충실히 따를 경우 로고스를 향해 출발했던 지점의 목표, 즉 세상사의 생성, 변화, 운동 등의 설명을 어떤 방향으로 끌고 가야 할지 막막해진다는 것, 우리 감각이나 상식은 변화하는 세계를 인정할 것을 요구한다는 것)를 제공했다면, 그의 의견편은 이후 철학자들(과 해석자들)에게 일종의 수수께끼를 제공한다고 말할 수 있다. 그 수수께끼는 이런 것이다. 그는 진리를 향한 탐구에서 두 길만 인정된다고 했다. 그 가운데 있지 않다는 길은 버려야 할 길이고 있는 것만 따라가야 진리에 이른다고 갈파했다. 그리고 있는 것을 식별할 수 있는 표지까지 제시했다. 이 탐구의 길은 그 성격상 모든 감각과 상식이 말해주는 바를 괄호 치고 오직 로고스(논변)가 이끄는 데로만 충실히 따라가는 것이었다. 그런데 그는 거기서 논의를 끝내지 않았다. 그가 괄호 치고 초월했던 감각의 세계에 대한 발언이 제2부로 덧붙어 있다. 그리고 그것은 이미 진리편 안에서 B6과 B7에서 부정적인 방식으로 시사된 바 있다. 거기서 그는 앞의 두 길 외에 제3의 길이 있음을 이야기한다. 그것은 있으면서 있

---

33) 플루타르코스, 『콜로테스에 대한 반박』, 1114b.

지 않다는 길로서, 비일관적인 것이기에 B2 선택지에서는 아예 제외되어 있던 길이다.[34] B6과 B7에서 그 길은 언급과 동시에 거부된다.[35] 수수께끼는 여기서 나온다. 왜 거부된 이 길과 연장 선상에 있는 이른바 '가사자들의 의견'이 다시 B8 후반부에서부터 작품의 끝까지 상세히 언급되는가?[36] 이미 기각하고 거부한 내용을 왜 다시 끄집어내어 자세히 진술하는 것인가?

이 수수께끼를 다른 말로 바꾸어 보자면 이렇다. 진리편은 전통적인 우주론 내지 우주생성론에 부정적인 것 같다. 이 측면을 강조하여 여러 전승자들은 그의 담론을 '무우주론'(acosmism), '비자연학적'(ou physikōs)이라거나 '퓌시스 부정론'(aphysikos)으로 규정했다.[37] 그런가 하면 파르메니데스는 진리편 뒤에 전통적인 우주생성론과 유사한 논의를 덧붙여놓았다. 이 측면에 주목한 사람들은 그를 '자연(철)학자' 혹은 '퓌시스 탐구자'(physikos)로 불렀다.[38] 그렇다면 이 둘의 관계는 도대체 무엇인가? 파르메니데스는 과연 퓌시스 탐구자인가 퓌시스 부정론자인가?

자세히 논의할 수는 없고 대답의 방향만 가늠해보면 이렇다. 파르메니데스는 진리편에서 엄밀한 앎(그가 '노에인'이라고 부른)의 조건과

---

34) 이 길이 결국 둘째 길, 즉 있지 않다는 길과 같은 길이라고 보는 사람들도 있다. 즉 B2의 있다는 길은 진리편과, 있지 않다는 길은 의견편과 연결시킨다. 그러나 자세히 논의할 수는 없지만, 이 두 단편에서, B2에서 기각된 둘째 길과 별도로 제3의 길이 제시되고 거부된다는 것은 상당히 분명해 보인다.

35) 다시 정리하자면, B2에서 판가름의 대상으로 제시되는 탐구의 두 길은 있다는 길과 있지 않다는 길인데 둘째 길은 바로 기각되었다. 다시 B6과 B7에서 제3의 길 즉 있으면서 있지 않다는 길이 거론되는데, 이는 당초 서시에서 예고된 배움의 두 길 가운데 진리편에서 개진된 있다는 길 외에 나머지 하나였고, 이것이 의견편에서 개진된다.

36) 남겨진 의견편은 양이 적지만, 여러 간접 증거들로 미루어 볼 때 실제 의견편은 진리편보다 훨씬 더 길었을 것이다.

37) 예컨대 아리스토텔레스, 『천체에 관하여』 III.1. 298b(A25)나 섹스투스 엠피리쿠스, 『학술가들에 대한 반박』, X.46(A26).

38) 예컨대 에우세비오스, 『연대기』 기원전 436년 관련 대목(A11)이나 1962년 발견된 새김글.

대상을 탐구한다. 엄밀한 앎의 대상은 진짜로 ……인 것, 즉 부정의 가능성을 완전히 빼버린 절대 긍정적인 어떤 것이다. (감각되는 자연 사물 너머로) 이 탐구를 끝까지 밀고 가면 여럿, 운동, 변화는 모두 부정되고 하나의 있는 것만 남는다. 진리편에서 파르메니데스는 의도적으로 '퓌시스'라는 말을 피하고 있다. 그것이 생성과 자람의 뉘앙스를 포함하기 때문이다. 자연 사물의 퓌시스에 대한 파악은 엄밀한 의미의 앎이 될 수 없다는 것이, 파르메니데스가 '퓌시스'를 배제하고 개진한 진리편에서 하고자 하는 이야기 가운데 하나다. 이런 진리편의 정신에 대한 확대 해석이 퓌시스 부정론 전승이다.

그런데 그는 다시 감각 사물에 대한 이야기로 돌아온다. 의견편에서 그는 비록 엄밀한 앎은 못 되지만 감각 경험 세계에도 ……임과 비슷한 것을 인정할 수 있지 않을까 조심스럽게 타진한다. 끊임없이 있지 않은 것과 교차하긴 하지만 그래도 아무것도 아닌 것과는 다른 무엇이 있지 않은가 하고 말이다. 의견편에서 그는 '퓌시스를 안다'는 표현을 사용하고 있는데, '퓌시스'는 불변과 변화의 측면 둘 다를 포함한다. 아리스토텔레스가 사용한 '아르케'가 그런 것처럼 말이다. 퓌시스 탐구자 전승은 의견편의 이 측면을 강조하는 것이다.

그렇다면 거부한 길을 왜 다시 자세히 언급하는가? 면밀히 검토해 보면 의견편의 내용은 '가사자의' 의견을 그저 옮겨놓는 데 그치는 것이 아니다. 진리편에서의 반성을 토대로 기존 우주론에 대한 비판과 대안이 제시되어 있다. 예컨대 그에 의하면 세상의 설명은 하나로부터는 제대로 이루어지지 않는다. 적어도 둘 이상의 원리가 필요하다. 어떤 하나에서 세상이 나왔다면, 그것은 갈라져야 하고 그것 아닌 것으로 해체될 수밖에 없다. 이런 이오니아적 설명 방식을 거부하는 대신 그는 불과 흙이라는 두 원리를 내세운다. 그리고 그 둘의 '섞임'으로 세상을 설명한다. 두 원리가 자기 동일성을 유지한 채 섞이는 것으로 여러 사물들의 생성과 변화가 설명된다는 것이다. 증거가 부족하여 더 자세히 이야기하기는 어렵지만, 새로운 방법론적 반성에 기반을 두고 기존

자연학의 설명을 업그레이드하려는 그의 문제의식만은 분명히 읽을 수 있다.[39]

　진리편은 그의 형이상학을, 의견편은 그의 자연학을 담고 있고, 그 둘은 긴밀히 연결되어 있다. 이후 철학자들이 파르메니데스 콤플렉스를 해결하느라 골몰했다고 흔히 말하지만, 정작 해결의 시작은 파르메니데스 자신이 의견편에서 몸소 그 길을 열었다고 말할 수 있다. 파르메니데스 철학에는 혁신과 계승, 두 측면이 공존한다. 혁신의 측면은 기존 아르케 탐구를 반성하여 새로운 학적 기준을 확립한 것으로서 주로 진리편에 드러나 있다. 계승의 측면은 그런 반성을 기초로 기존 자연학 논의를 새롭게 재편한 것으로서 주로 의견편에 두드러져 있다. 파르메니데스 이후 철학사의 전개 또한 크게 두 방향으로 나뉜다. 직계 제자들을 중심으로 한 2세대 엘레아주의자들은 그의 로고스 정신과 하나의 있는 것을 옹호함으로써 혁신을 이어받는 길로 나아갔고, 다원론자와 원자론자들은 변화, 운동하는 여럿을 단순한 원리로 일관되게 설명하겠다는 이오니아적 정신을 살리는 방안을 강구함으로써 전통을 계속 이어가는 길로 나아갔다.

---

39) 의견편에 대한 접근은 사실 다양하다. 대체로 i) 의견편이 완전히 거짓이며 타인의 의견을 옮겨놓았을 뿐이라고 보거나, ii) 기본적으로 거짓이지만 거기서 다루는 대상들이 실재적이라는 가정하에 파르메니데스가 가능한 최선의 설명을 개진하고 있다고 보거나, iii) 진리편에서 확립한 입장을 바탕으로 기존 자연학 논의를 업그레이드하기 위해 제출한 파르메니데스 자신의 적극적인 이야기라고 보는 방식으로 나뉜다. 한국 독자들에게는 i)이 가장 잘 알려져 있고 iii)은 아주 낯설다. 많은 논의를 거친 서양에서는 i)을 대체한 ii)가 대세이며, iii)도 가능한 대안으로 남아 있다. 진리편 해석에서 한국 독자들에게 친숙한 '있는 것'이 주어라는 입장이 서양에서는 거의 폐기 상태인 것처럼, 의견편 해석에서 한국 독자들에게 친숙한 완전 거짓이라는 입장 역시 다른 입장으로 대체된 상태인 것이다. 의견편 이해를 시도하면서 한국 독자들에게는 가장 낯설지만 고대인들에게는 가장 친숙했던 이해 방식인 iii)을 택한 것은 그것이 파르메니데스의 길 이야기를 가장 잘 반영한다고 보기 때문이다.

4 엘레아주의를 대변하는 패러독스의 철학자 제논

파르메니데스의 동향인 제자 제논(Zēnōn)은 스승보다 스물다섯 살쯤 연하(그러니까 대략 490년생)에 훤칠하고 잘생겨서 소년애인(파이디카) 노릇도 톡톡히 했던 것 같다는 게 플라톤의 전언이다.[40] 일반 독자에게는 보통 파르메니데스보다 더 잘 알려져 있는데, 그의 이름으로 전해지는 여러 패러독스들 때문이다.

운동의 패러독스들

'패러독스'(paradox)란 그리스어 '파라'(para: ……에 반하다, 거스르다)와 '독사'(doxa: 받아들여지는 통념, 그럴듯한 생각)가 붙은 말로서, 그럴듯하지 않은 것, 그러니까 외견상 참인 가정들에 기반을 둔 외견상 건전한 추론이지만 모순(혹은 명백히 거짓인 결론)에 도달하는 것, 즉 역설(逆說)을 가리킨다. 잘 알려진 '제논의 패러독스들'은 운동에 관한 것으로서, 운동을 불연속적으로 본 데서 나온 것들이다. 아리스토텔레스가 간접적으로 전하는 대표적인 패러독스 넷이 있다.[41]

첫째, 아킬레우스(와 거북이)의 역설은 "발 빠른 아킬레우스가 영원히 거북이를 따라잡을 수 없다"는 것이다. 호메로스 시가 칭송하듯 아킬레우스가 아무리 빨리 달린다고 해도, 거북이를 먼저 출발시키는 한 아킬레우스는 거북이를 결코 따라잡을 수 없다.

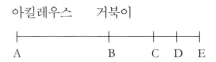

---

40) 『파르메니데스』, 127a~c(DK28A5). 이 전통이 허위거나 악의적이라는 아테나이오스(기원후 3세기 초)의 문제 제기도 전해진다(『현인들의 만찬』, XI.505 이하: DK28A5).

41) 『자연학』, VI.9. 239b9~240a18(DK29A25, A26, A27, A28). 아리스토텔레스 텍스트에서는 여기 제시하는 순서와 달리 이분법 역설이 아킬레우스의 역설보다 먼저 나온다.

A에서 출발한 아킬레우스가 거북이의 출발점 B까지 가는 동안 B에서 출발한 거북이는 C에 도착하게 된다. 아킬레우스가 다시 C까지 가는 동안 거북이는 D에 도착하게 되고, 아킬레우스가 다시 D까지 가는 동안 거북이는 E에 도착하게 되고, 등등…… 이렇게 되면 아킬레우스는 결코 거북이를 따라잡을 수 없게 된다.

둘째, 이분법 역설[42]은 "무한한 절반을 통과하다 보면, 임의의 지점 A에서 또 다른 지점 B로 절대 갈 수가 없다"는 것이다.

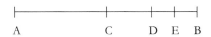

A에서 B로 가려면, 중간점(C)을 통과해야 한다. C에서 B로 가려면 또 중간점(D)을 통과해야 하고, D에서 B로 가려면 중간점(E)을 통과해야 하고, 등등…… 결국 무한한 절반을 통과하는 일을 해낼 수 없으므로, A에서 절대 B로 갈 수 없다.[43]

이 두 역설은 임의의 지점에 도달하려면 무한 수의 작업을 완수해야 한다는 공통된 생각에 기반을 두고 다음과 같이 논변하는 셈이다. 1) 움직이려면 반드시 무한 수의 작업을 완수해야 한다. 그런데 2) 무한 수의 작업을 완수하는 것은 불가능하다. 따라서 3) 운동은 불가능하다. 이 논변은 타당한 논변이다. 따라서 외견상 참으로 보이는 1)과 2)가 정말 참이라면, 우리는 3)을 받아들일 수밖에 없다. 그런데 3)은 우

---

42) 사람에 따라서는 '이분법(dichotomy) 역설' 대신 '경기장(stadion)의 역설'로 부르기도 한다. 그러나 '경기장의 역설'은 대개 아래에 언급하게 될 '움직이는 행렬의 역설'을 가리키는 또 다른 이름으로 사용된다.

43) D, E, …… 등 뒤쪽 절반을 목적지 쪽으로 이분해 가는 대신, 아래 그림처럼 D′, E′, …… 등 앞쪽 절반을 출발점 쪽으로 이분해 가는 방식으로 이해할 수도 있다. 이렇게 보면, 어떤 목적지에도 도달할 수 없을 뿐만 아니라 아예 출발조차 할 수 없게 된다.

```
├─┼─┼────┼────────┤
A  E′ D′   C        B
```

리 직관(doxa)에 반한다(para). 3)을 받아들이기 어렵다면, 참인 것처럼 보이는 전제 1)과 2) 가운데 적어도 하나를 무너트려야 한다.

셋째, 날아가는 화살의 역설은 "날아가는 화살은 순간순간 정지해 있다"는 것이다. 화살이 날아간다고 해보자. 그런데 아무 순간이나 잡아보자. 그 순간에 화살은 움직이는가, 아닌가? 1) 특정 순간에 화살은 자신(즉 자기 길이)과 동등한 공간을 점유하고 있다. 2) 자신과 동등한 공간을 점유하고 있는 것은 움직이지 않는다. 따라서 3) 임의의 순간에 화살은 움직이지 않는다.

이 역설의 요지는 정지를 아무리 합쳐도 운동이 나오지 않는다는 것이다. 달리 말해, 있는가 있지 않은가 하는 파르메니데스의 도식을 가지고는 운동이 설명되지 않는다. 화살이 움직인다고 하려면 특정 순간에 화살은 있으면서 없어야 한다.

넷째, 움직이는 행렬(혹은 경기장)의 역설은 다음과 같다.[44]

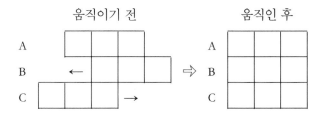

그림에서 A, B, C 세 행렬이 움직이기 전후를 비교하면, 왼쪽으로 움직인 가운데 행렬 B는 가만히 있던 A를 기준으로 하면 1A만큼 움직였다. 그런데 반대 방향으로 움직인 C와 마주친 것으로 계산하면 2C만큼 움직였다. 이 움직임에 따르면 1A=2C다. 그러나 애초에 1A=1C였다. 따라서 이런 식의 움직임이란 불가능하다.

이 역설에 대해서는 상대적 운동을 감안하지 않은 논의라는 비

---

44) 아래 그림은 아리스토텔레스가 전해준 것을 변형하고 단순화한 것이다.

판이 제기될 수 있다. 즉 A는 가만히 있고 C는 움직이니까 B가 A보다 더 많은 C를 통과하게 되는 게 당연한 것 아니냐는 말이다. 그러나 그저 제논이 상대적 운동을 간과했다고 볼 것이 아니라 오히려 그 자신이 상대적 운동의 개념을 문제 삼고 있을 가능성도 따져볼 만하다. 아니면 이 논의 자체를 원자론에 대한 비판으로 보고, 다음과 같은 방식의 논변으로 이해할 여지도 있다. 그 움직이는 것들이 불가분의 덩어리(onkos) 즉 원자(atoma)라고 해보자. 그 움직임에 따르면 1A=2C다. C 하나에 대해 생각할 때는 그 절반이니까 $\frac{1}{2}$A=1C가 되어야 한다. 그러나 그것들은 불가분이므로 그때도 역시 1A=1C가 된다. 결국 이런 단위 즉 쪼개지지 않는 덩어리로는 운동을 설명할 수 없다.

여럿에 대한 반대 논변

이제까지 이야기된 패러독스들은 일반 독자에게 비교적 친숙한 것들이지만, 사실 제논에게서 직접 인용된 것이 아니다. 운동에 대한 공격인 이른바 '제논의 패러독스들'은 아리스토텔레스가 정리해준 내용일 뿐, 정작 제논의 직접 단편은 여럿에 대한 공격 논변뿐이다. 그 가운데 하나를 살펴보자.

(가) 여럿이 있다면 반드시 그것들이 있는 바로 그만큼이 있어야지, 그것들보다 더 많지도 적지도 않아야 한다. 그런데 그것들이 있는 바로 그만큼이 있다면 그것들은 한계 지워져 있게 될 것이다. (나) 여럿이 있다면 있는 것들은 무한하다. 왜냐하면 있는 것들 사이에 늘 다른 것들이 있고, 저것들[즉 다른 것들] 사이에 다시 다른 것들이 있으니까. 그리고 있는 것들은 그런 식으로 무한하다. (B3. 번호는 인용자의 것)

논변을 좀더 풀어 이해하면 다음과 같이 된다. 여럿이 있다고 해보자. 예컨대 내적으로 단일한 하나(a)가 있고 그것과 수적으로 구분되

178

는 또 다른 하나(b)가 있다고 해보자. 그러면 있는 것은 a와 b만큼 있다. 그런데 a와 b 사이에는 무엇이 있느냐(혹은 무엇이냐)를 물을 수 있다. 가능한 대답은 i) 있지 않은 것이 있다(혹은 그것이 있지 않은 것이라)고 하거나 ii) 있는 것이 있다고 하거나 둘 가운데 하나다. 우선 i)을 따라 사이에 아무것도 없다(혹은 아무것도 아닌 것이 있다)고 하면, a와 b를 갈라줄 만한 것이 없으므로 a와 b를 다른 것이라고 말할 수 없다. 즉 둘이 아니라 하나가 된다. 그렇다고 해서 ii)를 따라 사이에 있는 것(c라 하자)이 있다고 하면, 있는 것은 적어도 c만큼 늘어난다. 그리고 다시 같은 물음을 계속 적용하면 있는 것은 무한히 많아지게 된다. 선택지 ii)를 따라가는 논변은 위 텍스트의 (나)와 같은 방식으로 진행된다. 그리고 i)은 (가)의 함축을 따른 선택지다. a와 b가 바로 그만큼 있다는 것, 즉 한계 지워져 있다는 것은 c가 없는 그림이다. 문제는 c가 없는데 어떻게 a와 b를 수적으로 구분되는 둘이라고 할 것이냐다. 결국 하나 이상의 것을 상정하면, 그것들 사이의 것을 무엇이라(혹은 어떻게) 말해야 할 것인가 하는 덫에 걸린다는 것이 제논의 핵심 논지다.

플라톤 이래 많은 사람들은 제논의 이런 논의를 "여럿이 있다"는 전제가 불합리한 귀결에 이른다는 것을 보임으로써 파르메니데스의 생각을 옹호하는 귀류법 논변으로 이해한다. 그런가 하면 파르메니데스까지도 겨냥한 전면적인 공격이었다고 이해하는 사람들도 있다. 그가 가분성 개념을 사용하여 귀류법적인 방식의 논변을 구사하는 것은 공격 범위 문제를 떠나 일단 파르메니데스의 연속성/불가분성 논변(B8.22~25)에 나름의 해석과 해명을 덧붙이는 셈이다. 그렇다고 한다면 적어도 그는 여럿이(즉 각각이 자기 동일적이며 서로 다른 여럿이) 공존하는 그림으로 파르메니데스를 해석할 가능성을 경계하는 것이라 할 수 있을 것이다. 또 그의 이런 경계가 일차적으로 당대 다원론자들을 향한 것이었을 개연성이 높다. 연대 문제가 얽혀 있어 상호 작용의 구체적인 양상을 확정하기는 어렵지만 말이다.

물론 의견편이 상정하는 기본 사물들(불과 흙 같은 것들)이 다음

장에서 이야기할 다원론자들의 기본 사물처럼 모종의 물리적 가분성을 갖는 것으로 상정해야 한다면 파르메니데스 역시 제논이 파놓은 덫에 걸린다고 생각할 수도 있겠다. 사실 의견편의 기본 사물은 공간 속 연장(延長) 내지 크기를 갖고 들어갈 수밖에 없기 때문에 제논이 제기한 문제를 피해 갈 수 없다. 이 의견편 기본 사물이 파르메니데스가 힘주어 강조한 최종적인 기본 사물이고 제논의 논의도 그걸 겨냥한 것이었다면, 제논의 문제 제기는 스승의 이야기에까지 심각한 손상을 가하는 발칙한(?) 것일 수 있겠다.

그러나 파르메니데스는 의견편의 기본 사물들을 진리편의 기본 사물(즉 있는 것)과 동등한 위상으로 놓지 않고, 오히려 그것을 대비하고 대조하려 했다. 그리고 그 대비의 분명한 논지 가운데 하나는 기본 사물이 둘이 아니라 하나라는 점이다. (제논이 보기에, 그리고 우리가 보기에도) 그 하나의 있는 것을 설명하면서 여러 공간적 뉘앙스를 갖는 말들을 끌어들였기 때문에 마치 연장이나 크기를 갖는 것으로 오해될 소지가 있었고, 제논은 그런 오해의 여지를 없애고 스승이 말하는 하나의 성격을 분명히 드러내기 위해 불가분성을 길게 설명할 필요를 느꼈을 것이다.

있는 것에 공간 속 연장을 끌어들이면 공간적 한계의 문제에 직면한다는 것, 이것은 제논이 (그리고 이제 이야기할 멜리소스도 함께) 밝혀주는 바이며, 이 점에 관한 한 파르메니데스와 그의 제자들은 큰 차이가 없다. 다만 파르메니데스는 진리편의 이론적 실재로서의 측면이 의견편에 쓰일 가능성까지 염두에 두고 애매성과 긴장을 살리려 한 반면, 제자들은 그 애매성을 제거하고 분명한 말로 표현하고 있을 뿐이다.

운동의 패러독스들이나 여럿 반대 논변들은 그 구체적인 목적이나 공격 대상이야 어떻든 간에 그것들을 따라 사유하는 사람들에게 아포리아(즉 어디로 가야 할지 막막한 상황)를 제공한다. 말의 이치 즉 로고스를 따라갈 것인가, 아니면 상식적 직관과 감각 경험이 가리키는 방향으로 나아갈 것인가 하는 판가름을 요구한다. 다소 극단적이라 여길

수도 있을 만큼, 혹은 궤변이나 유희로 치부할 수도 있을 만큼 일도양
단의 결단을 촉구한다. 바로 이것이 진리편에서 파르메니데스가 보여
준 엘레아적 정신 아니던가! 엘레아주의가 제시하는 그런 아포리아와
판가름은 우리가 너무도 쉽고 당연하게 전제해온 상식과 관행과 개념
들을 일거에 문제시하고 그런 것들을 벗어버린 허허로운 지평에서부터
다시 출발하게 하는 파괴력과 추진력을 갖고 있다. 특히 제논의 문제
제기는 한계와 무한, 하나와 여럿, 운동과 시간, 공간, 크기와 나눔 등
에 관한 인류의 탐색과 성찰이 풍부하고 날카로워지는 계기가 되었다.

5 엘레아주의의 교과서 멜리소스

엘레아가 아니라 이오니아의 사모스 섬[45]에 살던, 파르메니데스의
또 다른 제자 멜리소스(Melissos)는 직업 철학자가 아니고 군인이었다.
보통 엘레아 철학자들이 현실 경험 세계와 떨어져 고고한 삶을 살았으
리라 짐작하기 쉬운데, 반대로 그들은 당대 사회·정치 현실에 밀착한
삶을 살았다. 특히 제논과 멜리소스가 대단히 역동적인 삶을 살았다는
것이 흥미로우며 음미해볼 만한 일이다.[46]

---

45) 피타고라스의 고향이기도 한 사모스 섬은 지금도 그리스 영토지만 터키 본토에 거의 연
   해 있다. 밀레토스 터에서 차로 60킬로미터쯤 북쪽으로 가면 나오는 항구 도시 쿠샤다
   시(Kuşadasi)에서 배를 타고 1시간 30분쯤 가면 사모스 섬에 도착한다. 한편 쿠샤다시에
   서 내륙쪽(북동쪽)으로 20킬로미터쯤 가면 헤라클레이토스의 고향 에페소스가 있던 셀
   축(Selçuk)이 나온다. 콜로폰 터는 거기서 북서쪽으로 30킬로미터쯤 떨어져 있다.

46) 파르메니데스는 엘레아의 존경받는 입법가였고(DK28A12), 제논은 엘레아에서 참주
   축출 운동을 벌이다 체포되어 비장한 죽음을 맞았으며(DK29A2), 멜리소스는 사모스
   해군 지휘관으로 페리클레스가 이끄는 아테네 해군을 격파하기도 했다(DK30A3). 믿거
   나 말거나지만, 441년의 그 해전을 멜리소스의 전성기로 보고 제논(490년경 출생)보다
   나중에 태어나지 않았을까 추측들을 하기도 한다.

있는 것의 성격들

제논이 그랬던 것처럼 그도 파르메니데스에 대한 다원론자들의 대응에 불만을 느꼈던 것 같다. 제논은 일종의 귀류법을 이용하여 여럿을 내세우는 파르메니데스 반대자들을 물리치려 했다. 바로 그것을 염두에 두고 아리스토텔레스가 그를 변증술(dialetikē)[47]의 창시자로 불렀던 것인지도 모른다(DK29A1, A2). 반면에 멜리소스는 있는 것의 성격들을 적극적으로 도출해내는 연역 논변을 제시한다. 그의 현존 단편들은 연역적 논변 구조가 비교적 분명하기 때문에 순서를 매기는 게 크게 어렵지 않다. 단편들 가운데 맨 앞에 놓였을 것으로 보이는 대목은 다음과 같다.

> 있었던 것은 언제나 있었고 언제나 있을 것이다. 왜냐하면 그것이 생겨났다면 그것이 생겨나기 전에는 아무것도 없었던 것이 틀림없으며, 게다가 만일 아무것도 없었다면 결코 어떤 것도 아무것도 아닌 것에서 생겨날 수는 없었을 것이기 때문이다. (B1)

그는 파르메니데스 B8의 "있는 것의 길만 남았다"를 출발점으로 삼고 그것의 함축들을 이끌어내고 있는 것으로 보인다. 그 출발점으로부터 파르메니데스가 있는 것의 표지들을 논증했던 것처럼, 멜리소스는 있는 것의 성격들을 차례로 연역해낸다. 그가 행한 추론의 과정은 대체로 다음과 같이 요약된다. "있다"에서 출발하여 "무로부터는 아무것도 안 나온다"는 원칙을 적용하면, 있는 것이 생성되지 않는다는 것이 따라 나온다(B1). 같은 논리를 적용하면 소멸도 불가능하다는 것이 나오며(B2), 결국 있는 것은 시간적으로 무한하고(B2) 영원하다(B4)는 것과 공간적으로 무한하다(B3)는 결론이 도출된다. 이런 무한으로부터

---

47) 논리학의 전신 격인 대화 게임이며, 심화/체계화되어 학문의 본령(플라톤)이나 기본 도구(아리스토텔레스)로 편입된다.

그것이 하나라는 결론이 나오고(B5, B6), 다시 하나라는 것으로부터 불변, 부동이라는 것(B7)과 비물체적이라는 것(B9)이 따라 나온다. 다시 불변이라는 것에서, 여럿이 있다면 하나처럼 불변이어야 하는데 감각은 그것들이 변화한다고 보고하므로 여럿은 환상이라는 것이 논증되며(B8), 부동이라는 것으로부터는 불가분이라는 점이 도출된다(B10).

하나와 무한

이제 파르메니데스와 차별화된 그의 독특한 주장으로 보이는 "있는 것은 무한(apeiron)하다"는 말의 의미를 좀더 천착해보자.

> 그것이 하나가 아니면, 다른 어떤 것에 대해[즉 다른 어떤 것과의 관계에서] 한계에 이르게(peranei pros allo) 된다. (B5)

> 왜냐하면 〈무한한 것〉이면 그것은 하나일 테니까. 왜냐하면 둘이라면 그것들은 무한할 수 없고, 오히려 서로에 대해 한계를 갖게 될 테니까. (B6)

이 논변에서 멜리소스는 있는 것이 하나인 근거를 있는 것이 무한하다는 데서 찾는다. 하나가 아니고 둘이라면(따라서 여럿이라면) 그 둘(혹은 여럿)은 서로를 한계 지울 것이라는 논변이다. 멜리소스가 파르메니데스의 '유한'한 하나를 '무한'한 하나로 바꾼 것은 파르메니데스의 논의가 다원론자들에게 여럿을 용인하는 것으로 비치는 것에 대한 경계심을 표현하기 위한 것으로 보인다. 멜리소스가 보기에 그런 오해의 소지는 파르메니데스가 끌어들인 '한계'(peras; limit)라는 용어에 있었고, 그것은 공 비유에 따르면 하나의 있는 것이 가진 자기 완결성과 충실성을 표현하기 위한 것이었다. 파르메니데스는 있는 것을 공에 '비유'했다. 있는 것을, 어느 곳에서 보아도 똑같고 어디 하나 이지러진 곳도 없는 충실한 공을 가지고('공이라고'가 아니다!) 설명했다. 게다가 파르메니데스는 있는 것의 성격을 이야기하면서 여러 공간적 뉘앙스를 갖는 말들을 사용했다. 있는 것이 연장이나 크기를 갖고 있는 것(크기를 갖는다는 것은 나뉠 수 있다는 것으로 이해되었다)으로 오해될 소지가 다분히 있었던 것이다. 멜리소스는 파르메니데스의 이 아이디어가 오해의 소지 없이 (즉 그 한계 밖에는 무엇이 있는가라는 불필요한 질문에 휘말릴 소지 없이) 전달되려면, 공 이미지를 버리는 쪽이 낫지 않겠는가라고 제안하고 있는 셈이다. 또 당시 원자론은 파르메니데스적인 하나를 물체적인 것으로 생각했는데, 그가 보기에 물체적인 것은 연장을 가진 것이요, 부분으로 쪼갤 수 있는 것이다. 따라서 하나라고 하면, 그것은 물체가 아니라(혹은 없다)고 말해야 한다.

앞에서 살펴보았듯이 이것에 쐐기를 박으려고 제논은 불가분성을 길게 논의했던 것으로 보이는데, 멜리소스도 공 비유가 다원론자들에게 여럿을 용인하는 것으로 비치는 것에 경계심을 가졌던 것 같다. "한계 바깥엔 무엇이 있을까?"라고 질문을 하게 되면 파르메니데스의 하나가 무너지지 않을까 하는 경계심 말이다. 그의 사유에 따르면, 한계 지워져 있다(내지 한계가 있다)는 것은 무엇에 의해 한계 지워져 있다(혹은 무엇과 경계를 이룬다)고 생각해야 하는데, 이 무엇을 생각하게 되면 더 이상 하나가 아니게 된다. 따라서 하나라고 하려면, 그것은 무한해야 한다. 결국 멜리소스는 근세에 스피노자가 그랬던 것처럼 하나와 무한의 개념적 연결을 사유한 철학사 최초의 인물이 된다.

그런 추측이 옳다면, 멜리소스가 파르메니데스의 하나를 근본적으로 수정하고 있는 것이라기보다는 공 비유가 갖고 들어오는 불필요한 오해의 소지를 없애기 위해 분명한 표현으로 바꾸어 파르메니데스의 본뜻을 살려주려 한다고 보아야 할 것이다. 이렇다 할 정당화 논변 없이 멜리소스가 근본적인 수정을 가하고 있다고 보는 것은 멜리소스 쪽에 지나친 오해나 곡해를 부가하는 일이다. 물론 파르메니데스의 '한계'에 대한 오해 내지 견해 차이는 아마도 있었다고 말해야 할 것이다. 공 비유를 해설하는 『멜리소스, 크세노파네스, 고르기아스에 관하여』

의 저자가 바로 그것을 언급하고 있다.[48]

> 파르메니데스도 그[즉 크세노파네스의 신]가 하나인 것으로서 "모든 방면으로부터 잘 둥글려진 공의 덩어리와 흡사하며, 중앙으로부터 모든 곳으로 똑같이 뻗어나와 있는 것"이라고 말한다. 다음과 같은 이유 때문이다. 무엇에든 한계가 있는 것이 아마도 필연적이지만, 꼭 어떤 것에 대해(pros ti) 그런 것은 아니고, 한계를 갖고 있는 것이 (예컨대 잇달아 있는 무한한 것에 대해 한계 지워진 것처럼) 반드시 어떤 것에 대해 한계를 가지는 것이어야 하는 것도 아니다. 오히려 한계 지워짐이란 극단들을 가짐이지만, 극단들을 가진 것이 반드시 어떤 것에 대해 그리 해야 하는 것은 아니다. 그러므로 어떤 것들에는 둘 다가, 즉 한계 지워짐과 어떤 것에 대해 함께 붙음(synaptein)이 속하지만, 다른 어떤 것들에는 한계 지워짐은 속하나 어떤 것에 대해 한계 지워짐은 속하지 않는다. (『멜리소스, 크세노파네스, 고르기아스에 관하여』, 978b8~17)

이 저자에 따르면, 멜리소스는 한계가 있다면 반드시 다른 어떤 것에 대해(pros ti) 있다고 보지만 실은 그렇지 않으며, 바로 그것이 파르메니데스가 말하려는 바라는 것이다. 멜리소스가 보여준 차별성은 '한계'에 대한 아이디어의 차이일 뿐, 여럿과 하나에 대한 근본적 입장의 차이는 아니었다. 그는 한계가 있다는 것은 반드시 다른 어떤 것에 대해(즉 다른 어떤 것과의 관계에서) 한계가 있다(결국 다른 어떤 것에 의해 한계 지워진다)는 것으로 이해한다. 반면에 그의 스승 파르메니데스는 한계나 끝이 있다는 것을 반드시 다른 어떤 것과의 관계에서 끝이 있다는 것으로 이해하지 않는다. 파르메니데스는 "한계 밖에는 무엇이

---

48) 물론 이 저자(위-아리스토텔레스)가 멜리소스를 직접 거명한 것은 아니지만, 그가 염두에 두고 있는 반론은 거의 분명히 멜리소스의 것이다.

있는가?"라는 질문을 온당한 것으로 받아들이지 않는다. 파르메니데스가 말한 있는 것은 있지 않은 것과 맞닿아 있다, 즉 있지 않은 것을 전부 밀어내고 온전히 있음으로 충만해 있다. 이를테면, 어떤 것에 의해 한계 지워진(limited by something) 것이 아니라 아무것에 의해서도 한계 지워져 있지 않은(limited by nothing) 것이다.

멜리소스는 파르메니데스의 생각을 비교적 쉽게 교과서처럼 정리했다. 이 과정에서 중요한 사항 한둘을 (특히 '유한'을 '무한'으로) 고쳤고, 문제의 화근인 의견편을 아예 뺐으며, 파르메니데스 B8 핵심 논변에 관련해서만 자기 나름대로 일종의 주석을 달았다. 서시, B2~B7까지의 길 논의, 의견편 등 파르메니데스 이야기의 다양하고 복잡한 요소들이 배제되면서 일목요연하고 단순 명쾌하게 파르메니데스주의 진리가 정리된 것이다.

마치 크라튈로스가 헤라클레이토스 사상의 한 측면(만물유전설)을 명쾌하게 대변하면서 그것이 헤라클레이토스 사상의 전부인 것처럼 간주되었듯이, 멜리소스도 파르메니데스 사상의 한 측면(진리편 부분)을 선명하게 대변하면서 그가 정리해준 생각이 마치 파르메니데스의 생각 자체인 것으로 자주 오해되었다. 아마 그의 산문 저술이 파르메니데스의 것보다 훨씬 쉽고 잘 정리되어 있었기 때문일 것이다. 아리스토텔레스 르네상스가 일어나기 전 수백 년 동안 서유럽의 중세인들이 아리스토텔레스의 논리학 저작 몇 개와 그것들에 대한 주석이나 교과서를 보고 그게 아리스토텔레스 사상의 본모습이겠거니 착각했던 것과 비슷하다. 단순 명쾌하게 압축 정리된 멜리소스의 파르메니데스주의가 파르메니데스의 대변인 노릇을 톡톡히 한 셈이다.

6 파르메니데스의 유산

제논, 멜리소스에게 빠졌는데 파르메니데스에게 있는 것은 한마디로 말하면 길 이야기다. 파르메니데스는 무엇보다도 길을 말하는 철학자다. 엘레아 철학자들 가운데 파르메니데스만이 길을 이야기한다. 그는 자신의 담론을 자신이 간 길에 관한 이야기로 시작하고 있을 뿐만 아니라(B1.1~5), 그가 본격적인 이야기의 주체로 삼은 여신의 담론 역시 파르메니데스가 간 이 길에 관한 이야기로 시작한다(B1.24~28a). 이 두 화자(적어도 표면상으로는 시의 화자와 시 속 화자, 이렇게 둘이다)가 모두 담론의 허두를 길로 시작하고 있는 것은 길 모티브가 이후 논의에서 핵심적인 역할을 하게 되리라는 것을 암시한다. 실제로 길 모티브는 적어도 B8의 생성·소멸 불가능성 논변 대목에 이르기까지 지속적으로 등장하면서 논의의 진행을 주도하는 형식적 틀로 기능한다.

그는 (시의 화자로서) 자신의 지난했던 탐구의 길을 서사시적으로 이야기한다. 그 길은 일상 및 구체성과의 완벽한 단절을 수반하기에 『장자』에서 붕(鵬)의 비상이 그랬듯 엄청난 에너지가 요구되는 길이고(서시), 그 단절을 통해 확보한 새로운 시야를 가지고 기존의 탐구들을 재고하고 업그레이드하면서 진리를 관조하는 길이며(진리편), 그렇다고 거기 관조의 자리에 머물러 있는 것이 아니라 살던 세상으로 돌아와 주변 세상 이야기를 주변 사람들과 나누는 길이다(의견편).

(시 속 화자로서) 그는 또한 사유가 따라가야 할 길(있다는 길, 즉 진리의 길)과 따라가서는 안 되는 길(있지 않다는 길, 즉 배움이 없는 길)을 나누어 판가름할 것을 요구하고, 가사자로서의 안목의 한계 때문에 사람들이 어쩔 수 없이 걷게 되는, 이 두 길을 혼동하는 길(있으면서 있지 않다는 길, 즉 의견의 길)을 이야기한다. 배워야 할 것 둘은 첫째 길과 셋째 길이며, 그 두 이야기는 각각 진리편과 의견편에 개진되어 있다.

이런 길 이야기를 통해 파르메니데스가 성취하려 했던 것 가운데 하나는 인간이 도달할 수 있는 앎의 모델을 확립하는 일이었다. 진리편에서 성취된 것은 엄밀한 앎의 모델이고, 그것은 과정(process)이 인정되지 않는, 즉 있지 않은 것의 가능성이 철저히 배제된 불변의 있는 것을 앎의 대상으로 확립하는 작업이었다. 나중 사람들이 콤플렉스에 빠질 수밖에 없었던 것은 진리편이 보여주는 이 엄격성 때문이었다. 이 엄격성은 자칫 우리에게 친숙한 경험 세계를 아무것도 아닌 것으로 만들어버릴 수도 있을 정도로 강력하다. 과연 그는 우리가 감각하는 이 세계에 대한 설명을 한갓 거짓이거나 무의미한 것으로 치부하고 있는가? 이 물음에 제대로 답하려면, 우리는 진리편에서 언급된 셋째 길이 둘째 길과 구별된다는 점, 그리고 의견편 담론이 가사자의 의견을 그저 답습하는 것이 아니라 진리편 논의를 모델 삼아 재편, 정제하고 있다는 점 등을 감안할 필요가 있다. 그는 다른 가사자들과 더불어 감각 세계 설명에 동참하지만, 그의 의견은 진리편에서 성취된 이론적 성찰을 반영하고 있다. 의견 교설이 다른 가사자들의 의견보다 우월하다고 말했을 때(B8.60~61) 그는 바로 그 점을 염두에 둔 것이다. 그러나 다른 한편으로 의견 교설은 감각 경험을 끌고 들어올 수밖에 없는 것이어서 확고하고 엄밀한 앎을 구성하지 못한다. 요컨대 가사자의 의견보다 우월하지만 진리보다 못한 파악, 그것이 파르메니데스의 의견이다. 그에게서 의견에 대한 폄하와 독려가 함께 나타나는 것은 이처럼 그가 기존의 의견을 자기 나름대로 재구성하고 대안을 모색했기 때문인 것 같다.

진리편이 성취한 앎의 조건에 어울리도록 '정제'된 의견도 가사자들의 무반성적 의견처럼 우주론적 기획에 속하는 이상, 파르메니데스가 자연 세계를 설명의 대상으로 삼는 것 자체를 문제 삼았다고 보기는 어렵다. 가사자의 의견이 가진 잘못은 설명의 필요상 어쩔 수 없이 놓고 들어간 두 원리(빛과 밤)를 그저 놓은 것으로 보지 않고 실재로 보는 것이다. 의견편에서의 작업은 진리편의 기준에 의하면 엄밀한 앎의 대상이 되지 못하는 것(……이면서 ……이지 않은 것으로서의 변화하는 현상 세계)에 대해서도 이전 철학자들과는 다른 방식의 설명이 가능하지 않은가 하는 모색이다. 그는 이전의, 하나가 갈라지거나 달리 되는 모델이 아니라 적어도 대립되는 둘을 상정하고 그것이 각각 자기 동일성을 유지하면서 서로 섞이는 것으로 세상을 설명하는 방식이 더 그럴듯하다고 제안한다. 그가 보기에 이런 방식은 적어도 ……이다/있다가

……이지/있지 않게 되거나 ……이지/있지 않다가 ……이게/있게 되는 식의 설명은 아니다. 결국 의견편에서 파르메니데스는 진정한 실재, 확고한 앎의 대상이 아니라는 점만 의식하고 있다면 우주론적 작업도 유용한 논의를 구성할 수 있음을 보이려 했던 것 같다.

이오니아학파 이래 철학의 과제는 다양한 현상 세계를 어떤 하나의 원리로 환원하여 설명하는 일이었다. 이것을 극단으로 밀고 가 새로운 기준을 확보하는 과정이 파르메니데스의 진리의 길이었다. 그것은 '무우주론'으로 해석될 만큼 극단적이고 비일상적인 것이었다. 이전 자연학 전통을 새롭게 재편할 수 있는 이 논의의 폭발성은 제논의 귀류법적 논의와 멜리소스의 단순 명쾌한 연역적 논의에 의해 강조되고 재현되었다. 특히 멜리소스의 논의는 '무한'을 '유한'으로만 바꾸면, 거의 모든 파르메니데스 이야기 해명에 교과서처럼 이용될 수 있는 것이었다. 흔히 엘레아학파나 파르메니데스 이야기라고 우리가 듣는 것들 대부분이 멜리소스적 단순화를 거친 것일 가능성이 높다. 그렇기에 파르메니데스적 전통에 제대로 접근하려면 멜리소스적 당의정을 벗겨내야 한다. 그러나 멜리소스와 제논이 진리편 엘레아주의의 한 중요한 가닥, 즉 현상보다 로고스에 충실하겠다는 정신을 잘 대변하고 있는 것만큼은 분명하다 할 것이다. 진리편의 파르메니데스 정신, 그것을 이어받은 2세대 엘레아주의자들의 노력은 플라톤을 중심으로 한 변증술과 형이상학 전통만이 아니라 로고스의 힘을 극단적으로 강조하는 소피스트나 수사학 전통에까지도 영향을 미쳤다고 할 수 있다.

이 두 직계 제자가 진리편의 정신을 따르느라 골몰했다면, 다음 장에서 만나게 될 다른 후계자들, 즉 다원론자들과 원자론자들은 의견편까지 함께 지은 파르메니데스의 정신을 따르는 데 열심이었다. 파르메니데스가 남겨놓은 숙제는 그의 빛나는 성취(즉 있는 것과 있지 않은 것의 판가름)를 기준으로 받아들이면서, 탈레스 이래 지속된 학문의 이상(즉 여럿을 단순한 원리로 설명하려 함)을 살리는 일이었다. 파르메니데스가 길들을 이야기하면서 제시한 철학적 탐구의 방향은, 어떻게 보

면, 직계 제자인 2세대 엘레아주의자들보다 방계 제자인 다원론자들에
의해 더 잘 계승되고 생산력도 풍부해진 측면이 있다.

■ 참고 문헌 *

강철웅, 「파르메니데스 철학에서 퓌시스의 의미와 위상」, 『서양고전학연구』
　　17, 2001, 27~51쪽.
＿＿＿, 「메타담론의 측면을 통해 본, 사변과 비판으로서의 파르메니데스 철
　　학」, 『철학』 80, 2004, 83~115쪽.
＿＿＿, 「철학적 논변의 전통과 크세노파네스」, 『인간 · 환경 · 미래』 9, 2012,
　　111~43쪽.
김남두, 「파르메니데스의 단편에서 탐구의 길과 존재의 규범적 성격」, 『서양
　　고전학연구』 17, 2001, 1~26쪽.
김주일, 「엘레아학파의 성립과 전승」, 『시대와 철학』 제13권 2호, 2002,
　　71~94쪽.
박윤호, 「파르메니데스에게서의 의견과 자연학」, 『고대 그리스 자연학과 도
　　덕』, 2004, 25~85쪽.
프랭켈, H., 『초기 희랍의 문학과 철학 2』, 김남우 · 홍사현 옮김, 아카넷,
　　2011, 제7장 1절 크세노파네스, 3절 파르메니데스.

---

* 이 장의 내용에 대해 더 알아보려 할 때 출발점으로 삼을 만한 최소한의 기본 한글 문헌
　을 열거하였다. 기타 자세한 참고 문헌 목록은 김인곤 외, 『소크라테스 이전 철학자들의
　단편 선집』(2005) 권말의 참고 문헌 5절 크세노파네스, 7절 파르메니데스, 8절 제논과 멜
　리소스(935~36쪽, 938~45쪽)에서 만날 수 있다.

제6장 다원론자들

김주일

1 그리스 다원론의 철학사적 배경
: 엘레아학파와 그리스 다원론의 성립

파르메니데스가 자신의 시를 통해서 진리의 길과 의견의 길을 제시한 이후에, 그리스 철학의 자연 탐구는 어떤 형태로든 파르메니데스의 영향을 받을 수밖에 없었다. 그의 철학을 적극적으로 수용한 제논과 멜리소스는 자연 탐구에 대한 파르메니데스의 비판과 제안을 옹호하고 방어하는 방식으로 철학적 탐구를 진행했다. 반면에 파르메니데스의 영향을 수용하면서도 자연의 운동과 변화에 대해 적극적으로 설명하고자 한 사람들은 그의 철학을 자연이 설명 가능한 형태로 변형하여 수용하게 된다. 이들은 파르메니데스뿐 아니라 제논과 멜리소스의 방어적 논변에도 대응하며 자신들의 철학을 전개한 것으로 보인다. 이들이 엠페도클레스(Empedoklēs), 아낙사고라스(Anaxagoras), 데모크리토스(Demokritos)로 대표되는 그리스 다원론자들이다.

2 엘레아학파와 다원론의 관계

　파르메니데스를 비롯한 엘레아학파와 다원론자들의 관계는 복잡하고 정확히 알기도 어렵다. 전해지는 자료가 부족하거나 서로 일치하지 않는 것이 그 첫째 이유이다. 또한 자료에 따라 다소 차이가 있기는 하지만, 엘레아학파의 직계인 제논과 멜리소스의 활동 시기와 엠페도클레스와 아낙사고라스의 활동 시기가 겹치는 탓에 이들의 상호 영향 관계가 복잡하기 때문이기도 하다. 기원전 5세기 말에서 4세기 중반(기원전 495~435) 사이에 살았던 것으로 추정되는 엠페도클레스는 파르메니데스 또는 크세노파네스의 제자였던 것으로 보이며, 기원전 500년에 태어나 기원전 428년에 죽은 것으로 전해지는 아낙사고라스는 파르메니데스에게 영향을 받은 것 외에도 기원전 489년경 출생한 것으로 추정되는 제논과 그와 비슷한 연배로 추정되는 멜리소스의 논변에 영향을 받은 것으로 보인다. 아낙사고라스의 단편들에는 제논의 논변에서 중요한 역할을 차지하는 '무한 분할 가능성'에 대한 반응으로 보이는 구절이 있기 때문이다. 반면에 엠페도클레스에게는 '무한 분할 가능성'에 대한 구절이 명시적으로 보이지 않아서 제논의 논변에 대해 몰랐거나 제논의 논변이 그의 관심을 끌지 않은 것으로 볼 수 있다. 이에 반해 기원전 460년경 출생한 것으로 추정되는 데모크리토스는 레우키포스(Leuckippos) 또는 아낙사고라스를 경유하여 엘레아학파의 영향을 받은 것으로 보인다. 데모크리토스의 원자 개념은 무한 분할 가능성에 대한 명백한 부정으로 이해할 수 있기 때문이다.

　파르메니데스의 비판과 '있는 것'(to eon)의 징표들에 대한 다원론자들의 대응은 다양하지만, 몇 가지 관점에서 공통점과 차이점을 짚어 볼 수 있다. 먼저 다원론자들은 '있는 것'이 생성·소멸하지 않는다는 점은 다 받아들인다. 이것을 수락하면, 우리가 감각 경험으로 지각하는 생성·소멸의 세계는 일종의 가상이 된다. 그런 점에서 다원론자들은 우리가 지성적으로 아는 세계와 감각 경험으로 아는 세계가 분리된다는 결론에 이른다. 따라서 다원론에 와서 실재하는 세계와 나타나는 세계, 즉 본질의 세계와 현상의 세계는 예리하게 구분된다. 다원론에 와서 감각 경험에 대한 논의가 본격적으로 이루어지는 것은 바로 이런 앎의 방식에 따른 세계의 구별과 직접 연관된다.

다른 한편 "있는 것이 생성·소멸하지 않는다"는 파르메니데스의 주장을 인정한 것과 달리 다원론자들은 "있는 것은 하나다"란 파르메니데스의 주장에 대해서는 새로운 이해를 제시한다. 일단 다원론자들은 '하나'라는 말의 의미를 '단일하다'란 뜻으로 받아들인다. 그런 점에서 그들은 파르메니데스의 '하나'를 받아들이긴 하지만, 그것을 '하나여서 구별되지 않음'의 의미로는 받아들이지 않는다. 그래서 다원론이라는 말이 의미하듯이 그들은 '있는 것'을 단일한 질(質)을 가지고 있으나 서로 구별되는 '여럿'으로 상정한다.

반면에 다원론자들이 '구별된다'고 말할 때, 그 의미는 서로 다르다. 엠페도클레스와 아낙사고라스에게는 '있는 것들'(ta onta)이 서로 다른 점은 서로 '질'이 다른 것이다. 그런 점에서 엠페도클레스의 네 뿌리도 아낙사고라스의 씨앗도 모두 질을 중심으로 구별된다. 하지만 데모크리토스는 이런 질의 구별을 일차적인 구별로 받아들이지 않는다. 그에게는 질조차도 현상의 세계에 속한다. 질 이전에 존재하는 것은 양적(量的)인 요소들의 형태, 즉 모양과 크기이다.

있는 것들이 어떻게 구별되느냐에 대한 대답이 달라짐에 따라 '있지 않은 것'(to mē on)에 대한 이해도 다원론자들 사이에서 이견을 보이게 된다. 엠페도클레스와 아낙사고라스는 여전히 파르메니데스에 따라 '있지 않은 것'의 실재를 부정한다. 그러면 엠페도클레스와 아낙사고라스에게 '있는 것'을 '있는 것들'로 분리시켜주는 것은 무엇인가? 엠페도클레스의 경우, 질적 성질을 가진 네 뿌리들은 사랑의 완전한 지배하에 있을 때 서로 완전히 혼합되어 원형적인 구의 상태에 있다. 이렇게 완전히 섞인 네 뿌리들을 분리시키는 원리가 '불화'(neikos)이다. '불화'가 세력을 키워가면서 네 뿌리들은 완전히 섞인 상태에서 서서히 벗어나 서로의 위치를 바꿔 같은 뿌리들끼리 모이게 된다. 아낙사고라스의 경우에는 이런 역할을 하는 것이 '지성'(nous)이다. 반면에 '질의 단일함'을 '있는 것의 하나임'의 의미로 보지 않는 데모크리토스에게는 외부의 원리들이 구별의 원리가 되지 못한다. 그래서 데모크리토스는 다른 다원론자와 다르게 '있지 않은 것'의 부재를 거부한다. 질이 아니라 형태만이 다를 뿐인 데모크리토스의 원자론에서 형태를 구별해주는 것은 '있지 않은 것'인 '빈 것'(to kenon)뿐이기 때문이다. 다시 말해 '형태'만을 가진 것은 '채운 것'(ploures)이고 그 반대는 '빈 것'이라서 데모크리토스에게서 '있는 것'은 '채운 것'이고 '있지 않은 것'은 '빈 것'이 된다. 이제 그들의 생각을 좀더 자세히 알아보자.

3 있는 것은 무엇인가

엠페도클레스의 네 뿌리

어리석은 자들! 이자들에게는 멀리까지 가 닿는 사려들이 없으니, 정녕 이들은 전에 있지 않았던 것이 생겨난다고 여기고, 또는 무언가가 죽어 없어지고 완전히 파멸한다고 여기기 때문이다. (단편 11)

전혀 있지 않은 것으로부터 생겨난다는 것은 가당찮으며, 또 있는 것이 완전히 파멸한다는 것은 이루어질 수도 없는 일이요 들을 수도 없는 일이노라. (단편 12)

전체에는 빈 것(kenon)도 없고, 넘치는 것도 없다네. (단편 13)

전체에는 빈 것이 없거늘. 그러니 어디서부터 어떤 것이 그것에 들어갈 수 있을까? (단편 14)

194

우선 만물의 네 뿌리들에 대해 들어보게. 빛나는 제우스의 생명을 가져다주는 헤레와 아이도네우스. 또 그녀의 눈물로 가사적인 샘들을 적시는 네스티스 말일세. (단편 16)

불과 물과 땅과 한없이 높이 있는 공기 (단편 17.18)

이것들은 모두 동등하며 같은 때에 태어난 동기간이지만, 각기 서로 다른 권한의 주인이고, 각각에게는 자신만의 성향이 있거늘 (단편 17.27~28)

혼합과 혼합된 것들의 분리만이 있으며, 출생이란 이것들에 대해 사람들이 갖다 붙인 이름일세. (단편 8)

네 뿌리들이 섞여서 사람 모습으로, 또는 야생 짐승들의 종족, 또는 나무들의 종족, 또는 새들의 종족의 모습으로 공기 가운데로 나아갈 때, 그때를 생겨남이라고 말하고, 이것들이 분리되면 이번에는 그것을 불운한 운명이라 〈말하네〉. (단편 9)

왜냐하면 있는 것은 이것들뿐, 다만 서로를 헤집고 달려가서 이때는 이 모양, 저때는 저 모양이 되기 때문이네. 혼합이 뒤바꾸는 그만큼. (단편 21)

태어나지 않는 것들. 엠페도클레스에게는 원소들 (단편 7)

엠페도클레스를 따르는 이들에 의하면 〔……〕 이와 같은 혼합은 〔항시〕 보존되는 원소들로부터 원소들의 작은 조각들이 서로 나란히 놓여서 형성된다.[1]

엠페도클레스도 말하길, 우리와 지구 상에 있는 다른 모든 물체들은 히포크라테스가 말한 것과 같은 원소들로부터 생겨나는데, 서로서로 [잘] 뒤섞여서가 아니라 작은 조각들이 서로 나란히 놓이고 서로 닿아서 생긴다고 한다.[2]

엠페도클레스는 현재 시칠리아의 남부 해안에 있던 아크라가스 출신으로서 아크라가스의 정치적 위기 시에 민주주의를 옹호한 정치적 인물이자 종교가, 뛰어난 수사가이자 비바람을 부르는 신비적이고 복합적인 인물로 알려져 있다. 이런 그는 서사시 운율로 짜인 자신의 저술 『자연에 대하여』에서 '있는 것'에 대한 새로운 생각을 밝히고 있다. 파르메니데스 또는 크세노폰(Xenophōn)의 제자로 전해지는 그는 엘레아학파의 계통을 잇는 철학자로서 '있는 것'에 대한 일차적인 주장을 받아들인다. 그는 '있는 것'에 대비되는 '있지 않은 것'의 존재를 받아들이지 않는다(단편 11). 또한 그는 '있는 것'이 생성·소멸한다는 상식적인 견해에 대해 그것이 생성·소멸하지 않는다는 엘레아학파의 주장을 지킨다(단편 11, 단편 12). 한편 그는 '있지 않은 것'이 '빈 것'(kenon)이라 이해하는 것으로 보이며(단편 13), 우주 전체에는 바로 이 빈 것이 없기 때문에(단편 14) 증가하지 않는다(단편 14)고 말함으로써 파르메니데스가 말한 '있는 것'의 징표들 중 일부를 명시적으로 받아들인다.

그러나 그는 파르메니데스의 일원론의 핵심 사항인 '있는 것은 하나'라는 주장에 대해서는 다른 입장을 취한다. 그는 있는 것이 하나가 아니라 넷이고 그것은 각기 다른 질적 성질을 갖고 있다고 보는 것이다. 그는 이것을 "만물의 네 뿌리들(rhizōmata)"이라고 부르고 그것을 불, 물, 흙, 공기(단편 17.18)라고 밝힌다. 물론 이것들은 우리가 자연

---

1) 아리스토텔레스, 『생성과 소멸에 관하여』, 334a26.
2) 갈레노스, 『히포크라테스의 「사람의 본성에 관하여」』, 주석 XV. 49, 『희랍 의학 전집』 V. 9, p. 1, 27.24.

현상이라 부르는 개별적인 사물과 그것들의 운동이 있기 이전부터 있는 것이며 개별적인 사물과 그것들의 운동이 출생하거나 죽거나 하는 것으로 보이게끔 하는 것들이다. 그에게 이것들이야말로 태어나지 않는 것으로서 언제나 있고 있을 것이다(단편 7). 엠페도클레스가 왜 하나가 아니라 네 가지를 원소(stoicheion)로 보는지, 그리고 또 왜 그것들이 '불, 물, 흙, 공기'인지 그의 직접 단편들을 통해서는 알기 어렵다. 그가 이에 대해 명확한 설명을 하지 않는 탓이다. 하지만 파르메니데스의 일원론이 내놓은 파괴적인 결과와 비교해 볼 때, 자연 현상에 관련한 그의 의도는 분명해 보인다. 우리 눈에 보이는 자연 현상을 어떻게든 설명해야 했고, 그러기 위해서는 있는 것은 하나가 아니라 여럿일 필요가 있었다. 또한 이것들이 '불, 물, 흙, 공기'인 이유는 고대 그리스인의 생활 경험 속에서 이것들이 직관적으로 만물을 이루는 중요 요소로 보였기 때문일 것이다. 물론 이러한 생각은 오늘날 우리가 생각하는 순수한 관찰에 의한 것은 아니었을 것이다. 이 네 가지 요소들은 순수하게 자연을 이루는 기본 범주로서가 아니라 자연과 인간 사회를 모두 아우르는 세계를 구획하는 범주였을 것이다. 이에 대한 논의는 종교가로서의 엠페도클레스를 이야기하는 자리에서 하기로 하고, 여기서는 자연의 설명을 위한 것으로 국한하기로 하자.

우리가 보는 자연 현상은 이 네 뿌리들이 서로 혼합을 이루어 발생한다는 것이 엠페도클레스의 주장이다. 그에 따르면 "이것들은 모두 동등하며. 각기 서로 다른 권한의 주인이고, 각각에게는 자신만의 성향(ēthos)이 있다"(단편 17.27~8). 이것들이 혼합되어 감각 경험의 대상이 되는 개별적인 것들(가사적인 것들)이 되며, 따라서 우리가 보는 생성과 소멸은 그저 이것들의 혼합과 분리일 뿐이다(단편 8). 그리고 엠페도클레스가 말하는 혼합과 분리는 원소들 고유의 질적 성질이 바뀌는 화학적 혼합이 아니라 위치를 바꾸는 기계적 혼합인 것으로 보인다. 고대에도 이런 해석이 있었지만[3] 그의 단편 21에도 이와 관련해서 "서로를 헤집고 달려간다"는 표현이 있어서 이것들이 위치 이동을 한다는 사실을 설명해준다.

아낙사고라스의 씨앗들

모든 사물은 함께 있었고, 수적으로도 작음에서도 무한했다. (단편 1)

결합되는 모든 것의 속에는 온갖 종류의 많은 것이 들어 있는데, 그것들은 만물의 씨앗들로서 온갖 종류의 형태뿐 아니라, 색깔도 맛도 가지고 있다. (단편 4)

그는 엠페도클레스에게 이렇게 반문하는 것 같다. "대체 어떻게 머리털이 아닌 것에서 머리털이 생기고 살이 아닌 것에서 살이 생길 수 있는가?"(단편 10)

아낙사고라스가 하나인 섞인 것에서 수적으로 무한한 같은 부분으로 된 것들(homoiomerē)이 떨어져 나오며……[4]

"왜냐하면 작은 것의 가장 작은 것도 없으며, 오히려 언제나 더 작은 것이 있기 때문이다(왜냐하면 있는 것이 있지 않을 수는 없으니까). ─다른 한편 큰 것에도 더 큰 것이 언제나 있다. 그리고 그것은 작은 것과 수효가 같지만, 각각은 자신과 관련해서 크기도 하고 작기도 하다."(단편 3)

"무수히 많은 것들의 섞임에서 수적으로 가장 우세한 것에 따라 이름 붙여진다. 왜냐하면 섞이지 않고 전적으로 희거나 검거나 달거나

---

3) 위의 아리스토텔레스와 갈레노스의 단편 참고.
4) 심플리키오스, 『아리스토텔레스의 「자연학」 주석』, 155, 23 이하.

살이거나 뼈인 것은 없고, 각각의 것이 가장 많이 지니는 그것이 그 사물의 본성인 것처럼 보이기 때문이다." (DK59A52)

"그리고 그 사람들에게는 우리와 마찬가지로 주거 도시들도 있고 경작 농장들도 있으며, 우리와 마찬가지로 해도 달도 그 밖의 것들도 그들에게 있으며, 땅은 그들에게 온갖 종류의 많은 것을 길러내며, 그 중 가장 이로운 것들을 저들은 집에 모아다 놓고 사용한다." (단편 4)

아리스토텔레스에 따르면 아낙사고라스는 엠페도클레스보다 나이가 많지만 철학 활동은 더 늦게 시작했다고 한다(DK59A43). 그의 스승이 누구인지에 대해서는 별다른 언급이 없다. 그러나 남겨진 그의 단편들로 미루어 그가 파르메니데스의 철학을 충분히 의식했으며 제논과 멜리소스, 또는 엠페도클레스의 철학에 나름대로 대응하려 했다고 짐작할 수 있다. 말하자면 그는 특정한 학파에 속하기보다는 이전과 당대의 철학 사상을 비판적으로 수용한 것으로 이해할 수 있을 것이다. 이런 그의 면모가 드러나는 생각이 "모든 사물은 함께 있었다"(단편 1)는 생각이다. 파르메니데스의 단편 8에는 "그것은 언젠가 있었던 것도 아니고, 있게 될 것도 아니다. 왜냐하면 지금 전부 함께 하나로 연속적인 것으로 있기에"라는 말이 있다. 이 말과 아낙사고라스의 단편 1을 비교해 보면, 그가 파르메니데스의 기본적인 생각을 이어받은 것을 알 수 있다. 그러나 그는 엠페도클레스처럼 특정한 몇 개의 요소로 '있는 것들'을 한정하지 않는다. 그는 엠페도클레스를 경유하기보다는 "있는 것은 있지 않은 것에서 나올 수 없다"는 파르메니데스의 생각을 직접 받아들여, 그 전제 위에서 '있는 것은 있지 않은 것에서 나올 수 없으니, 있는 것들은 다 있는 것들에서 나와야 한다. 그 있는 것들이 특정한 질을 가진 것이라면 그것은 복합에 의해서 생기는 것이 아니라 본래 있는 것이 그대로 드러나는 것이어야 한다'고 본다. 이런 그의 생각은 단편 4에서 잘 읽을 수 있는데, 우리에게 현상으로 나타나는 개별적인 사물들은 모두 결합된 것으로, 그 결합된 모든 것들 속에 들어 있는 것을 그는 '씨앗들'(spermata)이라고 부른다. 이렇게 보면 한 개별자를 아무리 작게 잘라내도 그 잘라낸 부분에는 전체 개별자와 똑같은 비율의 씨앗들이 들어 있을 것이다. 말하자면 한 개별자의 구조가 그 개별자의 미세 부분에도 반복되는 것이다. 이 점에 대해서 심플리키오스는 '같은 부분으로 된 것들'(homoiomerē)이라는 이름을 붙여 특징지었다.

그는 엠페도클레스에게 이렇게 반문하는 것 같다. "대체 어떻게 머리털이 아닌 것에서 머리털이 생기고 살이 아닌 것에서 살이 생길 수 있는가?"(단편 10) 엠페도클레스가 만물을 네 가지의 기본 성질로 환원해서 무수한 질적 차이들이 이 네 뿌리들의 혼합으로 인해 우리의 감각적 지각의 차원에서 발생하는 것으로 파악했다면, 아낙사고라스는 모든 질적 차이들은 감각적 지각 이전의 단계에서, 진정으로 있는 것들의 차원에서 이미 존재하는 것으로 파악한다. 그렇다면 우리가 지각하는 개별자들의 질적 차이는 어떻게 생겨나는 것일까? 이런 의문에 대해 아리스토텔레스는 "우리는 모든 개별적인 것들에 모든 질적 차이들이 다 함께 있는데도 불구하고, 그중 수적으로 우세한 것을 그 사물의 본성으로 지각할 뿐"(앞의 DK59A52 참조)이라고 해석한다. 전해지는 아낙사고라스의 직접 단편 중에는 이 점에 대해 명확하게 설명하는 단편이 남아 있지 않아서 이 점에 대해서는 해석을 통해서만 이해할 수 있다. 그러나 다음 장에서 설명하게 될 아낙사고라스의 우주 발생의 체계를 보면 아리스토텔레스의 해석이 타당하다고 볼 수 있다.

이렇게 엠페도클레스와는 다른 아낙사고라스의 다원론은 파르메니데스뿐 아니라 그의 제자인 제논의 논변을 엠페도클레스와는 달리 그가 심각하게 받아들였다고 생각해야 철학사적으로 이해하기 쉽다. '모든 것이 모든 것에 있다'고 하는 세계에 대한 그의 설명에는 '무한'의 문제가 개재되어 있기 때문이다. 세계를 구성하고, 세계가 거기로 환원되는 몇 개의 원리적인 요소들을 상정하는 다원론을 공격하는 제논의 논증을 아낙사고라스는 심각하게 받아들인 것으로 보인다. 제논의 파괴적인 논증은 다원론자들이 세계의 원리를 하나가 아닌 여럿으로 분리하기 시작하면, 그 여럿인 단위 하나하나가 무한 분할의 덫에 걸리게 된다는 것으로 이해할 수 있다. 단위가 되는 원리들이 무한 분할에 빠지게 되면 단위로서 갖추어 할 일정한 크기를 갖추지 못해—크기가 계속 분할되니까—단위로서 자격을 잃는다는 것이다. 이에 대해 아낙사고라스는 무한 분할의 가능성을 인정하면서도 제논처럼 그것이 단위로서 자격을 잃게 하는 요인이 된다고는 보지 않고, 오히려 무한 분할 가능성을 적극적으로 받아들여서 '그래서 세계를 구성하는 씨앗들은 무수히 많다'고 생각하게 된 것으로 보인다. 이런 그의 생각은 세계의 크기에 대한 생각으로 이어져 그는 무한히 큰 세계와 무한히 작은 세계 모두를 인정한다. 이런 그의 생각은 제논의 단편 1의 "만약 여럿이 있다면 그것들은 크기도 하고 작기도 하다. 그것들은 그 크기가 무한할 만큼 크고, 전혀 크기가 없을 만큼 작다"에 담긴 생각을 받아들이는 것이다. 대체로 학자들은 제논의 단편 1의 이 말이 귀류법(aductio ad absurdum)을 위한 가설이지 제논 자신의 주장이 아니라는 데 의견이 일치한다. 그러나 아낙사고라스는 이것을 가설이 아니라 자신의 주장으로 받아들인 것이다. 무한이 세계 안에 실재한다고 보는 그의 생각은 세계의 개수에 대한 생각으로 발전한다. 그는 씨앗들이 무한히 작고, 무한히 많다면, 그 씨앗들이 합쳐져서 발생하는 세계 역시 하나가 아니라 여럿이 되는 것이 필연적이라고 생각한 것이다(단편 4 참조).

데모크리토스의 원자

어떤 것(있는 것)이 아무것도 아닌 것(있지 않은 것)보다 더 있지 않다. (단편 156)

원자론의 시조로는 레우키포스의 이름이 전해지지만,[5] 그의 행적에 관해서는 정확한 것도 없고, 그가 실재했던 인물인지도 불분명하다.[6] 또한 원자론에 대한 그의 단편들은 데모크리토스의 것과 명확하게 구분되지 않아 데모크리토스를 원자론의 대표자로 꼽는 데 별다른 이의가 없다. 데모크리토스는 키케로가 "재능의 크기에서뿐 아니라 사고력의 크기에서 그를 누구와 비교할 수 있을까?"[7]라고 말할 정도로 탁월한 재능과 박식, 그리고 방대한 저술을 한 것으로 알려져 있으나, 묘하게도 원자에 대한 데모크리토스의 단편은 소수에 불과하다. 우리가 그의 원자론에 대해 알 수 있는 대부분의 자료들은 고대 철학자들의 저술에서 그의 원자론이 소개된 내용이 대부분이다. 하지만 그 내용이 대체로 일치하고 분명해서 다른 다원론자나 소크라테스 이전 철학자들에 비해 해석의 논란이 많지 않은 편이다.

원자론에 대한 설명을 남긴 철학자들은 주로 아리스토텔레스와 아리스토텔레스학파에 속하는 주석가들이다. 특히 아리스토텔레스는 원자론을 엘레아학파와 대비하여 소개하였다. 그에 따르면 원자론자들은 엘레아학파의 일원론에 대항하여 '자연 본성에 맞는 근원(archē)'을 설정하였다고 한다. 구체적으로는 '있지 않은 것'으로서 '허공'을 원자론자들은 있는 것으로 받아들였고, 그 이유는 허공이 별도로 분리되어 있지 않으면 움직이는 것이 불가능하며, '있는 것들'을 떼어놓을 수 있는 '허공'이 있어야 여럿도 있을 수 있다고 보았기 때문이라는 것이다.[8] 이렇게 보면 데모크리토스는 파르메니데스가 생각하지 말도록 금지한 '있지 않은 것'을 '허공'이라고 보았고, 운동을 하기 위해서는 운동의 장소가 있어야 하므로 '빈 곳'으로서 '허공'의 존재가 필요하다고 가정한 것으로 이해할 수 있다. 이런 점에서 데모크리토스는 엘레아학파의 학설과 관련해서 그 이전의 다원론자들과는 현저히 다른 입장을

---

5) 앞의 책, 28.4 참조.

6) 디오게네스 라에르티오스, 『유명한 철학자들의 생애와 사상』, 10권 13절 참조.

7) 키케로, 『아카데미카 I』 II.23.73 참조.

8) 아리스토텔레스, 『생성과 소멸에 관하여』, I. 8. 325a2 이하 참조.

보인다. 엠페도클레스나 아낙사고라스는 엘레아학파의 주장에 입각해서 '있지 않은 것'의 존재를 여전히 받아들이지 않는데, 데모크리토스는 '있지 않은 것'의 존재를 '허공'으로 놓고, 그것을 운동이 가능한 조건으로서 적극적으로 받아들이기 때문이다. 이런 그의 생각은 단편 156에 잘 드러나듯이 '있지 않은 것'이 '있는 것'보다 존재의 측면에서 덜해야 할 이유가 없다고 봄으로써 엘레아학파의 주장과 확연히 선을 그어놓고 있다.

다른 측면에서 보면 '있지 않은 것'의 존재를 '허공'으로 놓았다는 것은 '있는 것'을 '공간을 채우는 어떤 것'으로 보았다는 소리가 된다. 그래서 아리스토텔레스는 데모크리토스가 '꽉 찬 것'(plēres)과 '허공'을 원소들(stoicheia)이라 불렀고, 전자를 있는 것으로 후자를 있지 않은 것이라 불렀다고 말한다.[9] 공간을 채운다는 것은 '있는 것'의 특징이 '연장'(extension)을 갖는 것에 있다는 말이 된다. 물론 데모크리토스 이전의 다원론자들도 공간의 문제를 아예 의식하지 못한 것은 아니다. 엠페도클레스는 "전체에는 빈 것이 없고, 넘치는 것도 없다"(단편 13)고 해서 '빈 것'의 문제를 어느 정도 의식하고 있었다. 그러나 데모크리토스는 공간의 문제를 전면에 끌어들여 '있는 것'의 증거로 삼았다. 그 이전의 다원론자들이 질적 차이에 주목하여 여럿의 문제를 해결하려 한 것과는 달리, 원자론은 질적 차이조차도 양적 차이에 기인하는 것으로 본다.

데모크리토스는 '무한'의 문제 역시 충분히 의식하고 있다. 그러나 아낙사고라스와는 달리 '무한 분할의 가능성'을 인정하지 않는다. '원자'의 어원적 의미가 '더 자를 수도 없고(atomoi) 분할할 수도 없는' 것이란 사실은 그 점을 잘 보여준다. 하지만 무한의 문제에서 데모크리토스는 무한 분할 가능성을 인정하지 않는 것과는 달리, 수적 무한은 받아들인다. 아마 이것은 그가 허공의 문제를 긍정함으로써 공간의 유한

---

9) 아리스토텔레스, 『형이상학』 1권, 985b5 이하 참조.

성을 거부하기 때문일 것이다. 우주는 한계를 갖지 않고, 그 우주를 구성하는 요소들은 연장을 가진 원자들과 원자들의 활동 공간인 '빈 것'이다. 따라서 원자들은 비록 무한히 나뉘지는 않지만, 무한한 공간 속에서 무한히 많은 것이고, 원자들의 크기도 제한되지 않는다.

4 운동에 대한 다원론의 설명

다원론은 엘레아학파의 주장 중에서 원초적인 일자에 대한 이해를 받아들이기 때문에 그들의 생각에는 발생론적으로 최초의 우주가 구별되지 않는 하나에서 출발한다는 전제가 깔려 있다. 그들에 따르면 최초의 구별되지 않는 하나의 우주는 여러 가지 원인에 의해 질적 차이와 운동이 일어나는 현재의 세계로 발전하는데, 이 원인이 무엇이냐에 대한 이해의 차이에 따라 서로 다른 우주론이 성립한다.

사랑과 불화 : 엠페도클레스

또한 이것들은 끊임없이 자리바꿈하기를 결코 멈추지 않거늘,
어느 때에는 사랑에 의해 그것들 전부가 하나로 합쳐지나,
다른 때에는 다시 불화의 미움에 의해 제각각 따로 떨어지기 때문이네. (단편 17)

불과 물과 땅과 한없이 높이 있는 공기,
저주받은 불화는 이것들과 떨어져 있고, 어느 면에서나 맞먹으며,
사랑은 이것들 안에 있고, 길이와 폭에서 동등하다네. (단편 17)

사랑은 모든 것을 하나로 결합시키며, 불화가 만들어낸 우주를 파괴하고 그것을 구(球)로 만드는 반면에, 불화는 원소들을 다시 분리

하여 〔지금의〕 이 우주와 같은 우주를 만든다.[10]

〈이처럼 〔네 뿌리들이〕 여럿에서 하나로 자라는 법을 알고 있고〉
또다시 하나가 분리되어 여럿이 나오는 한,
그런 한에서는 생성이 이루어지며 그것들에는 고정된 생애가 없노
라. (단편 26)

불화가 소용돌이의 가장 낮은 밑바닥에 가 있었고,
사랑이 회전의 한가운데에 있게 될 때,
그곳에서 이 모든 것은 단 하나로 되기 위해서 합쳐지게 되네.
갑자기가 아니라 서로 다른 것들이 서로 다른 곳에서 기꺼이 모여
들어서 말일세.
그것들이 섞여서 수없이 많은 가사적인 족속들이 쏟아져 나왔네.
(단편 35)

많은 것들이 양편에 얼굴들과 양편에 가슴들을 갖고 사람의 얼굴을
가진 황소 자손으로 태어났고, 어떤 것들은 거꾸로 황소 머리를 가진
사람의 자손으로 태어났는데…… (단편 61)

엠페도클레스에게 우주는 애초에 분화되지 않은 하나였다. 이것
은 엠페도클레스의 우주론을 설명하는 데 다소의 어려움을 주는데, 네
뿌리로 대표되는 질적 차이들이 원초적인 하나일 경우에도 그 차이를
유지하고 있느냐가 문제가 되기 때문이다. 그가 원초적 하나에도 차이
가 존재한다는 것을 인정한다면, 그는 엘레아학파의 강령에서 결정적
으로 벗어나는 것이고, 그가 차이를 인정하지 않는다고 보기에는, 네
뿌리는 생성·소멸하지 않는다는 그의 주장과 어긋날 뿐 아니라 세계

---

10) 심플리키오스, 『아리스토텔레스의 「천체에 관하여」 주석』, 293.18.

의 발생을 설명하기도 어렵기 때문이다.

　이런 문제는 세계를 분화시키는 원인이 되는 사랑(Philotēs)과 불화(Neikos)에도 이어진다. 사랑과 불화는 네 뿌리들에 내재하는 성질이 아니라 네 뿌리들의 바깥에서 작동하는 원리이다. 단편 17에서 보듯이 사랑과 불화는 각기 상대가 가장 세력을 떨칠 때는 바깥에 머물고 있다가, 상대의 세력이 약해지면 내부로 침투하기 때문이다. 물론 네 뿌리들을 서로 대립되는 성질을 가진 것으로 본다면 사랑과 불화는 내재하는 질적 차이의 대립성에 의해 발생하는 부수적인 표현이라고 볼 수도 있겠지만, 엠페도클레스의 남아 있는 단편들은 이 점을 지지해주지 못한다. 그래서 사랑과 불화는 네 뿌리들의 외부에서 다분히 상징적이며 신비적으로 개입한다. 이렇게 볼 때, 원초적 하나의 상태에서 우주는 질적 차이를 갖고 있으나, 충분히 발현되지 못하고 있는 상태로 보는 것이 옳을 것이다. 남아 있는 그의 단편들은 이 주장을 지지하는 것으로 보인다.

　원초적 상태에서 하나인 우주의 주변부에 머물던 불화가 점차 세력을 키우면서 네 뿌리들은 완벽히 섞인 상태에서 벗어나 자기들끼리 모이기 시작하는 과정에서 우리가 현재 살고 있는 세계가 형성된다고 엠페도클레스는 설명한다(심플리키우스의 앞 인용 참조). 반대로 불화가 완전히 장악해서 네 뿌리들이 뿔뿔이 흩어져서 자기들끼리 모여 있는 상황에서는 네 뿌리들이 섞이지 않기 때문에 세계는 소멸한다. 서로 모이기 위해 흩어지는 과정에서 네 뿌리들이 여러 비율에 따라 섞이는 상황이 발생하고, 이 상황이 바로 현재 우리가 사는 세계라는 것이다. 여기서 엠페도클레스의 철학을 해석하는 데 문제가 되는 지점이 생긴다. 불화가 장악하는 과정뿐 아니라 사랑이 다시 세력을 키워 전체를 장악하는 과정에도 중간 단계가 존재하기 때문이다(단편 26 참조). 사랑이 완전하게 지배하게 되면 원초적 하나가 성립한다. 그러나 불화가 완전히 장악한 상태에서 네 뿌리들끼리 모여 있다가 다시 사랑이 성하게 되면 네 뿌리들은 서서히 한데 모이게 된다. 그 과정에서 역시 서로 다른 비율에 따라 네 뿌리들이 섞이는 단계가 존재하게 되고(단편 35 참조), 이 세계 역시 우리가 사는 세계로 볼 여지가 생기기 때문이다.

　　엠페도클레스의 독특한 세계관은 결과적으로 진화론적 세계관과 일치되는 결론을 낳기도 한다. 세계는 이합집산하는 가운데 발생하는 것이기 때문에, 현재의 상태로 나아가는 과정에서 현재와는 다른 비율로 섞인 이종(異種)들이 발생할 수 있다고(단편 61 참조) 엠페도클레스가 믿기 때문이다. 이것은 순전히 추상적인 논리의 결과이기도 하지만, 그리스 곳곳에서 발견된 화석의 증거들이 현재의 우주가 영원히 같은 상태가 아니었음을 보여주었기 때문이기도 하다. 또한 인간의 아이들이 다른 동물의 새끼들에 비해 생존이 어려운 상태에서 태어난 것을 비교 · 관찰한 결과도 엠페도클레스의 이런 세계관에 일조한 것으로 볼 수 있다.

지성 : 아낙사고라스

　　그러나 지성은 한정되어 있지 않고 스스로 다스리며 어떤 것과도 섞여 있지 않고, 저만 혼자 있다. 〔……〕 왜냐하면 그것은 모든 사물들 가운데서 가장 미세하고 가장 순수하며, 모든 것에 대해서 모든 앎을 가지고 있으며 가장 힘이 세기 때문이다. 그래서 혼을 지닌 크고 작은 것들 모두를 지성이 다스린다. 또한 지성은 회전 전체를 다스린다. 그래서 회전이 처음 시작될 수 있었다. 처음에는 작은 것에서 회전이 시작되었으나 〔지금은〕 보다 크게 회전하고 있으며 더욱 크게 회전하게 될 것이다. (단편 12)

　　소크라테스가 젊은 시절에 아낙사고라스의 우주론에 깊은 흥미를 가졌다는 것은 플라톤이 『파이돈』에서 전함으로써 유명한 이야기가 되었다. 이것이 실제 소크라테스의 행적이든 아니든 아낙사고라스의 우주론에서 '지성'(nous)이 갖는 독특한 철학사적 지위를 알려주는 것이기는 하다. 아낙사고라스 이전에 파르메니데스가 "사유와 생각은 같은 것이다"란 말에 의해 '지성'에 대한 관심을 보여주었으나 이것을 우주론적 원리로 생각한 것은 아낙사고라스가 처음이다.

엠페도클레스와 마찬가지로 아낙사고라스도 모든 것이 모든 것에 같이 있는 원초적 하나의 우주를 상정하였다. 이것 역시 모든 질적 차이들이 완벽하게 섞여 있어서 어느 하나의 질적 차이가 우세를 보이지 않는 상태이다. 이런 상태에서 '같은 부분으로 된 것'인 '씨앗'을 분화시켜 서로 다른 비율로 섞이게 만드는 것이 '지성'이다. 그런데 지성은 "가장 미세하기" 때문에 "한정되어 있지 않고", 원초적 우주에 골고루 퍼져 있다. 아낙사고라스는 이 '지성'에 우주의 운동을 일으키는 '운동자' 역할을 맡긴다. 그래서 그것은 "스스로 다스리며"―스스로 운동한다고 봐도 된다―, "혼을 지닌 크고 작은 것들 모두를 다스린다." 엠페도클레스는 네 뿌리와 '사랑과 불화'를 구별하여, 운동을 일으키는 것(운동자)과 운동되는 것(피운동자)을 구별하긴 했지만, 앞에서 밝혔듯이 그 과정은 불분명하고 다분히 신비적인 설명으로 이루어져 있다. 반면에 아낙사고라스는 '지성'의 운동 방식에 대한 구체적인 설명을 동반하여 그리스 철학사에서 최초로 명확하게 '운동자'와 '피운동자'를 나누었다(단편 12).

이 '지성'이 한데 모여 있는 씨앗들을 움직여 분리되게 하고 그로부터 불균등한 비율로 섞이게 하여 현재의 우주를 만들어내는 운동 방식은 '회전 운동'이다. 회전은 처음에는 작은 범위에서 시작했으나 현재는 더 큰 범위로 이루어지고 있으며, 미래에는 더 커지리라는 것이 아낙사고라스의 말이다(단편 12).

'지성'에 대한 아낙사고라스의 말 중에서 플라톤, 아리스토텔레스의 관심을 끈 것은 "지성이 모든 것에 대해서 모든 앎을 가지고 있다"(단편 12)는 말이었다. 플라톤과 아리스토텔레스에 대한 장에서 구체적으로 설명하게 되겠지만, 플라톤과 아리스토텔레스의 우주론은 단순하게는 '목적론'이라는 말로 묶을 수 있다. 세계의 운행 방식과 방향이 좋은 것에 의해서, 좋은 것으로 간다는 말이다. 모든 것에 대해 앎을 가지고 있고 운동을 일으킬 수 있는 능력을 갖고 있다는 말은 어떤 것이 언제 어느 곳에서 일어나는 것이 좋은지에 대한 앎을 갖고 있다는 말이 된다. 그래서 플라톤은 『파이돈』에서 소크라테스의 입을 빌려 아낙사고라스가 운동의 원인이 '지성'이라고 했다는 말에 반가워, "질서 짓는 지성은 모든 것들을 질서 짓고, 각각의 것을 그것이 최선의 상태에 있게 되는 방식으로 자리 잡게 해준다"(『파이돈』 97c)는 생각에 그의 책을 봤으나 "그 사람이 지성을 전혀 사용하지 않을 뿐 아니라, 그것을 사물들을 질서 짓는 일에 관련된 원인들로 지목하지도 않고, 다만 공기, 에테르, 물 그리고 그 밖의 이상한 많은 것을 원인이라고 주장하는 것"(『파이돈』 98b~c)을 보았다고 전한다. 현재 우리에게도 아낙사고라스가 지성을 좋은 것의 원인으로 말한 내용은 전해지지 않았는데, 아낙사고라스의 온전한 책을 접한 소크라테스(또는 플라톤)도 그 내용을 찾아볼 수 없었던 것으로 보인다. 이렇게 해서 아낙사고라스의 '지성'은 운동의 원인으로서 작용하기는 하지만, '지성'에 기대하는 좋음의 원인으로서는 기능하지 않는다는 것을 이해할 수 있다. 엠페도클레스의 '사랑'과 '불화'는 아낙사고라스에 의해 좀더 데모크리토스 쪽으로 이동한 것이다.

크기와 무게

그들[데모크리토스와 레우키포스]은 원소들 각각의 형태가 어떤 것이고 무엇인지에 대해서 아무런 규정도 내리지 않고, 다만 불에는 공 모양을 부여했을 뿐이다. 그는 공기와 물, 그리고 그 밖에 다른 것들을 [원자의] 크고 작음에 따라 구별했다.[11]

---

11) 아리스토텔레스, 『천체에 관하여』 III. 4, 303a12.

그러나 데모크리토스는 나눌 수 없는 것들 각각은 〔크기가〕 더 크면 더 무겁다고 말한다.[12]

데모크리토스를 따르는 사람들의 생각에 따르면, 모든 것들은 무게를 가지지만, 불은 무게가 가볍기 때문에 무게가 더 무거운 것들에게 밀려나 위로 올라가며, 그 때문에 가벼워 보인다.[13]

데모크리토스의 말에 따르면, 일차적 물체들(이것들은 단단한 것들이다)은 무게를 갖지 않지만, 무한한 것 속에서 상호 충돌로 인해 움직인다. 그리고 세계만 한 크기의 원자가 있을 수 있다.[14]

데모크리토스는 〔원자들의 속성으로서〕 크기와 형태 두 가지를 말했지만, 에피쿠로스는 여기에 무게를 세 번째 것으로 보탰다. 왜냐하면 물체들은 무게로 인한 충돌에 의해 움직일 수밖에 없기 때문이라고 그는 말한다.[15]

데모크리토스가 온갖 형태〔원자〕로 이루어진 회오리가 전체로부터 떨어져 나왔다고 말할 때…… (단편 167)

엠페도클레스와 아낙사고라스가 질적 차이가 드러나지 않는 하나인 원초적 우주를 상정하고, 그 우주를 바깥에서 분화시키는 원리들을 상정했다면, 데모크리토스는 외적 원리가 아니라 내적 차이인 양적 차이에서 그 원인을 찾는다. 원자들의 크기와 무게가 그것이다. 원자들은

---

12) 아리스토텔레스, 『생성과 소멸에 관하여』 I. 8, 326a9.

13) 심플리키오스, 앞의 책, 712.27.

14) 아에티오스, 『학설 모음집』, I. 3.18.

15) 『학설 모음집』, I. 12.6.

더는 쪼개지지 않는 것인 만큼 일정한 크기를 갖지만, 모든 원자의 크기가 다 같은 것은 아니다. 그래서 이 서로 다른 크기들이 서로 다른 방식으로 결합함으로써 우리가 감각하는 개별적 사물들이 발생한다고 데모크리토스는 이해한다. 그러나 이것만으로는 부족하다. 왜 원초적 하나의 상태로 있던 우주가 운동을 시작해서 현재의 우주를 이루게 되었을까? 이 질문에 대한 답이 필요하기 때문이다. 데모크리토스는 그것을 우연으로 돌린다. 외적인 정신적 질서의 원인을 찾지 않기 때문이기도 하고, 철저하게 원자로부터 모든 것을 설명하려는 그의 지적 일관성 때문이기도 하다. 그러나 현재 남아 있는 단편에서 운동의 시작을 설명할 수 있는 내용은 충분하지 않다(위에서 인용된 단편들이 데모크리토스 본인의 직접 단편도 아니고, 서로 상충하기도 한다는 점에서 짐작할 수 있을 것이다). 우리가 지각하는 질적 차이들이 원자들의 결합 방식과 비율 때문이라고 설명할 수 있지만, 그것들이 어떻게 해서 운동하게 되었는지는 설명되지 않기 때문이다. 그래서 학자들은 그의 이 부족한 부분의 설명을 이후의 원자론자들인 에피쿠로스(Epikouros)와 루크레티우스(Lucretius)로부터 찾는다. 원자들의 무게가 그것이다(위의 아에티오스의 두 번째 인용문 참조). 원자들은 무게에 의해서 자유 낙하 운동을 한다. 원자들은 무게에 의해 공중에서 떨어지는데, 이것들이 떨어지면서 서로 부딪혀 회오리 운동을 일으키고, 그 운동은 바로 원자들이 결합하게 되는 원인이 된다는 것이다(단편 167 참조). 이 이론은 나중에 에피쿠로스에 의해 수정된다. 에피쿠로스는 무게에 의해 원자들이 낙하하더라도 경험으로 볼 때 무게를 가진 물체들은 수직으로 떨어지기 때문에 서로 충돌할 일이 없다고 생각했기 때문이다. 그래서 에피쿠로스는 자발적인 우연을 이 과정에 개입시켰고, 이것은 훗날 카를 마르크스(Karl Marx)가 자신의 박사 논문 주제로 삼음으로써 후대에 화제가 된 주제이기도 하다.

5 다원론자의 인식 이론

다원론자들은 엘레아학파의 하나와 현상의 여럿을 조화시켜야 하는 철학사적 임무를 안고 있었다. 그들은 이 문제의 해결을 본래 생성·소멸하지 않는 단일한 질적 특성을 가진 하나를 여럿 가정하고, 이것들의 이합집산이 우리가 보고 경험하는 세계라는 설명 방식을 취한다. 실재의 세계와 감각 경험의 현상 세계의 구분이라는 철학적 사고의 본격적인 발현이다. 이 과정에서 다원론자들은 필연적으로 우리가 지각하는 방식이 어떤 것인지를 설명해야 할 필요에 부딪히게 된다. 비록 그 이전에 크세노파네스나 헤라클레이토스 등이 인간의 지각에 대한 회의적인 검토를 한 적이 있으나, 지각 자체를 설명 대상으로 삼았던 것은 다원론자들이 처음이라고 해야 할 것이다.

'같은 것이 같은 것에': 엠페도클레스

생겨난 모든 것들에는 방출물들이 있음을 알고 (단편 89)

이처럼 단 것이 단 것을 붙잡았고, 쓴 것이 쓴 것에 달려갔으며,
신 것이 신 것에 다가갔고, 매운 것은 매운 것에 올라탔네. (단편 90)

엠페도클레스는 모든 감각에 대해 같은 방식으로 이야기하는데〔감각들〕 각각의 통로에 〔방출물들이〕 꼭 들어맞기 때문에 감각이 성립한다고 말한다. 이 때문에 감각은 다른 감각에 속하는 것을 서로 식별할 수 없다.[16]

---

16) 『아리스토텔레스의 「감각과 감각되는 것에 관하여」 주석』, 7.9.

지각한다는 것은 지각 대상과 지각 주체라는 양극을 설정하면서 설명이 시작된다. 바깥에 있는 외부 세계를 우리가 어떻게 지각하느냐는 것이 지각의 문제이기 때문이다. 우리의 일상적 경험이 말해주듯이 우리는 눈으로는 사물을 보고, 귀로는 들으며 혀로는 냄새를 맡고, 피부로는 감촉한다. 이것을 원리적으로 이해하고자 한 사람이 엠페도클레스이며, 그는 지각 기관의 상이함이 지각 대상의 상이함과 연결되어 있다고 생각했다. 그래서 '같은 종류의 지각 대상이 같은 종류의 인식 기관에 의해' 인식된다고 그는 생각한다.

이런 과정에서 일단 문제가 되는 것은 인식 대상에서 인식 주관에 어떻게 시각상과 맛과 냄새와 촉각이 전달되는가 하는 점이다. 여기서 그가 생각한 것이 유명한 '방출설'이다. 대상으로부터 대상의 모상이 방출되어(단편 89) 우리의 감각 기관의 통로에 접촉하고(단편 90), 그 접촉에 의해 감각이 성립된다고 보는 것이다. 물론 모든 모상이 모든 감각 기관에 접촉하는 것은 아니고 각기 네 뿌리들에 맞는 감각 기관의 통로의 크기가 있어서 그 크기에 맞게 통과되는 것이 그 기관에 의해 지각된다는 것이다(위의 테오프라스토스 인용 참고). 이러한 그의 방출설은 이후 다원론자, 특히 데모크리토스에게 영향을 주었으며 플라톤 역시 감각에 관한 한 그의 설명을 따르고 있다고 볼 수 있을 정도로 막대한 영향을 끼쳤다.

대립성 : 아낙사고라스

아낙사고라스는 엠페도클레스와는 반대되는 원리에 의해서 지각을 설명하고자 했다. 그의 관찰에 따르면 지각은 서로 다르기 때문에 성립된다는 것이다. 먼저 그는 현상을 보이지 않는 것들, 즉 씨앗들을 파악하는 기준으로 보았다. 그에게 "현상이란 보이지 않는 것들의 외관"(단편 21a)인 것이다. 그리고 "그는 모든 것들이 모든 것들과 섞인 채 숨어 있으나 가장 많이 섞여 있고 더욱 두드러지며 가장 앞에 놓인 그것만이 드러나 보인다고 생각했다."[17] 그리고 그것들이 우리에게 드러나는 방식은 대립성을 통한 것이다. 밤의 색깔과 사람의 눈의 색깔은 같기 때문에 밤에는 시각상을 지각하지 못하고, 뜨거움과 차가움 역시 우리 손이 따뜻할 때는 따뜻함을 예민하게 지각하지 못하지만 우리 손이 차가울 때는 따뜻함을 예민하게 지각하며, 반대도 마찬가지라는 것이다. 그는 지각이 차이에 의해 발생한다고 본 것이다.[18]

하지만 인식에 관한 그의 설명은 매우 부족하게 남아 있어 그의 설명을 치밀하게 구성하기란 쉽지 않다.

접촉의 인식 : 데모크리토스

앎의 능력에는 두 종류가 있다. 하나는 적법한 것이고, 다른 하나는 서출적인 것이다. 서출적인 것에는 다음의 모든 것들, 즉 시각, 청각, 후각, 미각, 촉각이 속한다. 반면에 적법한 것은 이것과는 구별된다. 서출적인 것은 더 작은 것에 대해서 더는 볼 수도 들을 수도 냄새 맡을 수도 맛볼 수도 접촉에 의해 감각할 수도 없으며, 더욱 미세한 것에 대해서 〈탐구해야 할〉 때는, 적법한 것이 뒤따라 나온다. 적법한 것은 더욱 미세한 것을 인식하기 위한 수단을 가지고 있기 때문이다. (단편 11)

데모크리토스는 보는 것을 영상에 기초해 설명하며, 이것을 〔다음과 같이〕 독특하게 묘사한다. 영상은 곧바로 눈동자에 생기는 것이 아니다. 시각과 보이는 것 사이의 공기가 보이는 것과 보는 자에 의해서 압축되면서 〔그 공기에〕 자국이 새겨진다. 왜냐하면 모든 것으로부터는 모종의 유출물이 언제나 나오기 때문이다. 그런 다음 딱딱하고 색깔이 달라진 이 공기는 축축한 눈에 〔상으로〕 나타난다. 촘촘한 것은

---

17) 루크레티우스, 『자연에 관하여』, I. 876.

18) 테오프라스토스, 『감각에 관하여』 27 참조.

214

〔상을〕 받아들이지 않지만, 축축한 것은 〔상을〕 통과시킨다.[19]

데모크리토스는 아낙사고라스의 생각을 이어 지각과 사고의 단계를 세밀하게 나눈 것으로 유명하다. 그는 예상과는 달리 감각에 의한 인식을 서자적 지식이라 불러 전적으로 신뢰하기 힘든 것으로 보았다. 사고에 의해 파악되는 것이 비로소 적자적 인식이고 믿을 만하다는 것이다(단편 11). 우리가 유물론에 대한 선입견을 갖지 않는다면, 이런 그의 구별 방식은 오히려 적절한 것이다. 애초에 원자들이라는 것이 당시 상황에서는 육안으로 관찰되는 것이 아니라 사고에 의해 상정되고 추론되는 것이기 때문이다.

감각 지각에 관한 한 그는 엠페도클레스의 방출설과 자신의 원자론을 합친 형태의 지각 이론을 갖고 있었다. 대상으로부터 오는 원자들의 모상이 우리의 감각 기관에 닿아 지각이 발생한다는 것이다(위의 테오프라스토스 인용 참조).

6 다원론자들과 새로운 시대의 도래

엠페도클레스, 아낙사고라스, 데모크리토스는 모두 다원론자라는 이름으로 불리지만, 그들의 철학에는 다원론이라는 하나의 이름으로 포용되지 못하는 제각각의 특색이 있다. 이는 동시대에 활동한 것으로 보이는 엠페도클레스와 아낙사고라스에게도 똑같이 해당된다. 그런데 이들의 사상적 특징들은 소피스트들과 소크라테스의 인간 중심의 철학과 그전 시대의 자연철학을 잇는 가교 역할을 하는 것으로도 보인다. 비단 철학적 탐구 주제의 이동 문제뿐 아니라 자연철학 시대의 정신적 풍토에서 아테네 중심의 인간 중심 철학의 정신적 풍토로 이행하는 과

---

19) 테오프라스토스, 앞의 책, 50.

정을 이들 다원론자들의 상이한 철학 속에서 읽어낼 수 있다.

종교가로서 엠페도클레스의 철학

그가 긴 생애를 몫으로 받은 영들에 속해 있긴 하지만, 지극히 복된 자들로부터 쫓거나 3만 년 동안 헤매야 한다. 〔……〕 왜냐하면 에테르의 기운은 그들을 바다에까지 내몰고, 바다는 대지 표면으로 뱉어내고, 또 대지는 빛나는 태양 광선 속으로, 또 태양은 에테르의 소용돌이 속으로 그들을 던지거늘 〔……〕 한데 나도 지금 이들 가운데 있다네. 신들로부터 추방된 자이자 떠돌이로서, 미쳐 날뛰는 불화에 의지한 탓으로. (단편 115)

나는 이미 한때 소년이었고 소녀였으며, 덤불이었고 새였고, 바다에서 뛰어오르는 말 못하는 물고기였으니. (단편 117)

엠페도클레스의 철학을 해석하는 과정에서 부딪히는 문제 중 하나는 남아 있는 그의 단편들 중『자연에 관하여』와『정화 의례들』의 관계를 해명하는 일이다.『자연에 관하여』에서 그는 이오니아 자연철학을 계승·발전시키고 있는 자연학자로서 자신의 생각을 밝히고 있는 반면에『정화 의례들』에서는 스스로 신을 자처하는 예언자이며 종교 지도자로서 윤회의 고통과 정화의 길을 제시하고 호풍환우하는 모습을 보이기 때문이다. 특히 그가『정화 의례들』에서 윤회하는 혼의 변전에 대하여 언급하는 내용은『자연에 관하여』의 내용이 혼의 불멸을 수용할 여지가 없다는 점과 일치하지 않는다는 지적이 있다. 하지만 학적인 것과 종교적인 것을 명료하게 구별하지 않았던 고대 그리스인의 사유 구조를 생각하면 이러한 지적은 성급한 것으로 보이며, 더 나아가 그의 두 철학시를 면밀하게 검토하면 오히려 종교적인 사고와 학적인 사고를 하나로 연결하려 했던 엠페도클레스의 통합적인 사고의 면모가 드러난다.

    엠페도클레스의 통합적 사고의 면모를 이해하기 위해 먼저 짚어 보아야 할 것은 그의 '네 뿌리'이다. 앞에서 잠깐 언급했지만 엠페도클레스의 '네 뿌리'는 단순히 자연 현상을 설명하기 위한 가설에 그치지 않고, 그의 사고가 포괄하는 모든 범위의 자연적, 도덕적, 종교적 사실을 설명하기 위한 통합적인 가설의 일부였던 것으로 보인다. 이와 같은 생각은 밀레토스학파의 아낙시만드로스의 단편에서도 찾아볼 수 있다. 그는 전해지는 단편 1에서 "다시 이것들을 향한 있는 것들의 소멸도 필연에 따라 있게 된다. 왜냐하면 그것들은 자신들의 불의에 대한 벌과 배상을 시간의 질서에 따라 서로에게 지불하기 때문이다"라고 말한다. 여기서 자연의 변화는 윤리적인 용어로 표현된다. 있는 것들이 생성되는 것은 그것들을 구성하는 요소들을 본래의 성향에 어긋나게 뒤섞는 불의를 범한 것이었으므로, 소멸은 바로 이렇게 구성된 있는 것들이 시간이 흐름에 따라 해체되는 벌과 배상이라는 말이다. 이렇듯 오늘날 우리가 당연히 구분하는 자연과 인간의 세계는 고대 그리스 자연철학자들에게는 하나의 용어로 통합될 수 있는 세계였다. 엠페도클레스는 바로 이런 사고의 흐름을 가장 뚜렷하게 보여주는 철학자이다. 그는 『정화 의례들』의 종교적인 윤회전생을 설명하는 대목에서 다이몬이 전전하는 생이 '바다(물)→대지(흙)→태양 광선(불)→에테르(공기)'로 이어지는 네 뿌리의 형태임을 밝힌다. 단편 117도 이런 관점에서 여기 나오는 소년, 소녀, 덤불, 새 등을 비유적으로 네 뿌리로 해석할 수 있다. 그러나 이것은 다만 시적인 비유에 그치는 것이 아니고, 엠페도클레스가 자연을 네 뿌리로 설명할 수 있듯이 자신이 믿고 있는 종교적인 사실들 역시 같은 용어를 통해서 설명할 수 있음을 보여주는 것으로 이해할 수 있다.

    심플리키오스는 그에 대해서 "엠페도클레스는 〔······〕 파르메니데스의 추종자이자 제자였지만, 피타고라스학파를 한층 더 추종하는 제자였다"[20]고 전하고 있는데, 피타고라스와 파르메니데스 양자에 속한다는 사실이 일견 모순되어 보이는 그의 사상을 이해할 실마리를 던져준다. 사실 파르메니데스 역시 피타고라스학파의 일원이라는 고대의 증언이 심심치 않게 있는 걸 보면, 양자는 피타고라스학파의 영향을 어떻게 섭취했는지가 다를 뿐이라는 생각이 든다. 파르메니데스의 철학과 피타고라스의 철학이 만나는 지점을 목격할 수 있는 그의 단편으로 "현자라면 마음으로 이런 추측을 하지는 않을 것이네. 그들이 인생이라 일컫는 것을 사는 동안에만 그들은 있으며, 그들 곁에는 궂은 일도 좋은 일도 있는 반면에, 가사적인 것들로서 형성되기 전이나 해체된 후에는 전혀 있지 않다는 추측을"(단편 15, 19)이라고 말하는 단편을 꼽을 수 있다.

아낙사고라스의 무신론과 지성

지성이 움직이게 하기 시작한 이후로 움직여지는 모든 것으로부터 〔지성이〕 떨어져 나왔으며, 지성이 움직이게 한 이 모든 것이 분리되었다. 또 그것이 움직여지고 분리되는 동안 〔그것들의〕 회전은 〔그것들을〕 훨씬 더 나누어지게 했다. (단편 13)

아낙사고라스가 그가 태어났던 곳을 일찌감치 떠나 아테네로 왔으며, 당시의 유명한 정치가 페리클레스(Periklēs)와 교유했다는 것은 잘 알려진 사실이다. 페리클레스가 아낙사고라스뿐 아니라 소피스트들도 후원했다는 점을 감안하면, 아낙사고라스는 소피스트들이 아테네에서 했던 정치적 계몽 활동과 무관하지 않은 역할을 맡았으리라고 짐작할 수 있다. 플라톤이 전하듯이 그의 책은 아테네 시내에서 쉽게 구할 수 있어서, 태양이 돌덩이라는 등의 무신론적 진술을 쉽게 접할 수 있었다고 한다. 반면에 앞에서 설명했듯이 플라톤은 『파이돈』에서 소

---

20) 심플리키오스, 『아리스토텔레스의 「자연학」 주석』 25, 19: DK31A7.

218

크라테스의 입을 통해 아낙사고라스가 지성을 강조한다는 소리를 듣고 그의 책을 읽어보았으나 지성의 역할이 충분하지 못해서 실망했다는 이야기를 전한다. 이후 아낙사고라스는 해를 붉게 달아오른 돌덩어리라고 주장했다고 해서 불경죄로 고발당했다. 단순히 불경 때문만이 아니라 아낙사고라스를 빌미로 페리클레스를 노렸다고 보는 해석이 있고, 그래서 그런지 제자 격이었던 페리클레스가 그를 나라 밖으로 내보냈다는 이야기도 전한다. 그는 람프사코스로 가서 그곳에서 죽었다고 한다. 무신론과 연관된 아낙사고라스의 이런 소문은 엠페도클레스와 비교해 볼 때, 자연을 탐구하면서도 여전히 종교적인 성향을 강하게 지니던 자연철학의 일반적인 풍토에서 자연 탐구에서 적극적으로 신의 존재를 배제하려는 경향을 읽을 수 있다. 비록 지성이 어떤 지적인 존재를 예감하게 하기는 하지만, 그에 대한 설명이 구체적이지 않은 반면에, 지성이 최초의 운동자의 역할을 한 이후의 사물들(씨앗들)의 운동은 순전히 기계적으로 설명되며, 그 설명이 구체적인 것으로도 이런 짐작을 해볼 수 있다.

데모크리토스의 윤리학

유쾌해지고자 하는 사람은 사적으로나 공적으로나 많은 일들로 분주해서는 안 되고, 무슨 일을 하든지 그것을 자신의 능력과 본성 이상으로 취해서도 안 되며, 행운이 찾아와서 과도한 평판으로 〔자신을〕 이끌어갈 때도, 그것을 하찮게 여기며 능력 이상의 것에 손을 대지 않도록 조심해야 한다. (단편 3)

유쾌함은 적절한 즐거움과 균형 있는 삶을 통해서 사람들에게 생긴다. 부족한 것들과 과도한 것들은 변화가 심해서 혼 안에 큰 변동들을 보통 생기게 한다. 큰 폭의 변동을 겪는 혼들은 안정되어 있지도 않고 유쾌하지도 않다. 따라서 부러움을 사는 자들과 칭찬받는 자들에게 거의 관심을 갖지 않고 신경 쓰지도 않으면서 할 수 있는 것들에 주의를 기울이고 주어진 것들에 만족해야 한다. 〔……〕 실로 이런 마음을 유지한다면 그대는 더 유쾌하게 지낼 것이고 삶에서 만나는 적지 않은 재앙들, 즉 부러움, 질투, 악의를 물리치게 될 것이다. (단편 191)

데모크리토스에 따르면, 의술은 몸의 질병을 낫게 하지만, 지혜는 혼을 격정에서 벗어나게 한다. (단편 31)

자연학자로서 자연을 탐구했으면서도 남겨진 그의 단편 중 상당수가 윤리에 관한 것인 데모크리토스에게서 우리는 그리스 철학이 새로운 단계에 진입하는 초기 과정을 엿보게 된다. 사실상 그의 활동기는 소크라테스와 겹쳐서 그를 소크라테스 이전 철학자로 분류하는 것부터가 잘못이라는 지적도 있다. 단지 연대상의 문제뿐 아니라 그의 철학에는 철학이 자연에 대한 탐구를 중심으로 하는 단계를 이미 벗어났다는 증거들이 많기 때문이다. 그중 대표적인 것이 윤리학과 관련되는 내용들이다.

일반적으로 우리는 소크라테스와 소피스트에 와서 인간의 삶이 철학의 중심 주제로 전환되었다고 말한다. 그리고 그 이전의 철학을 '소크라테스 이전 철학' 또는 '자연철학'이라 부른다. 이를 데모크리토스와 비교해 볼 때, 데모크리토스의 생몰 연대가 소크라테스의 활동기와 겹친다는 점에서 일단 적절하지 못한 표현으로 보인다. 또한 '자연철학'이라고 묶기에는 그의 남겨진 단편들 중에 윤리학적 단편들이 많으며, 그의 윤리학 체계 역시 단편이라는 특성상 완벽한 체계를 구성하기는 힘들더라도 유물론적 원리에 입각한 체계적인 접근의 모습을 보여주기 때문에 단순히 칠현인 방식의 경구 수준을 넘어서 원리적인 탐구를 수행한 것으로 볼 수 있으므로 그의 철학을 단순히 '자연철학'으로 묶는 것은 문제가 있다.

원리적으로 볼 때, 그의 윤리학은 우리의 세계를 목적론적으로 이해하지 않는 유물론의 철학에 철저한 것으로 볼 수 있다. 데모크리토스는 자신의 우주론에서 원자 이외의 것을 운동의 원리로 설정하지 않음으로써 신적 질서나 의도와 같은 경험 이전의 원리를 받아들이지 않았다. 이런 그에게 윤리적 원리는 우리의 경험적 삶에 내재하는 '쾌와 불쾌'일 수밖에 없다. 그는 "쾌와 불쾌는 이로운 것들과 이롭지 않은 것들의 경계"(단편 4)라고 말한다. 물론 그는 인식론에서 '서자적 지식'과 '적자적 지식'을 가렸듯이 건전한 상식을 가진 유물론자로서 무조건적인 쾌락을 추구하지 않았다. 그에게 좋은 쾌락이란 '유쾌함'을 줄 수 있는 것으로서 과도하지도 모자라지도 않는 적절한 쾌락이고(단편 188), 이것은 혼에 의한 활동에 의해 가장 잘 마련될 수 있는 것이기도 하였다(단편 31). 이런 그의 윤리학은 기본적으로 에피쿠로스에 전달되어 온건한 쾌락주의의 기초를 이룬다(단편 191).

■ 참고 문헌

1. 일반 도서

Barnes, J., *The Presocratic Philosophers*, vol. 2, London: Routledge & Kegan Paul, 1979.

Burnet, J., *Early Greek Philosophy*, 4th ed., London: Adam & Charles Black, 1930.

Caston, V. & Graham, D.(eds.), *Presocratic Philosophy: Essays in Honour of Alexander Mourelatos*, London: Ashgate, 2002.

Curd, P. & Graham, D. H.(eds.), *The Oxford Handbook of Presocratic Philosophy*, New York: Oxford Univ. Press, 2008.

Diels, H. & Kranz, W.(eds.), *Die Fragmente der Vorsokratiker*, 3 vols., Reprint of 6th ed., Berlin: Weidmann, 1974.

Guthrie, W. K. C., *A History of Greek Philosophy*, vol. II, Cambridge:

Cambridge Univ. Press, 1965.

Kirk, G. S., Raven, J. E. & Schofield, M., *The Presocratic Philosophers*, 2nd ed., Cambridge: Cambridge Univ. Press, 1983.

Long, A. A.(ed.), *The Cambridge Companion to Early Greek Philosophy*, Cambridge: Cambridge Univ. Press, 1999.

McKirahan, Jr., Richard D., *Philosophy Before Socrates: An Introduction with Texts and Commentary*, Indianapolis: Hackett, 1994.

Osborne, C., *Presocratic Philosophy: A Very Short Introduction*, Oxford: Oxford Univ. Press, 2004.

2. 다원론

살렘, J.,『고대 원자론』, 양창렬 옮김, 난장, 2009.

송대현, 「엠페도클레스의 호흡론」, 의철학회, 『의철학연구』 7, 2009.

윤구병, 「엠페도클레스의 우주론에 관한 시론」, 한국철학회, 『철학』 22, 1984.

Cartledge, P., *Democritus*(The Great Philosophers), London: Routledge, 1997.

Curd, P., *The Legacy of Parmenides: Eleatic Monism and Later Presocratic Thought*, Princeton: Princeton Univ. Press, 1998; rev. edn. Las Vegas: Parmenides Press, 2004.

Curd, P., *Anaxagoras of Clazomenae: Fragments. Text and Translation with Notes and Essays*, Toronto: Univ. of Toronto Press, 2007.

Edmunds, L., "Necessity, Chance, and Freedom in the Early Atomists", *Phoenix* 26, 1972, pp. 342~57.

Furley, D. J., "Anaxagoras in Response to Parmenides", *New Essays in Plato and the Pre-Socratics*, Shiner, R. A. & King-Farlow, J.(eds.), *Canadian Journal of Philosophy Supplementary*, vol. 2, 1976, pp. 61~85.

_____, *Two Studies in the Greek Atomists*, Princeton: Princeton Univ. Press, 1967.

_____, *The Greek Cosmologists*, vol. 1: *The Formation of the Atomic Theory and Its Earliest Critics*, Cambridge: Cambridge Univ. Press, 1987.

Furth, M., "A 'Philosophical Hero?' Anaxagoras and the Eleatics", *Oxford Studies in Ancient Philosophy* 9, 1991, pp. 95~129.

Graham, D. W., "The Postulates of Anaxagoras", *Apeiron* 27, 1994, pp. 77~121.

Kingsley, P., *Ancient Philosophy, Mystery, and Magic*, Oxford : Clarendon Press, 1995.

Long, A. A., "Empedocles' Cosmic Cycle in the Sixties", Mourelatos, A. P. D., *The Pre-Socratics : A Collection of Critical Essays*, Garden City : Anchor/ Doubleday Press, 1974.

O'Brien, D., "The Relation of Anaxagoras and Empedocles", *Journal of Hellenic Studies* 88, 1968, pp. 93~113.

_____, *Empedocles' Cosmic Cycle*, Cambridge : Cambridge Univ. Press, 1969.

_____, *Democritus, Weight and Size : An Exercise in the Reconstruction of Early Greek Philosophy, Theories of Weight in the Ancient World*, vol. 1, Leiden : Brill, 1981.

Sedley, D., "Two Conceptions of Vacuum", *Phronesis* 27, 1982, pp. 175~93.

_____, "Atomism's Eleatic Roots", Curd, P. & Graham, D. W.(eds.), *The Oxford Handbook of Presocratic Philosophy*, Oxford : Oxford Univ. Press, 2008, pp. 305~32.

Sider, D., *The Fragments of Anaxagoras : Edited with an Introduction and Commentary*, 2nd ed., Sankt Augustin : Academia Verlag, 2005.

Sorabji, R., *Time, Creation and the Continuum*, London : Duckworth, 1983.

Taylor, C. C. W., "The atomists", Long, A. A.(ed.), *The Cambridge Companion to Early Greek Philosophy*, Cambridge : Cambridge Univ. Press, 1999, pp. 181~204.

Vlastos, G., "Ethics and physics in Democritus", Furley, D. J. & Allen, R. E.(eds.), *Studies in Presocratic Philosophy*, vol. 2 : *Eleatics and Pluralists*, London : Routledge & Kegan Paul, 1975, pp. 381~408.

Wardy, R., "Eleatic Pluralism", *Archiv für Geschichte der Philosophie* 70, 1988, pp. 125~46.

Warren, J., *Epicurus and Democritean Ethics : An Archaeology of Ataraxia*, Cambridge : Cambridge Univ. Press, 2002.

Wright, M. R., *Empedocles : The Extant Fragments*, New Haven : Yale Univ. Press, 1981 ; Indianapolis : Hackett Publishing, 1995.

_____, *Cosmic Problems : Essays on Greek and Roman Philosophy of Nature*, Cambridge : Cambridge Univ. Press, 1989.

_____, "Empedocles and Anaxagoras : Responses to Parmenides", Long, 1999, pp. 159~80.

제2부

소피스트와 소크라테스

제7장 소피스트(1)

김대오

    소피스트가 어떤 사람들이며 그들이 어떤 사상을 가지고 무슨 일을 하였는지를 자세하고 정확하게 알아내는 것은 어려운 일이다. 소피스트 자신들이 썼다고 알려진 저술들은 남아 있는 것들이 하나도 없어서 그들에 대해 알아보기 위해서는 다른 사람들이 그들에 대해 언급하거나 원작을 인용한 글들을 참고해야 하는데 그나마도 충분한 정보를 얻기에는 대단히 부족한 조각글들뿐이기 때문이다. 이런 사정은 그 이전이나 동시대의 다른 철학자들, 이른바 자연철학자들의 경우에도 크게 다르지 않지만, 소피스트들의 사정은 그들보다 훨씬 열악한데 그것은 바로 플라톤 때문이다. 남아 있는 소피스트에 대한 정보의 대부분은 플라톤의 저술 속에 부분부분 포함되어 있는데 철학사를 통해서 잘 알려진 대로 플라톤은 소피스트에 대해서 아주 적대적인 입장을 가지고 있었다. 그의 저작 『소피스트』에 나오는 소피스트에 대한 정의를 보면 플라톤이 소피스트에 대해 어떻게 생각했는지를 단적으로 알 수 있다. 거기에서는 '소피스트'가 '부유한 젊은이들을 포획하는 일종의 사냥꾼'이고, '덕을 상품처럼 매매하는 자'이며, 돈을 벌기 위해 논쟁에서 이기는 것만을 목표로 하는 '쟁론술을 일삼는 자'이고, 결정적으로 실재가 아니라 현상과 의견을 따라 거짓을 진짜인 것처럼 보이게 만드는 '철학의 야바위꾼'이라고 규정하고 있다. 한마디로 말해 소피스트의 주장이나 사상에는 올바른 구석이 전혀 없다는 것으로, 흔히 소피스트의 논변 (sophistry)을 궤변이라 하거나, 소피스트를 궤변론자라고 폄하하는 것은 이런 플라톤의 평가를 반영하고 있다. 서양 철학사에서 플라톤의 영향을 생각해보면 소피스트에 대한 이런 플라톤의 평가를 별다른 비판 없이 받아들여온 것은 어찌 보면 당연하긴 하지만, 소피스트와 가장 대립적인 입장을 가진 플라톤이 그들을 노골적으로 비판하고 있는 저술을 근거로 하여 소피스트에 대한 정확한 이해와 정당한 평가를 한다는 것은 어려운 일이고, 도리어 아주 큰 장애물인 것이다.

2천 년 이상 별 이의 없이 받아들여진 소피스트에 대한 플라톤 식의 적대적인 평가는 19세기에 이르러서야 소피스트의 정신사적 역할을 인정한 헤겔을 필두로 일련의 소피스트에 대한 재평가 작업을 통해 그 공정성이 의심받게 되었다. 비록 이런 작업들이 전거를 대하는 방법이나 논의의 관점에서 상당한 편차가 있어서 소피스트에 대한 확정된 평가에 이르지는 못하고 있지만, 최소한 플라톤의 평가와는 달리 소피스트의 실질적인 역할이 당대로 보나 지성사적으로 보나 충분히 인정할 만하다는 데는 공감하고 있는 것 같다. 심지어 플라톤에 의해 형성된 소피스트에 대한 오랜 비난과 조롱도 플라톤 자신의 저술들 속에서조차 지지받을 수 없다는 견해까지 제시되고 있다. 소크라테스의 사상을 소피스트와 대비하여 부각하려는 플라톤의 입장이 탁월한 문학적인 기법을 통해 강조되는 바람에 플라톤이 말했던 것 이상으로 소피스트가 오해를 받은 측면이 있었다는 것이다. 플라톤이 그토록 소피스트를 소크라테스와 자신의 사상적 대립자로 세웠다는 사실은 역설적으로 그가 소피스트의 주장들을 중요한 철학적 논의의 대상으로서 인정하고 있었다는 점을 시사해준다.

이런 관점에서 살펴보면 소피스트들이 제기하고 논의했던 문제들 중에는 몇 가지 중요한 철학적 주제들이 포함되어 있다는 것을 알 수 있다. 지각 이론을 포함한 인식론, 언어 이론, 노모스(인위적인 것)와 퓌시스(자연적인 것) 문제, 윤리학과 정치철학, 덕의 교육을 핵심으로 하는 교육의 본성이나 목적 등이 그것들이다. 앞으로 두 장(章)에 걸쳐 이와 같이 전통적인 플라톤 식 이해를 넘어서서 다양한 평가의 대상이 되는 소피스트들의 활동과 주장을 소개하고 논의할 것이다. 이 글에서는 주로 소피스트의 언어 이론과 인식론을 중심으로 주장과 논변을 검토하고 다음 장에서는 윤리학과 정치철학 분야를 주로 논의할 것이다.

1 소피스트는 어떤 사람들인가

소피스트의 주장을 소개하기에 앞서 '소피스트'가 어떤 사람들을 가리키는지를 먼저 확인해야 할 것이다. '소피스트'(sophistes)라는 말 자체는 고유명사도 아니고, 하는 일의 특정한 성격을 나타내는 용어도 아니라 단지 '지혜'(sophia)나 '지혜로운'(sophos)이라는 단어들과 연관된 '지혜로운 자'라는 일반명사이다. '밀레토스학파'나 '엘레아학파', '피타고라스학파'처럼 지역이나 창시자를 이름으로 사용하여 일군의 사람을 가리키는 말도 아니고, '자연철학자'나 '다원론자'처럼 탐구 주제나 입장을 이름으로 표명하는 말도 아니라는 것이다. 플라톤이 집요하게 캐물었던 물음 중의 하나가 바로 지혜로운 자라는 소피스트가 왜 그런 이름으로 불리는지, 다시 말해 어떤 점에서 지혜로운지였다. 플라톤은 소피스트들이 지혜롭지 않다는 것을 밝힘으로써 그들이 이름에 걸맞지 않다는 점을 보여주려고 했다고 볼 수 있다. 플라톤의 성공으로 '소피스트'에 관련된 단어의 의미는 어원의 의미에서 벗어나 부정적인 뜻을 가지게 된 것이다.

그러나 소피스트로 불리는 것은 그 이전부터 이미 좋은 의미로만 받아들여지지는 않은 것 같다. 플라톤의 『프로타고라스』에서 프로타고라스(Prōtagoras)는 소피스트에 대한 거부감이 특히 여러 나라의 지도층에 상당히 퍼져 있다는 것을 숨기지 않는다. 그건 그랬을 법한데 많은 소피스트들이 다른 나라에 머물지 않고 아테네로 몰려든 이유 중의 하나가 다른 나라에서는 소피스트들이 환영받지 못했기 때문이라는 점에서 그렇다. 프로타고라스는 그 거부감을 소피스트의 기술(technē)에 대한 온당치 못한 시기 탓으로 돌리고, 자신들에 대한 대접이 부당함을 보여주기 위해, 호메로스나 헤시오도스 같은 시인과 예술가, 체육 교사들도 실상 소피스트였지만 사람들의 시기심으로 인한 거부감을 두려워해 정체를 숨겼다고 주장한다. 프로타고라스가 이렇게 주장하는 것은 '소피스트'가 일반적으로 '지혜로운 자'라는 의미를 담고 있다는 점을 이용하여 자신들이 위대한 선인들과 계보를 같이한다고 말하려는 것이다. 그러나 소피스트가 환영받지 못한 것은 소피스트들이 지혜롭지 못하다는 이유에서가 아니라 주로 정치적인 이유에서였다. 당시에 위대한 시인이나 정치가를 '현자'(sophos)나 '지혜로운 자'라고 부른 것은 사실이지만 이른바 '소피스트'는 이들과는 구별되는 사람들을 지칭하였으며 이들에 대해서는 모두가 호의적인 평가를 하지는 않았다는 것을 알 수 있다. 따라서 프로타고라스의 주장이 사실이라면 두 가지 점을 지적할 수 있는데 첫째로 당시 사람들이 실제로 소피스트들을 위대한 선인들과 같이 진정으로 지혜로운 자라고 인정하지 않았다는 점이고, 둘째로 특별한 능력을 지닌 집단으로서 자신들의 정체성을 확보하지 못했다는 점이다. 소피스트들이 이런 것들을 의식하고 있어서 자신을 소피스트라고 내세우는 일이 부담스러웠던 것 같다. 『프로타고라스』에서 프로타고라스의 얘기가 맞다면 스스로 소피스트임을 자인하고 나선 최초의 소피스트는 프로타고라스일 가능성이 있다.

소피스트들의 출신지는 그리스 본토와 식민지를 합친 그리스 전역에 걸쳐 있다. 또 종국에는 아테네에 모이기는 했지만 활동 무대가 처음부터 아테네에 제한되어 있지는 않았다. 이들이 지역에 따른 학파를 형성한 집단이 아니라는 것이다. 또한 그들이 더러 서로 만나 대화를 나누기는 했지만 함께 모여 탐구를 하기 위해서라기보다는 대개 논쟁을 하기 위해서였다. 이는 그들을 '소피스트'라는 같은 이름으로 부르는 이유를 그들이 가지고 있는 어떤 학문적인 입장이나 공유하는 활동에서 찾는 것이 부적절하다는 것을 말해준다. 설사 그들이 특정한 주제에 대해 견해가 비슷했다고 해도 그것은 적극적인 공동 작업이나 의견 교환을 통한 합의에 의한 것이 아니기 때문이다.

아마도 아리스토텔레스의 영향 때문이겠지만 자연철학자와 소피스트의 차이점에 대해서 흔히 소피스트는 자연 세계에 대해 탐구하던 이전의 지적 전통에서 벗어나 인간과 인간 사회에 대한 지식을 관심 대상으로 삼았다고 알려져왔다. 그러나 이는 이른바 자연철학자에게도 사실이 아닐 뿐 아니라 소피스트들에게도 사실이 아니다. 소피스트들은 전문 교육자로서 거의 모든 영역을 가르침의 대상으로 삼았다. 학문적 관심 분야의 차이에 따라 이전의 사람들과 소피스트를 구분하는 것은 적절치 못하고 그 점에서는 오히려 연속적이거나 관심의 확대라는 차원에서 보는 것이 옳다.

이렇게 '소피스트'가 일반명사로서 '현명한 자'라는 뜻을 가지고 있었으며, 자신들이 스스로 내세우기보다는 다른 사람들이 그렇게 불러주는 명칭이었고, 그것이 부정적인 의미로 사용될 수 있었다는 사정, 나아가 학파를 이룬 것도 아니고 학문적 관심 분야나 이론적 주장이 일치되는 것도 아니라는 사실은 정확히 누가 소피스트인지를 확정하는 일을 어렵게 한다. 심지어 대표적인 소피스트로 지목되는 고르기아스(Gorgias)에 대해서도 당시에 활동하던 다른 소피스트들과의 연계나 주장 내용, 플라톤 등의 평가를 근거로 그를 소피스트의 목록에서 빼야 한다는 주장이 있을 정도이다. '소피스트'라고 불리는 것만을 기준으로 한다면 정작 소크라테스마저도 소피스트의 목록 첫째 자리에 오를 것이다. 아리스토파네스(Aristophanēs)의 희극 작품에서 소크라테스는 전형적인 궤변가로서 '소피스트 중의 소피스트'라고 불리기까지 하니 말이다.

그렇다면 '소피스트'는 어떤 사람들을 가리키는 것일까? 소피스트를 특징짓는 것은 무엇보다도 그들이 다른 사람을 가르치는 일을 업으로 삼았다는 점이다. 다른 사람을 가르칠 수 있다는 것은 지혜롭다는 것을 전제하므로 그런 이름을 얻은 것은 자연스럽다. 그러나 가르침을 전문 영역으로 내세우고 학생들을 적극적으로 찾아다닌 것은 이전에는 없었던 일이라 할 수 있다. 그들이 가르침의 전문가로서 즉 전문 교사로서 행세하고 '소피스트'가 특정한 사람들을 가리키는 의미로 사용된 것은 대략 기원전 5세기 후반에 들어서면서부터로 보인다. 그들은 교수법과 교육 내용도 전문화하였고 교육의 대가로 돈을 받았다. 그들은 자신들의 가르침을 원하는 곳에 직접 찾아가서 가르침을 베풀었고, 아테네의 유력한 인사들이 그들의 후원자이자 고객이 되었다. 유명한 소피스트들이 후원자의 집에 머물면서 개별 강의와 공개 강의를 하면서 고액의 대가를 받았다는 것은 잘 알려진 사실이다. 그들이 전문 교사의 모습을 보인 것은 그들의 교수법과 교육 내용에서도 찾을 수 있지만 무엇보다도 그들이 돈을 받고 가르쳤다는 점에서 찾을 수 있다. 유명한 소피스트들은 제자들을 별도로 두고 그들을 대동하며 다닌 것으로 보이는데 그런 제자들도 학문적 전수가 아니라 실용적인 이유로 두었을 것이다. 그들에게 제자란 자신의 가르침을 대가로 돈을 지불하는 사람이었을 테니 말이다. 그들은 돈을 내기만 하면 누구에게든 가르침을 베풀었다. 그들이 가르침을 베푸는 한 가지 형태가 공개 강의였고 거기에는 돈만 내면 누구나 참석할 수 있었다. 물론 강의를 들었다고 해서 제자가 되는 것은 아니니까 제자가 되는 것은 그보다는 특별한 가르침을 받은 사람에게 해당되었을 것이다. 그런 특별한 관계를 아무에게나 허용했는지는 분명치 않다. 『프로타고라스』에서 젊은 히포크라테스(Hippocratēs)는 프로타고라스의 제자가 되고 싶어 하지만 프로타고라스가 받아주지 않을까 봐 걱정스러워서 새벽같이 소크라테스를 찾아와 대신 얘기해달라고 간청한다. 이에 대해 소크라테스는 틀림없이 돈만 내면 제자로 받아줄 거라고 확신하는 대답을 하고 있다. 이것으로 보아 소피스트의 제자가 되기 위해 특별한 조건이 있었던 것 같지는 않다.

플라톤은 『대(大)히피아스』에서 소피스트들이 돈을 받고 가르쳤다는 바로 이 점에서 그들이 이전 사람들과 결정적으로 다르다고 보며,

그가 소피스트를 비난하는 이유 중 하나도, 특히 소크라테스를 소피스트와 구별하는 기준의 하나도 이 점이다. 돈을 받고 가르치게 되면 교육 내용의 선택이 자유롭지 못하게 되는 것은 당연하다. 나라의 지도자들에게는 소피스트가 학생의 관심을 끄는 주제를 가르치려고 하거나, 학생의 요구에 따라 아무에게나 차별 없이 가르친다는 점이 문제가 되었을 수도 있다. 민주주의 제도하에서 교육의 평준화는 권력의 독점이나 집중에 방해가 될 수 있기 때문이다. 그 점에서는 소크라테스도 마찬가지여서 권력자들에게는 소크라테스도 소피스트와 다를 바 없었을 것이다. 그러나 플라톤에게 소피스트의 문제는 차별 없는 가르침이 아니라 돈을 받는다는 사실이었다. 가르침의 목적이 돈이 되면 가르침은 진리가 문제가 아니라 배우는 자의 만족이나 실질적인 효과가 문제일 것이기 때문이다. 소피스트가 지식의 유용성을 진리보다 우선하게 되는 이유도, 아테네의 젊은이를 타락시키고 아테네가 쇠락하게 되는 원인도 결국 이것이라고 본 것 같다.

그러나 기원전 5세기 그리스에서, 특히 아테네에서 소피스트들이 활발히 활동한 것은 여러 가지 사회적 조건이 어우러진 결과이기 때문에 어떻게 보면 피할 수 없는 것이라고 볼 수 있다. 이미 이전 수백 년에 걸쳐 그리스 식민지가 확장되고 지중해를 통해 다양하고 활발하게 나라 간 교역이 증대되어왔다. 그리스 본토의 민주주의가 발전되면서 유능한 정치가에 대한 요구와 젊은이들의 관심이 커져갔다. 유능한 정치가에게 필요한 덕목들을 갖추기 위한 경쟁적인 노력과 관심은 유능한 교사에 대한 수요로 이어졌고, 훌륭한 교사에 대한 대우가 높아졌다. 그중에서도 아테네는 그리스의 다른 나라보다 이런 여러 가지 조건에서 유리했을뿐더러 외국인에 대한 개방성이 두드러져서 다른 나라로부터 유입되는 지식인들이 많아졌다. 거기에다 페리클레스 같은 정치 지도자들이 소피스트를 비롯한 당대의 유명한 지식인들을 적극적으로 후원해주었다. 이런 상황에서 에우튀데모스(Enthydēmos)나 디오뉘소도로스(Dionysodōros)와 같이 본업을 버리고 덕을 가르치는 소피스트가 되는 일은 비단 그들만의 상황은 아닐 것이다. 『에우튀데모스』편 서두에서 아테네 본토인인 크리톤(Kritōn)이 소크라테스와 나누는 대화에서 당시에 낯선 외국인들이 아테네에서 활동하는 일이 드물지 않으며, 자식 교육을 위해 유능한 선생을 물색하는 정황을 잘 보여준다. 플라톤의 다른 저술 속에서도 유능한 교사를 찾고 그들로부터 배움을 얻으려고 애쓰는 아테네인들과 젊은이들의 모습을 찾을 수 있다.

이와 같은 그리스, 특히 아테네의 상황은 소피스트의 등장을 단순한 학문적 관심의 변화보다는 일종의 사회 변동 현상에 따른 새로운 계층의 형성 과정으로 이해하는 것이 타당하다는 점을 말해준다. 이전과는 달리 교육의 전문가가 요구되었고 급격한 수요와 경쟁으로 인해 사회적인 영향이 아테네에서 두드러지게 나타났던 것이다. 이런 과정에서 긍정적인 영향뿐 아니라 여러 가지 부정적인 영향이 있었고, 소크라테스와 플라톤에게 소피스트의 영향은 아테네의 장래에 매우 우려할 만한 부정적인 것이었다.

소피스트의 특징은 확실히 가르침에 있었고 플라톤이 그들을 비아냥거리면서 종종 지적하듯이 그들은 모든 것을 가르치는 사람들이었다. 그렇지만 그들이 가르치는 것 중에서 가장 관심을 끌었던 것은 아무래도 실용적인 것들이었다. 당시의 학생들인 젊은이들에게 가장 관심 있었던 것은 정치적인 지위나 영향력을 얻는 것이었고 그것을 위해 필요한 능력들을 얻으려는 목적으로 교사를 찾았다. 소피스트들은 그들에게 정치가로서의 소양인 덕을 가르쳐주며, 연설을 통해 설득할 수 있는 능력을 갖추기 위해 수사학을, 논쟁에서 승리하여 지지를 얻을 수 있도록 쟁론술을 가르쳤다. 이들의 주된 활동 시기는 대략 기원전 460년에서 380년까지이다. 그 이후에는 소피스트가 나타나지 않는데 그것은 플라톤이 설립한 아카데미처럼 보다 체계적이고 조직화된 학파들에 의한 전문 교육기관이 생김으로써 전문 교사로서 그들의 역할이 더는 필요치 않게 되었기 때문이라고 할 수 있다.[1]

소피스트에 대한 일관적이고 보편적인 이해에 이르는 것은 어렵지만, 그렇다고 해서 그들이 서로 상반되는 입장을 가지고 서로에 대해 반박했다기보다는 대략적으로는 유사한 입장을 견지한 측면이 많다. 그들을 이해하기 위해서는 비교적 여러 소피스트의 지지를 받는 주장이나 특정한 소피스트의 대표적인 주장을 소개하는 정도가 최선이며, 이를 통해 당시나 철학사에서 소피스트의 영향을 대략적으로 이해할 수 있을 것이다.

2 쟁론술과 반론술

소피스트들이 가르친 것들은 주로 말을 잘하는 능력을 배양하는 것과 관련되어 있다. 연설을 통해 남들을 설득하거나 대화에서 자신의 주장을 관철하는 일이 당시의 젊은이들에게 요긴한 것이었으므로, 플라톤의 대화편에서 종종 확인할 수 있듯이 소피스트의 가르침은 젊은이들에게 큰 관심을 끌었던 것으로 보인다. 대화나 논쟁에 유용한 기술로서 소피스트들이 가르친 기술은 반론술(antilogikē) 또는 쟁론술(eristikē)이라고 불린다. 이 기술은 소피스트들의 교육 과정 내에서도 주된 내용의 하나였을 뿐 아니라 실제로 대화나 논의에서 논쟁이 일어날 때 사용하는 중요한 기술로 취급되었고, 소피스트들이 공개적으로 벌였을 수도 있는 쟁론적 토론에 도움을 주는 기술이었을 것이다. 플라톤은 때때로 이 둘을 구별 없이 사용하기도 하고, 둘 다 변증술(dialektikē)과는 진리 탐구 면에서 대립되는 기술로 치부하기도 한다. 이 둘이 정확히 어떤 기술을 가리키는지는 논란이 있지만 차이점에 대

---

1) 로마 시대에 '후기 소피스트'라고 규정되는 시기와 사람들이 있지만, 흔히 '소피스트'는 기원전 5세기의 그리스인들을 가리킨다. 후기 소피스트들이 그 시기 그리스의 문화적 전통을 계승하려고 했기 때문에 전문 교육자로서 가르치는 방법과 내용이 유사하고, 그 역할도 그리스의 소피스트가 했던 역할과 비슷했지만, 앞선 '옛 소피스트'와의 직접적인 연계는 없다.

해서 지적하는 것은 가능해 보인다.

의미상 '쟁론술'은 싸움이나 논쟁을 의미하는 'eris'라는 단어에서 나온 말이다. 말 그대로 쟁론술은 논쟁에서 이기는 기술이다. 그 점을 제외하고는 그 기술을 특징짓는 어떤 요소를 포함하지 않기 때문에 그런 의미에서는 어떤 특정 기술이라고 할 수도 없다. 단지 논쟁에서 이기기 위한 기술 일반을 가리키므로, 소피스트가 이런 기술을 가르친다면 그것은 그들에게 가르침을 받고 나면 논쟁에서 승리할 수 있다는 것을 말하기 위해 사용하는 것으로 이해할 수 있다. 이는 동시에 소피스트의 관심이 진리에 있다기보다는 논쟁에서의 승리에 있다는 것을 뜻한다. 이 점에 대해 플라톤은 강한 반감을 가지고 있었다. 승리를 위해서라면 거짓 논변이라도 마다하지 않을 것이기 때문이다. '쟁론술'이라는 이름도 이런 반감을 표현하기 위해 소크라테스나 플라톤이 그들의 기술에 붙인 이름일 것이다.

반론술은 어떤 주장에 대해 그와 대립하는 주장을 내세워서 반박하는 기술이다. 이 기술은 소피스트의 대표적인 기술로서 플라톤에 따르면 그들은 모든 것에 대해 이 기술이 성립한다고 주장한다. 『에우튀데모스』편에서 소피스트인 에우튀데모스가 가르침을 받으려는 어린 클레이니아스(Kleinias)를 상대로 보여주는 논박의 방법을 대표적인 예로 들 수 있다. 에우튀데모스가 클레이니아스에게 배우는 사람들은 지혜로운 사람들인지 아니면 무지한 사람들인지를 묻는다. 클레이니아스가 지혜로운 사람이라고 말하자 에우튀데모스는 곧 배우는 사람은 무지한 사람이라고 주장하고 자신의 주장을 입증하는 논변을 클레이니아스에게 묻고 대답하는 방식으로 제시한다. 정리하면 다음과 같다.

배우는 자는 배우기 전에는 그것을 알지 못하고 있었다.
배울 때는 무지한 상태에서 배운 것이다.
배우는 사람은 무지한 사람이다.

대답하는 과정에서 클레이니아스는 자기가 애초에 주장했던 '배우는 자는 지혜로운 자다'라는 주장과 반대되는 주장에 동의하게 된다. 클레이니아스가 미처 자신의 잘못을 추스르기도 전에 에우튀데모스와 함께 온 다른 소피스트 디오뉘소도로스가 클레이니아스에게 글을 암송할 때 지혜로운 자가 배우는지 무지한 자가 배우는지를 묻는다. 다시 지혜로운 사람이라고 대답하는 클레이니아스는 당황하게 된다. 어떻게 대답을 해도 반론에 부딪히게 되었기 때문이다.

일상어의 의미가 애매하다는 점을 이용하는 전형적인 궤변에 해당하는 이런 논증은 배움이 부족한 젊은이들에게 상대를 논박하는 인상적인 방법으로 보였을 가능성이 높다.[2] 그러나 이런 식의 논증은 바로 플라톤이 소피스트들을 지독하게 비난하는 이유가 되었다. 자신의 지혜를 과시하거나 논쟁에서 이기기 위한 배움은 참된 지식이 될 수 없을 뿐 아니라 오히려 해가 될 수 있다고 플라톤은 종종 지적한다. 그렇다고 해서 플라톤이 소피스트의 모든 주장을 이런 궤변으로만 생각한 것 같지는 않다. 위의 대화에 바로 이어지는 『에우튀데모스』의 대화에서 소크라테스가 곧바로 궤변 속의 함정을 설명하면서 소피스트들이 이런 궤변을 일종의 놀이처럼 일삼는다는 점을 클레이니아스에게 일러주고 나서, 에우튀데모스가 보다 진지한 논의를 하리라는 기대를 보여주는 것만 보아도 그렇다. 더욱이 『프로타고라스』나 『고르기아스』에서 보여주는 프로타고라스나 고르기아스의 주장을 단순한 궤변으로 치부하기는 어렵다. 이 두 저술에서 소크라테스는 꽤나 긴 논쟁을 통해 대표적인 두 소피스트들의 입장과 대결하는 모습을 보여준다.

반론술 자체는 형식적으로나 내용적으로나 오류를 담고 있지 않다. 소크라테스도 부분적으로 반론술의 형식으로 논박을 하는 경우가

---

2) 아리스토텔레스가 여러 가지 비형식적 오류를 정리한 저술의 제목을 『소피스트적 논박』이라고 붙인 것은 소피스트가 논박의 방법으로 잘못된 논증을 잘 사용하였다는 것을 시사하며, 다른 한편으로 진리보다는 논쟁에서 이기는 일에 관심을 둔 소피스트에 대한 비난의 의미를 담고 있다고 볼 수 있다.

있다. 반론술의 특징은 단지 상대방의 입장이 옳지 않음을 주장하는 방식으로 그와 대립하는 주장을 입증하는 논증을 제시한다는 점에 있다. 반론술과 비교되는 기술로 논박술(elenchos)을 들 수 있는데 이는 소크라테스가 흔히 사용하는 기술로서, 주어진 주장으로부터 불합리한 결과를 이끌어냄으로써 상대방의 주장을 반박하는 기술을 가리킨다. 반론술과 논박술의 관계를 이해하는 관점에 따라 플라톤이 반론술 자체에 대해 반드시 부정적인 입장을 가지고 있었는지는 견해가 다를 수 있으나 그 위험성에 대해서는 플라톤도 분명하게 경고하고 있다. 그는 『파이돈』에서 반론 논변을 일삼는 사람들이 갖게 되는 생각은 사실에나 논변에나 확실한 것은 하나도 없다는 것이라고 말하면서 그들이 논변 혐오자(misologoi), 나아가서 인간 혐오자(misanthropoi)가 된다며 이를 경계할 것을 주문한다.

반론술은 논쟁에서 이기는 데 유용한 기술이고 그런 한에서 일종의 쟁론술이다. 쟁론술은 반론술을 포함하는 논쟁 기술 일반을 가리키는 것이며 그 대표적인 특정 기술이 반론술인 것이다.

3 언어 이론, 수사학

소피스트들이 쟁론술을 가르치는 것을 놓고 그들이 무책임하거나 부도덕하다고 치부해야 하는지는 논란의 여지가 있다. 이는 소피스트의 언어 이론을 검토하는 것을 필요로 한다. 주장의 참, 거짓을 문제 삼기 위해서는 언어가 참을 어떻게 담을 수 있는지를 먼저 논의해야 하는 것이 당연하고, 이에 대한 소피스트의 견해는 플라톤과 다르기 때문이다. 소피스트들이 언어에 대한 관심이 매우 컸다는 사실은 플라톤의 대화편을 비롯한 여러 전거에서 확인된다.

명사만이 아니라 동사, 형용사, 문장을 포함하는 이름의 의미에 관한 물음이 소피스트가 던지는 하나의 물음이다. 어떤 이름이 이름이기 위해서는 무엇인가의 이름이어야 한다. 그것이 이름의 의미이며, 만일 그 이름이 아무것의 이름도 아니면 그것은 아무 의미도 없는 것이고, 따라서 아무 이름도 아니게 된다. 플라톤에게도 공유되는 이런 생각은 우선 부정어의 의미에 관한 문제를 일으키게 된다. 부정어를 포함하는 구나 문장은 무엇의 이름도 아니다. 그것이 가리키는 바가 없기 때문이다. 그렇다면 부정어를 포함하는 문장은 모두 의미 없는 문장이 된다. 이로부터 귀결되는 것이 『에우튀데모스』에 나오는 소피스트의 잘 알려진 주장이다. 이에 따르면 모든 부정 문장은 무의미한 문장이므로 어떤 주장에 대해 부정하는 문장 즉, 반론은 성립하지 않는다. 이는 결국 문장의 참과 거짓을 판별하는 문제를 곤란하게 만든다. 어떤 문장에 대해서도 그것이 거짓이라는 주장은 부정어를 포함하지 않을 수 없는데 부정 문장이 의미 없는 문장이라면 그런 주장은 불가능하기 때문이다. 『소피스트』에서 플라톤은 부정 문장의 의미를 확보하는 비존재의 문제를 매우 심각하게 논의한다. 이는 소피스트가 부정하는 진술의 참과 거짓을 확보하기 위해서도 중요하기 때문이다.

다음으로 나오는 귀결은 모든 긍정 문장은 유의미한 문장이고 그런 한에서 무언가에 대한 의미 있는 진술이라는 것이다. 즉 모두 참이다. 이런 주장은 참과 거짓을 따지는 일 자체를 무색하게 만들며 상대주의를 지지해주는 근거가 된다. 이에 대한 반론이나 해결은 언어의 의미에 관한 보다 근본적인 이론을 요구한다.

이보다 더 고약한 문제 제기는 문장의 성립 자체에 관한 물음이다. 『소피스트』에서 플라톤도 심각하게 고민하는 이 문제는 주어와 술어 사이의 관계에 대한 물음이다. 주어와 술어의 의미가 다른데 즉 둘이 가리키는 바가 다른데 어떻게 해서 하나의 문장을 이루는가 하는 문제이다. 이 문제는 바로 영어의 be동사에 해당하는 그리스어 'einai'의 의미에 관한 물음으로 진행된다. 소피스트들은 서로 다른 의미를 가진 주어와 술어는 문장으로 연결될 수 없으며 따라서 올바른 문장은 오로지 '소피스트는 소피스트다'와 같은 동어반복 문장일 뿐이라는 극단적인 주장을 하기도 한다. 이 문제를 해결하기 위해서 플라톤은 잘 알려진 하나와 여럿의 문제를 정식화하고『소피스트』와『필레보스』에서 진지하게 논의한다. 결국 소피스트가 제기하는 문제는 존재론적 층위의 해결을 요구하게 되는 것이다.

이와 같이 소피스트들은 문장의 진위를 따지는 것 자체를 문제로 삼는다. 그들에게 문장의 진위는 따질 수 없거나 차별이 없는 것이다. 진술에서 진위가 문제가 아니라면 문제는 진술의 유용성이 남게 된다. 진술들 간의 차이는 어떤 의견을 받아들이는 것이 좋으냐 나쁘냐의 문제로 귀착된다는 것이다. 이런 입장은 인식론과 결합되어 소피스트의 상대주의를 지지하는 근거가 된다.

진술의 유용성에 관한 입장은 수사학에서도 그대로 이어진다. 소피스트들은 실재(그들에게는 현상)보다 말의 힘이 가져다주는 영향을 중요하게 생각했다.『고르기아스』에서 플라톤은 수사학과 철학을 대비하면서 수사학을 비난하는데 이는 진실에 근거하지 않은 수사학이 문제가 됨을 지적하는 것이지만, 진위가 아닌 유용성, 더욱이 도덕적으로 좋고 나쁨이라는 기준에서 수사학을 판단하는 고르기아스의 입장에서 보면, 중요한 것은 설득이고 그 결과는 좋거나 나쁘거나이다.『헬레나 찬양』에서 말의 힘을 약의 힘에 비교할 때 그가 말하려는 것은 바로 이런 생각이다. 약이 신체의 병을 치료하거나 그 반대이듯이 말은 영혼에 기쁨을 주거나 고통을 준다는 것이다.

4 지각 이론, 인식론

진술의 진위는 문제가 아니고 유용성이 문제라는 입장은 소피스트의 인식론에서도 지지를 받는다. 소피스트의 인식론을 대표하는 주장은 프로타고라스의 '인간은 모든 것의 척도다'라는 명제로 대변된다. 여기에서 말하는 인간은 종적인 단위가 아니라 개인 각자를 가리키는 것으로 보통 해석된다.[3] 예를 들어 '바람이 차다'와 '바람이 차지 않다'라는 문장은 논리적으로 모순 관계에 있는 것으로 보인다. 그러나 바람이 불 때 어떤 사람은 차게 느끼고 다른 사람은 그렇지 않게 느낄 수 있다. 프로타고라스는 이럴 경우 그 바람이 한 사람에게는 '실제로' 차고 한 사람에게는 '실제로' 그렇지 않다고 주장한다. 상식적으로 같은 바람이 차기도 하고 그렇지 않기도 하다는 것은 받아들이기 곤란한 모순처럼 보인다. 마치 사물에 속한 성질을 주관적인 느낌과 혼동하는 것 같기 때문이다. 그러나 『테아이테토스』에서 플라톤이 다루고 있는 이 문제는 그리 간단하지 않다. 사물의 성질이 지각하는 자를 떠나서 무어라고 서술될 수 있는지를 묻게 되면 이야기는 복잡해진다. 감각 사물은 감각되는 한에서 그에 대한 진술이 가능하다는 입장에서 보면 바람 자체의 성질이란 따로 존재하지 않게 된다. 더욱이 바람이 차다고 느끼는 사람에게 바람이 차지 않다고 강요할 수 있을까? 그에게 바람이 찬 것은 엄연한 사실로서 부정할 수 없으며 다른 사람이 대신할 수도 없는 일이다. 이로써 프로타고라스가 하고자 하는 말은 감각 지각은 모두 참이며 그것은 각자가 기준이라는 것이다.

더 나아가 프로타고라스는 감각 지각뿐 아니라 판단의 영역에서도 참의 기준이 각자이어야 한다고 주장한다. 옳고 그름이나 맞고 틀림도 각자가 판단한 대로가 참이라는 것이다. 도덕 판단과 보편사실 판단에서도 극단적 주관주의를 견지하고 있는 셈이다. 옳고 그름의 문제는 도덕적 상대주의라는 오랜 윤리학적 문제가 제기하듯이 논의할 여지가 있겠으나 참 거짓의 문제도 주관적 상대주의의 입장을 취하는 것은 상

---

3) 프로타고라스가 '인간이 만물의 척도'라고 주장한 것은 확실하나, 이때 '인간'의 의미가 플라톤이 『테아이테토스』에서 해석한 대로 개인을 가리키는지는 해석이 갈린다. 플라톤이 지식 상대주의를 입론하기 위해서 이 주장을 특정한 방식으로 정식화했다는 해석도 가능하다. 대표적으로 『프로타고라스』에서 보여주는 프로타고라스의 입장은 개인보다는 최소한 공동체 단위의 집단적 인간 개념을 가정해야 하며, 이것이 역사적 프로타고라스의 입장에 더 가깝다고 해석하는 견해가 있다.

식적으로는 받아들이기 어렵다. 수학이나 과학적 사실과 같이 주관적 판단에 의해서 영향을 받지 않는 사실의 영역을 인정하지 않을 수 없기 때문이다. 플라톤도 이런 상대주의의 입장을 자기 반박적인 주장으로 만들어 비판한다. 각자가 판단하는 것이 그에게 참이라면 아무도 잘못된 판단을 하지 않는다는 것인데 그러면 프로타고라스가 다른 사람보다 지혜롭다는 주장도 할 수 없고 그가 다른 사람을 가르치는 일도 있을 수 없다는 것으로 귀결된다는 것이다. 더 나아가 '인간은 모든 것의 척도다'라는 프로타고라스의 주장도 그렇게 생각하지 않는 사람에게는 참이 아니므로 그것을 받아들일 수 없다고 비판한다.

이런 플라톤의 비판은 치명적이어서 프로타고라스의 입장이 더는 유지될 수 없을 것 같지만 소피스트의 입장에서 대응책이 없는 것은 아니다. 프로타고라스도 자신의 입장을 철회하거나 반박을 수용하지도 않는다. 우선 생각할 수 있는 답변은 각자의 판단을 떠나서 진위를 판정할 수 있는 방법이 있느냐고 묻는 것이다. 어떤 판단도 특정한 사람의 판단이지 그것을 넘어설 수 없다는 것이다. 아무리 자기의 판단이 맞는다고 주장한들 내가 받아들이지 못하면 그것은 내게 참으로 여겨지지 않는다. 객관적 참이란 애초에 성립할 수 없는 개념이라고 주장하는 것이다. 아마 이것이 프로타고라스의 생각이었을 것이며, 그는 더 나아가 판단의 유용성에 대해서 고려하기를 요구하면서 현자란 나쁜 판단을 좋은 판단으로 바꾸어주는 사람이라고 주장한다. 이는 판단이 바뀌는 것은 진리가 아니라 말에 의한 설득이며 바꾸어야 할지 말지는 바꾸는 것이 좋은지 안 좋은지에 따라 결정해야 한다는 것을 말한다. 마치 아픈 사람에게 음식이 쓰게 느껴질 때 그것은 그에게 사실이지만 의사는 그 음식이 달게 느껴지도록 만드는 사람이고 그렇게 되는 것이 더 좋기 때문에 의사가 치료를 하는 것과 같다. 소피스트는 거짓된 의견을 참된 의견으로 바꾸는 것이 아니라 나쁜 의견을 좋은 의견으로 바꾸는 자이다.

플라톤의 반박에 대한 보다 근본적인 반론은 다른 유명한 소피스트인 고르기아스에게서 얻을 수 있다. 고르기아스는 『있지 않은 것에 대하여, 또는 자연에 대하여』라고 이름 붙여진 글에서 다음 세 가지 주장을 한 것으로 보고된다. 1) 아무것도 없다. 2) 있다 해도 알려질 수 없다. 3) 알려질 수 있다 해도 다른 사람에게 의미 있게 전달될 수 없다. 이 주장들에 대한 해석은 쉽지 않고 학자들의 견해가 일치되어 있지는 않지만 플라톤에 대한 반론을 위해 가능한 해석을 해볼 수 있다. 1)은 아마도 '있는 것은 있고, 없는 것은 없다'고 주장한 파르메니데스를 겨냥한 것 같다. 진리와 인식의 강력한 토대를 세운 주장으로 해석되는 파르메니데스의 명제는 플라톤에게도 수용되었다. 1)은 직관이나 논증의 대상조차도 될 수 없을 것이다. 다만 무언가가 있다는 것보다 없다는 것이 자연스럽고, 그런 만큼 가장 근본적인 명제로 삼을 수 있다고 본 것으로 해석할 수 있다. 없다는 쪽보다 있다는 쪽이 증명 부담이 있다고 주장할 수도 있겠다. 즉 주장 1)은 주장 2)로부터 이르게 된 가정일 것이다. 2)는 고르기아스가 실재와 주관 사이에 가로놓인 심연은 건널 수 없는 것으로 보았다고 해석된다. 2)가 맞다면 1)은 무언가가 있어봐야 아무 차이도 없으니 없는 것으로 하는 것이 낫다. 3)은 2)의 귀결이며 의사소통도 차단하는 주장이다. 이 주장들은 극단적인 회의주의의 입장이라고 볼 수 있어서 모든 이론을 폐지하는 주장이다. 이것을 받아들이면 플라톤만이 아니라 소피스트들마저도 헤어 나올 수 없는 입장인 것이다.

그러나 파르메니데스의 해석에서도 같은 문제가 있는 것처럼 고르기아스에서도 'einai' 동사의 쓰임을 존재사가 아니라, 즉 '있다'가 아니라 술어적으로, 즉 '이다'로 해석하는 것을 고려해보면 1)은 어떤 것도 ~이 아니다. 2)는 무엇이라 해도 알려질 수 없다로 이해할 수 있다. 이렇게 해석하면 1)은 어떤 것도 그 자체로 혹은 객관적으로 동일하게 무엇이라고 규정하거나 어떤 것에 대한 절대적 진리가 성립할 수 없다는 주장이 된다. 2)는 설사 1)이 성립한다 해도 우리에게 혹은 인식자에게 있는 그대로 알려질 수 없다는 의미이고, 3)은 의사소통이 진리

전달의 목적을 수행할 수 없다는 의미로 이해할 수 있다.

이상에서 우리는 소피스트들의 언어 이론이나 지각 이론, 심지어 존재론과 인식론까지도 그들의 상대주의를 지지하는 이론적 기반이 되는 것을 볼 수 있다. 이것들은 단순히 소피스트들이 자신들의 직업적 목적을 위해 주장했다고 치부하기에는 간단치 않은 철학적 논의를 필요로 하는 것이다. 이들과 대립적인 입장을 가진 소크라테스와 플라톤도 같은 문제들에 대해 진지한 탐구를 하였다. 당연하게도 대립이란 같은 문제에 대해서 일어나는 일이기 때문에 플라톤이 집요하게 소피스트들을 반박하려 했다는 것은 그들이 중요한 철학적인 문제 제기를 한다는 것을 스스로 인정했음을 보여주는 것이다. 다음 장에서 소피스트의 상대주의가 도덕과 정치 이론에서 보다 강화되고 실질적 함의나 영향도 크게 미치게 되는 과정을 살펴볼 것이다.

■ 참고 문헌

Diels, H. & Kranz, W., *Die Fragmente der Vorsokratiker*, 6th edn., Berlin, 1952.

Guthrie, W. K. C., *A History of Greek Philosophy*, vol. III, *The Fifth Century Enlightenment*, Cambridge, 1969.

Kerferd, G. B., *The Sophistic Movement*, CUP, 1981(『소피스트 운동』, 김남두 옮김, 아카넷, 2003).

Sprague, R. K., *The Older Sophists: A Complete Translation*, Univ. of South Carolina Press, 1972.

제8장 소피스트(2)

전헌상

1 법과 자연

　최초의 소피스트였던 프로타고라스가 본격적인 활동을 시작했을 무렵, 그의 활동 중심지였던 아테네는 정치, 경제, 문화 전반에 걸쳐 최고의 전성기를 구가하고 있었다. 아테네는 페르시아 전쟁의 승리 이후 기원전 477년(편의상 이하에서는 단순히 연도만 적기로 한다) 성립된 델로스 동맹의 맹주가 되었고, 동맹국들에 할당된 분담금이 유입되면서 막대한 부를 축적할 수 있었다. 정치적으로는 461년 에피알테스(Ephialtēs)가 귀족정의 구심점이었던 아레오파고스 회의 권한을 축소시키고, 450년경 페리클레스가 일련의 개혁 조치를 단행함으로써, 민주정이 확고하게 정착하게 된다. 예술적 성취들도 뒤따랐다. 447년 파르테논 신전 건축이 시작되었고, 그리스 비극의 걸작들이 쏟아져 나왔다. 458년에는 아이스퀼로스(Aischylos)의 『오레스테이아 3부작』, 441년에는 소포클레스(Sophoklēs)의 『안티고네』, 그리고 431년에는 에우리피데스(Euripidēs)의 『메데이아』가 상연되었다. 사회 전반에 충만했던 활력과 에너지는 사상적 영역에도 그대로 파급되어서, 기존의 통념과 전통적 가치에 의문을 제기하는 혁신적이고 도전적인 아이디어들이 지속적으로 제기되고 활발하게 토론되었다. 소피스트들은 이 지적 운동의 주역이었다.

소피스트들이 특히 관심을 가졌던 이슈들 중 하나는 사회적 규범이 어떻게 정당화될 수 있는가의 문제였다. 그들은 단순히 특정 사회의 특정한 규범 체제의 정당성을 문제 삼지 않았다. 그들은 보다 근원적으로 규범 체제 일반의 정당성, 즉 도대체 인간에 의해 만들어진 규범 체제가 어떻게 인간에게 구속력을 가지게 되는 것인가를 물었다. 이 문제가 제기되고 그것에 대한 다양한 답들이 제시되는 과정에서 하나의 개념적 대비가 선명하게 부각되게 되는데, 그것이 바로 인간에 의해서 만들어진 것과 자연 그대로인 것의 대비, 더 간단히 표현하면, 법(nomos)과 자연(physis)의 대비였다.

'nomos'는 어원상 '믿어지고, 행해지고, ……라고 여겨진다'는 의미의 동사 'nomizetai'로부터 파생되었고, 'nomizetai'는 다시 '할당되고, 분배된다'는 의미의 동사 'nemetai'로부터 파생된 것으로 추정된다. 그래서 'nomos'는 한 사회에서 믿어지고, 그것에 따라 행해지고, 옳다고 여겨지는 것을 두루 지칭하는 단어가 되게 된다. 편의상 이 글에서는 'nomos'를 '법'으로 일관되게 번역할 것이다. 하지만 이 번역어로부터 현대적 의미의 법, 즉 확립된 절차에 따라 전문화된 입법 기관에서 제정되고 명문화되는 규정들의 체계를 떠올려서는 안 될 것이다. 고대 그리스에서 'nomos'는 보다 넓은 범위의 것들, 즉 사회에서 구속력과 통제력을 가지는 전통, 관습, 행위 규범, 법규 등등을 포괄적으로 지칭하는 단어였다.

'physis'는 '자라다'라는 의미의 동사 'phyomai'에서 파생된 명사이다. 'physis'의 첫 용례에서(『오디세이아』 10권 303행) 그것은 어떤 식물이 가진 고유의 성장 방식을 의미했다. 이후 이오니아 자연철학자들은 이 단어의 의미를 확장시켜, 세계 전체 혹은 그것을 구성하는 가장 원초적인 요소를 지칭하는 단어로 사용했다. 'physis'는 어떤 대상이나 그것의 집합이 가지는 고유한 특징들이나 구조를 지칭하기도 했는데, 이것은 'physis'의 라틴어 번역어인 'natura', 그리고 그로부터 유래한 영어 단어 'nature'가 자연계 전체를 의미하기도 하고 특정한 대상의 본성을 의미하기도 하는 것과 마찬가지이다. 자연철학자들에 의해서 'physis'가 주요한 철학적 개념으로 자리 잡았을 때, 그것의 중심적 의미가 된 것은 그것의 정적인 측면, 즉 세계의 불변하는 근원적 원리라는 의미였다. 하지만 그것의 어원과 최초의 용례로부터 가늠할 수 있듯이, 'physis'의 뿌리에는 동적인 측면, 즉 역동적이고 변화하는 세계와의 관련성이 내포되어 있다. 아리스토텔레스가 『자연학』에서 자연적인 것을 "그 안에 운동과 정지의 원리를 가지고 있는 것"(『자연학』, II.1. 192b13~14)으로 정의했을 때, 그는 그 두 측면을 모두 염두에 두고 있었다고 할 수 있다.

법(nomos)은, 그 일차적 의미에서, 할당되고 배당되는 것, 그래서 옳다고 여겨지는 것이기 때문에, 그 의미 속에는 법을 부여하는 어떤 지적 주체의 존재가 전제되어 있다. 종교가 사회적 규범 체계를 형성하고 유지하는 데 주된 역할을 담당하는 사회에서 그 주체가 되는 것은 신이다. 따라서 신으로부터 유래하고 신의 권위에 의해 뒷받침되는 법, 그래서 보편적이고 절대적인 법의 관념이 성립하게 된다. "크로노스의 아드님께서는 인간들에게 그러한 법을 주셨기 때문이오. 물고기들과 짐승들과 날개 달린 새들은 그들 사이에 정의가 없어 그분께서 그들끼리 서로 잡아먹게 하셨으나, 인간들에게는 월등히 가장 훌륭한 것으로 드러난 정의를 주셨던 것이오"(헤시오도스, 『일과 나날』 276~280). "모든 인간의 법은 단일한 신의 법에 의해서 양육되기 때문이다"(헤라클레이토스, 단편 DK22B114). 하지만 그리스인들은 지속적으로 식민도시들을 건설하고, 이민족들과 전쟁을 벌이고, 다른 국가들과의 교역을 확장시켜가는 과정에서, 다양한 관습과 규범 체계를 가진 사회들이 존재한다는 사실을 인지하게 된다. 우리는 헤로도토스의 『역사』에서 이질적인 풍속에 대한 그리스인들의 왕성한 지적 호기심과 그것들을 기록하면서 느낀 흥분을 생생하게 목격할 수 있다. 그런데 다양한 관습과 규범 체계의 존재는 신으로부터 유래한 법, 그래서 모든 인간에게 보편적으로 구속력을 갖는 법이라는 생각과 충돌을 일으킬 수밖에 없다. 소포클레스의 『안티고네』는 바로 이 충돌을 중심 모티프로 하고 있다. 안티고네는 오라비 폴뤼네이케스의 장례를 치러주어야 한다고 주장하면서, 그것을 금하는 크레온의 명령을 신적인 법에 대비시킨다. "나는 그대의 명령이, 죽기 마련인 한낱 인간이 신들의 확고한 불문율들(agrapta 〔……〕 theōn 〔……〕 nomima)을 무시할 수 있도록 만들 수 있을 정도로 강력하다고는 생각하지 않았어요"(『안티고네』 453~455). 『안티고네』에서 극명하게 드러나는 것은 한 국가의 실정법이나 규범의 정당성이, 다시 말해서 그것들이 왜 구속력을 가지는지가 명확히 설명되고 정당화될 필요가 있다는 사실이다. 그것들은 신으로부터 온 것일 수 없다. 다양한 사회에 다양한 법들이 존재하기 때문이다. 그렇다면 그것은 우리에게 어떻게 강제성을 가지는 것이며, 왜 우리는 그 법을 따라야만 하는 것인가? 이런 문제의식 속에서 소피스트들은 법의 근거가 무엇인가를 깊이 묻고 나름의 답들을 제시했다. 흥미롭게도, 그들의 답은 한결같지 않았고, 심지어 서로 상반되기까지 했다.

법의 근거와 원천에 관한 하나의 설명을 우리는 프로타고라스로부터 들을 수 있다. 정확히 말하면, 그 답은 플라톤의 『프로타고라스』 320c~322d에서 프로타고라스의 입을 통해 전해지는 신화를 통해 주어진다. 신들이 동물들을 창조하고 그들을 세상으로 내보낼 시점이 되었을 때, 그들은 에피메테우스와 프로메테우스에게 각각의 동물에 생존에 필요한 능력을 부여하는 일을 맡겼다. 그런데 이 일을 자임한 에피메테우스가 인간 외의 동물들에 가용한 모든 능력을 소진해버리는 바람에, 인간은 스스로를 보호할 수단을 갖지 못하는 상황이 발생하게 된다. 이에 프로메테우스는 헤파이스토스와 아테나로부터 기술적 지혜(he entechnos sophia)와 불을 훔쳐내 인간에게 주었다. 이것들 덕분에 인간은 종교를 가질 수 있었고, 언어와 의식주를 해결할 여러 수단들을 발명할 수 있었다. 하지만 여전히 인간은 국가를 이루지 못한 채 이리저리 흩어져 살았고, 그 결과로 여전히 짐승의 먹잇감이 될 수밖에 없었다. 그들은 장인적 기술(dēmiourgikē technē)은 갖추고 있었지만, 폴리스적 기술(politikē technē), 즉 정치술을 결여하고 있었기 때문이다. 인간은 계속 모여 살기를 시도했다. 하지만 그때마다 번번이 서로에게 부정의한 행위들을 했고, 그 결과로 다시 흩어져 궤멸되어갔다. 제우스는 인간 종족의 멸종을 우려하게 된다. 그래서 그는 헤르메스를 보내 인간에게 염치(aidōs)와 정의(dikē)를 가져다주기로 한다. 이 두 가지가 국가에는 질서를, 인간에게는 그들을 서로 결속시키는 우애의 끈을 제공하게 될 것이다. 헤르메스는 저 둘을 어떤 식으로 분배해야 할지를 묻는다. 그것들을 다른 기술들처럼 소수에게 나누어 줄까요, 아니면 모든 인간에게 나누어 줄까요? 제우스는 답한다. "모두가 나누어 갖도록 하라. 다른 기술들처럼 소수만이 그것들을 나누어 갖는다면, 국가는 존재할 수 없을 것이니까. 그리고 다음과 같은 것을 내가 내리는 법으로서 세우라. 염치와 정의를 나누어 갖지 못한 자는, 국가의 질병으로서, 죽음을 당한다는 것"(『프로타고라스』 322d).

이 신화에서 두드러지는 것은 국가 성립 이전의 자연적 상태와 그 이후의 상태 사이의 선명한 대조이다. 자연적 상태는 무질서하고 끊임없는 파멸의 위험에 노출되어 있는 부정적 상황으로 그려진다. 하지만 모든 인간에게는 이 상황을 극복할 수 있는 내적 능력, 즉 염치와 정의가 주어져 있다. 이 능력을 활용해서 인간은 국가를 형성하고, 그것에 질서를 확립하고, 서로를 결속시킬 수 있다. 위의 신화에서 그 능력은 신의 선물로 설명되고 있다. 하지만 정확히 말하면, 신이 선물한 것은 국가 성립의 기초가 되는 기본적 자질이지, 그것을 실질적으로 규제하는 구체적 법이 아니다. 그것들은 구성원들에 의해서 합의되고 발견되어야 할 어떤 것으로 남겨져 있다. 중요한 것은 보편적 능력의 기초 위에서 구성원들 간에 상호 합의된 법은 그들에게 정당한 구속력을 가지게 될 것이라는 점이다. 국가 이전의 상황으로 전락하지 않기를 원한다면, 그들은 그것을 준수할 합당한 이유를 가지고 있기 때문이다. 신화의 형식을 빌리기는 했지만, 프로타고라스의 이야기는 참여 민주주의에 대한 최초의 이론적 정당화라고 할 수 있을 것이다. 그 속에서 그는 인간에 의해 만들어진 제도와 규칙들이, 그것을 결여한 자연적 상태와 대비시켜 볼 때, 어떻게 정당화될 수 있는가를 설명하고 있다. 간단히 말해서, 그는 자연에 대해서 법을 옹호하고 있는 것이다.

법에 대한 더욱 명시적인 옹호를 우리는 기원후 4세기의 신플라톤 주의자였던 이암블리코스의 『프로트렙티코스』에서 인용되고 있는 무명의 저자—통상 아노뉘무스 이암블리키(Anonymus Iamblichi)라 불린다—의 주장에서 발견할 수 있다. 이 무명의 저자는 어떻게 인생에서 성공할 수 있는가에 대한 여러 조언들을 제시한다. 논의의 출발점은 타고나는 것들만으로는 충분치 않다는 것이다. 우리의 자연적 성향들은 훈련과 교육을 통해서 장기적으로 보완되고 발전될 필요가 있다. 따라서 교육과 훈련의 프로그램이 매우 중요하게 된다. 하지만 단순히 재능들을 계발하는 것만으로도 충분치 않다. 그것들은 좋은 목적을 위해서 사용되어야만 한다. 그런데 이것은 사람들이 법과 정의를 지지할 때만 성취될 수 있다. 바로 여기에서 사람들이 자신의 이익 추구를 공적인 법에 종속시켜야 하는 이유가 발견된다. 인간은 홀로 살아갈 수 없다. 그는 생존과 번영을 위해 타인들과 어울려야 하고, 이것은 법에 복종함이 없이는 성취될 수 없기 때문이다. 하지만 사회의 도움 없이 생존할 수 있는 사람이 있다면 어쩔 것인가? 심지어 그런 사람조차도 법을 지킬 필요가 있다. 왜냐하면 그렇지 않을 경우 모든 사람들이 그의 적이 될 것이고, 그들은 그에게 너무나 강력한 적이 될 것이기 때문이다. 무명의 저자의 주장은 법적 질서(eunomia)를 무법 상태(anomia)와 대비시키는 것으로 마무리된다. 무법 상태는 무정부 상태를 초래하고, 그 귀결은 전횡적 독재이다. 반면 법에 의한 지배하에서 사람들은 자신의 재산을 안전하게 유지할 수 있고, 어려운 사람들은 그들로부터 도움을 받을 수도 있다. 그들은 공동의 것으로 묶여 있다. 그리고 이것을 가능케 하는 것은 법적 질서이다.

프로타고라스와 아노뉘무스 이암블리키는 특정 사회의 법과 규범이 정당화될 수 있는 설명 방식을 제시한다. 그리고 그들은 인간이 개별적으로 살아가는 자연적 상태에 비해 사회를 이루고 법의 규제에 따라 살아가는 상태를 더 나은 것으로 간주한다. 이 점에서 그들은 자연에 대해서 법을 옹호하고 있다고 말할 수 있을 것이다. 하지만 모든 사람들이 법에 대한 낙관적 견해를 공유했던 것은 아니다.

우리는 기원전 5세기의 자연학자들에게서 'nomos'가 한낱 관습적인 것, 그래서 실재(reality)의 참모습을 반영하지 못하는 것을 지칭하기 위해 사용되고 있는 예들을 발견한다. "그들이 이렇게(=생성이라) 일컫는 것은 온당하지 않으나 나 역시도 관습(nomos)을 따르겠다"(엠페도클레스, 단편 DK31B9). "그는 관습상(nomō) 단 것, 관습상 쓴 것, 관습상 뜨거운 것, 관습상 차가운 것, 관습상 색깔이 있지만, 실제로는 원자와 허공만 있다고 말한다"(데모크리토스, 단편 DK68B9). 한낱 관습에 불과한 것으로서의 'nomos'를 소피스트들은 윤리적이고 정치적인 영역에 적용시켰다. 그리고 이 과정에서 한낱 관습적인 것으로서의 법은 본래적인 것으로서의 자연과 대비된다.

법과 자연을 명시적으로 대비시킨 대표적인 소피스트가 안티폰(Antiphōn)이었다. 그의 『진리에 관하여』 단편 A는 다음과 같이 시작된다. "인간이 정의를 자신에게 가장 이롭게 사용하는 것은, 지켜보는 사람이 있을 때는 법들을 존중하지만, 지켜보는 사람이 없을 때는 자연적인 것들을 중요시할 때이다. 왜냐하면 법적인 것들은 덧보태진 것들(epitheta)인 반면, 자연적인 것들은 필수적인 것들이기 때문이다. 그리고 법적인 것들은 합의된(homologēthenta) 것이지 자연히 생겨나는(phynta) 것이 아닌 반면, 자연적인 것들은 자연히 생겨나는 것이지 합의된 것들이 아니기 때문이다"(B44). 주의해야 할 것은 안티폰이 실정법과 기존의 규범을 전적으로 거부할 것을 권유하고 있는 것이 아니라는 점이다. 그는 그것들을 따르고 지킬 이유가 있다고 생각한다. 중요한 것은 그렇게 해야 하는 이유이다. 그 이유는 그렇게 하는 것이 그 개인에게 이로운 일이기 때문이다. 그런데 이 이로움은 다른 사람이 그가 법을 준수하고 있음을 인지한다는 조건 아래에서만 성립하는 것이다. 만일 아무도 지켜보는 사람이 없다면, 그것에 따라 행함이 가져다주는 이로움도, 그것을 거슬러 행함이 초래하는 해로움도 존재하지 않게 된다. 반면 '자연적인 것들'에 연관된 이로움과 해로움은 절대적이다. 보는 사람이 있건 없건 간에, 자연적인 것들을 따라 행하는 것은 이로움을, 그것들에 거슬러 행하는 것은 해로움을 가져다준다.

안티폰은 법에 따라 정의로운 것들 중 많은 것들이 자연과 적대 관계에 있다고(polemiōs keitai) 말한다. 법들에 의해 이롭다고 규정된 것들은 자연의 족쇄이며, 자연에 의해 이롭다고 규정된 것들은 자유롭다. 비록 '적대 관계'라는 표현을 사용하기는 했지만, 안티폰의 취지는 법과 자연이 곧바로 충돌한다는 것이라기보다는, 자연이 제한을 가하지 않는 영역의 것들에 대해서 법은 제한을 가한다는 점이었던 듯하다. 법은 눈에게 무엇을 보아야 하는지를, 귀에게 무엇을 들어야 하는지를, 그리고 혀에게 무엇을 말해야 하는지를 명하지만, 자연은 그러한 제한을 부과하지 않는다. 법에 근거한 이로움은 자연이 허용한 자유를 한정한다는 점에서 제약적이며, 다른 사람들의 인지에 근거한다는 점에서 제한적이다. 이 주장을 뒷받침하기 위해서 안티폰은 법에 의해서 정의로운 일로 규정되는 예를 든다. 우리는 타인을 선공(先攻)하지 않는 것을 정의로운 일로 여긴다. 그런데 이 원칙을 준수하는 것이 정당화되기 위해서는 그렇게 하는 것이 그렇게 하지 않는 것보다 더 이로운 일이어야 한다. 하지만 법으로부터 오는 정의는 그것을 준수하는 사람에게 충분한 도움을 주지 못한다. 우선 법은 피해자가 피해를 보기 전에 그런 일이 일어나지 않도록 막지 못한다. 그리고 일단 발생한 피해와 관련해서도, 법정에서 재판관들을 설득할 부담을 피해자에게 지움으로써, 그에게 어떠한 상대적 이점도 제공하지 못한다.

안티폰의 철학적 입장을 정확히 어떻게 규정해야 할 것인지, 혹은 보다 근본적으로, 과연 그가 어떤 일관된 철학적 입장을 가지고 있었는지에 대해서 학자들은 논란을 벌인다. 법과 자연의 대비와 관련해서도,

그가 그것을 통해 기존의 정의관을 거부해야 한다는 주장을 내세우고 있는 것인지, 아니면 통상적인 정의관이 가지는 함축들을 단지 분석하는 것인지가 분명치가 않다. 기존의 법과 정의에 대한 보다 선명한 공격은, 흥미롭게도, 플라톤의 대화편에 등장하는 생동감 넘치는 두 인물에 의해서 수행되고 있다. 『국가』에서의 트라쉬마코스(Thrasymachos)와 『고르기아스』에서의 칼리클레스(Kalliklēs)가 그들이다.

트라쉬마코스는 플라톤의 『국가』 전체가 그가 1권에서 제기한 문제에 대한 대응으로 간주될 수 있다는 점에서 매우 중요한 인물이다. 그는 처음 등장하는 순간부터 통상적인 정의관에 격한 반감과 경멸의 감정을 숨기지 않는다. 그는 "마치 야수처럼, 온 힘을 다해 찢어발기기라도 할 듯이 우리에게 덤벼들었다"(336b). 그는 정의란 다름 아닌 더 강한 자의 이로움일 뿐이라고 주장한다(338c). 모든 폴리스에서 더 강한 자는 지배층이다. 그리고 그 정치 체제가 참주정이든 민주정이든 귀족정이든, 지배층은 자신의 이익에 부합하는 방식으로 법을 제정하기 마련이다. 따라서 우리가 정의라 부르는 것은 지배층에게 이로운 것 이외의 다른 무엇이 아니다. 트라쉬마코스는 또 정의는 남 좋은 일(allotrion agathon)이고, 자신에게 해가 되는 일이라고 주장한다(343c). 반면 부정의는 피지배자에게는 이롭고 지배자에게는 해가 되는 일이다. 결과적으로, 정의로운 사람은 무슨 일에서건 늘 덜 가지게 되고, 정의롭지 못한 사람은 늘 더 가지게 되기 마련이다.

트라쉬마코스의 노골적이고 도전적인 표현들은 당시 많은 사람들이 전통적인 윤리 규범이 요구하는 바를 부적절한 것으로 생각하고 있었고 그것을 뒤흔들 필요가 있다고 느끼고 있었음을 시사한다. 법과 자연의 대비를 명시적으로 사용하고 있지는 않지만, 그의 주장은 실질적으로 그 대비에 의존하고 있다고 할 수 있다. 왜냐하면 그는 통속적 정의를 거부하고 통속적 부정의를 옹호하면서, 후자를 사실상 자연에 따르는 정의라 말할 수 있는 것, 즉 관련된 개인이나 집단의 이익과 연결시키고 있기 때문이다. 이 점은 『국가』 2권에서 글라우콘(Glaukōn)이

트라쉬마코스의 문제 제기를 법과 자연의 대비를 명시적으로 사용하면서 재구성하고 있다는 사실에서 확인된다(358e~359b).

칼리클레스는 플라톤의 『고르기아스』에서 소크라테스의 세 번째 대화 상대자로 등장한다. 그가 실존 인물이었는지는 논란거리이다. 분명한 것은 그가 소피스트는 아니었다는 점이다. 『고르기아스』에서 그는 야심만만하고 자신감 넘치는 귀족 청년의 모습으로 그려진다. 그가 소피스트가 아니었다는 사실은 저자인 플라톤에게 오히려 이점으로 작용했을 것이다. 왜냐하면 칼리클레스의 거침없는 발언들을 통해서 플라톤은 소피스트들의 생각에 내포된 위험성들을 극단까지 밀어붙여 표출해낼 수 있었기 때문이다. 반면 고르기아스나 프로타고라스와 같은 소피스트들은 학생들을 불러 모아야 할 현실적 필요를 가지고 있었다. 그런 처지에서 그들이 사회적 통념을 거스르는 생각들을 극단적인 지점까지 밀고 나가는 것은 그럴 법하지도 않고, 현명한 일도 못 되었을 것이다. 사실 칼리클레스가 『고르기아스』에 처음 등장하면서 지적하고 있는 문제가 바로 이 점이었다. 그는 앞서 등장한 소크라테스의 두 대화 상대자, 즉 고르기아스와 폴로스(Pōlos)가 소크라테스에게 논박당한 이유가 바로 통상적인 정의에 어긋나는 일을 공개적으로 인정하는 것을 부끄러워했기 때문이라고 말하고 있는 것이다. 폴로스의 경우, 문제는 그가 부정의한 일을 행하는 것이 당하는 것보다 더 수치스러운 일이라는 것에 동의했다는 사실이다. 하지만 이것은 그가 자신이 정말로 그렇다고 생각하는 바를 말하는 것을 부끄러워했기 때문에 일어난 일에 불과하다. 칼리클레스가 보기에, 소크라테스는 저속하고 대중 연설에나 어울리는 논변 술책을 사용한 것인데, 그 술책은 바로 자연과 법의 대립을 이용하는 것이다. 즉 누군가가 법에 따라 이야기를 하면 자연에 따라 그렇게 말한 듯 질문을 하고, 자연에 따라 이야기를 하면 법에 따라 말한 듯 질문을 하는 것이다. 폴로스가 부정의한 일을 행하는 것이 당하는 것보다 수치스러운 일이라고 말했을 때, 그는 사실 법에 따르면 그러하다고 이야기한 것이었다. 그런데 소크라테스는 폴로스가 마치 자연에 따르면 그러하다고 말하려 했던 것처럼 논변을 끌고 가 그를 곤경에 빠뜨렸다. 하지만 일단 법과 자연이 명확히 구분되고 나면 사태는 명료해진다. 법에 따르면, 부정의한 일을 행하는 쪽이 당하는 쪽보다 더 수치스러운 일이다. 하지만 자연에 따르면, 부정의한 일을 당하는 쪽이 행하는 쪽보다 더 나쁜 일이고, 더 수치스러운 일이다.

칼리클레스는 이어서 법의 기원에 관한 널리 알려진 이야기를 시작한다. 우리의 법들을 정한 사람들은 필시 약한 다수였을 것이다. 그들은 더 강한 소수가 많은 몫을 차지하는 것을 막기 위해서 그렇게 하는 것이 수치스럽고 정의롭지 못한 일이라 말했던 것이다. 하지만 자연 자체는 더 우월하고 더 능력 있는 자가 더 열등하고 덜 능력 있는 자보다 더 많은 몫을 가지는 것이 정의로운 일임을 분명히 보여주고 있다. 인간 외의 동물들, 모든 도시들, 종족들을 보라. 이 모든 것들에서 정의는 더 강한 자가 더 약한 자를 다스리며 더 많은 몫을 가지는 것임이 명백하게 드러나 있다. "크세르크세스가 그리스로 군대를 이끌고 왔을 때, 그리고 그의 아버지가 스퀴다이인들에게로 쳐들어갔을 때, 그들이 의지한 것이 과연 어떤 종류의 정의였나요? [……] 그렇습니다. 나는 이들이 정의로운 것의 본성, 즉 제우스께 맹세컨대, 바로 자연의 법(nomos tēs physeōs)에 따라 이런 일들을 행했다고 생각합니다"(483d).

칼리클레스적인 강자의 논리가 국가 간의 관계에 적용된 예를 우리는 투퀴디데스(Thoukydidēs)의 『펠로폰네소스 전쟁사』의 유명한 두 장면에서 발견할 수 있다. 첫째 장면은 제3권 37~48에서의 이른바 뮈틸레네 논전이다. 아테네의 동맹국이었던 뮈틸레네는 428년 폭동을 일으켰다. 격분한 아테네인들은 폭동이 진압된 후 뮈틸레네의 모든 남성 시민을 사형에 처해야 한다는 결정을 내렸다. 하지만 그다음 날 이 결정에 대한 토론이 다시 벌어진다. 결정을 유지해야 한다고 주장하는 클레온(Kleōn)은 철저하게 아테네의 이익과 힘의 논리에 근거한 논증을 펼친다. "그들이 복종하는 것은 여러분 자신이 손해를 보면서 그들에게 양보하기 때문이 아닙니다. 여러분의 지배는 그들의 호의보다는 여러분 자신의 힘의 우위에 근거합니다"(III. 37.2). "만약 그들을 지배하기로 마음먹었다면, 비록 그것이 적절한 일이 아니라 하더라도, 이익을 위해 그들을 처벌해야 합니다. 그렇지 않다면 제국을 포기하고, 위험을 감수할 일 없는 좋은 사람 노릇이나 해야 합니다"(III. 40.4).

제5권 85~111에서의 이른바 멜로스 대담에서도 철저하게 이익에 근거한 강자의 논리가 옹호되고 있다. 멜로스는 아테네 동맹에 참여하기를 거부했다는 이유로 416년에 아테네군의 공격을 받고 항복을 강요받는다. 투퀴디데스는 이때 아테네의 사절단과 멜로스 정부 사이에 벌어진 대화를 기록하고 있는데, 이것이 통상 멜로스 대담이라 불리는 것이다. 아테네의 사절단은 우선 정의와 부정의에 관한 정교한 논의로 시간을 낭비하고 싶지 않다는 점을 분명히 한다. 동등한 힘을 갖지 않은 국가 사이에서 그런 논의는 무의미한 것이기 때문이다. "인간관계에서 정의란 힘이 대등할 때나 통하는 것이지, 실제로 강자는 할 수 있는 것을 관철하고 약자는 거기에 순응해야 한다는 것쯤은 여러분도 우리 못지않게 아실 텐데요"(V. 89). 멜로스인들은 이익의 관점에서 대화를 진행해나가는 데 동의한다. 그리고 전통적인 의미에서 정의롭게 행동하는 것이 아테네의 이익에도 부합하는 것이라는 취지의 논변을 펼친다. 예를 들어 전통적인 정의를 내버린다면 아테네는 신의 도움을 받기 어렵게 될 것이다. 여기에 대해서 아테네 사절단은 강자의 논리는 자연의 필연적 법칙이라고 말한다. "더 강한 자가 지배하는 것은 자연의 필연적 법칙이오. 이것은 우리에 의해 만들어진 법도, 이미 만들어진 것을 우리가 처음으로 적용하는 것도 아니오. 우리는 단지 그것이 이미 존재함을 발견하고 그것에 따라 행동할 뿐이며, 우리는 이것이 미래에도 영원히 존재하도록 남겨둘 것이오. 우리는 당신들이건 그 누구건 우리와 같은 힘을 가질 때 동일하게 행동할 것임을 알고 있소"(V. 105).

투퀴디데스의 '자연의 필연성'은 사실상 칼리클레스의 '자연의 법'의 다른 이름이라고 할 수 있다. 자연의 법을 이야기한 다음 칼리클레스는 훗날 니체의 초인(Übermensch)을 연상시키는, 진정으로 탁월한 인간의 모습을 묘사한다. "우리는 (……) 그들을 어릴 때부터 붙잡아, 동등한 몫을 가져야 하며 그것이 훌륭한 것이고 정의로운 것이라는 말로 주문과 마법을 걸어 노예로 만들지요. 하지만 충분히 강한 본성을 가진 사람이 태어나면, 그는 이 모든 것을 떨쳐내고 부서트리며 벗어날 것이라고 저는 믿습니다. 그 노예는 자연에 반하는 우리의 기록, 마술, 주문, 법 들을 모두 짓밟고 일어나, 자신이 우리의 주인임을 드러냅니다. 그리고 거기에서는 자연의 정의가 빛을 발합니다"(483e~484a).

2 덕의 교사로서 소피스트

소피스트들은 무엇보다도 '덕(aretē)의 교사'로 불렸다. 하지만 '덕'이라는 번역어는 오해를 불러일으킬 가능성이 있다. 우선 그리스어 'aretē'가 한국어의 '덕'이나 영어의 'virtue'보다 훨씬 넓은 의미 영역을 가지는 단어임을 기억할 필요가 있다. 'aretē'는 좋음을 의미하는 형용사 'agathos'의 최상급 'aristos'와 동근(同根)의 명사로, 어떤 것이 가지는 뛰어나고 훌륭하고 탁월한 상태를 광범위하게 지칭할 수 있는 단어이다. 그렇기 때문에 그리스인들은 '덕'이나 'virtue'가 적용되는 것이 어색한 대상들, 예를 들어 칼이나 말과 같은 것들에 대해서도 아무런 문제 없이 그것들의 'aretē'를 이야기할 수 있었다. 물론 소피스트들이 가르침을 약속했던 'aretē'는 인간의 'aretē'였다. 하지만 이렇게 인간의 'aretē'로 논의를 한정시키고 나서도 또 한 가지의 오해가 시정될 필요가 있다. 소피스트들이 가르칠 것을 약속했고, 많은 사람들이 그 대가로 많은 돈을 지불할 용의가 있었던 'aretē'는 '덕'이라는 단어가 우리에게 자연스럽게 연상시키는 것, 즉 개인의 인격적 완성이나 도덕적 향상이 아니라는 것이다. 그 'aretē'는, 일차적으로, 사람들로 하여금 성공적인 인생을 살도록, 그리고 그렇다고 다른 사람들로부터 인정받을 수 있도록 만들어줄 어떤 자질들이었다. 다시 말해서 소피스트들의 교육이 약속했던 것은 개인적 차원에서의 어떤 윤리적, 인격적 성취라기보다는 사회적 차원에서의 성공적인 삶의 성취였다.

무엇을 인간의 'aretē'로 간주하는가는 당대의 사회가 처한 상황, 그리고 그 사회가 가장 긴급하게 요구하는 탁월함의 자질이 무엇인가에 따라 달라지게 된다. 기원전 8세기에 쓰여진 호메로스의 서사시들에서 탁월성의 핵심은 전쟁을 승리로 이끌 수 있도록 만드는 여러 자질들, 즉 무공이나 전술적 능력이었다. 분별이나 지혜나 정의로움과 같은 덜 경쟁적이고 차분한 종류의 탁월성이 완전히 무시된 것은 아니었다. 하지만 그럼에도 불구하고, 호메로스의 세계에서 탁월한 인간은, 일차적으로, 전쟁의 상황에서 뛰어난 인간이었다. 그러나 사회적 상황이 변화하면 그 사회를 유지하고 발전시키는 데 필요한 인간의 자질도 따라서 달라지게 된다. 그리고 그에 따라 무엇이 인간의 탁월성인가에 대한 답이 달라지게 된다. 소피스트들이 약속했던 것은 기원전 5세기 후반의 그리스 사회가 인간의 탁월성으로 간주하고 있었던 것, 그 사회가 가장 긴급하게 요구하고, 그래서 사회적 성공을 보장해줄 것으로 기대된 바로 그 자질이었다.

무엇이 소피스트가 가르친 탁월성이었는가에 못지않게 중요한 질문은 왜 소피스트가 등장할 무렵에 탁월성의 교사에 대한 수요가 폭발적으로 증가했는가 하는 것이다. 그 답은 민주정의 발전과 떼어내어 이야기될 수 없다. 그리스 민주정 발전의 주역은 아테네였고, 소피스트들의 활동 중심지 역시 아테네였던 것은 우연이 아니었다. 아테네의 민주정은 추첨과 선출 두 원리의 혼합을 기초로 하고 있었다. 민회(ekklēsia)나 시민 법정(dikasterion)의 배심원은 추첨에 의해 선발되었다. 하지만 국가의 명운에 직결되는 주요 공직, 즉 외교나 군사 관련 관직은 선출에 의해 결정되었다. 따라서 이러한 주요 관직을 차지하길 원하는 사람은 자신이 그것이 요구하는 능력, 즉 탁월성을 가진 적임자임을 일반 시민들에게 설득시킬 수 있어야만 했다. 대중 앞에서 연설하는 능력은, 따라서, 정치적 야심을 가진 사람에게 없어서는 안 될 능력이었고,

소피스트들이 약속했던 탁월성의 핵심이었다. 설득의 기술의 중요성은 사법 행위와 관련해서도 결정적이었다. 당시 아테네의 사법 제도에는 현대와 같은 직업적인 법률인이 존재하지 않았다. 따라서 송사(訟事)에 휘말린 개인은 기본적으로 자기 자신이 자신의 입장을 방어해야 하는 처지에 놓여 있었다. 결국 국가의 주요 공직을 차지하기 위해서, 민회에서 자신의 생각을 다른 시민들로 하여금 받아들이도록 하기 위해서, 그리고 송사에서 자신의 이익을 지키기 위해서 아테네 시민들은 설득의 기술을 절실하게 필요로 했다. 소피스트들은 이 수요를 파고들었던 것이다.

하지만 많은 사람들이 덕을 획득하기를 원한다는 것과 그것이 가르쳐질 수 있는가는 별개의 문제이다. 덕의 교사임을 자처하기 위해서 소피스트들은 한 가지 물음에 답해야만 한다. 과연 덕은 가르쳐질 수 있는 것인가? 모든 사람이 덕이 가르쳐질 수 있는 것이라고 믿었던 것은 아니었다. 일찍이 핀다로스(Pindaros)는 지혜로운 자는 알기를 타고나는 자이며, 그에 비해 배워서 아는 자들은 거슬리는 소리를 내는 까마귀 같은 존재들이라고 노래했다(『올림피안 찬가』 II. 86~88). 『이중논변』 제6장에는 덕이 가르쳐질 수 없다는 명제를 뒷받침하는 다섯 개의 논변이 소개되고 있다. 첫째, 어떤 것을 다른 사람에게 넘겨주었음에도 불구하고 그것을 여전히 지니고 있는 것은 불가능하다. 둘째, 덕이 가르쳐질 수 있다면, 덕에 대한 인정받은 선생들이 있을 것이다. 셋째, 지혜로운 사람은 그의 지혜를 그의 친구와 가족에게 전해주었을 것이다. 넷째, 어떤 학생들은 소피스트들을 찾아갔으나 아무런 이로움을 얻지 못했다. 다섯째, 소피스트와 교류하지 않은 사람들 중에도 출세한 사람들이 있다. 『프로타고라스』에서는 소크라테스가 프로타고라스에게 덕이 가르쳐질 수 있는가에 대한 의문을 제기한다. 프로타고라스는 자신으로부터 학생들이 "집안일과 관련해서 어떻게 자기 집안을 가장 잘 경영할 것인지, 그리고 나랏일과 관련해서 어떻게 나랏일들을 가장 유능하게 행하고 논할 것인지에 대해 잘 숙고하는 것"(318e)을 배울 수 있을 것이라고 말한다. 여기에 대해서 소크라테스는 프로타고라스가 말하고 있는 것이 정치술(319a)인가를 묻는다. 그리고 프로타고라스가 동의하자, 그는 그것이 가르쳐질 수 있는 것이라 생각하지 않았다고 말하면서, 두 가지의 반론을 제시한다. 첫째, 아테네인들은 민회에서 기술적인 문제들을 논의할 때에는 해당 전문가들을 초청하지만, 폴리스와 관련된 문제들에 대해서는 모든 시민들이 똑같은 조언을 할 수 있다고 여긴다(319b~d). 둘째, 시민들 중에 가장 지혜롭고 훌륭한 자들도 자신의 덕을 다른 사람에게 전하지 못한다. 페리클레스도 교사가 가르쳐줄 수 있는 분야에 대해서는 선생들을 통해 그의 아들들을 잘 교육시켰음에도 불구하고, 그 자신의 지혜에 관해서는 그들을 가르치거나 그들이 가르침을 받도록 조치를 취하지 않았다(319d~320b). 이 두 반론은 『이중 논변』 제6장에서의 논변들 중 두 번째와 세 번째에 각각 대응함을 쉽게 알 수 있다.

소크라테스의 반론에 대해서 프로타고라스는 우선 위에서 논의된, 국가 성립에 관한 신화적 설명을 제시한다.(320c~322d) 이어서 그는 그것에 대한 보충 설명(322d~323a)과 일련의 추가 논변(324d~328d)을 통해서 덕이 가르쳐질 수 있음을 보이고자 한다. 신화적 설명은 모든 인간이 기본적인 시민적 자질을 공유한다고 말해준다. 하지만 프로타고라스는 그것의 공유는 자연적으로 이루어지는 것이 아니라, 교육과 훈련에 의해 획득되는 것이라고 말한다. 우리는 이것을 누군가가 시민적 덕에 반대되는 행위를 했을 때 처벌을 한다는 사실에서 확인할 수 있다. 만일 시민적 덕이 자연적으로 주어지는 것이라면, 그것을 결여하고 있다고 벌을 주는 것은 불합리한 일이 될 것이다. 못생겼거나 키가 작다는 이유로 어떤 사람을 벌줄 수는 없는 일이다. 따라서 우리가 정의롭지 못한 일을 하는 사람을 처벌한다는 사실 자체가 정의와 그 밖의 시민적 덕이 교육과 훈련에 의해 얻어지는 것임을 말해준다. "누구도 잘못한 사람을 단지 그가 잘못을 저질렀다는 사실에 초점을 맞춰서 벌하지 않는다. 짐승처럼 맹목적인 복수를 하려는 것이 아니라면 말이다. 합리적인 방식으로 징벌하려고 하는 사람은 저질러진 잘못된 행동 때문에 징벌하지 않는다. 왜냐하면 지나간 것은 돌이킬 수 없기 때문이다. 그는 잘못을 행한 사람 자신과 그가 징벌받는 것을 보는 다른 사람들이 다시는 잘못을 저지르지 않도록 미래를 위해 징벌하는 것이다. 이런 견해를 가진 사람은 덕이 교육에 의해 가르쳐질 수 있다고 생각한다. 왜냐하면 적어도 그는 제지하기 위해 벌하고 있기 때문이다"(324a~b).

프로타고라스는 덕에 관한 가르침은 특정한 사람에 의해서 특정한 시점에만 이루어지는 것이 아니라, 사실상 공동체의 모든 사람에 의해서 태어나면서부터 지속적으로 행해지는 것이라고 말한다. 올바른 가치와 규범에 대한 교육은 어린 시절 부모와 보모와 보육 교사로부터 시작되어, 키타라 교사, 체육 교사에 의해서도 행해진다. 그리고 무엇보다도 그 교육은 법률과 징벌을 통해 공동체 전체에 의해 이루어진다. 그렇다면 훌륭한 부모가 자식을 훌륭하게 만들지 못하는 경우는 어떻게 설명되어야 하는가? 프로타고라스는 그것을 타고난 자질의 차이로 설명한다. 이것은 모두에게 아울로스 연주를 가르쳐도, 어떤 학생은 더 뛰어난 연주가가 되고 어떤 학생은 그렇지 못하게 되는 이유와 같다. 동일한 열의로 아울로스 교육을 시킨다 하더라도, 뛰어난 재능을 타고난 학생은 이름을 날리게 될 것이고, 그것을 타고나지 못한 학생은 그러지 못할 것이다.

3 사회 사상

여러 증거로 미루어 볼 때, 프로타고라스는 서양 철학사에서 체계적인 정치 사상을 개진했던 최초의 인물이었을 가능성이 높다. 디오게네스 라에르티오스가 전하는 아리스토크세노스의 보고에 따르면, 플라톤의 『국가』의 내용 거의 전부는 프로타고라스의 『반론들』에 이미 포함되어 있던 내용이었다고 한다(DL III. 37 & 57). 이 보고를 액면 그대로 받아들여야 한다고 믿는 학자는 아무도 없다. 적대적인 철학자들에게 표절 의혹을 제기하는 것은 고대에 흔히 행해지던 공격 방식이었기 때문이다. 하지만 이런 비교가 행해졌다는 사실은 최소한 프로타고라스가 정치철학에 관한 모종의 체계적인 입장을 가지고 있었고, 그것을 구체적으로 개진했었으리라는 추정을 가능케 한다.

프로타고라스의 정치철학에 관해 우리가 가진 가장 구체적인 자료는 앞서 논의된 『프로타고라스』편에서의 신화이다. 이 신화에 대해 논하면서 우리는 그것이 아테네 민주정에 대한 이론적 정당화를 제공하고 있음을 이야기한 바 있다. 이제 그것의 두 가지의 다른 측면에 초점을 맞추어 보려 한다. 그 둘은 진보적 역사관과 계약론이다.

역사와 문명의 진행 방식과 관련해서 우리는 통상 세 개의 관점을 구분한다. 가장 오랜 역사를 가지는 것은 퇴보 이론이다. 시초에 일종의 황금시대를 상정하고, 이후의 역사를 그로부터 점차로 몰락해가는 과정으로 기술하는 것이다. 헤시오도스의 『일과 나날』에서 우리는 이 입장의 정교화된 형태를 발견할 수 있다. 다음으로 순환 이론이 있다. 이것은 동방에서 유래한 것으로 추정되며, 여러 자연학자들의 우주론에서 채택된 입장이다. 세 번째는 진보 이론으로, 일시적인 변이는 있을 수 있지만 기본적으로 인간의 상황은 지속적으로 향상되어간다는 입장이다. 프로타고라스의 입장은 이 중 세 번째에 속한다고 말할 수 있다. 그는 인간이 자연 상태에서 출발해 점차로 문명 상태로 발전해간다고 믿었기 때문이다. 그는 교육을 통한 인간의 개선 가능성을 믿었고, 세계를 개선해나갈 수 있는 인간의 능력을 적극적으로 옹호하고 있다. 이런 점에서 그는 진보 사관의 원조이자 최초의 계몽주의 철학자였다고 할 수 있을 것이다.

프로타고라스의 사회기원론은 계약론적인 아이디어의 첫 표현으로 간주되기도 한다. 엄밀하게 말하면 『프로타고라스』의 신화적 설명은 '계약'이라는 표현을 명시적으로 포함하고 있지는 않다. 하지만 인간의 법이 자연적으로 생겨나는 것도 아니고 신들에 의해서 부과되는 것도 아니라면, 그것의 기원에 관한 가장 자연스러운 설명은 그것을 시민들 간의 합의의 결과로 보는 것일 것이다. 계약론의 아이디어가 소피스트들로부터 유래했다는 추정을 가능케 하는 단서들은 이것뿐만이 아니다. 히피아스(Hippias)는 법률을 해야 할 것과 하지 말아야 할 것에 관한 시민들 간의 합의를 문자화한 진술로 설명했다고 전해진다 (크세노폰, 『회상록』 IV. 4.13). 또 소피스트 뤼코프론(Lykophrōn)은 법률을 사회 구성원 상호에게 정의를 보증하는 일종의 약정이라 불렀다고 전해진다(아리스토텔레스, 『정치학』 III. 9.8). 플라톤의 『국가』 2권에서 글라우콘이 제시하고 있는 정의의 본성과 기원에 관한 설명도 유사한 생각을 표현하고 있다. "(사람들은 말하기를) 본래는(pephykenai) 부정의를 저지르는 것이 좋은 일이고 부정의를 당하는 일은 나쁜 일이지만, 그걸 당함으로써 입는 나쁨이 그걸 저지름으로써 얻는 좋음보다 훨씬 커서 〔……〕 서로 간에 부정의를 저지르거나 당하지 않도록 약정을 하는 것이 이로울 것이라는 생각을 하게 된다고 말입니다. 바로 이로부터 사람들은 법률(nomoi)과 약정(synthēkē)을 제정하기 시작했으며, 법에 의해 지시된 것을 합법적이고 정의로운 것이라 부른다는 것입니다" (358e~359a). 이런 단서들이 사회계약론의 아이디어가 소피스트들로부터 비롯했음을 결정적으로 입증한다고 말할 수는 없을 것이다. 하지만 최소한 계약론의 아이디어가 소피스트들의 입장, 특히 법에 대한 불변의 절대적 근거를 발견할 수 없다는 생각과 자연스럽게 어우러진다는 것은 분명하다. 소피스트들과 흔히 연관되는 상대주의도, 사회적 규범이라는 영역에 적용될 때, 주어진 사회의 성원들 간의 합의와 동의만이 그것의 유일한 근거일 수밖에 없다는 생각과 잘 부합한다.

앞서 살펴보았듯이, 소피스트들은 민주정의 산물이었고, 민주정은 그들을 꽃피게 만든 토양이었다. 민주정이 정착되어가면서, 그것의 이념적 기반에 관한 논의도 활발해졌는데, 이와 관련해 주목해야 할 것이 평등권(isonomia)의 개념이다. 헤로도토스는 『역사』 III. 80~82에서 다리우스의 궁전에서 벌어진 흥미로운 대화를 전하고 있다. 이야기의 배경은 522년 페르시아이다. 하지만 당시 페르시아를 배경으로 당대의 이슈들을 극화하는 것이 유행했던 점을 고려할 때, 이 기록은 사실상 기원전 5세기에 전개된 논쟁을 보여주는 것으로 간주할 수 있다. 대화는 페르시아의 귀족들이 민주정, 과두정, 그리고 군주정의 세 정체들 중 어떤 것이 최선인가에 관해 토론하는 내용으로 이루어져 있다. 대화 참여자들 중 오타네스는 군주정에 내포된 문제점들을 지적한 다음, 민주정을 옹호하며 이렇게 말하고 있다. "첫째, 다수의 지배는 모든 것들 중에서 가장 아름다운 이름을 가지고 있으니, 그 이름은 평등권(isonomia)입니다. 둘째, 그것은 독재자가 하는 짓을 전혀 하지 않습니다. 그것은 관리들을 추첨으로 선출하고, 권한에 책임을 부여하며, 모든 안건을 공적으로 처리합니다"(III. 80). 투퀴디데스가 전하는 페리클레스의 유명한 장례 연설에서도, 주요 공직이 추첨이 아닌 능력을 기준으로 결정되기는 하지만, 법에 따른 평등이 민주정의 핵심적 이념으로 간주되고 있다. "소수가 아니라 다수의 이익을 위해 나라가 통치되기 때문에 우리 정체를 민주정이라 부릅니다. 개인적 분쟁과 관련해서는 법에 따라 모두가 평등합니다(kata tous nomous 〔……〕 to ison). 그러나 주요 공직을 맡음에 있어서는 탁월성이 우선시되며, 추첨이 아닌 능력이 중요합니다. 또한 어떤 사람이 가난이라는 불리한 조건에도 불구하고 도시를 위해 일을 잘할 능력이 있다면 가난 때문에 공직에서 배제되는 일도 없습니다"(『펠로폰네소스 전쟁』 II. 37).

어원적으로, 'isonomia'는 같음, 평등을 의미하는 'iso'와 법을 의미하는 'nomos'가 어미 '−ia'와 결합되어 만들어진 단어이다. 유의해야 할 점은 이 개념이 그 자체로는 평등한 권리를 가지게 되는 사람들의 범위를 결정해주지 않는다는 점이다. 다시 말해서 'isonomia'는, 원칙적으로는, 민주정에도 과두정에도 적용될 수 있는 개념이다. 두 정체 각각은 각자가 정한 특정한 범위의 사람들에게 법적으로 평등한 권리를 부여하고 있는 것이기 때문이다. 하지만 기원전 5세기의 문헌들에서 발견되는 'isonomia'의 용례들은 압도적으로 민주정과의 관련성을 보여준다. 즉 이 당시에 'isonomia'는 주로 민주정의 이념을 표현하는 단어로 사용되었던 것으로 보인다. 이것은 이념적 투쟁의 결과였던 것으로 보인다. 즉 'isonomia'는 원칙적으로 정체 중립적이고, 간혹 과두정과 관련해서 사용된 경우가 있었음에도 불구하고, 민주정이 점차로 힘을 얻어가면서 민주정의 이념을 대변하는, 민주정의 캐치프레이즈로 정착되었다는 것이다. 'dēmokratia'는 'isonomia'에 비해 시간적으로 후대에 등장한 것으로 추정된다. 그리고 'dēmokratia'가 다수의 지배라는 사실적 측면을 지칭한다면, 'isonomia'는 평등과 관련된 어떤 이념을 표현하는 단어이다. 아마도 다중(dēmos)의 힘(kratia)은 과두정과의 투쟁 속에서 자신을 지칭할 고유의 이름을 얻게 되었을 것이다. 그리고 이와 더불어 'isonomia'를 자신의 고유한 이념으로 독점하게 되었을 것이다.

'isonomia'가 민주정의 이념으로 확립되었다 하더라도, 여전히 이 때의 평등은 이방인이 아닌 그리스인, 여성이 아닌 남성, 그리고 노예가 아닌 자유인 내에서의 평등을 의미하는 것이었다. 하지만 이런 제한 조건은 과연 정당화될 수 있는 것인가? 소피스트들은 이 제한에 대해서도 의문을 제기했다.

우선 소피스트들은 출생과 가문에 기초한 차별의 정당성을 문제 삼는다. 이 문제와 관련해서 아리스토텔레스는 소피스트 뤼코프론의 말을 인용하고 있다. "그것은 고귀하고 좋은 것인가, 아니면 소피스트 뤼코프론이 말한 대로 전적으로 공허한 어떤 것인가? 그는 그것을 다른 좋은 것들과 비교하면서, 그것의 빛남은 명백하지 않으며, 그것의 고귀함은 오직 말들 속에만 있는 것이고, 사실 낮은 신분과 높은 신분에는 아무런 차이가 존재하지 않는다고 이야기했다"(단편 91). 에우리피데스의 『알렉산드로스』 단편에서 합창단은 이렇게 노래한다. "우리가 죽기 마련인 인간들 사이에서 좋은 태생을 칭찬한다면, 우리의 논의는 지나친 것이다. 〔……〕 잘남과 못남은 한 족속이다. 좋은 태생을 법에 의해 자랑거리로 만드는 것은 시간이다"(스토바이우스, 단편 52N).

그리스인들이 다른 민족들에 대해 강한 우월감을 가지고 있었다는 것은 잘 알려진 사실이다. 디오게네스 라에르티오스가 전하는 헤르미포스의 이야기에 따르면, 소크라테스는 자신이 행운의 여신에게 다음의 세 가지를 빚졌다고 말하곤 했다고 한다(DL I. 33). 첫째, 자신이 짐승이 아닌 사람으로 태어난 것, 둘째, 여성이 아닌 남성으로 태어난 것, 그리고 셋째, 이방인이 아닌 그리스인으로 태어난 것. 플라톤의 『국가』에서도 이방인들이 그리스인들에 비해 자연적으로 열등하다는 생각은 명시적으로 표현된다. 그리스인과 그리스인은 자연적으로 친족이고 동족이다. 따라서 그들 사이에서 일어나는 전쟁은 그리스가 병적인 상태에 놓여 있음을 보여주는 징표이다. 서로 친족 관계에 놓여 있기 때문에, 그리스인이 그리스인을 노예로 삼는 것도 정의롭지 못한 일이 된다. 반면 그리스인과 이방인의 관계에서는 그 정반대가 참이다. 그리스인과 이방인은 자연적으로 적이기 때문에, 당시 그리스인들이 그리스인을 대하는 잘못된 방식대로 대하는 것이 정의로운 일이 되는 것이다(469b~471c). 아리스토텔레스 역시 그의 『정치학』(1252b7~9)에서 이방인들은 자연적으로 노예이기 때문에 그리스인들에 의해 지배되어야 한다는 사람들의 견해에 찬동을 표하고 있다.

　　하지만 안티폰이 보기에, 그리스인과 이방인들 사이에 자연적으로 결정되어 있는 차이 같은 것은 존재하지 않는다. 그는 우선 근접한 공동체에 속한 사람들은 존경하고 우러러보지만, 멀리 떨어진 공동체에 속한 사람들은 존경하지도 우러러보지도 않는 사회적 통념을 언급한다. 그가 보기에 그렇게 함으로써 "우리는 서로에 관해 야만인들(barbaroi)처럼 처신하고 있다. 왜냐하면 모두가 자연적으로는 완전히 똑같이 이방인이나 그리스인이 될 수 있도록 되어 있기 때문이다. 이는 모든 인류에게 자연적으로 필요한 것으로부터 보여질 수 있다. 이것들은 모두가 동일한 방식으로 획득할 수 있으며, 이것들에서는 어느 누구도 이방인이나 그리스인으로 차별받지 않는다. 왜냐하면 우리 모두는 우리 입과 코로 호흡을 하며, 손으로 먹기 때문이다"(DK87B44 II.

352~3). 이 구절의 정확한 번역과 해석에 관해서는 많은 논란이 있다. 하지만 그 전체적 의미는 분명하다. 안티폰이 말하고 있는 것은 그리스인과 이방인 사이에 선천적인 차이가 존재하지 않는다는 점이다.

　노예 제도에 대한 비판은, 상대적으로, 강력하게 제기되지 않았던 것 같다. 안티폰의 법과 자연의 대조는 노예와 자유인의 차별에도 적용될 수 있는 이론적 도구임이 틀림없지만, 그 자신이 그것을 그런 방식으로 사용했다는 증거는 없다. 『정치학』 I. 3. 4에서 아리스토텔레스는 노예제를 비판한 사람들이 있었다고 이야기하고 있는데, 이들이 누구였는지는 불분명하다. 이 사람들을 기원전 5세기의 인물로 간주하는 학자들도 있다. 하지만 그런 주장을 했다고 확실하게 알려진 첫 번째 인물은 고르기아스의 제자인 알키다마스(Alkidamas)이다. 그는 "신은 모든 인간을 자유롭게 놓아두었고, 자연은 누구도 노예로 만들지 않았다"고 말했다고 한다. 하지만 이 말이 포함된 연설의 시점은 362년 이전으로 거슬러 올라가지 않는다.

　고대 그리스 사회에서의 여성의 지위는 남성의 그것에 비해 매우 미약한 것이었다. 소피스트들은 이 차별에도 눈을 돌렸다. 논의의 출발점은 남성과 여성의 역할에 관한 상대성을 확인하는 것이었다. 『이중논변』 II-17에는 그리스와 이집트가 남성과 여성이 해야 할 일에 관련해서 정반대의 풍습을 가지고 있음을 지적하는 구절이 나온다. 예를 들어 그리스에서는 여성이 천을 짜는 것이 적합한 것으로 간주되지만, 이집트에서는 그 일이 남성들에게 적합한 일로 간주된다는 것이다. 남성의 일과 여성의 일이 절대적으로 정해진 것이 아니라는 생각은 플라톤의 『국가』에서 체제 구성의 원리로 발전된다. 그는 남성과 여성이 동일한 영역의 일에 종사하고 동일한 기능을 수행할 수 있으며, 따라서 동일한 교육을 받아야 한다고 주장한다. 그리고 남성과 여성이 동일한 일을 수행할 수 있도록 가족을 폐지하고, 아이들은 국가 기관에 의해서 체계적으로 길러져야 한다고 제안한다. 사실 플라톤의 혁명적 아이디어들은 아리스토파네스의 『뤼시스트라타』나 『민회의 연인들』에서 이미 상당 부분 선취된 것이었다. 『민회의 연인들』에는 『국가』를 연상시키는 여러 제도 개혁안들, 예를 들어 재산의 공유, 완전한 성적 자유, 자식들의 공유, 남녀의 공동 식사 등등이 제시되고 있다. 소피스트 사상의 대변자, 그래서 학자들에 의해 "극장의 철학자" 혹은 "계몽의 작가"라고 불린 에우리피데스는 『메데이아』에서 남성 중심 사회에 대한 교묘하지만 매서운 비판을 가한다. 메데이아는 여성들이 가장 불행한 존재라고 말한다. 우선 그들에게는 남편이 필요한데, 심지어 그것을 비싼 값을 치르고 얻어야 한다. 그리고 그렇게 얻은 남편은 결국 그들의 육체의 지배자가 된다. 하지만 이어지는 합창단의 선창은 새로운 시대가 도래할 것임을 자신만만한 어조로 알린다. "신성한 강물들이 거꾸로 흐르고 법도와 모든 것이 전도되는구나! 남자들은 속임수를 쓰고, 신들의 이름으로 행한 맹세도 더 이상 든든하지 못하구나. 이제는 이야기가 바뀌어 내 인생도 이름을 떨치고 여자에게도 명예가 주어지리라. 악명은 더 이상 여자들 몫이 되지 않으리라"(410~420).

4 신과 종교

소피스트 운동은 종종 종교와 신중심주의에 대한 저항, 그리고 그 대안으로서의 합리주의와 인간 중심주의의 주창이라는 틀로 설명된다. 하지만 종교-대-합리주의, 신-대-인간의 구도를 그것에 도식적으로 적용하는 것은 사실을 왜곡할 위험이 있다. 우리는 그리스 종교가 단일한 종교 조직도, 단일한 경전도, 단일한 신조도 가지고 있지 않았던, 매우 느슨하게 연결된 복잡다단한 믿음과 의식의 결합체였음을 기억할 필요가 있다. 그렇기 때문에 이미 호메로스부터 필요에 따라 기존의 신화들을 재해석하고 검토하는 일이, 불경의 위험 없이, 행해질 수 있었다. 소크라테스 이전 철학자들은 신적인 존재들을 인정하면서도, 그것들을 다양한 방식으로 우주의 근원적 원리에 통합시키려고 시도했다. 크세노파네스는 의인화된 신관과 전통적 다신론을 공개적으로 비판했다. 따라서 신과 종교에 대한 소피스트들의 견해는 급격한 단절이라는 관점에서보다는 이런 전통의 연장선이라는 관점에서 이해될 필요가 있다.

하지만 소피스트들이 종교와 신의 문제와 관련해서 전례 없이 급진적인 생각을 가지고 있었다는 것은 사실이었던 듯하다. 우리는 프로타고라스, 프로디코스(Prodikos), 크리티아스(Kritias)가 무신론자였다고 주장하는 후대의 기록을 가지고 있다. 또 프로타고라스가 불경죄로 고발되어 추방되거나 사형 판결을 받은 저명한 인물들 중 하나였다는 기록도 있다. 이 기록에 따르면, 그의 책들은 소유자들로부터 수거되어 아고라에서 공개적으로 불태워졌으며, 그는 아테네를 떠나 항해하던 도중 익사했다고 한다. 프로타고라스는 그의 유명한 단편에서 다음과 같이 말하고 있다. "신들에 관해서 나는 그들이 존재하는지 존재하지 않는지도 알 수 없을 뿐 아니라, 그들이 어떤 모습인지도 알 수 없다. 앎을 방해하는 많은 것들과 불명확성과 인간의 삶의 짧음이 존재하기 때문이다"(단편 DK80B4). 엄밀히 말하면, 프로타고라스는 신이 존재하지 않는다고 말하는 것은 아니다. 그는 단지 신에 대해서 어떤 것도 아는 것이 불가능하다고 말할 뿐이다. 이 단편에 근거해 판단한다면, 신의 문제와 관련해서 프로타고라스는 무신론자라기보다는 불가지론자였던 것 같다. 프로타고라스의 불가지론은 그의 인간척도설의 반영으로 해석되기도 한다. 즉 어떤 사람에게는 신이 존재하는 것으로 보이고 어떤 사람에게는 존재하지 않는 것으로 보이기 때문에, 이 문제에 관해서는 판단을 중지하는 것이 올바른 태도라는 것이다. 하지만 위의 단편에서 프로타고라스가 명시적으로 이야기하고 있는 것은 앎에 대한 어떤 엄격한 기준이다. 즉 그는 우리 인간이 신의 존재에 대해서 엄밀한 의미에서 안다고 말하기에는 여러 가지 조건이 충족되지 않는다는 점을 지적하고 있는 것이다.

일견 이러한 주장은 상당히 온건해 보이고, 이런 주장 때문에 그가 불경죄로 고발당했다는 사실이 의아해 보이기도 한다. 하지만 단일한 교리나 종교 조직을 가지고 있지 않기는 했지만, 그리스 종교는 여전히 도시국가의 삶과 밀접히 연결되어 있었음을 잊어서는 안 된다. 신은 도시의 보호자였고, 국가의 질서 유지는 상당 부분 신과 관련된 관행들을 기반으로 하고 있었다. 따라서 신이 존재하지 않을 수도 있다는 생각이 허용되는 순간, 국가의 토대는 뿌리부터 흔들릴 수 있었다. 프로타고라스의 주장은 많은 사람들에게 그러한 불안감을 불러일으켰을 것이고, 그들로 하여금 그를 불경죄로 고소하도록 만들었을 수 있다.

소피스트들의 신관과 종교관은 당시의 시대적 분위기와 무관치 않다. 투퀴디데스는 장기간의 전쟁이 남긴 영향을 이렇게 전하고 있다. "신들에 대한 두려움도 인간의 법도 구속력이 없었다. 신들에 대한 두려움에 관해 말하자면, 좋은 사람이든 악한 사람이든 무차별적으로 죽는 것을 보자 그들은 신을 경배하든 않든 마찬가지라고 생각했다. 인간의 법에 관해 말하자면, 재판을 받고 벌을 받을 만큼 오래 살 것이라고 기대하는 사람은 아무도 없었다"(『펠로폰네소스 전쟁』 II. 53.4). 단편으로만 전해지는 에우리피데스의 작품은 더 노골적으로 신의 존재에 대해서 의문을 제기한다. "그러면 하늘에 신이 존재한다고 믿는 사람이 있는가? 아니 그렇지 않다. 만일 어떤 자가 그렇다고 말한다면, 그가 낡은 이야기를 믿을 정도로 어리석도록 내버려두지 말라. 내 말이 너의 판단을 이끌도록 하지 말고 너 자신이 사태를 살펴보라. 나는 말한다. 참주가 무수한 사람들을 죽이고 그들로부터 재산을 빼앗았으며 맹세를 어기는 사람들은 도시들을 약탈당하도록 만들었다. 그리고 그렇게 함으로써 그들은 매일 경건하게 사는 사람보다 더 행복하다. 나는 신들을 공경하는 작은 도시들을 알고 있는데, 그들은 전쟁에서 수적으로 압도당하고 그들보다 더 불경한 더 큰 도시들의 속국이 되었다"(『벨레로폰』 단편 286).

프로디코스는 프로타고라스가 도달한 지점에서 한 걸음 더 나아갔다. 그는 종교의 문제를 더 이상 앎의 관점에서 다루지 않는다. 마치 세속적인 다른 주제들을 다루듯이, 그는 종교에 대해서 인류학적인 설명을 제시한다. "고대인들은 태양과 달과 강과 샘, 즉 우리의 삶에 이로운 모든 것들을, 그것들로부터 오는 이익 때문에 신들로 설명했다. 이집트인들이 나일 강을 신격화한 것처럼 말이다"(단편 B5). 신들은 단지 유용성의 산물이고, 그들에 대한 믿음을 설명하는 데는 아무런 초월적 요소가 개입할 필요가 없다. 한마디로 신들은 인간의 발명품에 불과하다. 프로디코스의 설명은 실증적이고 과학적인 설명으로의 획기적 도약을 보여준다. 그렇다면 그는 마침내 무신론에 도달한 것일까? 이 물음에 대한 의견은 갈린다. 많은 고대의 학자들은 그렇다고 생각했다. 하지만 현대의 학자들은 이 문제에 관해 좀더 신중하다. 몇몇 학자들은 프로디코스의 의도가 신을 전적으로 부정하는 것이 아니라 왜 다양한 문화에서 신들이 다양한 모습으로 나타나는가를 설명하는 것이었다고 본다.

신과 종교에 대한 가장 적대적인 문헌은 『시쉬포스』 단편이다. 이 작품은 오랫동안 크리티아스의 작품으로 간주되었으나, 최근에는 에우리피데스의 것이라는 견해가 설득력을 얻어가고 있다. 이 단편은 인간의 삶이 짐승들처럼 아무런 질서도 없이 힘에 의해서 지배되던 상황을 묘사하면서 시작된다. 이런 상태에서 훌륭한 사람들은 보상을 받지 못하고 악한 사람들은 벌을 받지 않았다. 그래서 사람들은 잘못을 저지른 사람이 처벌을 받을 수 있도록 법률을 제정하게 된다. 하지만 법률의 제재는 오직 공공연한 행위들에만 미쳤을 뿐, 여전히 사람들은 은밀히 나쁜 일들을 저질렀다. 그래서 지혜로운 사람들은 인간들을 위해 새로운 장치를 개발하게 된다. 신들에 대한 두려움을 고안해낸 것이다. 그들은 영원한 삶을 가진 강력한 신적 존재를 도입하면서, 그 존재가 인간들의 일거수일투족을 살피고 있다고 말했다. 하지만 이것은 진실을 은폐하는 명백한 거짓 설명이라고 단편의 화자는 이야기한다. 물론 그 설명은 매우 쓸모 있는 것이기는 하다. 그것에 의해서 질서가 확보되고 법이 효력을 발휘하기 때문이다.

■ 참고 문헌

커퍼드, G., 『소피스트 운동』, 김남두 옮김, 아카넷, 2003.

플라톤, 『고르기아스』, 김인곤 옮김, 이제이북스, 2011.

_____, 『프로타고라스』, 강성훈 옮김, 이제이북스, 2011.

_____, 『국가 · 정체』, 박종현 역주, 서광사, 2005.

de Romilly, J., *The Great Sophists in Periclean Athens*, Oxford, 1992.

Gagarin, M. & Woodruff, P.(eds.), *Early Greek Political Thought from Homer to the Sophists*, Cambridge, 1995.

Guthrie, W. K. C., *The Sophists*, Cambridge, 1971.

Sprague, R. K.(ed.), *The Older Sophists : A Complete Translation*, Columbia, S. C., 1972.

제9장 소크라테스

김유석

1 소크라테스라는 퍼즐

　서양의 철학자들 가운데 소크라테스(Sōkratēs)만큼이나 유명하고
또 많은 일화를 가진 사람도 없을 것이다. 그의 삶과 관련하여 몇 가지
정보들을 간추려보면 다음과 같다. 소크라테스는 서기전 470/469년경
에 아테네에서 태어났다. 아버지는 석공이었고 어머니는 산파였다고
전해진다. 그는 크산티페라는 여인과 결혼하였고 자식을 세 명 둔 것으
로 알려져 있다. 몇몇 증언들에 따르면 크산티페는 소문난 악처였다고
하나 사실 여부를 확인할 길은 없다. 그는 세 차례 참전을 위해 도시를
떠난 것을 제외하고는 평생 고향을 벗어난 적이 없다고 한다.[1] 소크라
테스는 언제나 무지를 자처하고 다녔지만 누구보다도 지혜로웠고, 추
하고 우스꽝스러운 외모로 뭇사람들의 놀림을 받았지만, 그가 지닌 매
력과 내면의 아름다움으로 인하여 수많은 젊은이들의 사랑을 받은 것
으로 알려져 있다.

　사실 소크라테스는 어떤 세계사적인 사건의 중심인물도 아니었고

---

1) 그것들은 각각 포테이다이아 전투(431~430년), 델리온 전투(424년), 그리고 암피폴리
　스 전투(422년)이다.

사회, 정치적인 영역에서 대단한 업적을 이루지도 않았다. 사상적인 면에서 그는 어떤 획기적인 학설을 주장하지도 않았고, 그렇다고 심오한 사유 체계를 수립한 것도 아니었다. 오히려 소크라테스를 유명하게 만든 것은 그가 일상적으로 영위했던 독특한 삶의 방식에 있었다. 그는 좋은 것과 나쁜 것에 대한 앎이야말로 삶에서 가장 중요한 일이라고 생각함으로써 처음으로 가치와 도덕의 문제를 철학의 중심 주제로 확립하였다.[2] 그리고 이 주제에 관해 앎을 자처하는 사람이 있다면 누구든 때와 장소를 가리지 않고 만나 끊임없이 질문을 던지며 답을 청하였다. 그는 이러한 캐물음의 끝에 이르러 사람들이 당연히 안다고 믿었던 것들이 사실은 허위의식이거나 자기기만에 불과한 것이었음을 드러내었다. 훗날 사람들이 "소크라테스식 문답법"이라고 부르게 된 이러한 대화 방식으로 인해 그는 아테네에서 유명인이 되었고, 플라톤과 크세노폰을 비롯하여 수많은 추종자들을 얻었지만 동시에 많은 비난을 받기도 하였다.

　　그러나 소크라테스는 자신을 둘러싼 세간의 평가나 비난에 대하여 조금도 개의치 않았다. 오히려 그는 사람들이 스스로의 무지를 깨닫고 진정으로 앎을 열망하도록 만드는 것이야말로 신이 자기에게 부여한 소명이라고 생각했다. 이러한 생각은 진정한 행복이 외모나 재산, 권력에서 오는 것이 아니라 오직 영혼을 보살피는 데서 비롯될 뿐이라는 확신에 따른 것이었다. 그는 이렇듯 좋은 삶의 근거를 찾는 데 평생을 바쳤을 뿐 아니라, 어떠한 종류의 불의와도 일절 타협하지 않았다. 이러한 비타협성은 결국 그의 적들이 그를 불경죄로 고발하는 원인이 된다. 하지만 올바른 삶에 대한 그의 원칙은 매우 단호한 것이어서 부당한 재판이 그를 죽음으로 몰아가는 상황에서도, 불의조차도 불의로

---

2) 키케로, 『투스쿨룸 대화』 V, 10: "소크라테스는 처음으로 철학을 하늘로부터 불러 내렸고, 그것을 도시에다 세웠으며, 집집마다 도입하였고, 그것에다 삶과 관습, 좋은 것과 나쁜 것에 관한 탐구의 임무를 부여하였다."

대응해서는 안 된다는 원칙을 지키며 의연하게 죽음을 맞이하였고, 그렇게 함으로써 후세 사람들 사이에서 철학의 순교자라는 찬사를 받게 되었다.

그런데 이렇게 거의 만장일치에 가까운 찬사에도 불구하고, 그의 사유를 자세히 들여다보기란 쉽지 않다. 소크라테스는 오직 대화를 통해서만 철학을 했을 뿐, 어떠한 글도 남기지 않았기 때문이다. 따라서 소크라테스의 행적과 가르침에 관하여, 우리는 주로 그와 동시대인들이나 제자들이 남긴 증언들에 의존할 수밖에 없다. 그렇게 해서 수집된 증언은 크게 세 부류로 나눠볼 수 있는데, 그 한 부류는 예컨대 아리스토파네스와 같이 소크라테스와 동시대인이 그에 관해 언급한 글들이고,[3] 다른 한 부류는 플라톤과 크세노폰과 같은 소크라테스의 제자들이 스승에 관하여 혹은 스승을 화자로 등장시켜 쓴 글들이며,[4] 마지막 한 부류는 아리스토텔레스처럼 후대 사람들이 소크라테스를 평가하며 기술한 것들이다.[5] 하지만 이렇게 수집된 증언들은 주관적이고 때로는 자의적이며, 증언들 간에도 서로 상충된 내용들이 담겨 있어서, 이것들 가운데 어느 것이 진짜 소크라테스에 관한 신뢰할 만한 증언인지를 가려내기란 지극히 어렵다. 이런 상황에서 소크라테스를 알아나가기 위해 취할 수 있는 바람직한 방법은 가장 확실하고 분명한 것들에서 출발하여 차츰 불확실하고 추측을 요하는 것들을 향해 조심스럽게 그 영역을 넓혀나가는 것이다. 그런데 많은 사람들이 생각하기에 소크라테스에 관한 일화들 가운데 가장 신뢰할 만한 것은 플라톤이 남겨준 스승의 재판에 관한 기록이다.

---

3) 소크라테스는 당시에 희극 작가들에 의해 조롱과 희화화의 대상이 되었다고 한다. 아리스토파네스 외에도 당시에 소크라테스를 소재로 삼아 작품을 쓴 희극 작가들은 최소한 네 명(아메입시아스, 텔레클레이데스, 칼리아스, 에우폴리스)이 더 있었다고 하나, 오늘날까지 남아 있는 것은 아리스토파네스의 작품들뿐이다.

4) 소크라테스주의자들에 관해서는 이 글의 6절을 보라.

5) 아리스토텔레스는 소크라테스가 죽은 지 약 15년 뒤에 태어난다.

2 재판 : 소크라테스를 향한 고발들

소크라테스의 재판이 열린 것은 서기전 399년이었고 이때 그의 나이는 70세였다. 그는 이 재판에서 유죄 판결을 받고 사형을 언도받은 뒤에 약 한 달간 감옥에 갇혀 있다가 죽게 된다. 그렇다면 그를 죽음에 이르게 한 것, 즉 재판의 원인은 무엇이었을까? 소크라테스가 법정에 서게 된 까닭을 안다면, 그가 어떤 삶을 살아왔는지를 이해하는 데 중요한 실마리를 얻을 수 있을 것이다. 소크라테스가 따로 글을 남기지 않았고, 그의 철학의 핵심이 그의 독특한 삶의 방식에 있다고 한다면, 소크라테스가 영위해온 삶을 이해하는 것은 그의 사유를 더듬어가는 데 필수적인 일이라 하겠다.

이를 위해 먼저 살펴보아야 할 것은 그를 겨냥하여 제기된 고발 내용이다. 소크라테스의 재판에 관해서는 플라톤과 크세노폰 모두 『소크라테스의 변론』[6])이라는 작품을 통해 당시의 사건을 비교적 상세히 전해주고 있다. 비록 이들이 사건을 접하고 기록하는 방식, 그리고 스승의 발언을 보는 관점은 적잖이 차이가 나지만,[7]) 소크라테스를 재판정에 세운 이른바 기소 항목들에 대해서는 두 사람의 증언이 모두 일치한다. 이 증언에 따르면, 소크라테스는 1) 도시가 믿는 신들을 믿지 않았고, 2) 새로운 영적인 것들을 도입하였으며, 3) 젊은이들을 타락시킨 죄로 고발당한 것이다.[8]) 우선 이 기소 항목들에 담긴 의미들을 살펴보

---

6) 두 철학자 모두 같은 제목의 작품(Apologia Sōkratous)을 남겼지만, 이 글에서는 편의상 플라톤의 것을 『변론』으로, 크세노폰의 것을 『변명』으로 부르겠다.

7) 스승의 재판에 직접 참석했던 플라톤(『변론』 34a, 38b)이 소크라테스의 입을 통해 변론을 재현하는 방식으로 재판의 내용을 전하는 반면, 스승의 재판 당시에 소아시아에 있었던 크세노폰은 제3자의 증언을 들려주는 방식으로 재판을 기록하고 있다(『변명』 2). 또한 이들은 모두 재판에 대한 객관적인 보고자라기보다는, 스승의 삶과 사상을 계승한 옹호자들로서, 소크라테스의 발언 내용과 태도, 강조점을 상이한 관점과 각도에서 기술하고 있다.

8) 플라톤, 『변론』 24b~c; 『에우튀프론』 2c~3b; 크세노폰, 『변명』 10; 『회상』 I, 1.

고, 이것들이 어떤 측면에서 소크라테스의 삶과 사상을 드러내주는지
를 찾아보도록 하자.

"소크라테스는 도시가 믿는 신을 믿지 않았다"

첫 번째 기소 항목과 관련하여 이해의 관건은 '믿다'(nomizein)라
는 말의 해석에 달려 있다. 여기서 '노미제인'(nomizein)이라는 동사는
'믿다'라는 뜻과 함께 '기리다', '숭배하다'라는 뜻도 있다. 만일 소크라
테스가 단적인 의미에서 무신론자라면, 그것은 당시 사회에서 심각한
문제가 될 수도 있을 것이다. 소크라테스의 고발자들 역시 이 점을 염
두에 둔 것처럼 보인다. 고발자 가운데 한 사람인 멜레토스는 그가 결
코 신을 믿지 않았다고 단언하기 때문이다(플라톤, 『변론』 26e). 그러나
이 비난은 설득력이 떨어진다. 우선 소크라테스 자신이 무신론자가 아
니라고 주장하거니와, 만일 첫째 고발 항목을 사실로 받아들인다면, 이
것은 바로 둘째 고발 항목, 즉 "새로운 영적인 것을 도입했다"는 항목
과 상충되기 때문이다. 즉 영적인 것들 역시 신들에 다름 아니기에, 고
발자들은 소크라테스가 신을 믿지 않는다고 비난하는 동시에 그가 새
로운 신들을 믿는다고 비난하는 셈이 되는 것이다.

한편 '노미제인'의 의미를 조금 완화해 '기리다' 내지는 '숭배하다'
라는 뜻으로 해석한다면 이야기는 달라진다. 이 경우, "소크라테스는
도시가 숭배하는 신들을 기리지 않았다"는 비난과 "새로운 영적인 것
을 도입했다"는 비난이 양립 가능해진다. 소크라테스가 신들의 존재를
부정하지는 않았지만, 그가 신들에 대한 전통적인 이야기들을 비판했
던 것은 사실이다. 그것은 주로 호메로스를 비롯한 전통 시인들이 전해
주는 이야기들로서, 소크라테스는 신들이 추악하고 부도덕하며, 인간
과 마찬가지로 거짓말과 싸움을 일삼는다는 이야기를 결코 받아들이지
않았다. 반대로 그가 생각하는 신들은 일체의 악과 흠결(欠缺)에서 벗
어난 선하고 순수한 신들이었다(플라톤, 『에우튀프론』 6a∼c).

그렇다면 소크라테스의 이러한 지적이 왜 문제가 되는 것일까? 고

대 그리스 사회에서 시인들은 일종의 대중 교육자들이었다. 그들은 공동체 안에서 사람들에게 신화 속의 신들과 영웅들의 이야기를 들려줌으로써 지혜, 정의, 용기, 절제 등의 덕목을 비롯하여 사회 규범과 관련된 전통적 가치관을 전파하고 재생산하는 기능을 담당하였다. 이때 신들은 바로 이 인간적 탁월함, 즉 덕의 모델에 다름 아니었다. 사람들은 시인들로부터 신들의 위상과, 성격, 행적들에 관해 들음으로써 자연스럽게 지혜, 정의, 용기, 절제와 같은 도덕관념과 이에 기초하여 행위를 판단하는 능력을 습득했던 것이다. 그러나 소크라테스가 보기에 덕의 모델이어야 할 신들이 거짓말을 하거나 부도덕한 짓을 한다는 것은 용납할 수 없는 일이었다. 또한 행위의 기준을 제시해야 할 신들이 서로 의견을 달리하고, 그럼으로써 대립하고 싸운다는 것 역시 받아들일 수 없는 일이었다. 소크라테스는 이렇듯 아무런 반성이나 비판 없이 전승되어온 신들의 권위에 대하여 끊임없이 문제를 제기하였다. 그러나 전통적인 신들에 대한 회의와 비판은, 신화의 전파자인 시인들에 대한 비판으로 이어지며, 다시 이것은 아테네 사회의 전통 도덕과 교육 체계에 대한 비판을 뜻하는 것이기도 했다. 요컨대 "도시가 믿는 신들을 믿지 않았다"는 다소 극단적인 비난의 출처는 바로 시인들에 의해 전승되고 받아들여진 전통적인 가치관에 대한 의심과 비판에 대한 반작용이었다고 생각해볼 수 있다.

"소크라테스는 새로운 영적인 것들을 도입하였다"

고발의 둘째 항목은 소크라테스의 유명한 영적인 신호와 관련되어 있다. 흔히 이것은 '정령'을 뜻하는 '다이몬'(daimōn)의 목소리라고 알려져 있지만, 정작 소크라테스가 이야기한 것은 정령이 아니라, 어떤 '영적인 신호'(daimonion sēmeion)이다. 그는 자신이 어떤 잘못된 행위를 하려 들 때마다 이 영적인 신호가 개입하여 제지한다고 고백하고 있다. 소크라테스의 영적 신호가 무엇을 뜻하는지에 대해서는 학자들 간에 적잖은 논란이 있다. 혹자는 이것을 신과 조우하는 개인적인 체험으로 보는가 하면, 혹자는 이성의 규제적인 힘이 의인화된 것으로 이해하기도 한다. 분명한 것은 이 신호가 적극적인 행위를 추동하는 것이 아니라, 언제나 부정적인 방식으로, 즉 특정 행위에 대한 금지 명령으로서만 작동한다는 것이다. 그리고 고발자들의 비난은 소크라테스가 이 신호를 가지고서 종교적인 혁신을 꾀하려 든다는 것으로 모인다.

이에 대하여 크세노폰은 소크라테스의 영적인 목소리가, 예언자들이 새가 날아가는 모습이나 천둥소리를 가지고서 미래를 내다보듯이, 보통 사람들에게도 흔히 나타나는 일종의 영적 체험일 뿐, 종교와 관련된 혁신이라고 볼 수는 없다고 항변한다(크세노폰, 『변명』 4, 12~13). 플라톤의 소크라테스 역시 몇몇 대화편들에서 이 영적인 신호가 잘못된 행위에 대한 일종의 금지 기제로서 기능하는 것처럼 묘사할 뿐,[9] 이것을 종교적 혁신의 대안으로 언급한 적은 결코 없다. 사실 이 기소 항목이 과연 고발자들의 비난을 정당화할 만한 것인지에 대해서는 의문의 여지가 있다. 이와 관련해서 우리는 고발자들이 소크라테스를 초기 자연철학자들의 사상과 관련시키고 있다고 추측해볼 수 있다. 그들은 자연을 구성하는 요소들에서 세계의 원리를 찾곤 하였는데, 이것이 당시 사람들의 눈에는 전통적인 신들을 새로운 신적인 것들로 대체하려 한 것으로 보였을 것이기 때문이다.

하지만 이런 추측만으로 소크라테스에 대한 고발을 설명하는 것은 충분하지 않다. 서기전 5세기의 그리스는 다신교 사회였고, 그런 점에서 정통과 이단의 구분이라는 것이 없었다. 호메로스와 헤시오도스가 이야기해준 전통적인 신들 외에도, 사람들은 다양한 신들과 여러 형태의 영적인 대상들을 자유롭게 선택할 수 있었고, 또 그들이 신을 기리는 방식 또한 자유로웠다. 그뿐 아니라 당시 사람들에게 전통 신들에 관한 비판이나 풍자는 그렇게 낯선 일이 아니었다. 심지어 보수적인 사람들도 아무런 거리낌 없이 신들을 조롱하기도 했다.[10] 또한 소크라테

---

9) 플라톤, 『변론』 40a~c; 『에우튀데모스』 272c; 『파이드로스』 242b.

스는 자유인으로서 무엇이든 자신의 생각을 솔직하게 말할 수 있는 이른바 발언의 자유(parrēsia)를 가지고 있었다. 따라서 영적인 신호에 관한 그의 발언이나 행위가 타인을 강제하거나 공동체에 위협이 되지 않는 한, 그를 조롱하거나 희화화할 수는 있어도, 불경으로 기소하기란 그리 간단한 문제가 아니다. 요컨대 이 항목이 단독으로 소크라테스의 유죄 판결에 중요한 역할을 했다고 단정 짓기는 쉽지 않아 보인다.

"소크라테스는 젊은이들을 타락시켰다"

앞의 두 항목이 신과 관련된 죄인 불경죄에 해당되는 것이라면, 셋째 기소 내용은 사회적, 교육적 측면에서 제기되는 것처럼 보인다. 크세노폰에 따르면, 고발자들은 소크라테스가 젊은이들을 충동질하여 그들의 부모보다는 자기에게 복종하게끔 만듦으로써 그들을 타락시켰다고 비난한다. 크세노폰은 이들의 비난에 맞서, 소크라테스는 어떠한 면에서도 결코 젊은이들에게 해를 끼친 적이 없음을 지적하며, 교육에 관한 한 젊은이들이 소크라테스를 따르는 것은 그가 가장 지혜롭기 때문이라고 강조한다(크세노폰, 『변명』, 19~21).

이와 달리, 플라톤은 셋째 기소 내용을 앞의 두 가지 항목인 불경죄의 하위 항목으로 설명한다. 즉 소크라테스가 도시의 신들을 믿지 말고 그 대신 자신의 영적인 것들을 믿으라고 젊은이들을 충동질함으로써 결과적으로 그들을 타락시켰다는 것이다.[11] 이것이 의미 있는 비난이기 위해서는 두 가지 전제가 받아들여져야 한다. 첫째, 교육이란 전통적인 가치의 전승과 재생산이다. 둘째, 전통적인 가치는 전통적인 신들에 관한 이야기 속에 확립되어 있다. 이 경우 소크라테스는 도시가 믿는 전통적인 신들을 믿지 않고, 새로운 영적인 것들을 젊은이들에게

---

10) 예컨대 아리스토파네스는 『구름』(372~374)에서 등장인물 스트렙시아데스의 입을 통해 비가 내리는 것은 제우스가 체 위에다 오줌을 누기 때문이라고 말하기도 한다.

11) 플라톤, 『변론』 26b; 『에우튀프론』 3b.

주입함으로써, 그들이 전통적인 가치를 멀리하게 만들었고, 결과적으로 젊은이들을 타락시킨 것이 된다. 하지만 젊은이들의 타락이라는 죄목을 불경죄의 하위 항목에 국한하여 바라볼 경우, 이 셋째 항목은 앞의 두 항목에 비해 부차적이고 보조적인 사안에 머물고 마는 것처럼 보인다. 플라톤 역시 비록 셋째 항목을 불경죄의 하위 항목으로 언급하지만, 그것은 세 가지 기소 항목들의 관계만을 놓고 이야기할 때이다.

하지만 법적 고발 측면에서가 아니라, 소크라테스에 대한 사회적 평가의 관점에서 볼 때, 그가 "젊은이들을 타락시켰다"는 비난은 기소 항목들보다 훨씬 더 광범위하고 심각한 문제로서 제기된다. 소크라테스 역시 이것이야말로 자신에 대한 오래된 비난인 동시에, 방어하기가 더 어려운 고발이라고 고백한다(플라톤, 『변론』 18a∼e).

3 재판의 이면: 더 오래된 고발들

더 오래된 고발이란 소크라테스를 둘러싼 악의적인 소문과 비난을 말한다. 이에 따르면, "소크라테스라는 사람이 있는데, 그는 지혜로운 자로서, 대기 중에 있는 것들과 지하에 있는 모든 것들을 탐구하는 사상가이며, 더 약한 주장을 더 강하게 만드는 자"라는 것이다(플라톤, 『변론』 18b). 소크라테스는 작금의 고발보다도 오히려 이 최초의 고발에 맞서 변론하는 것이 훨씬 더 어려운 일이라고 고백한다. 왜냐하면 이 소문들은 이미 오래전에 생긴 것으로서, 대다수의 시민들이 어린 시절부터 이러한 소문들을 들으며 자라왔을 뿐 아니라, 이제 와서 그 유포자들을 모두 찾아내 추궁한다는 것은 불가능하기 때문이다. 사실상 그 유포자들 가운데 소크라테스가 지목할 수 있었던 사람은 희극작가인 아리스토파네스 정도일 뿐이다(플라톤, 『변론』 18c∼d, 19d). 그런데 이런 소문의 존재는 소크라테스가 이미 오래전부터 사람들 사이에서 어떤 식으로든 유명세를 타고 있었다는 사실을 방증해준다. 그리고 이것은 다시 소크라테스를 향한 당시의 사회적 시선이 어떠했는지를 반영하고 있다.

소크라테스는 자연철학자였는가

우선 "대기 중에 있는 것들과 지하에 있는 모든 것들을 탐구하는 사상가"라는 대목에서 우리는 소크라테스가 당시 사람들 사이에서 자연철학자들 가운데 한 명으로 여겨졌다는 추측을 해볼 수 있다. 우리는 철학이 처음 탄생한 곳이 소아시아의 이오니아 지방이며, 탈레스를 비롯한 그곳의 학자들은 세계의 원리를 신들의 조화에 의해서가 아니라 자연 안에서 찾고자 했다는 것을 알고 있다. 그것은 세계를 설명하는 데서 더는 전통적인 신들의 권위를 인정하지 않는다는 뜻이기도 하며, 바로 그런 점에서 자연철학자들은 매우 위험한 혁신주의자로 비칠 수도 있는 것이다.

아리스토파네스는 그의 희극 작품인 『구름』에서 소크라테스가 바구니에 들어앉아 천체 현상을 탐구하는데 골몰하는 것으로 묘사함으로써 그를 희화화한다. 그렇지만 이런 묘사는 아리스토파네스가 소크라테스를 자연 현상의 물질적 원인을 탐구하는 자연철학자의 일원으로 간주하고 있었다고 추측할 여지를 준다. 물론 소크라테스는 곳곳에서 자신이 자연 탐구에 관심이 없을뿐더러 이 주제에 관해서는 문외한임을 거듭 강조한다.[12] 그러나 적어도 소크라테스와 동시대인들 사이에서 그가 자연철학자들과 겹쳐 보였을 가능성은 매우 높다. 그리고 이러한 오해는 자연스럽게 초기 자연철학자들의 반(反)전통적 세계 설명에 대한 적대감으로 전화되었다고 볼 수 있다.

소크라테스는 소피스트였는가

다음으로 소크라테스를 "더 약한 주장을 더 강하게 만드는 자"라

---

12) 플라톤, 『변론』 19c~d; 크세노폰, 『회상』 I, 1, 11~16.

고 묘사한 대목은 대중들의 눈에 그가 소피스트들과 구별되지 않았다고 추측할 여지를 제공한다. 서기전 5세기에 그리스에서 소피스트들은 새로운 사회적 현상이었다. 그들은 덕의 교사임을 자처하였고, 이 도시에서 저 도시로 다니며 돈을 받고 젊은이들을 가르쳤다. 특히 아테네에서 소피스트들은 크게 환영받았다. 그것은 민주 정체 아래서 정치적인 성공을 거두기 위해서는 설득과 논쟁의 능력이 매우 중요했는데, 쟁론술과 수사학이야말로 소피스트들이 주로 가르친 것들이었기 때문이다. 이런 오해는 아리스토파네스의 『구름』에 묘사된 소크라테스에도 잘 나타난다. 이 작품의 주인공 스트렙시아데스는 자식 때문에 생겨난 빚을 갚을 수 없게 되자, 소크라테스를 찾아가 바르지 못한 주장을 가지고서도 논쟁에서 승리할 수 있는 기술을 배우려 한다.

　　세간의 이러한 비난에 맞서 소크라테스는 자신이 결코 소피스트가 아니라고 주장한다. 무엇보다도 그는 제자를 두지도 않았으며 보수를 받고서 누군가를 가르친 적도 없다. 그는 자신이 무지하다고 생각했기에, 언제나 사람들에게 질문만을 던질 뿐, 결코 무엇인가를 가르칠 수 없다는 것이다. 무엇보다도 그는 돈을 받고 가르침을 파는 행위에 대하여 부정적이었다.[13] 그러나 소크라테스 자신이 모든 면에서 소피스트들과 대척점에 서 있었음에도 불구하고, 동시대 사람들의 눈에 그가 소피스트들과 겹쳐 보였던 것은 부정할 수 없는 사실이었다. 사람들은 흔히 소피스트들을 평가할 때, '데이노스'(deinos)라는 수식어를 썼는데, 이 말은 '능수능란한'이라는 뜻과 함께 '무시무시한'이라는 뜻이 있다. 이 수식어를 통해 사람들은 소피스트에 대한 경탄과 두려움의 감정을 모두 담아냈다. 사람들이 보기에 소피스트들의 지식과 말솜씨는 경탄할 만한 것이었지만, 그것들이 어떻게 사용되느냐에 따라서 그것들은 두려움의 대상이 되기도 했다. 또한 소피스트들이 교육을 통해 젊은이들에게 막대한 영향력을 행사하는 것에 대하여 사람들은 염려와

---

13) 플라톤, 『에우튀프론』 3d~e; 『변론』 33a~b; 크세노폰, 『회상』 I, 2, 5~6.

함께 질투심을 느꼈고, 특히나 보수적인 성향의 사람들은 소피스트들에게 젊은이들을 타락시킨 책임을 묻기도 했다. 『변론』의 고발자들은 판관들에게 소크라테스가 말이 능수능란한(=무시무시한!) 자이니 조심해야 한다고 경고한다(플라톤, 『변론』 17b). 이렇듯 소크라테스를 비난하면서 소피스트에 대해서와 같은 표현을 사용했다면, 그것은 사람들의 눈에 소크라테스가 소피스트들과 겹쳐 보였음을 뜻하는 셈이다. 요컨대 소크라테스가 젊은이들을 타락시켰다는 비난은 결국 소피스트들을 향한 당시 대중들의 시선과도 맥을 같이한다. 그리고 이것은 그가 "젊은이들을 타락시킴으로써 유죄이다"라고 하는 셋째 기소 항목이 지닌 의미를 한결 더 온전하고 포괄적으로 설명해주는 듯 보인다.

그러나 여전히 아쉬운 부분이 남는다. 당시 아테네에는 수없이 많은 소피스트들이 활동하고 있었고, 그들 중 몇몇은 소크라테스보다 더 유명했을 뿐 아니라 수많은 젊은이들을 제자로 거느리고 있었다. 그런데 유독 소크라테스에게 치명적인 비난과 고발이 돌아간 이유는 무엇일까? 요컨대 소크라테스는 단지 소피스트라는 이유만으로 죽어야 했을까?

소크라테스는 참주들의 스승이었는가

크세노폰은 『회상』에서 지금까지의 고발들과는 또 다른 일련의 비난들을 열거하고 이것들에 대하여 하나하나 반박하고 있다. 이 새로운 비난들에 의하면, 소크라테스는 추첨으로 대표자를 선출하던 당시의 방식이 비정상적이라고 청중들을 선동함으로써 법을 무시했고(I, 2, 9~11), 아테네 정치사에서 가장 큰 과오를 저질렀던 알키비아데스와 크리티아스의 스승이었으며(I, 2, 12~48), 젊은이들에게 부모를 무시하라고 가르쳤는가 하면(I, 2, 49~55), 호메로스와 헤시오도스 같은 시인들의 작품들 중에서 비도덕적인 부분들만을 뽑아 가르침으로써 젊은이들을 범죄자로, 더 나아가 참주가 되도록 영향을 끼쳤다는 것이다(I, 2, 56~61). 크세노폰은 이 비난의 주인공을 그저 "그 고발자"(ho katēgoros)라고 부를 뿐, 그가 누구인지에 대해서는 자세히 언급하지 않는다. 많은 학자들은 이 고발자가 폴뤼크라테스라는 수사가이며, 위의 비난들은 소크라테스 사후 약 6년쯤 뒤에 나온「소크라테스를 고발함」이라는 문건의 내용이 아닐까 추측하고 있다. 그것이 폴뤼크라테스의 것인지 아닌지 확정할 수는 없지만, 분명한 것은 위의 고발들이 소크라테스가 젊은이들을 타락시켰다는 비난의 내용을 매우 구체적으로 전해 줄 뿐 아니라, 그가 유죄 판결을 받고 죽음에 이를 만한 이유들을 비교적 설득력 있게 보여주고 있다는 점이다.

서기전 404년, 지중해 지역의 패권을 놓고 27년간 진행된 펠로폰네소스 전쟁에서 아테네는 스파르타에 패한다. 그리고 항복의 조건으로 자진해서 도시의 성벽을 허물고 승전국의 보호 아래 놓이게 된다. 이 굴욕적인 종전 협상으로부터 아테네인들은 스파르타에 대하여 증오와 동경이라는 이중적인 감정을 갖게 되었다. 특히 크리티아스를 위시한 일군의 젊은 정치인들은 스파르타의 승리가 엘리트주의적 귀족 정체에 있다고 보고, 이것을 이상적인 정치 모델로 여기게 된다. 결국 이들은 스파르타의 비호 아래 아테네의 권력을 장악하게 되는데 이것이 이른바 30인 참주정이다. 이들은 먼저 선거권과 자위권 등 기존에 시민들이 누려온 권리들을 제한하였고, 이어서 펠로폰네소스 전쟁 당시 민주정의 지도자들을 숙청하였다. 그리하여 403년에 다시 민주파가 정권을 되찾기까지 불과 8개월 남짓한 기간 동안, 수백여 명의 무고한 시민들이 처형당하고, 수천여 명이 도시에서 추방됨으로써, 30인 참주정은 아테네 정치사에서 가장 비극적인 사건으로 기록되었다.

소크라테스에 대한 재판이 열린 것은 이 사건이 끝나고 4년 뒤인 399년이다. 크세노폰이 전해주는 익명의 고발자는 소크라테스와 30인 참주정을 연결하고 있다. 즉 그가 30인 참주정의 핵심 인물이었던 크리티아스와 그 추종자들의 젊은 시절 스승으로서, 그들이 장차 참주가 되는 데 영향을 끼쳤다는 것이다. 크세노폰은 이러한 비난에 대하여 강하게 반대한다. 잘못은 무절제하고 탐욕스러운 젊은이들에게 있을 뿐, 소크라테스는 죄가 없다는 것이다. 훨씬 신중한 태도를 취하긴 하나, 플라톤 역시 같은 맥락에서 소크라테스를 옹호한다. 즉 알키비아데스나 크리티아스 등은 젊은 시절 저마다 소크라테스의 제자임을 자처했지만, 결코 소크라테스의 생각을 제대로 이해하지 못했다는 것이다. 그러나 진위 여부를 떠나서 이 고발은 "소크라테스가 젊은이들을 타락시켰다"는 비난의 내용을 구체화해준다는 점에서 중요한 의미를 갖는다. 어쨌든 소크라테스의 주변에는 언제나 수많은 젊은이들이 모여들었고, 그들 중에는 알키비아데스나 크리티아스, 또는 카르미데스처럼 이후 아테네의 정치에 심대한 영향을 끼치게 될 젊은이들이 있었던 것도 분명한 사실이기 때문이다.

사람들의 눈에 소크라테스가 자연철학자나 소피스트와 구별되지 않았다면, 그가 미래 참주들의 스승으로서 나쁜 영향을 끼쳤으리라는 추측 또한 충분히 제기될 수 있다. 실제로 크세노폰과 플라톤의 작품들 속에는 소크라테스를 소피스트나 미래의 참주들과 떼어놓고자 하는, 이른바 변호론적인 태도가 시종일관 드러나며, 이는 역설적으로 소크라테스에 대한 사람들의 오해가 얼마나 강했는지를 보여준다고 할 수 있다. 요컨대 사람들의 눈에 소크라테스는 도시의 신들을 믿지 않고, 새로운 영적인 것들을 도입하였으며, 자연 현상들을 탐구하고, 논쟁의 기술을 가르치며, 결과적으로 젊은이들에게 나쁜 영향을 끼침으로써 참주와 같은 범죄자들의 스승으로 비친 셈이다. 그렇다면 이 모든 것들이 소크라테스의 입장에서는 어떻게 이야기될 수 있을까?

4 소크라테스의 변론, 혹은 철학의 선언

다른 어떤 작품들보다도 플라톤이 쓴 『변론』은 스승의 삶과 철학의 관계를 가장 명확하면서도 풍부하게 드러내준다. 이 작품에서 소크라테스는 그를 둘러싸고 제기된 비난들에 맞서 자신을 변호하지만, 그것이 그저 법정 변론의 차원에 머물고 마는 것이 아니라, 평생을 철학에 바쳐온 자신의 삶에 대한 옹호로 나아가기 때문이다. 다시 말하면, 그의 변론은 법정에서 행해진 일종의 철학 선언이라고도 볼 수 있다.

델피의 신탁과 소크라테스적 지혜의 기원

소크라테스는 자신이 어떻게 해서 지혜로운 자라 불리게 되었으며, 또 자신을 둘러싼 세간의 적개심이 어떻게 생겨났는지를 설명하기 위해 친구인 카이레폰이 델피 신전을 방문한 일화를 들려준다. 카이레폰이 무녀에게 소크라테스보다 더 지혜로운 사람이 있는지를 문의하자, 무녀는 그보다 더 지혜로운 사람은 없다고 답했다는 것이다. 이 이야기를 전해 듣고 소크라테스는 고민에 빠진다. 그는 자신이 지혜롭지 않다고 생각해왔다. 그런데 신탁은 그가 누구보다도 지혜롭다고 말하고 있는 것이다. 그렇다고 해서 신탁이 거짓말을 한다고 생각할 수도 없다. 신에게는 거짓말이 허용되지 않기 때문이다. 고민 끝에 소크라테스는 신탁의 내용을 확인해보기로 하고, 당시에 지혜로 명성을 떨치던 사람들을 찾아 나선다. 그리하여 소크라테스는 당시에 지혜를 대변하던 세 부류의 사람들을 만나는데, 그들은 각각 정치가들, 시인들, 그리고 장인들이었다.

먼저 소크라테스는 정치가들과 만나 많은 질문을 던진 끝에, 그들이 스스로 지혜롭다고 믿지만 사실은 그렇지 않다는 것을 확인하게 된다. 정치가들은 소크라테스의 질문에 대한 답을 알지 못했을뿐더러, 그들 자신이 무지하다는 사실조차도 모르고 있었기 때문이다. 자신의 무지조차도 모르고 있었다는 점에서 소크라테스는 그들이 이중의 무지를 겪고 있다고 생각했다. 반면 그는 자신이 정치가들보다는 지혜롭다는 결론에 이른다. 왜냐하면 그는 적어도 자신이 무지하다는 것은 알고 있었기 때문이다. 다음으로 소크라테스는 시인들과 장인들을 만나 같은 방식으로 대화를 나누었고, 정치인들과의 대화를 통해서 얻은 것과 동일한 결론에 이르게 된다. 확실히 시인들은 많은 아름다운 이야기들을 알고 있었고 감동을 전해줄 수도 있었지만, 그것은 어떤 신적인 영감에 의해서 그런 것일 뿐, 자기들이 전해주는 이야기의 참된 의미를 알지는 못했다. 그러면서도 시인들 역시 자기들이 이야기하는 것들에 대해 안다고 믿고 있었다. 장인들 또한 많은 훌륭한 것들을 만들어낼 줄 알았지만, 자기들의 분야에서 지혜롭다는 사실 하나만을 가지고서, 삶의 가장 중요한 문제들, 예컨대 좋은 것과 나쁜 것, 옳은 것과 옳지 않은 것들에 대해서도 안다고 믿고 있었다.

이들과의 대화를 통해, 소크라테스는 결국 신탁의 응답이 옳다는 것을 인정하지 않을 수 없었다. 모두가 자신의 무지조차도 알지 못하는 이중의 무지를 겪는 반면, 소크라테스는 적어도 자신의 무지를 자각하고 있었고, 바로 그 점에서 그들보다 더 지혜로웠던 것이다. 더 나아가 소크라테스는 사람들과 대화를 나누고 그들이 겪는 이중의 무지를 깨닫게 하는 것이야말로 델피의 신이 그에게 내린 소명인 동시에, 그가 신에게 봉사하는 일이라고 결론짓게 된다. 그러나 그의 신념이 생각대로 풀린 것은 아니었다. 소크라테스와의 대화를 통해 이중의 무지가 드러난 사람들은 자신의 무지를 탓하기보다는 오히려 자신을 논박한 소크라테스에게 앙심을 품게 되었다. 한편, 그의 대화를 지켜보던 젊은이들은 소크라테스가 상대방을 논박하고 무지를 폭로하는 모습에 열광하였다. 그리고 그들은 소크라테스의 행동을 따라 다른 사람들을 논박하기 시작하였다. 그런데 젊은이들에게 논박당한 사람들은 자신을 논박한 젊은이들이 아니라 그들에게 영향을 끼친 소크라테스에게 적의를 품게 되었다. 그럼으로써 소크라테스를 향한 적대감은 점점 불어났고, 그 결과 소크라테스는 불경죄와 함께 젊은이들을 타락시켰다는 이유로 고발당하게 되었던 것이다(플라톤, 『변론』 20e~24b).

소크라테스의 임무: 철학의 권유
이상과 같이 소크라테스가 들려준 이야기는 그저 고발의 원인에 대한 해명을 넘어서 그가 생각한 철학적 탐구의 근거와 탐구의 대상,

그리고 탐구 방법에 이르기까지 남김없이 밝혔다는 점에서 중요한 의의를 갖는다. 실제로 모르는 것을 안다고 여기던 사람들과 다르게 소크라테스는 자신이 무지하다는 것을 알고 있었고, 또 바로 그 점에서 그는 누구보다도 지혜로웠다. 그런데 자신의 무지를 안다고 하는 점이 바로 철학의 근거가 된다. 그리스어로 '철학'(philosophia)이란 '지혜(sophia)를 갈망함(philein)'에 다름 아니다. 그런데 지혜를 갈구한다는 것은 인간에게 지혜가 결핍되어 있음을 뜻한다. 지혜가 있다면 굳이 있는 것을 욕구할 이유가 없기 때문이다. 다른 한편으로 지혜를 갈구하는 것은 자신에게 지혜가 없음을 자각했을 때 가능하다. 적어도 자신에게 결핍된 것이 무엇인지를 알아야만, 그것을 원할 것이기 때문이다. 따라서 신은 철학을 하지 않는다. 이미 지혜를 가지고 있기 때문이다. 또한 짐승도 철학을 하지 않는다. 그것들은 지혜가 결핍되어 있다는 것을 아예 자각조차 하지 못하기 때문이다. 오직 인간만이, 지혜를 갖고 있지 못하지만 그것이 결핍되어 있음을 알기에, 철학을 할 수 있는 것이다.[14]

그러나 모든 인간이 저절로 철학의 길에 들어서는 것은 아니다. 위의 예에서 보여주듯이, 스스로 안다고 생각하고 안주하는 사람은 자신에게 정말로 결핍된 앎을 찾아 나서지 않을 것이기 때문이다. 소크라테스가 신에게서 받은 임무란 바로 사람들의 무지를 자각하게끔 만드는 일이다. 그래서 그는 자신이야말로 신이 아테네인들에게 보낸 선물이라고 단언하며, 마치 혈통은 좋으나 게으른 말에 달라붙어 끊임없이 쏘아대는 등에처럼, 시민들을 끊임없이 자극하고 그럼으로써 그들의 무지를 깨닫게 하는 것이 자신의 임무라고 주장하는 것이다(플라톤, 『변론』, 30d~31a). 물론 그의 임무가 동포 시민들에게만 국한된 것은 아니다. 그는 자신의 탐구를 수행하면서 남녀노소는 물론, 내국인과 외국인을 가리지 않는다. 심지어 그는 사형 선고를 받은 뒤에도 저승

---

14) 플라톤, 『뤼시스』 218a~b;『향연』 203e~204a.

에 가게 되면, 이곳 사람들에게 했던 것처럼, 그곳 사람들을 상대로 누가 정말 지혜로운지, 또 누가 지혜롭다고 믿지만 사실은 그렇지 않은지를 캐묻고 시험할 것이라고까지 말한다(플라톤, 『변론』, 41b~c). 사실 소크라테스는 신의 명령을 충실하게 따르며 봉사하지만, 그렇다고 신의 이야기를 무조건적으로 따른 것은 아니다. 처음에 델피의 무녀 이야기를 전해 들었을 때, 그 말을 바로 믿지 않고 지혜롭다고 일컫는 사람들을 찾아 나선 것은 신탁의 말이 맞는지를 검토하기 위해서였다(플라톤, 『변론』, 21c). 물론 이 행위를 정말 소크라테스가 신의 말을 불신했기 때문이라고 보기는 어렵다. 오히려 이것은 소크라테스가 자기 자신을 납득시키는 과정이었다고 볼 수 있다. 이를 위하여 소크라테스는 심지어 델피의 신조차도 검토와 시험의 대상으로 삼았던 셈이다. 그리고 이 모든 것들을 납득하고 난 뒤에, 소크라테스는 사람들이 겪는 이중의 무지를 폭로하고, 이를 통해서 그들을 철학의 대열에 동참시키는 일에 자신의 일생과 심지어는 목숨까지 바쳤던 것이다. 그렇다면 소크라테스는 어떤 식으로 사람들의 믿음을 시험했고 또 그들을 철학으로 이끌었을까?

5 삶의 검토로서의 철학적 대화

모두에 언급했듯이 소크라테스는 글을 남기지 않았다. 그는 사람들과의 대화를 통하여 철학을 했다. 그런데 소크라테스가 나눈 대화의 방식은 매우 특별한 것이었다. 우선 그것은 소크라테스와 대화자가 서로의 의견을 교환한다거나, 또는 서로의 주장을 견주며 누구의 것이 더 나은지를 비교하는 것과는 거리가 멀었다. 그렇다고 해서 상대방이 모르는 것을 물으면 소크라테스가 친절하게 진리를 가르쳐주는 식도 아니었다. 대화의 형식을 따지자면 오히려 소크라테스가 질문을 하고, 상대방은 제기된 물음에 자신이 생각하는 바를 대답하는 식이었다. 또한 소크라테스가 질문을 한다고는 하지만, 그것은 마치 선생이 학생을 테스트하거나, 또는 일정한 방식으로 대화자의 답변을 유도하는 물음과도 다른 것이었다. 소크라테스는 모르는 자의 입장에서 질문을 던졌고, 대화자는 아는 사람의 입장에서 소크라테스의 물음에 답변을 했다. 즉 문답법으로 진행된 대화에서 언제나 질문자의 몫은 소크라테스에게 돌아갔고, 그는 언제나 모르는 사람으로서 질문을 했던 것이다.

무지의 고백과 반어법

소크라테스가 무지를 자처하는 모습은 무엇보다도 플라톤의 대화편에 반복적으로 나타나며,[15] 소크라테스주의자인 아이스키네스(Aischinēs) 역시 소크라테스가 자신은 기술을 가지고 있지 않다고 고백하는 대목을 남기고 있다.[16] 재미있는 점은 신탁이 소크라테스를 가장 지혜롭다고 하는데도, 정작 소크라테스는 자신이 무지하다고 주장한다는 사실이다. 그가 대화자들 앞에서 취하는 태도는 언제나 비슷하다. 이를테면 지혜를 자처하는 사람들 앞에서는 자신이 "잘 모른다"(ouk oida)고 말하고, 연장자들 앞에서는 자신이 아직 젊어서 "경험이 없다"(apeiros)고 말하며, 부유하거나 훌륭한 가문의 사람 앞에서는 자신이 "보잘것없는"(phaulos) 사람이라고 말하는 식이다. 이렇게 말함으로써 그는 대화자 앞에서 자신을 낮추고 상대에게 발언을 양보한다.

물론 소크라테스가 모든 면에서 무조건 모른다고 말하는 것은 아니다. 그가 자처하는 무지는 언제나 윤리적인 대화 주제들과 관련되어 있다. 예컨대 특정한 덕의 규정을 시도할 때 소크라테스는 그것이 무엇인지 자기는 알지 못한다고 주장한다. 하지만 소크라테스가 자임한 무지는 대화의 끝에 이르러서는 사실상 대화 상대자 역시 겪고 있는 것이

---

15) 플라톤, 『변론』 21b~d, 23a~b; 『에우튀프론』 5a~c; 『카르미데스』 165b~c; 『라케스』 186b~e; 『뤼시스』 212a; 『고르기아스』 509a 등.

16) 아이스키네스, 「단편」, 11(=SSR VI A 53).

었음이 드러나게 된다. 사실 소크라테스가 무지를 자처하는 것이 어느 정도까지는 의도된 것이라고 추측할 만한 이유들은 적잖이 있다. 무엇보다도 무지의 자처는 철학적 대화에서 탐구의 주도권을 행사하는 데 결정적인 역할을 하는 것처럼 보인다. 즉 무지함을 인정받은 이상 그는 토론에서 언제나 질문자의 위치를 점할 권리를 갖게 되며, 이 지위를 이용하여 자신이 원하는 방향으로 대화를 이끌어갈 수 있다는 것이다. 이것이 이른바 "소크라테스의 반어법"이다.

'반어법'(反語法: eirōneia)이란 수사법의 하나로 화자가 무엇인가를 말했을 때, 청중이나 독자가 이야기된 것과 반대의 생각을 불러일으키게끔 만드는 기술이다. 소크라테스는 무지를 가장하여 질문자의 위치에 서는 한편, 경솔하게 앎을 자처하는 대화자들의 허영심과 과시욕을 자극함으로써 그들이 자신의 시험을 받아들이게끔 유도한다. 그는 삶의 중요한 문제들과 관련하여 자신이 무지하기에 상대방의 제자가 되겠다고 말하지만, 그들의 대화를 지켜본 청중들은 그와 정반대의 느낌, 즉 정작 무지한 사람은 대화자이며, 소크라테스는 누구보다도 지혜롭다는 느낌을 갖게 될 것이다.[17] 소크라테스의 대화자들 역시 이것을 모르지만은 않았다. 플라톤의 대화편에 따르면, 예컨대 트라쉬마코스와 같은 소피스트는 소크라테스에 맞서 그가 답변을 회피하기 위하여, 또 대화자에게 배우려 한다는 것을 내세우기 위하여 어설프게 무지를 자처한다고 비난한다(플라톤, 『국가』 I, 337d~338b). 또 대화에서 질문과 답변의 규칙과 절차를 놓고 소크라테스와 대화자들 간에 신경전이 벌어지는 경우도 있다(플라톤, 『프로타고라스』 335a~338e). 그러나 대부분의 경우 결국에는 끝까지 무지를 주장한 소크라테스가 질문자의 자

---

17) 예컨대 아우구스티누스, 『신국론』 VIII. 3: "확실한 것은 이 바보짓을, 즉 소크라테스가 무엇보다도 평생에 걸쳐 전념해온 도덕의 문제들에 대하여 무능한 이들이 전문가랍시고 한껏 허세 부리는 이 바보짓을 그는 단번에 타파하고, 이것을 탁월한 방식과 언어를 통해서, 즉 아무것도 모르는 척하거나 자기의 지식을 감추거나 함으로써 놀라운 행복으로 대신 채웠다는 사실이다."

리를 차지하게 되며, 대화 상대자들 가운데 몇몇은 소크라테스의 무지가 의도된 것임을 알면서도 논쟁에서 승리하고자 하는 욕망을 이기지 못하고 앎을 자처함으로써 답변자의 위치에 서게 되었던 것이다.

요컨대 소크라테스가 보여주는 무지의 고백은 이중적인 모습을 띤다. 한편으로 소크라테스 자신에게, 그것은 이른바 절대적인 진리 앞에서 인간이 내세워온 앎은 결국 아무것도 아니라는 자기반성과 성찰의 계기로 기능한다. 이러한 자기반성을 계기로 인간은 허위에 안주하지 않고 참된 진리를 갈구(philosophein)하게 될 것이다. 다른 한편으로 타인과의 대화에서, 소크라테스가 자처하는 무지는 대화 상대자가 자처하는 지혜를 검토하는 데 유용하고 필수 불가결한 장치로 기능하기도 한다. 즉 무지한 소크라테스는 언제나 질문의 자리를 차지함으로써 윤리적 주제의 전문가임을 자처하는 대화자들을 한결 안정적으로 검토할 수 있기 때문이다.

검토 수단으로서의 논박술

소크라테스가 대화자의 지혜를 검토하기 위해 대화를 나눈다고 할 때, 이 대화가 원칙 없이 임의로 진행되는 것은 아니다. 소크라테스는 대화자와 함께 정의, 용기, 경건, 사려 등, 주로 윤리적인 주제들을 다룬다. 이때 소크라테스는 대화자에게 끊임없이 물음을 던짐으로써 그의 윤리적 신념과 주장이 타당한지를 검토한다. 해당 주제에 관하여 잘 안다고 확신하던 대화자는 소크라테스와의 문답 과정을 거치면서 자신의 주장과 모순되는 답변을 하게 되고, 자신이 안다고 믿었던 앎이 사실은 거짓이었음을 인정하기에 이른다. 요컨대 소크라테스의 대화에는 일련의 문답 과정 속에서 대화자의 주장이 모순에 빠지는 모습이 공통적으로 나타난다고 할 수 있다. 이러한 식의 탐구는 '엘렝코스'(elenchos)라는 이름으로 알려져 있다. 이 말은 '탐구', '입증', '시험', '심문' 등의 의미로 사용되며, 특히 논증의 차원에서는 전제들로부터 처음 주장의 모순을 이끌어내는 추론인 '논박'의 뜻으로 이해된다.

소크라테스가 이 과정을 통해 대화자의 잘못된 믿음을 파괴하고 상대의 무지를 드러낸다는 점에서, 엘렝코스에는 논박의 성격이 강하게 나타난다고 볼 수 있다.

논박술의 목적은 하나의 주제에 관해 답변자가 처음의 주장과 모순된 말을 하고 있음을 질문자가 드러냄으로써 답변자를 논파하는 데 있다. 이를 위하여 질문자는 답변자가 처음에 제시한 주장에 대하여 질문의 형태로 다양한 명제들을 제안한다. 답변자가 질문자의 제안을 받아들일 경우, 이 명제들은 논증의 전제가 된다. 그런데 질문자는 오직 답변자가 동의한 명제들을 가지고서만 논박을 수행할 수 있다. 만일 답변자가 이것들에 동의하지 않는다면, 소크라테스는 이에 기반한 어떠한 논박도 펼칠 수 없고, 다른 명제들을 제안해야 한다. 반면에 답변자가 소크라테스의 제안을 받아들일 경우, 그렇게 받아들여진 전제들이 처음에 주장했던 논제와 상충된 모습을 드러낸다면, 답변자는 자신의 주장을 더는 유지할 수 없게 되는 것이다. 답변자가 대화의 각 단계마다 동의를 해온 이상, 그에게는 빠져나갈 여지가 없기 때문이다. 이 과정을 통해 소크라테스는 대화자가 처음에 답변으로 제시한 명제에 대하여 그것과 상충될 수 있는 여러 가지 명제들을 제안하고, 상대방이 이것들에 맞서 얼마나 합리적으로 자신의 주장을 방어할 수 있는가를 검토하는 셈이다.

이쯤 되면 우리는 논박의 핵심이 소크라테스가 질문 형식으로 제안하고 답변자가 받아들인 명제들 속에 있음을 짐작할 수 있을 것이다. 대화자의 주장을 부정하는 요소들이 바로 이 전제들 속에 담겨 있기 때문이다. 그렇다면 대화자들은 이러한 질문 앞에서 어떤 반응을 보일까? 많은 대화자들은 소크라테스가 던진 질문의 내용이나 의도를 이해하지 못하고 별다른 고민 없이 그의 제안을 받아들인다. 예를 들어보자. 신관으로서 경건함과 관련된 문제의 전문가임을 자처하는 에우튀프론은 경건을 "신들을 섬기는 것에 관한 일"(to peri tēn tōn theōn therapeian, 12e6~7)이라고 정의한다. 그러자 소크라테스는 "섬김"

(therapeia)이 일종의 "보살핌"(therapeia)이냐고 물어 동의를 얻어내고는(12e9~13a2), 다시 이 행위는 말이나 개 등을 보살피는 일과 같다는데 동의를 얻어낸다(13a3~b6). 그러고는 가축은 인간의 보살핌을 받음으로써 더 나아진다는 것에 대해서도 동의를 얻어낸다(13b7~c5). 그런데 에우튀프론은 이 전제들을 인정함으로써, "신들 역시 가축과 마찬가지로 인간의 보살핌을 받아 더 낫게 된다"는 이상한 결론에 도달하게 된다(13c6~9). 이 논박의 출발은 매우 단순하다. 소크라테스는 그리스어 '테라페이아'(therapeia)가 지닌 이중의 의미, 즉 우월한 자(예컨대 신)에 대한 '섬김'의 뜻과 열등한 자(예컨대 가축)에 대한 '보살핌'의 뜻을 뒤섞은 것이다. 그는 이 질문을 통해서 에우튀프론이 과연 '신을 섬긴다'는 것의 의미를 제대로 이해하고 있는지를 검토하려 하였다. 에우튀프론이 그 의미를 제대로 알고 있었다면, 그는 결코 소크라테스의 제안을 받아들이지 않았을 것이다. 그러나 에우튀프론은 '테라페이아'에 들어 있는 의미의 이중성을 제대로 파악하지 못했고, 그 결과 경건의 의미가 '신들을 섬기는 일'에서 '신들을 보살피는 일'로 전이(轉移)되는 것을 막지 못했던 것이다.

하지만 모든 대화자들이 에우튀프론같이 쉽게 당하는 것은 아니다. 다른 몇몇 대화자들은 소크라테스의 물음 속에 답변자를 테스트하는 함정이 들어 있음을 간파하고, 질문자에게 저항하거나 심지어 답변을 거부하려 들기도 한다. 그러나 이들 역시 결국에 가서는 소크라테스의 제안을 받아들일 수밖에 없었다. 그렇다면 대화자들이 왜 소크라테스의 전제들을 받아들일 수밖에 없었을까? 그것은 그 전제들이 대화자의 윤리적 신념과 태도, 더 나아가 그의 삶 자체에 강하게 고착된 것들이기 때문이다. 또 다른 예를 들어보자. 플라톤의 『고르기아스』에서 수사가인 폴로스와 소크라테스가 벌인 논쟁은 논박의 힘이 어떻게 발생하는지를 뚜렷하게 보여준다. 작품 속에서 폴로스는 "불의를 겪는 것이 불의를 저지르는 것보다 더 나쁘다"고 주장한다. 폴로스가 이런 주장을 하는 것은 행복이 정치적 성공 여부에 달려 있으며, 행복을 실현시켜주는 것은 정의가 아니라 권력이라고 확신하기 때문이다. 그는 자신의 주장이 시민들 다수의 입장과 일치하는 것임을 시종일관 강조한다(플라톤, 『고르기아스』 470d5~471d2). 많은 사람들은 불의한 권력의 희생자가 되는 것보다, 차라리 희대의 악당이더라도 권력의 정점에서 모든 것을 누리는 참주가 되기를 원할 것이기 때문이다. 어떻게 보면, 폴로스의 논제는 이른바 대중의 지지를 등에 업은 것이라 할 수 있다. 이 주장을 검토하기 위하여 소크라테스는 폴로스에게 "불의를 저지르는 것은 불의를 겪는 것보다 더 수치스러운 일이다"라는 명제를 전제로서 제안하고 동의를 얻어낸다(플라톤, 『고르기아스』 474c). 그런데 폴로스가 이 제안에 동의한다면, 더 수치스러운 것은 더 고통스럽고 괴로우며, 더 고통스럽고 더 괴로운 것은 결국 더 나쁜 것으로서, 불의를 저지르는 것은 더 나쁜 것이라는 결론을 도출하기란 어렵지 않다(플라톤, 『고르기아스』 474d~475c). 그렇다면 명색이 수사가인 폴로스가 이것을 몰랐을까? 그가 "불의와 수치는 무관하다"고 말했다면, 그는 어렵지 않게 논박을 피해 갈 수 있었을 것이다. 하지만 폴로스는 약간의 저항을 시도했을 뿐, 결국 소크라테스의 제안을 받아들이고 만다. 왜 그는 부정의가 수치스러운 일이라는 소크라테스의 제안을 거부하지 못했을까?

사실 논리적인 측면에서 보자면 답변자에게는 소크라테스의 전제들을 받아들여야 할 어떠한 필연성이나 강제도 없다. 그것들을 받아들일 것인지 말 것인지는 전적으로 답변자의 자유인 것이다. 그러나 삶의 윤리적 측면에서 보면, 상황은 달라진다. 그 전제들은 대화자가 살아온 윤리적 삶의 바탕 위에서 제시된 것이기 때문이다. 시종일관 폴로스는 자신이 행복에 관하여 대중적 가치관의 대변자임을 자처해왔다. 그는 많은 사람들의 지지가 자신의 주장을 강화한다고 생각했다. 그런데 소크라테스의 비판은 정확하게 그의 대중적 윤리관을 겨냥했고, 또 그것을 역이용했던 것이다. 소크라테스는 대중의 마음속에 서로 상반된 가치관들이 공존한다는 사실을 알고 있었다. 그것은 "성공한 권력자를 향한 대중의 선망"과 "범죄적이고 부정의한 자를 향한 대중적 비난의 시선(즉 수치)"의 공존이다. 폴로스가 별로 도덕적으로 보이지 않는 주장, 즉 불의를 행하는 게 당하는 것보다 낫다는 주장을 거리낌 없이 할 수 있었던 까닭은 그 주장을 대중이 지지한다고 믿었기 때문이다. 하지만 바로 그 믿음으로 인해, 그는 불의를 행하는 것이 수치스럽고, 수치는 괴로우며 나쁜 것이라는 주장 역시 받아들여야만 했다. 이것 또한 대중이 당연하게 여기는 것이었고, 그는 감히 대중의 의견을 거스를 수 없었기 때문이다. 논박의 힘은 바로 여기에 숨어 있다. 대화자는 윤리적 덕목들에 관하여, 혹은 옳고 그름에 관하여 어떤 신념과 확신을 가지고서 주장을 펼친다. 이에 대하여 소크라테스는 대화자의 주장과 상충될 수 있는 또 다른 종류의 윤리적 가치들을 전제로서 제안한다. 그러나 그것들 역시 대화자의 신념과 삶 속에 뿌리박힌 것으로서, 대화자는 결코 쉽게 그 전제들을 뿌리칠 수 없다. 그리고 모순은 대화자의 주장과 대화자가 받아들일 수밖에 없는 이 가치들 사이에서 발생하는 것이다.

도덕적 삶에 대한 검토

사실 소크라테스의 논박은 논리 그 자체보다는 오히려 도덕적인 목적에 종속된다. 소크라테스는 그저 상대방의 주장을 파괴할 목적으로 논박술을 사용했던 것이 아니라 대화자의 주장과 그 주장이 기반을 둔 대화자의 윤리적인 삶 자체를 검토하고 비판함으로써, 그를 더 훌륭하게 만들 목적으로 논박을 행했기 때문이다. 결국 논박은 사람들이 겪는 이중의 무지 가운데 알지 못하면서 안다고 믿어왔던 첫 번째 무지를 파괴하는 도구로서 기능하는 셈이다. 영혼이 잘못된 믿음으로 차 있다면, 이것을 제거함으로써 영혼을 정화하는 것은 새로운 앎을 얻기 위한 선결 조건이라 할 수 있다.

그런데 이 허위를 벗겨내는 일이 쉬운 것은 아니다. 소크라테스의 논박이 관계하는 영역은 이른바 좋은 것과 나쁜 것에 관한 앎, 즉 윤리적인 앎의 영역인데, 여기서 사람들이 갖고 있다고 믿는 앎은 그저 사전적인 지식이 아니라, 확신과 신념의 형태로 존재하며, 실천의 기준이자 근거가 되기 때문이다. 예컨대 누군가가 용기에 관한 지식을 갖고 있다면, 그는 단지 용기가 무엇인지를 알 뿐 아니라, 사람은 그 앎에 걸맞게 행동해야 한다고 확신하며, 자신은 물론 다른 사람이 그에 부합하는 삶을 살지 못할 경우, 비겁하다 하여 상대를 비난하거나 심지어는 고소, 고발을 통해 단죄할 수도 있다는 것이다. 달리 말하면 윤리적인 앎은 그것을 가지고 있다고 믿는 사람의 실천적인 삶과 떼어놓고서는 생각할 수 없는 것이다. 결국 소크라테스에게 논박은 그저 대화자의 잘못된 앎을 비판하는 데 그치지 않는다. 그에 수반하는 잘못된 믿음과 신념, 더 나아가 잘못된 삶까지 송두리째 부정하는 것이다. 그러므로 논박은 궁극적으로 대화자의 윤리적인 주장 혹은 명제 자체를 겨눈다기보다는 그 명제를 주장하는 대화자를 향한다고 할 수 있다. 또한 논박의 진정한 효과는 대화자의 논리적 오류를 지적하는 데서 그치는 것이 아니라, 그가 참이라고 믿어왔던, 또 그렇게 안다고 확신해왔던 것이 거짓으로 드러남에 따라, 그 주제와 관련하여 살아온 삶 자체가 알고 보니 모두 틀렸음을 인정하는 데서 찾아야 한다.

대화자의 입장에서 볼 때, 소크라테스의 논박은 말할 수 없는 영혼의 충격을 산출한다. 그리고 그 충격의 정체는 수치심과 분노이다(플라톤, 『라케스』 194a~b). 수치심은 자신이 지금껏 살아온 삶을 부정할 수밖에 없는 상황에서 오는 것이다. 또한 분노는 지금껏 알지 못하는 것을 안다고 믿으며 살아온 자기 자신을 향해 표출하는 감정이다. 따라서 이 감정들은 비록 고통스러운 것들일지라도 분명 대화자에게 유익한 것이다. 그것들은 대화자의 영혼을 점유해온 잘못된 믿음과 허위의식이 논박을 통해 파괴되었음을 보여주는 징표와도 같은 것이기 때문이다. 이 모든 잘못된 믿음과 허위의식이 파괴되고 나서야, 비로소 대화자들은 소크라테스와 함께 진리의 탐구에 들어설 조건을 갖추게 되는 것이다. 바로 그런 이유로 소크라테스는 자신이 수행하는 논박이 논박당한 자에게 해롭기는커녕 이로울 뿐이라고 단언하며(플라톤, 『고르기아스』 475d~e), 심지어 법정에서는 자기야말로 신이 아테네인들에게 보낸 선물이라고까지 주장했던 것이다.

6 소크라테스의 후예들

소크라테스는 위와 같은 철학적 문답법을 통해 시민들과 끊임없이 대화를 나누었다. 이때 그가 다룬 주제는 전적으로 좋음과 나쁨의 문제에 집중되었다. 오늘날 '덕'이라고 부르는 이 인간적인 탁월함은 소크라테스에게 좋은 것과 나쁜 것에 대한 앎이 될 뿐 아니라, 좋은 행위의 기준이자 행복한 삶의 조건이 되는 것이다. 아울러 그는 이러한 덕의 개별 항목에 해당되는 경건이나 절제, 용기, 또는 정의 등에 관해서도 그 각각의 본성이 무엇인지, 또한 개별적인 덕들은 서로 간에, 그리고 덕 일반과는 어떻게 관계 맺고 있는지에 대해 탐구하였다. 그러나 이미 언급하였듯이, 소크라테스의 탐구 내용이 정확하게 어떤 것이었는지를 안다는 것은 사실상 불가능하다. 소크라테스 자신은 글을 남기지 않았고, 그에 관한 모든 것들은 제자들에 의해 기록된 것들일 뿐인데, 그들의 기록들은 일관되지 않고 제각각일뿐더러, 심지어 몇몇 주제에 관해서는 서로 상충된 이야기를 하고 있기 때문이다.

플라톤과 크세노폰의 소크라테스

소크라테스에 관하여 우리가 얻게 되는 자료들은 대부분 플라톤과 크세노폰의 문헌들에 의존하고 있다. 하지만 이 두 사람의 설명은 몇몇 핵심적인 부분에서 서로 갈라진다. 우선 덕에 관해 말하자면, 크세노폰이 소개하는 소크라테스는 덕이 훈련의 결과로서 얻어지는 것이라고 생각하며, 훈련을 게을리하면 다시 잃게 된다고 주장한다(크세노폰, 『회상』 I, 2, 19~24). 반면 플라톤이 묘사하는 소크라테스는 덕이 일종의 앎이며, 앎이기 때문에 일단 획득하면 영혼 안에 단단히 고정할 수 있다고 보았다. 특히 크세노폰의 소크라테스는 각종 욕망과 고통에 맞선 극기(enkrateia)를 매우 중요한 덕목으로 강조하였고, 생활에서도 소박하고 검소한 삶을 권장하였다. 반면 플라톤의 소크라테스는 우리가 덕이 무엇인지를 정확히 알기만 하면 굳이 욕망의 유혹에 굴복하거나 무절제 상태(akrasia)에 빠질 이유가 없다고 생각한다.

또한 크세노폰의 소크라테스는 신체적인 힘 역시 덕의 훈련과 획득에 필수적인 요소라고 보아 몸을 돌보는 일에도 중요성을 부여하였다. 반면에 플라톤의 소크라테스는 영혼을 돌보는 일 말고는 다른 일에 큰 관심을 보이지 않는다. 아울러 크세노폰의 소크라테스는 덕이란 친구를 이롭게 하고 적을 해롭게 하는 일이라고 생각하였는데,[18] 그의 덕 개념은 고대 그리스의 전통적인 정의관과 크게 어긋나지 않는 것이었다. 반면 플라톤의 소크라테스는 친구를 이롭게 하고 적을 해롭게 하는 일이 정의라는 생각을 결코 받아들이지 않을뿐더러, 우리는 절대로 타인에게 해를 끼쳐서는 안 되며, 심지어는 남이 나에게 해를 끼치는 경우에도 그래서는 안 된다고까지 주장한다.

또한 경건과 관련해서도 크세노폰은 소크라테스가 전통적인 신들에 대한 숭배를 충실히 이행했다고 주장하는 반면, 플라톤은 소크라테스가 전통적인 신들의 부도덕한 면을 인정하지 않았다고 본다. 이런 점들을 고려해볼 때, 두 사람이 소개하는 소크라테스 사이에서 공통점을 찾는 것은 모두 쉽지 않아 보인다.

소크라테스 식 대화의 저자들

소크라테스가 죽고 난 뒤에 그를 따랐던 젊은이들은 세간의 비난에 맞서 스승을 복권시키고자 하였다. 그들 중 다수가 소크라테스의 대화를 모방하여 글을 썼는데, 아리스토텔레스는 그것들을 "소크라테스

---

18) 크세노폰, 『회상』 II, 1, 28; II, 2, 2; II, 3, 14 등.

식 대화들"(logoi sōkratikoi)이라 부르며, 마치 그것이 당대에 유행하던 글쓰기 양식 가운데 하나인 것처럼 언급하고 있다.[19) 오늘날 우리는 플라톤과 크세노폰 외에도 소크라테스주의자 다섯 명의 이름을 알고 있다. 그들은 안티스테네스(Antisthenēs, 아테네, 서기전 445~365), 아이스키네스(아테네, 서기전 430/20~375/6?), 파이돈(Phaidōn, 엘리스, 서기전 418/416~?), 에우클레이데스(Eukleidēs, 메가라, 서기전 450/435~365), 그리고 아리스티포스(Aristippos, 퀴레네, 서기전 430~355)이다. 하지만 이들의 저술은 거의 소실되었고, 오늘날 우리는 이들에 관한 간접 증언들과 약간의 단편들만을 가지고서 이들이 소크라테스 사상의 어떤 부분을 계승하였는지를 추정할 수 있을 뿐이다.

먼저 아테네 출신의 안티스테네스는 덕을 지혜라고 본다는 점에서는 플라톤과 유사한 관점을 취한다. 그렇지만 행복에 관해 이야기할 때에는 덕이 행복의 충분조건이라고 단언하는 동시에 여기에 강인함이 더해져야 한다고 말한다. 덕이 충분조건이면서도 강인함이 필요하다는 말은 일견 모순처럼 보인다. 안티스테네스의 주장은 아마 다음과 같이 해석될 수 있을 것이다. 덕에 부합하는 삶을 사는 사람은 행복하지만, 그러한 삶을 살 수 있기 위해서는 덕이 무엇인지 아는 것만으로는 부족하며, 그 앎을 행위 속에서 실현하는 강인함이 필요하다는 것이다. 안티스테네스는 이후 퀴니코스(Kynikos; 犬儒)학파의 디오게네스에게 영향을 미치게 된다.

역시 아테네 출신의 아이스키네스는 『알키비아데스』와 『아스파시아』라는 작품을 통해서 덕이 수련을 통해 획득되고 향상될 수 있다고 주장한다. 특히 『아스파시아』에서는 플라톤의 『메넥세노스』에서 페리클레스의 후처이자 소크라테스에게 수사술을 가르쳐준 것으로 알려진 아스파시아가 크세노폰과 그의 아내를 상대로 소크라테스가 전개했던

---

19) 아리스토텔레스, 『시학』 1447a28~b13; 『수사학』 III, 16, 1417a18~21; 「단편」 72(시인들에 관하여).

것과 유사한 논박술을 펼치기도 한다.

그런가 하면 엘리스 출신의 파이돈은 소크라테스와 페르시아의 마법사 조뤼로스 간의 대화를 그린 『조뤼로스』와 시몬이라는 구두장이를 주인공으로 등장시킨 『시몬』을 쓴 것으로 알려져 있다. 이들 작품 속에서 소크라테스는 혈통이나 재능, 신체적 조건 혹은 가문 등과 상관없이 누구나 철학을 할 수 있고 또 이를 통해 철학자가 될 수 있다고 말함으로써 엘리트 철학이 아닌 대중 철학의 가능성을 역설한다. 이는 플라톤의 소크라테스가 법정에서 남녀노소는 물론 자유인과 노예, 내외국인을 가리지 않고 대화를 나누어왔다는 주장과도 맞닿아 있는 듯 보인다.

한편, 메가라 출신이자 이른바 메가라학파의 창시자로 알려진 에우클레이데스는 좋음(善)이 여러 가지 이름으로 불리지만 사실은 하나라고 주장했다고 전해진다. 즉 그것은 때로는 지혜(phronēsis), 때로는 이성(nous)으로 불리지만 결국은 하나이며, 좋음과 대립되는 것은 아무것도 존재하지 않는다는 것이다. 몇몇 학자들은 좋음이 하나라는 이러한 주장이 파르메니데스의 일자 철학으로부터 영향을 받은 것으로 보며, 또 다른 몇몇 학자들은 이 주장이 플라톤의 소크라테스가 내세웠던 덕의 단일성 논제, 즉 정의, 경건, 절제, 용기, 지혜는 모두 동일한 덕의 다른 이름들일 뿐이라는 주장과 이어진다고 생각한다.

우리에게 알려진 소크라테스주의자들 가운데 유일하게 대화편을 남기지 않은 사람은 퀴레네 출신의 아리스티포스인데, 그는 보수를 받고 가르침을 전한 최초의 소크라테스주의자였다고 한다. 그에 관해서는 쾌락주의의 창시자 정도로 알려져 있지만, 정작 쾌락주의 학파로 알려진 퀴레네(Kyrēnē)학파가 만들어진 것은 그의 자식 세대에 이르러서라고 한다.

7 맺는 말

　　한 명의 스승을 두고서 이토록 다양한 목소리가 나오는 것이 과연 가능할까 싶을 정도로 소크라테스에 관한 제자들의 증언들은 제각각이다. 그들의 진술은 너무도 다양하고 경우에 따라서는 모순적이기까지 하기에 이것들을 어느 하나로 통합하는 것은 사실상 불가능하다. 그렇다고 해서 소크라테스의 사상을 어느 한 제자의 증언으로 환원하는 것 역시 무리가 있어 보인다. 역사적인 소크라테스를 어느 한 가지 모습으로 규정한다는 것은 애초부터 불가능한 시도일지도 모른다. 만일 단편으로만 전해지는 소크라테스주의자들의 증언이 좀더 많이, 완전한 상태로 남아 있다면, 소크라테스의 모습은 더욱더 다채로웠을 것이며, 그만큼 더욱더 환원 불가능한 모습을 띠었을 것이기 때문이다. 그런 면에서 소크라테스는 어느 한 가지 모습으로 고정할 수 없다고 보는 게 나을 듯하다.

　　고대뿐 아니라 르네상스와 근대에 이르기까지 소크라테스는 그의 영향을 받은 사람들의 수만큼이나 다양한 가면을 쓰고 나타났다. 소크라테스를 표방하고 전용했던 사람들이 덕과 행복, 좋음과 나쁨에 관하여 각자 자신의 생각에 따라 소크라테스를 그 모델로 삼았기 때문이다. 우리가 눈여겨보아야 할 것은 한 명의 소크라테스가 서로 다른 사람들에 의해 다양하게 해석되었다는 점이 아니라, 오히려 서로 다른 사람들이 모두 소크라테스의 후예임을 표방했다는 사실일 것이다. 다양한 개성을 가진 철학자들이 저마다 소크라테스의 계승자임을 자처했다면, 그것은 바로 소크라테스가 동포 시민들을 상대로 끊임없이 강조했을 뿐 아니라, 평생에 걸쳐 몸소 보여주었던 탐구하는 삶의 중요성 때문일 것이다. 그저 사는 것이 아니라 잘 사는 것(eu zēn)이 중요하며, 탐구하지 않는 삶은 살 가치가 없다는 생각은 모든 소크라테스의 후예들이 스승으로부터 공히 계승한 것이라 하겠다. 그리고 그들의 증언과 철학적 실천은 그 자체로 소크라테스가 과거는 물론 현재에 이르기까지 철학적 영감의 원천임을 입증하는 것이라 할 수 있다.

■ 참고 문헌

김유석, 「플라톤의 초기 대화편에 나타난 소크라테스의 엘렝코스」, 『서양고
　　전학연구』 35, 2009, 57~92쪽.

Ahbel-Rappe, S. & Kamtekar, R.(eds.), *A Companion to Socrates*, MA/
　　Oxford/Victoria: Blackwell, 2006.

Brickhouse, T. C. & Smith, N. D., *The Trial and Execution of Socrates*,
　　Oxford: Oxford Univ. Press, 2002.

Diogenes Laertius, *Vitae philosophorum*(2 vols.), Marcovich, M.(ed.), Berlin,
　　Walter de Gruyter, 2008; *Vie et doctrine des philosophes illustres*, trad.,
　　introduction et notes par J. -F. Balaudé(et alii), Paris: Livres de Poche,
　　2000.

Dorion, L. -A., "La subversion de l'*elenchos* juridique dans l'*Apologie de
　　Socrate*", *Revue philosophique de Louvain*(78), août, 1990, pp. 311~44.

＿＿＿＿, Socrate, Paris: PUF, 2004(『소크라테스』, 김유석 옮김, 이학사, 2009).

Dover, K. J., *Greek Popular Morality in the Time of Plato and Aristotle*,
　　Indianapolis: Hackett, 1974.

Giannantoni, G. & Narcy, M.(eds.), *Lezioni socratiche*, Napoli: Bibliopolis,
　　1997.

Giannantoni, G.(ed.), *Socratis et Socraticorum reliquiae*(4 vols.), Napoli:
　　Bibliopolis, 1990.

Hadot, P., *Éloge de Socrate*, Paris: Allia, 2007.

Kahn, C. H., *Plato and the Socratic Dialogue*, Cambridge: CUP, 1996.

Morrison, D. R.(ed.), *The Cambridge Companion to Socrates*, Cambridge,
　　CUP, 2011.

Romeyer Dherbey, G.(dir.) & Gourinat, J. -B.(eds.), *Socrate et les
　　socratiques*, Paris: Vrin, 2001.

Vlastos, G., *Socrates. Ironist and Moral Philosopher*, Ithaca/NY: Cornell Univ. Press, 1991.

_____, *Socratic Studies*, Cambridge: CUP, 1994.

제3부

플라톤

제10장 플라톤의 윤리학

유혁

1 플라톤 읽기 및 작품 해석에 따르는 논점들

이제 우리는 플라톤(Platōn)의 철학을 다룬다. 이 책의 전체 구성상 플라톤의 철학에 접근하는 방법에 대한 다양한 논의를 별도로 다루기는 어려워 보이는데, 플라톤의 윤리학을 논의하는 지금 대목이 플라톤의 철학을 다루는 첫 번째 자리인 만큼 독자들이 추후에 직접 플라톤의 작품을 읽고 이해하고자 할 때 유념하면 좋을 만한 작품 해석과 관련된 논점들을 간략히 언급하기로 하겠다. 우리의 학문 활동이 논리적이고 비판적인 사고를 그 기본으로 삼는다고 한다면, 우리는 특정 주제와 대상을 다루면서 우리가 서 있는 출발점 및 그때 지니고 있는 기본적인 가정이 무엇인가를 스스로 점검해보고 분명히 하려는 노력이 필요하다. 그러한 관점에서도 지금 다루는 논점들의 의미를 찾을 수 있을 것이다.

우선 플라톤의 작품을 처음 읽는 독자들이 발견하게 되는 두드러진 특징 중의 하나는 아마도 그가 자신이 다루는 특정 주제에 대하여 자신의 의견을 개진하는 논문을 쓰지 않았으며 대화편이라는 형식을 빌려—많은 경우 소크라테스를 주요 인물로 하여 등장인물들 간의 대화를 구성해 보여줌으로써—자신의 생각을 글로 남겼다는 점일 것이다. 이와 같이 저자 자신이 작품의 전면에 등장하지 않는 독특함으로 인해서 플라톤의 생각을 이해하고, 이 장의 제목과 같이 소위 '플라톤의 윤리학'을 재구성하는 일은 부득이하게 그의 작품에 접근하면서 우리가 취하게 되는 해석상의 입장 및 그것에 결부된 가정들과 무관한 것일 수 없다. 이를테면 대화편의 등장인물인 소크라테스가 말하는 모든 것은 플라톤의 입장을 대변하는가? 경우에 따라서는 소크라테스의 대화 상대자가 도리어 소크라테스가 할 법한 주장을 하는 경우도 있는데 그런 맥락에서 우리는 플라톤이 의도하는 바를 어떻게 읽어낼 것인가? 이와 같은 질문들은 그의 작품에 등장하는 소크라테스와 저자인 플라톤의 관계를 우리가 어떻게 이해할 것인가 하는 문제와 밀접하게 연결되어 있다.

소위 표준적인 입장에 따르면, 플라톤의 초기 대화편들에 등장하는 소크라테스와 중기 이후 대화편들에 등장하는 소크라테스—그리고 그를 통해 대변되는 플라톤의 입장—사이에는 분명한 간극과 변화가 있다. 이와 같이 플라톤의 작품을 저술 시기에 따라 나누어 이해하려는 시도는 어떤 관점에서 보자면 객관적인 근거를 지닌 것처럼 보일 수도 있으며, 작품들 간의 대략적인 시간적 선후 관계를 재구성하는 것이 불가능한 것은 아니다. 하지만 플라톤의 작품들 각각이 저술된 시기를 확정할 수 있게 해주는 결정적이며 객관적인 근거가 무엇인지에 대해서는 여전히 논란이 있으며 이에 대하여 분명한 합의가 이루어지기는 어려워 보인다. 또 만약 그러한 시도가 저술 시기라는 작품의 외적 요인이 작품의 내용을 결정한다는 정당화되기 어려운 가정과 결합된 것이라면, 우리는 그러한 시도가 작품 이해의 방향과 폭을 미리 한정할 가능성이 있음을 경계해야 할 것이다. 하지만 그것이 개별 작품의 내용에서 출발해서 여러 작품들 간의 상호 관계를 탐구한 결과로서 여러 작품들에서 플라톤의 생각에 어떤 의미에서의 변화가 있음을 발견할 수 있다고 주장하는 것이라면, 그러한 주장은 정당화될 수 있을 것이다.

여하튼 소위 표준적인 입장을 따르는 연구자들은 플라톤의 작품들 일부를 '소크라테스 대화편들'(Socratic dialogues)이라고 규정하며, 이 작품들에서 플라톤은 역사적인 인물로서의 소크라테스를 충실하게 그려 보여주고 있다고 주장한다. 이 주장에 따르면, 소크라테스는 윤리적인 문제들에 대해서 다른 사람들의 견해가 어떤 난점을 지니는지를 대화를 통해 지적해 보여주는 데 머물 뿐 자신의 입장을 적극적으로 내놓지 않는데, 바로 그것이 플라톤 자신의 철학적인 견해도 아직 충분히 발전되지 않은 미숙한 초기 단계에 머물고 있음을 보여주는 증거라는 것이다. 이러한 견해에 따르면, 더욱 발전된 플라톤 고유의 견해는 소위 중기 이후의 작품들에 등장한다. 만약 이러한 견해를 따른다면, 플라톤의 윤리학을 재구성하는 우리 작업도 '무엇을 진정한 플라톤의 견해로 보는가?' 하는 질문과 그 답에 상응하는 방식으로 그 논의 범위를 한정해야 할 것이다. 하지만 위와 같은 입장에 모든 연구자들이 동의하는 것은 아니며, 그 정당성에 대한 의문이 제기되고 있고 다양한 관점에서 비판적인 논의가 지속되고 있다. 그 반대편에 서는 다른 연구자들은 플라톤 철학 내의 발전이나 그것을 반영하는 저술 시기를 명확히 구분하는 일에 주목하기보다는, 플라톤이 그의 작품 전체에 걸쳐서 일관된 입장을 견지한 것으로 보고, 저자인 플라톤이 구체적인 논의 맥락에서 등장인물인 소크라테스를 통해서 보여주고자 한 바가 무엇인지를 읽어내려고 시도하고 있다. 또 위에 언급한 두 경향들 사이에는 다양한 모습의 접근 방식이 현재 공존하며 서로 경합하고 있다.

이러한 상황을 고려할 때, 여기서 우리는 과연 어떤 가정과 출발점에서 플라톤의 윤리학을 논하고 있는지를 밝힐 필요가 있겠다. 우선 우리의 논의는 플라톤의 작품들을 그 저술 시기에 따라 특징짓고, 플라톤 자신의 견해는 중기 이후의 것에서 찾을 수 있다는 견해와는 거리를 둔다. 따라서 이 글은 플라톤 작품 중에서 특정 시기의 것만을 논의 대상으로 미리 한정하지 않을 것이다. 그리고 이 장의 논의는 플라톤의 소위 초기 대화편들에 그려진 소크라테스의 모습에 역사적인 인물로서 그의 면모가 반영되어 있을 가능성을 배제하지는 않지만, 그것의 역사적인 진위 및 정확성 여부는 다루지 않는다. 앞서 별도의 장에서 소크라테스를 다룰 때에는 역사적인 인물로서의 소크라테스를 어떻게 재구성할 수 있는가 하는 점이 중요 논점의 하나였다면, 이 장에서 소크라테스를 지칭할 때에 그것은 일차적으로 플라톤의 창작물인 대화편의 등장인물(character)로서의 소크라테스를 지칭한다. 따라서 이 장에서는 소크라테스라는 등장인물을 통해서 저자인 플라톤이 독자들에게 무엇을 보여주고자 했는가 하는 점이 중요 논점이 될 것이다. 또 그 연장 선상에서, 이 글은 소위 초기 대화편에서도 플라톤의 견해를—그것도 미숙하지 않은 정교한 것을—읽어낼 수 있으며, 그 견해는 소위 중기 이후의 작품에 등장하는 입장과 상호 보완적인 관계에 있다고 가정하고 출발한다. 달리 말하면, 플라톤의 작품들 전편에 걸쳐서 등장하는 견해들에 어떤 의미에서 변화가 있음을 인정하되 그 변화와 다양함은 플라톤 작품 전체를 관통하는 일관된 입장을 전제로 할 때 더욱 풍부하고 깊이 있게 이해될 수 있다는 가정 위에서 이 글은 출발한다.

더불어 플라톤 철학의 여러 주제들을 다루는 이 책의 각 장마다 필자에 따라서 다소간의 입장 차이가 있을 수 있다는 점도 미리 언급해 둔다. 하지만 이것이 책 전체 구성의 일관성을 해치지는 않을 것이다. 도리어 그러한 다소간의 차이는 플라톤의 작품이 지니는 다양한 면모와 그것을 있는 그대로 충실히 살려내려는 각 장 필자들의 노력이 반영된 결과라고 (그리고 학계의 현 상황을 반영한 것이라고) 보는 것이 좋겠다.

2 윤리학의 근본 문제와 그 중요성

어떤 삶이 좋고 훌륭하며 가치 있는 삶인가? 이 질문은 우리가 삶에서 마주치는 가장 근본적이고 긴요한 문제들 중의 하나이다. 우리는 철학이라는 학문 분야를 지칭하는 그 이름이 고대 그리스어 단어인 'philosophia'에서 유래했음을 알고 있다. 그 본래 뜻에 따라 '지혜를 사랑하는' 철학이 애초에 단지 이론적인 작업에만 한정된 것이 아니었다는 점을 상기한다면, 위의 질문은 철학이 다루는 다양한 문제들의 출발점이자 그것들이 궁극적으로 지향하는 목표 지점을 압축적으로 보여준다고 하겠다. 물론 이 질문은 플라톤 철학에서도 그의 저술에 등장하는 다양한 논의들이 수렴되는 가장 궁극적인 질문이다. 이를테면, 플라톤의 영혼론 부분에서 살펴보게 될 것처럼, 인간이 지닌 다양한 인지적이고 심리적인 기능들을 통합하는—우리가 자아라는 개념으로 부를 수 있을 만한 한 개인의 정체성과 그 통일성을 확보하게 해주는—중심이자 단위로서 영혼 개념이 플라톤에게서 요청되었던 것도 그리고 인간의 영혼이 작동하는 기제에 대한 세심한 논의가 필요했던 것도 궁극적으로는 인간의 행위와 삶에서 윤리적 책임의 소재를 분명히 하고 좋은 삶에 대한 논의를 더욱 확고한 토대 위에 세우려는 필요에서 비롯된 것이라고 하겠다. 그리고 인간의 앎에 대한 이론적인 고찰, 정치 및 통치 체제에 대한 논의, 있음과 없음에 대한 형이상학적인 고찰, 우주의 생성에 관한 논의에 이르기까지 다양한 철학적인 주제들을 다루면서도 플라톤은 그러한 주제들을 '어떻게 사는 것이 좋은 삶인가?'라는 윤리적인 문제의 틀과 별개의 것으로 떼어놓고 다룬 적이 없다고 해도 과언이 아닐 것이다.[1]

또한 위에서 언급하였듯이 우리는 플라톤의 윤리학을 논하면서 그의 저술 형식을 함께 고려해야 한다.[2] 그가 대화편이라는 저술 형식을 택한 여러 이유가 있을 텐데, 그 중심에는 소크라테스라는 인물이 있다. 요컨대 플라톤은 소크라테스라는 인물형을 통해서, 그리고 그 인

---

1) 심지어 플라톤의 작품 곳곳에 등장하는 신화적인 상상력에 기반을 둔 다양한 이야기들도 많은 경우 바로 이 궁극적인 윤리적 문제의 맥락 속에서 이해하는 것이 온당하며, 바로 그러한 이야기들이 함께 등장하여 철학적 논의를 더욱 다채롭게 해준다는 점이 플라톤의 작가로서의 완숙미를 보여준다.

2) 물론 이는 그의 윤리학에만 국한된 문제는 아니다. 그의 철학 전반을 온전히 이해하기 위해서는 그의 저술 형식에 대한 이해가 필수적이다.

물이 어떤 삶을 살았는지를 생생하게 보여줌으로써 자신의 도덕적인 이상을 독자들에게 전달하고자 했다고 볼 수 있다. 그렇다면 플라톤이 자신이 파악한 대로의 사실 및 진리를 주장하기보다는 등장인물들 간의 극적인 상호 작용을 통해서 그것을 간접적으로 보여주는 이유는 무엇일까? 아마도 진정한 윤리적인 각성, 의식 변화, 삶의 방향 설정 및 태도의 변화는 사태를 보는 시각의 변화에서 출발하는 것이고, 또 사태를 있는 그대로 보는 것이 그 출발점이라고 한다면, 독자 자신이 윤리적인 문제가 등장하는 맥락과 사태를 있는 그대로 보게 하려는 것이 플라톤의 저술 형식이 의도하고 있는 목적의 하나라고 설명해볼 수 있겠다. 또 이는 인간의 보편적인 인식 능력, 윤리적인 판단과 행위 능력에 대한 신뢰를 바탕으로 하는 것이기도 하다.

3 행복 그리고 앎으로서의 덕(德; aretē)

그렇다면 어떤 삶이 좋고 훌륭하며 가치 있는 삶인가? 이 질문에 플라톤은 어떤 대답을 내놓았을까? 이에 대한 플라톤의 논의는 우리 인간들이 모두 행복(eudaimonia)하기를 그리고 잘 살기(eu prattein)를—그것 자체를 목적으로—추구한다는, 누구도 부정하지 않고 받아들일 만한 일반적인 논제에서 출발한다.[3] 우선 플라톤 작품의 도처에서 '행복'이 '잘 살기'라는 개념과 거의 동등하게 쓰이며 그것이 인간의 전 생애에 걸쳐 추구해야 할 것으로 이해된다는 점을 볼 때, '행복'이라는 개념이 많은 현대인들이 일상적으로 이해하는 것과 같이 어떤 특정한 사태와 관련된 주관적인 느낌을 지칭하지는 않는다는 것을 주목할 필요가 있다. 그럼에도 불구하고 과연 무엇이 진정한 행복이고 좋은 것이며, 어떻게 하면 우리가 그 목표에 도달할 수 있는가 하는 점에 관해서

---

3) 『소크라테스의 변론』, 『에우튀데모스』, 『향연』 등 여러 곳을 보라.

사람들은—플라톤의 동시대인들을 포함해서—다양한 견해를 지니고 있다. 바로 그 점에서 플라톤은 당시의 상식적인 견해들과 의견을 달리 한다. 그의 관점에서 우리 인간은 덕(德; aretē)⁴⁾을 갖추어 구현하는 사람이 됨으로써만 행복하게 될 수 있다. 하지만 사람들은 흔히 덕을 하찮은 것으로 여기며 심지어 그들의 목표를 이루는 데 방해가 되는 것으로 여기기도 한다. 『소크라테스의 변론』, 『에우튀데모스』, 『고르기아스』, 『카르미데스』 등 여러 곳에서 우리가 볼 수 있듯이 많은 사람들은 신체의 아름다움, 권력, 부유함, 사회적인 지위, 건강과 같은 것들을 좋은 것이며 행복한 삶을 이루는 요소들이라고 간주한다. 하지만 이와 같이 사람들이 관습적으로 좋다고 여기는 것들의 가치는 그것이 어떻게 쓰이는가에 따라 결정된다. 그것들은 합리적이고 지혜로운 방식으로 쓰일 때에만 비로소 좋은 것이 된다. 달리 말하면, 많은 사람들은 자신들이 부유해지고, 신체가 아름다워지고, 건강해지고, 권력을 지님으로써 행복하게 될 것이라고 생각하지만 그러한 견해는 플라톤의 관점에서는—삶에서 중요한 것들의 우선순위를 어디에 어떻게 배분해야 하는가 하는 논점과 관련해서—근본적으로 잘못된 것이다. 이를 가장 분명하게 보여주는 유명한 구절 중의 하나는 다음과 같다.

> "오 뛰어난 분이여, 당신은 아테네 사람이면서, 그러니 가장 위대한 도시이자 그 지혜와 힘의 관점에서 가장 명망 높은 도시의 일원이

---

4) 'aretē'를 우리말로 어떻게 옮길 것인지에 관해서는 더 많은 논의가 필요할 것이다. 이 글에서는 일단 윤리학 논의의 맥락에서 (이를테면 'virtue ethics'를 '덕윤리'라고 번역하는 사정 등을 고려하여) 'virtue' 개념과의 연속성을 살리려는 의도에서 '덕'(德)이라는 용어를 택하였다. 그렇지만 원래 단어가 고대 그리스의 일상 언어와 밀착되어 있었다는 (그것은 인간 이외에도 도구, 연장, 심지어 동물에게도 적용해서 그 기능과 작용의 뛰어남을 지칭할 때 쓸 수 있는 단어였다) 점을 고려하여 우리말로도 일상 언어에 가까운 표현을 채택하여 옮긴다면 〔인간으로서의〕 뛰어남 또는 (한자를 쓰자면) '탁월성'이라는 번역도 고려해볼 만하다. 영어권에서 'aretē'를 'virtue' 이외에 'excellence'로 번역하는 경우가 종종 있다는 점도 고려할 만하다.

면서도, 어떻게 하면 재물이 가능한 한 많이 불어나게 되고 또 명망과 명예를 가능한 한 최대로 누리게 될까 하는 점에는 마음을 쓰면서도, 지혜와 진리에 관해서는 그리고 영혼이 가장 뛰어나게 되도록 하는 데에는 마음도 쓰지 않고 생각하지도 않으면서 부끄러움을 느끼지 않으십니까?" [……] 제가 돌아다니면서 하는 일이라고는 그저 당신들을, 더 젊은 이들이건 더 나이 많은 이들이건, 설득해서 [당신들이 스스로] 영혼이 가장 뛰어난 상태에 있게 되도록 마음 쓰기에 앞서서, 또는 그보다 더 열렬한 정도로, 몸이나 재물에 마음 쓰지 않도록 하려는 것밖에 없습니다. 다음과 같이 말하면서 말이죠. "재물에서 덕이 생겨나는 것이 아니라, 덕에서부터 재물과 그 밖의 인간들에게 좋은 다른 모든 것들이, 사적으로나 공적으로나, 생겨난다." 만약 이렇게 이야기하면서 제가 젊은이들을 타락시켰다면, 그것은 해로운 것이었겠지요. 하지만 만약 누군가가 이러한 것들 말고 다른 것들을 제가 이야기했다고 주장한다면, 그는 말도 안 되는 소리를 하는 것입니다. (『소크라테스의 변론』 29d7~e3, 30a7~b7)[5]

위 인용문에서 특히 "재물에서 덕이 생겨나는 것이 아니라, 덕에서부터 재물과 그 밖의 인간들에게 좋은 다른 모든 것들이, 사적으로나 공적으로나, 생겨난다"는 구절의 해석을 둘러싸고 많은 논란이 있어왔다. 위 구절은 다소 온건하고 상식에 부합하는 방식으로 '관습적으로 좋다고 여겨지는 다른 것들도 (덕을 구현하는) 삶에 도움이 되는 좋은 것들이기는 하지만 그것들이 덕과 무관하게 우리를 행복하게 해주지 못한다'는 의미로 읽을 수도 있지만, 다른 한편으로는 '덕만이 우리가 행복한 삶을 살게 하는 유일하게 좋은 것'이라는 강력한 주장을 담은 것으로도 읽을 수 있다. 하지만 그러한 논쟁은 플라톤이 자신의 이상(理想)인 소크라테스를 통해서 주장하는 바가 많은 이들이 상식적으

---

5) 위 인용 구절의 번역은 필자의 것이다.

316

로 지니는 좋음에 대한 견해와 다르기 때문에 촉발된 것이어서, 플라톤이 위의 두 해석과 같은 구분을 했거나 그중 하나만을 주장했으리라고 보기는 어렵다.[6] 어찌 되었건 위 인용 구절 이외에도 덕이 (그리고 덕을 추구함을 통해서 이룰 수 있는 행복한 삶이) 그것이 가져올 수 있는 여타의 결과 때문에 좋은 것이기보다는 그것 자체로 좋으며 추구할 가치가 있는 가장 중요한 것이고, 그것이 또 다른 상위의 목적에 종속되거나 또 다른 더 근원적인 목적으로 환원되지 않는다는 주장을 플라톤이 옹호했다고 볼 수 있는 많은 전거들이 있다.[7]

또 한편 위 인용 구절에서는 영혼이 가장 뛰어나게 되도록 마음 쓰는 일이 덕을 함양하여 구현하는 일과 동일시되는데, 그렇다면 그 둘은 과연 서로 어떤 관계가 있는가? 과연 우리는 어떻게 하면 덕을 체득하고 구현하는 삶을 살 수 있게 되는가? 과연 덕이 무엇인지를 알지 못하고서도 그런 삶을 살 수 있을까? 아마도 우리는 이와 같은 질문들을 던져볼 수 있겠다. 플라톤의 단정적인 답을 찾아내기는 다소 어려워 보이지만, 다음과 같은 단서들을 고려해보자.

우선 덕을 일종의 앎이나 지혜로 이해하는 것을 제안하는 구절들이 있다. 이를테면, 『에우튀데모스』 278d 이하에서 소크라테스는[8] 젊은 소년인 클레이니아스에게 어떻게 지혜와 덕을 함양하기 위해 마

---

6) 『소크라테스의 변론』에 등장하는 위 구절은 소크라테스가 행한 법정 연설의 일부인데, 그것이 작품의 내적 맥락 속에서 어떤 역할을 하는지는 여기에서 상세히 다루기 어렵다. 독자들이 스스로 탐구해볼 문제로 돌린다.

7) 이와 맥락을 같이하는, 일반적인 상식으로 받아들이기 어려워 보이는 주장들로는 다음의 것들을 들 수 있다. 좋은 사람은 해를 입을 수 없다(『소크라테스의 변론』 41c∼e). 우리의 영혼은 정의로운 것에 의해서 더 좋게 되고 정의롭지 못한 것에 의해서는 해를 입는다. 우리의 영혼이(그것은 몸보다 더 소중하며) 손상된 경우에 우리의 삶은 살 만한 가치가 없다 (『크리톤』 47d∼48a). 불의를 저지르는 것이 불의를 당하는 것보다 더 나쁘다(『고르기아스』 472d∼476e). 그 외에도 『국가』편의 곳곳에서 그러한 주장들을 찾아볼 수 있다.

8) 이 장을 시작하면서 언급하였듯이, 이 글에서 '역사적인 인물로서'라는 별도의 한정이 없는 한, 소크라테스는 대화편의 등장인물(character)을 지칭한다.

음 써야 하는지를 이야기하면서 그가 일종의 지혜, 즉 사물들을 올바르게 사용할 줄 아는 앎을 추구해야만 할 것이라고 이야기한다. 이 앎이 없이는 돈, 신체적인 뛰어남, 일상적인 의미의 용기와 같은 그 어느 것도 그 자체로 추구하거나 바랄 만한 것이 되지 못한다. 그러한 실천적 지혜 또는 앎 이외에는 아무것도 그 자체로 좋은 것이 아니며 (그런 앎이 없는 무지는 그 자체로 나쁜 것이고), 다른 것들은 그런 앎에 의존하고 있어서 그 자체로 좋은 것일 수 없다고 소크라테스는 이야기한다 (278d~281e).

그렇다면 과연 그러한 앎은 무엇이고 어떠한 성격의 것인가? 우선 플라톤 작품의 여러 맥락들에서 각 분야의 전문(제작) 기술자들의 앎을 앎(지식) 일반을 이해하는 전형적인 모델로 간주하는 구절들을 발견할 수 있는데, 앎으로서의 덕도 그렇게 제작자 모델에 기반을 두고 그에 상응하는 유비적인 방식으로 이해할 수 있음을 시사하는 것으로 볼 수 있는 구절들이 있다. 즉 어떤 전문 기술을 완벽하게 습득한 사람은 유용한 결과를 산출해내는 앎을 지니고 있으며, 그가 행하는 것과 산출 과정을 이해하여 설명할(logon didonai) 수 있고, 또 그 기술을 배우고자 하는 사람을 (그가 그것을 배울 능력이 있음을 전제로 할 때) 가르치며 그 기술을 전수해줄 수 있다. 그와 유비적인 방식으로 이해하면, 덕을 구현하는 사람은 바로 자기 자신의 합리적이고 지적인 판단 능력을 발휘하여 살아가며, 자신이 행하는 것을―특수한 상황에서만이 아니라 일반적인 맥락에서도 그것이 어째서 좋은지를―설명할 수 있고, 삶 전체를 조망하는 궁극적인 목적을 염두에 두고 책임 있게 잘 살아갈 수 있다. 또 특정한 제작 기술을 완벽하게 습득하는 일은 그 기술이 산출하고자 하는 목적에 따라 일을 행하고 그 방법을 배울 수 있는 능력, 다양한 상황에 대처할 수 있는 능력, 스스로가 행하고 있는 일을 설명할 수 있는 능력을 필요로 한다는 점에서 어떤 의미에서의 (이로운 결과를 산출해내는 과정에 대한) 추론 과정이 개입되어 있다고 볼 수 있는데, 바로 그 점이 덕의 인지적인 측면을 강조하며 덕을 어떤 종류의 지적인 앎으로 이해할 수 있게 하는 단서를 제공한다. 그리고 바로 그러한 지적인 앎을 지니게 되는 것이 영혼이 가장 뛰어나게 되도록 마음 쓰는 일이 목표로 하는 일이라고 이해할 수 있을 것이다.

또한 특정한 제작 기술이 완벽하게 구현되려면 그것이 다루는 대상 영역과 관련하여 사태의 구조적인 질서에 대한 이해가 필수적으로 요구된다고 할 수 있는데, 그렇다면 그러한 사태의 구조적인 질서에 대한 이해는 더 넓게 보면 (덕을 구현하는 행복한 삶을 살기 위해서 요청되는) 우리가 사는 세계의 구조적인 질서와 운행 원리에 대한 이해로 연결되고 확장될 수 있는 가능성을 품고 있다고 볼 수도 있다. 그리하여 만약 세계의 질서와 운행 원리에 대한 이해를 바탕으로 인간의 삶과 영혼에 그러한 질서를 구현하는 앎이 있을 수 있다면, 그러한 앎은 인간의 영혼에 절제와 정의를 낳는다고 할 수 있을 것이다.[9] 이와 같이 제작 기술들을 앎의 전형으로 놓고 제작 기술과의 유비를 바탕으로 덕을 이해하고자 하는 시도에서 출발하여, 덕의 기초를 세계(우주)의 구조적인 질서 및 그것에 대한 이해에 두면서,[10] 무엇이 진정으로 좋으며 값진 것인지를 가려내고 그것을 행하는 능력으로서의 실천적인 판단력과 앎을 덕으로 이해하게 되면, 지혜, 용기, 절제, 정의와 같은 세부 덕목들은 모두 그 점에서 공통점을 지니게 되며 이는 곧 덕들의 단일성과 관련된 논제로 이어지게 된다. (이 점은 아래에서 다시 다룬다.)

하지만 또 다른 측면에서 보자면, 앎의 전형적인 모델로 간주되는 제작자의 기술이 덕을 이해하는 합당하고 모자람 없는 모델인가에 대

---

9) 이러한 논점은 『고르기아스』, 『티마이오스』편의 논의와도 연결되며, 『정치가』, 『법률』 편에서 (이상적인) 정치가 및 입법가가 시민들이 덕을 함양하고 구현하는 삶을 살아갈 수 있도록 나라를 다스리기 위해서 갖추어야 하는 기술(앎)의 성격을 논하는 맥락에서도 등장한다.

10) 이는 관습(또는 법, nomos)과 자연(physis)이 대립한다는 주장과 반대이다. 플라톤의 입장은 크게 보면, 법과 관습이 자연의 본성과 이치를 근거로 할 때 정의로운 것이 될 수 있다는 것으로 볼 수 있다.

해서는 여전히 의문을 제기할 수도 있다. 이를테면 건축술이 집을 산출하고 의술이 건강을 산출하듯이, 과연 덕을 산출하는 분과 기술로서의 도덕적인 기술이 있는가 하는 질문을 제기할 수도 있다. 어떤 한 가지 전문 기술은 구체적인 맥락 속에서 특정한 목적에 따라 특정한 결과물을 산출해내는 일에 주목하며, 그 산출물들은―그리고 그것들의 쓰임새와 좋음 여부는―인간 삶에 결부되어 있는 또 다른 다양한 목적에 종속되는 경우가 대부분이다. 따라서 한 가지 특정한 전문 기술은 인간을 행복하게 만들어주는가 하는 점을 고려할 때 직접 기여한다고 보기는 어렵다.[11] 그런데도 덕이 그와 같이 좁은 맥락의 결과 산출에 종속되는 제작 기술과 동렬에 놓인다고 보는 것은 타당한가? 덕이 삶에서 지니는 우선성을 고려한다면, 그리고 만약 그러한 분과 기술의 앎을 뛰어넘어서 각 분야의 앎이 할 수 있는 일의 범위를 구획 짓고 그 모두를 통솔하는 앎이 있다면, 그것이 덕이라고 주장할 수도 있지 않을까?[12] 또 분과 기술은 그것을 배우고자 하는 사람에게 가르치고 또 배울 수 있다고 했는데, 앎으로서의 덕도 그와 같은 방식으로 가르치고 배울 수 있는가? 이와 같은 질문을 고려할 때, 우리는 제작자의 기술을 모델로 삼는 설명 방식에 여전히 한계가 있음을 간과할 수 없을 것이다.

그러나 만약 정말로 좋음과 나쁨을 아는 그런 앎이 있다면, 그래서 누군가가 그런 앎을 지니고 있다면, 그런 사람은 결코 잘못을 저지르지 않을 것이라고 볼 수 있다. 하지만 앎이 우리의 행위와 관련해서

---

11) 아리스토텔레스는 『니코마코스 윤리학』 VI. 1139b 이하에서 실천적인 지혜(phronēsis)가 체계적인 학문적 앎(epistēmē)이나 어떤 특정 분야의 전문 기술(technē)과 어떻게 다른가를―행함(praxis)과 만듦(poiēsis)을 구분하는 바탕 위에서―논의하고 있는데, 플라톤과 아리스토텔레스가 보여주는 논점의 연속성과 차이점을 함께 고려해 보는 것도 흥미로울 것이다. 그 점은 『카르미데스』 163b~e과 173a 이하의 구절과 함께 논의해볼 수 있다.

12) 이런 가능성은 『카르미데스』 167b 이하에서 '앎에 대한 앎'(epistēmē epistēmēs)이 있는지, 또 있다면 그것이 어떤 이로운 결과를 가져올 수 있는지를 검토하는 맥락에서 논의되고 있다.

어떤 역할을 하는가 하는 문제에 관하여, 우리의 상식적인 앎에 대한 이해와 (소크라테스를 통해서 대변되는) 플라톤의 이해 방식이 일치하는지는 좀더 논의가 필요해 보인다. 우선 대다수 사람들의 상식적인 견해에 따르면, 예를 들어 누군가가 달콤하고 맛있는 케이크가 실은 열량도 많고 기름진 것이어서 건강과 몸매 관리에 좋지 않다는 것을 알고는 있지만 그것을 피하지 않고 탐닉하게 되는 것처럼, 우리는 어떤 것이 좋은지 나쁜지를 알면서도 그렇게 행동하지 못하는 경우가 종종 있다고 생각한다. 그렇기 때문에 "어느 누구도 (알면서) 자발적으로 나쁜 일을 하지 않는다"는 논제는 소크라테스의 역설 가운데 하나로 간주되어 왔다. 『프로타고라스』편의 해당 구절을 살펴보자.

> 대다수 사람들은 앎에 대해서, 그것은 강하지도 않고 주도하는 것도 아니며 지배하는 것도 아니라고 생각하지요. 그들은 그것이 그러한 성격의 것이 아니어서, 앎이 사람 안에 있는 경우에도 종종 앎이 그 사람을 지배하는 것이 아니라 다른 어떤 것이, 때로는 격정이, 때로는 쾌락이, 때로는 괴로움이, 그리고 어떤 때는 사랑(욕정)이, 그리고 종종 두려움이 그를 지배한다고 생각하지요. 한마디로 그들은 앎에 대해서 그것이 마치 노예처럼 다른 모든 것들에 끌려다닌다고 생각하지요. 그러니 말씀인데, 선생께서도 앎에 대해서 그런 식으로 생각하시나요, 아니면 앎이 훌륭한 것이고 사람을 지배할 수 있는 것이어서, 누군가가 좋은 것들과 나쁜 것들을 알기만 하면, 그는 어떤 것에도 지지 않고 앎이 지시하는 것 이외의 다른 어떤 것도 행하지 않을 것이며, 그리하여 지혜(phronēsis)가 이 사람을 구하기에 충분하다고 생각하시나요? (『프로타고라스』 352b1~c7)[13]

---

13) 이 인용 구절의 번역은 강성훈(2011) 번역의 해당 구절을 바탕으로 하였으며, 표현의 일부를 필자의 어휘로 약간 바꾼 것이다.

위의 인용 구절에서처럼, 그리고 이어지는 맥락에서 드러나듯이, 대다수의 사람들은 최선의 것들을 알고 있고 그것들을 할 수 있음에도 불구하고, 그것들이 아닌 다른 것들을 하려고 하며, 이런 현상의 이유가 무엇인지를 그들에게 묻게 되면, 그들은 사람들이 쾌락이나 고통, 그리고 다른 감정들에 져서 그렇게 행동한다고 말한다(『프로타고라스』 352d~e). 그러나 소크라테스는 그러한 견해를 받아들이지 않는다. 그는 다수의 사람들이 쾌락이나 감정에 진 것이라고 말하는 그러한 상태가 무엇인지 그 정체를 규명하여 사람들을 설득하고 가르쳐야 할 것이라고 이야기하면서(『프로타고라스』 352e~353a), 이어지는 논의를 통해서 결국 그러한 현상이 사실은 무지에서 비롯된 것이라고 이야기한다(357c~d). 이러한 맥락에서 드러나듯이, "어느 누구도 (알면서) 자발적으로 나쁜 일을 하지 않는다"는 위의 논제가 사람들이 쾌락이나 감정에 지는 것이라고 간주하는 현상이 있다는 것을 부정한다고 이해하는 것은 합당하지 않을 것이다. 이 논제는 그러한 현상의 원인을 설명하는 맥락에서 그 원인이 어디에 있는가에 관하여 대다수 사람들의 일상적인 견해와 다른 입장을 소크라테스가 지니고 있었음을 보여준다고 이해하는 것이 좋겠다. 즉 소크라테스는 그러한 현상이 일어날 때 어떤 사람이 최선의 것들을 알고 있으면서도 그에 반하는 행동을 하는 것이 아니라 사실은 최선의 것들을 정확히 알고 있지 못한 상태에서 그렇게 행동하는 것이라고 설명하고 있는 것이다. 그렇다면 위의 논제는 사실상 "만일 우리가 좋은 것들에 대하여 진정으로 이상적인 앎을 지니고 있다면, 우리는 결코 나쁜 것들을 행하지 않을 것이다"를 의미하는 것으로 이해할 수 있을 것이다. 또한 이 논제는 소위 '아크라시아'의 불가능성[14]이라는 용어로 지칭되어왔는데, 그 주장을 이와 같이 이해하면

---

14) '아크라시아'(akrasia)는 '힘없음'을 뜻하며, '자제력 없음'이라는 말로 번역된다. 플라톤은 『프로타고라스』편에서 이 단어를 사용하지 않는다. 하지만 이 문제를 아리스토텔레스가 『니코마코스 윤리학』 VII, 1145a이하에서 '아크라시아'라는 단어를 써서 주제적으

외견상 역설적으로 보이는 주장을 합리적인 방식으로 이해할 수 있게 될 것이다.

그리고 다시 『프로타고라스』편의 논의 맥락을 상기해보자면, 이 문제는 용기와 지혜의 동일성을 입증함으로써 덕을 앎으로 이해하는 것을 지지하기 위한 맥락에서 등장했으며, 누군가가 좋은 것들과 나쁜 것들에 대한 앎을 지니고 있으면 어떤 다른 것에도 지지 않고 앎이 지시하는 것 이외의 다른 어떤 것도 행하지 않으며 그것만으로 좋은 것들을 행하기에 충분하다는 강한 주장을 개진하는 것으로 이해할 수 있다. 학자들은 이러한 견해를 주지주의(Intellectualism)라는 용어로 지칭하여 왔는데, 일부 학자들은 (위와 같은 맥락에서) 소크라테스와 플라톤이 인간의 도덕적 행위를 설명하면서 이성적 측면을 지나치게 강조하면서, 감정이나 욕구와 같은 인간 영혼의 다른 요소들을 무시하고 적절한 방식으로 설명하지 못했다고 비판하기도 하였다. 하지만 과연 소크라테스와 플라톤이 인간 영혼의 비이성적인 욕구를 인정하지 않았는지, 그리고 특히 위에 언급된 『프로타고라스』와 『국가』편의 해당 구절들이 어떻게 일관된 입장을 지니는 것으로 이해될 수 있는지에 관해서는 다양한 논의가 이어져왔다. (이 문제를 여기에 상술할 수는 없으며, 영혼의 부분들과 관련된 문제는 제11장 「플라톤의 영혼론」에서 다루게 될 것이다.)

그렇다면 우리는 과연 그와 같이 좋음과 나쁨을 아는 오류 없는 이상적인 앎을 지닌 사람을 현실에서 발견할 수 있을까? 플라톤은 자신의 이상(理想)인 소크라테스를 그러한 인물로 그리고 있는가? 플라톤이 그려놓은 소크라테스가 우리 일반인들이 지닌 태도와는 다른 범상한 모습을 체득하여 보여준다는 점에서, 어느 정도까지는 그러하다. 하지만 도리어 적어도 외견상 소크라테스 자신은 (심지어 생의 마지막 연설인 『소크라테스의 변론』에서조차도) 그런 앎을 지니지 못했다고 주

로 다룬 이후로 소크라테스와 플라톤의 입장도 '아크라시아 부정'이라는 말로 지칭되고 있다.

장한다.[15] 다시 말해, 플라톤이 소크라테스를 자신의 무지를 자각하고 있는 인물로 그려놓았다는 바로 그 점이 작품 해석상의 또 다른 어려움과 묘미를 동시에 제공한다고 볼 수 있다.『소크라테스의 변론』에 보이듯이 소크라테스는 그런 앎을 지닌 누군가를 발견하기를 바라고 시인, 전문 기술자, 정치가 등을 차례로 찾아 나서서 그들이 무엇을 알고 또 모르는지를 알아보고자 했던 것이었다. 하지만 그는 다른 사람들이 실은 그런 앎을 지니지 못함을 (그러면서도 삶에서 중요한 것을 알고 있다고 착각하고 있다는 점을) 알아냈다는 데 만족하고 탐구를 그만둔 것이 아니다. 도리어 소크라테스는 다른 사람들이 사실은 알고 있지 못하다고 밝혀낸 바로 그것들에 대해서 자신이 뭔가를 알고 있다고 주장하지 않으며, 그렇게 스스로의 무지를 자각하고 있었기에 멈추지 않고 탐구를 이어갔다는 점을 우리는 주목할 필요가 있다. 그렇게 보면, 소크라테스는 어떤 확정되고 완성된 형태로 내놓을 수 있는 앎을 추구했다기보다는 바로 그가 수행해온 것과 같은 탐구와 검토의 과정에도 중요한 가치를 부여했다고 볼 수 있는 가능성을 열어놓는다. 그리고 그러한 탐구와 검토의 과정은 한 개인의 영혼의 변화와 함께 그의 세상과 삶에 대한 태도의 변화도 가져올 수 있을 것이며, 그렇게 영혼이 뛰어남을 발휘할 수 있게 되는 과정이—그것을 영혼이 정화되는 과정이라고도 표현할 수 있겠는데—곧 덕을 획득해가는 과정이라고 볼 여지도 있을 것이다. 또 이러한 주장은, 소크라테스가 시장을 무대로 시민이든 이방인이든 연령을 불문하고 누구든 만나서 덕에 관하여, 영혼의 최상의 상태와 가장 좋은 삶의 방식에 대하여 줄곧 대화를 나누었으며(『소크라테스의 변론』 23b~c) 또 자기 자신이 어떤 삶을 살고 있는지를 스스로 검토하지 않는 삶은 인간에게 살 가치가 없다고 말하는(『소크라테스의 변

---

15) 이 논점은 앞서 소크라테스를 다루는 장에서 등장한 것이기에 중복되는 논점은 상세히 다루지 않는다. 앞서 지적했듯이 이 장에서는 저자인 플라톤이 그와 같이 소크라테스를 그려놓은 의도와 중심 논지 및 전체 기획에 주목한다.

론』38a) 구절과 일맥상통하는 것으로 이해할 수 있으며, 그가 추구한 앎으로서의 덕이 궁극적으로는 한 사람의 삶의 과정 전체, 한 사람의 품성과 인격 전체를 어떤 모습으로 만들어갈 것인가에 관한 논의였음을 다시금 확인하게 해준다.[16]

위와 같은 사정을 고려할 때, 근대 이후의 윤리학이 설정하고 있는 논의의 틀과 플라톤이 설정하고 있는 논의의 맥락과 틀이 어떻게 서로 다른가 하는 점이 어느 정도 자연스럽게 드러난다고 할 수 있겠다. 플라톤을 포함한 고대의 문제 설정 틀이 사람됨과 덕을 중심에 두고 (물론 개별적인 판단과 행위의 옳고 그름이 문제가 되지 않는다는 뜻이 아니다) 논의한다면, 근대 이후의 윤리학은 (그 큰 줄기를 대별하여) 공리주의적이건 의무론적이건 개별 행위를 도덕적 판단의 기본 단위로 설정한다는 점에 근본적인 차이가 있다(물론 근대 이후에는 덕에 관심을 두는 윤리학이 없다는 뜻은 아니다). 그리고 소크라테스가 논의하고 탐구하는 인간적인 덕과 그것을 구현하는 삶은 개인의 내면에 국한된 것은 아니다. 그러한 덕의 탐구가 폴리스의 삶이라는 맥락과 분리되어 있지 않다는 점에서 (오늘날 현대인들이 어쩌면 당연시하며 구분할 법한) 윤리·정치·철학이 관심을 두고 탐구하는 문제들이 서로 다른 것이라고 보기 어렵다. 오히려 플라톤이 설정하고 있는 대화편의 논의 틀 내에서는 그것들이 하나로 수렴될 수 있음을 주목할 필요가 있다.

---

16) 플라톤 이외에도 후대의 철학자들이 자아를 도야(陶冶)하는 삶의 방식으로서의 철학과 그러한 이상(理想)을 제시하면서 소크라테스를 어떤 방식으로 수용하고, 이용하고, 재해석하며 발전시켜왔는가에 관해서는 Nehamas(1998), Taylor(2000), Trapp(ed.)(2007) 등을 참조하라. 덕 개념과 관련해서 MacIntyre(1981)도 비교해 볼 수 있다. 또 서양 고대의 사상가들이 '자아'(self)라고 불릴 만한 개념을 어떻게 개념화하면서 발전시켜왔는가에 관해서는 Remes, P. & Sihvola, J.(eds.)(2008)를 참조할 수 있다. 한편 소크라테스를 통해 대변되는 삶의 방식으로서의 철학이 동양의 사상 전통에 등장하는 자기 수양 개념과 어떤 공통점 및 차이점이 있는지 탐구해보는 것도 의미 깊은 시도일 것이다.

4 덕의 단일성

한편 덕과 관련된 플라톤의 논의에서 일반인들의 상식과 다른 주장 중의 하나는 지혜, 용기, 절제, 경건함, 정의라는 덕들이 어떤 의미에서 동일하다는 덕의 단일성(the unity of virtues)이라고 불리는 주장이다. 덕들이 하나라는 주장이 과연 무슨 뜻인가 하는 문제는 세대를 거듭하여[17] 많은 이들이 고심해온 문제이며, 그에 대한 명쾌하고 결정적인 설명을 제시하기에는 어려움이 있어 보인다. 주된 전거 중의 하나인 『프로타고라스』편에서 출발해보자. 우선 이 문제는 프로타고라스가 가르친다고 공언하고 있는 덕의 본성을 분명히 밝히고자 하는 취지에서 등장한 것이며, 소크라테스는 개별 덕들이 각각 다른 것들인지 또는 이것들의 이름은 각각 다르지만 실제로는 하나의 것인지를 묻는다(『프로타고라스』 329c~d). 일반인들의 상식적인 견해를 대변하면서, 프로타고라스는 많은 사람들이 용감하지만 정의롭지 못하며, 또 다른 이들은 정의롭지만 지혜롭지 못하다고 이야기한다(『프로타고라스』 329e). 또한 그는 덕들이 어떤 전체의 부분들이며 얼굴의 부분들이 서로 같지 않은 것처럼 덕들도 서로 같지 않다고 주장한다(329c~330b). 이러한 주장에 대해서 소크라테스는, 다른 많은 대화편들에서 그러한 것처럼, 자신의 입장이 무엇인지를 적극적으로 밝히고 그것을 옹호하기보다는 상대방의 주장이 어떤 난점을 지니는가를 보여주는 데 초점을 두고 논변을 이끌어간다. 바로 그 점이 소크라테스의 (그리고 그를 통해 대변되는 플라톤의) 입장을 이해하고자 할 때 따라오는 일차적인 어려움일 것이다. 그렇지만 우리는 『프로타고라스』 349a~c 구절을 단서로 삼아 소크라테스의 입장을 이해해볼 수 있다. 해당 구절에서 소크라테스는 그에 앞서 진행된 논의를 정리하면서 자신이 제기한 질문을 다시 한 번 다음과 같이 정리한다. "1) 지혜, 절제, 용기, 정의, 경건, 이것들이 다섯 개

---

17) 이를테면 스토아 사상가들도 이에 대한 논쟁을 벌였다.

의 이름이 동일한 한 사물(사태)에 적용되는가, 아니면 2) 그 이름들 각
각에는, 제각각의 힘을 지니며 그것들 중 어떠한 것도 서로 같지 않은,
어떤 고유한 본성과 사태가 밑에 놓여 있는가?"(349b1~6) 여기에서 소
크라테스는 대화 상대자인 프로타고라스가 첫 번째를 물리치고 두 번
째를 택하였음을 지적하며, 자신은 그것에 맞서는 논변을 이어가고 있
으므로, 우리는 소크라테스가 첫 번째를 지지하였을 것이라고 추론해
볼 수 있다. 이를 근거로 일단의 학자들은 각각의 덕의 이름들이 모두
동일한 의미를 지닌다는 소위 의미론적 동일성(semantic identity)을 주
장하기도 한다. 하지만 다른 한편으로는 『라케스』 197e~199e 구절을
전거로 삼아서 각각의 덕이 적어도 그 규정에 따르면 다른 덕들 및 전
체로서의 덕과 구분되는 것이라는 점을 주목하며, 덕들이 동일하다는
주장과는 거리를 취하지만, 한 가지 덕을 지니고 있는 사람은 나머지도
모두 지니게 될 것이라는 의미에서 덕들이 서로 분리될 수 없다고 주장
하는 선에서 덕의 단일성을 약하게 이해하는 입장도 있다. 이런 관점에
서는, 두려워해야 할 것과 그렇지 않은 것을 가려내는 앎으로서의 용기
를 지닌 사람은 (그러한 일상적인 의미의 용기를 확장해서) '욕망과 쾌락
에 맞서 싸울 수 있는 능력'까지를 포괄하여 지니는 것으로 이해할 수
있고, 그러한 능력은 곧 쾌락과 욕망을 통제하는 절제와도 직결되는 것
으로 볼 수 있으며, 그렇게 이해된 각각의 덕들은 궁극적으로는 좋은
것과 나쁜 것을 가려내는 앎으로 수렴된다는 점에서 여타의 덕과 분리
될 수 없다고 주장하는 것이라고 재구성해볼 수도 있을 것이다.

하지만 위와 같은 두 해석 방향과는 달리, 기본적으로는 덕들이
동일하다는 입장에 서지만 의미론적 동일성을 주장하는 입장과는 거
리를 취하는 해석도 있다. 이 해석에 따르면, 소크라테스가 각각의 덕
이 "동일한 한 사물에 적용되는 다섯 가지 이름"(『프로타고라스』 349b,
329d)이라고 하면서 주장하고 있는 것은, 개별 덕들의 의미가 동일하
다거나 다섯 단어들이 모두 같은 것을 의미한다는 것이 아니라, 그 다
섯 이름들이 모두 동일한 지시체를 지니며 따라서 개별 덕들이 한 사물

을 지시한다는 것이라고 한다. 이를테면, (덕이 영혼의 상태로 이해된다는 점을 함께 고려하여) '용기'라는 단어는 '어떤 사람들이 용감한 행동을 한다는 사실을 설명해주는 그러한 영혼의 상태'를, 달리 말하면 '여러 사람들의 영혼 안에 있으면서 그들을 용감하게 만들어주는 그런 어떤 것'을 지시한다는 것이다. 이와 같은 방식으로 이해하면, 덕의 단일성 논제는 다음을 주장하는 것이 된다. 사람들을 용감하게 만들어주는 영혼의 경향성 또는 그런 행동을 이끌어내는 영혼의 추동력은 사람들을 정의롭게, 절제 있게, 경건하게, 그리고 지혜롭게 만들어주는 영혼의 경향성이나 추동력과 동일하다. 덕의 단일성을 이와 같이 이해하게 되면, 그것은 덕을 구현하는 행동이 어떻게 가능한가를 (인간 영혼의 작동 방식을 언급하여) 인과적으로 설명할 수 있는 가능성을 열어주는 것으로 이해할 수 있고, 이는 또한 덕을 좋은 것과 나쁜 것을 가려내는 지적인 앎(실천적인 판단력)으로 이해하는 주장과 맥을 같이하는 것으로 이해할 수 있다.[18]

5 정의 그리고 좋음에 대한 앎

플라톤의 정의에 관한 이론을 재구성해내는 일에는 많은 어려움이 따른다. 위에도 언급했듯이 플라톤은 명시적인 이론의 형태로 자신의 생각을 표현하지 않고 대화의 형식으로 저술하면서 그 각각의 맥락에 따라서 정의에 관한 논의를 펴고 있는데, 이것들을 하나의 일관된 체계로 일목요연하게 구성하는 데는 어려움이 따른다는 점을 우선 인정할 필요가 있다. 그리고 정의에 대한 플라톤의 논의가 현대인들에게

---

18) 물론 그러한 입장은 여러 덕들이 그럼에도 불구하고 각각 다른 이름으로 불리는 이유는 여전히 설명해주지 못한다. 그리고 좋은 것과 나쁜 것을 가려내는 앎이 어떻게 덕을 구현하는 행위를 하기 위해 요구되는 영혼의 추동력을 가져올 수 있는가 하는 그 작동 방식 또한 마찬가지로 설명해주지 못한다.

시사하는 점이 물론 많지만 다른 한편으로 그것이 현대인들이 정의에 대한 논의에서 기대하는 바와 다소간 거리가 있을 수 있다는 점도 언급하는 것이 좋겠다. 우선 정의에 대한 현대의 논의는 큰 틀에서 보면 생산 수단의 소유 및 부의 분배(그리고 그것을 가능하게 하는 권리 및 기회의 배분)와 관련된 문제들에 초점을 두면서 분배적 정의라는 측면에 주목하는 경향을 보이거나 사법 제도의 시행 과정에서 적법한 판결을 도출해내는 과정과 관련하여 논의되기도 한다. 또한 그러한 측면들 각각을 분과로 나누어 다루는 경향을 보인다. 반면에 플라톤의 작품에 등장하는 정의에 대한 논의는 어느 한 분과에 관한 것으로 국한되지 않으며, 공동체 안에서 이루어지는 인간 삶의 다양한 측면을 모두 포괄한다. (그렇기 때문에 현대의 논의와 여전히 연속성을 지닐 수 있게 되는 것이기도 하다.) 또한 플라톤의 정의에 대한 논의는 나라의 삶에서 각각의 시민이 어떤 역할을 하는 것이 정의로운가 하는 문제와 함께, 그에 상응하는 것으로 상정되는 인간 영혼의 측면에서 영혼의 부분(그것을 어떤 방식으로 이해할지는 논할 여지가 있지만)들이 제각각 어떤 역할을 수행함으로써 조화를 이루어 정의롭게 될 수 있는가 하는 인간 영혼의 내적인 상태에 대한 질문을 핵심으로 다룬다는 점이 그 두드러진 특징이라고 하겠다.

이 점은 『국가』편 2권에서 4권에 이르는 논의를 추적하면서 살펴볼 필요가 있다. 여기에서 논의의 주된 목표는 인간 개인의 영혼 차원에서 정의가 무엇인가를 발견해내는 것이다. 하지만 나라 차원에서의 정의가 개인 영혼 차원의 정의보다 좀더 이해하기 쉬울 것이라는 제안을 따라 논의는 다소간 우회로를 걷는다. 그 논의는 나라(정치 공동체)의 기원에 대한 질문에서 출발한다. 그 논의에 따르면, 인간들은 그 본성상 자족적이지 못하고 서로 의존적이며 그로 인해 사람들이 지닌 필요에 응하여 그것을 충족시키기 위해서 공동체가 필요하다. 그리고 그렇게 성립된 공동체가 더 효율적으로 기능하기 위해서 직업의 분화가 생기게 되는데, 바로 그 분화 과정이 복잡성의 정도를 더해가면서 참되고 건강한 나라(그것을 글라우콘은 돼지들의 나라라고 비하하지만)에서 출발하여 염증으로 부풀어 오른 호사스러운 나라로 발전되어 이상적인 나라를 논하는 방향으로 나아간다. 그리고 그러한 변화 과정에 따라 생겨나는 필요를 충족시키기 위해서 더 많은 직업들이 등장하게 된다. 그런데 이때 사회적인 직능의 분화는 자의적으로 설정되는 것이 아니라 자연적인 본성에 기반을 두고 이루어지는 것으로 상정된다. 그리고 그러한 분화는 크게 세 집단으로, 나라를 통치하는 지도자 계급, 나라의 안녕을 지키는 수호자 계급, 의식주를 비롯한 삶의 필요를 충족시키기 위해 일하는 생산자 계급으로 이루어진다. 그리고 지도자들은 지혜를 사랑하는 자들이고, 수호자들은 명예를 사랑하며, 생산자들은 돈을 추구한다는 점에서 그 본성상 차이가 있다고 간주된다. 그리하여 나라의 정의(正義)는 이와 같이 나라의 세 부분에 속하는 사람들이 제각각 자기 자신에게 속하는 것들을 행하며 다른 사람들의 일에 참견하지 않는 것이라고 정의(定義)된다. 이러한 규정은 각자에게 합당한 몫(소유물)을 나누어 주는 것을 정의롭다고 보는 좀더 상식적인 견해를 포섭하면서도 그것을 사회적인 삶의 맥락 속에서 새롭게 규정하고 있다는 점에서 특징을 지닌다고 볼 수 있다.

그런데 지금 논의하고 있는 『국가』편의 맥락에서 논의의 주된 목표는 인간 개인의 영혼 차원에서 정의가 무엇인가를 발견해내는 것이었다. 그리고 개인 영혼 차원의 정의는 나라 차원의 정의에 대한 규정을 바탕으로 둘 간에 일종의 동형 구조가 있음을 전제로 하며 논의된다. 물론 그러한 전제에 대해서 특별한 설명이 없어 보이기 때문에 그것이 어떻게 정당화될 수 있는가에 대해서 크고 작은 의문과 논란이 있어왔다. 이를테면, 나라 차원에서는 각 집단에 속하는 사람들이 행위 능력을 가진 자들인데, 나라 차원에서 성립하는 사회적인 관계와 구조를 그대로 개인 영혼에도 적용한다면 영혼의 부분들도 각각 행위 능력을 지닌 행위자 또는 기관으로 볼 수 있는가 하는 문제가 생겨난다. 또 그렇다면 영혼의 부분들 각각이 독자적인 활동을 하는지, 인간이 어떤 행위를 할 때 영혼 전체로서 하는지에 대해서도 논할 여지가 생겨난다. (이 점은 제11장 「플라톤의 영혼론」에서 다루게 될 것이다.)

여하튼 그와 같은 세세한 문제에 대한 논의는 일단 유보하기로 하고, 그러한 전제가 함축하는 바가 무엇인가를 한번 생각해보는 것이 좋겠다. 만약 우리가 한 나라의 정치, 법, 문화의 다양한 요소들이 그 나라 시민들의 성품(그리고 이것을 플라톤은 영혼이라는 어휘를 동원해서 설명하고 있다)을 형성하는 데 결정적인 역할을 하며 시민들의 좋은 성품과 덕성이 나라의 정의로운 운영을 가능하게 하는 바탕이 된다는 점을 인정할 수 있다면, 또 더 나아가 시민들 전체가 최대한으로 덕을 체득하고 발휘하여 행복하게 되도록 하는 것이 대화편들의 여러 맥락에서 정치의 궁극적인 지향점으로 설정되고 있음을 고려한다면, 개인 영혼 차원의 내적인 구조가 나라의 정치·사회적인 관계의 구조와 상호작용을 하며 그렇게 두 영역 사이에 일종의 동형 구조가 있음을 전제로 하는 논의가 그저 근거가 빈약하다고 치부할 수 없을 것이며 그것이 적극적인 의미를 지닐 수 있음을 인정할 수 있게 될 것이다. 그리고 이 점은 플라톤에게서 나라 수준에서의 정의라는 정치철학적 문제와 개인 영혼 차원에서의 내적 조화와 덕이라는 윤리학의 문제가 분리되지 않는다는 점을 다시금 확인하게 해준다.[19]

그리하여 결국 개인 영혼의 정의는 영혼을 구성하는 부분들이 각각의 역할을 하면서 그것들이 이루는 내적인 조화로(그것은 이성이 주도하는 역할을 하며, 다른 부분들은 어느 부분이 통치할 것인가에 대해서 ―이성의 요구에― 동의하면서 따르는 것으로 요약될 수 있다), 그리고 그것을 가능하게 하는 영혼의 내적인 구조와 상태로 규정된다. 이러한 정의에 대한 규정은 『국가』편 1권에서 폴레마르코스(Polemarchos)가 보여주는 견해를 뒤집어놓는 것이라고 볼 수 있다. 폴레마르코스는 정의로

---

19) 또 바로 이런 이유 때문에 지금의 논점은 제14장 「플라톤의 정치철학」에서 다시 한 번 논의하게 될 것이며, 이러한 반복은 다소간 불가피해 보인다.

운 행위를 먼저 규정하고 그러한 행위를 하는 자가 정의로운 자라고 이야기하는데, 소크라테스는 역으로 정의로운 사람을 (그의 이성, 기개, 욕구 각각이 자신의 일을 하는 자로서) 먼저 규정하고 정의로운 행위란 그러한 영혼의 내적인 상태를 (행위자 내부에) 산출하고 유지하는 행위라고 규정하고 있는 것이다. 이와 같은 차이에 주목해서, 플라톤이 도덕적인 판단 및 행위와 관련하여, 외적으로 드러나는 행동들에 우선성을 부여하는 관행적 도덕에서부터 인간 내면의 (영혼의) 구조에 우선성을 부여하는 내적인 방향으로 전환을 이루었다고 평가하는 견해도 있다. 어느 정도 옳은 지적이기는 하지만, 그러한 차이와 전환이 곧 도덕의 기준을 개인의 주관에서 찾는 것이라고 이해하는 것은 합당하지 않다. 플라톤은 옳고 그름, 정의와 부정의 여부가 객관적인 준거 기준에 따라서 결정된다고 보기 때문이다.

이러한 연관 관계 속에서 정의에 대한 논의는, 사람들이 정한 관습과 법이 그리고 그에 따르는 행위가 정의로운가, 자연의 본성에 따라 그 자체로 정의로운 것이 있는가 하는—관습 및 법(nomos)과 자연(physis)의 관계에 대한—논의로 이어지게 된다.[20] 만약 사람들이 정한 기준에 따라서만 정의로운 것이 결정된다고 한다면, 그러한 상황에서는 물리적으로 (정치, 경제 등 여타의 측면에서도) 힘이 센 자가 정한 것이 정의로운 것이라고 여겨질 가능성이 생긴다. 정의를 이렇게 규정하게 되면, 특정한 나라 안에서는 그렇게 규정된 법과 규범에 따르는 것이 정의로운 것이 될 것이다. 그런데 만약 나라마다—또 한 나라에서도—정치권력의 변천에 따라 강한 자가 옳고 정의롭다고 정하는 것이 상황에 따라 매번 달라질 수 있다면, 이와 같이 인간이 정한 규범과 그것을 따르는 것이 정의롭다고 하는 입장은 상대주의적인 경향을 지니기 쉽다. 플라톤이 당시의 소피스트들을 주된 논적으로 삼았던 이유도

---

20) 이에 대해서는 제7장 「소피스트(1)」, 제8장 「소피스트(2)」와 제14장 「플라톤의 정치철학」을 함께 참조하라.

그와 같은 상대주의에 대응하기 위한 것이었다고 볼 수 있다. 이러한 점을 플라톤은 트라쉬마코스의 "정의란 강자의 이익일 뿐이다"(『국가』 338c2~3)라는 주장과 그에 대한 소크라테스의 대응을 통해서 잘 보여주고 있다. 소피스트라고 불려도 좋을 만한 주장과 태도를 보여주는 트라쉬마코스는 결국에는 참주들의 정치적인 입장을 옹호할 법한 태도를 보여준다.[21] 결국 그는 정의를 강한 자들의 집단에게만, 그리고 아마도 자신을 포함한 특정 부류의 사람에게만, 이익이 되는 것으로 좁게 이해하고, 그 주장을 고집하고자 자신이 이해하고 있는 바대로 개념 구분을 시도하지만, 그것은 엄밀한 의미에서 있는 것들의 본성을 그대로 반영한 것이 아니기에 그의 주장은 뒤집혀 붕괴되고 만다. 반면에 소크라테스는 엄밀한 의미의 전문가들과 통치자들이 그 본성상 공동체를 구성하는 다른 사람들에게 이익이 되는 것을 행한다는 점을 강조하면서 결국 이상적인 통치자가 염두에 두고 추구해야 할 앎이 무엇인지를 (대화편의 논의가 해당 구절에서는 아직 시작 단계에 머물고 있었지만) 미리 암시해 보여주고 있다. 결국 큰 틀에서 보자면, 플라톤은 사람들이 정한 규범이 궁극적으로는 자연의 이치를 근거로 할 때 정의로운 것이 된다는 입장을 견지한 것으로 볼 수 있다. 플라톤은 특히 『법률』편에서는 법의 근원적인 원천이 신(theos)에게 있다고 이해하고 있는데, 그와 같이 신적인 원리에 바탕을 두고 이루어지는 신의 지배는 이성의 배분에 의한 지배와 동일시되며(『법률』 712e~713a, 713e~714a), 그러한 이성의 원리는 자연의 질서 및 이치와 동등한 것으로 이해되고 있다. 한 나라의 정치 체제와 사회의 관습, 관행과 실정법 모두를 포함하는 넓은 의

---

21) 우리가 소피스트를 어떤 사람들로 규정하느냐에 따라서 트라쉬마코스는 소피스트들 중의 한 사람으로 분류될 수 있다. 이 점은 소피스트를 다루는 제7~8장을 참조하라. 또 이 장에서 우리는 트라쉬마코스를 역사 속의 한 개인으로 취급하기보다는, 소크라테스의 경우와 마찬가지로, 그로 대변되는 소피스트 및 참주의 주장들(그들의 생각이 도대체 일관된 입장으로 성립될 수 있다면)과 그 인물 유형 그리고 그들이 체화해 보여주는 삶의 방식을 주목하고자 한다.

미의 법이 자연의 질서에 뿌리를 두어야 마땅하다고 주장한다는 점에서 그것은 자연법 사상의 출발 지점에 있다고 평가받고 있다(물론 소크라테스 이전 철학자들에게서도 그런 측면을 발견할 수 있다).

또한 위에서 살펴본 것처럼, 플라톤의 정의에 대한 논의는 개인 영혼의 구조와 나라의 정치·사회적 관계의 구조를 중심으로 전개되고 있지만, 『고르기아스』편을 비롯한 여러 구절에서는 사법적인 절차의 집행과 관련해서 정의로운 판결을 내리는 것을 정의로 이해하는 논의 맥락도 있으며, 『국가』 430c ~d에서는 절차상의 정의라는 개념을 읽어낼 수 있는 구절도 있음을 주목해 볼 수 있다. 그 해당 구절에서 대화 참여자인 글라우콘과 소크라테스는 흥미롭게도 (나라 차원에서만이 아니라) 자신들이 구성하고 있는 대단히 작은 규모의 (즉, 토론자들의) 사회 내에서 자신들의 논의를 어떻게 진행시켜가는 것이 정의로운가에 관하여 합의를 이루어가는 모습을 보여주는데, 이를 통해서 플라톤은 정의를 인간 사회가 추구해야 하는 목적으로서(그리고 도달하게 될 결과로서)만이 아니라, 그것을 추구하는 과정과 절차에서도 구현되어야 할 것으로 이해하고 있음을 시사한다.

또 한편 위에서 우리는 플라톤에게서 덕이 궁극적으로 좋음에 대한 앎으로 수렴된다는 것을 살펴보았는데, 그러한 좋음에 대한 앎이 (만약 누군가가 그러한 좋음에 대한 앎에 도달하게 된다면) 우리의 삶에 대한 태도 및 가치관과 어떻게 상호 작용할 수 있는지를 간략히 살펴보기로 하자. 『국가』편 6 ~7권에 등장하는 논의에 따르면, 덕을 구현할 수 있게 하는 이상적인 나라의 수립을 위해서는 철학자들이 수호자로서 임명되어야 한다고 한다. 그리고 그러한 통치자들은 올바른 교육 과정을 확립함으로써 길러낼 수 있다고 하는데, 이때 좋음 자체에 대한 앎은 그렇게 이상적인 통치자들이 될 사람들을 교육하는 과정에서 변증술(dialektikē)과 함께 가장 나중에 익혀야 하는 것으로 등장한다. 특히 좋음 자체의 성격을 설명하고 이해하는 것이 어려운 일이기에 그것을 설명하기 위한 방편으로서 해, 선분, 동굴의 비유가 등장하게 되는

데, 이 대목에 이르면 논의는 인간의 인식 능력과 그에 상응하는 대상에 관한 인식론적인 성격의 것이 되면서 또 동시에 모든 있는 것들의 근본 원리에 관한 형이상학적인 성격의 것이 된다(형이상학적인 주제에 대한 논의는 별도의 장을 기대하기로 하자). 그렇다면 그렇게 형이상학적이고 이론적인 탐구가 어떤 성격의 것이기에, 또 그것이 그런 탐구를 하는 사람의 영혼 및 삶의 방식과 어떻게 상호 작용을 하기에, 그것을 나라의 통치자가 될 사람들이 꼭 배워야 하는 것이라고 설정해두고 있는가?

이 질문에 대하여 단순 명쾌한 대답을 내놓기는 어려워 보이지만, 우선 그러한 탐구가 변증술이라고 불리는 대화를 통한 논의의 과정을 통해 진행된다는 점을 주목해보자. 또 그러한 변증술적인 논의는 소크라테스와 그의 대화 상대자들이 나누는 여러 대화들에서 발견할 수 있는 것처럼 일종의 가설적인 방법을 사용하여 확고한 원리(archē)를 찾아 나아가는 과정이라는 점이 그 중요한 특징이다. 더불어 소크라테스가 여러 대화편들에서 다양한 사람들을 만나서 여러 주제에 대해 나눈 대화들이 바로 그러한 변증술적인 논의의 구체적인 사례들이라는 점을 우리는 다시금 상기할 필요가 있다. 그리고 여러 대화편들의 곳곳에서 대화 참여자들은 (독자들이 잊을 만하면) 스스로 자기 자신의 영혼을 돌보아야 한다는 점을 강조하는 모습을 보여주는데, 그렇게 영혼을 돌보는 일은 (고립된 공간에서의 자기성찰을 통해서 이루어지는 것이 아니라) 바로 대화와 논의의 과정을 통해서 이루어지고 있다(또 그것이 그래야 마땅하다는 함축을 함께 지니는 것으로 보이는 구절들이 있다).[22]

이와 같은 단서들을 함께 고려하여, 변증술적 논의, 소크라테스가 참여하고 있는 대화를 통한 논의 과정, 영혼을 돌보는 일의 내적인 상호 연관 관계를 우리가 인정할 수 있다면, 그리고 철인 통치자들이 배워야 하는 것으로 상정되는 변증술을 우리 자신이 익히고 연마하게 된

---

22) 우리는 사실과 당위를 나누어 구분하는 데 익숙하지만, 대화편의 논의 진행은 그 둘이 어떻게 자연스럽게 연결될 수 있는가를 암시적으로 보여준다.

다면, 우리는 변증술을 통한 대화의 과정을 통해서 사태를 더욱 분명하고 여실하게 이해할 수 있게 될 것이고 또 그만큼 더 지혜롭게 될 것이며, 우리 자신의 삶의 방식은 바로 그렇게 습득된 지혜(앎)에 영향을 받아 변모하게 될 것이라는 점도 인정할 수 있게 될 것이다. 또 해, 선분, 동굴의 비유가 보여주는 것처럼, 만약 누군가가 그렇게 있는 것들의 위계 구조에서 최상위 영역에 도달하여 좋음을 있는 그대로 직접 보게 되는 경우에 그렇게 얻게 된 앎은 바로 그 사람의 영혼을 송두리째 뒤바꾸어놓게 될 것이다. 다시 말해, 그런 방식으로 좋음에 대한 앎을 얻게 되는 사람이 있다면, 그는 바로 그가 도달하게 된 좋음에 대한 앎에 의거하여, 그 이전과는 정말로 다른 방식으로 가치를 판단하게 될 것이며, 그러한 판단에 근거하여 자신의 삶에서 어떤 것이 좋은 것인지를 판정하면서 그에 부합하는 방식으로 삶의 방식을 바꾸어나가게 될 것이다. 요컨대 변증술의 과정에 참여하는 사람들의 영혼과 좋음이라는 실재를 연결시켜주는 매개물은 바로 철학적인 대화이며, 그러한 철학적 대화를 통해서 한 사람의 삶에 대한 인식, 태도, 가치관, 삶의 방식이 변화하게 된다고 할 수 있는 것이다. 동굴의 비유가 함축하는 것도 그러한 연관 관계 속에서 더 분명하게 이해할 수 있다. 즉 동굴 밖의 실재 세계에서 있는 것들의 진짜 모습과 궁극적인 원리를 직접 보고 좋음에 대한 앎에 도달한 이상적인 통치자는 바로 그런 탐구의 과정 뒤에 어떤 의미의 강제에 의해서 다시금 인간 삶의 개별적이고 구체적인 문제들로 내려와서 그것을 맞대하며 나라 전체의 좋음을 고려하면서 시민이 덕을 구현하는 행복한 삶을 살아가도록 이끌어가려고 노력하게 될 것이며 또 그래야 마땅할 것이다.

이렇게 보면, 『국가』편을 비롯한 플라톤의 윤리학적 논의들은 어떤 삶이 행복하며 잘 사는 삶인가 하는 질문과 개인의 영혼에 대한 논의에서 출발하여 다시 거기에 도달하며 끝난다고 볼 수 있다. 개인의 영혼과 나라의 유비, 정의롭고 뛰어난 나라와 정치 체제 및 그것의 쇠락 과정도 함께 다루기는 하지만[23] 그것들은 모두 정의가 (그리고 정의로운 삶이) 그것 자체로 좋으며 그것이 가져오는 결과 때문에도 좋다는 것을 보여주기 위해서 등장한 것들이었다. 또『국가』편의 말미를 장식하는 10권의 신화도—『파이돈』과 『고르기아스』편의 신화도 마찬가지인데—인간의 삶과 선택이 그에 합당한 인과응보를 받게끔 우주의 질서가 짜여 있음을 강조하는 것으로 이해할 때 그 의미가 더 분명히 드러난다. 달리 말하면, 그 신화들은 여기 이곳에서 우리가 어떤 선택을 하며 어떤 삶을 살고 어떤 사람이 되는가 하는 점이 무엇보다도 중요하다는 것을 다시금 확인하게 해준다는 점에서 그 핵심적인 의의를 찾을 수 있다. 이러한 점들을 종합적으로 보면, 결국『국가』편의 논의를 비롯한 플라톤의 궁극적인 관심사는 삶의 방식에 대한 논의에 있으며, 이와 같은 대화편들을 통해서 플라톤은 독자들의 윤리적인 의식 변화를 이끌어내고자 노력하였다고 할 수 있다.

어떤 관점에서 보자면, 플라톤의 윤리학은 이후에 등장하는 스토아 사상가들에서처럼 세계시민주의(cosmopolitanism)로까지 확장되지 못하고 그 관심과 고려의 범위가 폴리스의 범위 내에 머물고 있는 것으로 보인다는 점에서 한계를 지니는 것으로 평가될 여지도 있겠다. 그럼에도 불구하고 우리는 그가 그려 보여주는 나라와 다양한 인간 유형들의 모습에서 여전히 어떤 의미에서의 보편성과 인간 삶에 관한 통찰을 찾을 수 있으며, 그가 자신이 서 있던 현실에 충실하고자 했다는 점을 높이 평가해야 할 것이다. 또한 학문 세계의 지나친 분과화를 염려하는 현대를 사는 우리에게 플라톤의 철학은 무엇보다도 '어떤 삶이 좋고 훌륭하며 가치 있는 삶인가?'라는 문제를 중심으로 하여, 윤리 · 정치 · 철학의 여러 분야가 어떻게 서로 긴밀한 관계를 맺으며 하나로 연결될 수 있는지를 여실하게 보여준다는 점에서 여전히 시사하는 바가 크고 많다고 하겠다.

---

23) 혼의 부분에 대한 논의 및 정치 체제의 변화에 대한 논의는 제11장 「플라톤의 영혼론」 및 제14장 「플라톤의 정치철학」을 함께 참조하라.

■ 참고 문헌 *

김귀룡, 「원형적 비판으로서의 소크라테스적 논박」, 『서양고전학연구』 10, 1996, 43~77쪽.

김영균, 「『프로타고라스』편에서 '덕의 단일성'에 대한 소크라테스의 견해」, 철학연구회, 『철학연구』 62, 2003, 5~27쪽.

_____, 「소크라테스의 '아크라시아'(akrasia) 부정과 주지주의」, 철학연구회, 『철학연구』 64, 2004, 73~94쪽.

_____, 「플라톤의 『카르미데스』편에서 절제(Sōphrosynē)와 자기인식」, 『서양고전학연구』 33, 2008, 69~94쪽.

아리스토텔레스, 『니코마코스 윤리학』, 이창우 · 김재홍 · 강상진 옮김, 도서출판 길, 2011.

Bonazzi, M., Dorion, L. -A., Hatano, T., Notomi, N., Van Ackeren, M.,(2009), "'Socratic' Dialogues", *Plato* 9(2009), [En ligne], mis en ligne: October 2009, URL: http://gramata.univ-paris1.fr/Plato/article88.html, consulte le 27 October 2010.

Bywater, I.(ed.), *Aristotelis Ethica Nicomachea*, Oxford: Oxford Univ. Press, 1894/1986¹⁹.

Ferrari, G. R. F., *City and Soul in Plato's Republic*, Sankt Augustin: Academia Verlag, 2003.

Ferrari, G. R. F.(ed.), *The Cambridge Companion to Plato's Republic*, Cambridge: Cambridge Univ. Press, 2007.

Howland, J., *The Republic: The Odyssey of Philosophy*, New York: Twayne Publishers, 1993.

MacIntyre, A., *After Virtue*, Notre Dame: Univ. of Notre Dame Press, 1981.

Nehamas, A., *The Art of Living: Socratic Reflections from Plato to Foucault*, Berkeley: Univ. of California Press, 1998.

Penner, T., "The Unity of Virtue", *Philosophical Review* 82, 1973, pp. 35~68. Reprint in Benson, H. H.(ed.), *Essays on the Philosophy of*

* 플라톤과 여러 고전 저자의 원전 텍스트, 번역 및 주석, 기타 이차 문헌의 서지 사항은 이 책의 전체 참고 문헌 목록을 참조하라.

Socrates, New York: Oxford Univ. Press, 1992, pp. 162~84.

Reis, B.(ed.), *The Virtuous Life in Greek Ethics*, Cambridge: Cambridge Univ. Press, 2006.

Remes, P. & Sihvola, J.(eds.), *Ancient Philosophy of the Self*(The New Synthese Historical Library vol. 64), Springer Science+Business Media B. V., 2008.

Rowe, C. J., "How to Read Plato: Some Rival Approaches", *The Journal of Greco-Roman Studies*, vol. 42, The Korean Society of Greco-Roman Studies, 2010, pp. 161~79.

Taylor, C. C. W., *Socrates: A Very Short Introduction*, Oxford: Oxford Univ. Press, 2000.

Trapp, M.(ed.), *Socrates from Antiquity to the Enlightenment*, Centre For Hellenic Studies, King's College London, Publications 9, Aldershot: Ashgate, 2007.

Yu, H., "What Do You Know When You Know Yourself?: Knowing Oneself in Plato's *Charmides* 165a7 ff.", *The Journal of Greco-Roman Studies* 40, The Korean Society of Greco-Roman Studies, 2010, pp. 135~61(유혁, 「플라톤 『카르미데스』편에서의 '자기를 앎'—당신이 자기 자신을 알 때 당신은 무엇을 아는가?」, 『서양고전학연구』 40, 2010, 135~61쪽).

Yu, H., "Doing What Belongs to Oneself(τὸ τὰ ἑαυτοῦ πράττειν): Different Uses of the Formula and Different Orientations", *Proceedings of the IX Symposium Platonicum, Plato's Politeia*, International Plato Society, Tokyo Organizing Committee, 2010.

제11장 플라톤의 영혼론*

강성훈

1 플라톤 영혼론의 배경

영혼의 문제가 그리스 사상의 지도에서 중심적인 자리 중 하나를 차지하게 되는 것은 플라톤(Platōn)에 이르러서라고 할 수 있다. 플라톤 이후 철학자들의 저작에는 『영혼에 관하여』라는 제목이 단골로 등장하며, 또 이런 저작들이 그들의 주요 작품으로 꼽히게 된다. 하지만 플라톤(과 그의 대부분 대화편의 주인공인 소크라테스) 이전의 철학자/사상가들에게서는 영혼에 대한 관심이 다소 단편적이고 지엽적인 수준에 머무르고 있었다.[1] 사실 어떤 의미에서는 '영혼'에 해당하는 그리스어 '프쉬케'(psychē)가, 이후 영혼의 작용이라고 인정받게 되는 작용들을 모두 포함한 통합적인 존재로서의 영혼을 의미하게 된 것 자체가 플라톤에 의해서 확립되었다고도 할 수 있다.

예컨대 호메로스에서는 프쉬케가 사람이 죽었을 때 몸에서 빠져

---

* 이 글은 『마음과 철학 서양편 (상)』(서울대학교 출판문화원, 2012), 1장 「플라톤: 영혼의 세 부분」과 3분의 1 이상이 중복된다. 서로 다른 기획에 따라 같은 시기에 거의 같은 주제로 글을 쓰다 보니 이러한 사태를 피할 수 없었다. 독자의 양해를 구한다.

1) 플라톤 이전에 영혼에 대한 관심으로 주목할 만한 것은 헤라클레이토스와 피타고라스 학파이다. 특히 피타고라스학파의 생각은 플라톤에게 지대한 영향을 끼쳤다.

나가 하데스(저승)에서 그림자와 비슷한 형태로 거주하게 되는 것에 불과했다(예컨대 『일리아스』 22.362). 사람이 살아 있는 동안에는 프쉬케가 사람의 행동에서 어떤 적극적 역할을 담당하는 것으로 묘사되지 않으며, 혼절했을 때, 즉 죽은 상태와 비슷하게 될 때에 프쉬케가 일시적으로 몸에서 빠져나가는 것으로 묘사될 따름이다(예컨대 『일리아스』 5.696). 살아 있는 사람의 마음의 여러 가지 작용을 관장하는 것에 대해서는 '프쉬케'가 아니라 '튀모스'(thymos)나 '노오스'(noos), '메노스'(menos) 등의 다른 단어들이 사용되었다. 이 중 가장 빈번하게 사용된 것은 '튀모스'로, 이것은 프쉬케와 달리 사람이 깨어 있을 때 작동하며 무엇보다도 분노나 기쁨, 슬픔, 두려움 등 감정의 원천으로 묘사된다(예컨대 『일리아스』 6.326, 7.95, 12.163). 이에 비해서 노오스는 상대적으로 지적인 성격을 가지고 있어서 사고의 작용을 표현하는 경우가 많았다(예컨대 『일리아스』 6.320, 16.688). 이들 외에도, 횡격막이나 허파를 의미하는 '프레네스'(phrenes)나 심장을 의미하는 '케르'(ker) 등도 마음의 작용을 담당하는 것으로 묘사되기도 했다.

호메로스 이후, 이러한 단어들이 각기 대변하던 독립적인 기능들은 점차 '프쉬케'라는 이름 아래 하나로 통합되어가며, 이에 발맞추어 몸의 여러 기능들도 프쉬케에 대비되는 것으로서 (몸에 해당하는 그리스어인) '소마'(sōma)라는 이름 아래 하나로 통합되어간다. 이러한 과정에서 몸의 기관이면서 동시에 심리적 활동의 주체 노릇을 하던 프레네스나 케르 등의 이중적 기능은 사라져간다. 바야흐로 몸과 마음의 이원적 대비가 확립되어가고 있었던 것이다.

그리고 이러한 통합의 정점에 플라톤이 자리한다. 프쉬케, 혹은 영혼은 플라톤에게서 생명의 원리이면서 동시에 지각과 인식의 주체이고, 감정과 욕구의 주체이며, 도덕적 행위의 주체이기도 한 존재로 확립된다. 이러한 통합의 근거는 아마도 영혼이 바로 자아 개념을 표현하게 된 데서 찾을 수 있지 않을까 싶다. 『파이돈』의 마지막 부분에 등장하는 소크라테스[2]의 최후 장면은 신체가 아니라 영혼이 자아와 동일시된다는 것을 드라마틱하게 보여준다. 소크라테스가 독배를 들기 직전에 크리톤은 소크라테스에게 그를 어떻게 매장할지를 묻고, 이에 소크라테스는 자신은 죽은 후에 축복받은 자들의 행복한 세상으로 떠날 것이며 크리톤이 매장할 것은 자신이 아니라 자신의 몸이라고 주장한다(115c~e). 영혼이 바로 자아이기 때문에, 소크라테스가 세상을 떠나면서 동료와 제자에게 유언처럼 남기는 "자기 자신을 돌보라"는 말은 바로 자신의 영혼을 돌보라는 말과 같은 의미가 된다(115b, 『알키비아데스』 128a 이하와, 『소크라테스의 변론』 29d~30a도 참조하라). 그리고 영혼을 돌보라는 말은 어떤 의미에서는 플라톤 철학을 한마디로 요약해서 보여주는 구호라고 할 수 있다. 플라톤 철학의 기본 관심사이자 출발점은 어떻게 살 것인가라는 질문이다. 그런 점에서 그의 철학의 중심을 이루는 부분은 윤리학과 정치철학이라고 할 수 있을 텐데, 그의 윤리학의 핵심은 바로 자기 자신의 영혼을 돌보는 것이며, 그의 정치철학의 핵심은 다른 사람의 영혼을 돌보는 것이라고 할 수 있다.

2 영혼과 자아

서구의 전통에서 자아와 영혼의 동일시는 너무나도 당연한 것으로 여겨져왔기 때문에 (그리고 현대를 사는 우리는 서구적 전통의 영향을 많이 받았기 때문에) 양자의 동일시가 원래 자연스러운 것이라고 생각하기 쉽다. 하지만 사실은 그러한 동일시가 특별히 자연스러운 것이라고 할 수도 없고, 플라톤 이전의 고대 서양에서는 영혼이 아니라 신체가 자아와 동일시되었던 오랜 전통이 있었다. 예컨대 호메로스에서도 『일리아스』 처음의 유명한 구절, "영웅들의 수많은 굳센 혼백들을 하데

---

2) 이후에 등장하는 '소크라테스'라는 표현은 역사적인 인물이 아니라 플라톤 대화편의 등장인물로서 소크라테스를 지칭하는 것이다.

스에게 보내고/그들 자신은 개들과 온갖 새들의 먹이가 되게 한/그 잔혹한 노여움을"(1.3~5)에서 혼백이 빠져나간 영웅들의 몸이 영웅들 자신이라고 묘사되고 있는 것으로 보인다.

사실 곰곰이 생각해보면 자아의식이 처음 싹트는 순간에는 자아가 신체와 동일시되는 것이 오히려 자연스러워 보인다. 신체가 아닌 다른 것이 자아와 동일시되기 위해서는 모종의 반성 작업이 개입되어야 할 것이다. 영혼이 생명의 원리라고 할 때, 어떤 반성 작업을 통해서 이것이 자아와 동일시될 수 있었을지는 어느 정도 짐작해볼 수 있다. 살아 있는 것과 그렇지 않은 것을 구분하는 가장 두드러진 특징은 자기 운동의 여부이고, 이러한 사실에 대해 반성하다 보면, 생명의 원리와 운동의 원리를 결부하게 되기 쉬울 것이다. 또한 생명이 있는 것과 그렇지 않은 것들이 신체의 물질적 특성은 공유하고 있다는 점에서, 생명체의 운동 원리에서 신체적인 요소는 배제되거나 혹은 부차적인 중요성만 갖는 것으로 생각되기도 쉬웠을 것이다. 이러한 생각들로부터, 생명체의 이러저러한 운동에서 그 운동의 주체는 영혼이고 신체는 영혼이 사용하는 도구라는 플라톤적인 생각이 자연스럽게 귀결될 수 있어 보인다. 신체가 영혼이 사용하는 도구라는 생각은 『국가』 469d에서 영혼과 신체의 관계를 돌을 던지는 사람과 던져진 돌에 비유하는 데서도 시사되고, 『알키비아데스』 129a~130c에서는 명시적으로 논의된다. 여기에서 소크라테스는 구두장이가 구두를 만들면서 가죽 자르는 칼이나 기타의 도구를 사용하듯이 손이나 눈도 사용한다는 것을 지적하고, 이를 일반화하여 사람들이 이러저러한 활동에서 신체를 사용한다는 주장을 펼친다. 그리고 나서 사람들이 신체를 사용한다면 사람과 신체가 동일시될 수 없으며 결국 사람은 영혼과 동일시되어야 한다고 주장한다.

영혼이 바로 자아라는 생각의 가장 중요한 함축은 영혼이 우리의 윤리적 삶의 주체라는 것이다. 영혼이 생명체의 이러저러한 운동의 원리라면, 도덕적/비도덕적 행동도 생명체의 활동인 한에서 그러한 행동의 주체가 영혼이라는 것은 새삼스러운 것이 아니다. 하지만 영혼이 윤리적 삶의 주체라는 이야기는 단지 그것이 윤리적 행동의 주체라는 이야기만을 내포하는 것이 아니다. 도덕적/비도덕적 행동의 결과를, 그것이 좋은 결과든 나쁜 결과든, 짊어지게 되는 것도 영혼이라는 것이다.『크리톤』47d에서 소크라테스는, 정의로운 것과 정의롭지 못한 것, 부끄러운 것과 아름다운 것, 좋은 것과 나쁜 것 등에 대한 전문 지식을 가진 사람이 있는데 그의 판단을 따르지 않을 경우, "정의로운 것에 의해서는 더 좋게 되고 정의롭지 못한 것에 의해서는 파멸되는 대상"을 손상시키게 될 것이라고 이야기한다. 이 이야기가 등장하는 논의의 맥락에서 볼 때, 여기에서 따옴표 안에 있는 긴 표현이 지칭하는 바가 영혼이라는 것은 의심의 여지가 없다. 소크라테스는 이 자리에서 건강을 돕는 것에 의해서 더 좋게 되고 질병을 낳는 것에 의해서 파괴되는 대상이 신체이듯이, 정의로운 것에 의해서 더 좋게 되고 정의롭지 못한 것에 의해서 파멸되는 대상이 영혼이라는 것을 전제하고 있다. 요컨대 영혼은 도덕적인 행동이나 비도덕적인 행동을 수행하고 그 결과에 따라 더 좋은 상태에 놓이기도 하고 더 나쁜 상태에 놓이기도 하는 것이다. 그리고 이러한 행동과 결과의 반복에 의해서 영혼은 도덕적 평가의 대상이 되기도 한다. 도덕적으로 훌륭한 존재인지 그렇지 않은 존재인지에 대한 평가는 바로 영혼에 대해서 내려지는 것이다.

플라톤에게 도덕적 평가는 단순히 사람들의 평판으로 환원되는 것도 아니고, 그렇다고 해서 (예컨대 칸트적 윤리학이 표방하듯이) 도덕적 평가 자체를 넘어서는 어떤 귀결도 갖지 않는 것도 아니다.『프로타고라스』313a에서 소크라테스는 영혼이 쓸모 있게 될지 형편없게 될지에 따라 모든 일이 잘될지 못될지가 달려 있다고 주장한다. 영혼이 쓸모 있게 된 사람이 도덕적으로 좋은 평가를 받을 사람이고, 영혼이 형편없게 된 사람이 도덕적으로 좋지 못한 평가를 받을 사람이다. 따라서 플라톤에 따르면, 도덕적으로 훌륭한 사람은 모든 일을 훌륭하게 수행하며, 도덕적으로 못난 사람은 어떤 일도 제대로 수행하지 못한다는 것이다. 그리고 바로 여기에 영혼을 돌봐야 하는 이유가 있다. 자신의 영혼을 돌보지 않고서는 어떤 일도 제대로 수행할 수 없고, 다른 사람의 영혼을 돌보지 않고서는 어떤 사람도 쓸모 있는 사람으로 만들 수 없는 것이다.

그런데 영혼을 돌보는 것의 가장 중요한 내용은 좋음과 나쁨에 대한 앎을 획득하는 것, 혹은 적어도 그런 앎을 획득하기 위해서 노력하는 것이 된다. 앎의 획득과 관련해서 어떤 문제가 있고, 또 그런 문제를 극복하고 앎을 획득할 수 있는 방법으로 플라톤이 어떤 것을 제시하고 있는지는 플라톤의 인식론 장(제12장)에서 다루게 되겠지만, 앎 획득의 주체가 영혼이라는 것은 이 장에서도 지적할 필요가 있다. 너무나도 당연한 이야기여서 언급할 가치조차도 없어 보이는 것을 굳이 이 자리에서 지적하는 이유는, 영혼이 바로 앎의 담지자가 되는 이성적 존재라는 생각이야말로 영혼의 본성과 관련해서 플라톤이 가장 크게 기여한 부분이기 때문이다. 앞 절에서 우리는, 영혼의 여러 기능들이 '프쉬케'라는 이름 아래 통합되어가는 역사적 과정이 플라톤 이전에도 진행되어왔고 그 통합의 정점에 플라톤이 있다고 이야기했다. 그런데 그러한 통합 과정에서 플라톤이 정말로 고유하게 기여한 바가 무엇이냐고 묻는다면, 그것은 바로 사유 작용을 프쉬케가 담당하는 것으로 정립했다는 것이다. 호메로스에서 하데스에 간 프쉬케는, 피를 마시지 않고는 생각을 할 수 없을 정도로 사유 능력이 박탈된 존재였다(『오뒤세이아』 11.141 이하). 이에 비해 플라톤에서의 프쉬케, 즉 영혼은 육체를 떠나 하데스에 가 있을 때에 사유 능력이 정점에 달한다. 플라톤에게 사유 능력은 영혼의 여러 가지 기능들 중 하나에 불과한 것이 아니다. 영혼을 대표하는 기능을 단 하나 고른다면 그것은 바로 사유 능력이며, 이것이야말로 인간 영혼의 가장 고유한 기능이다.

플라톤의 이러한 생각이 이후 서구의 사상사를 지배하게 되고, 그래서 예컨대 데카르트가 영혼을 한마디로 "사유 실체"라고 부를 수 있게 되는 토대가 여기에서 마련되었다고 볼 수 있다. 플라톤에게서, 그리고 그 이후의 서구 전통에서, 영혼은 자아와 동일시되지만, 이때의 영혼은 사유 능력을 가지고 있는 존재이다. 다시 말해서, 플라톤도 "나는 생각하는 존재다"라는 주장에 동의할 것이다! 하지만 이때의 생각은, 예컨대 데카르트가 이야기하는 '생각'처럼 "의심하고 이해하고 긍정하고 부정하고 의지를 가지고 상상하고 감각하는"(『성찰』 II, AT28) 등 모든 의식 작용을 포괄하는 희석된 의미에서의 생각이 아니다. 이때의 생각은 앎을 획득하고 획득된 앎을 향유하는 데 직접적으로 기여하는 기능에 국한된 좁은 의미의 생각이다. 그래서 만약에 영혼의 여러 가지 기능들이 분리/독립되어 영혼의 서로 다른 부분들에 귀속될 수 있다면, 영혼 중에서 사유 능력을 가지고 있는 부분이 진정으로 나라고 이야기할 수 있는 부분이다. 요컨대 영혼에 부분이 있다면 이성적인 부분이 진정한 자아인 것이다.

3 영혼의 부분

영혼의 부분에 대한 논의가 본격적으로 등장하는 대화편은 『국가』이다. 잘 알려진 대로 여기에서 플라톤은 영혼을 이성적인 부분(계산하는 부분), 기개적인 부분(화내는 부분), 욕구적인 부분(다양한 신체적 욕구를 가지는 부분)의 세 부분으로 나눈다.[3] 이 세 부분 중 적어도 두 부분, 즉 이성적인 부분과 기개적인 부분은 각기 호메로스에서의 노오스, 튀모스와 자연스럽게 연결될 수 있고, 그런 점에서 보자면 영혼을 부분으로 나누는 것은 호메로스 시대의 전통을 플라톤이 나름의 방식으로 계승한 것이라고 볼 수도 있다. 즉 호메로스 시대에 통합되지 않았던 마음 작용의 주체들이 플라톤에 이르러서는 프쉬케, 혹은 영혼이라는

---

3) 영혼 삼분설의 정확한 내용과 성격에 대해서는 학자들 사이에서 오랫동안 논란이 있어 왔고, 아직도 이와 관련해서 많은 의견 차이가 있다. 이 절에서 필자는 가능한 한 중립적인 설명을 제시하려고 노력할 것이며, 표준적인 설명 방식에서 벗어나는 설명이 제시되는 경우에는 그렇다는 사실을 명기할 것이다.

이름 아래 통합되었지만 여전히 나름의 독립성을 인정받고 있다고 볼 수 있는 것이다.

　　이러한 독립성의 근거는, 일차적으로는, 계산과 사유의 활동을 하는 것과 화와 같은 감정을 표출하는 것, 그리고 이러저러한 신체적 욕구를 가지는 것이 각기 서로 다른 영혼의 기능이라는 데 있다. 하지만 여기에서 주목해야 할 것은, 영혼의 부분들을 나눌 때 플라톤이 관심을 가지고 있는 것은 단순히 영혼이 지닌 여러 가지 기능들을 분류하는 것에 그치지 않는다는 사실이다. 영혼의 기능들은 결코 이 세 가지 기능으로 삼분될 수 없다. 예컨대 지각은 분명히 영혼의 주요 기능이지만 이 셋 중 어떤 것과도 동일시될 수 없는 것이다. 『국가』 4권에서 소크라테스는 이 세 가지 기능이 독립적인 기능들이라는 것은 그냥 전제하고서,[4] 영혼이 전체로서 이 기능들을 수행하는지, 아니면 각각의 기능을 서로 다른 부분을 통해서 수행하는지 질문을 던진다(435e~436b). 다시 말해서, 소크라테스는 영혼이 서로 다른 독립적인 기능들을 수행한다는 사실 자체에 의해서 영혼의 부분을 나누는 것이 정당화된다고 생각하지 않고, 그 독립적 기능 각각을 고유하게 수행하는 서로 다른 영혼의 기관 같은 것이 있는 경우에만 영혼의 부분들을 나누는 것이 정당화된다고 생각하고 있는 것이다.

　　이러한 정당화 작업을 위해서 소크라테스는 "동일한 것이 동일한 부분에서 그리고 동일한 것에 대해서 반대되는 것들을 동시에 행하거나 겪는 일은 없다"(436b)는 원리, 학자들이 보통 '대립의 원리'(Principle of Opposition)라고 부르는 원리[5]를 사용한다. 우선 물을 마시

---

4) 이 세 가지 기능들이 서로 다른 독립적인 기능들이라는 것이 자명한 사실은 아니다. 학자들 사이에서는 이들이 정말로 독립적인 기능들인지에 대한 논란이 아직까지도 이어져 오고 있다. 여기에서 이 논란을 자세히 소개할 수는 없고, 다만 적어도 플라톤은 이들이 독립적 기능이라고 생각한다는 정도만 지적하기로 하자.

5) 이 원리가 이후 아리스토텔레스가 모순율을 정식화하는 데 영향을 주었을 수는 있으나, 이 원리 자체가 모순율은 아니다. 대립의 원리와 모순율의 차이에 대해서 이 자리에서 자

기를 원하면서 동시에 마시지 않기도 원하는 사람의 예를 들고, 소크라테스는 여기에 대립의 원리를 적용해서 마시기를 원하는 부분과 마시지 않기를 원하는 부분이 동일한 부분이 아니라는 결론을 이끌어낸다. 이 경우 그 사람이 물을 마시기를 원하는 것은 목마름이라는 신체적 욕구가 있기 때문일 테니, 그 사람의 영혼에서 그러한 작용을 수행하는 것은 욕구적인 부분이 될 것이다. 그리고 그 사람이 물을 마시지 않기를 원하는 것은 물이 오염되었다거나 지금 상황에서 물을 마시는 것이 적절하지 않다거나 하는 이유가 있어서일 테고, 그러한 판단을 내리는 것은 이성의 작용일 것이다. 따라서 목이 마른데도 물을 마시지 않기를 원하는 것은 영혼의 이성적인 부분이 될 것이다. 이런 식으로 계산과 사유 활동을 하는 부분과 신체적 욕구들을 갖는 부분을 나누고 나서, 소크라테스는 다시 대립의 원리를 사용하여 화와 같은 감정을 표출하는 기능을 수행하는 부분이 이 둘 모두와 다른 독립적 부분이라는 논변을 펼친다. 저열한 신체적 욕구에 굴복한 레온티오스라는 사람이 자신의 욕구에 대해서 화를 내는 예를 들어서 화가 신체적 욕구와 대립할 수 있다는 것을 보이고, 분노 때문에 페넬로페의 구혼자들을 다 죽이고 싶지만 자신의 계획 때문에 참는 오뒤세우스의 예를 들어서 화가 이성적 판단과 대립할 수 있음을 보이는 것이다.

　　소크라테스의 입을 빌려 제시된 플라톤의 이러한 논증에서 우리는, 플라톤의 영혼론을 이해하는 데 대단히 중요한 두 가지 사실에 주목해야 한다. 첫째로 주목할 것은, 이성적 부분도 욕구를 갖는다는 것이다. 영혼의 세 번째 부분의 이름이 '욕구적인 부분'이라는 것 때문에 오도되기 쉽지만, 사실 이성적인 부분을 포함하여 영혼의 부분들은 모두 욕구를 가진다. 욕구적인 부분에 '욕구적인 부분'이라는 이름이 붙

세히 논의할 수는 없다. 하지만 (다른 점에서도 그렇지만) 대립의 원리는 모순되는 것들이 아닌 반대되는 것들을 언급하고 있다는 점에서도 이 원리의 적용 범위는 모순율의 적용 범위보다 훨씬 제한적이라는 것 정도는 이야기할 수 있겠다.

은 이유는 한편으로 신체적 욕구들이 가장 대표적인 욕구들이기 때문이고, 다른 한편으로 신체적 욕구들을 통합하는 특별한 다른 이름이 없기 때문일 따름이다. 플라톤이 이성적인 부분과 욕구적인 부분을 나눌때 들고 있는 예에서 물을 마시기를 원하는 것이 욕구인 만큼 물을 마시지 않기를 원하는 것도 욕구이다. 다른 말로 하자면, 이성적인 부분과 욕구적인 부분의 대립이란 이성적인 부분의 욕구와 욕구적인 부분의 욕구 사이의 대립인 것이다.

　　이러한 사실의 직접적 함축은 영혼의 부분이 단순히 영혼의 기능에 불과한 것일 수 없다는 것이다. 우리는 분명 계산 및 사유 활동의 기능과 그 계산의 결과에 따라서 무엇인가를 욕구하는 기능을 구별할 수 있을 것이다. 그리고 영혼의 이성적 부분은 이 두 가지 기능을 모두 수행하고 있다. 우리는 이미 앞에서 영혼의 부분들이 서로 다른 기능들을 고유하게 수행하는 영혼의 기관 같은 것이라고 이야기했다. 이성적인 부분이 고유하게 수행하는 기능은 물론 계산과 사유 활동이다. 그러니까 이제 우리는 앞에서 했던 이야기에 덧붙여, 영혼의 부분들이 (혹은 적어도 영혼의 부분 하나는) 자신에게 고유한 기능 단 한 가지만을 수행하는 것이 아니라 여러 가지 기능을 수행한다는 것을 알 수 있다. 영혼의 부분이 하나의 고유한 기능만을 수행한다면, 혹시 그 부분과 그 기능 자체가 동일시될 수 있을지도 모른다. 즉 영혼의 부분에 대한 이야기들이 사실은 영혼의 기능에 대한 이야기들을 드라마틱하게 하는 것에 불과하다고 생각할 여지가 있을지도 모른다. 하지만 영혼의 부분 하나가 여러 기능을 수행한다면, 그 부분은 이 중 어떤 기능과도 동일시될 여지가 없는 것이다. 영혼의 부분을 이야기한다는 것이 현대인들에게는 이상하게 느껴질 수도 있겠지만, 플라톤이 영혼의 부분을 이야기하는 것은 단순히 영혼의 기능들에 대한 일종의 은유에 그치는 것이 아니다.

　　이성적인 부분이 욕구를 갖는 것은 계산 및 사유 활동이라는 이성의 고유 기능에 대해서 단순히 부차적인 것이라고 이야기하기도 어렵다. 영혼의 부분을 나누는 논변이 대립의 원리에 기초한다는 점에서 볼 때, 이성적 부분이 욕구적 부분의 욕구에 대립하는 자체적인 욕구를 갖지 않았다면 플라톤에게서 이성이 영혼의 독립적 부분으로 설정될 수도 없었을 것이다. (이것이 바로 지각을 담당하는 것은 영혼의 독립적 부분으로 설정되지 않은 이유이다.) 동일한 이유에서 기개적인 부분도 자체적인 욕구를 가지지 않았다면 이것 역시 영혼의 독립적 부분으로 설정되지 않았을 것이다. 여기에서 우리는 플라톤의 영혼 삼분 논증에서 주목해야 할 두 번째 사실에 이르게 된다. 플라톤에게 영혼의 부분들이란 인간을 움직이는 동기의 원천들이다.

사실 플라톤의 초기 대화편들에는 영혼의 부분에 대한 논의가 등장하지 않는다. 초기 대화편에 영혼의 부분이 등장하지 않는 이유는, 플라톤이 초기에는 영혼이 부분을 갖지 않는다고 생각했다가 중기에 와서 생각을 바꾸어서일 수도 있고, 아니면 초기 대화편들에서는 영혼의 내적 갈등이 중심 주제로 다루어지지 않기 때문에 영혼의 부분에 대해서 굳이 논의할 필요가 없어서일 수도 있다. 이 두 설명 중 어느 것이 옳은지는 플라톤 해석자들에게는 중요한 문제일 수 있지만, 지금 우리의 논의와는 큰 상관이 없다. 지금 우리의 논의와 관련이 있는 것은 『국가』보다는 일찍 쓰였다고 생각되지만 『국가』와 마찬가지로 흔히 중기 대화편으로 분류되는 『파이돈』에서의 논의이다. 『파이돈』에서는 단순히 영혼의 부분에 대한 논의가 없는 것이 아니라, 영혼은 합성되지 않은 단순한 것이라는 생각이 영혼의 불사를 증명하는 과정에서 중요한 전제로 제시된다(78b 이하). 영혼의 부분과 관련해서 『파이돈』의 입장과 『국가』의 입장이 양립 가능한지에 대해서는 다음 절에서 더 논의할 것이다. 그런데 흥미로운 것은 『파이돈』에서 소크라테스가 『국가』에서 논의되는 것과 비슷한 종류의 심리적 갈등에 대해서 언급한다는 것이다. 소크라테스는, 영혼이 신체의 조화라는 이론에 반대해서, 영혼이 신체에 무조건 끌려다니는 것이 아니라 신체를 지배할 수도 있다고 주장하며, 『국가』에서 영혼의 부분을 나누는 논증에서 사용한 것과 같은 사례들을 증거로 제시한다. 그는 목마름과 같은 몸의 상태에 대해서 영혼이 그 반대 방향으로 몸을 이끄는 경우를 이야기하기도 하고(94b), 영혼이 욕구와 분노와 두려움 등에 반대하는 예로 분노를 참는 오뒤세 우스의 예를 거론하기도 한다(94d~e). 다만 『국가』에서 이러한 갈등들 을 영혼의 부분들 사이에서의 대립으로 파악하는 것과 달리 『파이돈』 에서는 이들을 영혼과 신체 사이의 대립으로 묘사한다는 차이가 있을 뿐이다.

심리적인 갈등을 『파이돈』에서 어떻게 영혼과 신체의 대립으로 파 악할 수 있었는지에 대해서는 여러 가지 해석이 있을 수 있겠다. "신체 의 욕구"라는 표현이 등장하기도 하고(66c, cf. 94d), "영혼과 신체가 같 은 믿음을 가진다"는 표현도 등장하는(83d) 것으로 보아, 『파이돈』에서 의 '신체'란 사실은 『국가』에서의 이성적이지 않은 영혼의 부분들을 지 칭하는 것이라고 볼 수도 있고, 아니면 『파이돈』에서 영혼과 신체의 대 립이란 사실은 영혼 내에서 지혜에 대한 사랑과 신체에 대한 사랑이 갈 등하는 것이라고 볼 수도 있고, 그것도 아니라 어쩌면 『파이돈』에서는 플라톤이 신체 자체가 욕구를 가질 수 있는 것으로 파악했다고 볼 수 있을지도 모르겠다. 이들 중 어떤 해석이 옳은지는 역시 지금 우리의 관심사가 아니다. 우리의 관심사는 심리적 갈등의 모델이 『파이돈』 모 델에서 『국가』 모델로 바뀐 것의 함축이다.

『파이돈』에서는 어쨌거나 신체가 인간을 움직이는 중요한 동기의 원천으로 묘사되고 있다. 문자 그대로 신체 자체가 욕구를 가지고 있는 것으로 해석하는 경우는 말할 것도 없고, 그런 해석을 취하지 않는 경 우에도 신체가 (영혼의 부분이나 전체를 움직임으로써) 인간 행동의 궁 극적인 이유를 제공하는 것 중 하나가 되는 것이다. 이에 비해서 『국 가』에서는 인간의 모든 행동의 원천이 궁극적으로 영혼에 귀속된다. 신체가 독자적으로 움직임을 야기할 수 없다는 생각이 확고부동하게 정립된 것은 『국가』에 이르러서라고 할 수 있다. 그리고 이러한 생각 이 이후 서구의 정신사를 지배하게 된다. 신체를 비롯한 외적인 요인들이 물론 인간을 움직이는 데 이러저러한 영향을 끼치겠지만 이런 것들은 궁극적으로는 모두 영혼이 어떤 방식의 운동을 야기할지를 결정하는 데 고려될 수 있는 사안들에 불과한 것이고, 결국 영혼이 인간의 모든 움직임을 결정짓는 유일한 요소로 정립되는 것이다.

이런 측면에서 보면, 플라톤이 영혼을 세 부분으로 나눈 것은 인간을 움직이는 궁극적인 동기의 원천이 세 가지라는 주장을 하는 것이 된다. 『국가』 9권에서 소크라테스는 영혼의 이성적인 부분, 기개적인 부분, 욕구적인 부분을 각각 앎 혹은 지혜를 사랑하는 부분, 명예 혹은 승리를 사랑하는 부분, 돈 혹은 이득을 사랑하는 부분이라고 부른다 (581a 이하). 물론 이성적인 부분은 항상 지혜와 앎만 추구하고, 기개적인 부분은 항상 명예와 승리만 추구하고, 욕구적인 부분은 항상 돈과 이득만 추구하는 것은 아니기 때문에, 지혜와 명예와 이득이 각각 영혼의 부분들의 유일한 욕구 대상이라고 할 수는 없다. 하지만 플라톤은 이들이 영혼의 각 부분이 정상적으로 작동할 때, 즉 특별한 방식으로 타락하지 않았을 때 추구하게 되는 목표라고 생각한 것으로 보인다. 그리고 이 중 어떤 부분이 전체 영혼에서 주도적인 지위를 차지하는지에 따라서 사람들은 지혜를 사랑하는 사람, 명예를 사랑하는 사람, 돈을 사랑하는 사람 등이 된다. 어쨌거나 지혜와 명예, 그리고 돈 혹은 이득은 오늘날에도 사람들을 움직이는 가장 근본적인 원인들이라고 할 수 있고, 그런 점에서 플라톤의 영혼 분석은 오늘날에도 적용될 수 있는 측면이 있다고 하겠다.

인간의 삶이 세 가지 서로 다른 동기의 원천과 목표를 가지고 있다면, 이 셋을 조화롭게 만드는 것이 좋은 삶을 사는 데 필수적이라고 할 수 있을 것이다. 영혼 삼분설은 영혼을 돌보라는 플라톤의 지상 명령의 실질적인 내용이 무엇인지를 이야기해주는 것이기도 하다. 몸을 돌보는 것이 몸을 건강하게 만들고 그 몸의 건강을 유지시켜주는 것이라면, 영혼을 돌보는 것은 영혼을 건강하게 만들고 그 영혼의 건강을 유지시켜주는 것이다. 그리고 몸의 건강이 몸을 이루는 요소들이 조화를 이루는 데 있다면, 영혼의 건강은 영혼을 이루는 요소들이 조화를 이루는 데 있다고 할 수 있겠다. 플라톤은 영혼의 세 부분이 서로 조화를 이루는 상태를 영혼의 건강에 비유하며(444c~e), 이것이 행복한 삶의 조건이라고 주장한다.

영혼의 세 부분이 조화로운 상태에 있기 위한 기초적인 조건은 이들이 적절한 방식으로 질서 지워져 있는 것이다. 즉 영혼의 부분 중 한 부분은 주도적인 지위를 차지하고, 나머지 부분들은 그 주도적인 부분이 자신의 목표를 달성하는 데 적절하게 지지와 지원을 보낼 수 있도록 조직화되는 것이다. 이런 방식의 조직화가 이루어지 않은 상태의 영혼에서는 영혼의 부분들이 서로 주도권을 잡기 위해서 항상 다투고 있는 상태가 되거나, 아니면 한 부분은 득세하고 나머지 부분들은 지리멸렬의 상태에 있거나 하게 될 것이기 때문이다.

하지만 이러한 기초적인 조건이 충족되었다고 해서 곧바로 영혼이 조화로운 상태에 있다고 할 수는 없다. 주도적인 지위를 차지하기에 적절한 부분이 아닌 다른 부분이 주도적인 지위를 차지하게 되는 경우, 영혼의 나머지 부분들은 각각 자신에게 이질적인 목표에 종사하게 되고 이러한 상태는 진정으로 조화로운 상태라고 할 수 없다. 예컨대 돈을 사랑하는 부분이 주도적인 지위를 차지하게 되는 경우, 앎을 사랑하는 부분은 어떻게 하면 돈을 많이 벌 수 있는지를 알아내는 데만 이성의 능력을 사용하게 되고, 명예를 사랑하는 부분은 돈이 많은 것만을 명예로운 것으로 여겨서 돈이 많으면 자랑스러워하고 돈이 없으면 수치스러움을 느끼게 된다(553c~d). 이러한 방식의 질서는 언제든지 그 질서가 깨질 요소를 내포하고, 따라서 진정한 의미에서의 조화라고 할 수 없다.

이에 비해서 주도적인 지위를 차지하기에 적절한 부분인 지혜를 사랑하는 부분이 실제로 주도적인 지위를 차지하고 그에 맞추어 영혼의 구조가 질서 지워지는 경우에는, 영혼의 나머지 부분들이 각각 자신에게 이질적인 목표에 종사하는 일이 발생하지 않는다. 지혜를 사랑하는 부분이 궁극적으로 추구하는 것은 좋음에 대한 앎이므로, 이 부분이 주도적인 지위를 차지할 때 명예를 사랑하는 부분은 좋음에 대한 앎을 얻는 것을 명예롭다고 여기고, 이득을 사랑하는 부분은 좋음에 대한 앎을 얻기에 적절한 방식으로 신체적 욕구들을 조절하게 될 것이다. 그런데 진정한 명예는 사람들의 평판에 있는 것이 아니라 훌륭한 것, 혹은 진정으로 명예로운 것을 소유하는 데 있을 것이고, 진정한 이득은 돈을 많이 버는 것이 아니라 진정으로 좋은 것, 혹은 진정으로 이로운 것을 소유하는 데 있을 것이다. 따라서 좋음에 대한 앎을 소유하는 것이 진정으로 명예롭고 진정으로 이로운 것이라고 한다면, 명예를 사랑하는 부분과 이득을 사랑하는 부분은, 지혜를 사랑하는 부분이 주도적인 지위를 차지할 때, 오히려 자기들 각각에 가장 고유한 목표를 추구하게 되는 것이라고 볼 수 있다.

플라톤이 영혼의 조화가 이루어진 상태라고 보는 것은 바로 이러한 상태이다. 그리고 이러한 상태에서 영혼의 모든 부분이 각자 자신에게 고유한 목표를 가장 탁월하게 달성할 수 있고, 그래서 "각각이 자신의 즐거움들을, 최선의 그리고 가능한 한 가장 참된 즐거움을 누릴 수 있을"(586e) 것이다. 이러한 상태가 바로 행복한 삶을 누리는 상태이다. 앞 절에서 우리는 영혼을 돌보는 것의 가장 중요한 내용이 좋음과 나쁨에 대한 앎을 획득하기 위해서 노력하는 것이라고 이야기했는데, 이것은 지혜를 사랑하는 부분이 주도적인 지위를 갖는 방식으로 영혼을 조직화하는 것이며, 그렇게 해야 하는 가장 중요한 이유는 그것이 바로 행복한 삶을 영위하는 방법이기 때문이다.

영혼이 부분들로 이루어져 있다는 생각은 『국가』 이후에 쓰인 것으로 추정되는 대화편들에서도 암묵적으로 혹은 명시적으로 계속해서 견지되는 것으로 보인다. 『파이드로스』에서는 영혼의 세 부분이 마차를 끄는 날개 달린 두 마리 말과 마부에 비유된다(246a 이하). 『티마이오스』에서는 영혼의 부분들이 신체 내의 특정 장소에 있어서, 이성적인 부분은 머리에, 기개적인 부분은 가슴에, 욕구적인 부분은 배에 있는 것으로 묘사된다(69c 이하). 사실, 이 모든 대화편에서 영혼이 세 부분으로 이루어져 있다는 것은 명시적으로 이야기되고 있지만,『파이드로스』에서의 영혼 모델이나『티마이오스』에서의 영혼 모델이『국가』에서의 영혼 모델과 미묘한 차이를 보이는 것 같기는 하다. 하지만 이 자리에서 그에 대해 논의할 수는 없고,『티마이오스』에서는 영혼의 이성적 부분만이 불사이며, 나머지 부분들은 사멸하는 것으로 묘사되고 있다는 것(69c)만 지적하기로 하자. 이러한 사실은『파이돈』에서 영혼을 단순한 것으로 묘사하는 것과『국가』이후의 대화편들에서 영혼이 부분을 갖는 것으로 묘사하는 것이 어떻게 양립할 수 있는지에 대해 중요한 시사점을 던져준다.

4 영혼 불사와 그에 대한 증명

영혼에 관한 플라톤의 생각 중에서 가장 많이 알려진 것은 영혼이 세 부분으로 나누어져 있다는 생각과 더불어 영혼이 죽지 않는다는 생각일 것이다. 플라톤은 자신의 대화편들에서 영혼이 죽지 않는다는 증명을 다양하게 제시한다. 영혼 불사가 중심 주제로 다루어지는『파이돈』에서만 네 개의 증명이 제시되고,『국가』10권에도 하나의 증명이 제시되며,『파이드로스』에서 또 하나의 증명이 제시된다. 단일 주제에 대해서 이렇게 다양한 증명이 제시되는 것은 플라톤의 전 작품을 통틀어서 이것밖에 없으며, 이러한 사실은 일단 그가 영혼 불사를 대단히 중요한 문제로 간주하고 있다는 것을 보여준다.

그런데 흥미로우면서도 동시에 플라톤 연구자들을 괴롭히는 것은, 플라톤이 제시하는 다양한 영혼 불사 증명들 사이에 일종의 긴장 관계가 있어 보인다는 것이다. 각각의 증명을 통해서 불사한다고 주장되는 영혼의 성격들이 서로 잘 어울리지 않아 보이기도 하고, 경우에 따라서는 서로 양립 불가능한 것처럼 보이기도 하는 것이다. 이러한 문제는 서로 다른 대화편들에서 제시되는 증명들 사이에서만 발생하는 것이 아니라, 하나의 대화편인 『파이돈』에서 제시되는 증명들 사이에서도 어느 정도 발생하는 것으로 보인다. 플라톤이 제시하는 증명들이 어떠한 것들인지를 간단히 살펴보고 나서 이 문제를 논의하기로 하자.

『파이돈』에서 첫 번째 증명(69e~72e)은 반대자로부터의 생성에 의한 것이다. 소크라테스의 주장은 다음과 같다. 모든 반대자는 자신과 반대되는 것으로부터 생성하는데, 살아 있는 것의 반대는 죽어 있는 것이므로 살아 있는 것은 죽어 있는 것으로부터 생기고 죽어 있는 것은 살아 있는 것으로부터 생긴다. 그런데 변화에서 한쪽 방향의 변화만 있고 다른 쪽 방향의 변화는 없다면, 이 세상은 모두 똑같은 상태에 이르러 더 이상의 변화가 없게 될 것이다. 따라서 살아 있는 것에서 죽어 있는 것으로의 변화가 있는 만큼, 죽어 있는 것에서 살아 있는 것으로의 변화도 있어야 하고, 그러기 위해서는 죽은 자들의 영혼이 어딘가에 있어야만 한다.

두 번째 증명(72e~78b)에서 소크라테스는 앎이 상기라는 이론을 끌어들여 다음과 같이 주장한다. 우리는 어떤 나무토막이 다른 나무토막과 같다는 것을 알 때, 이들이 어떤 점에서는 같지만 다른 점에서는 같지 않다는 것을 안다. 같음 자체가 같지 않음일 수는 없으므로 우리는 또 같은 나무토막들이 같음 자체와 닮기는 했지만 그보다 부족하다는 것도 안다. 그런데 A가 B와 닮기는 했지만 그보다 부족하다는 것을 알기 위해서는 B를 이미 알고 있었어야 한다. 지각을 통해서 알게 되는 같은 것들이 같음 자체와 닮았지만 그보다 부족하다는 것을 알기 위해서는, 지각 경험을 하기 이전에 같음 자체를 알고 있었어야 한다. 따라서 우리는 태어나기 이전에 같음 자체를 알고 있었어야 한다. 그러기 위해서는 태어나기 이전에 영혼이 존재했어야 한다.

세 번째 증명(78b~84b)은 유사성에 근거한 논증이다. 복합적인 것은 해체되고 소멸되지만 복합적이지 않은 것은 그런 일을 겪지 않는다. 불변하는 이데아들은 복합적이지 않고 변화하는 것들은 복합적인 것들이다. 그리고 변화하는 것들은 눈에 보이는데 이데아는 눈에 보이지 않는다. 그런데 신체는 눈에 보이고 영혼은 보이지 않으며, 그런 점에서 영혼은 불변하는 이데아들과 닮았다. 또한 영혼이 신체적 감각을 사용할 때에는 변화하는 세계로 이끌리고 그렇지 않을 때에는 불변의 세계로 이끌린다는 점에서도 영혼은 불변하는 것들과 동질적이다. 더 나아가 영혼이 본성상 신체를 다스리는 것이라는 점에서도 영혼은 사멸하는 것들이 아니라 불멸의 신적인 것들과 닮았다.

『파이돈』에서의 마지막 증명(102b~107a)은 이른바 '세련된 설명'을 통한 증명이다. 살아 있는 어떤 사람에 대해서 그가 왜 살아 있느냐는 질문을 던졌을 때, "삶의 이데아에 참여하고 있어서"라고 대답한다면 이른바 '안전한 설명'을 제시하는 것이다. 그런 대답이 아니라 "영혼이 그의 몸을 점유하고 있어서"라고 대답한다면 이것이 세련된 설명을 제시하는 것이 된다. 그런데 C와 D가 서로 반대되는 것인 경우, A가 B를 점유하고 있어서 B가 그 반대자 중 하나인 C를 가지게 된다면, A는 C의 반대자인 D를 받아들일 수 없다. 따라서 영혼(A)이 몸(B)을 점유하고 있어서 몸이 삶(C)을 갖게 된다면 영혼(A)은 삶의 반대자인 죽음(D)을 받아들일 수 없다. 영혼이 죽음을 받아들일 수 없다면 영혼은 불사이고, 다른 모든 불사인 것들이 불멸이듯이 불사인 영혼도 불멸이다.

이 자리에서 이들 각 증명의 장단점과 그러한 증명이 가지는 철학적 함축 등에 대해서 자세히 논의할 수는 없다. 여기에서는 다만 이 증명들이 전제하는 영혼 개념이 어떠한 것인지만 생각해보기로 하자. 가장 문제가 되는 것은 두 번째 증명과 네 번째 증명이다. 네 번째 증명에서 영혼은 몸에 생명을 가져다주는 원리이다. 두 번째 증명에서 영혼은 앎을 가지는 주체이다. 그런데 이 둘은 같은 것인가? 영혼이 도대체 무엇이기에 그것은 생명을 가져다주는 원리이면서 동시에 앎의 주체일 수 있는가? 『파이돈』에서 영혼 불사 증명들의 공통적인 문제는 영혼이 도대체 무엇인지를 밝히지 않고서 영혼 불사 증명을 시도한다는 것이다. 『파이돈』보다 일찍 쓰인 것으로 받아들여지는 『메논』에서 소크라테스는 어떤 것이 도대체 무엇인지 모른다면 그것의 성질에 대해서도 알 수 없다고 주장한다. 그래서 덕이 가르쳐질 수 있는 것인지 여부를 묻는 메논에게 덕이 무엇인지부터 이야기하라고 요구하는 것이다 (71b). 그렇다면 영혼이 불사인지 여부를 밝히기 위해서는 영혼이 무엇인지부터 이야기해야 하는 것이 아닌가? 다시 호메로스 시대를 상기해 보면, 생명을 가져다주는 원리라고 할 수 있을 만한 것은 당시에 '프쉬케'라고 불렸고, 앎의 주체라고 할 수 있을 만한 것은 당시에 '노오스'라고 불렸다. 그리고 이 둘은 하나로 통합된 것이 아니었다. 플라톤 시대에는 이들이 '프쉬케'라는 이름 아래 통합되었고, 그 통합의 정점에 플라톤이 있다는 이야기는 이미 했다. 하지만 그러한 통합의 철학적 근거가 제시될 수 있어야만 그러한 통합이 철학적 정당성을 가질 수 있을 것이다. 그리고 통합의 철학적 근거는 영혼이 무엇인지를 밝히는 것을 통해서만 주어질 수 있을 것이다.

『파이돈』 이후에 쓰인 것으로 보이는 대화편들에서는 플라톤이 이러한 문제를 의식하고 있던 것으로 보이는 증거들을 찾을 수 있다. 『국가』 10권에서는 소크라테스가 각 사물에 자연적인 좋음과 나쁨이 있다는 것을 근거로 하는 영혼 불사의 증명을 제시한다(608d~611a). 자연적인 나쁨이 그 사물에 들러붙게 되면 그것은 그 사물을 나쁘게 만들고 결국 해체해 파멸시킨다. 그런데 자연적인 나쁨이 어떤 사물을 파멸시키지 못하는 경우에는 다른 어떤 것도 그 사물을 파멸시킬 수 없다. 영혼의 자연적인 나쁨은 악덕이다. 하지만 영혼에 악덕이 들러붙는다고 해서 그 영혼이 파멸되는 것은 아니다. 따라서 영혼은 불멸이고 불사라는 것이다.

이 증명은 플라톤의 증명들 중에서 가장 설득력이 없는 것이라는 오명을 쓰고 있으나, 이에 대한 평가 역시 이 자리에서 논의할 수는 없다. 우리가 주목할 것은 이 증명에 곧바로 이어서 소크라테스가 하는 이야기이다. 소크라테스는 여럿이 복합되어 이루어진 것은 영원히 존속하기가 쉽지 않으니, 영혼이 그 참된 본성에서도 다양성을 내포한다고 생각하지 말라고 한다(611a~b). 플라톤이 소크라테스로 하여금 이런 이야기를 하도록 만드는 것은, 일단 그가 『파이돈』에서의 세 번째 증명을 의식하고 있다는 것을 보여준다. 앞에서도 이야기했듯이 『파이돈』의 증명은 복합적인 것은 해체되고 복합적이지 않은 것은 해체되지 않는다고 주장하는데, 이제 『국가』에서는 영혼이 세 부분으로 이루어져 있다고 주장하니 이에 따르면 영혼도 해체되는 종류의 것이라는 귀결이 따라 나오게 될 것이다. 플라톤은 이 문제를 영혼의 참된 본성과, 신체와의 결합으로 훼손된 상태를 구분함으로써 해결하려고 하는 것이다. 그는 영혼의 현 상태를 바다의 신 글라우코스에 비유한다. 글라우코스는 몸에 굴 껍데기며 해초며 돌 등이 들러붙어 원래의 모습을 알아볼 수 없는 상태에 있는데, 마찬가지로 육화된 영혼은 물질적인 요소들이 들러붙어 원래의 모습을 알아볼 수 없게 되어 있다는 것이다. 『국가』의 앞부분에서 영혼이 세 부분으로 나누어져 있다고 이야기한 것은 육화된 영혼의 모습이며, 영혼의 참된 본성이 어떠한지는 육화의 영향으로 들러붙은 것들을 떼어내야만 알 수 있다(611e~612a). 플라톤은 이곳에서도 영혼의 본성이 무엇인지 대답을 제시하지는 않지만, 왜 우리가 영혼의 본성을 정확하게 알 수 없는지 이유를 제시하고 있는 셈이다.

　　『국가』보다 나중에 쓰인 것으로 생각되는 『파이드로스』에서는 영혼의 본성이 무엇인지를 이야기하고 그에 따라서 영혼이 불사임을 증명한다(245c~246a)는 점에서 (『파이돈』의 증명들과 달리) 논의 진행의 형식적 요건을 충족하고 있다. 소크라테스는 다음과 같은 증명을 제시한다. 다른 것을 움직이고 다른 것에 의해 움직여지는 것은 그것을 움직이는 것이 떠나면 운동을 멈춘다. 하지만 자기 자신을 움직이는 것은 자신을 떠날 수는 없으니까 움직임을 멈출 수 없다. 따라서 항상 움직이는 것은 자기 자신을 움직이는 것이다. 그리고 이것은 모든 운동의 원천이자 기원이다. 운동의 기원은 생겨나지도 않고 없어지지도 않는다. 그래서 자기 자신을 움직이는 것은 죽지 않는다. 그런데 영혼의 본성은 바로 자기 자신을 움직이는 것이다. 따라서 영혼은 죽지 않는다.

『파이드로스』의 이 증명은 『파이돈』에서의 마지막 증명을 보완하는 것으로 생각할 수 있을 듯하다. 『파이돈』의 마지막 증명에서 영혼은 몸을 살아 있게 만들어주는 생명의 원리였다. 하지만 거기에서는 영혼이 도대체 무엇이기에 몸을 살아 있게 만들어주는지에 대해서는 아무런 설명이 없었다. 『파이드로스』의 증명은 바로 영혼이 무엇이기에 몸을 살아 있게 만들어주는지를 해명할 수 있게 해준다. 살아 있다는 것은 운동한다는 것이다. 따라서 몸을 살아 있게 해주는 것은 몸을 움직이는 것이다. 영혼은 자기 자신을 움직이는 것이고, 운동의 기원, 즉 다른 것을 움직이는 것이다. 영혼이 몸을 점유했을 때 몸이 살아 있게 되는 것은 영혼이 몸을 움직이기 때문이다. 2절에서 잠깐 언급했듯이, 생명의 원리는 바로 운동의 원리인 것이다.

하지만 이것이 모든 문제를 해결해주는 것은 아니다. 『파이돈』에서 마지막 증명과 두 번째 증명 사이에 긴장 관계가 있다고 했는데, 『파이드로스』의 증명이 이 긴장 관계를 해소해줄 수 있는지는 분명하지 않아 보인다. 우리가 지적한 『파이돈』에서의 긴장 관계는 생명의 원리와 앎의 주체가 어떻게 동일할 수 있는가 하는 것이었다. 그런데 생명의 원리를 운동의 원리로 대체한다고 해서 이 긴장 관계가 저절로 해소되지는 않는다. 여전히, 운동의 원리와 앎의 주체가 어떻게 동일할 수 있는지가 의문스러울 수 있는 것이다. 앎의 주체라는 것과 스스로 움직인다는 것이 어떻게 연결될 수 있을까? 더 나아가 『파이드로스』의 증명은 『파이돈』의 세 번째 증명과도 잘 어울리지 않아 보인다. 세 번째 증명에서 영혼은 불변의 이데아와 닮은 것으로 묘사되었다. 영혼이 항상 움직이는 것이라면 어떻게 해서 이것이 불변의 것들과 닮을 수 있는가?

이런 문제들의 해결을 위한 실마리를 아마도 『티마이오스』에서 찾을 수 있을 것으로 보인다. 『티마이오스』의 주 화자인 티마이오스에 따르면, 영원한 운동은 모두 회전운동이다. 그래서 영원히 운동하고 있는 우주 혹은 세계 자체가 회전운동을 하며, 천체들도 회전운동을 한다.

흥미로운 것은 그가 7가지 운동(전후좌우상하운동과 회전운동) 중에 회전운동이 지성(누스—호메로스 시대의 'noos'를 플라톤 시대에는 'nous'라고 적었다)과 지혜와 가장 많이 관련된 것이라고 주장한다(34a)는 점이다. 그가 세계는 영혼을 가지고 있다고 생각한다는 것도 흥미롭다. 세계 영혼은 세계의 가시적인 몸통보다 먼저 창조되었는데 (이 자리에서 설명할 수 없는 복잡한 과정을 통해서) "자신이 자신 안에서 회전하면서 멈춤 없는 현명한 삶의 신적인 시작을" 보게 된다(36e). 그리고 회전운동은 매번 자기 자신으로 되돌아오는 운동이므로, 세계 영혼이 이데아나 가시적 대상과 접하면 그 대상이 어떤 상태에 있는지를 스스로에게 이야기해주고 이에 따라서 앎이나 참인 믿음이 생겨나게 된다(37a~c).

『파이드로스』의 영혼 불사 증명에서 자기 자신을 움직이는 것은 영원히 움직이는 것이었다. 『티마이오스』에 따르면 영원히 움직이는 것은 회전운동을 하는 것이다. 둘을 합치면, 자기 자신을 움직이는 것은 회전운동을 하는 것이 된다. 그리고 『티마이오스』에 따르면 사유 활동은 회전운동이다. 이런 방식으로 플라톤은 운동의 원리와 사유의 주체를 결합하고 있는 것이다. 또한 영원히 움직이는 것이 제자리에서 회전운동을 하는 것이라면, 어떻게 해서 영원히 움직이는 것이 불변하는 이데아들과 가장 닮았다는 이야기를 할 수 있는지를 이해할 수 있다(37d, 38b~c 참조). 제자리에서의 회전운동은 적어도 자리를 바꾸지 않는다는 점에서, 변화하는 세계에서 변화를 가장 적게 겪는 방식이라고 할 수 있는 것이다. 회전운동을 하는 전체의 둘레 부분의 관점에서 보면, 둘레 부분은 회전운동이라기보다 원궤도운동을 하는 것이고 이것은 제자리에서의 운동이라고 할 수는 없겠다. 하지만 원궤도운동도 결국 항상 원래의 자리로 회귀한다는 점에서, 일종의 자기동일성을 유지하는 운동이라고 할 수 있을 것이다.

물론 지금까지의 이야기는 세계 영혼에 대한 이야기이다. 그리고 우리가 보다 관심을 가지는 것은 아마도 인간의 영혼일 것이다. 3절의 마지막 부분에 잠깐 언급했듯이, 『티마이오스』에서는 인간의 영혼이 세 부분으로 구성되어 있고 그중 이성적인 부분만이 불사라고 이야기된다. 이 이야기와 영혼이 생명의 원리이기 때문에 불사라는 주장을 그 자체로 놓고 둘을 연결하려고 하면 좀 이상해 보일 수 있겠다. 생명의 원리와 더 관계가 있는 것은 오히려 음식의 섭취나 자손의 번식과 관련한 부분이 아닐까? 하지만 생명의 원리가 회전운동이라고 생각하면 양자가 어떻게 조화될 수 있는지를 알 수 있다. 이성과 기개와 욕구의 활동 중 제자리에서의 회전운동에 가장 걸맞은 것은 어쨌거나 이성의 활동으로 보이는 것이다. (플라톤이 그렇게 주장하기도 하지만, 우리말에도 "머리가 잘 돌아간다"는 표현이 있다는 것은 이런 식의 생각이 자연스러운 것이라는 데 대한 하나의 방증일 것이다!)

이런 식으로 생각해보면, 『티마이오스』에 와서 영혼 불사와 관련한 문제들이 대충 해결되는 것처럼 보이기도 한다. 하지만 기억해야 할 것은 『티마이오스』의 모든 설명은 '그럴듯한 이야기'로 제시되었다는 것이다(29d 등). 티마이오스는 자신의 이야기들에 대한 증명을 시도하지 않는다. 플라톤이 『티마이오스』에 등장하는 이야기들을 얼마나 문자 그대로 받아들이는지는 단언하기 어렵다. 플라톤은 우리가 언급했던 대화편들 거의 전부에서 사후 세계에 대한 신화적 이야기를 들려준다. 그리고 경우에 따라서는 그러한 이야기에서 사후 세계에 대한 묘사가 대단히 상세하기도 하다. 하지만 플라톤이 그러한 상세한 이야기들을 문자 그대로 받아들였다고는 생각하기 어렵다.

어찌 되었든 플라톤이 영혼 불사 증명을 그렇게 다양하게 제시하는 이유가, 영혼 불사에 대한 증명적 확실성이 먼저 확보되고 그 증명된 '진리'를 사람들에게 알려주어야 한다고 생각해서가 아니라는 것은 분명하다. 영혼 불사의 문제가 플라톤에게 중요했던 이유도 영혼 돌보기라는 큰 틀 안에서 생각해볼 수 있을 것이다. 영혼 돌보기의 실질적 내용은 지혜에 대한 사랑이다. 지혜에 대한 사랑은 결국 영원불변하는 이데아에 대한 앎을 추구하는 것이다. 그런데 가시적이고 찰나적인 이 세계와 비가시적이고 영원한 이데아의 세계가 서로 독립적이며 우리는 이 중 가시적이고 찰나적인 세계에 속해 있다면, 지혜에 대한 사랑과 영혼 돌보기가 도대체 어떻게 가능할지 알 수 없다. 그런데 만약 우리가 우리의 영혼이고, 우리의 영혼은 불사하는 것이라면, 그러한 불사의 영혼은 두 세계를 잇는 교량의 역할을 해줄 수 있을 것으로 보인다.

영혼 불사 증명이 본격적으로 처음 등장하는 『파이돈』이 바로 플라톤의 두 세계 이론[6]이 본격적으로 처음 등장하는 대화편이라는 것은 의미심장하다. 사실 플라톤 초기의 작품이라고 생각되는 『소크라테스의 변론』에서 소크라테스는 영혼이 불사인지 여부에 대해서 아예 특별한 입장을 취하지 않는 것으로 묘사된다(40c 이하). 『소크라테스의 변론』에서는 이데아를 상정하는 것으로 보이지 않는데, 적어도 이 대화편에서 그려지는 영혼 돌보기의 개념에는 영혼 불사가 요청되는 것이 아니었다. 플라톤이 영혼 불사 증명들에서 정말 관심을 갖는 것은 어쩌면 영혼을 돌보는 것의 내용을 확보하기 위한 정도일지도 모른다. 이데아에 대한 앎을 확보하기 위해서 영혼은 영원불변한 이데아와 닮아 있어야 하고, 우리가 그러한 앎에 따라 이 세계 속에서 이러저러한 활동을 하기 위해서 영혼은 운동의 원리이며 움직이는 것이어야 하는 것이다. 다시 말해서 영혼은 영원불변의 세계와 변화의 세계 사이에서 중간자의 역할을 해야 하는 것이다. 어쩌면 플라톤은 영혼에 대해서 이 이상의 문제와 관련해서는 정확한 앎을 가질 수 없다고 생각했는지도 모른다.

---

6) 여기에서 '두 세계 이론'이라는 것은 단지 감각의 대상(aistheton)과 앎의 대상(noēton)이 구분된다는 입장을 넘어서는 특별한 이론을 이야기하는 것이 아니다. 플라톤이 두 세계 이론을 받아들였는지 여부에 대한 논란이 있긴 하지만, 어떤 해석을 취하든 플라톤이 지금 이야기한 정도의 두 세계 이론도 받아들이지 않았다고는 할 수 없을 것이다.

■ 참고 문헌

강성훈, 「『국가』 4권에서 영혼의 세 부분」, 『서양고전학연구』 23, 2005,
   29~69쪽.
장영란, 『영혼의 역사』, 글항아리, 2010.

Benveniste, E., *Le vocabulaire des institutions indo-européennes*, Les Edition
   de Minuit, 1969(『인도유럽 사회의 제도문화 어휘 연구』, 김현권 옮김, 아르
   케, 1999).
Bremmer, Jan N., *The Early Greek Concept of the Soul*, Princeton Univ.
   Press, 1987.
Brickhouse, Th. C. & Smith, N. D., *Socratic Moral Psychology*, Cambridge
   Univ. Press, 2010.
Brisson, L., "The Role of Myth in Plato and Its Prolongations in Antiquity"
   (「플라톤에게서 신화의 역할과 고대에서 그 역할의 확장」, 김유석 옮김, 『인
   간·환경·미래』 5, 2010, 159~94쪽).
Kahn, Ch. H., "Plato's Theory of Desire", *Review of Metaphysics* 41, 1987,
   pp. 77~103.
Lorenz, Hendrik, "Plato on the Soul", Fine, G.(ed.), *Oxford Handbook of
   Plato*, Oxford Univ. Press, 2008, pp. 243~66.
Miller, Fred D., Jr., "The Platonic Soul", Benson, H. H.(ed.), *A Companion
   to Plato*, Wiley-Blackwell, 2009, pp. 278~93.
Robinson, T. M., *Plato's Psychology*(2nd edition), Univ. of Toronto Press,
   1995.
Snell, B., *Die Entdeckung des Geistes*, Vandenhoeck & Ruprecht, 1955(『정신
   의 발견』, 김재홍 옮김, 까치, 1994).
Wagner, E.(ed.), *Essays on Plato's Psychology*, Lexington Books, 2001.

제12장 플라톤의 인식론

정준영

1 플라톤 인식론의 배경과 문제의식

플라톤(Platōn)의 사유에 영향을 준 선대 사상가들로는 여럿이 있지만, 그 가운데서 가장 결정적인 영향을 준 이는 뭐니 뭐니 해도 소크라테스이다. 알다시피 소크라테스는 '너 자신을 알라!'는 경구를 자신의 철학적 삶의 지표로 삼았는데, 플라톤 철학에 입문할 때는 이 같은 경구를 단초로 삼을 만하다. 플라톤이 쓴 거의 모든 대화편은 소크라테스를 옹호하는 변론의 취지를 갖거나 아니면 소크라테스의 문제의식을 비판적으로 계승하는 길을 걷고 있기 때문이다.

그렇다면 '너 자신을 알라!'가 함축하는 것은 무엇일까? 우리는 이 짧은 경구가 자기 인식을 강조하고 있음을 쉽게 눈치 챌 수 있다. 그러나 이때의 자기 인식을 단순히 주관적 체험의 확실성으로 환원해서 이해하면 안 된다. 『소크라테스의 변론』이나 『알키비아데스』 등을 보면 자기 인식은 '영혼에 대한 돌봄'(epimeleia tēs psychēs)을 가능하게 하는 길로 제시되기 때문이다. 앞 장 「플라톤의 영혼론」에서 보았듯이 영혼이야말로 진정한 자기인데, 플라톤은 이런 자기를 돌볼 수 있게 해주는 원천을 영혼에 대한 객관적인 인식에서 찾는다. 이런 점에서 소크라테스적인 자기 인식은 사적인 자기에 대한 탐문이 아니라 영혼(의 가능성)에 대한 객관적인 탐문이라고 할 수 있다. 플라톤은 이 같은 탐문을 통해 영혼의 훌륭함(aretē)을 얻을 수 있다고 보기 때문에 결국 플라톤 철학에서 앎이란 단순히 인식론적 의미에 머물기보다 심리학 내지 윤리학적인 함축까지 가진다고 볼 수 있다. 그리고 이런 각도에서 소크라테스[1]가 왜 "성찰되지 않은 삶은 인간에게 살 가치가 없다"(『소크라테스의 변론』 38a)는 식의 강한 지성주의적 입장을 내놓는가를 어느 정도 이해할 수 있게 된다.

플라톤이 이렇게 지성주의적 노선에 서게 된 근원적인 이유는 어디에 있을까? 이를 이해하기 위해서는 플라톤의 생애 중 전반기 대부분이 전쟁의 체험으로 점철되어 있다는 사실을 알아둘 필요가 있다. 그리스는 페르시아 전쟁에서 승전한 뒤 급속한 문화적 발전뿐만 아니라 정치적 격변을 겪기도 하는데, 급기야 두 강대국인 아테네와 스파르타 간에 펠로폰네소스 전쟁(기원전 431~404년)을 벌이게 된다. 아테네는 전쟁 와중에도 여러 혼란을 겪지만 전후의 혼란은 더욱 극심했다. 소크라테스가 독배를 마시고 죽게 된 사건(기원전 399년)은 이런 혼란에서 귀결된 불행한 결과이다. 당대의 관례에 따르면 정치에 입문하는 것이 당연한 일임에도 플라톤이 철학의 길로 삶의 행로를 바꾼 것은, 바로 자신이 사랑하는 조국 땅 아테네에서 자신이 사랑하는 스승 소크라테스가 왜 사형을 당해야 했는가 하는 의문 때문이었으리라. 이런 점에서 플라톤 철학의 출발점은 스승의 죽음에 대한 해명에 있었다고 해도 과언이 아니다. 그런데 우리는 이를 해명하기 위한 플라톤의 노력이 다른 방식이 아니라 '지혜사랑'(philosophia)이라는 철학을 통해 이루어졌다는 데 주목할 필요가 있다. 플라톤이 당대 아테네인들의 삶의 가치 혼란과 위기를 철학을 통해 탐문하려 했던 이유는, 바로 그런 위기의 본질이 지적 위기에 있다고 보았기 때문이다. 이런 시각에서 플라톤의 일

---

1) 이 글에서는 역사적인 소크라테스와 플라톤이 쓴 대화편에 등장하는 극중 인물 소크라테스를 날카롭게 구별하기보다 연속적인 것으로 놓고 논의할 것이다.

생은 삶의 위기의 본질에 대한 지성적 탐문을 경주하는 것이었다고 할 수 있다.

이 같은 플라톤의 지성적 탐문은 지적 위기에 대한 비판적 검토로 이어지는데, 플라톤의 비판적 탐문은 크게 전통 비판과 당대의 현실 비판이라는 이중의 성격을 가지고 있다. 고대 그리스의 전통적 지성은 시적(詩的) 지혜(sophia), 즉 이야기를 전하는 시인들이 권위를 갖는 지혜에 기반을 두고 있었다. 그리고 이 같은 시적 지혜는 당대에 와서는 비극 등의 형태로 변형되어 계승 · 발전되고 있었는데, 플라톤은 이 같은 시적 지혜가 신들림(enthousiasmos)에 기반을 두고 있다는 점에서[2] 강력한 비판의 칼날을 세운다(『변론』, 『이온』 등). 신이 들린 영감의 상태에서 하는 말은 아름답기는 해도 시인들은 자신들이 하는 말에 대해 아무것도 알지 못하는 상태에 있다는 것이다(『변론』 22c). 이렇게 자기 인식이 결여되어 있음, 즉 무지의 무지 상태에 빠져 있음을 비판하는 대목을 통해 우리는 플라톤적인 자기 인식이 사회 비판적인 맥락에서 활용되고 있음을 확인할 수 있다.

그런데 고전기에 와서 여러 가지 기술적 발전이 이루어지면서 사람들은 '기술'(technē)적 지성에 대한 관심을 확장하게 된다.[3] 사실 초기 대화편의 상당수 논의는 기술에 대한 비판적 검토에 쏠려 있으며, 플라톤은 특히 기술적 지성이 가지고 있는 근거 제시(logon didonai)의 능력에 상당한 관심을 두고 있음을 확인할 수 있다. 그러나 당대의 기술적 지성은 특정 분야에 국한된 한계를 보이고 있기에 삶을 보편적 맥

---

2) 호메로스 이래 남아 있는 문헌들을 보면 시인들은 무사(Mousa) 여신이 시인에게 깃들어 시를 읊게 된다는 관념을 가지고 있었다. 고대 그리스인들은 '신들림'의 현상을 샤머니즘 맥락보다 훨씬 넓게 받아들였다고 할 수 있다.

3) 여기서 '기술'로 옮긴 'technē'는 (집을 만드는 건축술이나 시를 짓는 작시술作詩術을 비롯한) 제작술뿐 아니라 의술, 그리고 정치적 맥락의 연설술이나 통치술에까지 적용될 수 있는 낱말이며, 추상적으로는 산술(arithmētikē)과 같은 경우에도 적용되는 포괄적인 개념이다. 『국가』 1권의 논의를 염두에 두면 어떤 기능(ergon)을 잘 이루어낼 수 있게 해주는 방도를 technē라고 할 수 있다.

락에서 인도해줄 힘이 없다는 것이 플라톤이 내놓는 핵심적인 문제 제기이다. 이러한 문제 제기에는, 새로운 기술들이 등장하면서 삶의 의미 맥락을 파편화하는 기술적 경향에 대한 근본적인 비판의 시각이 들어 있다고 할 수 있다. 이렇게 보면 플라톤 철학은 지성적 탐문을 통해 삶 전체를 포괄적으로 해명하고자 하는 시도의 산물이라고도 할 수 있을 것이다. 따라서 플라톤의 인식론은 윤리학이나 정치학 또는 형이상학과 단절해서 보면 결코 안 되며, 플라톤적인 앎의 의미 또한 훨씬 넓은 지평에서 바라볼 필요가 있다.

2 정의적(定義的) 앎의 추구와 엘렝코스의 방법

우리는 앞에서 플라톤적인 자기 인식에 비판적 기능이 있다는 것을 보았다. 그리고 이 같은 비판적 시도가 삶의 위기에 대한 진단을 겨냥하고 있다는 것도 알아보았다. 실제로 초기 대화편들을 보면 당대의 핵심적 가치를 비판적으로 검토하고 있음을 쉽게 확인할 수 있다. 이를테면 초기 대화편에서는 용기, 절제, 경건, 우애, 정의 등의 덕목이 검토 대상에 오르는데, 이 같은 덕목들은 당대 사람들이 중시하던 핵심 가치였다. 그러나 사람마다 무엇이 진정한 덕(aretē)인지 관점이 다른 경우, 거기에다 그런 관점의 차이가 극심한 경우 심각한 가치 혼란이 동반되기 마련이다. 바로 이런 상황에서 플라톤이 시도한 지적인 탐문의 방식은 '그것은 도대체 무엇인가?'를 묻는 것이었다.

그런데 이때 '그것은 무엇인가?'라는 물음은 단순히 낱말의 의미를 사전적으로 정의하려는 시도가 아니라, 물음의 대상이 지니는 성격을 실질적으로 탐문하는 것을 겨냥한다. 따라서 '어떤 것의 무엇임'은 실재로서 추구 대상이 된다. 또한 거의 모든 대화편에서 문제가 되는 덕목을 검토할 때 특정한 경우에 한정되지 않는 '무엇임'을 찾는 방향으로 논의가 설정되어 있다는 것 또한 주목할 필요가 있다. 이를테면 싸움터의 제자리에서 버티며 적들을 막아내는 것을 용기라고 주장하면(『라케스』190e), 추격도 하고 달아나기도 하는 경우를 들며 반례를 제시하는 식으로 상대의 주장을 논박하는 것이 소크라테스의 통상적인 비판 방식이다. 이런 사례를 통해 추리할 수 있는 것은 플라톤이 특정 상황에 의존적이지 않은 '무엇임'을 탐구했다는 것이다. 특정 상황에 의존하는 주장은 '무엇임'의 보편성에 이르지 못한다는 생각이 있는 것이다.

결국 플라톤이 추구한 정의적 앎은 실질적인 보편적 실재로서 '어떤 것의 무엇임'을 찾는 것을 목표로 했다고 할 수 있는데, 이런 목표를 찾는 과정이 직선적인 답변을 제시하는 방식으로 진행되지 않는다는 데 플라톤적인 탐구의 묘미가 있다. 제9장 「소크라테스」에서 살펴보았듯이, 흔히 이 같은 탐구 과정을 두고 학자들은 '엘렝코스(elenchos)의 방법'이라는 이름표를 붙여놓고 있는데, 이때 엘렝코스란 비판적 검토 내지 그런 작업을 통한 논박을 뜻한다. 그런데 엘렝코스의 방법은 대화적 논의를 통한 소크라테스식 문답법(dialektikē)이란 좀더 넓은 맥락에서 이해할 필요가 있다. 논쟁 상대자를 논파하고 논쟁의 승리자가 되는 쟁론술(eristikē)과 같은 논의 방식과 달리 소크라테스는 언제나 대화 상대자에게 피드백이 되는 논의의 성과를 되돌려주려 한다. 다시 말해 엘렝코스의 방법은, 대화 상대자의 무지를 폭로할 뿐 아니라 이를 통해 무지를 깨닫게 하는 데 일차적인 목적이 있다. 따라서 엘렝코스의 결과는 무지에 대한 자각으로 귀결된다. 그런데 중요한 점은, 이런 방법이 특정한 논변 자체에 대한 비판을 겨냥한 논박을 의도하기보다는, 특정한 대화 상대자(의 생각들이나 행위들이나 성격)에 의존하는 '사람에 대한 논변'(argumentum ad hominem)을 펼치기 일쑤라는 점이다. 논리적인 시각에서만 보자면 이 같은 논의 방식은 그리 매력적인 것이 못 되는 것처럼 보일 수 있지만, 엘렝코스의 방법이 자기 인식을 겨냥한다고 보면 우리는 플라톤이 왜 사람에 대한 논변을 펼치는지 충분히 이해할 수 있다. 엘렝코스는 상대가 내놓은 주장들을 검토하는 데 머물지 않고 그런 주장들을 내놓은 상대의 영혼을 검토하는 것을 겨냥하기 때문이다.

이 같은 엘렝코스의 성격을 고려할 때 우리는 소크라테스적인 '무지의 지'를 단순히 명제 내용 차원이 아니라 그런 자각을 하게 된 인지자를 놓고 접근할 필요가 있다. 무지의 상태와 그에 대한 자각의 상태를 함께 담아낼 수 있는 것은 특정한 인지의 사건이나 내용이 아니라 그 두 상태를 수렴할 수 있는 존재인 인지자이기 때문이다. 더욱이 무지의 지는 무지의 무지에서 무지의 지로의 전환 과정을 통해 성립되는데, 이 같은 인지상의 전환이 수렴될 터전 역시 명제 차원이 아니라 인지자 차원에서 접근할 때만 이해 가능하다. 그렇다면 대화편 속에서 사람에 대한 논변을 펼치는 것은 애초부터 플라톤의 의도 속에 놓여 있던 것이라고 보아야 할 것이다. 그리고 이런 의도에 따르면 일반적인 논술 형식보다는 대화체가 한결 더 적절한 글쓰기가 될 것이다. 플라톤에게서 엘렝코스는 궁극적으로는 대화 상대자의 발전을 목표로 하기 때문이다. 이러한 해석이 맞는다면, 우리는 플라톤이 대화편 형식으로 글을 쓴 것이 우연이 아니며, 오히려 플라톤 자신의 의식적인 선택이었다고 결론짓는 것이 합리적일 것이다. 더 나아가 플라톤은 『테아이테토스』(189e8~190a2)에서 '사유'를 '혼 자신이 스스로 묻고 대답하고 긍정하고 부정하면서 문답식 대화를 나누는 것'으로 보기까지 하는데, 이는 문답법을 통해 인지의 발전이 이루어질 수 있다는 소크라테스, 플라톤의 견해에 따를 때 자연스러운 귀결이라고 할 수 있을 것이다.

그렇다면 플라톤이 이같이 인지의 발전을 중시하는 측면을 그의 인식론 전반 속에서 어떻게 이해해야 할지, 그리고 이런 측면을 중시하는 근원적인 이유가 무엇인지를 더 세부적으로 살펴보도록 하자.

3 배우는 자의 역설과 상기론, 그리고 플라톤의 인식 모델

앞에서 논의했듯이 플라톤은 대화를 철학적 방법으로 사용한다.

기본적으로 소크라테스식 대화란 묻고 대답하는 것이다. 그런데 물음의 시작이 모르는 것에 대한 경이에서 출발한다면, 그런 물음은 인식론적 문맥 안에 놓이게 된다. 왜냐하면 물음은 모르는 상태를 함의하는 반면에 그 물음에 대한 대답은 아는 상태를 함의하기 때문이다. 다시 말해 물음과 대답 사이에 놓이는 간극에 대해서는 인식론적 설명이 요구된다. 이번 절에서는 이 같은 문제를 제기하는 『메논』의 대목을 중심으로 살펴보면서 플라톤의 앎의 개념과 인식 모델이 어떤 형태인지를 알아보도록 하자. 그럼 먼저 역설적인 난제를 제기하는 다음의 대화를 살펴보자(『메논』 80d~e).

> 메논: 그럼 소크라테스님, 선생님께서 그것이 무엇인지를 전혀 알지 못하는 이것을 무슨 방법으로 찾으시겠습니까? 아는 것들 중에서 어떠한 것을 내세우고서 찾으시겠냐는 말씀입니다. 혹시 그것과 정통으로 마주친다 한들 그게 바로 선생님께서 알지 못했던 것인지를 어떻게 아실 수 있겠습니까?
>
> 소크라테스: 자네가 무슨 말을 하려는 것인지 이해하겠네, 메논. 자넨 자네가 이것을 쟁론적인 주장으로 자아내고 있다는 걸 인지하는가? 사람은 자기가 아는 것도, 또한 알지 못하는 것도 탐구할 수 없다는 것 말일세. 알고 있는 것만큼은 탐구하려고 하지 않을 것이네. 이미 알고 있는 터라, 그런 사람으로서는 탐구가 전혀 필요하지 않으니까. 또한 알지 못하는 사람도 탐구하려고 하지 않을 것이네. 자기가 탐구할 것이 무엇인지 알지 못하니까.

짧지만 어려운 이 난제가 바로 '배우는 자의 역설'(learner's paradox)로 알려져 있다. 위의 논변에서, '탐구하는 자는 자기가 아는 것을 탐구하든가, 아니면 알지 못하는 것을 탐구한다'를 암묵적으로 깔려 있는 숨은 전제로 본다면, 전체 논변은 양도 논법으로 이해할 수 있다. 즉 탐구를 하는 자는 알고 있는 것을 탐구하든가, 모르는 것을 탐구한다(p∨q).

그런데 아는 것을 탐구하는 경우에도 알지 못하는 것을 탐구하는 경우에도 탐구가 불가능하다[(p → r) & (q → r)]. 따라서 탐구, 즉 배움이 불가능하다(r).⁴⁾

이렇게 형식적인 분석을 해놓고 보면, 우리는 위의 논의가 탐구의 원초적 가능성에 대해 근본적인 의문을 제기하고 있음을 알 수 있다. 인용문은 탐구의 시작점 자체를 문제시하기 때문이다. 이런 점에서 배우는 자의 역설은 발생적 차원의 문제를 제기한다고 할 수 있다. 그리고 이런 문제의식을 플라톤의 논의 자체에 적용해보면, 배우는 자의 역설은 문답법에 의한 탐구가 가능한가를 묻고 있다고 할 수 있다. 문답법이 일종의 탐구의 논리라면, 탐구의 시작점으로서 유의미한 물음이 설정되는 게 인식론적으로 해명이 되지 않을 경우엔 문답법의 타당성 또한 의심받을 수밖에 없기 때문이다. 이런 점에서 배움의 역설이 제기하는 문제는 플라톤 자신의 방법론과 관련해서도 본질적일 수밖에 없다.

그런데 배우는 자의 역설을 다른 시각에서 보면 또 다른 흥미로운 면모를 발견할 수 있다. 위의 논의에서 메논의 언급을 보면, 배우는 자의 역설은 정당화 차원의 문제 또한 내포하는 것으로 보이기 때문이다. 메논은 어떤 물음이 성립하더라도 정작 그것이 문제의 대상에 대한 것임을 알 수 없지 않느냐고 묻고 있는데, 이는 탐구가 가능하려면 이미 앎이 전제되어 있어야 하지 않겠느냐는 주장에 다름 아니다. 다시 말해 어떤 탐구이든 그것이 정당한 것이려면, 이미 앎이 전제되어야 한다는 것이다. 그러나 소크라테스의 언급에서 볼 수 있듯이, 알고 있다면 무엇 때문에 탐구를 하겠는가? 여기서 하나의 역설이 생기게 된다. 탐구적 물음이란, 심리학적 견지에서 보면, 무지를 전제한다. 그러나 위의 논변에 따르면 그 물음이 유의미한 것이 되기 위해서는 앎을 요구한다. 그럴 때에만 그 물음은 올바른 탐구의 출발점으로서 간주될 수 있기 때

---

4) 학자들 중에는 탐구와 배움을 구별해서 접근하는 이도 있지만, 플라톤적인 의미의 배움에서는 탐구 없는 배움이 배제된다고 보면, 여기서 탐구와 배움은 동일시될 수 있다.

문이다. 따라서 '유의미한 물음'은 무지와 함께 앎을 요구하는 셈이 되는 것이다. 결국 배우는 자의 역설이 심각해 보이는 까닭은, 탐구의 발생적인 조건으로는 무지가, 탐구의 정당화 조건으로는 앎이 모두 필요하다는 게 설득력이 있다는 데 있다. 그러나 다시 무지와 앎이 대립적인 인지 상태라는 것을 인정하고 나면, 탐구의 가능성은 닫히고 만다. 동일한 인지자에게서 양립 불가능한 상태를 동시에 승인할 수는 없기 때문이다.

이에 대한 플라톤의 답변은 이른바 상기론(anamnēsis)으로 제시된다. 『메논』에서 상기론은 신화적인 이야기를 통해 제시되는데 핵심적 설명만 정리하면 이렇다.[5] '(i) 인간의 영혼은 불멸하며 여러 번 다시 태어나고, 전에 알던 것을 상기할 수 있다. (ii) 자연 전체가 동족 관계이고 영혼은 모든 것을 배웠기 때문에 단 하나를 상기한 사람이 다른 모든 것을 스스로 발견하지 못할 까닭이 전혀 없다. (iii) 모든 탐구와 배움은 상기이다'(『메논』81c~d).

상기론은 신화적 측면 때문에 해석상의 엄밀성을 가하기 어렵다는 문제가 있다. 더구나 배우는 자의 역설을 해소하는 것이 유일한 목적이라면 굳이 상기론을 제시할 필요가 있는지 의문이 들기 때문에 더 문제가 된다. 배우는 자의 역설은 앎과 알지 못함의 이분법을 깔고 전개가 되는데, 우리는 전적인 앎과 전적인 무지 사이에, 앎에는 이르지 못하면서도 유의미한 질문을 던질 수 있는 중간적인 인지 상태를 가정함으로써 역설을 해소할 수도 있으니 말이다. 나중에 가면 실제로 소크라테스 자신 또한 앎(epistēmē)과 판단(doxa)[6]을 다른 것으로 구별하기 때문에 왜 굳이 무거운 상기론을 끌어들이는지 의문이 들 수밖에 없다. 과연 모든 배움이나 탐구가 상기이며, 우리의 모든 앎은 상기된 것

---

5) 플라톤의 대화편 중 상기론이 거론되는 대화편들로는 『메논』 말고도 『파이돈』과 『파이드로스』가 있지만, 여기서는 지면의 제약상 『메논』에 한정해서 논의하기로 한다.

6) 이때의 판단은 앎이 아니면서 무지도 아니다.

인가? 일상적인 차원에서 이를테면 '서울은 대한민국의 수도이다'와 같은 지식을 얻게 될 때 우리는 그런 지식을 상기된 것으로 보지 않는다.[7] 이런 점에서 앎을 상기되는 것으로 놓는 데는 플라톤의 숨은 의도가 있다고 보는 것이 합리적일 것이다.

상기론은, 우리가 앎을 선천적으로 타고난다고 보지도 않고 그저 후천적으로 획득하게 된다고 보지도 않는다. 상기론은 망각되었던 것을 다시 떠올린다는 것을 핵심 테제로 내세우는 학설이기 때문이다. 위의 (i)에서 영혼 불멸이라는 형이상학적 요소를 배제하고 인식론적인 해석을 가해 보면, (i)은 이전의 앎-망각-상기함 간의 연속성을 가정하는 이야기이다. 이런 연속성은 무지와 앎의 이분법을 넘어설 수 있는 가능성을 전제한다고 볼 수 있다. 그러나 만일 이때의 망각 상태가 전적인 무지와 다르지 않다면 상기론은 배우는 자의 역설을 해소하는 답변이 되지 못할 것이다. 앎-무지-앎으로의 이행이 어떻게 일어났는지 여전히 설명할 수 없기 때문이다. 따라서 상기론은 망각 상태가 전적인 무지 상태가 아니라는 것, 그러니까 잊었던 앎을 다시 기억할 수 있는 가능성의 상태라는 것을 보여줄 필요가 있다.

이와 관련된 논의가 『메논』에서는 기하학을 전혀 모르는 노예를 상대로 소크라테스가 펼치는 문답 과정을 통해 제시된다. 예를 들어 소크라테스가 변의 길이가 2피트인 정사각형의 면적을 구하는 물음을 던지면 노예가 이에 대해 면적이 4피트라고 답변하는 식이다. 이후에도 노예는 몇 단계의 문답에서 제대로 된 답변을 내놓지만, 결국에 가서 난관(aporia)에 빠지는데, 놀랍게도 소크라테스는 이런 상태를 더 나은 상태에 이르게 된 것이라고 설명한다. 이런 상태가 더 나은 상태인 이유는 난관에 빠진 노예가 자신의 무지를 자각하기 때문이라는 것이다.

---

7) 나중에 드러나게 되겠지만, 이런 인지를 우리는 상식적으로 앎이라고 하지만, 플라톤이 제시한 배우는 자의 역설을 해소할 수 있는 유형의 인지라고 할 수는 없다. 그런 점에서 플라톤적인 앎의 유형에 해당되지 않는다.

그리고 소크라테스는, 무지를 자각한 상태가 탐구의 동기를 제공한다고 설명한다.

이런 설명 방식을 보면, 플라톤은 탐구의 발생이란 문제를 심리학적 차원에서 논의하고 있음이 틀림없다. 무지의 무지에서 무지의 지로의 전환은 논리적인 것이 아니라 인식 행위자의 마음속에서 일어나는 변화이기 때문이다. 무지의 무지 상태는 안다고 착각하고 있는 상태인 만큼 배움에 대한 동기가 생기지 않는 반면, 자신의 무지를 자각한 상태에서는 배움에 대한 동기가 생기기 때문에 이 둘 간에는 마음가짐의 변화가 있게 된다. 이런 논의 방식을 보면 플라톤은 무지의 상태를 아무런 인지도 없는 백지와 같은 상태로 가정하는 게 절대 아니다. 대화의 무대로 초대되는 노예는 어떤 의미에서는 이미 소크라테스와 대화를 나눌 수 있는 '생각의 소유자' 내지 '생각할 수 있는 능력의 소유자'이기 때문이다.[8] 따라서 상기론의 설명에서 망각 상태는 전적으로 비어 있는 상태가 아니라 잠재적인 가능성의 상태로 제시된다고 해석할 수 있다. 그리고 이와 함께 무지가 앎으로 이행될 가능성에 대한 형이상학적 토대가 마련된다. 플라톤이 엘렝코스의 방법을 통해 대화 상대자의 무지를 깨닫게 하는 건 바로 그것이 이 같은 잠재적 가능성을 상승시킬 수 있는 단초라고 보기 때문이다.

이런 각도에서 볼 때 우리는 플라톤이 왜 주입식 교육을 피하고 문답법식 교육을 택했는가를 이해할 수 있게 된다. 이를테면 플라톤은 『국가』 518b~c에서 교육이란 "혼 안에 앎이 있지 않을 때, 마치 보지 못하는 눈에 시각을 넣어주듯 (…) 넣어주는" 그런 것이 아니라고 말한다. 이것은 앎이 단순하게 주입할 수 있는 게 아님을 시사한다. 또한 이것은 여러 대화편에서 플라톤이 배움을 혼에 의한 이해로 설명하

---

8) 그렇다고 해서 플라톤이 상기가 저절로 이루어진다고 설명하는 건 아니다. 오히려 힘겨운 배움의 과정을 통해 이루어질 수 있는 것이 상기라고 본다. 이에 대해서는 다음 절의 논의를 참고하라.

는 것이나, 앎은 혼 자신의 정신적 산고(産苦, ōdis)에서 풀려날 때 이를 수 있다고 말하는 것과 일치한다(『향연』 206e, 『국가』 490b, 『테아이테토스』 148e 참조). 이렇게 정신적 사유를 산고에 유비하는 것은 플라톤이 비경험론적인 인식 모델을 취하고 있음을 충분히 짐작하게 한다. 이런 유비에서 혼은 '빈 것'(to kenon)으로, 즉 백지와 같은 것으로 간주되지 않고,[9] 임신한 것으로 간주되기 때문이다. 따라서 여러 대화편에서, 특히 『향연』과 『테아이테토스』에서 배움의 과정, 즉 앎으로의 상승 과정이 '임신(kyēsis)과 출산(tokos)' 모델로 제시되는 건 결코 우연이 아니다. 몸이 임신과 출산을 겪듯이 혼도 임신과 출산을 겪는다. 혼의 임신은 인간이 지닌 정신적 잠재성을, 출산은 그런 잠재성이 앎으로 현실화될 수 있음을 유비적으로 제시한 것이라고 할 수 있다.[10]

　지금까지의 논의를 통해 우리는 상기론에 가정된 인식 모델이 비경험적인 모델로 임신과 출산 모델에 대응된다는 것을 알아보았다. 그러나 다시 애초의 상기론으로 거슬러 올라가서 (ii), 즉 '자연 전체가 동족 관계이고 영혼은 모든 것을 배웠기 때문에 단 하나를 상기한 사람이 다른 모든 것을 스스로 발견하지 못할 까닭이 전혀 없다'는 건 무엇을 뜻하는 것으로 볼 수 있을까? 여기에는 쉽게 납득하기 어려운 두 가지 초점이 있다. 하나는 인식론적 난제에 대한 대응의 답변을 하면서 굳이 자연 전체가 동족 관계라는 형이상학적인 언급을 할 필요가 있는지 대뜸 의문이 들 수밖에 없다는 것이다. 둘째로는 단 하나를 상기하는 것이 어떻게 다른 모든 것을 상기하는 것으로 귀결될 수 있는지를 전혀

---

9) 플라톤은 『테아이테토스』에서 혼을 '지워진 빈 서판'(tabula rasa)과 같은 밀랍판으로 보는 경험론적 모델을 제시해본 후 이런 모델의 한계를 비판한다.

10) 그러나 세부적으로는 몸과 혼의 유비 관계가 엄밀하게 일치되는 건 아니라는 것 또한 유의할 필요가 있다. 예를 들어 『향연』에서 몸의 경우는 교제는 임신의 원인이지만 혼의 경우는 교제가 출산의 원인으로 제시되며, 몸의 경우와 달리 혼의 경우에는 진짜가 아니라 가짜를 낳는 경우도 있다고 설명되기도 하기 때문이다. 이런 세부적인 대목은 텍스트 자체를 가지고 진지하게 씨름할 문제이다.

알 수 없다는 것이다. 이 문제와 관련해서 『메논』 자체가 시사하는 것이 있을까?

홍미롭게도 『메논』 85d에서는 '상기함'을 '다시 포착함'(analambanein)이라고 설명한다. 알았던 것을 망각했다가 다시 알게 되는 과정을 생각하면 상기를 왜 다시 포착함이라고 설명하는지 일차적으로는 납득할 수 있다. 그러나 좀더 심각하게 생각하면 우리 인간의 인지가 다시 포착할 수 있는 경우에 모두 다 해당되는 건 결코 아니라는 것을 쉽게 알 수 있다. 예를 들어 특정한 감각적 인지의 경우는 엄밀한 의미에서 동일한 감각 내용을 '다시 감각'할 수가 없다.[11] 따라서 앎을 다시 포착할 수 있는 것으로 국한하는 상기론적인 앎은 일상적인 인지와는 구별된다. 이에 따라 감각을 비롯한 일상적인 경험적 인지는 엄밀한 의미에서 다시 포착 가능한 게 아니기에 앎의 지위를 잃게 된다.[12] 그러므로 앞서 (iii)에서 모든 배움과 탐구를 상기라고 한 것은, (감각적 인지의 경우처럼) 다시 포착 가능하지 않은 인지에 대해선 앎의 지위를 부여하지 않기 때문에 제시된 설명이라고 할 수 있다. 다시 말해 (학자들 사이에 논란은 있지만) 플라톤은 상식적인 경험적 배움을 고려하는 것이 결코 아니다. 그리고 상기론적인 앎을 이런 식으로 이해하게 되면, 『메논』에서 소크라테스가 노예를 상대로 나누는 기하학적인 문답을 왜 상기의 사례로 제시하는가를 납득할 수 있게 된다. 수학적인 앎은 상호 연관적 체계성을 가지기 때문에 우리는 하나의 단서를 발판으로 삼아 수학적 체계성에 따라 관련된 수학적인 앎을 상기할 수 있기 때문이다. 이런 이해 방식을 (ii)의 언급과 연관 짓는다면, 동족 관계란 앎의 대상들이 맺고 있는 상호 연관성을 암시하는 것이며, 바로 그렇기 때문에

---

11) 감각 내용을 기억하는 경우 그때의 기억은 생생한 감각에 대응하는 것일 뿐 다시 포착 가능한 것이 아니기 때문이다.

12) 엄밀하게 말해서 『메논』 안에서 이런 논증을 끌어내기가 쉽지는 않다. 그러나 『테아이테토스』 등을 고려하면서 『메논』을 읽으면 지금과 같은 이해 방식을 충분히 적용할 수 있다.

단 하나를 상기함으로써 그와 연관된 앎들을 상기해낼 수 있다는 설명도 이해할 수 있는 것이다.

이것을 『테아이테토스』의 수학적 사례를 통해 좀더 구체적으로 이해해보도록 하자. 『테아이테토스』에서는 5+7이 11이라고 착각할 수 있는 경우를 들고 있다.[13] 그런데 (실제로는 그렇지 않지만) 이때의 11을 상호 연관성이 없는 고립적인 앎의 대상이라고 상정해보자. 그렇다면 5+7의 합이 11이라고 착각하는 사람의 경우 그는 자신이 잘못 판단했다는 것조차 인지하지 못할 것이다. 12를 포착하려다 잘못해서 11을 포착했음에도 그것이 잘못된 판단이라는 것을 깨달을 수 있는 아무런 인식론적인 장치를 지니고 있지 못하기 때문이다. 결국 앎의 대상들을 고립적인 것들로 놓는 인식 모델은 인지자가 무지의 무지 상태에 있는 것을 배제하지 못한다. 그러나 실제의 우리는 다른 수학적 연관 관계를 통해 5+7의 총합을 다시 확인함으로써 11을 포착했던 것이 오류였음을 자각할 수 있다. 이런 이해를 기반으로 본다면 『메논』의 상기론이 상정하는 인식 모델은 오류, 즉 무지를 배제하는 앎의 개념을 제시하는 것이며, 이런 이해를 『테아이테토스』로까지 확장하면 플라톤은 앎의 대상이 원자처럼 고립적으로 성립되는 인식 모델을 거부하고 있다고 볼 수 있다. 그래야만 무지를 배제할 수 있기 때문이다. 그리고 이와 같은 '무지 배제의 원리'야말로 플라톤의 인식 개념이 원자론적 모델이 아니라 상호 연관 모델을 취하게 된 결정적인 이유로 볼 수 있을 것이다.

이 같은 상호 연관 모델이 중요한 이유를, 우리는 『메논』 98a에서 다시 확인할 수 있다. 거기에서는 상기가 '원인의 추론'(aitias logismos)으로 제시되는데, 추가적인 설명이 부족한 탓에 이해하는 데 큰 어려움이 있기는 하다. 그 대목에서 제시되는 핵심은 옳은 판단(orthē doxa)

---

13) 『테아이테토스』에서는 앎의 대상들을 새장 안의 새들로 유비하여 설명하고 있다. 이른바 '새장의 유비'라고 불리는 대목이다. 그 부분의 사례를 이해하기 쉬운 쪽으로 각색했다.

내지 참된 판단(alethēs doxa)이 앎(epistēmē)과 구별되는 것이 바로 원인의 추론에 의해 묶인다는 점에 있다는 것이다. 여기서 '원인의 추론에 의해 묶인다'는 건 정확히 무엇을 뜻할까? 97a~b의 '라리사(Larisa)의 유비'를 각색해서 이해를 시도해보자. 누군가가 서울의 경복궁으로 가는 길을 가본 적도 없고 알지도 못하면서 우연히 제대로 길을 가는 경우가 있을 수 있다. 이때 경복궁으로 가는 길을 정확히 알고서 간 경우와 그렇지 않은 경우도 경복궁에 제대로 도착했다는 결과에서는 차이가 없다. 만일 우리가 어떤 인지를 그것이 이루는 결과의 관점에서만 본다면, 위의 둘 사이에는 별반 차이가 없는 것으로 드러나는 것이다. 그런데 98a의 설명에 주목한다면 참된 판단은 원인의 추론 없이 결과적으로 우연히 맞은 것이고 앎은 원인의 추론을 통해 맞힌 것이 된다. 전자의 경우는 그런 행위를 하는 자와 성공(진리)이 우연적 관계를 맺는다면, 후자의 경우는 행위자와 진리 간에 내재적인 결속이 이루어지고 있다. 따라서 우연히 맞힌 사람은 다른 경우에 그런 맞음의 성공을 보장받을 수 없는 반면, 앎을 지닌 자는 다른 경우에도 진리의 성공을 보장받을 수 있다는 차이가 있다. 이런 점에서 플라톤적인 앎은 단순히 명제적 차원의 것이 아니라 앎을 지닌 자와 결속되어 있는 것이라는 점에서 일종의 덕(德)과 같은 성격을 가진다. 따라서 앎을 지닌 자는 원리적으로는 실수하지 않는다. 늘 무지를 배제할 수 있으며, 자신의 앎에 대한 원인 내지 이유[14]를 제시하여 설명할 수 있기 때문이다. 이런 점에서 어떤 자가 아는 자인지 여부는 설명적 정당화(logon didonai)를 할 수 있느냐에 달려 있는 것으로 보인다.

---

14) 그리스어 'aitia'는 원인과 이유를 모두 뜻한다.

4 앎의 객관성과 앎의 대상, 그리고 방법론

　　앞에서 우리는 『메논』에서 논의된 배우는 자의 역설이 혼의 잠재성을 거부함으로써 발생되는 문제임을 알아보았다. 그런데 배우는 자의 역설은 최소한 앎과 무지의 대립을 깔고 진행된 논변이었다면, 앎과 무지의 차이조차 아예 무화하는 시각이 있었으니, 그것이 바로 프로타고라스의 인간척도설이었다. 프로타고라스의 인간척도설이 어떤 의도로 제시되었는지는 남아 있는 문헌이 거의 없는 탓에 결정적인 논증을 하기는 어렵지만, 우리는 이미 제7장 「소피스트(1)」에서 인간척도설의 개괄적인 그림을 맛보았다(따라서 여기서는 중복된 논의를 피하기로 한다). 그때 논의되었듯이 인간척도설은 만물에 대해 인간 개개인이 척도라고 주장하는 만큼 여전히 종교적 전통 속에 있던 그리스인들에겐 엄청난 지적 충격을 가했을 것이다. 그리고 개개의 나라마다 법이 다르고 개개인마다 생각이 다르다는 사실을 고려하면 인간척도설의 상식적 호소력은 아마도 법이나 생각의 상대성에 근거했을 것이다.

　　플라톤은 이 같은 상대주의가 정치 내지 도덕적 차원에서 심각한 문제를 야기한다고 보았으며, 그 때문에 인간척도설을 인식론적 지평에서 다룰 때도 아주 심각하게 취급한다. 그런데 인식론적으로 상대주의의 그림에 잘 부합하는 인지 능력은 대표적으로 감각이다. 감각의 경우 감각되는 것은 감각자가 바라보는 관점에 따라 상대적으로 나타나기 때문이다. 이런 탓에 『테아이테토스』에서는 인간척도설을 "감각적 지각(aisthēsis)이 앎이다"라는 견해와 연관 지어 논의하기도 한다. 이런 점에서 인간척도설에 대한 플라톤의 비판은 감각 내지 감각을 통한 판단이 왜 앎일 수 없는가에 대한 비판으로 쏠려 있다고 이해할 수 있다. 이 자리에서 세부적으로 논의하기는 어렵지만, 플라톤은 감각적 인지가 원근법(perspective)적인 성격을 지니기 때문에 상황 의존적일 수밖에 없음을 드러내고, 여러 대화편에서 이런 인지의 한계를 밝히는 데 애를 쓴다. 2절에서 언급했듯이 플라톤의 탐문은 상황 의존적이지 않은 '무엇임'(ti einai), 즉 본질(ousia)을 찾는 것을 겨냥하기 때문이다.

플라톤의 이 같은 문제의식이 인식론적으로나 형이상학적으로나 전면적으로 전개되기 시작하는 대화편은 『파이돈』이다. 『파이돈』에서는 몸을 이용하는 감각을 통한 고찰과 영혼 자체를 통한 고찰을 나누고 있는데(79c~d, 82d~83b), (몸을 통하는 경우와 영혼을 통하는 경우 모두 고찰의 주체는 영혼이겠지만) 이런 구별이 중요한 이유는 어떤 '경로(route)를 통해' 고찰하느냐에 따라 인지 방식이 달라질 수 있음을 주목한 데 있다. 우리가 『국가』나 『테아이테토스』를 함께 고려할 때, 플라톤은 몸을 통한 고찰이 원근법적인 상대성의 한계가 있기 때문에 객관적 앎이 불가능하다는 견해를 보인다. 예를 들어 플라톤은 『파이돈』 65에서 몸과 더불어 하는 고찰의 경우는 바로 그 몸 탓에 속게 되는 데 반해, 영혼 자체가 추론(logizesthai)을 통해 하는 고찰이 바로 진리를 파악하게 된다고 언급하는데, 우리는 그런 언급을 이런 맥락에서 납득할 수 있게 된다. 몸과 더불어 감각을 통해 하는 고찰은 이를테면 보는 관점에 따라 상대적으로 보이기 때문에 객관성을 확보할 수 없는 반면, 영혼 자체를 통한 고찰은 이를테면 수학적 계산을 할 때처럼 감각에서 독립해서 고찰하기 때문에 객관성을 확보할 수 있다는 것이다. 그런데 플라톤은 몸을 통한 고찰의 대상을 거론할 때는 대표적으로 시각을 고려해서 '가시적인 것'(horaton)이라 부르고, 영혼을 통한 고찰의 대상은 '비가시적인 것'(aidēs)이라고 부른다(79a). 여기서 핵심적인 측면은 인지 대상들이 인지 경로의 구별에 따라 상응하는 방식으로 나뉜다는 것이다. 플라톤은 이런 구별의 성격을 동류 관계(syngeneia)로 설명하는데, 몸에는 가시적인 것이 상응하고 영혼에는 비가시적인 것이 상응한다는 것이다. 80b에서는 이때의 비가시적인 것을 'noēton'(가지적인 것)이라고도 부르는데, 이는 'noēton'이 바로 지성(nous)에 의해 파악되는 대상임을 밝힌 대목이 되겠다. 여기서 'nous-noēton'의 상관적 표현 방식을 고려할 때, 주관과 대상의 동류 관계란 주관의 능력이 상응하는 대상으로 향해 있음을 의미한다고 이해할 수 있다. 이같이 일정한 대상으로 향해 있음(directedness)을 인식론적인 지향성(intentionality)이라고 할 수 있겠는데,[15] 나중에 보겠지만 이는 주관의 두 가지 능력이 해내는 작용의 차이에 상응한다.

우리가 앞 절의 논의를 고려해서 연관 지어 해석한다면, 가지적인 대상은 추론에 의해 파악되는 것이며 상황 의존적이지 않은 방식으로 다시 포착 가능한 대상이 될 것이다. 우리는 이 같은 플라톤의 인식론을 애초의 탐문 방식, 즉 '그것은 도대체 무엇인가?'를 물었던 방식과 연관 지어 숙고할 필요가 있을 것이다. 이미 『메논』(72a 이하)에서 소크라테스는 벌이 무엇인가를 물을 때 벌들이 여럿이고 다양하지만, 벌이라는(einai) 점에서는 결코 다르지 않다고 하면서 이때의 동일한 것을 벌의 '본질 내지 존재'(ousia)라고 설명한다. 그렇다면 벌이 무엇이냐는 물음이 찾는 것은 바로 벌의 본질이라고 할 수 있다. (여기서 'einai'는 영어로는 부사 'be'로, 'ousia'는 'being' 정도로 옮길 수 있는 말이다.) 이런 각도에서 플라톤적인 탐문은 바로 문제가 되는 사물의 무엇'임'을 찾는 것이었다고 할 수 있겠는데, 우리는 『파이돈』에서 가지적인 것(noēton)의 실질적 내용이 바로 'einai'에 의해 표현되는 대목을 만나게 된다. 78c~d에서는 영혼 자체의 고찰이 이르게 되는 대상을 "언제나 동일한 방식으로 한결같은 상태로 있는 것"(to aei kata tauta hōsautōs echon)이라고 부르면서[16] 이것을 "각각인 것 자체"(auto hekaston to estin)로 표현한다. 후자의 표현 방식에는 이를테면 아름다운 것 자체, 좋은 것 자체와 같은 것을 대입할 수 있는데, 여기서 'estin'이 'einai'의 직설법 형태라는 것을 주목할 필요가 있다. 또한 이 같은 앎의 대상에 대해 '자체'(auto)라는 표현을 사용하는 것은 원근법적인 인지 상황에

---

15) 여기서 지향성이란 인지 능력이 그 자체로 성립되는 것이 아니라 언제나 어떤 대상에 대해 상관적으로 성립된다는 것을 뜻한다. 즉 감각은 감각 대상에 대한 것이며, 지성은 지적인 대상에 대한 것이다.

16) 『국가』 479a, 484b 등에서도 같은 표현이 사용된다.

의존적이지 않은 방식으로 대상이 그 자체로 고찰 가능하다는 것을 시사한다. 따라서 영혼의 고찰이 완결되는 것은 문제의 대상이 지닌 자체적인 무엇임을 파악할 때일 것이다. 그리고 그런 가지적인 대상이 언제나 동일한 방식으로 한결같은 상태로 있기 때문에 우리는 특정한 인지 상황에 의존하지 않는 방식으로 그 대상을 다시 포착할 수 있게 될 것이다. 그런데 플라톤은 『파이돈』 102b 등에서 바로 이런 대상을 'eidos'(形相)라고 부른다. 그 밖의 여러 대화편에서는 '이데아'(idea)라는 표현이 함께 사용되기도 하는데, 'eidos'와 'idea' 모두 '본다'(eidō)는 동사에서 형성된 낱말임을 고려하면, 플라톤은 형상이 '지적인 봄'(noēsis)에 상응하는 보임새로서의 대상이라는 측면에서, 즉 인식 주관과 대상의 상관성 측면에서 그런 명칭을 붙인 것으로 짐작된다.

이런 배경을 깔고 보면 이제 플라톤의 대표적인 인식론적인 그림이 제시된다고 인정되는 대화편 『국가』의 논의를 쫓아갈 수 있을 듯하다. 플라톤은 『국가』 5권에서 앎(epistēmē)과 판단(doxa)을 각기 다른 능력(dynamis)으로 구별하는데, 이때의 'doxa'는 감각과 마찬가지로 원근법적인 성격을 지니는 것으로 설명된다. 『국가』에서도, 『파이돈』에서처럼, 이 두 가지 능력이 관계하는 대상이 다르다는 설명이 제시된다.[17] 『파이돈』처럼 앎의 대상은 '가지적인 것'(noēton)으로 거론되며, 판단의 대상(doxaston) 내지 감각 대상(aisthēton)이 그와 대비된다. 그런데 이런 대상에 상응하는 두 능력을 구별할 때 각각의 능력이 "해내는 작용"(ho apergazetai) 또한 하나의 구별 기준으로 제시된다(477c~d). 앎이 해내는 작용은 "잘못할 수 없는 것"(to anamartēton)인 데 반해, 판

---

17) 『국가』에서 앎의 능력은 "완벽하게 있는 것"(to pantelōs on) 내지 "순수하게 있는 것"(to eilikrinōs on)을 대상으로 하는 반면, 판단의 능력은 "있으면서도 있지 않기도 하는 그런 상태의 것", 즉 "순수하게 있는 것"과 "어떤 식으로도 있지 않은 것"(to mēdamē on)의 중간에 위치하는 것을 대상으로 한다고 설명된다(477a). 아무래도 이런 설명 방식은 파르메니데스의 영향과 관련이 될 터인데, 형이상학적으로 아주 어려운 문제이므로 이 자리에선 따로 논의하지 않겠다.

단은 "잘못할 수 없는 것이 아닌 것"이라는 점에서 구별된다는 것이다 (477e). 학자들 사이에서는 여러 논란이 있지만, 여기서 "잘못할 수 없는 것"이란 아마도 무오류성(infallibility)을 뜻하는 것 같다. 철학자의 지성(nous)은 감각 내지 판단의 상대적 성격에 흔들리지 않고 영혼 자체가 순수하게 대상에 접근할 수 있기 때문에, 그리고 그때의 대상은 언제나 동일한 것으로 다시 포착될 수 있는 것이기 때문에, 지성은 가지적인 것을 언제나 무오류적으로 포착할 수 있는 것이다. 이런 점에서 플라톤적인 무오류성은 이를테면 나에게만 고유한 사적 체험처럼 의심할 수 없다는 뜻으로 보아서는 아니 된다.[18] 플라톤적인 무오류성은 실재성을 가지는 형상을 대상으로 성립되는 것이기 때문이다.

그런데 앞 절에서 설명했듯이, 플라톤이 인간 영혼의 잠재적 가능성을 인정하는 데서 출발했다고 해서 플라톤적인 의미의 앎에 이르게 되는 것을 손쉬운 과정으로 설명하는 건 결코 아니다. 영혼의 잠재적 가능성이 인정된다고 하더라도 형상 인식까지 어떻게 상승해나갈 수 있을지가 문제가 되기 때문이다. 이에 대한 방법론적 체계화를 꾀하는 데도 플라톤은 심혈을 기울인 듯하다. 이미 『메논』에서는 그것이 무엇인지를 모르는 상태에서, 즉 본질 인식이 갖추어지지 않은 상태에서 유의미한 물음을 통해 무엇임을 찾아갈 수 있는 방법을 예비적인 형태로 제시한다. 이것은 현대 학자들에 의해 '가정(hypothesis)의 방법'으로 불리는데, 진리임이 아직 판명되지 않은 가정을 통해 논의를 진행하는 방법이기 때문에 그렇게 불린다. 이것이 『파이돈』에 가면 '로고스(logos)를 통한 탐구'로 제시되는데,[19] 그렇게 불리는 이유는 감각에 의존하지 않는 방식의 논변을 사용하기 때문일 것이다. 소크라테스는 이런 방법

---

18) 사적 체험에 해당되는 경우가 진정한 무오류성의 경우에 해당될 수 없다는 논의가 『테아이테토스』 1부에서 제시된다.

19) 『메논』에서 거론되는 방법과 『파이돈』에서 거론되는 방법이 동일한 것이냐는 문제는 논란의 대상이 된다. 그렇지만 『메논』의 것이 『파이돈』에서 더 발전된 형태로 제시된다고 보는 것은 아주 자연스러운 해석일 것이다.

을 "차선의 항해 방법"(ho deuteros plous)이라고 부른다. 이런 비유적 표현은 순풍에 의존하지 않고 힘들게 노를 저어 항해하는 방법에 빗댄 것으로 보인다. 이런 방법의 실질적 절차와 그 성격에 대해서는 논란이 많기 때문에 이 자리에서 자세히 논의하긴 어렵지만, 이 같은 방법도 포괄적으로는 문답법의 형태 속에서 진행된다는 것을 주목할 필요가 있다. 우리는 『국가』에 가면 이 같은 문답법이 변증술의 성격을 지니는 것으로 승격되는 이야기를 듣게 된다. (여기서 문답법으로 옮긴 것도 변증술로 옮긴 것도 그리스어로는 모두 'dialektikē'이다.)

애초에 엘렝코스 방법은 문제의 대상이 지니는 무엇임을 파악하도록 하기 위해 상황 의존적인 판단을 비판적으로 검토하며, 중기 이후부터 이 같은 엘렝코스는 감각 내지 판단에 의존하는 인지를 벗어나도록 하는 기능을 하는 것으로 소개된다. 그래서 『파이돈』 등에서는 몸을 통한 고찰을 순수화(katharsis)하는 것으로 소개되는데, 후기 대화편인 『소피스트』(230d~e)에서는 엘렝코스(논박)를 순수화 중에서 가장 중대하고 가장 주된 것으로 강조하기도 한다. 결국 플라톤은 순수화 과정을 통해 배움에 장애가 되는 판단들을 제거하고, 이를 기반으로 형상 인식을 위한 상승의 과정이 필요하다고 본 것 같다. 이런 상승의 방법으로 제시된 것이 바로 가정의 방법이다. 그러나 가정의 방법은 밑에 놓는 가정의 진리성이 확보된 것은 아니라는 점에서 어디까지나 예비적인 방법일 뿐이다. 그래서 『국가』에 가면 가정을 사용하는 대표적인 학문들이 철학의 예비 교육 과정으로 설정되는 수학과 같은 것으로 거론되는데, 그런 경우에는 원리(archē)로 올라가지 않고 가정(hypothesis)들에서부터 고찰하기에 한계가 있다는 지적을 하기도 한다. 그렇기 때문에 가정은 모든 것의 원리로 나아가기 위한 발판이나 출발점에 불과한 것으로 설명된다.[20] 그런데 『국가』는 놀랍게도 이런 상승의 과정

---

20) 『국가』를 세부적으로 천착하면 수학자들은 가정을 놓고서 추론을 하는 것으로 머문다는 점에서 한계가 있다. 그러나 플라톤은 이 같은 가정을 상승의 맥락에서 사용한다는

을 통해 '무가정의 것'(to anypotheton)에 이를 수 있는 경지를 이야기한다. 이 단계는 일차적으로는 형상 인식의 단계인데, 『국가』에서는 아마도 궁극적인 무가정의 것을 좋음(to agathon)의 형상으로 놓는 것으로 보인다. 좋음의 형상에 대해서는 플라톤의 설명이 극히 적기 때문에 이 자리에서 논의하기는 어렵지만, 플라톤이 설명하는 방식을 보면 아마도 직관적인 앎(hapsasthai, katidein, idein, kathoran)을 염두에 두고 있는 것으로 보인다.[21]

　이 같은 직관적인 앎은 추론적인 앎과는 구별된다고 할 수 있겠는데,[22] 형상에 대한 직관이 어떤 형태의 직관인가와 관련해서는 그동안 수많은 논쟁이 있어왔다. 그런데 앞 절에서 논의한 플라톤의 인식 모델을 생각할 때 플라톤이 염두에 두고 있는 지적 직관은 개별적인 형상을 고립적으로 인식하는 건 아닐 듯하다. 이를테면 어떤 이가 11을 포착하고도 12의 형상을 직관했다고 착각하더라도 그것이 잘못 안 것임을 깨달을 수 있는 인식론적 토대가 없다면, 우리는 여전히 무지를 배제할 수 없을 것이기 때문이다. 이와 관련된 문제는 형이상학적 차원의 것이라 명확한 설명을 하기가 쉽지 않지만, 플라톤은 후기 대화편인 『소피스트』에서 최고류의 형상들을 언급할 때 그것들이 고립적으로 알려지는 것으로 설명하지 않는다. 또한 『소피스트』에서 형상 결합(koinōnia)의 문제를 거론하는 것을 보면, 형상들에 대한 직관 역시 상호 연관성을 함께 인식할 때 가능한 것으로 설명되는 것 같다. 특히 후

　　점에서 플라톤이 사용하는 '가정의 방법'과 수학자들이 가정을 사용하는 것은 차이가 있다고 할 수 있다. 예를 들어 『파이돈』에서는 개별적인 아름다운 것들을 설명하기 위해 아름다움 자체, 즉 아름다움의 형상을 가정으로 놓고 논의를 진행하기도 한다. 이런 경우 가정의 방법은 상승의 방법으로 사용되었다고 할 수 있다.

21) 지적 직관에 대한 세부적인 그림을 제시하는 텍스트로는 『일곱째 편지』가 있다.

22) 여기서 세부적으로 논의하기는 어렵지만, 『국가』 6권의 '선분의 비유'에서는 감각 내지 판단과 구별되는 지성적 능력을 두 가지로 구별하여, 추론적 사고(dianoia)와 지성적 파악(noēsis)으로 나누고 있다. 이때 'noēsis'는 지적 직관을 함축하는 것으로 보인다.

기 대화편들에서는 형상 인식의 방법으로 이른바 '모음(synagōgē)과 나눔(diairesis)의 방법'이 제시되는데, 그 방법은 문제 되는 형상을 최상위의 유적(類的) 형상에서 시작해서 최하위의 종적(種的) 형상에 이르기까지 나누고서 형상들 간의 상호 연관성을 파악함으로써 인식하는 방법이다.[23] 이런 방법을 고려할 때 플라톤의 앎 개념은 궁극적인 단계인 직관 단계에서도 앎의 대상들 간의 상호 연관성을 인식하는 것을 필수적으로 요구한다고 볼 수 있다. 이런 이해가 맞는다면 상호 연관 모델과 직관 모델을 서로 배타적인 것으로 놓지 않을 수 있는 여지가 생기는 셈이다.

5 앎의 의미와 실천

지금까지의 논의를 통해 보면 플라톤의 인식론적 탐문은 결국 형이상학적 차원과 긴밀하게 결속되어 있음을 알 수 있다. 그렇게 된 이유는 궁극적인 앎의 대상이 형이상학적 존재인 형상으로 간주되기 때문이다. 그러나 여기서 우리는 아주 어려운 물음을 자연스레 떠올리게 된다. 이 글 앞부분에서 설명했듯이, 플라톤의 인식론적 출발점이 애초에 소크라테스의 죽음이라는 현실의 문제에서 시작했다면, 구체적인 상황을 넘어선 형상 인식은 도대체 실천적 삶에서 어떤 의미가 있는 것일까? 흔히 말하는 이론과 실천의 관계가 플라톤 철학에서는 어떻게 설정되는 것일까?

이 문제는 플라톤 철학 전체를 어떤 시각에서 접근하느냐는 근원적인 난제와 연관이 되기 때문에 대답하기가 극히 어렵다. 하지만 몇몇 대화편들을 함께 펼쳐놓고 보면 어느 정도 일정한 그림 정도는 그릴

---

23) 최상위의 형상과 최하위의 형상 간의 일종의 지도 그리기(mapping)식 이해 방식이라고 빗대어 설명해볼 수도 있겠다.

수 있지 않을까 싶다. 이를테면 플라톤은 『국가』의 '동굴의 비유'에서 감각의 단계를, 동굴에 머물며 앞만 보도록 되어 있고 포박 때문에 머리를 돌릴 수도 없는 죄수 상태에 빗댄다. 죄수들이 동굴에서 보는 것은 사물의 본모습이 아니라 동굴 벽면에 투영되는 그림자뿐이라고 묘사되는데, 이는 감각에 갇힌 인지 상태를 극단적으로 비유하고 있는 것이다. 동굴의 비유는 여러 단계의 복잡한 설명을 취하지만, 종국에는 동굴 밖으로 나가 햇빛을 보는 것으로 그려진다. 이때의 햇빛은 아마도 좋음의 형상을 상징하는 것으로 볼 수 있다. 그런데 플라톤이 이러한 오름(anabasis)의 과정을 그린 다음, 햇빛을 본 철학자가 다시 아래로 내려오는 내림길(katabasis)의 과정 또한 그리고 있음을 주목할 필요가 있다. 더구나 철학자가 시민들과의 동거를 위해 내려갈 때면 어두운 것들을 보는 데도 익숙해지는 과정이 필요하다는 설명이 제시된다. 이와 관련해서는 여러 논란이 있을 수 있으나, 플라톤은 이론적 앎의 세계에 갇혀 있는 철학자의 모습을 이상적인 것으로 보지 않았던 것 같다. 앎의 궁극적인 단계인 좋음의 형상을 본 철학자는 이제 현실의 세계에 그 좋음을 실현해야 하며, 그렇게 실현하기 위해서는 구체적인 현실에 익숙해지는 과정이 필요하다는 것이다. 그러나 삶에서 좋은 것이 무엇인지를 파악했다고 해도 그것을 현실의 삶에 정확히 어떤 식으로 구체화할 수 있을 것인가?

이 문제를 세부적으로 탐문하고 있는 대화편이 『필레보스』이다. 『필레보스』 자체의 논의 주제는 복잡한 측면이 있지만, 우리의 주제와 관련해서는 후반부를 참고할 필요가 있다. 거기서는 좋음의 실현 문제를 적도(適度: metron 또는 metrion 또는 metriotēs) 및 균형(symmetria)의 구현과 연관 짓고 있다. 『정치가』 등을 함께 고려해 보면 아마도 플라톤은 좋음을 구현하는 방식을 '적도의 창출'과 연관 짓는 사유를 모색한 것으로 보인다.[24] 이 문제를 음악에 빗대어 설명해보자면, 좋은 음

_____

24) 이 자리에서 이것을 자세히 논의하기는 어렵다. 이런 견해에 대해서는 박종현 교수의

악은 음들이 적절한 정도로 조화롭고 균형 있는 관계를 맺을 때 창출되듯이, 플라톤은 적도의 창출을 통해 국가는 국가대로 개인의 영혼은 그것대로 조화로운 상태를 이룰 수 있다고 본 것 같다. 이런 해석이 맞는다면, 플라톤은 소크라테스적인 탐문에서 시작해서 형이상학적 앎을 통찰한 뒤 결국 구체적인 현실의 개선을 시도한 것으로 보인다. 실패하긴 했지만, 그가 시라쿠사로 가서 지혜사랑의 정신을 그곳에 실현하려고 했던 것도, 구체적인 법조문까지 제시하는 『법률』을 말년에 최후의 대화편으로 남긴 것도, 모두 평생 동안 그에게 실천적인 모색이 이어져 왔음을 대변한다고 볼 수 있다. 플라톤 철학에서 이론과 실천 간의 구체적인 관계에 대해서는 여전히 수많은 논란이 있지만, 플라톤이 소크라테스적인 정신을 이어받아 지독할 정도로 지성적 탐문을 지속하고, 아카데미아 학원까지 세웠던 것은, 그가 지성적인 삶, 즉 성찰되는 삶을 가장 훌륭한 삶으로 보았기 때문일 것이다. 그렇다면 그런 지성과 앎을 추구하는 철학자, 즉 지혜를 사랑하는 자는 앎을 삶의 방식의 원리로 받아들이는 자이겠다. 지혜사랑이 단순한 이론 추구에 머무는 것이 아니라 일종의 삶의 방식이라고 보는 것이 소크라테스로부터 이어지는 플라톤 철학의 정수라고 할 수 있다. 그가 원리적인 차원에서 실수와 오류를 배제하는 앎 개념을 추구한 것은, 인지자의 삶에서 실제로 힘을 발휘할 수 있는 앎 개념을 추구한 것과 나란히 이해해볼 수 있다. 이런 차원의 앎 개념은 일종의 덕처럼 행위자와 결속되어 있기에 행위자의 삶에 영향을 미치게 된다고 할 수 있을 것이다. 바로 여기에 플라톤적인 차원에서 앎의 의미가 있다고 할 수 있겠다.

저술을 직접 참조해보는 것이 좋을 것이다.

■ 참고 문헌

박종현, 『헬라스 사상의 심층』, 서광사, 2001.
_____, 『플라톤』, 서울대 출판부, 개정·증보판, 2006.

Burnyeat, M., "Plato on the Grammar of Perceiving", *Classical Quarterly* 70, 1976.

_____, *Theaetetus*, Hackett Publishing Company, 1987.

Fine, G., "Knowledge and Belief in Republic 5~7", Fine, G.(ed.), *Plato 1: Methaphysics and Epistemology*, Oxford Univ. Press, 1999.

Lesher, J. H., "The Emergence of Philosophical Interest in Cognition", *Oxford Studies in Ancient Philosophy* 12, 1994.

Mattews, G. W., "The Epistemology and Metaphysics of Socrates", Fine, G.(ed.), *The Oxford Handbook of Plato*, Oxford Univ. Press, 2008.

O'Brien, A. J., *The Socratic Paradoxes and the Greek Mind*, The Univ. of North Carolina Press, 1967.

Santas, G., "Hintikka on Knowledge and its Objects in Plato", Moravscik, J. M.(ed.), *Patterns of Thought in Plato*, Berkeley, 1974.

Scott, D., "Platonic Anamnesis Revisited", *Classical Quarterly*, New Series, vol. 37, no. 2, 1987.

_____, *Plato's Meno*, Cambridge Univ. Press, 2006.

Seldley, D., *The Midwife of Platonism: Text amd Subtext in Plato's Theaetetus*, Clarendon Press, 2004.

Taylor, C. C. W., "Plato's Epistemology", Fine, G.(ed.), *The Oxford Handbook of Plato*, Oxford Univ. Press, 2008.

Vlastos, G., "The Socratic Elenchus: Method is All", Burnyeat, M.(ed.), *Socratic Studies*, Cambridge, 1994.

_____, "Socrates' Disavowal of Knowledge", Burnyeat, M.(ed.), *Socratic Studies*, Cambridge, 1994.

White, N., "Plato's Metaphysical Epistemology", Kraut, R.(ed.), *The Cambridge Companion to Plato*, Cambridge Univ. Press, 1992.

_____, "Plato: Epistemology", Shields, Ch.(ed.), *The Blackwell Guide to Ancient Philosophy*, Blackwell, 2003.

Wolfsdorf, D., "Plato's Epistemology", forthcoming, in Warren and Sheffield(eds.), *Routledge Companion to Ancient Philosophy*, Routledge.

Woodruff, R., "Plato's Early Theory of Knowledge", *Companions to Ancient Thought 1: Epistemology*, Everson, S.(ed.), Cambridge Univ. Press, 1990.

제13장 플라톤의 형이상학

최화

1 플라톤 저술의 의도

주지하는 바와 같이 형이상학이라는 말은 아리스토텔레스의 저술들을 정리하다가 탄생한 편집 기술적 용어이다. 자연학 다음에 올 것으로 분류된 일련의 원고들을 부를 말이 없어서 '자연학 다음의 책'(meta ta physica)라 이름 지어서 부른 것을 동양 말로 번역하다 보니까 『주역』계사편의 한 구절 "形而上者 謂之道"에서 따서 '形而上學'이라 부른 것이다. 그러니까 그 말은 플라톤(Platōn)뿐 아니라 아리스토텔레스도 모르던 말이었다. 그러므로 플라톤의 형이상학이라는 말은 그 자체 시대가 뒤집힌 말(anachronisme)이다. 그러나 그렇다고 플라톤에 대해서는 형이상학을 논할 수 없다고 할 것인가? 그럴 수도 없는 것이 플라톤 저술에서 형이상학적 요소를 빼면 플라톤 철학 자체가 공허해져버릴 정도로 플라톤과 형이상학의 관계는 긴밀하다. 아리스토텔레스의 형이상학의 내용은 플라톤과 완전히 다르지만 과연 플라톤 없이 아리스토텔레스의 형이상학이 나왔을는지도 의문이다. 그러니까 비록 형이상학이라는 말은 몰랐을지라도 형이상학적 사유의 단초(심지어 기초)는 플라톤으로부터 나왔다고 해야 한다. 형이상학뿐 아니라 철학이라는 것 자체가 "아직도 플라톤적으로 생각하는 것"이라고 한국의 어느 고전학자가 말한 적이 있다.[1] 필자도 그 말이 전적으로 옳다고 생각한다. 플라톤은 도대체 누구이기에 철학하는 것이 바로 그처럼 생각하는 것일까? 그리고 거기서 형이상학은 무엇이란 말인가?

플라톤 저술을 보는 시각은 여러 가지일 수가 있다. 정치, 교육, 심리, 이데아론, 신비주의 등 여러 각도에서 볼 수 있을 것이다. 그중에서 가장 대표적이고 눈에 두드러지는 것은 아마도 정치의 시각일 것이다. 사실 플라톤은 아테네의 귀족 출신으로서 훌륭한 정치가가 되고 싶다는 것이 그의 가장 깊은 욕망이었던 것으로 보인다. 『일곱째 편지』에 따르면 그는 늙어서까지도 정치적 욕망을 버리지 못하고 자신의 뜻대로 나라를 세우고 싶어서 두 번이나 시칠리아의 시라쿠사로 여행한다(당시의 여행은 매우 위험하고 어려웠다). 물론 두 번 다 실패하지만 그의 정치 지향성은 충분히 엿볼 수 있다. 특히 그의 『국가』를 보면 청년들을 교육시키는 것이 가장 중요한 부분이고, 그것의 의도는 우선 훌륭한 지도자를 키우는 것이며 변증술도 그것을 위해 사용된다. 사실 그의 철학의 근본 동기가 정치, 또는 정치가를 키우는 것임을 부인할 수는 없다. 플라톤 철학은 분명히 그 입장에서 한번 정리할 필요가 있다. 그러나 플라톤 철학이 오직 정치만을 위한 것이고, 정치적 내용만으로 가득 차 있다면 그는 철학자가 아니라 정치가나 정치학자로 불렸을 것이다. 그에게는 훌륭한 정치가가 되기 위해서도 철학을 알아야 한다. 이때 철학은 정치학과는 다른 것이다. 그렇기 때문에 『국가』에서도 철학자가 정치가가 되어야 한다는 이론, 즉 철학자-왕의 이론을 전개하고 있다. 이때 철학자가 아는 철학이란 무엇인가? 정치가는 정치나 정치학만 알면 되지 왜 철학까지 알아야 하는가? 정치와 철학은 무엇이 다른가? 정치학은 정치와 관련된 모든 것을 아는 것이지만 철학은 사물을 아는 것이다. 사물을 안다는 것은 사물 전체를 안다는 것을 의미한다. 한 사람이 어떻게 사물 전체를 알 수 있는가? 그럴 수는 없다. 옛날

---

1) 이태수, 한국철학회의 한 발표에서.

에 사물 전체를 안다고 주장한 사람들이 있는데, 그런 사람들을 소피스트라 불렀다. 사물 전체를 안다는 것은 그 자체 거짓말이므로, 소크라테스 이래로 철학자는 그들과는 다르다는 생각이 확립되었다. 어떻게 다른가? 철학자는 전지전능하지는 않지만 전지전능을 추구하는 사람들이라는 것이다. 'philo-sophia'가 바로 그러한 사태를 표현하는 말이다. 'sophia'는 가장 탁월한 앎, 즉 전지전능한 앎인데 철학은 그런 앎을 가질 수는 없고 그런 앎을 추구할 뿐이라는 것이다. 전지전능함을 추구한다는 것은 무슨 뜻인가? 각 사물에 각 사물 자신의 동일성을 돌려주고 그 각 사물들 사이의 관계를 파악하는 것이다. 이것이 어떻게 가능한가? 가장 근본이 되는 원인들을 파악하여 각 사물을 그 근본 원인들과 관계시키는 것이다. 이것이 무슨 뜻인지는 나중에 밝혀질 것이다. 이것이 무슨 뜻이건 이렇게 하는 작업을 오늘날의 이름으로 부르면 형이상학이라 할 수 있다. 그러니까 철학자-왕이란 오늘의 말로 바꾸면 형이상학자-왕이다.

결국 플라톤의 근본적 의도는 그 말은 몰랐을지언정 형이상학이라고도 할 수 있다. 겉으로 보기에는 정치적 의도가 가장 강한 것 같지만 정치적이기 위해서도, 또 정치적 지도자를 키우기 위해서도 형이상학이 근본에 깔려 있어야 가능하다는 것이다. 당시는 민주주의 시대였고, 누구나 발언권을 얻으면 자기주장이 옳다고 주장하던 시대였다. 그 대표적인 예가 소피스트들인데, 고르기아스라는 소피스트는 자기는 모든 것에 대해 말하는 법을 알기 때문에 의사와 의술에 대해 논쟁을 하더라도 이길 수 있다고 주장하는 지경이었다. 누구나 자기주장을 하던 시대에 누구의 주장이 옳다고 할 것인가? 맞는 주장, 참된 주장의 근거가 각 개인에게 있다면 각자가 "만물의 척도"(metron tōn pantōn)라는 프로타고라스의 극단적 상대주의로 빠지고 만다. 그것은 논쟁에 대한 판정도 곤란하게 할 뿐 아니라, 나라의 정치도 곤란에 빠뜨리고 만다. 소크라테스가 가만히 보니 그렇게 되어서는 곤란하다는 것이다. 어떻게 할 것인가?

한 사물에 대해 어떤 주장을 하면 그 주장의 참-거짓의 기준은 각자의 생각에 있는 것이 아니라, 주장하고 있는 그 사물에 있어야 한다. 그런데 우리가 사는 세계의 각 사물은 끊임없이 변한다. 그중에 변하지 않는 측면을 잡아서 그것이 그 사물이라 해야 하고 그것과 다른 사물의 관계를 논하고, 그러한 것이 논쟁에 판정을 줄 수 있는 진정한 사물 자체라 해야 판정의 근거가 될 수 있다. 각 사물에 그 사물의 자기 동일성을 돌려주는 것, 그것이 이데아를 찾는 작업이다. 종래에는 그것이 플라톤 철학의 전부라 생각했지만 그렇지가 않다. 이데아들은 각 사물들을 따로 떼어놓는 것이고, 이 세상의 모든 사물들이 모두 분리되어 있는 것이 아니라 관계를 맺고 있다면 이제 그 이데아들 사이의 관계를 파악하는 것이 필요하다. 그렇다면 관계 일반을 가능케 하는 원인이 무엇인지가 밝혀져야 한다. 그것이 없으면 관계 자체가 불가능하기 때문이다. 그것이 플라톤이 아페이론이라 부른 것이다. 그런데 이데아와 아페이론만 있다면 무한히 연속되는 아페이론의 성질로 보아 모든 사물이 결국은 무규정성으로 빠질 것이므로 사물들을 무규정성에서 끌어낼 능동성이 필요하게 된다. 결국 세계를 설명하려면 이데아, 아페이론, 그리고 능동성의 원인, 이 세 원인이 다 필요하며, 이 셋이 우주를 설명하는 가장 근본적인 원인들이 된다. 이 세 원인을 찾아낸 것이 플라톤 형이상학의 최대 업적이며, 이후 형이상학은 이 세 원인을 둘러싸고 전개될 뿐 아니라, 이 중 어떤 원인을 중심으로 잡느냐에 따라 형이상학의 내용이 달라진다. 이런 의미에서 플라톤 철학은 모든 형이상학의 근본 틀을 설정한 철학이라 평가할 수 있다. 플라톤 철학을 이데아론이라고만 생각하는 것은 그의 철학의 3분의 1만을 붙잡고 그것을 전체라고 생각하는 것이다.

　　그렇다면 이제 플라톤의 형이상학을 살펴보는 것은 우선 위의 세 원인이 무엇이고 어떻게 분석되는가, 그리고 그들이 결합하여 어떻게 세계가 구성되는가를 살펴보는 일이어야 할 것이다.

2 이데아

플라톤의 대화편들, 특히 초기 대화편들을 보면 모두 대화의 주제가 되는 개념이 있고, 그것에 대하여 "그것이 무엇인가?"(ti esti)를 묻고 있는 것을 알 수 있다. 이 질문은 무엇인가? 그것이 무엇이기에, 대화편마다 묻고, 끝에 가서는 답도 찾지 못하고 실패하고 마는가?

대화편마다 실패한다는 것은 그 답을 찾기가 매우 어렵다는 것을 의미한다. 가령 『에우튀프론』편을 보면 "경건함이란 무엇인가?"를 묻고 있는데 초등학생에게 물어보면 '경건함'이라는 낱말의 뜻을 묻는 것이라 할 것이고, 중학생에게 물어보면 좀더 세련되게 사물의 정의를 묻는 것이라 할 것이다. '무엇인가?'＝낱말의 뜻＝정의인가? 이 셋은 같은 것인가, 다른 것인가? 우선 그 물음을 묻는 것은 낱말의 뜻을 묻는 것이 아니다. 낱말의 뜻은 그것이 있건 없건 무조건 물을 수 있다. 예를 들어 '용'이라는 낱말의 뜻은 "왕을 상징하는 고대 중국의 상상의 동물"이라 답할 수 있다. 이것은 그럴듯한 답처럼 보이지만 사실은 용이 없기 때문에 그것의 발톱이 세 개인지, 네 개인지, 다섯 개인지, 심지어 일곱 개인지를 확정할 수가 없다. 그렇기 때문에 그리는 사람마다, 그 문양을 사용하는 왕의 격에 따라 다 다르게 그려 넣는 것이다. 결국 "그것이 무엇인가?"의 주어는 없는 것이나 상상의 산물은 곤란하고, 우선 있어야 한다. 바꾸어 말하면 있는 것은 모두 그 물음의 대상이 될 수 있다는 말이다.

다음으로 "무엇인가?"란 무엇인가? 우선 '무엇'을 물었다는 것은 모든 의문사들 중에 가장 무지한 상태의 물음임을 의미한다. '결혼한다'는 말을 들었을 때 언제, 어디서, 누가, 어떻게, 왜 결혼하는지를 묻는다면 그것은 그래도 결혼이 뭔지를 아는 사람이 묻는 것이다. 그러나 "결혼이 뭐야?" 하고 묻는 것은 결혼 자체를 전혀 모른다는 뜻이다. 그러니까 무엇의 물음은 사물에 대해 최고의 무지 상태에서의 물음이고 따라서 대답도 그런 상태를 풀어줄 수 있는 대답이어야 한다.

그러나 사실 가장 중요한 것은 '~인가?'를 물었다는 것이다. 그것은 사물의 존재를 묻는 것으로서, '인식되는가?'나 '말해지는가?', 혹은 '움직이는가?'나 '되는가?', 또는 '나타나는가?'를 물은 것이 아니다. 인식, 언어, 운동, 생성, 현상은 모두 존재의 부분이며 그 역이 아니다. 그러므로 이 물음은 존재가 전체이며, 다른 것들은 전체가 아니라 단지 존재의 부분에 지나지 않는다는 것을 의미한다. 이 말을 플라톤이 명시적으로 한 것은 아니기 때문에 이후 많은 철학자들이 이것을 헤아리지 못하고 전체와 부분을 혼동하는 오류를 많이 범하고 있다는 점을 생각하면 '인가?'의 중요성은 아무리 강조해도 지나치지 않다. 아무튼 "그것이 무엇인가?"라는 물음은 사물에 대한 전면적 무지의 상태에서 그것에 대한 전면적 지식을 달라는 물음이라고 결론지을 수 있다.

전면적 무지의 상태란 행동이 완전히 아포리아(난관, 난문)에 빠져서 헤어날 길이 없는 상태를 말한다. 보통의 경우 행동은 아무 물음 없이 자동적으로 이루어진다. 그러다가 행동이 잘되지 않을 때 물음이 제기된다. 그런 물음 중에 최고의 아포리아에 빠지는 것은 죽음에 직면했을 때이다. 그러니까 "그것이 무엇인가?"라는 물음은 죽음에 직면한 사람이 거기서 빠져나오기 위해 제기한 물음이다. 플라톤 혹은 소크라테스는 왜 그런 물음을 물었는가, 즉 어떤 난관에 봉착했는가? 전쟁의 상황이다. 그리스인들은 전쟁을 하던 민족이었고 거기서는 항상 죽음이 문제였다. 그런 그리스인들이 제기한 물음이 바로 형이상학적 물음이었다. 형이상학은 그러니까 전쟁에서 나온 것이다.

그 연원을 살펴보았다면 이제 문제는 어떻게 그런 전면적 앎을 알 수 있느냐일 것이다. 사물에 대해 우리가 잘 알지 못하는 것은 그 사물이 그것 아닌 어떤 다른 것에 가려져 있기 때문이다. 그러니까 사물을 알려면 사물이 어떤 것에 은폐되어 있는데 그 은폐를 풀어 헤쳐서 사물 자체가 완전히 드러나게 해주어야 한다. 사물을 은폐하는 다른 것들은 사물 그 자체가 아니므로 조금 전문적인 용어를 쓰면 '타자'이고, 그 타자들이 사물을 은폐하고 있다는 것은 사물과 타자가 어떤 관계 속에 있다는 것을 의미한다. 그러므로 사물에 대한 전면적 앎을 가지려면 1) 타자성 일반과 2) 관계성 일반을 벗어나야 한다. 다음 절에서 밝혀지겠지만 타자성과 관계성은 모두 아페이론의 특성들이다. 그러니까 사물에 대한 전면적 앎을 가지려면 결국 아페이론을 모두 떨쳐내야, 즉 제거해야 한다. 그런데 아페이론의 존재론적 특징은 존재도 무도 아니라는 것이다. 존재는 무와 대립하는 데서 그 존재성이 드러나는데, 존재도 무도 아닌 것은 그러한 대립이 사라지는 데서 성립하므로, 이것이다, 아니다의 구별이 없어지고 모든 대립을 끊고, 없애버리며, 따라서 모든 것을 연결, 연속시키는 원리가 된다. 그러므로 아페이론을 제거해버린다는 것은 연결성, 관계성뿐 아니라 연속성도 모두 없어진다는 것을 의미하고, 아페이론을 완전히 제거한 상태는 타자성 일반과 관계성 일반이 모두 사라지고 오직 사물 그 자체만 홀로 남는 상태가 된다. 그때 그것은 내용과 형식, 겉과 안의 구별이 모두 없어지는 완전한 일자가 된다. 그러한 일자는 타자성과 관계성이 모두 사라지는 데서만 가능한데 그러한 사태는 완전한 무 속에서만 가능하므로 완전한 일자는 허무 속에 있다. 허무 속의 일자는 서로 방해할 요인이 전혀 없으므로 어느 것이 다른 것의 방해를 받아 존재하지 못할 이유가 없고, 그렇기 때문에 모든 것이 모조리 존재(공존)하게 된다. 그것은 또한 모든 연장성을 떠났으므로 모든 시·공을 떠나 영원히 존재한다. 그것은 내용과 형식, 겉과 안, 양과 질이 완전히 없어진 상태에서 전체가 한꺼번에 직관되므로 절대상이라 불린다. 플라톤의 이데아란 일차적으로 그러한 일자를 가리킨다.

그런데 허무란 문자 그대로 완전히 없는 것이므로 완전히 없는 것을 어떻게 직관할 수가 있는가, 시·공을 떠난 것이 어떻게 우리와 관계를 맺을 수 있는가 하는 어려운 문제가 제기될 수 있다. 사실 변증술을 통하면 이런 문제들을 푸는 것이 가능한데, 그것은 너무나 전문적이어서 여기서 다루기는 곤란하다. 플라톤은 무리하지 않고 동일성으로 만족하는 듯한 태도를 취한다. 위의 어려운 문제를 풀지 않고도 사물들은 스스로와 동일하다는 것만 인정하면 된다는 것이다. 우리도 플라톤을 따라가 보자. 동일성이란 완전한 일자가 관계 속으로 들어온 것이다. 각 사물이 자기 동일성만 가지면, 자신은 동일한 채로 남으면서도 반복 가능하므로 다른 사물들과 관계를 맺을 수도 있고 인식의 대상이 될 수도 있다. 다만 유의해야 할 점은 동일성에는 항상 다름이 따라다닌다는 것이다. A＝A라 할 때 A는 완전히 같은 것이 아니라 등호의 앞과 뒤라는 위치가 다르다. A는 자신과 같다고 할 때에도 그 자신이 반복되어 등호의 앞과 뒤에 나올 수 있어야 한다. 완전히 같은 것은 A 자체로서 앞에서 말한 완전한 일자와 같은 것을 말하는데 사실 A 자체가 없이는 A＝A도 성립할 수가 없다. 논리 법칙으로 말하자면 모순율 없이 동일률이 성립할 수 없다는 말이다. 어쨌건 동일성으로 만족하기로 했으니 그러기로 하자. 플라톤에게서는 이렇게 확보된 동일적 존재자도 이데아로 불린다. 그러니까 플라톤에게 주의해야 할 것은 이데아가 두 종류 있다는 것이다. 즉자적인 것과 자기 동일적인 것이 그것이다. 대체로 '그 자체'(kath' hauto)라는 말과 같이 나오면 전자이며, '동일한 것'(tauton)이라는 말과 같이 나오면 후자라고 이해하면 될 것이다. 자기 동일성이 확보되면 이제 어떻게 되는가?

　　무엇보다도 먼저 사물의 정의가 가능해진다. 무엇이든 정의를 하면 자기 동일성을 가지게 되고 자기 동일성을 가지면 학문의 대상으로 취급할 수가 있다. 그러니까 동일성의 차원에서는 '무엇인가?'의 질문이 추구하는 것은 곧 정의라는 것을 알 수 있다. 아까의 중학생은 결국 반은 옳은 대답을 한 것이다. 가령 두 사람이 이야기를 하는데 말은 같은 말이라도 의미하는 바가 서로 다르면 이야기의 대상이 서로 다른 것을 가지고 서로 싸우는 것이다. 우선 대상을 통일하고, 다음으로 거기에 자기의 감정이나 다른 것들을 덧붙이지 말고 오직 그 대상만 갖고 이야기하면 서로 싸울 필요가 없는 문제를 가지고 설왕설래하지 않게 된다. 그리고 그 내용도 분명히 확보가 되어 언제든 변하지 않을 것이다. 만인이 만 주장을 하던 당시의 정치 상황을 생각해보면 이것이 얼마나 중요한 일인지 짐작할 수 있을 것이다.

모든 사물에 대해 자기 동일성을 확보한다는 것은 그것은 그것이지 다른 것으로 환원하지 말라는 의미가 담겨 있다. 가령 내가 사랑하는 여인이 내 눈에는 너무도 아름다워 보여서 드디어는 그녀는 아름다움이요, 아름다움은 그녀로 생각된다고 해보자. 그러나 그것은 내 생각일 뿐 다른 사람에게는 그렇지가 않으니, 아름다움은 어디까지나 아름다움대로의 동일성이 있고, 여인은 여인대로의 동일성이 있는 것이지 헷갈리지 말라는 것이다. 사물을 그렇게 보는 것은 사물에 엉켜 붙지 말고 떨어져서 보라는 것이며, 떨어져서 보라는 것은 크게 보면 물리적 세계, 특히 신체를 벗어나서 보라는 것이다. 그렇게 되면 민족, 가족, 혈연, 관심, 관습, 편견, 언어, 기호, 소망 등 신체에 붙어 있는 것으로부터 모조리 떨어질 수가 있다. 그러므로 사물을 정의한다는 것은 사물을 객관적으로 보는 것이기도 하다.

이러한 정신은 사실 유클리드 기하학의 정신이다. 유클리드 기하학적 공간에서 사물은 모두 자기 동일성을 가지고 다른 사물과 관계를 맺는다. 기하학은 물론 관계를 중심으로 도형들을 탐구하는 것이지만 관계 이전에 각 도형이 자기 동일성을 갖지 않는다면 관계를 이야기해봐야 변해버릴 것이므로 아무 소용이 없다. 사물의 동일성을 확보한 다음 사물들 간의 관계를 논한다는 것이 유클리드 기하학의 근본 정신이며, 그것은 플라톤에서 학문 자체의 근본 정신이 되었고, 나중에는 서양 학문 전체의 근본 정신이 되었다. 서양의 기본이 기하학이라는 이야기가 나온 것은 바로 여기에서이다. 기하학은 다른 어떠한 문명권에서도 나온 적이 없는 그리스의 독창적 발명품이며, 서양의 원천으로서 헬레니즘을 말할 때 그 헬레니즘의 핵심은 기하학적 정신이다.

3 아페이론

앞 절에서 이데아를 파악하기 위해 아페이론을 빼야 한다고 말했는데, 그것을 뺀다는 것은 운동을 뺀다는 것과 같은 말이다. 운동은 아페이론을 기반으로 해서만 이루어지기 때문이다. 우리가 사는 세상에서는 모든 사물이 운동 중에 있는데 운동 중에 있는 것은 뭐가 뭔지 구별이 되지 않는다. 거기서 운동을 빼면 그 속에 엉켜 있던 것들이 모두 구별되어 나온다. 그것을 분석이라고 한다. 이데아를 파악하는 작업은 결국 분석의 작업이 된다. 그리고 분석해낸 결과는 사물들 하나하나가 따로따로 떨어져 나오게 되니까 사물들을 분석해내고 나면 사물들이 모두 떨어지는 결과가 된다. 그런 것들을 질이라 한다. 이데아의 의미 중에는 질이라는 의미도 있다.

그런데 이 세상의 사물들은 서로 분간될 뿐 아니라 서로 연관을 맺고 있다. 그렇다면 서로 연관을 맺는 원인은 무엇이냐를 또한 분석해내어야 한다. 그런데 사물들을 서로 떨어지게 하는 원인은 존재가 무와 대립해 있기 때문이다. 존재는 무와 모순 관계여서 그 둘 사이는 완전히 단절된다. 그렇다면 정반대로 연관을 맺게 하는 원인은 그것과 정반대의 원리, 즉 존재도 무도 아닌 것일 수밖에 없다. 그것을 아페이론이라 한다. 앞에서도 언급했지만 아페이론은 연결성, 연관성, 관계성, 연속성의 원리이다. 아페이론이라는 말 자체도 페라스(경계)가 없는 것, 즉 단절이 없는 것이라는 뜻이다. 단절, 경계가 없는 것도 질과 양, 두 측면에서 이야기할 수 있다. 질적으로는 무규정적인(indefinite) 것이고, 양적으로는 무한한(infinite) 것이다. 양적으로 무한한 것은 다시 크기에서 무한히 큰 것이나 작기에서 무한히 작은 것(무한소)으로 나눌 수 있다. 그 모든 의미를 합하여 우리는 아페이론을 일반적으로 무한정자라 번역한다. 그것은 질적으로나 양적으로 한정이 없으므로 끊어짐이 없이 계속 이어진다는 뜻이다. 그것을 연속성이라 한다. 연속된 것은 서로 이어지고 연결된다. 그것을 공간적으로 생각하면 공간의 이어짐, 즉 연장성을 의미하고, 추상적으로 이어짐만을 생각하면 관련성, 연관성, 관계성이 된다.

아페이론을 이해하기 위해서는 이어짐이란 무엇인가를 이해할 필요가 있다. 예를 들어 설명해보자. 두 개의 당구공이 서로 떨어져 있다면 어디서부터 어디까지가 A 당구공이고, 어디서부터가 A 당구공이 아닌지, 어디서부터 어디까지가 B 당구공이고 어디까지가 B 당구공이 아닌지, 즉 '~인지', '아닌지'가 분명히 구별이 간다. 그때 우리는 두 당구공이 떨어져 있다고 한다.

두 당구공이 붙어 있다면, 당구장에서는 '전문 용어'로 '떡'이라 하는데 수학적으로는 한 점에서 접한다고 할 수 있다. 물론 물리적 세계에서는 사실 두 당구공은 절대로 접할 수가 없으며, 아무리 붙어 있는 것으로 보이는 당구공도 현미경으로 본다면 완전히 떨어져 있다. 두 당구공은 붙을 수가 없는 것이 하나가 하나를 때려 '딱' 하는 소리가 나더라도 그 소리는 붙은 결과가 아니라 하나의 충격에 다른 하나가 우그러졌다가, 즉 뒤로(자기 속으로) 물러났다가, 다시 원래 상태로 복원되면서 그 상태를 반복하며 공기를 울리기 때문이다. 그 소리가 '딱'이다. 그러니까 한 당구공이 다른 당구공으로 파고든다 하더라도 절대 다른 당구공의 속으로 들어가는 것이 아니라 다만 그것이 물러난 자리로 들어가는 것뿐이다. 가령 야구 방망이로 야구공을 치는 것을 고속 카메라로 보면 공이 찌그러진 자리로 방망이가 파고들어갔다가 다시 반발력을 받고 공이 튕겨 나가는데, 이때 공은 찌그러들 뿐 결코 공 속으로 방망이가 들어가는 것이 아닌 것과 같다. 만약 속으로 들어갔다면 공이 쪼개지거나 유사한 어떤 손상을 받았을 것이다. 현실 세계에서는 그렇지만 철학적으로는(수학적으로도) 두 당구공이 한 점에서 접할 수가 있다.

이번에는 두 당구공에 열을 가하여 서로 이어놓았다고 해보자. 그러면 두 당구공은 까기 전의 땅콩 껍데기 모양으로 이어지게 될 것이다. 그렇게 되면 어디서부터 어디까지가 A이고 어디서부터 A가 아닌지, 어디서부터 어디까지가 B이고 어디서부터 B가 아닌지, 즉 '~인지,

아닌지'가 불분명해질 것이다. 즉 이어진다는 것은 '~인지, 아닌지'가 불분명해서 구별을 지어 말할 수 없는 상태를 의미한다.

위의 예를 종합해서 말하면, 구별된다, 떨어진다는 것은 '~인지, 아닌지'가 분명하여 경계가 구별되는 것이며, 이어진다는 것은 '~인지, 아닌지'가 불분명하여 구별이 지어지지 않고 경계가 흐리멍덩하다는 것이다. 이때 '~인지, 아닌지'가 존재와 무이다. 다시 말하면 존재와 무가 분명히 구별되어 서로 대립하고 있으면 구별되는 것이며, 존재도 무도 아니면 모든 것이 흐리멍덩하여 뭐가 뭔지 구별이 되지 않는 것이다. 그것이 이어짐이다. 존재와 무가 대립한다는 것은 무는 그 자체 없으므로 스스로 사라지고 존재만이 드러난다는 뜻이며, 그것이 페라스이다. 반대로 존재도 무도 아닌 것은 끊김 자체가 없어진 상태, 즉 모든 것이 이어진 상태이다. 이어진 것은 무엇이든 생각해보라. 가령 야구 방망이라면 어느 한 곳만이 야구 방망이냐 하면 그것이 아니라 그 옆에도 야구 방망이이고, 또 거기만 야구 방망이냐 하면 그것이 아니라 그 옆도 그렇고, 또 그 옆도 그렇고…… 그런 식으로 계속 간다는 이야기이다. 이어지는 한, '~인지, 아닌지'를 확정할 수 없다가 야구 방망이가 끝나는 곳에서는 드디어 여기까지만 야구 방망이이고 이 밖은 아니라는 것을 이야기할 수 있다. 그러니까 야구 방망이는 하나의 야구 방망이로서는 방망이인 곳과 아닌 곳을 확정할 수 있지만, 야구 방망이 내부에서 이어지는 한 여기만 방망이인지 아닌지를 확정할 수 없다.

『티마이오스』편에서 플라톤은 아페이론을 '방황하는 원인'이라 부른다. 원인이란 원래 확정적으로 정할 수 있는 것이어야 하는데 아페이론은 뭔가 확정할 것이 없으므로 그 자체 원인으로 부를 수 없는 것인지도 모른다. 그러나 그것의 방황하는 성격, 불확정적 성격 자체를 잡아서 하나의 원인으로 했다는 것이다.[2] 방황한다는 말 자체가 그 특성

---

2) 여기서 '그것은 무엇인가?' 물음의 힘이 다시 한 번 드러나는데, 아페이론은 완전한 존재도 아니지만 완전한 무도 아니기 때문에 뭔가 없지는 않은 것이다. 그런 한에서 그것에

을 잘 표현하고 있다. 어느 쪽으로든 붙잡아서 확정할 수가 없다는 것이다. 이 개념의 철학사적 의미는 매우 크다. 물론 아페이론이라는 말 자체는 이미 아낙시만드로스가 만물의 아르케로 사용했지만 여기서와 같은 개념으로 사용된 것과 그런 역할을 한 것은 플라톤에서 처음이다.

아페이론의 철학사적 의미는 무엇인가? 우리가 사는 세계는 다(多)와 운동이 있는 세계이다. 그런데 엘레아학파는 다와 운동을 부정했다. 파르메니데스는 이 세상이 가상적이라고 했고, 제논은 더 나아가 다와 운동이 있으면 모순이 나온다. 그러므로 다와 운동은 없다고 주장했다. 즉 다와 운동이 있다고 전제하면 모순된 두 주장, 가령 어떤 것이 크면서 동시에 작다거나, 유한하면서 동시에 무한하다는 주장을 똑같이 할 수 있다는 것이다. 이렇게 되면 우리가 사는 세상에 대한 연구는 불가능하다. 그러므로 '현상을 구제하려면' 다와 운동이 있더라도 모순이 발생하는 것이 아니라 반대로 다와 운동이 실재한다는 것을 이론적으로 밝혀야 했다. 그것을 한 것이 플라톤이다. 어떻게 했는가?

모순이란 어디서 성립하는가? 존재와 무가 부딪힐 때 존재와 무의 한계에서 성립한다. 좀 알기 쉽게 설명해보자. 모순이란 "한 사물이 동시에 동일한 관점에서 그것이면서 아니라고" 하는 것이다. "그것이면서 아니라고" 하는 것은 존재와 무가 부딪히는 것이다. 방금 설명했지만 부딪히는 것은 다른 것 속으로 뚫고 들어가는 것이 아니라 둘이 서로 만난다는 말이다. 그러므로 존재와 무가 서로 만나려면 그 둘의 한계에서 만날 수밖에 없다. 그런데 플라톤은 기발하게도 그 한계 자체를 허물어뜨려버렸다. 존재와 무의 한계를 무너뜨리면 어떻게 되는가? 존재도 무도 아닌 것이 나온다. 그것이 바로 아페이론이다. 그 전의 사람들은 존재와 무는 분명히 구별된 것이고 그 한계는 무너뜨릴 수 없다고

대해 무엇인가를 물을 수 있고 그런 한에서 그것을 정의할 수가 있다. 정의가 되지 않는 것조차 정의가 되지 않는다는 그 성질을 잡아 정의할 수가 있다. 그런 한에서 그것은 학문의 대상이 될 수 있다.

생각했다. 그렇게 되면 있는 것은 있는 것이고 없는 것은 없는 것이며, 이 구별은 없앨 수 없다. 그러므로 있거나 없거나 둘 중 하나라고 생각했다. 이것이 바로 엘레아학파의 철학의 근본이 되는 생각이다. 그러므로 있는 것이 없게 되거나 없는 것이 있게 되는 생성·소멸은 불가능하다. 있는 것은 모두 하나이지 그걸 나누면 나누어진 여럿은 서로에 대하여 있는 것, 즉 상대적인 존재, 다시 말하면 뭔가 덜 존재하는 것이 된다. 존재하거나 없거나 둘 중 하나이지 더나 덜 존재할 수는 없다. 그러므로 존재는 나눌 수 없다는 것이 엘레아학파의 생각이다. 그런데 플라톤은 "무슨 소리! 존재와 무도 가능하지만 존재도 무도 아닌 것도 가능하지 않은가" 하고 반론을 제기한 것이다. 그렇게 되면 이어짐, 연속, 연장, 관계, 운동, 과정, 상대, 다수, 가능성 등 우리가 사는 세상의 모든 것이 가능하게 된다. 이것이 확보되어야 안심하고 우리가 사는 세상을 탐구할 수 있다. 이것이 철학사에서 플라톤의 업적이자 의미이다. 혹시 개론서들에서 플라톤은 이데아의 세계와 현상계를 나누어서 현상계를 부정하고 이데아계만 인정했다는 따위의 이야기가 나오면 모두 거짓말임을 알아야 한다. 플라톤이야말로 '현상계를 구제한' 사람이다.

4 능동자(포이운)

이제 이데아와 아페이론이 확보되었다. 그것으로 현상계가 다 구제된 것일까? 논의의 현 단계에서 이 세상은 말하자면 이데아와 아페이론이 섞여서 이루어진 것과 같다. 그 두 특성이 다 있는 것이다. 그런데 아페이론의 특성은 그 무한정성이 끊임없이 이어진다는 것이다. 그러니까 그냥 놓아두면 아페이론에 의해 이데아가 다 소모되어, 모든 것이 무규정성으로 떨어져버릴 염려가 있다. 물론 세상이 나중에는 다 멸망해버리는 것으로 놓아두면 그뿐이겠지만, 그렇게 놓아두기에 플라톤은 너무 낙천적이었다. 아니, 플라톤의 성격 이전에 이데아와 아페이론은 그 성격이 정반대(존재와 무의 대립과 존재도 무도 아닌 것)여서 가만히 버려두면 서로 외면하면 그뿐, 서로 섞일 필요가 없다. 그러니까 이 둘을 섞어줄 제3의 힘이 필요하다. 이 세상이 존재하는 것이 분명하다면 둘을 섞어준 제3의 힘이 있는 것도 분명하다. 어떤 힘이 그런 능력을 발휘할까?

우선 그것은 어떤 힘, 능력이다. 서로 섞이지 않는 것을 섞어주는 것이기 때문이다. '섞어준다'는 것은 동사이며 동사라는 것은 움직일 수 있는 능력이어야 한다는 것을 의미한다. 다음으로 그 둘을 섞는다는 것은 존재도 무도 아닌 무한정적인 것을 존재로 끌어올릴 수 있는 능력을 가진다는 것을 의미한다. 존재와 무의 중간이면서 존재로 다가갈 수 있는 것이어야 한다. 사실 운동이라는 것만으로도 존재와 무의 중간이라는 것은 확보되지만 문제는 그 운동이 어떤 운동이어야 존재로 끌어올릴 운동이냐 하는 것이다. 끝으로 그것에게 작업을 시킬 다른 존재자가 없다. 다시 말하면 자기가 스스로 움직여야 한다. 다른 존재자가 있다면 그것 역시 다른 존재자에 의해 움직여지지 않는 한 스스로 움직여야 할 것이다. 다른 존재자가 있다 해도 무한 소급되지 않는 한 언젠가는 스스로 움직이는 존재자에 가서 종착될 것이다. 스스로 움직이는 것을 우리는 능동적으로 움직인다고 한다. '포이운'이라는 말은 'poiein' 동사의 현재분사로서 그 말은 원래 '하다', '만들다'라는 뜻이다. 그러니까 포이운이란 말 그대로 해석하면 '하는 것', '만드는 것'이라는 뜻이다. 그것을 우리는 보통 '능동자' 또는 '능동인'이라 번역한다. 그 뜻은 앞에서 말한 바와 같이 '스스로 움직이는 것'이다. 결국 우리가 말한 제3의 힘이란 포이운을 말한다. 포이운은 어떠한 성질을 가지는가?

『파이드로스』편에 의하면 "스스로 움직이는 것"(autokinēton＝능동자)은 "자기 자신을 버리지 않는다"(ouk heauton apoleipon)(245c)고 한다. 이것은 무슨 말인가? 모든 움직이는 것은 뭔가 변해서 다른 것으로 된다. 그것을 우리는 타자화한다고 한다. 그것은 모든 운동의 필연이다. 그렇지 않을 수가 없다는 말이다. 그런데 타자화한다는 것은 자기 자신을 버린다는 뜻이다. 그러니까 위에서 플라톤의 말은 스스로 움직이는 것은 타자화하지 않는다는 말과 같다. 타자화하는 것이 필연이라면 타자화하지 않는다는 것은 불가능하다. 어떻게 불가능한 것이 이루어진다는 말인가? 그런데 그런 것이 있다. 그렇다면 그것은 불가능을 뚫고 불가능을 가능하게 만든 것이다. 그러한 것이 무엇인가? 모든 생물이 그러하다. 모든 생물은 스스로 움직인다. 식물마저도 해를 향해 이파리를 향하는 것은 누가 시켜서 하는 것이 아니라, 자기 스스로 움직인 것이다. 그렇다면 모든 생물이 불가능을 뚫고 불가능을 가능하게 만든 존재란 말인가? 그렇다. 그러기에 살기는 항상 힘들다.

그렇다면 어떻게 자기 자신을 버리지 않을 수 있는가? 방법은 한 가지뿐이다. 운동의 필연적인 법칙인 타자화의 매 순간을 거기에 거꾸로 가는 역방향의 운동을 하는 수밖에 없다. 그것이 바로 기억이라는 현상이다. 기억은 타자화하는 매 순간을 과거라는 형태로 껴안고 짊어지고 가는 현상이다. 생명은 기억이 있기 때문에 자기 동일성을 가질 수 있다. 어릴 때의 나와 지금의 나는 생각도 변하고 얼굴도, 덩치도 변했다. 그러나 나는 계속해서 나이다. 사진 속의 어린 나를 보고 나라고 한다. 모든 것은 변했는데 왜 나인가? 나의 기억을 가지고 있기 때문이다. 이때 기억이란 단지 정신적 기억뿐 아니라 신체적 기억까지 포함한 기억이다. 신체도 기억을 가진다. 가령 어릴 때 배운 수영의 기억은 몇 년 후에 다시 해도 그대로 남아 있다. 그때 우리는 수영 배울 때의 그 기억을 정신적으로 되살려서 하는 것이 아니라, 물을 보면 몸이 저절로 반응한다. 그것은 신체도 기억을 가진다는 것을 의미한다. 신체적 기억과 정신적 기억은 모조리 남아 있다. 기억이 지워졌다면 나의 자기 동일성이 그만큼 사라졌을 것이기 때문이다. 그러니까 뇌는 기억의 기관이 아니라 오히려 망각의 기관이다. 어렸을 때부터의 모든 기억을 매 순간 기억한다면 현실의 삶을 살 수가 없으므로 기억은 남아 있되 대부분은 무의식 속에 남아 있고 현실에 필요한 것만 떠오른다고 해야 한다. 바로 그런 역할을 맡은 것이 뇌의 역할이다. 우리의 기억이 다 남아

410

있다는 증거는 많지 않지만 죽다가 살아난 사람들의 체험에서 알 수 있다. 죽으려는 순간 그들은 전 생애의 모든 사건들이 빠짐없이 짧은 순간에 주마등처럼 스쳐 지나가는 것을 경험했다고 한다. 물론 플라톤의 시대에는 이런 모든 세련된 기억 이론들은 없었다. 그것은 나중에 앙리 베르크손(Henri Bergson)이 나온 다음에 확립된 이야기이다. 그러나 플라톤도 분명 기억은 이야기하고 있다.

운동에서 타자화하는 부분은 아페이론의 지배하에 있는 운동이며, 운동의 수동적인 면이다. 그 타자화에 역기능 하는 부분은 반대로 능동적 운동이며 타자화하지 않고 자기 동일성을 유지하는 운동이다. 자기 동일성을 유지한다는 것은 존재와 무 사이에서 존재를 유지하는 거의 최상의 방법이다. 아까 앞에서 제3의 힘이 가져야 할 요건과 그대로 맞아떨어진다. 그러니까 이 능동적인 힘이 이데아와 아페이론을 섞이게 해주는 능력이라고 결론 내릴 수 있다. 현대의 많은 철학자들은 운동의 철학을 한다면서 자기 동일성은 다 사라지고 변화만 있는 줄 안다. 형이상학의 기초를 모르는 소치이다. 능동적 운동은 자기 동일성을 유지하는 운동이다. 운동에는 능동적 운동과 수동적 운동이라는 두 가지가 있다. 내 눈앞에 있는 죽은 사물, 가령 이 책상은 1초 전과 1초 후가 다르다. 우리 눈에는 가만히 있는 것처럼 보이지만 사실은 분자 속에서, 그리고 경계선에서 끊임없이 진동하고 있고 다만 기억이 없어서 자기 동일성이 없다. 그러므로 그것은 끊임없이 변하고 끊임없이 타자화하고 있다. 1초 전과 후가 다른 것이다. 그런 운동은 수동적 운동이다. 그러나 생명체는 위에서 설명한 것처럼 자기 동일성을 유지하며 운동하므로, 그런 운동을 능동적 운동이라 한다. 플라톤이 이데아의 파악을 위하여 운동을 뺐다는 것만 생각하고 플라톤의 철학을 운동에 반하는 철학이라 하는 것은 플라톤을 반만 아는 이야기이다. 그때 뺀 운동은 아페이론적 운동, 즉 수동적 운동이다. 플라톤은 놀랍게도 그 옛날에 능동적 운동의 본성을 파악했을 뿐 아니라 그것을 존재의 세 원인 중 하나로 세웠다.

능동자가 불가능을 극복하고 가능하게 만들었다는 것으로부터 양상론이 나올 수 있다. 불가능을 극복하고 나왔으므로 가능적인 것, 모순적인 것, 우연적인 것이다. 여기서는 필연이란 없고 모든 것이 비결정적이다. 그렇기 때문에 생명체는 자유로운 존재다. 자유로운 존재는 매사에 선택을 해야 한다. 어디를 가든 무엇을 하든 어느 한 방향으로 가거나 어느 하나를 하는 것이 아니라 이리로 갈 수도 있고 저것을 할 수도 있다. 그렇기 때문에 어떻게 갈 것이냐가 항상 문제 되고, 거기서 기술의 문제가 나온다. 기술이란 인간이 물질을 어떻게 다루느냐의 문제이며 그것을 일정한 행동 방식으로 확립해서 행동하기 좋게 만든 방법이다.

능동적 존재자는 "자기 자신을 버리지 않는다"고 했던 플라톤은 그러므로 죽지 않고 영원히 산다는 영혼 불멸설을 주장했다. 자기 자신임을 버리지 않기 때문이라는 것이다. 그러나 다른 한편으로는 자기 자신은 모든 운동의 시초(archē)라고도 했는데, 시초라는 것은 그 이상의 원천이 없다는 뜻도 된다. 원천이 없는 것은 무에서 나왔다고 할 수도 있다. 자기 자신이 무에서 나온 것이라면 언제 다시 무로 돌아갈지도 모른다고 생각할 수 있는 것이다. 그렇게 생각한 것이 베르크손이다. 그러므로 그에 따르면 생명이란 무에서 나왔으므로(비약) 언제든지 무로 돌아갈 수 있는 존재이다. 항상 선택에 직면하여 까딱 잘못 선택해도 무로 돌아갈지 모른다는 것이다. 아까 영원히 산다는 것보다는 언제 죽을지 모른다는 것이 원래 불가능을 가능케 한 존재라는 규정에 더 부합할지도 모른다. 능동성의 존재론적 성격을 밝혔던 플라톤도 영혼 불멸에 관해서는 다른 가능성을 주목하지 못했다.

5 우주론

우주가 존재하려면 적어도 위의 세 원리가 있어야 한다. 이데아는 사물의 본성으로서 불변적인 존재가 드러나는 것이며, 아페이론은 존재도 무도 아니어서 모든 경계를 허물고 사물들을 서로 관계 맺게 해주는 것이다. 능동자(포이운)는 그 둘을 섞어서 존재도 무도 아닌 것을 존재로 끌어올리는 능동적 힘이다.

플라톤의 우주론이 전개되어 있는 『티마이오스』편을 보면 우주는 제작자인 데미우르고스(능동자)가 이데아를 보고 방황하는 원인을 설득한 결과라고 되어 있다. 그것이 플라톤이 파악한 우주의 가장 기본적인 골격이다. 우리가 밝힌 세 원인을 기반으로 우주의 탄생을 설명하고 있음을 알 수 있다. 데미우르고스는 그 자체 내용이 없고 다만 게으르지 않다는 점에서 선하다고만 되어 있다. 데미우르고스가 자기 생각이 있어서 거기에 따른다면 사물의 본성과는 다른 세계가 만들어지기 때문에 곤란하다. 사물의 모든 내용들은 이데아가 가지고 있기 때문에 데미우르고스는 그것을 보고 우주를 만들 뿐인데, 이때 방황하는 원인을 설득한다. 그러니까 우주론에서는 아페이론이 마치 어떤 질료 같은 역할을 한다는 것을 알 수 있다. 그것이 공간적 연장성을 가지고 있으니 그런 역할을 하는 것도 당연하다. 설득한다는 것은 그의 말을 듣는 측면도 있지만 다 듣지는 않는다는 것을 의미한다. 그것은 문자 그대로 방황하므로, 방황하는 성질을 다 없애고 완전히 이데아에 따라올 수가 없기 때문이다. 그래서 데미우르고스는 최대한 설득하지만 설득되지 않는 면이 남는 것은 어쩔 수가 없다.

여기서 주의할 점은 데미우르고스의 세계 제작이 가령 기독교에서 신의 창조와 다르다는 점이다. 플라톤에서의 제작은 목수가 의자를 만드는 것과 유사하다. 의자를 만든 사람이 목수인 것은 분명하지만 목수는 재료인 나무도, 또 의자 자체도 만든 것이 아니다. 의자는 원래부터 있었고, 나무도 원래 있었으며, 다만 사람이 앉을 수 있는 도구인 의자가 되도록 나무를 잘라 붙여서 만든 것이다. 기독교의 신은 다르다. 처음부터 아무것도 없었고 나무도 의자도 전혀 없던 것을 모두 만든 것이다. 그러니까 그런 신은 창조주이지만, 목수는 창조주가 아니라 제작자이다. 이미 있는 이데아와 아페이론을 결합한 것이 그의 역할의 전부이다.

위의 세 원리는 대화편마다 그 이름을 달리하며 나오는데, 『필레보스』편에서는 페라스, 아페이론, 포이운 등 통일된 이름으로 등장하며, 『티마이오스』편에서는 에이도스, 방황하는 원인(planomenē aitia), 데미우르고스로 나온다. 순서대로 각각 대응한다고 생각하면 될 것이다. 플라톤이 나이가 든 후(60세)에 아카데메이아에 왔던 아리스토텔레스는 후기 플라톤의 영향을 받을 수밖에 없었다. 유명한 그의 4원인설도 플라톤의 영향 아래서 이루어진 것임을 금방 알 수가 있다. 형상인은 이데아이며, 질료인은 아페이론, 능동인은 포이운과 대응함을 짐작하는 것은 어려운 일이 아니기 때문이다. 다만 목적인은 그의 독창적인 목적론에서부터 나온 것으로 플라톤에서는 상응하는 항이 없다.

이데아, 아페이론, 포이운은 플라톤이 발견해낸 형이상학의 세 원리이다. 이것은 2,600년 전 플라톤이 발견한 것이지만 아직도 죽지 않고 타당한 것이다. 플라톤을 공부하는 것은 죽은 철학을 역사적 관심에서 연구하는 것이 아니라 아직도 살아 있는 철학을 탐구하는 것이다. 사실 플라톤에게는 이것뿐 아니라 변증술도 살아 있다. 플라톤은 아직도 살아 있는 철학자이며 제대로 철학을 하려면 아직도 그에게서 배워야 한다. 그가 너무 오래된 사람이다 보니 현대 철학자들은 자주 그를 무시하고 철학 하려는 성향을 보인다. 그러나 그런 철학치고 올바른 이야기를 하는 것이 드물다. 특히 포스트모더니즘이라는 이름으로 알려진 일군의 프랑스 철학자들은 '형이상학의 극복'이란 기치를 내걸고 노골적으로 플라톤을 넘어서려고 시도한다. 후대의 철학자가 전대를 넘어서는 것은 바람직한 현상이다. 언제까지나 옛이야기를 되풀이할 수는 없는 일이기 때문이다. 그러나 무엇을 넘어선다는 것은 마치 플라톤이 엘레아학파를 넘어서듯이 그것보다 더 폭넓은 사고로 그것을 뒤엎고 넘어서야지, 그 전의 이야기는 딴 데 두고 자기네들 이야기만 한다고 해서 넘어서지는 것이 아니다.

　이 세 원리를 놓고 어느 것을 중심으로 우주를 정리하느냐에 따라 각 형이상학의 내용이 달라진다. 페라스 중심으로 정리하면 아리스토텔레스와 같은 목적론이 되는데, 아페이론으로부터 포이운까지 모든 사물이 페라스를 따라 일렬로 배열되고 포이운은 최고의 목적인 형상과 일치해버리기 때문이다. 포이운을 중심으로 정리하면 베르크손 같은 운동 중심의 형이상학이 된다. 세계는 능동운동과 수동운동, 즉 자발성과 물질성의 대립으로 성립하고, 질은 그 양자 사이의 만남의 결과로서만 성립하는 것이 된다. 그에 비해 이 세 원리를 추출해낸 플라톤은 페라스와 아페이론을 모두 놓고 우주를 설명하려 했고, 그 결과가 『티마이오스』편과 같은 우주론, 즉 데미우르고스가 형상을 보면서 방황하는 원인을 설득해서 이 우주가 생성됐다는 형이상학이 된다. 다만 여기서 아페이론은 독립적 설명 원리가 되지 못하는데, 그것은 혼동의 원인이지 설명의 원인은 아니기 때문이다. 어쨌든 근본적인 이 세 원리를 놓고 세계를 설명하면 이야기가 딴 데로 흐르지도, 방황하지도 않게 된다. 그 원인들의 상하(相下)에서 세계를 보는 것이 형이상학일 것이다.

■ 참고 문헌

박홍규 전집, 1. 『희랍 철학 논고』, 민음사, 1995.
　　　　　 2. 『형이상학 강의 1』, 민음사, 1995.
　　　　　 3. 『형이상학 강의 2』, 민음사, 2004.
　　　　　 4. 『플라톤 후기 철학 강의』, 민음사, 2004.
　　　　　 5. 『베르그송의 창조적 진화 강독』, 민음사, 2007.
최　화. 『박홍규의 철학』, 이화여대 출판부, 2011.
_____, 「기초존재론 초」, 『서양고전학연구』7, 1993.

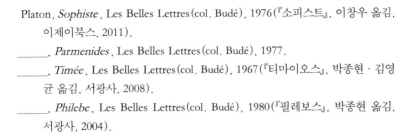

Platon, *Sophiste*, Les Belles Lettres(col. Budé), 1976(『소피스트』, 이창우 옮김, 이제이북스, 2011).

_____, *Parmenides*, Les Belles Lettres(col. Budé), 1977.

_____, *Timée*, Les Belles Lettres(col. Budé), 1967(『티마이오스』, 박종현·김영균 옮김, 서광사, 2008).

_____, *Philebe*, Les Belles Lettres(col. Budé), 1980(『필레보스』, 박종현 옮김, 서광사, 2004).

제14장 플라톤의 정치철학

이정호

1 들어가는 말

　플라톤(Platōn)의 정치철학을 전체적으로 개관하는 일은 간단하지 않다. 그의 대화편들은 모두 특정 주제를 표방하고는 있지만 내용상으로 하나의 유기체처럼 상호 밀접하고도 풍부한 내적 연관을 가지면서 플라톤 고유의 정치철학적 지향과 함축도 상당 부분 포함하기 때문이다. 두말할 나위 없이 그 논의의 중심에는 『국가』가 있다. 그만큼 『국가』는 플라톤의 정치철학의 핵심적 내용을 담고 있다. 그러나 『국가』의 이상국가론에만 매달리다 보면 플라톤 정치철학이 가지고 있는 현실구제론으로서의 실천적 성격을 간과하기 쉽다. 그러므로 플라톤 정치철학의 전체 윤곽을 균형 있게 이해하기 위해서는 최대한 관련 대화편들을 유기적으로 아우르며 고찰하는 것이 필요하다.

　이 장은 관련 대화편들을 토대로 플라톤의 정치철학이 이상적 원칙에 입각한 현실구제론이라는 근본 입장을 견지하면서, 정치적 이상과 실행 기술, 그 기술을 통한 이상의 현실화라는 플라톤 정치철학의 기본 틀을 논의의 근간으로 삼아 플라톤 정치철학의 특징과 성격을 개괄적으로 살펴보고자 한다.

2 토대와 배경

　　정치는 사회적 존재로서 인간의 자기 보존을 위해 집단생활을 조직하고 운영하는 인위적 활동이다. 문화가 인류의 생존과 적응을 위한 인간만의 고유한 성취라면 정치학만큼 중요한 문화적 성취도 없을 것이다. 정치철학은 그러한 정치의 본질, 즉 정치 활동의 근간이 되는 권력과 이념, 제도 및 정책의 방향과 관련한 근본 원리를 탐구한다. 그러한 탐구의 배후에는 두말할 나위 없이 당대를 살아가는 사회적 현실에 대한 치열한 인식과 평가 즉 정치철학적 문제의식이 자리하고 있다.

　　주지하다시피 고대 그리스 사회는 민족적인 단일성과 동일한 언어를 보유하고 있음에도[1] 발칸 반도에 남하하여 정착한 이후에는 수많은 폴리스(polis), 즉 도시국가들로 분리되어 각기 고유한 정치 체제를 구축하고 각기 나름대로 삶의 방식을 유지하면서 상호 공존해왔다. 그러나 그들은 각기 다른 폴리스에서 각기 다른 삶의 양식을 구축해오면서도 폴리스 자체에 대해서만은 하나의 공통된 인식을 공유하고 있었다. 폴리스는 그들의 공공 생활과 군사 활동 등 모든 사회적 기능이 유기적으로 통합되고 배분되는 일상생활 자체이자 정신적 결합체였다. 다시 말해 폴리스는 사회의 어떤 부분, 어떤 집단보다도 상위에 위치하여 이들 사회의 각 부분과 집단에 의미와 가치를 부여하고 상호 통합하는 기능을 가지고 있었다. 따라서 가족이든 친구든 재산이든 이러한 것들은 모두 폴리스의 최고선과 불가분의 관계를 맺고 있을 때에만 제대로 그 빛을 발휘하고 향유될 수 있는 것들로 여겨졌다. 오늘날의 개인주의적 관점에서 보면 국가의 목표와 개인의 목표는 상호 대립적 긴장 관계를 포함하지만 그리스인들에게 그러한 생각은 매우 낯선 것이었

---

1) 일부 그리스인들 특히 아테네인들은 남하한 도리아인과 다른 토착민이라는 생각도 가지고 있었지만 그리스인들은 모두 발칸 반도 북쪽에 살다가 여러 차례의 민족 이동을 거쳐 남하해온 것으로 생각된다. 빅터 에렌버그, 『그리스 국가』, 김진경 옮김, 민음사, 1991, 23쪽 참조.

다. 그들에게 최선의 개인은 최선의 시민이었기 때문에 폴리스의 이상과 개인의 이상은 애초부터 서로 모순되지 않는 것이었고 그에 따라 그 구분의 필요성 또한 거의 인식되지 않았다. 이를테면 아리스토텔레스가 『정치학』에서 인간을 "정치적 동물"(zōion politikon)이라고 말했을 때(1253a1), '정치적'이라는 말 역시 폴리스야말로 인간이 자기의 정신적, 도덕적, 지적 능력을 충분히 실현할 수 있는 유일한 테두리라는 것을 의미했다. 요컨대 폴리스 내에서 시민적 공동 생활이란 개인적인 취향과 성향에 따라 마음 내키는 대로 수용하고 버릴 수 있는 것이 아니라 완전한 인간으로 성장하기 위해 함께 몸담고 있어야 할 필수적이고 본질적인 영역이었던 것이다.

폴리스적 삶에 대한 이러한 공통된 인식은 천여 년에 걸친 남하와 정착 과정에서 그들이 겪어온 체험에 기초한 것임은 두말할 나위가 없다. 그리고 그 배경에는 그들의 삶을 지탱해주는 영원한 모태로서 자연에 대한 뿌리 깊은 신뢰가 자리하고 있었다. 그리고 그와 같은 자연에 관한 인식은 신화의 시대를 거쳐 기원전 5세기에 이르러 철학적 사유를 통해 자연과 인간, 본성과 관습을 관통하는 조화와 질서의 근본 원리로서 정식화되었다. 이른바 하나와 여럿(多)의 문제, 정지와 운동의 문제는 우주론과 자연학적인 문제뿐 아니라 이미 인간 사회에 존재하는 여러 상이한 세력들 간의 갈등과 조화, 분열과 통일이라는 정치·사회적 문제를 포함하는 것이었다. 그리고 훗날 플라톤에 의해 제기된 여럿의 공존과 조화의 원리 또한 기원전 5세기 지중해 연안에 흩어져 살던 고대 그리스인들의 이상적 삶의 원리이자 사회적 관계 형성의 근본 원리로서 이미 폴리스적 삶에서 구현되어 있었다.

그러나 이러한 폴리스에 대한 전통적인 인식은 페르시아 전쟁 이후 아테네가 폴리스의 종주국임을 자처하면서 점차 붕괴 위기를 맞이한다. 페리클레스가 주도한 아테네의 패권적 제국주의는 인접 폴리스들을 예속화하면서 그리스 전체 사회의 공존과 평화를 위협하기 시작한 것이다. 그것은 급기야 스파르타의 반발을 불러일으켜 펠로폰네소스 전쟁을 발발하게 하여 전체 폴리스들 간의 분열과 몰락을 가속화하는 계기가 되었고, 플라톤 또한 어린 시절과 청년기 내내 이 끔찍한 내전의 고통을 온몸으로 안고 살지 않으면 안 되었다.

이후 조화와 공존을 표방하던 전통적 그리스 정신은 급속도로 붕괴되어갔고 설상가상으로 급격한 인구 증가와 폴리스들 사이의 해상 무역을 통한 상업주의의 발흥은 폴리스적 공동체에 대한 확고한 신뢰보다는 개인들의 사적 이해를 더 중요시하는 풍토를 진작했다. 이로 인해 계층 간 빈부 격차 또한 나날이 심대해져서 폴리스에 대한 긍지와 애국심은 사라져갔다. 귀족들은 공공 생활에 대한 기여보다는 사유 재산의 증식에 혈안이 되어 정치적 역학 관계에 따른 배반과 이합집산이 횡행하였다. 게다가 사상적 정황 또한 자연과 인간, 폴리스와 개인을 하나로 묶어주던 조화와 질서의 원리로서 자연에 대한 신뢰가 무너지면서 급기야 고대 이래 당연시되어온 자연과 관습의 유기적 통일, 여럿과 운동의 실재가 부정되면서 한쪽에서는 엘레아적 논리주의가 또 다른 한쪽에서는 회의주의가 사상계를 압도하여 소피스트라는 새로운 지식인 계층을 등장시켰다.

이러한 격동하는 시대적 흐름 속에서 스승 소크라테스까지 사형에 처해지는 충격을 감내해야 했던 플라톤이 과연 어떤 정치철학적 지향과 문제의식을 가질 수밖에 없었는가를 짐작하는 것은 그리 어렵지 않을 것이다. 그것은 전통적인 그리스 사회가 보존하고 지향하고 있었던 서로 다른 것들끼리의 조화와 공존, 그리고 그것을 하나로 묶어주는 확고하고도 신뢰할 만한 부동의 이념을 확립하는 것이었다. 나아가 그 보편적 이념을 현실 사회에 적용해 폴리스들 상호 간, 폴리스 내부의 계층들 사이의 내분과 불화 그리고 그 속에서 잉태된 개인주의적 이기주의, 회의주의, 권력지상주의를 넘어서는 진정으로 정의로운 사람, 정의로운 폴리스를 실질적으로 구현할 수 있는 인적, 제도적 방안을 구축해내는 것이었다.

3 목표와 과제

플라톤의 정치철학적 이념과 구상이 이러한 문제의식 속에서 발 아된 것임은 두말할 나위가 없다. 플라톤의 대표적인 정치철학적 저술인 『국가』만 들여다보더라도, 폴리스가 몰락의 위기에 빠졌음에도 개인의 현실적인 이익과 안일만을 추구하는 세속 군상들에 대한 비판으로부터 시작한다. 그 비판의 정점에 소피스트 트라쉬마코스가 있다. "정의는 강자의 이익"(estin to dikaion to tou kreittonon ksympheron)으로 표징되는 그의 주장(338c~339a)은 『고르기아스』에 등장하는 칼리클레스의 주장(『고르기아스』 482c~492d)과 더불어 2,500년이 지난 오늘날에도 막강한 현실적 설득력을 지니고 견고하게 세인들의 마음을 사로잡고 있다. 사실 그의 주장이 지니는 설득력은 논리에 있는 것이 아니라 우리 마음속 깊이 이글거리는 충동적 욕망을 아무런 거리낌 없이 노골화하는 데 있다. 이러한 트라쉬마코스의 주장은 개인의 이익이 폴리스의 이익과 상호 밀접하게 결부되어 있다는 전통적인 의식을 완전히 뒤엎는 것이자 그 자체로 당대에 만연한 권력지상주의, 이기적 개인주의를 당당하게 대변하고 있다. 물론 플라톤은 소크라테스의 입을 통해 그의 주장을 논파하고 있지만 소크라테스 스스로도 불만을 털어놓았듯이(354b~c) 그러한 주장은 논파는 될지언정 결코 사라지지 않는다는 데 그 심각성이 있다. 왜냐하면 그러한 주장은 아무리 논리적으로 한계가 드러난다 하더라도 실제로 그것의 모태가 되는 현존하는 충동적 욕망을 원천적으로 뿌리째 제거할 수는 없기 때문이다. 이것이 탐욕을 모태로 하는 트라쉬마코스적 근본주의가 지니는 불굴의 힘이다. 그렇다면 그러한 주장들을 극복하는 길은 어디에서 구할 수 있는 것일까? 그것은 부분적인 반박이나 수정 논리가 아니라 완전무결하고도 빈틈없이 그 주장을 총체적이고도 전면적으로 압도할 만한 또 다른 근본주의적 대안 체계를 내세우는 것이다. 거울 속에 비친 상이 실상과 모든 점에서 완전무결하게 대응되지만 실제로는 반대상이자 허상이듯이 그 거짓

됨의 전체 국면을 철저하게 드러내고 나아가 그러한 인간 군상이 결코 존립할 수 없는 완벽하고도 이상적인 정치사회적 구조를 제시하는 것이다. 이것이 또 다른 의미의 근본주의적 정치철학으로서『국가』의 이상국가론이 갖는 의미이자 본으로서의 이념이다.

플라톤은 이를 위해『국가』에서 글라우콘(Glaukōn)과 아데이만토스(Adeimantos)를 논의의 파트너로 끌어들여 트라쉬마코스류의 주장들을 이론적으로 재구성하고 그것을 안티테제로 삼아 자신이 앞으로 구축해야 할 완전한 국가, 정의와 행복이 일치하는 국가의 기본 구조와 성격을 제시한다. 우선 글라우콘은 "부정을 행하는 것이 이득이고 부정을 당하는 것이 손해이지만, 대부분의 사람들은 부정을 행할 능력이 없기 때문에 서로 계약하여 부정을 행하지도 당하지도 않는 편을 택해 그것을 법률을 정해 정의(dikaiosynē)로 삼았다"고 주장한다(358e~359a). 그리고 아데이만토스는 글라우콘의 주장을 보충하는 형태로 정의는 "훌륭하지만 아무런 이득도 없고 고역과 뻔한 손실만 있는 것"이고 부정은 "평판은 나쁘지만 능력만 있으면 늘 이득을 가져다주는 것"이므로, "겉으로는 정의로운 양 가장하여 평판을 얻고 실제로는 능력껏 부정을 행하는 것"이 가장 좋은 것이라고 주장한다(362d~366e). 글라우콘과 아데이만토스의 주장은 비록 2,500년 전 주장임에도 불구하고 오늘날을 포함하여 그 어느 시대에나 엄청난 흡인력이 있을 정도로 부정에 대한 추구가 얼마나 완강하고도 근원적인 것인지를 잘 보여준다. 그래서 플라톤은 글라우콘과 아테이만토스의 입을 통해 앞으로 자신이 펼칠 논의의 목표를 제시한다. 글라우콘은 소크라테스에게 "정의가 과연 그 자체로 그것이 가져다주는 결과로도 가장 좋은 것인지"를 묻고 있고 아데이만토스 역시 "정의와 부정의 그 각각이 그것을 지니고 있는 당사자에게 그 자체로서, 즉 신들이나 남들에게 발각되건 또한 그렇지 않건 간에 무슨 작용을 하기에 한쪽은 좋은 것이지만 다른 한쪽은 나쁜 것인지" 증명해줄 것을 요청하고 있는 것이다(367a~e).

이로써 플라톤이 다루어야 할 가장 핵심적인 주제가 무엇인지, 트라쉬마코스류의 주장을 넘어 플라톤이 지향하는 정치철학의 기본 성격과 목표가 무엇인지가 드러난다. 한마디로 그것은 "정의는 그 자체로 좋은 것(to agathon)이고 그것에서 생기는 결과 때문에도 좋은 것"임을 밝히는 것이다. 그런데 놀랍게도 플라톤은 이러한 과제에 답하기에 앞서 마치 작은 글씨보다는 큰 글씨가 더 잘 보이듯이 '정의로운 개인'에 대한 논의를 '정의로운 국가'에 대한 논의로 확대해서 정의로운 국가에서 그 대답을 찾아보자고 제안한다(68c~369a). 이러한 전환은 이제 지금까지의 정의로운 사람과 관련한 윤리학적 접근이 정의로운 국가를 주제로 하는 정치철학적 접근으로 확대되고 있음을 보여준다. 그러나 개인과 국가를 단순 등치하는 방식으로 이루어지는 그러한 전환이 과연 합당한 것일까? 플라톤만큼 정밀한 논의를 추구하는 사상가도 없다는 점을 고려하면 아무런 사전 설명이나 전제도 없이 이루어지는 그러한 단순 등치는 실로 이해하기 어려운 일이라 아니 할 수 없다. 이후에 전개되는 플라톤의 논의는 그러한 전환이 어떤 구도에서 어떤 정치철학적 지향을 가지고 제시된 것인지 그리고 그러한 전환이 플라톤의 정치철학의 고유한 특성을 얼마나 잘 반영하고 있는지를 잘 드러내주고 있다. 그러나 플라톤은 그러한 전환이 갖는 의미를 온전하게 드러내기 전에 일단 큰 글자인 국가의 시원에 대한 논의를 통해 국가 조직체의 내적 관계를 구성하는 다양한 계층들이 원초적으로 어떻게 생겨났고 그러한 계층들로 구축되는 사회적 관계의 기본 특징이 무엇인가를 먼저 밝힌다.

우선 그는 국가란 국가 구성원 각자가 자족하지 못하고(ouk autarkēs) 여러 가지 것이 서로에게 필요하기 때문에 생겨났다고 말한다(369b). 이러한 언급 역시 국가가 구성원들 간의 배타적 이해관계를 통제하고 조절하기 위해 만들어졌다는 사회계약론자들의 주장과 달리 기본적으로 국가 구성원들이 생존을 위해 그들 각자의 다양한 능력을 기초로 상호 호혜적 의존 체계로서 성립시킨 것임을 밝히는 것이다. 그러나 최초 단계에서 생기는 의존 체계는 단순히 최소 욕구인 의식주와 관련한 생존 질서로서, 그 욕구들이 그야말로 최소한의 욕구에 머물러 있다. 의식주를 충족시켜주는 생산 기능 또한 각자 자신의 성향에 따라 (kata physin) 상호 간섭 없이 자발적으로 작동하므로 이 최초 단계의 국가는 갈등의 소지가 없는 이른바 평화롭고 건강한 국가(hygiēs polis)이다. 이러한 국가에서는 상호 침범도 갈등도 거의 발생하지 않으므로 통치의 고민도 문제를 향한 지적 고민도 없이 자기 일을 해가면서 그저 입고 먹고 자면서 편안하게 살기만 하면 된다. 그래서 글라우콘은 이러한 국가를 '돼지들의 국가'(hyōn polis)라고 부른다(372d). 그러나 그 국가는 일단 생산 기능들끼리의 호혜적 의존 관계가 평등하게 이루어지고 있다는 점에서 장차 정의로운 국가 내에서 생산자들이 보존해야 할 내적 질서를 보여주는 국가이다. 그러나 현실에 존재하는 인간들의 욕구가 최소한의 욕구에 머물러 있지 않고 끊임없이 사치를 지향한다는 점에서 이러한 국가는 필연적으로 '사치스러운 국가'(tryphōsa polis)로 변모하고 만다. 그래서 사회적으로 의식주 이외에 온갖 사치스러운 욕구를 충족시켜주는 기능 내지 직업들이 등장하고 그 한도를 넘어서면 내부의 갈등은 물론 다른 국가들과의 전쟁마저 불사한다. 이런 사치스러운 국가를 플라톤은 '염증 상태의 국가'(phlegmainousa polis)라고 부른다(372e). 이러한 국가는 그 염증 때문에 괴로워하면서 필연적으로 그 염증 상태에서 벗어나기를 갈망하게 된다. 그리하여 이 단계에 이르면 불가불 국가의 안녕과 질서를 수호하는 통치자 계층, 군인 계층이 요구되고 생산자 계층 또한 이들 수호자 계층과 상호 호혜적 의존 관계를 기꺼이 받아들인다. 이러한 국가가 실제적인 현실국가이다. 정의와 부정의의 문제도 이러한 현실국가에 와서야 비로소 발생하는 것이고 그러한 삶의 문제들을 해결하기 위한 분투 어린 노력으로서 지혜에 대한 사랑 역시 그 단계에서 발생하는 것이다. 그리하여 그 사치스러운 국가는 이들의 노력을 통해 사회적 기능들의 상호 호혜적 의존 관계를 온전하게 회복함으로써 정화된 국가, 훌륭한 국가로 이행된다. 이 '훌류한 국가'(agathē polis, 472e)가 곧 플라톤이 목표로 하는 이른바 이상 국가이다.[2] 그러니까 플라톤의 이상국가는 처음부터 그저 건강하고 평화롭기만 한 국가가 아니라 사치와 부정, 내분과 분열, 전쟁의 요소가 늘 긴장 속에 도사리고 있는 가운데 그것을 폴리스 내부에 확립된 사회 분업적 기능의 완벽한 작동을 통해 원초적인 상호 호혜적 공존 관계로 유지 보존하는 그야말로 늘 정의가 살아 있는 국가이다. 즉 이상적으로 상정될 수 있는 최상의 공동체인 것이다.

4 이념: 이상국가

그러면 모든 현실국가의 본으로서 플라톤이 제시하는 이상국가의 기본 구조와 성격 그리고 그것이 지니는 정치철학적 의미는 무엇일까? 이상국가를 다룬 『국가』의 관련 부분을 토대로 몇 가지 특징을 제시하고 그것을 음미하는 방식으로 살펴보자.

첫째, 플라톤의 이상국가, 이상적 사회관계는 국가의 기원에 대한 그의 언급 곳곳에서 확인할 수 있듯이 구성원들의 자연적 성향에 기초한 상호 간의 호혜적 의존 관계이다. 플라톤에 의하면, 인간은 자신의 자연적 성향에 따라 각각 상이한 소질과 능력을 가지고 있으며 근본적으로 자족적일 수 없으므로 자연스럽고도 필연적으로 상호 의존 관계를 요구하는 존재이다. 즉 플라톤에게 사회적 존재로서 인간의 원초적인 상호 관계는 갈등 관계가 아니라 분업의 원리에 기초한 사회 계층들 간의 협동 관계이다. 『국가』에서 글라우콘이 제시한 사회계약론이 이

---

2) 『국가』에 '이상국가'라는 표현 자체는 나오지 않는다. 우리가 "플라톤의 이상국가"라고 명명하는 것은 플라톤 식 표현으로는 이 '훌륭한 국가'를 말한다. 이 훌륭한 국가는 '아름 다운 국가'(kallipolis)로도 일컬어진다(527c).

미 욕구가 물질적인 욕구로 획일화된 시대를 배경으로 제시된 것임을 고려하면 사회관계에 대한 플라톤의 이러한 생각은 그러한 관점에 대한 안티테제이자 두말할 나위 없이 그리스의 전통적 폴리스를 염두에 두고 제기된 것이라 할 것이다. 이런 점에서 플라톤의 사회 이론은 서로 비슷한 욕구를 가진 근대적 개인들이 자신들의 배타적 권리를 보존하기 위해 성립시킨 '계약을 통한 배타적 공존' 이론과도 구별된다. 특히나 그가 강조하는 분업의 원리(369e~370c)는 물신화된 자본의 효율성 제고가 목적이 아니라 자연적 성향에 기초한 사회 구성원 각자의 고유한 능력의 자발적 발휘를 통한 모두의 생존을 목표로 한다는 점에서 오늘날의 자본주의적 분업 개념과 근본적으로 궤를 달리하는 것이다.

둘째, 플라톤의 이상국가는 이와 같은 의존 관계의 완전한 구현을 위해 사회 각 계층 고유의 기능적 고유성과 그 기능(ergon) 수행의 탁월성(aretē)을 추구한다. 사회관계에서 상호 호혜적 의존 관계가 완전하게 구현되려면 사회관계를 구성하는 각 계층별 역할이 서로에게 필요한 모든 수요에 완전하게 부응해야 한다. 국가의 기원을 다루면서 플라톤은 그러한 요구에 대응하여 국가를 구성하는 기본 계층으로서 다음의 세 계층, 즉 물질적 욕구 충족을 위한 생산자 계층(poiētēs, dēmiourgoi), 국가의 방위를 위한 수호자 계층(phylakes), 국가의 내적 안녕과 질서를 위해 사회적 욕구 전반을 조정하고 다스리는 수호자들 중의 수호자(phylakes panteleis)인 통치자 계층(archontes)을 상정한다.[3] 플라톤의 이러한 계층 구분은 철저히 자족을 실현하는 사회 기능적 통합을 목표로 하고 있으므로 원천적으로 생물학적 세습이 들어설 여지가 없다. 여성의 사회적 역할에 대한 인식이 거의 전무하던 시대였음에도 자질이 있으면 여성 또한 남성과 평등하게 수호자 계층에 참여할

---

3) 수호자들은 선발 과정을 거쳐 통치자 계층과 그 통치자 계층을 보조하는 보조자들 (epikouroi)로 나뉜다. 군인 계층(stratiōtai)은 이 보조자들이다(414b, 428d 참조).

수 있다. 물론 플라톤의 이상국가에는 우생학적 고려가 표명되어 있지만 그 역시 특정 계층의 기득권 보존이 아닌 사회적 기능의 수월성 제고에 초점이 맞추어져 있다. 이러한 기능들은 각기 고유의 기능 그대로 최상의 상태로 보존되어야 하고 사회적 욕구 전체에 최선으로 부응하기 위해 서로 조화와 균형을 이루어야 한다. 그러므로 각각의 계층은 자신의 기능이 최상의 상태로 보존될 수 있도록 "각자 자신에게 맞는 자신의 일을 함"(oikeiopragia), 즉 각자의 기능적 고유성을 가장 탁월하게 극대화하는 능력, 이른바 덕(aretē)을 갖추어야 한다. 물질적 생산 기능에 종사하는 생산자 계층은 물질적 욕구를 적절히 조절할 수 있는 절제(sōphrosynē)의 덕을, 국가를 방어하는 수호자 즉 군인 계층은 명예(timē)를 지키면서 전쟁을 승리로 이끄는 용기(andreia)의 덕을, 국사와 관련한 모든 일을 관장하는 통치자 계층은 사회 구성원 모두를 조화 가운데 하나로 통합하는 지혜(sophia)의 덕을 갖추어야 한다. 그러나 이러한 계층별 기능들은 종국적으로 다른 계층들과도 서로 조화(harmonia)를 이룰 수 있어야 하므로 각 계층은 자신의 덕만 아니라 통치자의 지시를 이해하고 수용하여 기꺼이 그 조화에 탁월하게 잘 참여할 수 있는 능력 또한 요구된다. 플라톤은 통치자의 지시에 그처럼 능동적으로 부응하는 능력을 '합의'(homonoia)의 능력으로 규정하여 절제의 덕에 귀속시키고(432a) 그 절제의 덕을 군인 및 생산자 계층 모두가 공히 갖추어야 할 덕으로 제시한다. 물론 수호자 계층에 논의가 집중되어 있는 『국가』의 특징상 명시적으로 그와 같은 언급은 나타나지 않지만 사실 모든 계층이 특정의 덕만을 가지는 것이 아니라 나머지 지혜, 용기, 절제, 정의의 덕을 비록 상이한 방식, 상이한 수준과 양태로나마 두루 갖추었다고 보는 것이 자연스러워 보인다. 왜냐하면 통치자 계층, 군인 계층, 생산자 계층 모두 이성, 격정, 욕구를 두루 가지고 있고 각기 그에 따라 일정하게 자신이 하는 일이 어떤 것인지를 분별하고 그 일을 잘 수행할 수 있는 계획을 세워야 하며, 일하는 과정에서 발생하는 힘든 일을 이겨내는 끈기와 용기도 있어야 하고, 전체 분업 체계 아래서 자신의 일을 욕구하되 그 일이 다른 일들과 보조를 맞출 수 있도록 절제력도 발휘할 수 있어야 하기 때문이다. 나아가 그러한 자기 직분의 온전한 수행을 통해 그들 모두 정의로운 공동체를 구현하는 데 일익을 담당한다는 측면에서 일정하게 정의의 덕 또한 공유하고 있다 할 것이다.

물론 정의로운 이상국가에서 사회관계를 구성하는 모든 계층이 가지고 있는 덕이 어떤 수준의 온전성을 갖추고 있는지에 대해서는 논란의 여지가 있다. 그러나 분명한 것은 각 계층들이 고유하게 가지고 있는 덕들의 온전성은 모두 원천적으로 통치자 계층의 덕, 즉 훌륭한 통치에 의존한다는 점이다. 통치자의 덕이 온전하지 못하면 각 계층들이 자기 직분을 탁월하게 수행할 수 있는 능력, 즉 덕을 결여하게 되어 정의로운 국가는 결코 구현될 수 없지만 통치자의 덕이 온전하다면 각 계층의 능력 또한 온전함을 발휘하게 되어 국가는 정의를 구현하고 보존한다. 그만큼 통치자의 덕이 무엇보다 중요하다. 그러나 플라톤의 그와 같은 통치자의 덕에 대한 강조가 나머지 계층이 고유하게 구유하고 있는 덕 내지 능력의 저급함을 나타내는 것은 아니다. 오히려 통치자 계층의 덕의 완전성은 사회를 구성하는 모든 계층의 덕의 온전함을 목표로 하고 또 모든 계층의 덕의 온전함이 담보되어야 국가의 온전함, 즉 정의로운 국가가 구현되기 때문이다. 요컨대 통치자를 비롯한 이상국가의 모든 계층들은 서로가 서로에게 어떻게 해야 정의로운 공동체가 되는지를 이해하고 합의하는 절제의 덕을 갖추고 있고 나아가 그러한 덕의 온전함을 통해 각기 계층 고유의 덕을 최상으로 구현할 수 있는 능력을 가지고 있다. 특히 앞에서 언급한 것처럼 모든 계층에게 요구되는 이와 같은 '합의'의 능력으로서 절제의 덕은 정치 사상사를 통해 '권력의 정당성은 바로 그 정부의 피치자들의 동의에 의해 생겨난다'는 원칙으로 표명되면서 오늘날 서구 정치 체제의 도덕적 이상으로 계승되고 있다는 점도 잊지 말아야 할 것이다.

셋째, 플라톤의 이상국가는 그러한 의존 관계에 참여하는 사회적 단위들의 유기적 총체성을 담보하는 객관적 원리의 실재를 전제한다. 기본적으로 플라톤의 이상국가는 각 계층의 고유한 기능적 덕과 그것들 간의 완전한 조화에 기초해 있다. 그런데 기능적 덕이란 수준별 위계를 내포한다. 이를테면 구두공이 구두를 만들 때, 뤼라 연주자가 뤼라 연주를 할 때, 의사가 의술을 행사할 때 분명 수준별 위계가 있고, 그것을 판가름하는 객관적 기준이 존재한다. 그리고 그 기능들은 서로 조화를 이룰 수 있어야 한다. 그런데 이러한 조화의 원리 또한 객관적이지 않으면 안 된다. 특히 사회적 욕구들 간의 조화는 결코 임의적인 것일 수 없다. 한쪽의 욕구가 임의적인 한, 다른 쪽의 욕구와 부딪혀 부조화를 야기한다. 조화는 마치 음악의 조화의 원리가 그렇듯이 수리 규칙같이 일정한 규칙이 있으므로 그 구성 요소들은 각기 자기 동일성을 확고하게 보존하고 있어야 한다. 도는 도이어야 하고 미는 미이어야 하고 솔은 솔이어야 '도미솔'이라는 화음이 성립한다. 물론 개인의 기호 가치를 중시하는 오늘날의 관점에서 보면 생산 가치의 좋고 나쁨은 상대적일 수 있다. 그러나 그것은 생산 가치가 상호 호혜적인 가치가 아니라 개인의 사적, 주관적 가치에 한정될 때의 경우이고 사회적·공적인 이해관계 또는 개인적으로도 건강상의 문제를 포함할 경우에는 오늘날에서조차 오히려 더욱 엄밀한 객관적 기준이 요구된다. 플라톤의 이상국가에 대한 상념들이 급격한 시대적 변화 속에서 전통적 가치관이 뿌리째 흔들리는 시대에 형성된 것임을 고려하면 사회관계를 조직하는 원리의 객관성에 대한 그의 요구는 매우 자연스러워 보인다.

　게다가 플라톤이 말하는 덕은 기능적 성격을 갖는 것, 즉 기능적 덕이고 그 기능적 덕 자체가 기본적으로 사회적 성격을 갖는 것이다. 그리고 그 기능의 완전성이 실천적 구현에서 검증된다는 점에서 그 덕은 단순한 객관적 원리나 지식이 아니라 실질적인 도덕의 구현 내지 실행 능력이다. 그러므로 플라톤이 "덕은 앎이다"(estin epistēmē tis hē aretē, 『메논』 87c, 『프로타고라스』 361b)라고 말했을 때 그 앎의 의미는 다름 아닌 그 실천 능력을 포함하는 것이다. 이를테면 우리말에서 운전 지식을 가지고 있다 할 때 그 운전 지식은 운전을 할 수 있는 능력을 의미한다. 따라서 플라톤의 이상국가에서 덕이 내포하는 객관성에 대한 인식, 즉 '앎'이란 실천성을 담보하는 지행합일적 앎으로서 사회관계적, 도덕적 실천 능력과 동일시됨으로써 플라톤 철학에서 중차대한 위상을 갖는다.

특히 그 덕들 중에서 통치자 계층이 갖고 있어야 할 지혜의 덕은 국가를 조직하고 운영하는 일체의 사안 즉 전체 사회 계층의 욕구 전체를 조직하고 관장하는 능력으로서 이른바 자연과 인간, 인간과 환경, 나아가 인간의 내적인 욕망에 이르기까지 인간 삶 전체와 관련한 앎이다. 한마디로 통치자 계층은 우주 만물, 인간 삶의 문제들을 두루 꿰뚫어 볼 수 있어야 한다. 즉 그 앎은 우주 만물의 본질에 대한 앎이자 세상 이치를 하나로 포괄하는 앎이다. 그래서 플라톤은 대화편 곳곳에서 "그것은 무엇인가?"(ti esti)라는 물음을 접하면서 개별적인 것에 대한 일상적 답들을 논박해가면서 수도 없이 끝도 없이 그 본질을 캐묻는다. 그리고 그 본질에 대한 앎은 종국적으로 변증술(dialektikē)의 능력을 체득한 자들에 의해 이데아로 직관(idein)된다. 그리고 한 걸음 더 나아가 그 이데아들을 하나로 통합하는 이데아 또는 그 이데아들의 내적 연관을 해명하는 이데아로서 '좋음의 이데아'(hē tou agathou idea, 505a)가 직관된다. 이 직관은 최고의 추상성이 관철되고 최고의 객관적 보편성이 담보된 수학적, 기하학적 지식을 넘어서는 모종의 신비적 형태, 즉 에이도스(eidos)에 대한 직관이다. 요컨대 그와 같은 이데아들의 세계는 세상의 이치는 물론 자연의 이치를 포함한 모든 이치를 이루는 총체적이고도 궁극적인 진리의 세계이자 그 자체로 참된 실재의 세계다. 그러므로 그 이데아들에 대한 앎이야말로 온갖 사안과 문제로 가득한 국가를 바르게 인도하고 정의롭게 만드는 토대가 되는 궁극적인 진리이다.

그래서 플라톤은 『국가』에서 이 궁극의 진리, 즉 이데아에 많은 비중을 할애하여 그 진리의 위상과 성격은 물론 또 다른 대화편에서는 나타나지 않은 '좋음의 이데아'까지 제기하고 있다. 플라톤 철학이 시종일관 추구하는 "여러 다른 것들의 자기다움과 그것들 간의 조화와 질서"의 원리에서 여러 다른 것들의 자기다움, 자기 동일성의 궁극적 기초에 이데아가 있다고 한다면 좋음의 이데아는 정치철학적인 측면에서는 그것들의 내적 조화와 관련된 궁극적 기초를 반영하는 것이고, 동시에 그것은 기본적으로 독립된 폴리스들 간의 상호 공존 및 폴리스 내부 계층들 간의 조화의 정신을 관철하는 전체 그리스의 공동체적 삶을 반영하는 것이라 할 것이다. 아테네의 패권적 제국주의를 거부하고 전통적 폴리스적 삶을 구현하고자 했던 플라톤이 『국가』를 통해 자신의 정치철학적 관심사를 처음으로 통일적인 모습으로 드러내면서 왜 '좋음의 이데아'를 처음으로 제시하고 왜 그것에 이데아 중의 이데아, 최고의 객관적 실재로서의 위상을 부여하였는지도 충분히 이해할 수 있을 것이다.

다만 이와 같은 이데아를 정치적 지혜의 궁극 기반으로 삼았다는 것은 기본적으로 플라톤 정치철학이 가지고 있는 엘리트주의적 성격을 반영하는 것이다. 이데아의 인식이라는 고도의 학문적 성취는 결코 인간의 머리 숫자나 대중의 여론에 의해 달성되는 것은 아니기 때문이다.

넷째, 플라톤의 철학자왕은 이상국가의 구조상 필연적인 귀결이자 '철학의 정치화', '정치의 철학화'를 향한 열망의 극치이다. 누구나 짐작할 수 있듯이 이러한 이데아에 대한 앎은 결코 아무에게나 쉽사리 주어지지 않는다. 그러나 플라톤에게 이러한 이데아에 대한 앎이 주어지지 않고는 결코 정의로운 국가가 구현될 수 없다. 따라서 그는 엄정한 기준으로 선발한 수호자들을 대상으로 수십 년 동안 가능한 모든 방법을 동원하여 상상을 초월할 정도의 수련 과정과 수호자로서 실제 복무 기간을 거쳐 50세에 이르면, 수호자 중의 수호자로서 가장 완벽한 통치자 계층(teleloi phylakes)을 구성하고 그들 중 마침내 그 이데아를 인식한 자만을 뽑아 비로소 통치자로서의 자격을 부여한다. 이 최종적인 단계에서 궁극의 '좋음의 이데아'를 직관한 자가 곧 철학자이다. 그러므로 이상국가의 통치자로서 이른바 철학자왕이란 이제까지의 논의 구도상 필연적인 귀결이 아닐 수 없다. 그리고 수호자가 되기 위한 엄혹한 수련 과정에서 플라톤이 수호자들에게 요구하고 있는 사유 재산의 폐지, 성생활의 통제, 결혼 및 가족 제도의 부정 또한 마찬가지의 귀결이다. 이러한 관습들이 수호자들에게 허락되면 그것은 플라톤이 그토록 혐오했던 국가의 분열을 초래하는 근본 원인이 될 수 있기 때문이다. 물론 이러한 구체적인 구상들이 드러내는 극단성은 실로 상상하기 힘들 정도의 끔찍함을 포함하고는 있지만 단순화해서 그 배면을 들여다보면 결국 본질적으로는 돈과 섹스와 가족이기주의의 부정이다. 오늘날 자본주의 문명이 가져다준 피폐함의 근원을 구성하는 것도, 정치 권력의 타락을 분열시키는 것도 여전히 그것들이다. 오늘날 다양한 종류의 종교 집단의 승려나 목회자들에게 평생에 걸쳐 요구되는 규율들에도 하나같이 그러한 금욕적 요소가 포함되어 있다는 점에서 그러한 행위들의 금지 내지 배제는 보통 사람들조차 다짐의 대상이 될 정도로 원리적인 측면에서 보면 크게 상식을 벗어난 일도 아닐 것이다. 하물며 보통 사람들이 아니라 인간이 수행하는 역할 중에서 가장 중차대한 역할을 수행해야 할 사람들이 국가의 수호자들이고 그 수호자들 중에서 또 일부 소수의 철학자들만이 국가의 통치자가 되는 것으로 생각했던 플라톤에게 그 정도의 자격 요구란 자연스러웠을 것이다.

물론 글라우콘도 이의를 제기하듯이 세속적 현실 정치의 수행이 고답적인 것을 추구하는 철학자의 성향과 어긋나기 때문에 통치자의 임명 자체가 철학자에게 더 못한 삶을 안겨주는 상호 모순된 것이라는 반론도 가능하다. 그러나 플라톤은 철학자란 성향상 한 부류의 사람이 아닌 시민 전체가 최대한 행복할 수 있기를 바라는 자들이고(420b), 특히나 그에게 가장 참을 수 없고 받아들일 수 없는 벌이 있다면 그것은 자기보다 열등한 자들의 지배 아래 살아가는 것이라고 말한다(347c). 그것은 고결한 자존심의 문제를 떠나서 부정의한 일이 발생할 가능성이 농후한 국가의 현존을 방치하는 것 자체가 이미 부정한 짓이기 때문이다. 동굴의 비유에서 지난한 영혼의 등정 길을 감내하고 바깥세상으로 빠져나온 사람이 다시 동굴도 돌아가는 것도 그러한 이유에 맞닿아 있을 것이다. 플라톤이 철학자들을 대상으로 통치자로 임명하는 것을 일종의 부득이한 강제이자 벌이라고 하는 것(347c) 또한 철학자들이 통치자가 되기를 꺼린다는 것을 의미한다기보다는 당대의 귀족들이 앎을 갖추지도 못한 상태에서 그저 권력만을 추구하는 정치 혐오의 풍토를 역설적으로 빗대어 비판한 것으로 봐야 할 것이다. 사실 권력자가 되는 길이 그토록 험난하고 일상인의 눈으로 보기에 아무리 눈을 씻고 봐도 좋은 것이란 하나도 없다고 한다면 누가 통치자가 되기를 바랄 것인가.

플라톤의 시대는 물론 오늘날 사람들이 권력과 세도를 추구하는 근간에는 탐욕의 특권적 향유와 부에 대한 욕망이 크게 자리하고 있다. 그러나 플라톤에게서 사적 소유와 물질적 부의 취득은 권력자가 아닌 생산자 계층. 즉 일반 대중에게만 허락되어 있고 권력자에게는 철저히 배제되어 있다. 인류사를 통틀어 정치권력의 타락에 늘 부에 대한 특권적 사유욕이 도사리고 있고, 정치권력에 대한 대중의 반감 역시 그로 인한 생존과 자존감의 박탈에 있다면, 그리고 대중의 정치에 대한 관심 또한 그것에 기인하는 것이라면 그 해결책의 극단은 그 사적 소유를 거꾸로 대중에게만 귀속시키고 통치자에게는 철저히 그것을 박탈하는 것이며, 반대로 대중들이 기피하는 것을 가장 좋은 것으로 생각하는 자들에게 정치권력을 맡기는 것이다. 그러한 자들이 곧 철학자들이다. 그러므로 천성적으로(kata physin) 철학을 좋아하는 사람들이 있고 또 대중들 중에서도 그러한 자질이 엿보이는 사람이 분명 존재하는 한, 그와 같은 성향과 자질의 사람들을 뽑아 철학자로 길러내고 그러한 사람들에게 정치권력을 맡기는 것은 이른바 정치권력의 특권화를 막고 나아가 모든 사회 구성원이 각각 자기가 좋아하는 것을 누리는 최상의 정치적 해결책으로 여겨질 만하다. 플라톤이 『국가』에서 정의와 교육(paideia)을 이야기하면서 유독 다른 계층이 아닌 수호자 계층에 초점을 맞추어 논의를 전개하고 있는 것도 그러한 까닭이다. 물론 권력이 그들에게 집중되어 있다. 그러나 권력의 집중이 비난받는 이유가 권력이 물질적 탐욕을 극대화하기 위한 수단으로 전락했다는 데 있다면 플라톤의 권력 집중은 물질적 탐욕의 원천적 근절을 통해 특정 부류의 특권을 타파하여 철저히 시민 전체의 행복을 구현하는 데 있다. 그런 의미에서 권력은 누려야 할 권리라기보다는 짊어지고 가야 할 의무로서 강제된다. 역설적으로 표현하면 성향에 따른 권리의 의무화이자 그 의무의 권리화이다. 그래서 플라톤은 그것을 기꺼이 짊어지기를 욕망하는 젊은 이들을 철학자로 양성해내기 위해 평생 온 힘을 기울였고 아카데메이아는 그것에 가장 적합한 교육 프로그램을 통해 실제로 많은 철학 정치가 및 정치 자문가, 입법 전문가들을 배출했다.[4] 이러한 점에서 철학자 왕은 플라톤의 정치철학이 도달할 수밖에 없고 반드시 도달해야만 하는 필연적 귀결이자 당위였다. 요컨대 정치와 철학의 통합, 즉 철학의 정치화와 정치의 철학화가 그의 정치철학의 종국적인 이념이었던 것이다. "그러므로 올바르고 진실되게 철학 하는 그런 부류의 사람들이 권좌에 오르거나 아니면 각 나라의 권력자들이 모종의 신적 도움을 받아 진정 철학을 하기 전에는, 인류에게 재앙이 그치지 않을 것이다"(『편지』 326a).

---

4) 트로아스 지방 스켑시스의 시민인 에라스토스와 코리스코스는 아카데메이아에서 공부를 마친 후 고향으로 돌아가 아타르네우스의 지배자 헤르메이아스를 가르쳐 그로 하여금 온건한 정치 체제를 택하게 만들었다. 그리고 플라톤은 아리스토니모스, 포르미오스, 메네데모스 등을 각각 아르카디아, 엘레아, 퓌라로 보내 헌법을 개혁하게 했고 에우독소스와 아리스토텔레스를 고향으로 파견하여 법률을 기초하게 했다. 아테네의 카프리오스, 포키온 등 장군들도 아카데메이아 출신이고 플라톤 자신도 사양하기는 했지만 여러 군데서 법률을 기초해달라는 요청을 받았다(『편지들』, 강철웅 · 김주일 · 이정호 옮김, 이제이북스, 266~67쪽 참조).

5 영혼의 정치학

　플라톤 이상국가론의 또 하나의 주목할 만한 특징은 정의로운 이상국가의 조건으로서 사회 계층의 기능적 덕의 완전성뿐 아니라 그 계층을 구성하는 각 개인적 덕의 완전성까지 함께 요구한다는 점이다. 즉 플라톤은 정의의 문제를 국가 차원의 문제로 제한하는 것이 아니라 오히려 개인 차원의 문제로까지 확장하여 논구하고 있다는 것이다. 사실 『국가』에 나타나는 문맥대로 말하자면 플라톤의 논의는 오히려 개인 차원의 정의 문제를 구명하기 위해 국가 차원의 정의 문제를 끌어들이고 있다. 앞에서 살펴본 것처럼 플라톤은 정의 문제를 개인 차원에서 풀어가다가 특별한 설명도 없이 큰 문자와 작은 문자의 비유를 통해 국가 차원의 정의 문제로 바꿔 논한 후 그것을 토대로 다시 개인 차원의 정의 문제를 살피자고 제안하고 있다. 그런 점에서 보면 일단 우리가 이제까지 중점적으로 살핀 이상국가론은 정의와 행복의 문제, 즉 정의로운 개인은 과연 그 자체로 행복한 것인가 하는 문제를 풀기 위한 수단으로 제기된 셈이다. 그리고 실제로 플라톤은 그 자신 『국가』의 중심 주제 자체가 다름 아닌 그러한 개인 차원의 정의 문제임을 잊을 만하면 다시 꺼내 환기하고 있다(『국가』 420b~c, 427d, 434d~435a, 445a~b, 427b, 484a~b, 548d, 588b 등).

　그러나 논의의 순서가 어떠하건 『국가』 전체 맥락에서 보면 처음부터 끝까지 국가의 정의 문제와 개인의 정의 문제는 분리해서 생각할 수 없는 하나의 통일적 연관을 가지고 다루어지고 있다. 정의론의 중심 틀을 이루는 국가의 계층들과 영혼의 부분들과의 대응적 일치는 『국가』의 원제로서 'politeia'(정치 체제)가 국가의 'politeia'와 내 안 영혼의 'politeia'를 동시에 의미하는 것임을 보여준다. 이것은 제도, 관습 등을 포함한 제반 사회적 행위들의 외적 관계를 정의의 기본 논의 영역으로 규정하는 오늘날의 정의론과는 다른, 플라톤만의 고유하고도 특징적인 접근 방식이자 문제의식이라 할 것이다. 플라톤의 정의론에서는 국가의 정의라는 정치철학적 문제의식과 개인의 내적 욕망의 조화라는 윤리학 내지 도덕심리학적 문제의식이 구분되지 않는다. 다시 말해 사회관계적 정의의 완성과 개인의 정의로운 내적 품성(ēthos)의 완성은 정의 자체의 총체적 완전성을 구성하는 조건이자 토대이다. 개인들 내부에 존재하는 상이한 욕망들이 조화를 이루지 못하는 한, 사회적, 국가적 정의 또한 이루어질 수 없으며 그 역의 관계도 마찬가지이다.

플라톤의 이러한 생각은 『국가』에서 정의로운 국가를 이루는 조건이 사회관계 내지 사회적 기능들의 내적 조화에만 있는 것이 아니라, 그것을 구성하는 각 개인들의 내적 욕망들의 조화까지 포함해야 한다는 주장으로 구체화된다. 그리하여 플라톤은 개인의 내적 욕망, 즉 영혼을 국가를 구성하는 세 계층에 대응시켜 세 개의 다른 부분으로 나눈다. 이것이 곧 플라톤의 영혼 삼분설이다(434d~445b). 개인의 내적 영혼은 각각 상이한 부분들로서 이성적인 부분(to logistikon), 격정적인 부분(to thymoeidēs), 욕구적인 부분(to epitymētikon)으로 구성되고 그것들은 각각 국가를 구성하는 세 계층 즉 통치자 계층, 군인 계층, 생산자 계층과 하나같이 대응 관계를 이룬다. 이를 바탕으로 플라톤은 국가의 정의를 상이한 세 계층 간의 관계로 규정한 것과 동일한 방식으로 개인의 정의 또한 상이한 세 개의 영혼들의 관계로 규정한다. 사실 오늘날의 관점에서 정의라는 말은 사회적인 영역과 관련되어 있지 개인의 내적 영역과는 거리가 있다. 이를테면 정의라는 말은 사회 정의를 의미하고 어떤 개인이 정의롭다는 말 역시 그 개인이 행한 사회적 행위에 대한 평가를 나타내는 말일 뿐 그 개인의 내적 욕망 상태를 의미하는 것은 아니다. 그러나 플라톤의 정의는 '사회관계를 구성하는 계층들 간의 조화' 내지 '각 계층들의 고유한 자기 직분의 수행'의 의미뿐 아니라, '개인들의 상이한 내적 욕망들 간의 조화'라는 의미도 함께 가지고 있다.

그러면 개인과 국가의 정의는 각각의 상응하는 부분들이 어떻게 서로 관계를 맺어야 동시에 함께 성립하는 것일까? 우선 국가의 정의가 서려면 국가의 각 계층이 각각 제 직분을 다해야 하는데 이를테면 통치자 계층이 자기 직분을 다하려면 자신 내부의 영혼들, 이성, 격정, 욕구가 조화를 이루어야 한다. 군인 계층과 생산자 계층도 마찬가지로 자신 내부의 영혼들, 이성, 격정, 욕구가 조화를 이루어야 한다. 그렇다면 이들이 이루는 각각의 영혼의 조화는 어떻게 다를까? 통치자의 내적 조화가 가장 완벽하고, 군인은 그다음, 생산자는 그다음으로 완벽한 것일까? 그럴 수는 없을 것이다. 그럴 경우 군인과 생산자가 직분을 완전히 수행하지 못하므로 정의로운 국가를 이룰 수 없을뿐더러 그러한 군인과 생산자의 불완전한 조화는 그 자체로 통치자의 불완전함을 의미하므로 그의 내적 조화 또한 완벽한 것이 아니다. 그렇다면 통치자는 이성적 영혼만 있고, 군인은 격정적 영혼만 있고, 생산자는 욕구적 영혼만 있는 것일까? 그러나 이것은 영혼 삼분설 자체를 부정하는 것이다. 모두가 상이한 영혼의 부분들을 다 가지고 있어야 하고 모두가 최상의 조화를 실현해야 한다면 그것들의 차이는 어디에서 나타날까? 이상국가가 본모습으로 구현되어 있는 한, 기본적으로 조화의 완성도는 차이가 없을 것이다. 조화의 상태는 최상으로 관철되어 있되 다만 조화의 종류가 다를 것이다. 이를테면 통치자는 이성을 극대화하는 방식으로, 군인은 격정을 극대화하는 방식으로, 생산자는 물질적 생산 욕구를 극대화하는 방식으로 각각 내적 조화를 관철한다. 이러한 최상의 역할을 하는 사람들이 각각 자기 직분대로 계층을 이루고 그러한 상이한 계층들이 통치자의 지휘를 받아 또 조화를 이루면서 국가의 정의가 구현되는 것이다. 이성만을 우수성의 기준으로 내세워 통치자가 가장 우수하고 생산자가 가장 저열하다고 말하는 것도 아무런 의미가 없다. 생산자는 통치자 수준의 이성을 성향상 바라지도 않고 설사 억지로 그것을 장착한들 자기의 내적 조화에 장애만을 초래할 뿐이다. 나머지도 마찬가지일 것이다. 최고의 클래식 음악가와 최고의 발라드 음악가와 최고의 트로트 음악가가 각자 최고의 조화를 구현하되 그 빛깔들은 서로 다르고 그것이 각자 자기 성향의 최고 발현인 한, 다른 음악가에 대한 선망이나 열패감을 느낄 필요가 없는 것과 마찬가지 이치일 것이다.

물론 플라톤은 계층들 간, 영혼들 간에 중요도의 차이가 있음을 부인하지는 않는다. 마치 훌륭한 오케스트라의 경우 구성원 모두가 잘해야 하고 각자가 다 중요하지만 누구든 그들 중 지휘자의 위상을 가장 중요하게 생각하는 것과 같다. 그렇듯 국가에서는 통치자가 가장 중요하고 그 통치자에는 이성이 가장 중요하다고 말할 수 있다. 그러나 그것이 영혼의 격정적 성격과 욕구적 성격을 무시하거나 폄하하는 근거일 수는 없다. 3요소는 상호 경쟁적이고 배타적인 것이 아니라 상호 호혜적으로 의존하기 때문이다. 그리고 각자는 성향상 자기 직분의 완성에서 가장 행복을 느끼는 한, 다른 계층을 부러워할 이유도 없다. 그런 의미에서 그들은 평등하다. 우리가 보통 서열을 매길 때 열패감 내지 부당함을 느끼는 것은 경쟁적으로 동일한 대상을 욕구하는 사람들 사이에서 상대적으로 성취량이 작거나 상대가 성취물을 부당하게 취득할 때이다. 이를테면 모두가 피아노를 잘 연주하기 욕망하는 사람들 사이에서는 연주 능력이 떨어지는 사람이 열패감을 느낀다. 그러나 피아노 연주에 관심이 없는 사람은 열패감을 느낄 이유가 없다. 플라톤의 이상국가는 상이한 욕구와 성향을 가진 사람들의 상호 호혜적 의존 관계이므로 오늘날의 자본주의 사회와 같이 욕망이 획일화된 사회에서 양적으로 비교 우위를 따져 행복감의 서열을 매기는 것과는 근본적으로 다르다. 다시 말해 플라톤의 정의로운 이상국가는 자연적 성향에 따른 다양한 욕망끼리의 공존을 최대한 가능하게 하는 국가이다. 요컨대 플라톤에게는 욕망의 다양성이 무너지고 획일화된 나라일수록 정의롭지 못한 국가이다. 그렇게 욕망이 획일화된 국가에서는 모두가 그 동일 가치를 추구하므로 만인의 만인에 대한 경쟁이 불가피할 것이기 때문이다. 그리하여 모든 사람들은 그 획일화된 동일 가치를 증대하는 힘으로 권력을 선망하며, 급기야 그 가치가 모두에게 공정하게 분배되지 않고 힘을 가진 소수 권력층에 부당하게 편중되면 편중의 크기에 비례하여 더욱 부정한 국가가 된다. 그러나 플라톤은 이미 이상국가를 각자의 성향과 욕구가 상이한 사회관계로 규정하고 있다. 그러한 국가에서는 설사

438

갈등이 생긴다 해도 그 문제 해결의 핵심은 객관적 기준의 환기와 조정에 있지 억압과 강요에 있지 않다. 이 사회에서 필요한 것은 각자 자신의 본성에 대한 좀더 나은 이해와 그 같은 앎에 입각한 내적 잠재 능력의 발현이다. 이상국가는 그것을 보장하는 시스템 그 이상도 이하도 아니다. 이런 측면에서 보면 플라톤의 이상국가야말로 서로 다른 성향의 욕망이 최상으로 공존하고 상호 존중되고 발휘되는 진정한 의미의 다원 사회[5]가 아닐 수 없다.

정치 체제(politeia) 또한 그러한 기준으로 구분된다. 정의로운 국가의 조화 기능이 완전히 마비되어 사회 구성원의 욕망이 물질적 욕망으로 획일화되었을 때는 몇 사람이 그 가치의 분배를 결정하는 권력을 갖느냐가 중심 문제가 되고, 상대적으로 어느 정도 조화 기능이 작동할 때는 누가 권력을 갖느냐가 중요한 문제로 부각된다. 특히 정체의 타락 과정을 개인 영혼의 타락 과정과 유기적으로 대응시켜 해명하고 있는 『국가』 8권의 플라톤적 정치 체제 변동론은 플라톤 정치철학의 그와 같은 특성을 단적으로 보여준다. 정치 체제가 타락하는 핵심적 원인에는 영혼의 타락, 그중에서도 지배자들의 영혼의 타락이 자리하고 있다. 정치 체제와 욕망 간의 유기적 관련성을 보여주는 플라톤의 통찰은 사회

---

5) 인간 욕망의 다원성을 부정하는 근대 자유주의의 입장에서는 다양한 욕망들의 공존 체계로서 철학자 왕정과 물질적 욕망의 극대화를 추구하는 참주정이 구분되지 않는다. 그저 그것은 단순히 하나의 전체주의 체제일 뿐이다. 그러나 플라톤의 입장에서 보면 이미 인간의 욕망을 물질적 욕망으로 등질화한 근대 자유주의 사상이야말로 삶의 다양성과 가치를 획일화하는 전체주의 사회이다. 자유주의자들이 말하는 다원성이란 그 획일적인 물질적 가치를 추구하는 방법상의 다양성일 뿐이다. 그러한 의미에서 인간 욕망의 근원적 다양성을 전제하고 그 다양한 소질과 욕망을 가진 사람들의 조화로운 공동체를 추구하는 플라톤이야말로 진정한 의미의 다원주의자라 할 것이다. 플라톤이 지향하는 하나의 원리가 있다면 그것은 '좋음의 이데아'로부터 연원하는 서로 다른 것들의 조화의 원리이다. 이에 비해 오늘날 자유주의 사회에서 그에 해당하는 것은 화폐의 물신성이다. 모든 가치는 돈으로 환산된다. 전체주의 사회가 하나의 원리로 인간적 삶의 가치를 규정하는 사회라면 모든 사람이 물질적 욕망에 사로잡혀 오로지 자본에 매달리고 그것에 의해 휘둘리는 오늘날의 사회야말로 획일화된 물질 만능 전체주의 사회가 아닐 수 없다.

구성원들의 영혼의 상태가 물질적 욕구로 획일화된 오늘날 자본주의 사회에서는 찾아보기 힘든 플라톤 정치철학만의 고유한 특징을 드러내 줌과 동시에, 오늘날 정치철학적 논의에서 배제되는 정치 영역에서 개인들의 영혼(psychē), 즉 품성의 문제를 중차대한 정치적 과제로 환기해주고 있다. 즉 플라톤에게 정치의 목표는 관습과 제도로 구현되는 사회관계적 틀의 개선뿐 아니라 사회를 구성하는 각 개인 하나하나의 내면적 평화, 즉 한 사람 한 사람이 모두 정의롭고 행복한 삶, 그렇게 함으로써 다른 사람도 함께 행복한 삶에 있었던 것이다.

요컨대 영혼의 정화를 통해 얻어지는 구성원 모두의 행복한 삶이 고려되지 않는 이기적 개인들의 자기 보존을 위한 기술적 타협으로서의 정치는 이미 정치가 아닌 것이다. 플라톤의 정치학은 사회 기능적 완전성뿐 아니라 사회 계층 모두의 도덕적 상태, 즉 영혼의 건강 상태를 목표로 한다는 점에서 사회적 행위가 결과하는 배타적 이해관계의 조정을 목표로 하는 근대 정치학과는 근본적으로 궤를 달리하는 플라톤 고유의 '영혼의 정치학'이라고 말할 수 있을 것이다.

6 본(本)으로서의 이상국가

플라톤은 우리가 앞에서 살펴보았듯이 『국가』에서 철학자에 의해 통치되는 정의로운 국가, 이상적인 국가상을 온 힘을 다해 주도면밀하게 그려내고 있다. 그러나 플라톤 자신도 자문하듯이 과연 그러한 이상국가는 현실적으로 실현 가능한 것일까? 이와 같은 근본적인 물음에 대해 그는 놀랍게도 이상국가 그 자체의 실현 가능성에 대해서 유보적인 자세를 취한다. 그런데 실현 가능성이 그처럼 불투명하다면 플라톤은 왜 이제까지 그렇게도 이상국가를 건설하는 데 온 힘을 쏟았을까? 이러한 의문에 대해 플라톤은 이제까지 그가 그린 이상국가는 하나의 "본(本: paradeigma)을 위해서였다"고 답한다(472c). 과연 본이 그토록 중요했던 것일까? 하긴 어느 시대이건 본은 중요하다. 특히 혼란의 시대, 좌절의 시대에 본은 그 자체로 푯대가 되고 지침이 되고 목표가 되고 희망이 된다. 트라쉬마코스, 칼리클레스류의 주장이 아무리 세상을 뒤덮어도 어떻게든 그것을 이겨내려는 사람들이 어느 시대를 막론하고 존재하는 한, 그 본이 지닌 흡입력과 설득력은 실현 가능성과 무관하게 끊임없이 샘물처럼 솟구치고 부추기는 힘이 되고 이념이 되어 그 실현으로 사람들을 견인해 갈 것이다. 그리고 그것이야말로 현실주의에 대적하여 영원과 보편을 지향하는 이상주의 철학이 갖는 위대한 로망이라 할 것이다.

플라톤의 본으로서 이상국가 또한 분명 그러한 의미가 있으리라. 그렇다고 플라톤을 단순히 누가 보건 말건 본만을 부르짖고 있는 천상의 낭만적 이상주의자로 여겨서도 곤란하다. 플라톤 자신, 온몸으로 겪는 아테네의 현실 그 자체만 보더라도 그저 책상에만 앉아 고답적으로 이상만 논구할 상황도 아니었다. 실제로 그는 본 그것만을 이야기하지 않고 그러한 본을 토대로 현실 정치를 구제하려는 축차적인 계획을 갖고 있었다. 나중에 밝혀지겠지만 플라톤은 이 본에 만족하지 않고 여타의 대화편을 통해 온갖 형이상학과 현실 정치학의 논리를 총동원하여 그 본을 보고 그 본을 최대한 현실에서 실물로 구현하려는 실천적 전략까지 세세하게 제시하는 놀라운 저력을 발휘한다. 이것이 또 『국가』만으로 플라톤 정치철학의 전모를 파악할 수 없는 또 하나의 이유이다. 혹자는 이러한 흐름을 그 자신의 정치철학적 입장의 현실주의적 전환을 의미하는 것이라고도 해석한다. 그러나 이를테면 옷 하나를 지을 때도 그렇듯이 본과 실물은 상치되는 것이 아니라 총체적이고 통일적인 계획 아래 이루어지는 연속적인 단계들이다. 원천적으로 본과 실물은 다르다. 그러므로 어떤 것의 생산 과정에는 본만이 있는 것이 아니라 재료도 있어야 하고 재료에 대한 자세하고도 실질적인 이해는 물론, 본의 구상을 재료에 실제 적용하여 실물로 구현해낼 수 있는 기술도 있어야 한다.

플라톤이 정치철학을 논의하면서 단지 본만을 염두에 둔 게 아니라 재료, 기술, 실물 전반까지 염두에 두고 고민했다는 것을 우리는 단적이고도 직접적으로『티마이오스』에서 확인할 수 있다.『티마이오스』에서는 우주 제작 기술자로서 데미우르고스(Dēmiourgos)가 나오고 그가 우주를 제작하기 위해 기준으로 삼은 본도 나오며, 또 재료가 되는 물질은 물론 그 둘을 관계시키기 위한 영혼도 나오고 그리하여 마지막으로 그것들로 만들어진 실물, 즉 우주도 나오기 때문이다. 뿐만 아니라 여타의 다른 대화편에서는 그러한 현실적인 구현 작업 전체를 뒷받침하는 형이상학적, 존재론적 논의들이 수도 없이 등장한다.

요컨대 플라톤은『국가』에서도 단순히 몽상적인 건강한 나라가 아닌 현실국가를 정화하는 나라를 이상국가로 삼았듯이 부단히 현실의 문제를 직시하면서 그것을 최선의 상태로 구제하는 이상적 현실주의 철학을 도모하고 있었던 것이다. 철학사가들이 그의 철학을 일러 현실구제론이라고도 하지 않았던가.

7 현실의 구제

현실구제론의 우주생성론적 기초:『티마이오스』

플라톤의 정치철학이 단순히 본으로서 이상국가론에 머물지 않고 애초부터 실천적 현실구제론을 기획하고 있었음은 이미『국가』의 동굴의 비유를 통해 명시적이고도 매우 의미심장하게 드러난다. 거짓 현상세계인 동굴을 빠져나와 빛나는 본의 세계를 본 자의 영혼은 동굴에 남아 있는 자를 구제해야 하는 실천적 당위를 이미 앎의 필연적 귀결로 받아들이고 있는 것이다. 실제 플라톤은 그러한 구제의 기획을『티마이오스』를 비롯한 여타 대화편들의 논의를 토대로 그 존재론적 기초를 담보하면서『정치가』,『법률』등을 통해 구체적인 모습으로 드러낸다.

우선,『티마이오스』는 이미 서두 부분에서(27a, b)『티마이오스』

의 논의 외에, 『크리티아스』, 『헤르모크라테스』 모두 『국가』에서 제기된 이상국가의 구현을 뒷받침하기 위한 것임을 밝히고 있다. 『티마이오스』는 우주 자연이 원천적으로 '좋음'을 지향하는 우주 제작자 데미우르고스에 의해 확고하게 조화와 질서를 갖춘 영원한 생명체로 만들어졌음을 드러내 이상국가도 또한 그러한 우주 자연의 제작 원리에 기초해서 만들어야 한다는 것을, 『크리티아스』는 이미 그렇게 만들어진 역사적 사례가 있었다는 것을, 『헤르모크라테스』는 『국가』에서 본으로 제시된 이상국가의 구상이 현실에서 어떤 모습으로 구체화될 것인지, 즉 현실국가의 실제상을 다루게 될 것임을 예고하고 있는 것이다. 이 중 『크리티아스』는 미완성인 채로 전해지고, 『헤르모크라테스』는 작성조차 되지 않았지만 많은 학자들은 『법률』이 바로 이 『헤르모크라테스』를 대신하여 쓴 것이라고 말하고 있다. 이렇게 본다면 트라쉴로스(Thrasyllos)가 왜 『티마이오스』를 정치적 성격의 것으로 분류하고 있는지가 명백하다. 『티마이오스』는 비록 우주생성론의 형태로 기술되고 있지만 이미 이상국가의 건설을 위한 플라톤의 정치공학적 기획의 전모를 담고 있었던 것이다.

그러면 우주 제작 과정이 담겨 있는 『티마이오스』에서 "본의 현실화를 위한 기술적 구도"는 어떻게 드러나고 그것은 현실구제론으로서 플라톤의 정치철학과 어떤 상관 관계와 의미를 가지고 있는 것일까? 우선 우주 제작자에게 주어진 것은 본과 재료이다. 본은 '항상 존재하며 생성하지 않는 것'(to on aei genesin de ouk echon)이고 재료는 '항상 생성하며 존재하지 않는 것'(to gignomenon men aei, on de oudepote)이다(28a). 즉 본과 재료는 이미 출발부터 대립적이다. 제작 기술자 데미우르고스는 이 대립적인 것들을 어떻게든 결합시켜 조화와 질서를 갖춘 것, 즉 우주로 만들어내야 한다. 장차 만들어질 실물 즉 우주가 조화와 질서라는 '좋음과 아름다움'(agathon kai kalon)을 갖추어야 함은 이미 본 자체에 '좋음과 아름다움'이 내적 본질로서 관철되어 있기 때문이다. 이로부터 우리는 본을 현실화하는 플라톤적 기술의 합목적성이

'좋음과 아름다움'에 기초해 있음을 알 수 있다. 그러면 그러한 대립적인 것들을 어떻게 결합시킬 것인가? 일단 본은 본 그대로 실물에 들어올 수가 없다. 실물은 운동·생성하는 것이고 본은 부동의 실재이기 때문이다. 그러므로 데미우르고스는 부동의 존재성, 즉 본의 자기 동일성을 그대로 보존하면서 동시에 운동하는 어떤 것을 만든다. 즉 운동함으로써 해체되는 것이 아니라 반대로 자기 동일성을 구현하는 어떤 것을 만드는 것이다. 그것이 영혼(psychē)이다. 즉 영혼은 데미우르고스가 질료적 운동성을 훼손하지 않으면서 동일성을 보존하는 이른바 '존재적 운동성'이고 그 운동성의 본질이 곧 원운동이다. 원운동은 운동을 통해 다른 모습으로 변하는 것이 아니라 늘 자기 자리로 돌아와 자기 동일성을 유지하는 운동이다.

그런데 여기서 주목할 것은 이러한 영혼을 만들기 위해, 다시 말해 대립적인 것들을 결합하기 위해 데미우르고스가 사용한 기술이 '설득'(peithō)이라는 점이다. 즉 대립적인 것들을 기술자의 뜻에 따라 임의로 억압하여 강제(bia)로 결합시킨 것이 아니라 그 대립적 성질들이 보존되면서도 공존할 수 있는 길을 찾아 그것을 설득한 것이다. 물론 여기서 설득하는 쪽은 본을 현실에 반영하려는 데미우르고스 쪽이고 설득의 대상은 물질 세계이지만 본이라는 것 자체가 자신의 실물화를 전제하고 성립된 것임을 고려하면 본은 이미 기술의 개입을 합목적적으로 수용한다고 할 것이다. 그리고 원천적으로 좋음과 아름다움을 드러내고자 하는 그 내적 합목적성이야말로 플라톤의 현실 구제 정치 철학이 뿌리를 두는 종국적인 지표로서 '좋음의 이데아'의 내적 본질일 것이다. 그리하여 부동의 실재와 늘 '방황하는'(planomene) 질료적 생성은 데미우르고스라는 우주 제작자의 완벽한 기술적 성취를 통해 각각 원인(aitia)과 보조 원인(synaitia)으로서 조화로운 우주 생성에 참여한다. 그리고 이러한 데미우르고스의 기술적 성취는 두말할 나위 없이 완벽하고도 온전한 본에 대한 인식 기술과 더불어 질료적 물질 세계에 대한 온전한 이해를 바탕으로 한 설득의 기술에 있다 할 것이다. 즉 데미우르고스는 부단히 본과 재료들을 바라보고 완벽하게 그것들을 이해하고 그 이해를 바탕으로 그것들이 함께 결합할 수 있는 길을 적확하게 찾아 설득을 통해 하나로 결합시켜낸 것이다. 그리하여 데미우르고스는 그렇게 해서 만든 영혼을 천체들에 결합시켜 영원히 운동하면서 조화와 질서를 유지하는 아름다운 우주를 창조해냈던 것이다. 이것이 『티마이오스』의 기본 얼개이다.

앞에서도 언급하였듯이 『티마이오스』의 우주생성론은 우주가 그렇게 제작되었듯이 조화와 질서를 갖춘 정의로운 국가 또한 실현 가능한 것임을 뒷받침해주기 위해 구상된 것이다. 그런 측면에서 데미우르고스의 기술은 정의로운 국가를 구축하기 위해 정치가가 수행해야 할 정치 기술의 본이라 할 수 있다. 즉 『티마이오스』의 우주생성론은 존재 세계의 형이상학적 기초이자 현실구제론의 기술적 모델인 것이다. 그리고 두말할 나위 없이 그 기술적 모델 구성의 핵심에는 대립적인 것들에 대한 완벽한 이해와 그 이해를 바탕으로 그것들의 완벽한 조화를 가능케 하는 원리로서 '영혼'이 자리하고 있다. 그런 의미에서 이상적 정치 기술의 본질은 완벽한 영혼 능력의 구사를 통해 현실 세계를 구성하는 대립자들을 조화롭게 하나로 묶어내는 일이다. 그러므로 이상적인 정치가는 가장 순수하고도 완벽한 영혼을 갖추고 있어야 한다. 『국가』에서 '영혼의 정화', '건강한 영혼의 상태'가 철학자 왕이 갖추어야 할 가장 핵심적인 조건으로 시종일관 강조되는 것도 그러한 이유에서이다. 그런 사람이야말로 실재 세계인 본에 대한 완벽한 이해가 가능하고 그 본을 현실 세계에서 구현할 수 있는 적확한 접점도 찾아낼 수 있을 것이며 또 그것을 통해 정의로운 국가 구성을 위하여 지배 대상을 설득하는 것 또한 가능할 것이다. 특히 데미우르고스가 대립자들을 결합시키는 기술로서 설득의 방법은 나중에 『법률』에서 입법자가 갖추어야 할 입법 기술의 원리로서 재현된다.

데미우르고스는 이러한 기술의 극치를 표상한다. 즉 데미우르고스는 본의 전체 모습(eidos)을 완벽하게 인식하는 기술과 그렇게 해서 얻은 인식을 설득을 통해 현실에 구현하여 대립적인 것들을 조화롭게 하나로 구현하는 기술 양 측면을 갖는다. 당연히 이상적인 정치가도 그 양 측면을 가지고 있어야 한다. 그런데 이러한 데미우르고스적 기술의 양 측면 중『국가』에서 철학자에게 요구하는 기술의 핵심은 주로 전자에 치중되어 있다. 즉 철학자 교육의 궁극 목표는 무엇보다도 우선 저 지고지순의 좋음의 이데아를 인식하는 것이다. 요컨대『국가』는 본을 현실에 구현하는 기술보다는 본 자체를 이해하는 기술, 즉 변증술 (dialektikē)에 초점이 맞추어져 있다. 그런 측면에서 국가의 정치 체제에 대한 구상은 플라톤 스스로도 밝히고 있듯이 현실에서 실질적으로 구현될 정치 체제 그 자체라기보다는 그러한 현실 정체들이 끝없이 지향해야 할 이상적 푯대 내지 기준치, 즉 본으로서의 성격을 갖는다. 그러므로 플라톤의 현실구제론으로서 정치철학적 의미를 온전히 살피려면 데미우르고스적 기술의 두 측면 중 나머지 측면, 즉 본을 실물화하는 기술의 측면도 함께 살펴보아야 한다. 그 나머지 측면이 집중적으로 다루어지는 것이『정치가』이다.

현실 구제를 위한 통치술의 실제와 성격 :『정치가』

『정치가』는 참된 정치가가 정의로운 국가를 구현해내기 위해서 구비해야 할 기술(technē)들, 즉 정치 기술의 핵심을 논리 정연하게 제시하고 있다. 정치가란 이미 앎을 주요한 자질로 하는 일종의 기술자인 것이다. 그리고 정치가가 갖춰야 할 이 정치 기술(politkē)은 국가를 더 못한 상태에서 더 나은 상태로 만드는 것이라는 측면에서 원천적으로 현실 구제의 성격을 갖는 것이다.

그러한 현실 구제의 기술로서 플라톤이『정치가』에서 제시하는 기술이 이른바 '참다운 정치가 내지 왕이 갖추어야 할 기술'(hē ontōs ousa basilikē), 즉 통치술이다. 그런데 플라톤은 이 통치술이 갖는 성격을 온전히 드러내기 위해 직조술(hyphantikē)을 비유로 끌어들인다 (281a~283b). 이 직조술은 여러 가지 측면에서 매우 중대한 의미를 함축한다. 직조술은 씨실과 날실을 엮어 하나의 직물로 짜내는 기술이다. 날실과 씨실은 서로 엇갈리는 방향으로 움직이지만 그것들은 완전한 직조술에 의해 조화롭게 결합되어 하나의 완전한 직물로 만들어진다. 이것은 통치술이 근본적으로 현실 세계에 존재하는 서로 다른 요소들을 조화롭게 하나로 결합해내는 것임을 보여준다. 사실 통치술이 근본적으로 조화의 기술에 있다는 것은 이미 『국가』에 나타난 정의로운 이상국가의 기본 틀만 이해해도 능히 예상할 수 있는 일이다. 『정치가』의 정치 기술은 이미 일관되게 본으로서 『국가』의 철학자왕의 기술의 연장 선상에 있는 것이다.

그러나 『정치가』의 직조술은 그 이상의 것을 함축한다. 즉 직조술의 비유를 통해 제기되는 조화 기술은 시종일관 지속적으로 '대립적인 것들을 조화시키는 기술'로 나타난다. 이를테면 직조술이 다루는 날실과 씨실의 성질부터 대립적(enantion)이다. 그것들은 각각 단단함과 유연함이라는 대립적인 성질을 지닌 데다가 서로를 가로질러 움직인다. 즉 『정치가』가 관심을 갖는 조화 기술의 적용 대상은 주로 대립적인 것들이다. 이것은 『정치가』가 조화를 이야기하되 『국가』의 철학자왕처럼 변증술을 통해 천상의 이데아가 간직하고 있는 조화의 이념과 원리 자체를 인식하는 데 그치지 않고 그 이데아적 인식을 토대로 우연과 반목과 갈등이 넘쳐나는 현실 세계에 조화를 실현하는 데 주안점을 두고 있음을 보여준다. 다시 말해 『국가』는 변증술을 통해 좋음의 이데아를 향해 서 있지만 『정치가』는 대립자들의 적도(適度; to metrion)를 측정하는 기술, 즉 측정술(metrētikē)을 더해 가시적 현실 세계도 바라보고 있다. 그러므로 『정치가』는 정의롭고 조화로운 국가를 논의하되 현실 세계가 드러내는 특징과 한계를 직시하면서 어떻게 하면 그곳에 이상적인 정치 체제를 구현할 수 있을 것인지 그 실천적이고도 현실적인 정치 기술을 모색하고 있는 것이다. 그렇다고 『정치가』가 변증술을 소홀히 하고 있다고 여겨서는 안 된다. 변증술은 마치 건축 설계자가 집을 지을 때 지속적으로 설계도를 보고 있듯이 늘 하나같이 가동되어야 하고 실재 세계의 총체적인 연관을 가장 적확하게 인식하고 그것을 또 가장 적확하게 현실 세계에 구현할 수 있도록 절대적 측정술 또한 유지되어야 한다. 그런 측면에서『정치가』의 직조술로 표징되는 정치 기술 속에는 이미 변증술과 측정술이 포함되어 있다. 이미 데미우르고스와 철학자왕이 구사하는 변증술에는 그 모든 기술의 합목적적 통일이 내적 본질로서 관철되어 있는 것이다. 그런 의미에서『국가』와『정치가』는 본 그리고 그것을 실물화하는 기술이 서로 통일적인 내적 연관을 이루면서 모두 철학자왕이 갖추어야 할 이상적 기술을 완성하는 상보적 성격을 지닌다고 할 수 있다.

　『정치가』의 직조술은 또 그것을 구성하는 하위 종속 기술들로 분석되면서 통치술을 구성하거나 그것이 대상으로 하는 보조적인 것들의 실상을 드러내준다. 이것들은 현실 세계의 물질 기반과 직업군들 그리고 기타 제반 삶의 기술들로서『국가』에서는 다루어지지 않았던 것들이다. 이러한 논의들은 통치 기술의 대상이자 재료가 되는 현실 세계의 성격은 물론 그것들을 (노예들까지 포함해서) 포괄하고 배려하는 기술로서 통치술의 지배적 성격을 잘 드러내주는 역할을 한다. 이를테면 여러 가지 기술 내지 지식이 있을 경우 그것을 배워야 할지 배우지 말아야 할지를 결정하는 지식이 전자의 지식을 지배하는 지식이듯이, 군대 지휘술이 아무리 중요해도 전쟁 자체를 할 것인지 아닌지를 결정하는 것은 통치술이며 재판 기술, 연설 기술의 경우 또한 마찬가지이다 (304e). 즉 통치술은 국사 일체에 대한 총체적인 이해를 기초로 다른 제반 기술들, 특히 군대 지휘술, 재판술, 연설 기술을 지배하고 그러한 기술을 가진 자들에게 명령을 내리는 최고 결정권을 본질로 하는 것이다.

　특히 직조술 중 실을 꼬는 하위 기술에 비유하여 다루어지는 용기와 신중함의 관계에 대한 논의는 대립적 요소들이 상시적으로 부딪치는 격동의 현실 세계에서 적도를 포착하고 조화를 구현하는 통치술의 극치를 보여준다(306a~b). 즉 용기는 재빠름, 활발함 등 동적 성격의 미덕이고 그에 비해 신중함은 정적인 성격의 미덕이지만 서로 조화를 이루지 않으면 모두 파멸의 원인이 된다. 용기가 넘치는 인간은 전쟁을 좋아해 국가를 전쟁으로 이끌어 다른 나라의 증오를 불러일으켜 결국 국가를 멸망하게 하고, 신중함이 풍부한 인간은 내적으로는 질서 있는 생활을 실현하지만 그것이 한도를 넘어서 대외 관계에서 평화주의만을 주창할 경우 결국은 타국의 침략을 초래하여 국가를 노예 상태로 빠트린다(308a). 게다가 이 둘은 각각 동(動)과 정(靜)이라는 대립적 성격 때문에 서로를 용서하지 않고 서로에 대해 격렬한 증오를 불러일으켜 국가를 분열시킨다. 현실 세계의 이와 같은 대립적 요소들을 조화롭게 결합시키기 위해서는 그 현실 세계의 각각의 실상을 총체적으로 이해하고 그것의 조화점, 즉 적도를 적확하게 측정해낼 수 있는 기술자 내지 지식인이 있어야 한다. 그 사람이 곧 철학자왕인 것이다.

이처럼 『정치가』는 『국가』에 이어 일관되게 통치술, 즉 철학자왕의 기술이 갖는 중요성과 그 위상에 대해 논의하고 있지만 그것의 현실적 적용에 초점이 맞추어진 까닭에 철학자왕이 고려해야 할 현실 세계의 실상들도 함께 다루어지고 있다. 그래서 『정치가』에는 『국가』에서 다루지 않았던 입법(nomothesia)의 문제도 제기되고 나아가 현실에서 상정할 수 있는 여러 형태의 현실 정체들의 특징과 한계 등도 함께 논의된다. 혹자는 『정치가』가 담고 있는 이와 같은 현실 정체들에 대한 구체적인 논구들, 특히 법률과 입법 기술(nomothetikē)에 관한 논구가 정치철학적 입장의 현실화 경향을 드러내는 것이라고 여기기도 한다. 그러나 플라톤은 『정치가』에서도 시종일관 그 모든 논의들이 철학자 왕정의 완전성을 드러내기 위한 것, 즉 철학자 왕정에서 멀어지면 멀어질수록, 통치술이 결핍되면 될수록 얼마나 심각한 정치적, 국가적 위기가 초래되는지를 보여주기 위한 교훈적 · 방편적 논의임을 강조하고 있다. 사실 입법에 관한 세부적인 논의조차 『정치가』에 와서 새로 생각해낸 것이 아니다. 비슷한 제안이 『국가』보다도 이전에 쓰인 『편지』에서도 나타나기 때문이다. 플라톤은 『국가』에서 제기한 정치철학적 입장을 일관되게 유지하면서 논의의 주안점만 달리하고 있는 것이다.

요컨대 이상의 관점에 비추어 볼 때,『티마이오스』에서 그려지고 있는 우주 제작자 데미우르고스의 기술이나『정치가』에서 그려지고 있는 정의로운 국가 통치 기술로서의 왕도적 통치술은『국가』에서 그려진 철학자왕이 이상국가를 실제적으로 실물화, 현실화하는 기술적 원리의 핵심을 일관되게 반영하고 있다. 그것은 곧 서로 다른 것들 내지 대립자들의 조화와 질서인 것이다.

8 현실국가 그 결핍태들

그러나 어떤 동기에서든 간에『정치가』에서 제기된 왕도적 통치술의 기술적 대상으로서 현실 세계에 관한 논의와 그 논의를 통해 드러나는 여러 가지 현실 정체에 관한 플라톤의 견해는 우리로 하여금 플라톤의 정치철학적 통찰의 깊이를 보다 풍부하게 엿보게 해준다. 특히 그곳에서 그려지고 있는 현실 정체들은 비록 이상국가의 현실태가 아닌 결핍태이긴 할지라도 본이 현실 세계에서 드러나는 실물로서의 정치 체제라는 점에서 이상적 실물 즉 최선의 현실국가를 엿볼 수 있는 창구가 된다.

플라톤은『정치가』에서 이상적인 제7의 정체(ebdomēn 302c, 303b), 즉 철인 왕정체와 별도로 그 결핍태로서 현실의 정치 체제를 여섯 종류로 분류한다. 우선 수를 기준으로 일인 지배 정체, 소수자 지배 정체, 다수자 지배 정체로 나눈 후 다시 그 정체들을 크게 준법 지배 체제(kata nomous archein)와 불법 지배 체제(archein paranomōs)로 각각 나눈다. 그래서 일인 지배 정체는 왕정(basilikē)과 참주정(tyrannikē)으로, 소수자의 지배 정체는 귀족정(aristokratia)과 과두정으로(oligarchia), 다수자 지배 정체는 준법적 민주정(demokratia ennomon), 불법적 민주정(demokratia paranomon)으로 나뉜다(302c~303b). 이것이 곧 고전적인 6정체론이다. 이 여섯 종류 정체들의 상대적 우열을 살펴보면 준법 상태의 정치 체제들 중에서는 한 사람이 지배하는 일인 왕정이 가장 좋은 체제이고 그다음이 소수가 지배하는 귀족정, 그다음이 다중이 지배하는 민주정이고, 불법 상태의 정치 체제들 중에서는 권력이 한 사람에게 편중되는 참주정이 가장 나쁜 정치 체제이고 그 편중도가 엷어지는 순서, 즉 과두정이 그다음, 그리고 민주정이 그다음 순으로 덜 나쁜 정치 체제로 소개된다. 그래서 전체적으로 보면 준법 상태의 일인 왕정(그러니까 입헌 군주정)이 마땅히 가장 좋은 정체이고 그다음이 과두정, 그다음이 민주정이며 그 뒤로는 불법 상태의 민주정, 과두정, 참주정이 순서대로 점점 더 나쁜 상태의 정체가 된다. 그러므로 『국가』에서는 민주정이 과두정보다 나쁜 정체로 나오지만, 『정치가』에서는 불법 상태의 과두정보다는 오히려 좋은 정체로 평가된다. 불법적 정치 제체에서는 소수에게 권력이 집중될수록 위험하다. 그래서 다수에게 분산되는 민주정이 차라리 나은 것이다. 결국 조화를 상실하고 욕망이 획일화된 사회에서는 차라리 권력이 다수에게 분산되는 것이 최선임을 플라톤도 인정하고 있는 셈이다. 그래서 『정치가』나 『국가』 모두 가장 나쁜 정체는 하나같이 참주정이다. 즉 참주정은 철학자 왕정은 물론 일인 왕정으로부터도 가장 멀리 떨어진 극대적인 반대 정체인 것이다. 그런 의미에서 정치 체제상의 우열을 결정하는 플라톤의 기준은 근본적으로는 숫자가 아니라 통치자의 영혼이 얼마나 건강한 상태인가에 초점이 맞추어져 있다. 플라톤의 입장은 지극히 명백하다. 즉 정치 체제의 우열을 판단하는 기준은 지배자가 참다운 정치 기술 내지 지식을 가지고 있는지, 그런 정치가가 존재하는지 그 여부에 달려 있는 것이다(292c, 293c, 297a~b, 301c~d). 그러므로 진정한 정치 체제는 여전히 위와 같은 여섯 정체들을 넘어선 제7의 정체, 즉 철학자 왕정 체제뿐이다. 최상의 철학자왕 체제는 법률의 준수 여부도, 강제냐 자발적이냐의 여부도 넘어서 있다. 철학자 왕 자신이 이미 국가를 위한 최고의 기술, 즉 지식을 구유하고 있기 때문이다. 의사가 의술 지침에 포함되지 않은 특수한 상황이 발생하였을 경우 환자가 동의하건 하지 않건 자신의 기술에 따

라 모든 수단을 강구해 환자의 이익을 실현하는 것과 마찬가지이다(293
b∼c).

　　그러나 젊은 소크라테스도 묻고 있듯이 법률을 넘어선 통치가 용
인되어야 할 것인가는 매우 중요한 문제이다. 여기서 기술 내지 지성의
지배 대 법의 지배에 대한 고전적 대척점이 정식화된다. 플라톤의 법의
지배에 대한 비판은 법의 본질 그 자체에 모아진다. 즉 법이란 모든 경
우에 적용되어야 할 절대적인 규칙이지만, 인간사는 너무도 다양하고
복잡하며 각각 고유하고도 복잡한 사정이 있다. 따라서 법은 본질적으
로 그 각각에 대해 정확하게 대응할 수 없다. 법은 또 법적 대응 이상의
좀더 유익한 방도가 있어도 오히려 그것의 적용을 방해한다. 이에 비해
진정한 지식을 지닌 사람은 구태여 법을 제정할 필요가 없다(294c). 설
사 정해진 법과 규칙들이 있다 하더라도 상황에 따라 더 좋은 방책이
있을 경우 규칙을 넘어 그 방책을 채용하는 것이 마땅하다. 철저히 법
률만을 앞세우는 절대적 법치주의는 현상을 타개하는 합리적, 기술적
유연성을 원천적으로 봉쇄하여 가장 뛰어난 사람인 소크라테스조차 눈
하나 깜짝하지 않고 사형에 처하는 일까지 저지른다. 그렇다고 플라톤
이 법의 부정을 주장하는 것은 아니다. 실제로 이상적인 정치가가 통치
하는 국가도 법이 존재한다. 통치술을 체득한 사람은 개개인의 개별적
상황에서 무엇이 선인지를 정확하게 알 수는 있지만 현실에서 모든 사
람들 곁에 늘 지켜 앉아서 그것을 살피고 지시한다는 것은 불가능하다
(295a∼b). 그러므로 불특정 다수의 사람들에 대한 일반적인 규칙이 필
요 불가결하다(294c∼295a). 그래서 플라톤은 입법술을 철학자왕이 갖
추어야 할 기술의 한 요소라고 했을 뿐 아니라 실제 아카데메이아에서
도 입법술은 가장 중요한 교육 과정의 하나였다. 다만 플라톤의 입법술
경우에는 절대적 법치주의와 달리 이 법이 항상 기술에 의해서 보완되
어 그 경직성이 상쇄된다는 점이다(295e∼296a, 296e∼297a). 이처럼 플
라톤은 법의 보편성, 불변성과 인간의 상황적 유동성, 다양성 사이의
숙명적 괴리를 날카롭게 간파하고 기술과 법의 상보적 관계를 논하고

있다. 이런 측면에서 플라톤이 전체적으로 법을 부정했다고 보는 관점은 잘못된 것이다. 특히 플라톤의 법이 일의적이지 않고 논의의 문맥에 따라 다소 다르게 이야기되고 있다는 것도 고려되어야 한다.

결국 지금까지의 논의에 기초하면 철학자왕 정체는 다른 현실 정체들과 같은 차원에서 비교될 수 있는 것이 아닌 아득히 우뚝 솟아 있는 천상의 것이다. 그것은 마치 신이 인간에게 그러하듯이 절대적으로 우월한 것이다(303b). 그래서 그것은 여섯 개의 현실정체론 범위 바깥에 제7의 정체로서 자리매김되어 있다. 이런 측면에서도 『정치가』는 『국가』의 연장 선상에 있다. 철학자 왕정이라는 표현 자체도 철학자에 대한 교육론도 『정치가』에서는 나타나지 않지만, 그럼에도 불구하고 정치가와 철학의 관계는 여전히 지극히 긴밀하고, 따라서 철학자왕의 이념 또한 온전하게 계승되고 있다고 할 것이다. 다만 논의의 목적상 『정치가』에서 개진되어 있는 현실 정치 체제를 구성하는 여러 기술들, 입법술, 재판술, 연설 기술에 대한 논의 특히 법률에 대한 논의들은 장차 논의될 『법률』의 기본적 성격을 이해하는 데 귀중한 시사를 준다.

9 실물로서의 현실국가: 『법률』

그럼 이제 본의 실물로서 구체화되는 현실국가는 어떠한 모습으로 드러날까? 플라톤 말년의 대작 『법률』은 형식상 새로운 식민도시의 건설에 필요한 법률들의 제정을 목표로 쓰였다. 그래서 『법률』은 현실 정치에 바로 적용될 수 있는 각종 법률과 제도에 관한 아주 구체적이고도 세부적인 내용들, 다시 말해 현실정치론을 담고 있다. 이것은 우리가 앞에서 살핀 본과 기술 그리고 실물로 이어지는 플라톤 정치공학의 단계상 최종적인 실물화의 단계를 반영하고 있다는 점에서 매우 중요한 의미를 갖는 것이다. 그럼에도 사실 『법률』은 연구사를 통해 『국가』만큼 크게 주목을 받지 못했다. 그러나 『법률』은 『국가』의 원칙론과

『정치가』의 기술론을 바탕으로 구현된 플라톤 말년의 최대 현실국가론이라는 측면에서, 그리고 플라톤 정치철학의 최종적인 목표가 현실구제론에 있다는 측면에서, 그것은 플라톤 정치철학의 마지막 열매이자 정점이라고 말하지 않을 수 없다. 게다가 『법률』은 구체적인 정치 제도와 법률은 물론 교육, 예술, 종교 등 삶의 영역 전반에 관한 풍부하고도 세세한 통찰을 담고 있다는 점에서도 그야말로 현실에 대한 플라톤 인생 전체에 걸친 풍부한 경험과 사색이 총망라된 마지막 결정체라고 할 수 있다. 그러므로 플라톤 정치철학의 전체적인 측면을 균형 있게 이해하기 위해서는 『국가』 못지않게 『법률』에 대한 연구가 반드시 수반되어야 한다. 그러나 『법률』에 담긴 방대한 내용들을 여기서 다 다룰 수는 없다. 그래서 우리는 플라톤 정치철학을 개관하고자 하는 이 글의 목적상 이제까지 다루어왔던 논의의 중심 주제들, 즉 플라톤 정치철학의 근간으로서 조화와 공존의 원리, 철학자왕 정체와 현실의 차선국가의 관계, 지성의 지배와 법의 지배 등을 중심으로 『법률』의 현실국가론의 기본 특징만 간략히 살펴보고자 한다.

첫째, 『법률』에서 제시된 현실국가론은 『국가』에서 본으로서 제시된 이상적인 정치 체제의 기본 원칙을 일관되게 계승하고 있다는 점이다. 물론 본의 실물화 과정에는 현실의 대립적인 요소들에 대한 고려가 불가피하게 개입된다. 그래서 플라톤은 『법률』에서 드러나는 현실국가를 본이 갖는 최고 위상에 미치지 못하는 차선의 것으로 언급한다. 그러나 플라톤이 말한 차선의 의미를 이상국가에 대한 포기로 해석해야 하는 근거는 어디에도 발견되지 않는다. 그것은 여전히 현실국가가 영원히 지향해야 할 신적 푯대로 존재한다. 차선이란 바로 그러한 이상국가가 갖는 신적 완전성을 기준으로 둘째(deuteros)라는 것을 의미할 뿐, 이상국가를 모사하는 현실의 차원에서는 그 이상의 대안이 없는 최선이다. 본과 기술과 실물화의 결합으로 이루어지는 정치공학의 통일적 성격을 고려하면 본과 실물의 위상 차이는 원래부터 존재하는 것이며 그 실행 과정에서 본의 실물화는 본의 변질이 아닌 본의 구현인 것이다. 본은 그 자체로 현실에 들어올 수 없고 기술에 의해 실물에 관여(metechein)의 방식으로 모사될 뿐이다. 본이 포기되는 그 순간 모사는 불가능하다. 그리고 본의 존재 의미는 그 자체로 끊임없이 최선의 모사를 견인하는 데 있다. 요컨대 『법률』에서 플라톤의 현실국가론은 국가의 현실 구제 방책이 모사물에서 주어지는 한, 현실에서 가능한 최선의 국가로 제시된 것이다. 그런 측면에서 『법률』의 차선국가는 『국가』의 기본 원칙을 차선이 아닌 최선으로 구현한다.

그래서 이상적인 체제의 중심축을 이루는 철학자왕의 지배, 즉 '지성의 지배'는 『법률』에서도 '법률의 지배'가 끊임없이 응시해야 할 푯대로서 상정되고 있다(709e~711a). 가장 뛰어난 입법자가 소질이 뛰어난 절도 있는 참주를 만나 양자가 협력할 때야말로 "최선의 나라로 바뀌기가 가장 쉽고 빠른"(710d) 것이며 "한 사람 안에서 가장 큰 권력이 분별 및 절제와 하나로 합칠 때 그때야말로 최선의 정치 체제와 최선의 법률들이 자연적으로 생기고 그 이외의 다른 방법으로는 결코 생기지 않기"(712a) 때문이다. 요컨대 정치권력과 철학적 앎의 일체화를 통해 최선의 구제가 실현된다는 『국가』의 기본 원칙은 여전히 『법률』에서도 유지되고 있다.

또 『법률』의 말미(968a~c)에는 국가 건설을 완료한 후 현실국가의 정치 체제와 법률을 보전하기 위한 방책으로써 '야간 위원회'(hoi nyktōr syllegomenoi, nykterinos syllogos)의 설립이 제안되어 있다. 그리고 국가의 최고 관료에 의해 구성되는 이 회의의 구성원들은 모두 『국가』에서 장래 지배자가 될 사람들이 반드시 배워야 할 학문, 즉 수론 기하학, 천문학, 음악 이론 등 철학을 위한 예비 학문은 물론 "여럿을 포괄하고 관통하는 하나의 이데아"를 인식하기 위한 변증술을 배우도록 되어 있다. 요컨대 『법률』에서도 국가의 '두뇌'이며 진정한 국가 수호의 기관으로 되어 있는 이 회의는 대부분 철학자들의 집단이라고 간주해도 좋을 것이다. 이는 『법률』에서의 법의 지배 역시 그 근저에서는 철학적 지식에 의해 지탱되어야 하는 것임을 의미하는 것이다.

그러므로 어느 논자는 "플라톤은 『국가』를 쓰고 있을 때에도 『법률』을 쓸 수 있었을 것이고 또 반대로 『법률』을 쓰고 있을 때에도 『국가』를 쓸 수 있었을 것이다. 양자는 동일한 화폐의 앞면과 뒷면이기 때문이다"라고까지 말하고 있다.[6] 이러한 언급은 다소 과장된 것이라고는 생각하지만 『국가』에서의 '철학의 지배'라는 이상주의와 『법률』에서의 '법의 지배'라는 현실주의를 양극단으로 대립시켜, 플라톤이 만년에 이르러 이상주의를 포기했다고 생각하는 것이 너무 섣부른 견해임을 역설해준다. 그러한 견해들은 법의 지배와 사람의 지배를 고정적으로 대치시키는 아리스토텔레스 이래의 도식이 불러일으킨 것임은 재차말할 것도 없다. 『법률』의 마지막 부분에(965c) "하나의 이데아"에 대한 언급이 있는 점에서도 알 수 있듯이 플라톤은 평생 이데아론을 견지하였으며 마치 이데아와 감각적 사물의 관계와도 같이 모범으로서의 철인 정치라는 이상과 그것의 불완전한 사본으로서 법이 지배하는 현실과는 본래 쌍을 이룬다고 생각하고 있었고, 그러한 세계관을 생애 내내 한결같이 간직하고 있었던 것으로 보아야 할 것이다.

둘째, 위의 연장 선상에서 플라톤의 정치철학적 사유의 근간을 이루고 있는 '대립되는 것들의 조화' 또한 '혼화'(krasis)라는 개념을 통해 『법률』에서도 그대로 이어지고 있다는 점이다. 그것을 단적으로 보여주는 것이 『법률』에서 차선국가의 정치 체제로서 제시되는 '대립된 두 정치 체제들의 적도를 취해 생겨난 정체'이다(693e). 그것은 혼합 정체라는 말로 직접적으로 표현되고 있지는 않지만 말 그대로 현실적으로 대립되는 정체들의 혼화를 통해 이루어진 혼합 정치 체제이다. 이 혼합 정체는 특히 『국가』에서 제시된 정치철학적 원칙을 유지하되 플라톤 나름의 전 인생에 걸친 체험과 역사적 교훈이 더해져 얻어진 것으로서

---

6) T. J. Saunders, *Plato, The Laws*, Penguin Classics, 1970, p. 28.

플라톤 차선국가의 정체적 특징을 드러내주는 것이자 플라톤의 정치철학이 궁극적으로 다가가고자 하는 실천적 현실성을 가장 잘 표현해주고 있다. 이러한 혼합 정체를 구성하는 권력 구조 및 선출 방식 등 구체적인 법률과 제도를 여기서 상세하게 다 살필 수는 없다. 그러나 그 근간에는 '일인 통치 정체'(monarchikē politeia)를 지향하는 사람들이 사려를 가지고 적도를 지킴으로써 '민주적 정체'(demokratikē politeia)를 지향하는 대중(hoi polloi)들과 함께 공존하는 것, 즉 자유(eleutheria)와 우애(philia)라는 서로 다른 두 가지의 입법 목표가 자리하고 있다. 요컨대 만일 입법자가 국가를 자유롭고, 지성과 우애를 지닌 것으로 만들고자 한다면 전제 군주적인 요소와 민주정적인 요소, 즉 전제와 자유의 양쪽에서 각각의 적도를 발견하여 언제나 그 둘의 중간을 유지하는 혼합된 정치 체제를 만들어야 한다(756e~a, 701d~e). 그래서 관리들을 선출할 때도 선출직 법 수호자(호민관: nomophylax)와 장군(stratēgos) 이외에 매년 돌아가며 직무를 수행하는 평의회 위원(bouleutēs)은 비록 심사를 거쳐 최종 결정되지만 추첨(klēros)으로 뽑는다(754c~756e).

그런데 플라톤이 『국가』와 『정치가』에서 그토록 하위 정체로 경계하고 있었던 민주 정체를 이 혼합 정체에 포함시키고 있다는 점은 우리를 매우 당혹스럽게 한다. 실제로 그러한 이유로 『법률』에서 플라톤의 입장 변화를 이야기하는 학자들도 많이 있다. 그러나 본의 실물화 과정에서 가장 고려되어야 할 것이 현실의 조건이고 그 현실의 조건은 『정치가』에서도 보았듯이 기본적으로 대립적인 것들의 존재라고 한다면, 아테네의 현실 정황상 플라톤이 조화의 대상으로서 준법 상태의 민주 정체를 염두에 두고 있었으리라고 짐작하는 것은 그리 어려운 일이 아니다. 『정치가』에서 이론적으로 기술되었던 정체들을 고려하고 그 정체들에서 나타나는 기본적인 대립 요소들, 즉 권력의 집중과 분산을 지식의 기준에 가장 잘 부합하게 조화시키기 위해서는 준법 상태의 일인 왕정과 민주정의 조화가 최선의 현실적인 조화로 여겨졌을지도 모른다. 특히 혼합 정체의 세 가지 목표, 즉 국가가 자유롭고 지성을 지니고 우애를 지키기 위해서는 "혼합되지 않은 막강한 권력을 법제화해서는 안 된다"(693b)는 원칙이 실은 페르시아의 과도한 전제와 아테네의 과도한 자유에 대한 역사적 경험에서 주어졌다는 것도 이 혼합 정체의 실천적, 현실적 성격을 더욱 잘 드러내준다고 할 것이다. 지배 권력의 적도에 따른 대립적인 것들의 혼화는 스파르타의 사례가 증명하듯이 자국의 구원은 물론 다른 나라들을 구원하는 근거가 되는 것이다 (691e~692c). 그리하여 이러한 혼합정체론은 이미 역사가들에 의해 지적되고 있듯이 '권력의 분립과 균형'을 함축하면서 약 2세기 후에 폴뤼비오스(Polybios)의 유명한 혼합정체론으로 이어지고 그것은 다시 키케로와 중세를 거쳐 근대의 샤를 몽테스키외(Charles Montesquieu) 등의 삼권분립론으로 연결된다. 이런 의미에서 보면 플라톤이야말로 혼합정체 내지 공화주의 이론의 최초 제창자였다고 말할 수 있을 것이다.

특히 『법률』에서의 혼합 이론은 단지 국가의 지배권과 관직에 대해서 언급할 뿐 아니라 좀더 폭넓게 국가의 제도 전반에도 적용되고 있다는 점을 간과해선 안 된다. 적도와 좋은 것을 가져다주는 것으로서 혼합의 개념은 예를 들면 『필레보스』의 "쾌락과 고통의 혼화"(46a~50d)에서도 잘 알려져 있듯이 플라톤의 후기 작품 속에서 커다란 역할을 하고 있는 핵심적인 철학 원리 중 하나이다. 그것이 『법률』에 이르러 국가 사회 전체에 대해 구체적으로 적용된 것이라고 볼 수 있을 것이다. 요컨대 국가는 적도(適度; metrion)와 중용(meson)의 원리에 따라 술을 섞는 혼합 그릇(ktatēr)처럼 잘 뒤섞여 있지 않으면 안 된다 (773d).

셋째, 주목할 것은 『법률』의 현실국가는 일단 체제 형식상 지성의 지배가 아닌 법률의 지배 체제를 취한다는 점이다. 곧 법이 관리들의 주인이고 관리들은 법의 노예이다(715d). 이것은 일단 우리가 『정치가』와 『국가』에서 일관되게 살핀 법의 지배에 대한 지식의 우위 원칙에 반하는 것으로 보인다. 그러나 이것 역시 법의 지배로의 전환이라기보다는 본성의 측면에서 지배 권력이 현실적으로 직면하는 한계에 대한 플라톤 나름의 냉철한 현실 인식을 반영하는 것이다. 플라톤은 현대 사회사상가 카를 포퍼(Karl popper)가 그를 향해 쏟아붓고 있는 비난의 본질을 이미 인지하고 있다. 즉 그는 "누구든 적도를 무시하고 작은 배에 큰 돛을 주거나, 작은 몸에 많은 양식을 주거나, 작은 혼에 큰 통치권을 준다면, 모든 것이 뒤엎어질 것인즉, 과도함으로 인해 어떤 경우에는 질병으로 치닫고, 어떤 경우에는 방자함의 자식인 불의로 치닫게 되며"(691c) "어떤 인간 본성도 모든 인간사에 절대적인 통치권을 행사하면서도 방자함과 부정의에 휩싸이지 않을 정도로 온전하지는 못하다는 것"(713c)을 여러 곳에서 강조하고 있다(875a~b도 참조). 그런 측면에서 현실국가의 통치자들은 "법을 섬기는 자"(hypēretai tois nomois)(715c)이고 그 국가 내에서 최고의 권한을 갖는 관리를 "법 수호자"(nomophylax, 671d 등)라고 부르는 것이다.

그러나 플라톤은 『정치가』에서도 그랬듯이 『법률』에서도 지배자가 항상 법에 의해 제약되는 것이 반드시 최선은 아님을 함께 적시하고 있다. 법률은 일반적인 것, 원칙적인 것을 규정하는 데 그치고 변화무쌍한 개개인의 현실 전부를 망라하는 것은 불가능하기 때문이다. 그러므로 마치 뛰어난 의사가 의학서에 기록되어 있는 일반적인 지시에 반드시 구속되지 않고 개별 환자의 특수한 증상에 알맞은 조치를 취하는 것처럼, 국가 사회에서 최선이 무엇인가를 알고 있는 뛰어난 지배자는 법률에 의해 제약되지 않고 적절한 시책을 행할 수 있는 것이다. 이 점에 대해서 플라톤은 "신의 자비로 이 세상에 누군가 선천적으로 충분한 능력을 갖춘 자가 나타나 그러한 절대적인 지배자의 지위에 오를 수 있다고 한다면 그 사람은 자기 자신을 지배해야 할 어떠한 법률도 필요로 하지 않을 것이다. 왜냐하면 법이나 규정 그 어느 것도 앎보다는 우월하지 않으며, 지성이 그 어떤 것의 시종이거나 노예라는 것은 이치에 맞지 않으며, 오히려 그것이 모든 것들을 다스리는 것이 이치에 맞기 때문이다"(875d~e)라고 언급하고 있다. 지식을 가진 사람의 지배 쪽이 법률의 지배보다 낮다는 것이 원칙적으로는 인정되고 있는 것이다.

그러나 그럼에도 "본래 어떤 사람의 본성도 나라에 사는 사람들에게 이로운 것들을 알기에 충분하지도 않고, 안다고 해도 항상 가장 좋은 것을 행할 수 있고 행하기를 바랄 만큼 충분한 능력이 없다"(875a)고 말하는 것은 이상적인 철학자왕 정체에 대한 불같은 신념은 여전히 한결같이 가슴속에 보존하고 있을지라도 그러한 능력을 갖춘 자를 키워내는 것이 결코 쉽지 않음을 드러내 보이는 것이라 하겠다. 그러나 철학자왕 정체 자체가 이미 이전부터 지금까지 실물을 위한 본이라는 인식 또한 함께 유지되어왔다는 점에서 그것은 근본적으로 법의 지배와 지성의 지배 간의 상보적 관계를 역설하는 것으로 이해해야 할 것이다. 요컨대 플라톤에게 중요한 것은 지식 내지 기술과 법률의 통합·보완 관계이며, 이것은 논의상 주안점의 차이에 상관없이 『국가』 이래 일관된 주장으로서 플라톤 정치철학의 최대 특징 중 하나임을 잊어서는 안 된다.

넷째, 『법률』 역시 입법의 목적을 단순히 외적인 사회관계의 조정만이 아니라 『국가』 이래 일관되게 덕의 구현에 두고 있다는 점이다(630b~631a, 686a~b, 963a 등). 『법률』의 상당 부분을 차지하는 서론 부분에서 플라톤은 이미 입법의 자세로서 설득(peithō)과 권고(paramytia)가 강제와 위압보다 훨씬 우월한 것임을 강조하고 있다. 입법자는 단지 법률의 본문만을 정하여 그것을 위반하는 자를 형벌(zemia)로 다스리는 그런 방식만이 아니라 본문 앞에 설득과 권고를 서문 형식으로 첨부하여 법률의 취지와 입법의 목적을 이해시켜 입법의 적용 대상이 되는 상대 측의 사람들을 납득시킴으로써 스스로 자진하여 법률에 따르도록 해야 한다는 것이다. 법의 지배라는 것은 바꿔 말해 지배받는 자가 자발적으로 법에 따르는 것을 의미하기 때문이다. 노예 의사는 환자인 노예를 다룰 때에 증세에 대해 아무 설명도 하지 않고 "마치 참주인 양 거만한 태도로" 단지 처방만을 내주고 가버리는 데 반해, 자유민 의

사가 자유민 환자를 치료하는 경우에는 "질병들을 초기 상태부터 자연의 이치에 따라 면밀히 살펴보고, 환자 자신뿐 아니라 그의 친구들과 상담을 해서 질병에 걸린 자들로부터 스스로 뭔가를 배우는 동시에, 할 수 있는 한 환자를 가르치기까지 하고" 그리고 "어떻게든 환자를 설득할 때까지는 처방을 내리는 법이 없는 것"과 같다(720c~d, 857c~e 참조). 모름지기 법률은 본래 "훌륭한 사람들이 어떤 방식으로 서로 친교를 나누며 우애 있게 살아야 하는지에 대한 가르침을 주기 위해" 제정된 것이다(880d~e). 그러므로 재판(dikazein) 역시 부정한 상태에 있는 영혼을 치료하고 교정하는 것을 목적으로 하는 것이다. 이것이 곧 『고르기아스』(525b), 『프로타고라스』(324a~b)에서부터 『법률』(854d~e, 862d~e, 934a~b, 941d)에 이르기까지 플라톤이 일관하여 지녀온 형벌이론의 근간이기도 하다. 요컨대 입법은 영혼을 한층 뛰어난 상태로 만드는 것, 즉 덕의 함양을 목표로 한다. 그러므로 입법자는 이른바 '도덕의 최저한도'로서 법률의 조건만을 제시하는 데 머무는 것이 아니라 이것에 '서문'을 첨부함으로써 오히려 적극적으로 시민의 도덕적 향상을 꾀해야 하는 것이다. 이러한 『법률』의 입법 정신은 우리가 앞에서 살핀 영혼의 정치학으로서 플라톤 정치철학의 근본 특징과 상호 유기적인 연관 관계를 보여주는 것이고 그야말로 『법률』이 후대의 그 어느 법전과도 달리 교육론과 교육에 관한 규정으로서 커다란 비중을 차지하고 있음을 보여주는 것이다. 법률에 서문을 첨부하는 것은 『법률』 4권 마지막에 서술되어 있듯이 플라톤의 독창적인 주장으로서 오늘날 성문법 작성 원칙의 하나로 계승되고 있다.

다섯째, 『법률』은 모든 법률이 인간이 정하는 이른바 실정법이기는 하지만 그들 실정법은 근원적으로는 우주 만물을 질서 지우는 신적인 이법에 기원하는 것임을 적시하고 있다는 점이다. 국가가 잘 다스려지려면 이 크로노스 시대의 통치를 모방해야 한다(713e). 그래서 현명한 입법자라면 이 "온 세상을 질서 지운 지성(nous)"(966e)을 공유하면서 우주 만물의 질서를 국가 사회 속에서도 실현하기 위해 '지성의 배분'(dianomē)을 법(nomos)으로 일컬어야 한다(714a). 법에 대한 플라톤의 이러한 인식은 법을 모두 인위적인 것, 일시적인 약속에 불과한 것, 다시 말해 자연 본래에 있는 것(physis)보다 뒤떨어지는 것으로 보는 당시의 시대 인식에 대한 비판이자 극복을 의미하는 것이다. 동시에 이와 같이 '지성의 산물' 내지 '지성의 질서 확립'으로서의 법을 자연 본래의 것으로 생각하는 것은 대립적으로 받아들여졌던 '자연'과 '법'을 하나로 결부하여 '자연법'이라는 개념을 가능하게 하는 것이다. 이러한 플라톤의 법에 대한 인식은 스토아학파의 '자연법'과 더불어 후대 자연법 사상의 하나의 원천이 되어 있음은 부인할 수 없는 사실이라 하겠다.

끝으로, 위와 같은 법률의 지배에 대한 플라톤의 생각은 『법률』에 와서 새롭게 채택된 것이 아니라는 점이다. 『법률』에서 제안되는 여러 가지 법률 관련 제안들은 이미 오래전에 쓰인 『편지들』 곳곳에서 나타나기 때문이다. 이를테면 『편지들』 셋째 편지에는 쉬라쿠사이의 참주정을 입헌 정체로 바꾸어 법의 지배를 확립해야 한다는 플라톤의 생각이 실려 있고(『편지들』 315d 참조) "법률 서문 건으로 약간의 노력을 했다"(316a)는 기록도 나온다. 그리고 여덟째 편지에는 플라톤이 시칠리아의 정체를 참주정에서 입헌 군주정으로 바꿔야 한다고 권고하면서 그 전환이 가능한 근거로서 뤼쿠르고스(Lykourgos) 고사를 인용하고 있는데 그 내용은 『법률』에서 아테네인이 도리아인 3국의 정치 체제 변화에 대해서 행한 역사적 성찰과 일치한다(『편지들』 354a~b). 플라톤이 시종일관 철인 정치가 유일하고 진실한 이상적인 구제책이고 지식이 법률보다 낫다고 생각했음은 두말할 나위가 없다. 다만 『국가』의 집필 이후 플라톤은 시칠리아에서의 사건과 관련하여 실제적인 권고를 해주어야 했고 또한 아카데메이아 학생들에 대해서도 법의 모델을 구체적으로 제시해줄 필요성을 느끼게 되면서 법의 지배라는 현실주의적인 구상을 보다 많이 고려하지 않으면 안 되었을 것이다. 실로 현실 구제에서 철학의 지배라는 원칙은 흔들림 없이 견지하고 있었지만 말년으로 갈수록 현실적 적용에 대한 압박감은 더욱 커질 수밖에 없었던 것이다. 그리하여 플라톤은 『법률』에 이르러 그 이상적인 정치 체제의 "모사"(mimēsis, 『정치가』 293e, 297e)인 법률이 지배하는 정치 체제를 "둘째 국가", 즉 본에 가장 근사한 최선의 현실국가로 제시한 것이리라.

10 맺는 말: 플라톤 정치철학의 의의

　　우리는 이상에서 본과 기술 그리고 실물로 이어지는 정치공학적 기본 틀을 논의의 근간으로 삼아 플라톤 정치철학의 기본 특징과 성격을 『국가』, 『티마이오스』, 『정치가』, 『법률』을 중심으로 살펴보았다. 우리가 확인할 수 있었듯이 플라톤의 정치철학적 구상은 『국가』의 이상국가론에만 머물러 있지 않고 평생의 논구를 통해 『법률』의 현실국가론에까지 뻗어 있다. 플라톤은 『국가』에서 이상국가론을 펼치면서도 그 결핍태로서 현실국가들의 모습들도 늘 염두에 두고 있었다. 그리고 『정치가』에서는 그러한 기조를 일관되게 유지하면서 참된 정치가가 구현해야 할 현실국가의 모습을 더욱 구체화하고 있다. 이것은 플라톤의 정치철학이 단순히 이상에만 매달린 것이 아니라 처음부터 시종일관 현실 구제의 성격을 지닌다는 것을 잘 보여준다. 특히 말년의 대작 『법률』은 도탄에 빠진 당대의 현실을 바라보면서 어떻게 하면 최선의 방법으로 구제해낼 것인가에 대한 플라톤의 치열한 현실 인식과 고뇌를 잘 담아내고 있다. 『법률』의 현실국가론 또한 플라톤의 입장 변화라기보다는 오히려 이상국가의 원칙을 유지하면서 그 원칙을 현실의 조건 위에서 구현하고자 하는 현실구제론으로서 플라톤 정치철학의 실천적 유연성을 보여주는 것이다. 우리가 앞서 살폈듯이 플라톤은 『국가』에서 철학자 왕정을 주장하면서도 비슷한 시기 시라쿠사에 가서는 입헌 군주정을 권고하기도 했고, 이미 사회관계의 조화가 무너져 물질적 욕망으로 획일화되어버린 아테네 현실을 바라보면서는 차라리 민주정이 최선이라고도 말하고 있다.

그러나 두말할 나위 없이 그러한 치열한 현실 인식 위에서 현실을 보다 바람직한 방향으로 견인하기 위해 플라톤이 끊임없이 마음에 새기고 있었던 정치철학적 이념 내지 푯대는 처음부터 끝까지 철학자왕의 지배로 완성되는 정치의 철학화 내지 지성화, 즉 철학과 정치의 결합이었다. 철학이 우주 자연을 비롯한 인간 삶의 영역 전반에 관한 총체적 앎을 목표로 하고, 정치가 인간의 조직적 생존 의지의 반영으로서 그 총체적 앎에 기반을 둔 것이라면 플라톤에게 정치와 철학은 이미 처음부터 분리될 수 없는 하나의 통일체였다.

그러나 이처럼 정치와 철학 영역을 하나로 관통하는 총체적 앎의 요구에도 불구하고 그 총체적 앎의 존재와 그 진리성에 관한 문제는 정치철학의 역사를 통해 끊임없이 플라톤의 발목을 잡아왔다. 총체적 앎이 아무리 중요하더라도 그 앎의 성격과 진리성이 제대로 검증되지 않는 한, 그 중요성의 크기만큼 위험의 크기 또한 심대할 것이고 그러한 앎을 가진 자의 존재 자체부터가 의심스럽기 때문이다. 우리는 역사를 통해서 이루 다할 수 없는 정치적 폭압이 사실과 가치, 존재와 당위를 모두 아우르는 총체적 진리의 이름으로 합리화되어온 경험을 너무나 많이 가지고 있다. 물론 플라톤의 철학자왕 체제는 당시의 참주들로 인한 참혹한 경험에 대한 가장 극렬한 혐오를 반영한 것이긴 하지만, 그 이후 전제 군주정의 피폐함을 경험한 사람들은 모두 총체적 앎에 대한 진리 여부를 균형 있게 평가하기 이전에 이미 총체적 앎의 가능성 자체를 의심 또는 부정하지 않을 수 없었다. 그러므로 사회관계 일체를 배타적 개인들의 자기 보존 욕구로 설명하는 근현대 정치 사상가들로서는 이미 플라톤이 그토록 대척점에 놓았던 철학자 왕정과 참주정은 애초부터 본질적으로 구분될 수 없는 것이었다. 특히 포퍼 같은 사상가처럼 전체주의 사상의 피폐성을 경험한 사람들로서는 더욱이나 전체라는 이름으로 주어지는 일체의 거시적인 해결책은 모두 혐오의 대상일 수밖에 없었다. 그래서 그들에게는 시행착오적 경험을 통해 얻어지는 개별 사안들에 대한 미시적인 해결책이야말로 가장 바람직한 문제 해결의 방법으로 여겨졌다. 특히 정치 영역에서 그러한 거부감은 더욱 클 수밖에 없었을 것이다. 그리하여 그들은 오늘날 모든 개별적인 문제 영역에서 그 영역 전반에 관해 총체적인 앎을 가지고 있는 개별 전문가들을 존중할지언정, 정치 영역에서만은 절대 전문가의 존재를 인정하려 하지 않는다. 정치 영역에서의 판단만은 이른바 플라톤이 그토록 미덥지 않아했던 대중에게 맡기는 방법이 최선이라고 여겼던 것이다. 게다가 인구 20만 명(노예 10만 명) 내외의 고대 부족국가 수준의 시대를 살던 플라톤의 구상을 오늘날 그대로 적용할 수 있다고 여긴다면 그 자체가 이미 시대착오적이다.[7]

이러한 측면에서 보면 사회관계의 목표를 이기적 개인들의 계약적 공존에 두고 있는 근대 정치 사상의 입장에서 플라톤의 정치철학을 이해하기는 매우 난망해 보인다. 플라톤은 근세 개인주의 사회 사상과 달리 인간의 욕망을 정치 체제와의 유기적 상호 관계 속에서 규정하고 그 정치 체제는 물론 인간 욕망의 변화 가능성까지를 모색하고자 하기 때문이다. 그런데 바로 이러한 플라톤 정치철학의 특성은 우리에게 거꾸로 인간 욕망에 대한 근대적 사유에 대한 플라톤 나름의 충고 어린 시선을 들여다볼 수 있는 통로를 제공한다. 그리고 그 시선 속에서 우리는 플라톤과 현대인이 함께 공유할 수 있는 플라톤 고유의 정치철학적 통찰도 함께 간취할 수 있다. 이를테면 대중의 욕망에 대한 플라톤의 분석을 통해서 우리는 근대의 개인주의 욕망론의 본질과 한계에 대한 이해를 공유할 수 있고, 참주정에 대한 플라톤의 비판을 통해서 우리는 플라톤을 비난했던 사람들과 동일하게 폭압적 전제 정치에 대한 분노 또한 공유할 수 있다. 그리고 철학자 왕정에 대한 옹호 속에서는

---

7) 20세기 중반에 집중적으로 전개된 플라톤과 현대 정치 사상가들 사이의 정치철학적 논쟁은 하나의 논쟁사를 형성할 정도로 치열하였다. R. Bambrough(1967)는 그 주요 논쟁들을 종합 정리한 책이고, R. B. Levinson(1953)은 플라톤에 대한 비판을 전 방위적으로 옹호한 방대한 분량의 책이다. 그 논쟁의 개요를 살펴려면 이정호(1989) 참조.

정치권력의 도덕성에 대한 우리 현대인의 열망을 공유할 수 있다. 나아가 플라톤의 영혼의 정치학을 통해서는 20세기 전체주의 정치 사상에 대한 혐오에 내몰려 우리가 너무도 성급히 포기한 공동체적 삶에 대한 진지한 고뇌도 함께 공유할 수 있다.

돌이켜 보면 파시즘 이후 오늘날 현대 자유주의자들은 정치 영역에서 총체적 원리의 존재를 부정하고 정치 이념으로서 민주주의의 정당성을 근본적으로 그 절차에서 찾고자 했다. 사실 서구 민주주의의 역사는 이러한 절차적 민주주의의 정당성을 확립하기 위한 투쟁이었다고 해도 과언이 아니다. 토론과 선거, 다수결의 원리 등 의사 결정상의 절차가 제대로 담보되는 한, 그것이 생산하는 어떠한 내용도 정당한 것이다. 그래서 민주주의의 참된 의의는 그것이 담아내는 내용보다 내용을 담아내는 형식 자체에 있다는 주장 또한 광범위하게 지지되었다. 그러나 오늘날 현대 민주주의가 지난 한 세기 동안 그와 같은 형식적 절차에 매달려오는 동안, 우리는 그 형식적 절차를 규정하는 근대적 욕망의 획일성이 시장 메커니즘 속에서 끊임없이 세력화되고 있음을 간파하지 못했다. 불행하게도 오늘날 절차를 결정하는 힘의 크기는 형식적으로는 머릿수로 표현되고 있으나, 그 배후에는 획일적 욕망을 집단화하고 세력화하는 자본의 힘이 도사리고 있었던 것이다.

욕망이 획일화된 사회에서는 욕망 충족을 위한 경쟁이 상존하므로 국가 권력의 정당성은 근세 이후 욕망 통제를 통한 사회관계의 보존에서 구해졌다. 그러나 오늘날 무한 경쟁, 초국적 자본으로 표징되는 신자유주의의 위세는 국가 권력의 시장 개입을 통한 합리적 통제 기능을 크게 위축시켰다. 그 결과 오늘날 초국적 자본과 재벌, 대자본과 기득권적 관료 및 언론 집단들이 현대 민주주의를 위협하는 세력 집단으로 고질화되었음은 누구도 부인하지 않게 되었다.

플라톤의 정치철학은 비록 제한적이지만 위와 같은 현대 민주주의의 위기에 대한 매우 의미 있는 충고를 포함한다. 이미 2,500년 전에 그는 민주정이 강력한 세력 집단들에 의해 포위될 경우 야기될 수 있는 위험성을 날카롭게 비판하였고, 게다가 그 통제되지 않는 권력이 물질적 탐욕을 본질로 하는 한 그 민주정은 결국 폭압과 착취와 예속의 제도화, 즉 폭압적 독재정으로 귀결되고 말 것임을 심각하게 경고하고 있다. 그리고 플라톤의 정치철학은 이러한 비판과 경고뿐 아니라 우리에게 현대 정치철학이 직면하고 있는 위기 국면에서 인간의 욕망과 정치 체제 사이의 관계를 유기적으로 살펴보아야 할 필요성과 그것을 다각적으로 이해할 수 있는 열린 안목을 제공하기도 한다. 플라톤에 의하면 인간의 욕망은 다양한 사회관계의 구성 조건이자 외화로서 단순히 물질적 내지 이기적 욕망으로 환원되지 않는다. 인간은 본성적으로 물질적·이기적 욕망뿐 아니라 공동체적 사회관계를 이룩할 수 있는 자존심과 기개, 합리적이고도 협동적인 본성 또한 갖추고 있다. 그러므로 바람직한 정치란 단순히 배타적 개인들의 권리 관계의 외적인 조정만이 아니라 사회를 구성하는 각 개인들의 영혼의 정화를 통한 내적 행복감과 그들이 더불어 하나가 되는 공동체적 사회관계의 구현까지 포함하는 것이다. 이것은 플라톤의 관점이 근세 정치철학과 완전히 다른 전제에 서 있다는 것을 여실히 보여준다. 그야말로 인간 욕망의 근원적 다양성과 영혼의 정치학에 대한 이해 없이는 플라톤은 그저 전제권력 지상주의자로 비칠 뿐이다.

그러나 플라톤의 정치철학이 문제 삼는 인간의 욕망과 정치 체제에 관한 근원적인 통찰로 육박해 들어가면 우리는 오늘날의 정치철학이 개인주의적 세계관에 기초함으로써 봉착한 단선적 한계를 새롭게 극복할 수 있는 가능성도 발견할 수 있을 것이다. 즉 플라톤 철학은 다양한 욕망이 엉켜 일렁이는 인간적 삶의 현실 전 국면에 대한 총체적이고도 전면적인 인식을 강조함으로써 어떠한 파편적 지식이나 독단에도 저항할 수 있는 비판적 안목을 제공하고 동시에 대안적 사유를 통해 그것을 극복해낼 수 있는 창조적 상상력을 불러일으켜준다. 플라톤 철학은 엄연히 두 발을 땅에 딛고 서 있는 현실주의 철학이면서 동시에 시선은 흔들림 없이 드높은 이상을 바라보면서 끊임없이 그곳을 향해 달려가는 이상주의 철학이기도 한 것이다.

　트라쉬마코스에게는 무지(amathia)와 탐욕(pleoneksia)이 본이다. 그 힘으로 어떠한 공박이라도 막무가내 젖혀낸다. 그러나 플라톤에게 는 앎(epistēmē)과 지성(nous)이 본이다. 그 힘으로 그 무지와 탐욕의 근본주의 자체를 뿌리째 거덜내 본때를 보여주는 것이다. 그것이 '지 혜에 대한 사랑'(philosophia)으로서 철학의 의미이자 목표였던 것이다. 플라톤 정치철학이 시대를 막론하고 정치철학적 사유의 반성적 기초로 서 여겨지는 까닭도 또한 그곳에 있을 것이다. 인간은 정의와 이상을 끊임없이 지향함으로써 구체적인 자신의 역사적 · 현실적 사회관계를 반성적으로 대상화하고 치열하게 비판하면서 그 비판적 반성과 그에 따른 실천을 통해 새로운 세계 및 보다 바람직한 사회관계를 진보적으 로 창출해내는 것이다.

　플라톤의 『국가』에 대한 주요한 통찰을 담고 있는 조지 세이빈과 토머스 솔슨의 『정치사상사』의 한 구절을 인용하면서 우리의 논의를 마치고자 한다.

　　『국가』의 진정한 낭만은 관습에 얽매이지 않고 인간의 우매성과 자 의에 짓눌리지 않고 오히려 관습과 우매성까지도 이성적인 생활로 길 들일 수 있는 자유로운 지성의 낭만이다. 『국가』는 전적으로 사회적 진보의 기반이 되는 지식과 개명을 추구하는 학자의 목소리이며 지성 인의 신앙 고백이다. 사실 정치적 강제력으로서의 지식의 한계가 어 디까지인가를 말할 수 있는 사람이 누가 있겠으며, 또 지금까지 어떤 사회가 과연 훈련된 과학 지식의 힘을 사회 문제의 해결에 완벽하게 동원한 적이 있었겠는가?[8]

---

8) George H. Sabine, *A History of Political Theory*, 3rd edition, George G. Harrap & Co. LTD., 1952, p. 67(조지 세이빈, 토머스 솔슨, 『정치사상사 1』, 성유보 · 차남희 옮김, 한 길사, 1983, 115쪽).

■ 참고 문헌

김남두, 「플라톤의 정의 규정考」, 『희랍철학연구』, 종로서적, 1988.
김비환, 『플라톤과 아리스토텔레스의 정치철학과 변증법적 법치주의』, 성균
  관대 출판부, 2011.
김영균, 『국가―훌륭한 삶에 대한 근원적 성찰』, 살림, 2008.
박동천, 『플라톤 정치철학의 해체』, 모티브북, 2012.
서중현, 「『법률』편에 나타난 플라톤 국가관의 변화」, 『철학연구』 55, 1995.
이정호, 「노동과 정치의 형이상학」, 『시대와 철학』 1, 까치, 1987.
_____, 「플라톤과 민주주의」, 『서양고전학연구』 3, 1989.
_____, 「서양 고대사상에 있어서 자연학과 윤리학의 관계 및 정치철학적 함
  의」, 『통합인문학연구』, 2010.
전경옥 외, 『서양 고대·중세 정치사상사』, 책세상, 2011.

Annas, J., *An Introduction to Plato's Republic*, Oxford: Clarendon Press,
  1981.
Bambrough, R.(ed.), *Plato, Popper and Politics*, Cambridge Univ. Press, 1967.
Bobonich, C., *Plato's Utopia Recast: His Later Ethics and Politics*, Oxford
  Clarendon Press, 2002.
Ehrenberg, V., *The Greek State*, Basil Blackwell and Mott Ltd., 1960(『그리스
  국가』, 김진경 옮김, 민음사, 1991).
Klosko, G., *The Development of Plato's Political Theory*, Methuen, 1986.
Levinson, R. B., *In Defense of Plato*, Cambridge, Mass, 1953.
Lisi, F.(ed.), *Plato's Laws and Its Historical Significance*, Academia Verlag,
  2001.
Popper, K., *The Open Society and Its Enemies*, vol. 1, 1966(『열린 사회와 그
  적들』, 이한구 옮김, 민음사, 1982).
Sabine, G. H., *A History of Political Theory*, 3rd ed., George G. Harrap &
  Co. LTD., London, 1952(『정치사상사』 1, 성유보·차남희 옮김, 한길사,
  1983).
Straus, L. & Cropsey, J.(ed), *History of Political Philosophy*, 2nd ed.
  Chicago, 1973(『서양정치철학사』, 김영수 외 옮김, 인간사랑, 2010).

제15장 플라톤의 예술철학

김헌

1 아름다움을 사랑하는 사람

삶을 통해 추구하는 바는 사람마다 다르다. 무엇을 추구하느냐에 따라 그 사람의 생각과 행동과 삶은 고유한 모습을 띠게 마련이다. 옛 그리스 사람들은 'philo-'(=사랑하다)라는 말이 붙은 낱말을 만들어 사람들의 다양한 모습을 표현하였다. '부(富)를 추구하는 사람'(philokhrēmatos)이 있는가 하면, '권력을 갈망하는 사람'(philarkhos)도 있다. '명예를 좇는 사람'(philotimos)도 있고, '공동체를 으뜸으로 생각하는 애국자'(philopolis)도 있으며, '음악과 문학에 정열을 쏟는 사람'(philomousos)도 있다. '술(酒)사랑'(philoposia)에 빠진 사람도 있지만, 진지하게 '진리와 지혜를 사랑하며 찾는 사람'(philosophos)과 평생을 탐구에 바치며 '배우기를 좋아하는 사람'(philomatēs)도 있다. 언젠가는 죽어야 하는 인간이 삶을 허투루 살지 않기 위해서는 무엇을 추구해야 하는가? 삶을 진지하게 생각하는 사람이라면 누구나 한 번쯤은 던져보았을 질문이다.

플라톤(Platōn)도 이런 물음에 진지하게 매달렸고, 자신만의 답을 찾아 끊임없이 탐구하였다. 모색의 흔적은 30여 편의 작품들 속에 새겨져 있다. 그의 작품에서 전개된 모든 탐구는 '인간에게 가장 값진 삶은 무엇일까?'라는 물음으로 향한다. 그의 작품은 한 편의 연극 대본, 영화 시나리오 같은데, 그 주인공은 스승이었던 소크라테스였다. 작품 속에서 소크라테스는 묻고 또 묻는다. 그 질문은 진리를 향하며, 그의 태도에는 진리가 그의 삶을 값진 것으로 만들어주리라는 신념으로 가득 차 있다. 『파이돈』이라는 작품은 감옥에서 독배를 마시며 죽어가는 소크라테스의 최후 모습을 그려낸다. 죽음을 앞에 둔 그의 모습은 매우 평화롭다. 슬퍼하며 안타까워하는 제자들을 향하여 그가 펼쳐내는 결론은 '앎에 대한 사랑'(philosophia)에 일생을 바치는 삶이 가장 값지다는 것. 그는 후회 없는 삶을 살았다는 믿음으로 평온했다.

하지만 물음은 계속 이어진다. 그렇다면 무엇을 아는 것이 가장 중요한가? 이에 대해 플라톤이 『국가』에서 소크라테스를 통해 제시하는 대답은 바로 '좋음'(agathon)이다. '좋음'을 아는 것이 가장 중요하다. 개인적인 차원에서나 공적인 차원에서 실천적인 지혜를 갖춘 사람은 반드시 좋음이 무엇인지, 무엇이 좋은 것인지를 알아야만 한다. 좋음은 모든 옳고 훌륭하며 아름다운 것들, 그리고 유용하고 유익한 것들의 근본적인 원인(aitia)이기 때문이다(517b~c, 505a).

그러나 문제는 그렇게 간단하게 끝나지 않는다. 플라톤의 작품으로 알려진 『대(大)히피아스』에 나오는 소크라테스는 아름다움을 유용함(to kresimon)으로 보려고 한다. 유용함이란 목적(telos)을 달성하는 능력(dynamis)과 관련되며, 그 목적이란 결국 좋음이다. 따라서 좋음이 모든 것들의 원인이라고 했던, 『국가』에서 제시된 결론이 뒤집힌다. 아름다움은 유용함이며, 유용함이 좋음을 낳기 때문에 아름다움은 좋음의 원인이며 아버지고, 좋음은 아름다움의 결과며 아들이 된다는 것이다(295c~297e). 또한 『향연』에서 플라톤은 인간에게 삶이 살 만한 가치가 있게 되는 것은 "아름다움 바로 그것 자체(auto to kalon)를 바라보면서(theōmenōi) 살 때"라는 말을 한다(211d). 아름다움이 무엇인지, 무엇이 아름다운 것인지를 알 때 비로소 인간의 삶은 훌륭하고 가치 있는 삶이 된다는 뜻이다. 그러니까 참된 앎을 사랑하고 추구하는 철학자

(philosophos)란 결국 아름다움을 알려고 하는 사람이다. 『파이드로스』에 나오는 말로 표현하면, "아름다움을 사랑하는 사람"(philokalos)이 곧 참된 철학자인 셈이다(248d). 철학자를 아름다움과 연결시키는 생각은 비단 철학자인 플라톤의 것만은 아니었다. 투퀴디데스의 기록에 따르면, 당대 유력한 정치인이었던 페리클레스는 아테네 시민들이 "지혜를 사랑하며"(philosophein) 또한 "아름다움을 사랑하는"(philokalein) 사람들임을 자랑스럽게 역설하였다고 한다(『펠로폰네소스 전쟁사』 II, 40, 1). 플라톤의 생각과 다르지 않았다.

좋음과 아름다움. 이는 플라톤이 최상의 가치로 제시한 두 가지로서, 죽을 수밖에 없는 인간뿐 아니라 영원불멸하는 신조차도 이를 지향한다. 플라톤이 『티마이오스』에서 그려낸 우주의 창조자 '데미우르고스'(Dēmiourgos)는 인간들이 살아갈 우주 만물을 만들 때, "본성에서 가능한 한 가장 아름답고 가장 좋은 것이 되도록"(30b) 하여 우주 자체가 하나의 "행복한 신"으로 생겨나게 하였다고 한다(34b). 플라톤이 쓴 표현은 그의 독창적인 조어는 아니다. 그리스어에서 아름다움 (kalos)은 좋음(agathos)과 흔히 짝을 이룬다. 사람이든 사물이든 최고 수준을 나타낼 때, "아름답고도 좋은"(kalos kai agathos=kalos kagathos)이라고 두 단어가 하나처럼 묶여 쓰이는 경우가 많다. "아름답고도 좋은 사람"(kalos kagathos anthropos)이라는 말은 가장 바람직한 인간형을 나타내는 전형적인 표현이다. 플라톤은 이 낱말을 아테네인들을 가리킬 때 사용하였다. 전쟁에서 가장 빼어나며, 가장 훌륭한 법 체제를 갖추었고, 가장 아름다운 행적들을(kallista erga) 이루었으며, 가장 아름다운 정체를(politeiai kallistai) 실현한 아테네인들이 "인류 가운데 가장 아름답고도 가장 좋은 종족"(to kalliston kai ariston genos)이라고 표현했던 것이다(23b~d). 『국가』에서도 플라톤은 좋음을 지향하는 실천적 지혜(phronēsis agathou)를 "아름다움과 좋음에 대한 실천적 지혜가 있음" (kalon kai agathon phronein)과 연결시킨다(505b). 이렇게 아름다움과 좋음은 서로를 보증하며 서로 묶인다. 『향연』에서 표현되듯이, 좋은 것들에 대해서는 언제나 아름다운 것이라고 말할 수 있고(201c), 아름다운 것은 언제나 좋은 것이라 할 수 있을 정도다. 둘은 떼어 생각하기 힘든 관계에 있으며, 행복한 사람이 갖추어야 할 조건이기도 하다(202c).

행복이 가장 높은 가치이며, 여기에 좋음이, 그리고 좋음에 아름다움이 직결된다면, 아름다움은 플라톤의 철학에서 가장 중요한 주제가 아닐 수 없다. 행동의 아름다움을 궁리할 때 플라톤의 윤리학이 성립하며, 국가 체제와 법률의 아름다움을 추구할 때 플라톤의 정치학이 탄생할 것이다. 실제로 플라톤이 그리는 '이상국가', 즉 훌륭한 나라 (agathē polis)는 "아름다운 나라"(kallipolis)로 개념화된다(『국가』527c). 자연이 구현한 아름다움을 탐구할 때 물리학이 나오고, 천문학은 천체의 움직임이 보여주는 아름다움의 비밀을 캘 때 이루어진다. 그리고 그 아름다움 자체를 바라보며 그 실체와 본질을 탐구하며, 그것이 원인이 되어 일으키는 다양한 아름다운 것들의 현상을 이해할 때, 그의 형이상학은 전모를 드러낼 것이다.

이런 점에서 본다면, 아름다움은 플라톤 철학이 다루는 여러 주제들 가운데 하나라기보다는, 모든 주제를 두루 엮어내는 구심점이라고 말할 수 있다. 따라서 아름다움에 관한 논의는 이른바 미학이나 예술의 지평을 훌쩍 뛰어넘어 플라톤 철학의 전 영역으로 확장된다. 플라톤의 철학은 아름다움의 철학인 셈이다. 지혜에 대한 사랑으로서의 철학은 궁극적으로 아름다움(kalon)에 대한 사랑에 다름 아니다. 『파이드로스』 에서 플라톤은 이렇게 말한다. "신적인 것(to theion)은 아름답고(kalon) 지혜로우며(sophon) 좋다네(agathon)"(246d~e). 그렇다면 플라톤이 말하는 아름다움이란 정확히 무엇인가? 그리고 그것은 좋음과는 어떤 점에서 같고, 또 어떤 점에서 다를까? 그리고 플라톤의 철학을 좋음이 아니라 아름다움에 초점을 맞춰 바라볼 때, 무엇이 더 보이며, 새롭게 보이는가?

2 인식과 존재의 세 가지 구분

『국가』에서 플라톤은 인간의 정신(또는 영혼)에서 이루어지는 인식을 세 갈래로 나눈다. 첫째는 참된 '앎'(gnōsis), 올바른 '지식' (epistēmē)이다. 이것은 이성적인 부분(logistikon)인 지성(nous)에 의해 이루어진다. 둘째는 아무것도 알지 못하는 '모름'(agnōsis)이다. 그리고 앎과 모름 사이에서 이루어지는 중간 상태가 마지막 셋째다. 그것은 제대로 알지는 못하지만, 그렇다고 아무것도 모르는 것은 아닌 상태이다. 플라톤은 그것을 '의견'(doxa)과 연결시켰다. 특정한 개인에게는 옳아 '보이지만'(dokein), 다른 사람들에게 그 사실을 충분하게 설명하고 객관적으로 두루 확증할 수 없다. 뭔가 정말 중요한 것을 모르기 때문이다. 따라서 해당 개인에게만 유효한 주관적인 판단과도 같다. 그런데 객관적인 지식과는 달리 주관적인 의견은 이성적인 지성보다는 육체적인 감각에 의해 만들어진다. 플라톤은 인식론의 관점에서 이루어진 세 가지 구분에다 존재론의 관점에서 구분되는 세 가지 항목들을 짝지워 준다(476b∼480a).

첫째, 앎과 지식에는 언제나 '있는 것'(to on)이 대상이 된다. 그것은 항상 있되 다른 것들과 섞이지 않고 그 자체로 '순수하게 있는 것'(to eilikrinōs on)이며, 순수하되 조금의 부족함도 없이 "완벽하게 있는 것" (to pantelōs on)이다. 어떤 속성을 두고 말한다면, 항상 그 속성을 가지고 '있는 것'(to on)이며, 변하지 않고 항상 그 속성 그대로'인 것'(to on)을 가리킨다. 존재와 속성의 측면에서 '생성을 갖지 않는 것', 즉 생성 소멸과 변화를 겪지 않는 것이다. 이것은 그 속성을 오롯이 드러내는 존재의 '참모습'으로서 물질의 요소를 전혀 갖지 않고, 물질의 조건에 의존하지도 않기 때문에 몸을 통해 느낄 수 있는 대상이 아니며, 오로지 이성을 통해 이해될 수 있는 대상이다. 플라톤은 이 참모습을 '형상'(形相) 곧 '이데아'(Idea), '에이도스'(Eidos)라고 하였다. 『파이드로스』에서 플라톤은 이데아들을 색깔도 없고 형체도 없으며 만질 수도

없는 실체며, 참으로 있는 것이라고 했다. 그것은 오로지 영혼의 인도
자인 지성에게만 드러나고 참된 인식의 부류에 짝하는 것이며, 감각의
세계 너머, 천궁 바깥, 천궁 위의 영역에 있다. 이 '은유'스러운 설명에
따르면, 우리가 지금 살고 있는 현상의 세계는 천궁의 아래 영역에 속
한다. 신을 잘 따르고 그 모습을 닮은 영혼들은 천궁 바깥으로 나가 천
궁의 위 영역을 바라볼 수 있지만, 그럴 능력이 없는 영혼들은 그곳에
있는 것을 완전히 보지 못한 채 그곳을 떠나며 그곳에서 멀어져서 '의
견을 영양으로 삼아'(trophē doxastē chrōtai) 살아가기에 참된 존재를 보
지도 알지도 못한다(246d~248e).

둘째, 모름은 전혀 '있지 않은 것'(to mē on)이 대상이다. 하지만
'그 어떤 방식으로도 있지 않은 것'(to mēdamē on)이며, 전혀 '없는 것'
이므로 인식의 대상이랄 것도 없다. 어떤 속성을 두고 말한다면, 그것
은 그 어떤 특성도 가지고 '있지 않은 것', 즉 아무런 특성도 '없는 것'
이며, 전혀 그 무엇'이지도 않은 것'(to mē on)이다. 존재하는 모든 것
이 나름의 어떤 속성을 가지고 그 무엇으로 존재할 수밖에 없으므로,
그 어떤 속성도 갖지 않는다는 것은 존재하지 않는다는 것과 같은 의미
다. 이와 같이 아무런 속성도 없고 따라서 존재하지 않는 것에 대해서
는 아무것도 생각할 수도, 말할 수도, 알 수도 없다. 따라서 인식을 구
분하며 하나의 항목처럼 열거하긴 했지만, 사실 이것에 대해서는 그 어
떤 앎과 지식, 학문이나 인식이 성립할 수 없다. 없는 것은 모를 수밖에
없으므로.

셋째, 의견이나 판단에는 '있는 것'과 '없는 것' 사이에서 이루어
지는 것이 짝이 된다. 그것은 '있기도 하고 또 있지 않기도 한 것'이다.
어떤 때는 있다가 어떤 때는 없는 것, 시간의 흐름에 따라 생성과 현존
과 소멸을 겪는 것이다. 어떤 속성을 두고 말한다면, 때와 조건에 따라
특정한 속성이 '있으면서 있지 않기도 한 것'이며, 그 속성대로 '……
이기도 하고 또 ……이지 않기도 한 것'을 가리킨다. 의견이 앎과 모
름 사이에 있듯이, 이것도 '있음'과 '없음', '……임'과 '……이지 않음'

의 중간에 있다. 이것이 있음과 있지 않음, ……임과 ……이지 않음 사이를 오가는 생성과 소멸과 변화를 겪는 이유는 이것이 항상 변화를 수반하는 물질의 요건을 갖기 때문이다. 그것은 물질과 같은 성질을 가진 인간 육체의 감각에 직접 드러나는 바다. 플라톤은 이것을 '현상'(現象; phainomena, phantasma)이라고 불렀다. 그리고 그렇게 드러나는 현상을 눈에 보이는 대로(dokein) 느끼고 판단하는 것을 의견(doxa)이라 불렀다.

이 가운데 첫째와 셋째, 즉 앎과 의견, 참모습과 현상의 대립이 플라톤의 존재론과 인식론에서 중요하다. 당시 소피스테스가 활발하게 활동하던 민주주의의 환경 속에서 사람들은 흔히 셋째만이 있고 감각에 노출되는 현상만이 진실이라고 생각했다. 존재하는 모든 것들의 참모습과 진리가 따로 있는 것이라고는 생각하지 않았다. 철학적 상상력이 꾸며낸 관념의 허구라고나 할까? 설령 그런 것이 있다고 하여도 인간으로서는 제대로 알 수도 없고, 또한 누가 독점할 수 있는 것이 아니며, 사람들의 입장과 가치와 취향에 따라 서로 다른 척도가 적용될 수 있다고 주장했다. 변하지 않는 절대적 진리는 사람들의 관심을 크게 끌지 못했다. 다른 사람들의 환심과 호감을 살 수 있는 논변으로 얼마나 많이 설득할 수 있는가가 사회 전체의 의사 결정에 가장 중요한 요소였다. 이와 같은 대중 연설과 설득의 기술이었던 수사학(rhētorikē)은 대중에게 가장 각광받는 과목으로 떠올랐고 수사학 교사들이 교육을 주도해나갔다. 당대 최고 인기의 수사학 교사였던 이소크라테스는 절대적이고 보편적인 지식(epistēmē)은 실제 폴리스 생활에서 쓸모가 없으며, 급변하는 정치 현실 속에서 시의적절한 의견(doxa)을 제시하는 능력이야말로 진정으로 가치 있는 지혜(sophia)이며, 그것을 추구하고 가르치는 것이 참된 철학(philosophia)이라고 주장했다. 이러한 시류에 대해 플라톤은 강력하게 비판했다. 그는 『티마이오스』에서 이렇게 말했다. "언제나 존재하는 것이되 생성을 갖지 않는 것과, 언제나 생성되는 것이되 결코 존재하지는 않는 것은 엄연히 구분되어야 합니다. 분명히 앞의 것은 합리적 설명과 함께하는 지성적 이해(noēsis meta logou)에 의해 파악되는 것으로서 언제나 같은 상태로 있는 것인 반면에, 뒤의 것은 비이성적인 감각(aisthēsis alogos)과 함께하는 의견(doxa)의 대상이 되는 것으로서, 생성 소멸되는 것이며, 참으로 존재하는 것은 아닙니다"(27d~28a). 이런 관점에서 보면, 당대를 풍미하던 수사학은 참으로 존재하는 것이 아닌 허상을 지향하는 것이며, 플라톤이 추구하는 철학이야말로 참으로 존재하는 것들의 참모습(이데아)과 진리를 지향하는 진지한 노력이다.

그리고 그가 추구하는 이데아 가운데 가장 높은 위치를 차지하는 것이 바로 좋음의 참모습이었다. 『국가』에서 플라톤은 좋음의 이데아를 현상 세계의 태양에 비유한다. 태양이 빛을 비추어 세상을 환하게 만들고 눈이 대상을 바라보면서 일정한 의견을 갖게 하듯이, 좋음의 이데아는 다른 이데아들에 진리의 빛을 비추고 진리를 알 수 있는 힘을 지성에 제공한다. 이렇게 좋음은 진리와 지식의 원인이기도 하지만, 동시에 그 대상이기도 하다. 또한 태양이 세상에 있는 것들에 영양을 공급하고 생성(genesis)하며 성장할 수 있도록 해주듯이, 좋음의 이데아는 다른 이데아들에 존재(einai)와 본질(ousia)을 부여하는 특권을 가지고 있다. 이데아의 세계가 현상의 세계보다 더 고귀한데, 좋음의 이데아는 그 고귀한 존재의 세계에서도 최고의 위치를 차지하니, 그 위상은 더 높을 수 없을 만큼 높다. 플라톤은 이 경이로운 우월성을 이렇게 표현한다. "좋음은 존재가 아니라 존재를 초월하여 있는 것이다." 그런데 플라톤은 이데아들이 갖는 진리와 그것에 대한 지식은 아름다운 것이지만, 이 두 가지보다 좋음의 이데아는 훨씬 더 아름다운 것이라고 말한다. 좋음의 이데아를 최상의 것으로 자리매김하는 데에 아름다움이라는 표현이 등장하며, 좋음과 긴밀하게 맺어진 것이다(507b~509c). 좋음의 참모습이 가장 아름답다니 말이다.

3 아름다운 것들과 '아름다움' 자체의 구분

그렇다면 아름다움은 무엇인가? 아름다움은 어디에 어떻게 있는가? 그 자체로 있는가? 우리는 아름다움을 무엇으로 느끼며 아는가? 아름다움은 어떤 가치를 갖는가? 플라톤의 작품으로 알려진 『대히피아스』에서 소크라테스는 이런 물음을 던지며 그 답을 찾아간다. 그 작품에서는 여러 가지 대답이 제시되지만, 명쾌한 해답은 끝내 제시되지 않는다. 하지만 그 질문의 대답을 다른 대화편들과 연결시켜 답을 찾아나갈 수는 있다.

한 소녀가 있다고 하자. 마주하던 소년이 소녀를 보고 말한다. "아름답다." 그는 소녀가 아름다운 것을 어떻게 느낄 수 있었던 것일까? 그는 무엇을 보았던 것일까? 소녀의 맑은 눈동자? 오뚝한 코? 도톰하고 촉촉한 입술? 우윳빛 피부에 발그레 상기된 볼? 소녀를 장식하고 있는 세련된 금제 액세서리와 고급스러운 옷? 아니면 그 모든 부분들이 이루어낸 완벽한 배치와 조합과 그 비율? 만약 소년이 눈으로 본 것 때문에 그녀가 아름다운 것이 아니라면, 그녀가 아름다운 것에는 눈으로는 볼 수 없는 어떤 원인이 따로 있는 것일까?

플라톤은 소녀가 아름다운 것은 '아름다움' 때문이라고 대답할 것이다(『파이돈』 100d). 소녀가 '아름다움'을 갖고 있지 않았을 때는 아름답지 않다가, '아름다움'을 간직하게 되면 아름다워지고, '아름다움'을 잃으면 다시 아름답지 않게 된다는 말이다. 이 설명에 따르면, '아름다움'은 소녀와는 다른 것이며, 소녀와 떨어져 그것의 "참모습 바로 그것 자체"(eidos auto kath' auto)로 존재한다고 해야 한다(『파르메니데스』 130b). 여기에서 주목할 점은 '아름다운 소녀'와 '아름다움' 자체의 구분이다. 소녀를 비롯해서 꽃이든 조각상이든 아름다운 '것'들이 있는데, 그 '것'들은 '아름답다'라는 술어로 표현되는 구체적인 대상들이다. 그것들은 모두 물질을 입고 현상 세계 안에 있는 개별적인 사물이다. 그런데 플라톤은 여러 대화편을 통해, '아름답다'라는 말을 수많은 '아름다운 것'들에 붙는 술어와 속성으로만 두지 않고, 그것을 대상('것')들로부터 떼어내어 그 자체로 존재하는 하나의 실체(ousia)라고 표현했다. 그것이 바로 '아름다움' 자체다. 플라톤은 이것을 아름다움의 참모습(Idea)이라고 불렀다.

　　그러면 아름다움과 아름다운 것들 사이에는 어떤 관계가 이루어지는가? 아름다운 것들이 아름다움 때문에 아름다운 것이 된다면, '때문에'라는 말은 무슨 뜻인가? 아름다움이 아름다운 것들 안에 들어 있기 때문이라면, '들어 있다'는 것은 또 무슨 뜻인가? 그 밖에도 플라톤은 아름다운 것들이 아름다움을 '나눠 갖는다' 또는 아름다움에 '참여한다'(metechein, metalambanein)고 표현하기도 한다. 이것은 마치 커다란 케이크처럼 아름다움이 존재론적인 실체로서 하나 있고, 사람들이 케이크를 떼어 먹듯 어떤 것들이 아름다움을 함께 나눠 가지면 아름다워진다는 식의 설명이다. 그렇게 되면, 아름다움은 잘게 쪼개져 그 한 부분이 아름다운 것들 하나하나 속에 '나타나 있는 것'(parousia)이며, 수많은 아름다운 것들은 '아름다움을 함께 가지는 것'(koinōnia)이 된다.

　　하지만 이런 비유대로라면, '아름다움'은 단순한 술어나 추상적인 개념이 아니라 물리적인 존재처럼 아름다운 것들의 수만큼 잘게 쪼개질 수 있는 것이어야 한다. 그래서 아름다운 것들이 무수히 많아지면 아름다움 자체도 그 수만큼 무한하게 산산조각이 나야만 한다. 그렇지 않다면 무수히 많은 아름다운 것들이 생겨나면서 동시에 그것들을 아름답게 만드는 아름다움 자체가 복사기로 찍어내듯이 무한 복제가 되어야만 한다. (이 비유에서 원본과 복사본의 차이는 무의미하다.) 어쨌든 아름다움 자체는 산술적으로 하나가 아니라 무수히 많다는 결론을 피할 수 없게 된다. 그러나 그 결론은 플라톤이 원하는 바가 아니다. 그는 아름다운 것들은 무수히 많을지언정, 그것들을 아름답게 하는 원인으로서의 '아름다움' 자체는 단 하나라고 말하기 때문이다. 그럼에도 불구하고 하나의 아름다움과 여럿의 아름다운 것들 사이의 관계를 설명하기 위해 플라톤이 사용하는 '나눠 가짐'(metechein, metalambanein),

'나타나 있음'(parousia), '함께 가짐'(koinōnia) 등의 표현은 모두 플라톤의 이데아를 단일한 존재론적 실체로 상정하는 것을 곤란하게 만든다. 그런 표현들 자체가 물질적인 것들과 함께 쓰이며 구상적인 이미지를 일으키기 때문이다.

플라톤은 이런 문제를 해결하기 위해 또 다른 설명을 진지하게 시도한 바 있다. 『티마이오스』에서 그는 '아름다움'은 언제나 같은 상태로 있는 완벽 무결한 하나의 절대적이고 보편적인 '본보기'(paradeigma)로 있고, 다른 수많은 개별 존재들이 그것을 본받아 '모방'(mimēsis)하여 그것과 닮게 되면 아름다운 것들이 된다고 말한다(28a). 하지만 이것도 다른 설명이나 표현과 마찬가지로 충분하지 못하다. 아름다움의 본보기 자체도 아름답다면, 그것은 아름다운 것이어야 하며, 그것을 아름답게 하는 또 다른 차원의 본보기로서 제3의 아름다움을 상정해야 하고, 그렇게 해서 상위의 이데아를 설정해도 또 그 위에 있어야 하는 아름다움의 이데아를 무한히 계속 상정해야만 한다는 문제가 여전히 제기되기 때문이다. 플라톤은 『파르메니데스』의 전반부에서 이데아와 현상의 여러 사물들 사이의 관계를 설명하는 일이 얼마나 어려운가를 다양한 각도에서 검토한 바 있다.

그러나 플라톤은 생각과 대화가 가능하기 위해 '아름다움'과 '아름다운 것들', 즉 이데아와 현상들의 구분이 어떤 형태로든 반드시 필요하다는 생각을 끝까지 포기하지 않는다. 그것이 존재론적인 구분인지, 아니면 인식론적인 구분인지, 아니면 표현에서만 드러나는 개념적 구분인지 다양한 해석의 가능성은 열려 있긴 하지만, 이데아와 현상의 구분은 끝내 플라톤 철학의 바탕을 이룬다.

또 하나 주목할 만한 것은 하나와 여럿, 보편과 개별, 곧 하나의 '아름다움'과 여럿의 '아름다운 것들' 사이에 맺어진 관계가 어떤 것이냐는 문제 말고도 제기될 수 있는 또 다른 문제들이다. 다시 소녀와 소년의 이야기로 돌아가보자. 그 소녀는 모든 사람들에게 아름다운 것으로 보일까? 이를테면 소녀는 소년이 보기엔 아름다울지 모르지만, 그의 아버지 눈에는 아름다운 것으로 보이지 않을 수도 있다. 설령 그녀가 세상 모든 여자들 가운데 가장 아름답고 모든 사람들 눈에 그렇게 보인다고 해도, 인간의 한계 너머에 존재하는 신들의 눈에는 아름다운 것으로 보이지 않을 수도 있다. 만약 신이 있다면 완벽한 아름다움의 기준을 가진 신들의 눈에는 아무리 아름다운 소녀도 곧 늙어 추하게 변할 인간에 불과할 것이며, 그녀가 가장 아름다운 순간조차도 신들의 눈에는 부족하기 짝이 없어 보일 수 있기 때문이다. 마치 원숭이들 가운데 가장 아름다운 놈도 우리 인간의 눈에는 아름답지 않고 추하게 보이는 것처럼 말이다. 거꾸로 그 소녀는 원숭이의 눈에는 전혀 아름답지 않은 것으로 보일 수도 있다. 원숭이가 갖는 아름다움의 기준에 털이 모두 벗겨진 것 같은 인간의 모습은 초라해 보일 수도 있기 때문이다. 플라톤은 이와 같은 문제를 『대히피아스』에서 검토한다(289a). 아름다움에 절대적인 기준이 있을까? 그렇지 않다면, 아름다움이라는 하나의 말은 그 외연과 내포하는 바가 상황과 맥락과 대상과 화자에 따라 다를 수 있다는 뜻이 된다.

또 다른 물음을 던져보자. 소년의 눈에 소녀가 아름답게 보이는 건 왜일까? 소년이 볼 때는 소녀에게 '아름다움'이 깃들고, 신이나 원숭이가 볼 때는 소녀에게서 '아름다움'이 떠나기 때문일까? 그렇다면 소년과 신과 원숭이가 같은 시간에 같은 장소에서 함께 소녀를 바라보면 소녀는 모두에게 아름답게 보일까, 아닐까? 소년의 눈에는 아름답게 보이지만, 원숭이와 신의 눈에는 아름답지 않게 보인다면, 아름다움은 소녀에게 깃들어 있는 것이 아니다. 오히려 소년의 눈이나 감성에서 생겨나는 느낌일 뿐이다. 원숭이나 신은 이런 느낌을 가질 수 없다. 이런 점에서 본다면, 플라톤이 아름다움을 아름다운 것 안에 깃든 것으로서만이 아니라, 아름다운 것을 바라보는 사람의 영혼 안에서 일어나는 심리적인 반응으로도 이해하려고 했을 가능성을 완전하게 배제할 수는 없다. 사물을 바라보는 사람의 영혼 안에 아름다움에 대한 관념과 감수성이 전혀 없다면, 외부의 대상이 아름답더라도 그는 아름다움을 느낄 수 없을 것이다. 반대로 감상자의 마음에 아름다움에 대한 관념과 감수성이 아무리 풍부해도 외부의 대상에 아름다움이 깃들어 있지 않다면 아름다움에 대한 느낌은 일어날 수 없는 것이다. 하지만 원숭이와 신과 인간 사이에 아름다움에 대한 느낌이 서로 일치하지 않을 수 있는 가능성 문제는 아름다움의 보편성에 대한 문제를 제기한다.

그 밖에도 아름다움을 정의하려는 여러 가지 시도가 실패로 돌아가자, 결국 『대히피아스』의 끝부분에 플라톤은 소크라테스의 입을 통해 이런 멘트를 덧붙인다. "히피아스, 당신과의 대화에서 나는 아름다운 것들은 어렵다는 격언을 잘 이해할 수 있게 되었습니다"(304e).

4 아름다움의 확장과 층위

이번엔 소녀가 소년을 본다고 하자. 그런데 그녀는 소년이 아름답지 않다고 느낀다. 왜일까? 플라톤의 설명대로라면 소년은 아름다움을 나눠 갖고 있지 않기 때문이다. 그녀의 시각에 노출되는 소년의 외모에는 '아름다움'이 깃들어 있지 않기 때문에 아름답지 않은 것이다. 그런데 갑자기 소년이 노래를 한다. 외모와는 달리 그의 노래는 이루 말할 수 없이 아름답다. 그녀는 소년의 목소리에 매료되고 그 노래가 아름답다고 느끼며 감탄한다. 그런데 소년의 노래가 아름다운 것은 무엇 때문일까? 소년의 음색 때문일까? 아니면 음조? 정확한 음정과 박자, 심금을 울리는 가락? 아니면 비율이 잘 맞는 음들이 어우러져 이루는 조화로운 선율 때문일까? 플라톤의 대답은 의외로 간단할 것이다. 소년의 노래가 '아름다움'을 나눠 갖고 있으며, 아름다움이 그의 노래 안에 깃들어 있기 때문에 아름다운 것이다.

흥미롭다. 소녀는 소년의 외모를 볼 때는 그가 아름다운 것을 느끼지 못하지만, 노래를 들을 때는 아름다운 것을 느낀다니 말이다. 플라톤 식으로 바꾸어 말하면 소년의 외모에는 '아름다움'이 없고 소년의 노래에는 '아름다움'이 깃들어 있다는 말이다. 어떤 부분에 초점을 맞추느냐에 따라 소년은 아름답기도 하고 아름답지 않기도 한 것이다.

소년과 소녀가 마주치는 장면에서 소년은 소녀의 외모를 보고 아름다움을 느끼고, 소녀는 소년의 노래를 듣고 아름다움을 느낀다. 소녀가 아름다운 것은 시각에 의해, 소년이 아름다운 것은 청각에 의해 느껴진 것이다. 그런데 두 사람이 서로에게 느낀, 따라서 두 사람이 서로에 대해 발산한 '아름다움'은 궁극적으로 같은 것인가, 아니면 다른 것인가? 만약 두 사람의 '아름다움'이 서로 다른 것이라면, 아름다움은 최소한 두 가지 종류가 있다는 말이 된다. 눈으로 느끼는 아름다움과 귀로 느끼는 아름다움. 그런데 어떻게 두 사람은 두 가지 서로 다른 측면에서 서로에 대해 '아름답다'는 똑같은 표현을 사용하여 말할 수 있는가? 동음이의어(homōnymia)라도 된다는 말인가? 만약 두 사람이 갖고 있는 아름다움이, 그리고 두 사람이 서로에 대해 느끼는 아름다움이 같은 것이라면, 같은 하나의 아름다움이 인간의 특정 부분에 따로 깃들어 있으며 특정 감각과 관련하여 서로 다른 각도에서 느껴지는 것인가? 그렇다면 하나의 아름다움은 어떻게 해서 다양한 양태로 나타나며 다양한 감각으로 포착되는 것인가?

『대히피아스』에서 소크라테스는 아름다움이란 미남과 아름다운 색채, 아름다운 그림과 조각처럼 눈을 매료하며, 아름다운 소리, 음악, 아름다운 연설과 이야기처럼 귀를 감미롭게 하는 것, 한마디로 "청각과 시각을 통해 제공되는 쾌감"(to di᾽ akoēs te kai opseōs hēdu)이라는 제안을 해본다(297e~298a). 하지만 청각과 시각이 서로 다른 것을 느끼는 한, 그것에 공통되는 하나의 아름다움을 상정하긴 힘들다고 결론을 내린다. 그러나 서로 다른 감각에 의해 느낄 수 있는 아름다움이 궁극적으로는 보편성을 가진 아름다움의 참모습으로 환원 내지 상승할 가능성이 전혀 없다고 말하기도 힘들다. 시각과 청각이 느끼는 아름다움에는 다름도 있지만, 다름에도 불구하고 아름다움이라고 말할 수 있는 한, '다름'을 넘어서 하나로 상승할 수 있는 '같음'의 가능성이 있기 때문이다.

　더 나아가보자. 소녀가 다시 소년을 본다. 하지만 이번에는 소년의 행실을 유심히 살펴본다. 얼굴과 몸매는 아름답지 않은데, 행실 하나하나가 이루 말할 수 없이 아름답다고 느낀다. 그 행실이 너무도 아름다워서 소년의 외모가 아름답지 않은 것이 더는 문제가 되지 않을 정도다. 소녀는 소년의 행실에서 무엇을 보았기 때문에 아름답다고 느끼는 걸까? 그리고 소년의 행실이 아름다운 것은 왜일까? 그가 짓는 밝은 표정과 정중하고 예의 바른 태도, 호감 있는 말투 때문에 아름다운 것일까? 다른 사람에 대한 마음 씀씀이가 곱고 너그러워서 아름다운 것일까? 불의를 참지 않고 바로잡으려 하며 투쟁하고, 법과 양심에 따라 올바른 일을 주장하고 실천하기 때문에 아름다운 것일까?

　플라톤의 설명대로라면 그 대답도 역시 간단하다. 그의 행실 안에 '아름다움'이 깃들어 있기 때문에 소년은 아름다운 것이다. 더 나아가 소년의 행실을 이끄는 영혼에 '아름다움'이 깃들어 있기 때문에 소년의 행실이 아름다운 것이다. 소녀는 소년의 외모에는 없지만 소년의 영혼 안에는 있는 '아름다움'을 본 것이다. 그런데 그것은 소년이 소녀의 외모에서 '아름다움'을 느끼는 것처럼 소녀의 시각에 의해 포착된 것이라고 할 수 있을까? 아니면 시각이나 청각으로 느끼는 것이 아니라, 눈에 보이는 소년의 동작과 상황을 통해, 귀에 들리는 소년의 말과 어투를 통해 소녀는 소년의 보이지 않는 그 무엇을 아름다운 것이라 느낀 것이다. 눈이나 귀로 직접 느낄 수 없는 것, 하지만 눈이나 귀로 느낄 수 있는 것을 아름답게 만드는 것. 그것은 도대체 무엇일까?

　소년이 자라나 국가의 중요한 직책을 맡는다 하자. 사람들은 그가 제정한 법률과 구축한 모든 행정 체제를 아름답다고 말한다. 그런데 그것들은 왜 또 아름다운 것일까? 이 물음에 대한 플라톤의 대답도 똑같을 것이다. '아름다움'이 그것들 안에 깃들어 있기 때문에 그것들이 아름다운 것이다. '아름다움'은 모든 아름다운 것들을 아름답게 만드는 원인이니까. '아름다움' 없이도 아름다운 것은 하나도 없으니까. 그렇다면 소녀의 모습이 아름다운 것과 소년의 목소리와 노래가 아름다운 것, 그리고 소년의 행실과 영혼이 아름다운 것과 그가 만든 법률과 행정 체제가, 그가 다스리고 이끄는 도시와 국가(polis)가 아름다운 것이라고 할 때, 이 모든 것들이 아름다운 까닭은 그것들 안에 '아름다움'이 깃들어 있기 때문이다. 그리고 사람들이 서로 다른 감각과 감각 이외의 그 어떤 인식 능력을 통해 아름다움을 느끼는 것은 결국 그것들 안에 깃든 아름다움을 감지하였기 때문이다.

수많은 아름다운 것들이 모두 '아름다움'과 어떤 관계를 맺고 있고 바로 그것 때문에 아름다운 것이라면, 이것들 모두를 아름다운 것들로 묶을 수 있는 어떤 공통점이 있어야 한다. 하지만 그 공통점에도 불구하고 아름다운 것들 사이에는 어떤 차이가 있고, 가치 평가의 측면에서 볼 때에 어떤 차등도 있다. 플라톤은 그 차이와 차등을 상승을 위한 층위로 설명한다. 소녀의 외모가 아름다운 것임을 느끼는 데서부터 시작하여 아름다움 자체를 직관하는 것(kathoran)을 끝점으로 두고 올라가는 사다리와 같은 층위 말이다. 『향연』에서 플라톤은 "하나에서부터 둘로, 둘에서부터 모든 아름다운 몸들로, 그리고 아름다운 몸들에서부터 아름다운 행실들로, 그리고 행실들로부터 아름다운 배움들로, 그리고 그 배움들에서 마침내 저 배움으로, 즉 다름 아닌 저 아름다움 자체에 대한 배움으로 올라가게 됩니다. 그렇게 되면 마침내 그는 아름다운 것 바로 그 자체를 알게 됩니다"라고 말한다(211c). 보고 듣고 만질 수 있는 아름다운 것들로부터 시작해서 이성으로만 직관할 수 있는 아름다움 자체에 이르기까지 존재들의 층위가 이루는 스펙트럼에 우리 인식의 사다리가 맞물려 상승한다는 뜻이다.

이에 따르면 아름다움에 대한 인식이나 갈망은 감각으로 포착되는 육체의 아름다움으로부터 시작한다. 이러한 갈망을 플라톤은 『파이드로스』에서 에로스(erōs)라고 규정한 바 있다. "이성(logos)이 없는 욕망(epithymia)이 올바른 것으로 이끄는 의견(doxa)을 지배하면서 아름다움(kallos)이 주는 쾌락(hēdonē) 쪽으로 이끌리고, 핏줄이 같은 욕망들에 의해 격렬하게(eromenōs) 육체의 아름다움(sōmatōn kallos) 쪽으로 떠밀려가 주도권 다툼에서 승리를 얻으면, 그런 욕망은 바로 그 힘에서 이름을 얻어 '에로스'라 불리게 되었기 때문일세"(238b~c). 에로스는 헤시오도스의 서사시 『신통기』(Theogonia, 116~121행)에서 볼 수 있듯이, 그리스 문화 전통 속에서는 세계 창조와 운동의 원동력이며, 한 인간이 살아가는 데 가장 큰 힘이다. 플라톤에게 그것은 아름다움 자체를 향해 나아갈 수 있는 원초적인 힘이다. 그 힘에 탄력을 받아 인간의 영혼이 인식의 사다리를 아래에서부터 위로 천천히 오르다 절정에서 아름다움 자체를 알게 되는 순간, 인간 영혼은 태어나기 전에 있던 원래의 세계, 즉 존재의 참모습(이데아)의 세계로 상승하며, 이로써 인간의 삶은 가장 값진 것이 된다. "순수하고 정결하고 섞이지 않은 아름다움 자체를 보는 일이 누군가에게 일어난다면, 다시 말해 그가 인간의 살이나 피부나 다른 많은 죽어 없어질 허섭스레기에 물든 것을 보는 게 아니라 단일 형상(단 하나의 참모습)인, 신성한 아름다움 자체를 직관할 수 있게 된다면" 그는 참된 덕을 산출하고 신이 친애하는 자가 되며 불멸의 것을 이루게 되기 때문이다(『향연』 211b~212a).

5 아름다움이 깃드는 순간

"신성한 아름다움 자체"란 인식과 존재에 대한 플라톤의 세 갈래 구분에서 이데아에 해당한다. 이미 앞서 선보인 플라톤의 세 가지 구분은 아름다움에 대해서도 그대로 적용된다. 지금까지의 논의를 이 구분에 맞추어 정리하면 다음과 같다. 그 첫째 항은 한 순간도 아름답지 않은 적이 없고 언제나 아름답게 '있는 것' 그리고 항상 아름다운 상태'인 것'이다. 이것은 조금의 부족함도 없이 완벽하게 아름다움으로 있고, 아름다움 이외의 그 어떤 요소도 없이 순수하게 아름답다. 플라톤은 이것을 '아름다움 자체'(auto to kalon), 아름다움의 참모습, 곧 미(美)

의 형상(形相)이요 이데아(Idea)라고 불렀다. 이것에 대한 올바른 지식과 앎은 오직 영혼의 이성적인 부분(logistikon)과 추론(logismos), 사유(dianoia)에 의해서만 성립한다(『파이돈』78c~d).

이것에 정반대되는 것이 둘째 항이다. 그것은 아름다움이 완벽하게 결여되어, 아름다움의 관점에서는 전혀 아무것도 갖고 '있지 않은 것', 전혀 아름다운 것'이지 않은 것'이다. 그리고 인식론의 관점에서 이에 짝이 되는 것이 바로 모름이다. 아름다움의 부재와 그에 대한 무지는 언급할 아무런 가치도 내용도 가능성도 없으니, 이를 제쳐둔다면 아름다움에 대해 셋째 항만이 남는다. 그것은 바로 아름다움의 현상, 즉 이 세상에 드러나는 아름다운 것들과 그에 대한 한갓된 의견이다.

이 세상에 사는 동안 우리가 감각을 통해 아름답다고 느끼며 믿는 모든 것들은 항상 아름다운 것으로 '있는 것', 즉 아름다움'인 것'으로 있는 아름다움의 참모습은 아니다. 그렇다고 해서 그것들이 전혀 아름답지 않은 것, 어느 한 순간도 아름다운 것으로 '있지 않은 것', 전혀 아름다움'이지 않은 것'도 아니다. 이것들은 어떤 방식으로든 아름다움의 참모습에 관여하며, 관여하는 그 순간만큼만, 부족하나마, 아름다운 것이다. 이것들은 '아름다움의 참모습'과 '아름다움과 관련하여 아무것도 아닌 것' 사이에 자리 잡고 있다. 이것들은 언제나 생성과 소멸, 변화속에 있기 때문에 모든 순간에 항상 아름다운 것은 아니며, 어떤 순간에는 아름다운 것이기도 하고 또 다른 순간에는 아름다운 것이지 않다.

예를 들어 이 세상에 피어나 시드는 장미꽃은 언제나 아름다운 것은 아니다. 한 송이 장미꽃은 언제나 똑같은 상태를 그대로 유지하지 않고 싹틈과 피어남과 시듦의 변화 과정을 거치기 때문이다. 장미꽃이 아름다운 것이라면, 플라톤은 그것이 아름다움을 간직하기 때문에 아름다운 것이라고 말한다. 그런데 아름다움은 아무 때나, 언제나 장미꽃에 깃드는 것은 아니다. 만약 그렇다면 장미꽃은 언제나 아름다울 것이다. 그러나 장미꽃은 아름답지 않은 상태에서 아름다운 상태로 바뀌며 아름다운 순간을 거쳐 아름답지 않게 되는 변화의 과정을 겪는다. 그렇다면 언제 장미꽃에 아름다움이 깃드는가? 그것은 바로 장미꽃이 절정의 순간에 이를 때, 즉 장미꽃이 장미꽃으로서의 참모습에 가장 가깝게 도달할 때라고 말할 수 있을 것이다. 그때 비로소 아름다움은 장미꽃에 깃들고, 장미꽃은 아름다운 것이 될 것이며, 자기 바깥을 향해 아름다움을 빛처럼 뿜어내며 사람들의 시선을 매혹하며 사랑의 욕망을 자극할 것이다.

그렇다면 아름다움은 제멋대로 아무 때나 아무 대상에 깃들어 아름다운 것들을 만드는 것이 아니라, 그 대상이 특정한 조건을 갖추고 있을 때 깃드는 것이다. 장미꽃은 장미꽃으로서의 조건을 충분히 갖추고 절정에 이르렀을 때, 비로소 아름다움이 깃들고 아름다운 것이라는 말이다. 이 논리를 확장하면 소녀는 소녀로서의 조건을, 노래는 노래로서의 조건을, 인간의 행실은 인간 행실로서의 조건을, 법률은 법률로서의 조건을 충분히 갖추었을 때 비로소 그것들에 아름다움이 깃들며, 그로 인해 그것들은 아름다운 것이다. 따라서 아름다움이란 각 대상이 그 자체의 조건을 충분히 갖추고 절정에 이른 순간에 그 대상 안에 깃든다고 할 수 있다. 그리고 그 각각의 존재 조건은 결국 그 존재의 '참모습', 곧 영원불변하며 한결같이 순수하고 완벽한 이데아로 개념화된다. 어떤 것이 그것의 참모습을 갖출 때, 그것에 아름다움이 깃들며, 그 순간 아름다운 것이 된다.

이와 같은 결론의 근거를 『티마이오스』의 한 구절에서 찾을 수 있다. "만약에 이 우주가 과연 아름답고(kalos) 이를 만든 이 또한 좋은(agathos) 분이라면 그가 영원한 것을 바라보고 그랬으리라는 건 분명합니다"(29a). 우주가 아름다운 것은 우주를 만든 데미우르고스가 선한(agathos) 존재이며, 우주를 만들 때 영원한 것을 바라보고 구현하였기 때문이다. 여기에서 영원한 것이란 다름 아닌 존재의 참모습인 이데아다. 그렇다면 각각의 대상이 아름다운 것도 마찬가지일 것이다. 어떤 대상이 아름다운 것은 그 대상이 자신의 영원한 것, 즉 자신의 영원불변하는 참모습에 따라 구현되었기 때문이라는 말이다. 그것도 선한 신에 의해 만들어졌을 때, 그렇다. 바로 그 순간 그 대상이 아름다운 것이 된다면, 그 순간에 아름다움이 그것 안에 깃들었기 때문이다. 따라서 어떤 것이 장미꽃의 영원한 형상, 순수하고 완벽한 장미꽃의 참모습을 구현하는 순간, 오로지 그 순간에만 그것은 온전한 장미꽃이 되며, 그와 동시에 아름다움이 깃들어 아름다운 것이 된다. 반대로 장미꽃으로 아직 온전하게 피지 않거나, 시들어 더는 장미꽃으로 있지 않은 순간에는 아름다움도 그것에 깃들 수 없으며 따라서 아름다운 장미꽃일 수 없다.

또 다른 근거는 『파이드로스』편에서도 찾을 수 있다. 이 작품에서 아름다움 자체는 빛에 비유된다. 플라톤의 설명에 따르면, 아름다움은 참모습의 세계에서 다른 이데아들과 함께 있으되 가장 밝은 빛을 발한다. 우리의 영혼은 먼저 참모습의 세계에 있었기 때문에 아름다움의 강렬한 빛을 겪은 바 있었다. 그러나 영혼이 참모습의 세계에서 내려와 육체를 입고 모상과 현상의 세계로 왔을 때, 우리는 아름다움을 포함해서, 모든 참모습들을 잊는다. 몸이 영혼을 가두어 무디게 만들고, 영혼을 감싼 육체적 감각은 오직 몸에 직접 와 닿는 물질적인 현상에만 집착하기 때문이다. 그럼에도 불구하고 이 현상의 세계에서도 우리는 감각들 가운데 가장 밝은 감각인 시각을 통해 아름다움의 참모습이 뿜어내는 빛에 눈을 뜨고 그것이 가장 밝게 빛나는 것임을 감지하고 확인한다. 그리고 우리 영혼의 욕망(erōs)이 가장 밝게 빛나는 아름다움에 대해 가장 민감하고 열렬하게 반응하며 아름다움을 사랑하기 시작한다(249d~253c).

그런데 이 신화적인 비유에서 아름다움의 참모습이 뿜어내는 빛은 스스로 밝게 빛남으로써 자신의 존재를 알리기도 하지만, 스스로를 드러냄으로써 다른 것들을 드러낸다. 빛의 드러남은 곧 다른 것들을 시각에 드러냄과 함께 이루어지기 때문이다. 마치 깜깜한 방에 불이 켜지면 보이지 않던 것들이 환하게 보이듯이. 빛으로서의 아름다움은 우리의 시각을 통해 자신을 드러냄과 동시에 영혼을 자극하며 이데아 세계에 관한 기억을 일깨워준다. 망각에서 상기로 영혼의 눈을 열어주는 것

490

이다. 이로써 우리의 영혼은 현상에 대한 집착에서 벗어나 이데아의 세계를 지향하게 된다. 지향성의 전환이 일어나는 것이다. 아름다움은 인간의 영혼으로 하여금 현상의 세계에서 이데아 세계로 상승할 수 있는 결정적인 계기를 던져준다. 우리가 현상의 세계에서 장미꽃을 보고 아름답다고 느끼는 것은 장미꽃에 깃든 아름다움의 광채가 우리의 시각에 드러나기 때문이다. 바로 이때 아름다움의 존재가 우리에게 드러남과 동시에 다른 무엇을 드러낸다. 그것이 바로 장미꽃의 참모습이다. 그래서 우리는 장미꽃을 봄과 동시에 그것이 아름다운 것임을 느끼며 또한 아름다움 자체를 느낀다. 그리고 아름다움을 느끼면서 동시에 장미꽃의 참모습을 알게 된다. 이렇듯이 장미꽃에 아름다움이 깃든다는 것은, 아름다움의 빛이 나타나고 장미꽃의 참모습을 드러낸다는 것이다.

앞에서 잠시 언급했듯이, 『국가』에서 플라톤은 좋음의 참모습을 빛과의 유비 관계 속에서 설명한 바 있다. 태양이 현상의 세계를 비추어 드러내고 우리에게 의견을 가질 수 있도록 하듯이, 좋음 자체의 참모습은 우리의 영혼으로 하여금 모든 존재하는 것들의 영원한 참모습을 알 수 있게 한다(507b~509c). 이 비유를 『파이드로스』에서 제시된 내용과 비교한다면, 아름다움의 광채는 좋음이 참모습의 세계에서 갖는 광채는 물론, 그 아래 현상 세계 속에서 빛나는 태양과도 거의 같다고 할 수 있다. 하지만 좋음의 빛은 참모습의 세계에서 지성의 눈을 열어주고 참된 앎에 이르게 하지만, 아름다움의 빛은 현상의 세계에서도 우리의 감각에 빛을 뿜어내며 참모습의 세계를 상기하게 하고 그곳으로 영혼의 눈을 돌리게 한다. 육체가 영혼을 가두는 감옥과도 같고(『파이돈』 82e~83c) 현상의 세계가 혼돈의 세계라면, 아름다움이야말로 이 세상을 살아야만 하는 인간에게는 잊힌 참모습의 세계를 기억해내고 그곳으로 향하여 나아갈 수 있도록 하는 구원의 길이 되는 셈이다. 동굴의 비유에서 좋음의 이데아는 동굴 바깥 참모습의 세계에서 빛나지만, 아름다움의 빛은 마치 동굴 안에서 바깥 세계를 기억하게 하는 찬란한 힘을 가지고 있는 셈이다.

소크라테스를 이어 플라톤은 "절제란 무엇인가?"(『카르미데스』), "경건이란 무엇인가?"(『에우튀프론』), "용기란 무엇인가?"(『라케스』), "정의란 무엇인가?"(『국가』) 등, 'X란 무엇인가?'라는 형식의 물음으로 각 대상의 본질과 참모습을 알려고 노력했다. 이와 같은 물음은 각 개념의 참모습이 무엇인지를 알려는 열정에서 나온 것이다. 다른 말로 하자면, 문제가 되는 각 대상들이 어느 순간 가장 아름다운 것이 되는 지를 알고자 던진 질문이다. 이런 점에서 본다면, 모든 있는 것들의 참 모습을 찾으려는 플라톤의 철학은 모든 것들이 아름다움의 빛을 받아 스스로를 드러내는 순간을 찾으려는 노력이며, 그때 드러난 모습이 무엇인지를 아름다움과 결부해 이해하려는 시도로서, 아름다움을 지향하는 철학이며 아름다움을 통해 모든 사물의 본질을 깨닫고 앎에 이르려는 철학이라 할 수 있다. 하나의 대상이 그 존재의 참모습(Idea, Eidos)에 참여하는 순간에 아름다움은 그 대상에 깃들며 그 대상을 아름다운 것이 되게 하고, 따라서 아름다움을 안다는 것은 대상의 참모습을 안다는 것과 같은 이야기가 되기 때문이다. 이는 또한 모든 존재가 제 기능과 역할을 다할 때 발휘되는 훌륭함, 곧 아레테(aretē)를 아름다움을 통해 깨닫고 알게 됨을 뜻한다.

6 아름다움에 대한 한갓 의견과 참된 앎

그렇다면 존재하는 모든 것들의 참모습을 직관하고 올바르게 알려면 어떻게 해야 하나? 플라톤이 많은 대화편의 여러 대목에서 설명했던 것처럼, 다른 모든 것들의 참모습과 마찬가지로 아름다움의 참모습이 술어나 개념으로만 있는 것이 아니라, 물질의 요건을 갖지 않고도 하나의 실체로서 존재한다면, 그것은 물질과 현상의 세계 안에 존재할 수는 없다. 그것은 이 세계의 물질과 현상에서 떨어져 그 자체로 따로 있어야만 한다(『파이돈』100b). 그렇다면 우리는 이 물질과 현상과 감각의 세계에 사는 동안 아름다움의 참모습에 대한 올바른 지식이나 참된 앎을 가질 수 있을까? 언뜻 보아서는 불가능할 것 같다. 플라톤의 세 가지 구분에 따르면, 있는 것에 대해서만 참된 앎이 가능하며 없는 것에 대해선 모를 수밖에 없으므로, 아름다움의 참모습이 여기에 없다면 여기에 있는 우리는 여기에 없는 그것을 알 수 없고 모를 수밖에 없다.

이 세상에 사는 우리에게는 감각에 와 닿는 아름다운 것들—아름답기도 하고 아름답지 않기도 한 것들—만 알 수 있다. 현상과 물질세계의 수많은 아름다운 것들(ta polla kala), 이를테면 사람이나 말 혹은 겉옷 또는 그 밖의 다른 어떤 것들로서 아름다운 것들, 자기 자신에 대해서도 서로 간에도 결코 어떤 식으로도 언제나 똑같은 상태로 있지 못하고 항상 변하는 것들만 알 수 있다. (이 세상에 있는 것은 그것들뿐이니까.) 하지만 그것은 참된 앎이 아니며, 그 모두를 다 합해도 우리는 참된 앎에 이를 수가 없다(『파이돈』 78d~79a). 그것은 기껏해야 무한하게 축적되고 발산되는 개별 판단과 의견의 무질서한 묶음에 불과하기 때문이다. 이런 것에만 열중하는 사람들은 결국 아름다운 것들에 대한 한갓 의견(doxa)만을 가질 수 있을 뿐, "결코 아름다움 자체의 본성을 알아볼 수도 없고 반길 수도 없다"(『국가』 476b). 그들은 언제나 똑같은 방식으로 한결같은 상태로 있는 아름다움 자체의 참모습을 생각하지도 믿지도 않으며, 단지 수많은 아름다운 것들이 있다고 감각하며 그렇게 믿을 뿐이다. 그래서 플라톤은 그들을 "앎을 사랑하는 철학자(philosophos)"가 아니라, "한갓된 의견이나 떠벌리기를 좋아하는 호사가(好事家; philodoxos)"일 뿐이라고 불렀다(『국가』 478a~b).

의견이나 좋아하는 호사가들은 감각으로 아름답다고 느끼는 모든 것들이 어떤 순간에, 어떤 사람에게, 어떤 상황에서는 아름답게 느껴지지만 또한 다른 순간에, 다른 사람에게, 다른 상황에서는 아름답지 않거나 추하게 느껴지는 것을 피할 수 없다고 말한다. 그들은 그렇게 언제나 변화하는 아름다운 것들만이 있다고 주장한다. 항상 변하며 언제나 동일한 상태로 있지 않는 것만을 인정하므로, 그들이 갖는 감각이나 느낌, 의견은 대상이 그런 것처럼 항상 변하며, 결코 동일한 상태로 있지 않다. 어제는 이렇다고 하더니 오늘은 저렇다고 하고, 내일은 또 다르게 말할 것이다. 대상이 끊임없이 변하는 데 따라 그들의 의견도 함께 변하는 것이다. 그리고 감각과 느낌의 조건에 따라 사람마다 그 의견이라는 것도 제각각임을 인정해야 한다고 말한다. 그렇다면 사람들 사이에는 아름다운 것에 대한 보편적인 합의가 어렵다. 어떤 사람의 의견을 판정할 객관적이고 절대적인 기준 또한 정할 수가 없다. 순간순간이 진리며, 각자가 느낀 것이 옳은 것이며, 모든 사람들이 인정할 수 있는 아름다운 것이란 있을 수 없기 때문이다.

하지만 끊임없는 변화의 과정에서 어떤 순간에 잠깐 아름답게 나타나며 어떤 사람들에게만 아름답게 느껴지는 수많은 아름다운 현상들과는 별도로 그것들에 깃드는 단일하고 언제나 한결같은 아름다움 자체가 있어 그것으로 인해 아름다운 것들이 아름다운 것이 된다는 전제를 깔게 되면 인식론의 양상은 크게 달라진다. 아름다운 것들의 현상에 머물지 않고 그것으로부터 아름다움 자체로 나아가는 인식의 상승이 요구되기 때문이다. 플라톤의 철학은 바로 그런 아름다움을 추구한 것이다. 지혜(sophia)를 사랑하여(philo-) 지식(epistēmē)을 추구하는 사람들을 철학자(philosophos)라 부른다. 그들은 각각의 존재하는 것 그 자체를, 따라서 언제나 똑같은 방식으로 한결같은 상태로 있는 모든 존재하는 것의 참모습에 대한 올바른 앎을 추구하며, 그것들이 불완전하게 나타나는 현상에 대한 한갓된 의견(doxa)에 만족하지 않는다(『국가』 479d~480a).

물론 플라톤이 '의견'(doxa)을 비판하지만, 무조건 부정하는 것은 아니다. 그는 의견도 옳을 수 있는 가능성을 인정한다. 의견 가운데 정확하게 사실을 있는 그대로 정확하게 맞추는 의견은 '옳은' 것(to ortha doxazein)이다. 그러나 옳은 이유(logos)를 제대로 댈 수 없으면 참된 앎이라고는 할 수 없으며, 옳은 의견도 의견인 한, 지혜(sophia) 또는 실천적 지혜(phronēsis)와 무지(amathia) 사이에 있다. 그런데 지혜를 사랑하는 자는 이미 지혜로운 자(sophos)도 아니고 무지한 자(amathēs)도 아니며 그 사이에 있는 자라고 규정된다(『향연』 204b). 또한 "참된 의견은 행위의 올바름과 관련해서는 실천적 지혜(phrnēsis)보다 더 못한 인도가가 결코 아니다. 그리고 이 점을 훌륭함(aretē)이 어떤 것인가에 관한 고찰에서 우리가 지금까지 빠뜨리고 있었던 것이다. 오직 실천적 지혜만이 올바른 행위를 인도한다고 말할 때 말이다. 그런 것에는 참된 의견도 있었는데도 말이다"(『메논』 97b~c)라고 한다.

하지만 플라톤이 무차별적으로 의견을 인정하는 것은 아니다. 그가 인정하는 것은 오직 '옳은' 의견이다. 거기엔 각별한 어감이 깔려 있다. 이 세상에 사는 한 참된 진리에 오롯이 닿을 수 없는 상황에서 철학자의 앎은 '옳은' 의견을 넘어서기 힘들다는 것이다. 이것은 의견을 긍정하는 뜻보다는 이 땅에 살고 있는 철학자가 가질 수밖에 없는 인식론적인 한계를 표현한 것으로 보아야 한다. 철학자의 노력은 언제나 진리와 모든 존재하는 것들의 참모습에 대한 앎을 향하며 결코 의견을 세우려는 데 머무르지 않지만, 몸이라는 감옥에 영혼이 갇혀 있으며, 참모습의 세상에서 떨어져 있는 물질과 현상의 세상에 살고 있는 한 참된 앎에 오롯이 이를 수는 없다는 고백인 셈이다. 이와 같은 한계에도 불구하고 철학자의 지향점은 분명하다. 그것은 감각의 세계에서 횡행하는 수많은 의견에 휩쓸리거나 하나의 한갓 의견을 내지르는 것이 아니라, 진리와 참된 앎을 추구하며, 최소한 옳은 의견을 제시하여 존재하는 모든 것들의 참모습에 최대한 가까이 가려는 것. 현상으로 나타나는 수많은 아름다운 것들을 감각하고 거기에 따른 의견을 내는 것이 아니라, 아름다운 것들을 아름다운 것으로 만드는 아름다움 그 자체를 지향하는 것. 그래서 그는 의견과 의견이 의존하는 감각에서 최대한 벗어나려고 한다.

감각이 왜 믿을 만하지 못한가를 플라톤은 여러 곳에서 설명하고 있는데, 특히 『파이돈』과 『티마이오스』편에서 찾아볼 수 있다. 그는 기본적으로 인간을 영혼(psychē)과 몸(sōma)이 결합된 존재로 보았다(『파이돈』 79b). 그가 보기에 인간은 생명체의 하나로서 불사의 영혼에 사멸하는 몸이 엮여 만들어진다. 좀더 정확하게 하자면, 물, 불, 공기, 흙과 같은 물질들을 결합하여 "몸을 하나씩 완성한 다음, 들고 나는 것이 반복되고 있는 몸속에 불사하는 영혼의 회전들을 묶어 넣어" 인간이 생긴다. 인간의 몸은 안에 있던 일부가 나가고 바깥에 있던 새로운 것들이 안으로 들어오면서 끊임없는 변화를 겪는다. 이 가운데 감각(aisthēsis)은 불, 흙, 물, 공기 등 외부의 물질들과 인간의 몸을 이루고 있는 물질들이 서로 접촉하면서 생생하고 강렬하게 겪는 느낌들(pathēmata)로부터 자연스레 생긴다. 이와 같은 감각은 믿을 만한가? 아니다. "감각은 최다 최대의 운동을 일으키고, 끊임없이 흐르고 있는 도관과 어울려 영혼의 회전들을 움직이며 격렬하게 흔들게 되는데"(『티마이오스』 41d~43d) 이렇게 감각의 지배를 받는 영혼은 "마치 술취한 것처럼 헤매며 혼란에 빠져 어지러워하게 된다"(『파이돈』 79c).

대안은 분명하다. 플라톤은 죽기 직전의 소크라테스가 제자들에게 마지막으로 하는 이야기를 통해 이렇게 주장한다. 사람이 실천의 지혜(phronēsis)를 얻고자 한다면, 몸은 방해가 된다. 몸은 그 안에 깃든 영혼을 속이기 때문인데, 무엇보다도 몸을 통해 이루어지는 시각과 청각이 문제다. 그것들을 통해서는 아무것도 정확하게 듣지도 보지도 못하기 때문에, 대상에 대한 정확한 정보를 영혼에게 전해주지 못한다. 다른 감각도 마찬가지다. 따라서 영혼이 '있는 것들'(ta onta)에 관해 그것이 무엇이며 어떤 속성을 가지고 있는지를 참되게 파악하려면 몸에 딸린 감각에서 최대한 벗어나야 하며, 오직 이성을 통해 추론해야만(logizesthai) 한다(『파이돈』 65a~d).

물론 감각적 지각이 언제나 참된 앎에 해만을 끼치는 것은 아니다. 이성이 작동하지 못할 정도로 영혼이 감각에 온통 휘둘릴 때가 문제다. 만약 감각이 이성을 도울 수만 있다면 감각도 참된 인식의 성립에 기여할 수 있다. 감각은 현상에 관련되는데, 현상은 존재의 참모습은 아니지만 그것과 어떤 방식으로든 관련되어 있기 때문에 참모습과 똑같지는 않지만 엇비슷한 것이 있고 닮은 점이 있다. 따라서 영혼이 감각에 나타나는 현상과 이성으로 직관할 수 있는 참모습과의 닮음에 주목하고, 추론을 통해 현상의 불완전함을 넘어 참모습을 상기할 수 있다면, 감각은 영혼이 참된 앎을 얻는 데 일정한 도움을 줄 수가 있다. 예를 들어 만약 영혼이 종이 위에 그린 원을 보고 단순히 시각 정보에만 집착하여 판단을 내린다면, 미세하게 울퉁불퉁 일그러진 폐곡선만을 볼 뿐 완전한 원을 볼 수 없고 원에 대한 참된 앎을 가질 수가 없겠지만, 그려진 원에 대한 시각 정보에서 출발하여 추론을 통해 그 한계를 넘어 원의 참모습을 이성으로 추론할 수 있게 된다면 감각은 참된 앎을 촉발한 셈이 된다.

문제는 영혼이 감각 정보에만 머물 때다. 그러면 영혼은 언제나 혼란을 겪게 마련이다. "영혼이 가장 아름답게(kallista) 추론을 하는 것은 아마도, 감각들 중의 어떤 것도, 즉 청각도 시각도 또는 어떤 고통이나 즐거움도 영혼의 주의를 돌려놓으며 괴롭히는 일이 없고, 영혼이 몸과 관계하지도 접촉하지도 않는 상태에서, '있는 것'(to on)에 이르고자 하는 그때"뿐이다. "그러니까 지혜를 사랑하는 사람(philosophos)의 영혼은 몸을 최대한 무시하고서, 이에서 달아나 그 자체로만 있게 되는 걸 추구"한다(『파이돈』 65c). 설령 우리의 인식이 감각에서 시작한다 하더라도, 최대한 거기에서 벗어나서 참된 앎과 지식, 지혜에 이르기 위해 이성으로 추론해야만 한다. 이런 추론(logismos)이 가능한 것은 인간의 영혼이 현상의 세계에만 묶여 있지 않고, 예전에 적든 많든 천궁 위의 영역에 속하는 참된 것들을 보았던 적이 있기 때문인데, 그때의 기억을 되살리는 상기(anamnēsis)가 바로 그와 같은 추론이다(『파이드로스』 249b~c).

특히 아름다움에 관해서는 감각이 훨씬 더 적극적인 의미를 가질 수 있다. 아름다움은 그 자체가 다른 모든 참모습(=이데아)들보다 훨씬 더 강렬하게 빛나며, 현상의 세계에 사는 인간으로 하여금 여러 감각 가운데 가장 밝은 감각인 시각을 통해 아름다움에 대한 열망과 사랑을 갖도록 강력하게 자극하기 때문이다. "오로지 아름다움만이 가장 밝게 드러나고(ekphanestaton) 사랑을 가장 자극하는 대상(erasmiōtaton)이 될 수 있는 특권을 갖지"(『파이드로스』250d~e). 물론 감각에만 의존해서는 아름다움에 대한 참된 앎에 이를 수 없다. 하지만 아름다운 것들에 대한 감각은 그것들에 깃든 아름다움의 찬란한 광채 때문에, 다른 모든 참모습들에 대한 앎을 일깨워주며 참된 인식으로 나아갈 수 있는 특효의 출발점이 될 수 있을 것이다. "지혜(sophia)는 그야말로 가장 아름다운 것들에 대한 것"이며(『향연』204b), 따라서 지혜에 대한 사랑(philosophia), 곧 철학은 가장 아름다운 것, 아름다움 그 자체에 대한 사랑이기 때문이다.

7 플라톤과 '미학'

그런데 아름다움을 통해 플라톤의 철학을 이해하려고 시도할 경우에 꼭 해명해야만 하는 개념의 문제가 있다. 바로 '미학'(aesthetics)과 관련된 문제다. "플라톤이 아름다움을 무엇으로 이해했는가?"라는 질문을 던지는 순간, 오늘날의 독자들이 가장 먼저 떠올리는 개념은 아마도 '미학'(美學)일 것이다. 미학은 말 그대로 '아름다움(美)을 다루는 학문(學)'으로 정의될 수 있기 때문이다. 그래서 위의 질문에 대한 답은 '플라톤의 미학'이라는 제목을 달아야 적절해 보인다. 플라톤은 소크라테스를 이어 '×란 무엇인가?'라는 형식의 물음으로 철학을 실천했는데, 아름다움은 그 ×라는 변수에 들어가는 중요한 개념이었기 때문이다. 아름다움에 대한 철학적 탐구, 정의(定義)의 모색이 가능하다면, 미학은 가능할 것이다.

그러나 '미학'이라는 말이 플라톤에게는 생각보다 잘 어울리지 않을 수 있다. 그 이유는 '미학'의 의미가 단순히 한자어를 풀어내서 이해될 수 있는 소박한 수준에서 확정되지 않으며, 서양근대철학의 복잡하고 특수한 맥락이 정확하게 이해되어야만 확정될 수 있기 때문이다. 그래서 미학이 하나의 학문(science) 내지 교과(discipline)로 성립하였던 서양 철학사의 맥락을 이해하는 순간, '플라톤의 미학'은 일종의 형용 모순처럼 느껴진다.[1] '미학'은 'aesthetics'를 받아들이면서 한자로 옮긴 말이다. 이때 'aesthetics'는 아름다움의 문제를 다루기는 했지만, 이를 이성의 영역에서 탐구하기보다는 오히려 감각과 감성, 개인의 취향과 관련시켜 이해하려고 하였고, 그런 점에서 '아름다움'보다는 '감성'이 더 중요한 키워드인 것처럼 전면에 부각되었다.[2] 사실 'aesthetics'라는 말은 그리스어 'aisthēsis'에 뿌리를 두고 있는데, 이것은 '감각' 또는 '감성'을 뜻한다.[3] 이 명사의 형용사 형태인 'aisthētikos'에서 'aesthetics'가 나왔다. 그리스어의 맨 뒤에 붙은 -(ti)kos는 '능력'을 나타내기 때문에, 'aisthētikos'는 '감각 기관을 통해 느끼고 지각할 수 있는'이라는 뜻을 갖는다. 그래서 플라톤은 인간 영혼의 이성 부분과 구별되는 "몸 안에 있는 감각할 수 있는 모든 부분"(hoson aisthētikon en tōi sōmati)을 촉각, 미각, 후각, 청각, 시각 등과 연결시켜 말할 때, 바로 이 형용사를

---

1) 김율, 『서양 고대 미학사 강의: 철학사로서의 미학사 이해를 위하여』, 한길사, 2010, 120~22쪽.

2) 김수현, 「바움가르텐」, 『미학대계 제1권: 미학의 역사』, 서울대학교 출판부, 2007, 259~75쪽 참조. 18세기경 독일의 바움가르텐(1714~62)이 처음 이 말을 분과 학문으로 사용하였다. *Meditationes philosophicae de nonnullis ad poema pertinentibus*, Halae Magdeburgicae, 1735. 그는 나중에 'Ästhetik'라는 개념을 직접 제목으로 사용하는 책까지 발표한다. 그가 독일 사람이니 그가 사용한 단어는 정확하게는 독일어 'Ästhetik'라고 하는 게 정확하겠지만, 이 글에서는 편의상 영어인 'aesthetics'를 사용하였다.

3) 'Aesthetics' 그리고 이 말의 뿌리인 'aisthēsis'라는 명사는 동사 'aisthanomai'에서 온 것이며, 이 동사는 애초에는 '듣다'라는 뜻의 동사 aiô에서 왔다고 한다(P. Chantraine, *Dictionnaire étymologique de la langue grecque*, *Histoire des mots*, Klincksieck, 1968~80). 이 말은 라틴어에서는 'audio'와 연결된다. 하지만 이 'aisthanomai' 동사는 듣는 것뿐 아니라, 제유법적인 의미 확산을 통해 그 외연이 넓어져 청각 이외의 다른 감각 전체를 통칭하는 말이 되었다. 그래서 'aisthēsis'는 청각을 포함하여 모든 감각을 가리키며, 신체 기관을 통해 외부 세계와 접촉하면서 겪게 되는 느낌(pathos)과도 직결되며, 경우에 따라서는 감각의 바깥에 있는, 감각의 대상까지도 가리킨다.

사용하였다(『티마이오스』70b).[4]

그런데 그리스어에서 '-(ti)kos'라는 접미사가 붙는 형용사들은 politikē(정치학), ēthikē(윤리학), dialektikē(변증술), poiētikē(시학), rhētorikē(수사학), nautikē(조선술) 등과 같이 여성형용사 형태[-(ti)kē]로만 홀로 쓰이거나, '기술'(tekhnē)이나 '학문'(epistēmē)이라는 명사와 함께 (예를 들면 'tekhnē poiētikē'처럼) 쓰인다. 하지만 'aisthētikos'의 경우에는 기술, 지식, 학문이라는 말과 함께 사용되었던 사례를 찾을 수가 없다. 이것은 결국 고대 그리스의 지성의 지형도 안에는, 특히 플라톤에게서는 감각과 감성을 통해 이루어지는 학문이나 기술, 말하자면 'epistēmē aisthētikē'라는 것을 위한 자리가 없었다는 뜻이다. "aisthēsis를 통해서는 앎이 성립하지 않으며 오로지 이성(nous), 혹은 지성(dianoia)의 영역에서만 엄격한 의미에서 앎이 성립한다는 파르메니데스와 플라톤의 선명한 구분 이후로, 감각 경험에서 앎이 성립할 수 있다는 생각은 그리스 주지주의적 전통에서 둥근 삼각형처럼 일종의 형용 모순으로 받아들여져왔다. 감각 경험 영역에서의 규범적 질서를 추구하는 학문으로서 'aesthetics'의 출범도 따라서 감각 영역의 규범적 복권 이후로 미루어지게 된다."[5] 서양 근대에 와서야 비로소 서양의 근대 철학자들이 'aesthetics'를 학문의 반열에 올려놓았다. 다시 말해서, 그 이전에는 감각, 감성, 감정 등을 학문의 대상으로 진지하게 고려하고 그것들을 진실에 이르는 유효한 수단이나 통로로 존중하는 학문은 없었다는 말이다.

사실 'aesthetics'가 학문으로 성립하기 이전의 서양 철학사에서 인식론의 주류는 이성(ratio)을 중심으로 하는 합리주의(rationalism)와 지

---

4) 나중에 아리스토텔레스도 "감각 능력을 가지고 살아가는 삶"(zōē aisthētikē)이라는 표현으로 사람, 말, 소 등을 가리킬 때, 이 형용사를 사용했다(『니코마코스 윤리학』 I, 7, 1098a2). 이와 같이 이 'aisthētikos'라는 형용사는 능동적인 뜻을 갖지만, 동시에 감각 기관을 통해 "느낄 수 있는 숨결"(aisthētikē anathumiasis)이라고 할 때처럼 수동적인 뜻도 갖는다. Zeno, *Stoic.* I.39.

5) 김남두, 「플라톤의 예술 이해」, 『미학대계 제1권: 미학의 역사』, 55쪽 참조.

식-지성을 중심으로 하는 주지주의(intellectualism)가 주류였다. 보편적이고 절대적이며 객관적인 진리가 있고 인간은 이를 파악할 수 있지만, 참된 인식은 오직 이성에 의해서 가능하다는 입장이다. 반면 감각은 자칫 이성을 혼란스럽게 하고 착각을 일으키게 하는 위험 요소로 취급되었다. 이와 같은 이성 중심의 인식론에 반기를 든 철학자들이 나타났다. 그들에게 중요한 것은 이성이 아니라 감성이었다. 감성은 이성에 종속되거나 이성에 의해 거부되는 것이 아니라, 그 자체로 고유한 권리를 가지고 이성과는 다른 인식 구성의 주체로서 지위를 갖는 것으로 여겨졌다. 그들에 의해 감각과 감성을 다루는 학문, 즉 '감성의 학문'(la science du sensible)으로서의 'aesthetics'(=epistēmē aisthētikē)가 탄생하게 된 것이다.

그런데 아름다움을 감지하는 능력을 이성이 아니라 감성이라고 보고, 감성의 다양한 측면 가운데 쾌감을 아름다움과 연결시키면 감성의 학문인 'aesthetics'는 비로소 아름다움을 다루는 '미학'(美學)이 된다. 하지만 어원이 그렇듯이 이 개념은 단순히 '아름다움에 대한 감각과 그로부터 오는 쾌감'에만 국한되지 않고, 감각과 감정과 관련된 가치 판단과 감성과 취향 일반에 관한 판단력의 탐구로 확장되면서 아름다움은 물론 추함까지도 진지한 탐구의 대상으로 삼게 되었다. 나아가 아름다움과 추함을 비롯하여, 특정 작품이나 대상이 감각과 감성, 감정에 일으키는 다양한 반응에 대한 탐구로 더욱더 확대되어 규정되기도 한다.[6]

따라서 'aesthetics'라는 개념으로서의 미학은 플라톤에게 잘 어울리지 않는 것 같다. 아름다움과 관련하여 근대 미학이 전면에 내세웠던 감각(aisthēsis), 감성, 감정 등이 플라톤의 학문 개념에는 잘 어울리지 않기 때문이다. 플라톤이 볼 때, 몸에 딸린 감각은 이성이 참된 앎에 이르는 데 도움을 주기보다는 많은 경우에 심각한 방해가 되기 때문에

---

6) Zangwill, Nick, "Aesthetic Judgment", *Stanford Encyclopedia of Philosophy*, 02-28-2003/10-22-2007. (http://plato.stanford.edu/entries/aesthetic-judgment/)

감각을 진지하게 다루는 학문의 성립은 마땅치 않을 것이다. 아름다움
에 대해서도 마찬가지다. 플라톤에 따르면 '아름다움'에 대한 참된 인
식에 도달하려면, 궁극적으로 감각이 아니라 이성이 이끄는 추론에 따
라야 한다. 물질과 현상에 접촉하여 정보를 취득하는 영혼의 감각 능
력(aisthētikon)과 감각(aisthēsis)에만 의존한다면 한갓 의견만을 거둘 뿐
참된 지식에는 못 미치기 때문이다. 따라서 영혼은 가능한 한 감각의 영
향을 받지 않으려고 해야 한다. 감각에서 출발하더라도 거기에서 머물
러서는 안 되며, 수많은 아름다운 것들에 깃든 하나의 아름다움으로 추
론을 통해 이성의 영역으로 상승해야만 한다. 그러므로 아름다움을 이
성이 아니라 감각, 감성의 영역에서만, 또는 주로 거기에서 찾으려고 했
던 근대 미학(aesthetics)의 기획은 플라톤이 볼 때 탐탁지 않을 것이다.

　플라톤에게 '미학'이라는 이름을 붙이려면, 근대 미학이 초점을 맞
추었던 '감성학'이라는 특정한 개념 틀에서 벗어나 좀더 넓게 '아름다
움의 철학' 또는 '미의 학문'이라는 의미로 확대 규정되어야만 한다. 그
는 아름다움을 매우 진지하게 다루되, 감각에 전적으로 맡기지 않았을
뿐 아니라, 오히려 감각에서 벗어나 이성을 통해 아름다운 것들로부터
아름다움 자체로 상승할 것을 열망하였기 때문이다. 플라톤은 느끼는
것에 그치지 않고 아름다움을 아는 것을 최고의 가치로 두었던 최초의,
그리고 동시에 최고의 철학자로 평가될 수 있다.

8 플라톤과 '예술'

　그림과 시가 등 예술에 대해 플라톤의 시선이 곱지 않았던 이유도
근대 미학이 플라톤과 잘 어울리지 않는 이유와 거의 같은 맥락에서 찾
을 수 있다. 근대 미학이 아름다움을 감각이나 개인적인 취향에 연결시
켜 연구했을 때, 아름다움은 자연에서 발견되는 것이라기보다는 인공
의 제작물, 더 정확하게 말하자면 예술 작품에서 구현되며 지각될 수

있는 아름다움이었다. 근대 미학이 다루는 아름다움은 주로 예술 작품에 의해 촉발된 감정과 관련되며, 작품을 만들어내는 능력뿐 아니라 감상하고 평가하는 능력과도 연결되었다. 따라서 근대 미학은 "예술가는 어떻게 작품 속에서 아름다움을 구현할 수 있는가?" "감상자는 작품을 통해 어떻게 아름다움을 느끼는가?"라는 물음을 던지고 그 답을 모색하였고, 예술은 미학의 중요한 주제로 부각되었다. 이에 따라 미학의 개념은 19세기부터 아름다움에 대한 감성학으로만이 아니라 '예술에 대한 철학'(philosophie de l'art, philosophy of art)으로 이해되기 시작했다. 이와 같이 예술과 감성은 아름다움과 함께 근대 미학을 이루는 핵심 요소라고 할 수 있다. 플라톤도 물론 이 세 요소에 대해 진지한 철학적 검토를 하였다. 차이가 있다면 플라톤은 감성과 예술을 묶어 이해하는 한편, 이를 아름다움의 참모습과는 본질적으로 거리가 있다고 파악하였다는 것이다. 플라톤이 감각, 감성과 함께 예술을 비판적으로 바라본 이유가 바로 거기에 있다.

'예술'은 'art'를 옮긴 말이고, 'art'의 어원이 된 말은 라틴어 'ars'이며, 이 말은 그리스어 'technē'에 해당하는 말이다. 원래 '테크네'는 목수의 목공 기술과 직결되는 개념에서 확장되어 특정한 물건이나 상태를 '만들어내는 기술'(poiētikē)을 두루 포괄하였다.[7] 플라톤은 이른바

---

7) 포르코르니에 따르면 테크네에서의 'tek-'는 집을 짓는 건축 현장의 맥락 안에서 사용되었고, 특히 집을 짓기 위해 목재로 만들어진 각 부분을 짜 맞추어 엮는 행위와 관련되어 있었다고 한다. 이 말을 받아들인다면, 호메로스에서 다양한 의미로 쓰이고 있는 테크네의 가장 원초적인 형태와 의미를 찾을 수 있다. 퀴베에 따르면, 한 가족, 또는 부족이나 공동체에서 각각의 집을 짓기 위해서는 여러 사람들이 공동으로 작업을 했으며, 이 작업 과정에서 집의 대들보와 각 기둥, 그리고 이를 이어주는 각각의 가지 부분들을 나무로부터 얻어내어 목재로 다듬어 엮어나갔을 텐데, 바로 이 작업에 필요한 특별한 솜씨를 가진 사람이 테크톤이었고, 이들이 가지고 있던 솜씨와 재주가 바로 테크네였을 것이라고 짐작할 수 있다. Kübe (J.), *Techne und Arete*, Berlin, Degruyter, 1969, p. 13; Porkorny (J.), *Indogermanisches Etymologische Wörterbuch*, Bern, Francke, 1967; Liddell (Henry George), Scott (Robert), *A Greek-English Lexicon*, Ninth Edition with a Revised Supplement, Oxford University Press, USA, 9 edition, 1995; Frisk (Hjalmar von),

예술가들의 활동과 작업, 즉 음악과 노래, 시, 춤과 그림, 조각, 연극 등과 같은 구체적인 창작 활동을 과연 물건을 만들어내는 것과 같은 테크네로 볼 수 있는지 고심했다. 플라톤이 볼 때, 테크네가 제대로 성립하려면 개별 작품이 만들어지는 근본 원인에 대한 앎과 제작의 일반 원리가 설명(logos)될 수 있어야 한다. 그런데 과연 예술가들은 자신들이 만드는 것에 대해 원천 지식이 있을까? 이에 대해 플라톤은 회의적이었다. 예술가들에게는 지식(epistēmē)에 버금가는 기술이 없다. 설령 예술가들에게 기술이 있다고 하더라도, 작품 속에 구현할 대상의 참모습에 대한 이해와 지식이 없다. 따라서 그들의 기술은 감각 대상을 불완전하게 모방하면서도 사람들에게 그것이 진짜인 양 믿도록 허상을 만들어내는 속임수의 기술이다. 속임수의 기교와 원리에 입각한 "모방하는 기술"(mimētikē)에 불과하다. 이것이 플라톤이 가한 비판의 요지였다(『국가』 598b). 모방(mimēsis)은 원본을 두고 그것을 가능한 한 그대로 재현하는 것이지만, 아무리 애써도 인간은 원본 그대로를 완벽하게 재현할 수 없기 때문에 모방은 언제나 원본에 대한 결핍과 왜곡을 일으킨다는 것이다.

플라톤은 침대를 예로 들어 설명한다. 그에 따르면, 세상에는 세 종류의 침대가 있다. (이 구별은 앞서 소개된 존재의 세 가지 구별, 즉 '있는 것'으로서의 참모습, '있기도 하고 없기도 한 것'으로서의 현상, '없는 것'과는 다르다. 이 구분에서 마지막 항은 이곳에서는 언급되지 않고, 그 대신 화가의 그림이 끼어 들어갔다고 봐도 좋다.) 하나는 '본질의 창조자'(phytourgos)인 신이 만든 '참으로 침대인 것', 즉 침대의 참모습이다. 그것은 언제나 변함없이 완벽한 상태로 있다. 둘째는 눈에 보이는 물건들의 '제작자'(dēmiourgos)인 목수가 목공 기술(technē)을 이용하여 만들어낸 침대. 그것은 우리가 누워 잘 수 있는 침대로서 실용성을 가지고는 있지만, 물질을 입고 구현된 것이기 때문에 시간의 흐름에 따라

Griechisches Etymologisches Wörterbuch, Band II, Heidelberg, Carl Winter, 1960~73.

기능을 잃고 망가질 수 있는 가변적인 현상의 침대다. 셋째는 그것을 보고 그린 '모방자'(mimētēs)인 화가가 그린 침대다.[8] 이것이 이른바 예술 작품이다.

　　화가는 거울을 들고 침대를 비추면서 침대의 앞면이나 옆면처럼 특정한 관점에서 포착되는 한쪽 면만을 보여주듯이 그림을 그리기 때문에, 침대의 온전한 전체의 모습을 제대로 보여주지 못한다. 오직 '보이는 것'(to phainomenon)으로서 눈에 보이는 대로 사물의 외관만 단편적으로 그려낼 뿐이다. 화가가 모델로 삼는 현상의 침대는 이미 침대의 참모습을 모방한 일종의 모상(eidōlon)이므로, 화가의 그림은 모상의 모상이며, 결점을 가진 둘째 침대를 다시 일정한 관점에서 보이는 한에서만 모방하기 때문에 진리에서 멀리 세 단계에 떨어진 상태다. 따라서 그의 그림은 우리에게 침대에 대한 앎을 줄 수 없다. 화가는 교묘한 그림 솜씨로 사람들의 눈을 속여 목수보다도 침대에 관해 더 많이 아는 것처럼 착각하게 만든다. 하지만 그는 침대를 만든 목수보다도 침대의 '실재'(to on)와 참모습에 관해서는 물론, 침대의 현상(to phainomenon)에 대해서도 잘 모른다. 그가 그림을 그리며 발휘한 기술은 모방의 기술인데, 그것은 침대에 관한 참된 앎도 전하지 못하고, 침대의 기능도 구현하지 못하며 오로지 교묘한 허상만을 만들어내는 기만의 기술일 뿐이다. 화가는 그림을 보여주고 감상자의 감각을 현혹하여 그를 진리에서 멀리 떨어지게 만들기 때문이다. 그의 그림은 침대로서 쓸모도 없고, 침대에 대한 진리를 보여주지도 않으며, 기껏해야 허전한 벽을 장식하는 눈요깃거리(paidia)에 불과하다(『국가』 596b~598d).

---

8) 플라톤은 『티마이오스』 편에서 이데아를 바라보고 세계를 창조한 우주의 제작자를 '데미우르고스'(Dēmiourgos)라고 소개한 바 있다(29d 이하). 하지만 이곳에서는 침대의 참모습을 바라보며 침대를 만든 목수를 '데미우르고스'라고 부르는 한편, 침대의 모습을 보고 작품을 만들어내는 예술가에 대해서는 '모상의 데미우르고스'(eidōlou dēmiourgos)라고 부른다(599d). 데미우르고스란 제작자라는 뜻의 일반명사이며, 어쨌든 뭔가를 만들어낸다(poiēsis)는 점에서 신과 목수, 예술가는 통하는 점이 있기 때문이다.

반문이 있을 수 있다. 설령 화가가 비록 침대의 참모습과 기능을 제대로 알지 못하더라도, 침대의 그림을 통해서 모종의 아름다움을 느끼게 하며, 그것으로부터 출발하여 궁극적으로 아름다움 자체를 느낄 수 있도록 인도할 가능성도 있지 않을까? 즉 그의 기술은 침대의 기능을 구현하는 목수의 기술과는 달리, 영혼을 아름다움으로 인도하는 기술로서 의미를 가질 수도 있지 않을까? 근대 미학과 예술철학의 개념에 근거하면 그림은 눈에 보이는 현상 세계의 대상보다도 훨씬 아름다운 것이라는 주장도 가능하다. 다시 말해서 예술이란 현상 속에 묻혀 있는 대상을 아름답게 재구성하여 작품 속에 새롭게 재현하는 것이며 대상이 간직한 아름다움을 감상자들이 엿볼 수 있도록 만든다는 말이다. 플라톤도 그려진 원으로부터 원의 참모습으로 나아갈 수 있는 가능성을 말한 적이 있지 않은가!

하지만 예술의 긍정적인 가능성은 묵살된다. 플라톤에게 그림의 아름다움은 거짓이며, 사기다. 그리고 그림은 아름다운 것이 못 된다. "무엇을 만드는 이(dēmiourgos)이건 간에, 그가 '언제나 같은 상태로 있는 것'을 바라보며, 이런 것을 본보기(paradeigma)로 삼고서 자기가 만든 것이 그 '참모습'(idea)과 성능(dynamis)을 갖추게 할 경우에라야, 이렇게 완성되어야만, 모든 것이 반드시 아름다운 것이 됩니다. 하지만 그걸 만드는 이가 '이 생겨난 것'(to gegonos＝현상)을 바라보며, 이 생성물을 본보기로 삼는다면, 그렇게 만들어진 것은 아름다운 것이 될 수 없습니다"(『티마이오스』 28a～b). 화가는 참모습을 바라보고 그것을 원본으로 삼아 침대를 그리지 않는다. 그는 오로지 눈에 보이는 침대, 즉 언제나 생성 소멸과 변화의 과정 속에서 드러나는 현상의 침대만을 원본으로 삼아 그림을 그린다. 따라서 화가가 그린 그림은, 현상에 대한 감각만으로는 참된 앎이 불가능한 것처럼, 현상을 모델로 두고 모방한 탓에 아름다운 것이 되지 못한다. 그것이 플라톤의 설명이다.

그러나 이 인용문은 다른 가능성을 열어준다. 만약 화가가 단순히 현상의 침대를 모방하는 것이 아니라, 철학자가 순수한 영혼으로 침대의 참모습을 알듯이, 화가도 침대의 참모습을 이성으로 직관한 후에 그 참모습을 작품 속에 형상화한다면, 다시 말해서 만약 철학자이며 동시에 화가인 '철학자-화가'(philosopher-painter)가 있다면 그는 침대의 참모습과 아름다움을 작품 속에 구현할 수 있는 것이 아닌가?[9] 그런 화가라면 다양한 감각적인 아름다움의 현상으로부터 시작하여 이성적인 추론을 통해 아름다움 자체로의 상승을 실천하며, 작품을 통해 감상자들에게 그와 같은 상승을 유도할 수 있을 것이다. 플라톤은 이와 같은 과정을 신화 분위기를 풍기는 시적 이미지로 그려내었다. "어떤 사람이 이곳(천궁 위의 영역, 곧 이데아의 세계)에 있는 아름다움을 보면서 참된 아름다움을 상기한다면, 날개가 돋고, 날개가 돋으면 솟구쳐 날고 싶은 바람을 갖지만, 능력이 없는 탓에 새처럼 위를 바라보면서 아래 있는 것들에는 아무 관심도 두지 않는데, 바로 그런 이유 때문에 그는 광기에 사로잡혀 있다는 말을 듣는 걸세"(『파이드로스』 249d~e).

지혜를 사랑하는 사람은 감각에만 의존한 채로 현상 세계에만 시선을 고정하지 않는다. 그 대신 이성적 추론을 통해 현상 세계 너머를 직관하려는 열망을 갖는데, 그것은 인간을 초월해 있는 신이 인간에게 불어넣는 일종의 광기다. 그 광기에 휩싸인 사람은 접신 상태(enthousiasis)에 들어서는데, 그것은 가장 좋은 것들로 이루어진 가장 좋은 상태다. 그 광기에 사로잡힌 사람은 '아름다운 것들을 사랑하는 사람'(ho erōn tōn kalōn, philokalos)이라 불리는데, 그가 곧 지혜를 사랑

---

9) 김남두 교수는 『국가』 10권을 근거로 이와 같은 가능성을 배제한다. "화가는 체계적으로 현상에 관계할 수밖에 없다는 것, 이것이 플라톤의 세 제작자와 두 상이한 모방의 개념에 함축된 주장이다. 〔……〕 시간과 공간 그리고 특정 맥락에 제약되어 있다는 것은 두 번째 모사물로서 예술 작품이 지니는 벗어버릴 수 없는 특징이라는 것이 플라톤의 대답일 것이다"(「플라톤의 예술이해」, 62~63쪽). 이와 같은 추론은 예술 작품으로서 그림이 갖는 자체의 특징을 지적한 것으로서는 옳다. 하지만 그림을 그리는 화가의 인식 수준이나 그림이 감상자에게 일으킬 수 있는 효과가 그림 자체의 한계를 넘어설 수 있는 가능성은 플라톤에게 열려 있다. 특히 시인에 관하여 "인간의 훌륭함이 어떤 것이냐에 대한 앎에 근거하여 지어진 시는 〔……〕 진리에서 세 번째 존재들이 가지는 현상의 모상만을 그린다는 범주를 떠날" 수 있는 가능성을 말할 수 있다면 말이다(위의 글, 77쪽 참조).

하는 철학자(philosophos)다. 그런 사람이 그림을 그린다면 그는 한갓 현상을 보고 그리는 대신, 천궁 위의 영역에 있는 참모습의 세계를 열 망하며, 그 세계에 대한 신적인 광기에 휩싸여 보통 화가들이 그리는 것과는 사뭇 다른 그림을 그려낼 수 있을 것이다. 그리고 그 그림을 보는 사람들은 그림을 통해 아름다움 자체를 향해 눈을 돌릴 수 있게 될 것이며 상승의 욕구와 광기에 휩싸일 수 있을 것이다. 이에 따르면, 감성을 통해 아름다움을 느끼며 그로부터 쾌감이 일어나는 과정에 주목한 근대적인 '감성학으로서의 미학'(aesthetics)과 그와 같은 과정을 거쳐 아름다움 자체로 상승할 수 있다고 보는 플라톤의 철학적 성찰은 접점을 찾을 수 있을 것이다.

9 '철학자-시인' 플라톤

그림과 화가에 대한 플라톤의 비판은 그대로 서사시와 비극의 시인에게도 적용된다. 시인은 죽어가는 사람도 살려내는 의사와 훌륭한 전사와 탁월한 지휘관을 모방하여 그럴듯하게 작품 속에 그려 넣는다. 하지만 과연 시인은 자신이 그려 넣은 사람들의 훌륭함(aretē)의 참모습을 제대로 알고 있을까? 플라톤은 최고의 서사시인이며 비극의 선구자라 할 수 있는 호메로스에게 묻는다. "당신은 진리로부터 세 번째에 있는 모상을 만드는 자(eidōlou dēmiourgos)가 아니라 두 번째에 있는 사람이어서 어떤 활동을 통해 개인 차원에서나 공공 차원에서 사람들을 더 낫거나 더 못하게 만드는지를 안다면, 과연 어느 나라가 당신에 의해 더 잘 경영되었는지 말할 수 있습니까?" 물론 그 대답은 '아니다'이다. 호메로스는 정치가도 군인도 아니었으며 오직 시만 짓고 읊고 다녔으니, 그가 정치나 군인으로 활약하여 유익을 끼쳤던 나라가 있을 리 없다. 그뿐 아니라 그는 누군가에게 실제로 유용한 조언을 하며 도운 적도 없고, 교육의 지도자로서 훌륭한 제자를 키웠던 적도 없다(『국가』

599b~600c).

비록 호메로스가 정치와 전쟁 등 인간사의 중요한 분야에서 뛰어난 영웅과 지휘관, 장수와 지도자, 의사 등을 실감 나게 그려내어 수많은 사람들을 감동시키긴 했지만, 침대 그림을 그린 화가가 침대에 관해서 아무것도 제대로 알지 못하는 것처럼, 그도 인간의 훌륭함에 관해 사실은 아무것도 알지 못했을지도 모른다. 그러면서도 그는 인간의 훌륭함에 관해 아주 잘 알고 있는 사람처럼 다른 사람들에게 착각을 불러일으키니, 교묘하게 사기를 치고 있는 셈이다. 특히 그가 사용하는 운율과 리듬, 선율은, 마치 화가가 다양한 색채와 교묘한 솜씨로 사람들의 시각을 홀리며 착시를 일으키듯이, 사람들의 청각을 홀리는 마력을 언어에 덧붙여 사람들의 판단력을 교란한다. 그는 인간 영혼의 이성 부분(logistikon)이 아니라 몸과 관련된 감각을 겨냥하는 것이다(『국가』 600e~602d).

그뿐 아니다. 시인은 행위 하는 인간을 모방하되, 그가 외부 사건에 대해 갖는 다양한 감정(pathos)을 거침없이 드러내는 모습으로 그려낸다. 이성(logos)과 법(nomos)에 따라 감정을 다스려 절도를 지키며, 불운에 처하여 괴로워하거나 짜증 내지 않고 침착하게 이성에 따라 돌파해나가려는 모습이 바람직한데, 시인은 이와 같은 지혜로운 헤아림(logismos)을 따르지 않고 이성에 어긋나는 부분(alogiston)에 복종하여 자기 동일성을 잃고 변덕을 부리는 영웅의 모습을 그린다는 말이다. 이런 영웅들의 행동을 담아내는 시를 읽고 비극을 관람하는 사람들이 어떤 영향을 받게 되는지는 분명하다. 그들의 영혼에서 이성 부분은 점점 위축되고 급기야 파멸에 이르고 말 것이다. 그것은 모방을 일삼는 시인이 "더 큰 것들과 더 작은 것들을 구분하지도 못하는 영혼의 지각 없는 부분에, 동일한 것들을 두고서 때로는 크다고 믿고 때로는 작다고 믿는 영혼의 부분에 영합하고 진실에서 아주 멀리 떨어져 있는 영상들을 제작하여 개개인의 영혼 안에 나쁜 통치 체제(politeia)가 생기게끔 하기" 때문이다(『국가』 10권 605b~c). 그렇게 되면 시인의 작품에 푹 빠진 사람들은 작품 속에 나오는 격정적인 주인공들처럼, 슬픈 일이 생길 때 부끄러움 없이 맘껏 슬픔을 표현하고, 즐거운 일이 생길 때 침착하지 않고 경망스럽게 즐거움을 표현한다. 이성적인 절제력을 잃고 감정에 충실하게 되고 욕망에 휩싸이게 된다는 말이다.

플라톤은 이와 같이 감정과 욕망을 키우는 모방의 기술, 즉 예술을 거부하며 자신이 구상하는 이상국가에서 추방하려고 한다. 특히 시(詩) 짓기에 대한 거부감은 단호하다. "이 모방은 이것들(=성욕, 격정, 욕구, 욕망, 고통과 기쁨 등)을 말라비틀어지게 해야 하는데도, 이것들에 물을 주어 키워서 우리의 지배자로 들어앉힌다네. 그러나 이것들은 우리가 더 못하고 더 비참하게 되지 않고 행복하게 되려면 오히려 (이성에 의해) 지배받아야만 하는 것들인데 말이야"(『국가』606d). 그림과 마찬가지로 시에서도 감각을 겨냥하는 시인의 모방은 인간의 지혜와 행복에 모두 해롭다는 결론이다. 수호자들의 교육을 논하는 부분에서 플라톤은 음악과 노래에 대해서도 비슷한 이야기를 해준다. 예를 들어 선법(또는 선율; harmonia) 가운데에서 감성을 자극하고 방탕한 습성을 유도하는 것은 당연히 교육에서 배제되어야 하며, 절제, 용기, 자유로움, 고매함 등과 같은 품성을 올바르게 다잡아주는 선법만을 골라야 한다는 식이다. 악기를 선정할 때도, 리듬을 택할 때도 유사한 기준을 적용해야 한다고 소개한다(『국가』398b~402b). 시인이나 잘못된 음악가의 작품은 시각과 청각 등, 몸에 의존하는 감각을 현혹하여 기쁨을 주지만, 영혼 안에 깃든 이성 부분을 마비시켜 진리와 멀어지게 만들고 정서의 안정과 평안을 파괴하고 격정에 휩싸이게 하기 때문이다.

더군다나 시인은 자신이 읊고 있는 시의 내용조차도 제대로 이해하지 못하고 암기하여 되뇔 뿐이며(『이온』530b~531a), 이성에서 벗어나 분별력을 갖지도 않은 상태에서 시를 짓고 읊는데, 그것은 신들림에 의해 빙의되어 자신을 벗어나 제정신이 아닌 몰아의 상태(enthousiasmos)라 할 수 있다(『이온』533d~534b). 무사(Mousa) 여신들에게서 오는 '신 지핌'(katokōchē)과 '광기'(mania)가 시인의 영혼을 도

취 상태에 빠뜨릴 때, 시인은 여러 가지 노래와 시를 짓게 되고 수많은 옛날이야기들을 새롭게 꾸며 사람들의 교육에 활용하는 것이다. 그런 식의 창작은 기술에 의존한다고 할 수 없다. 설령 『국가』 10권에서 소개되는 것처럼 시인이 현상의 세계를 모방하며 모방을 가능하게 하는 기술이 있고, 모방하는 대상에 대한 참된 앎은 없지만 그럴듯한 이야기를 만들어내는 원리와 방법을 명확하게 설명(logos)할 수 있다고 하더라도, 그런 기술에 따라 만들어진 작품은 자기를 벗어나 광기에 휩싸여 노래하는 시인의 작품에 비교가 되지 못한다. "무사 여신들에게서 오는 광기 없이, 오직 기술만 가지고도 충분히 시인이 될 수 있으리라 확신하고서 시 짓기의 문턱에 다가서는 사람이 있다면, 그는 그 자신도 완성에 이르지 못할뿐더러, 분별이 있는 그 사람의 시 짓기는 광기에 사로잡힌 자들의 시 짓기에 가려 그 빛을 잃게 될 것일세"(『파이드로스』 245c).

그러므로 시인이 탁월한 시를 짓기 위해서는 시를 짓는 기술에 의존하기보다는 자기를 벗어난 신 지핌을 지향해야만 한다. 이런 이유로도 플라톤은 모방의 기술에 불과한 '예술'을 진지하게 인정하지 않는다. 아무리 이성적인 분별력을 갖추어도 광기에 추동된 시인에게 밀리고 마는 그것을 거부하며 비판한다. 그렇기 때문에 플라톤에게 '예술철학'(philosophy of art)이란 말은 '미학'(aesthetics)만큼이나 어울리지 않는 이름이다. 그에게 참된 아름다움이란 모방으로 정의되는 예술이나 감성을 중심에 놓는 근대 미학의 접근 방식으로는 이를 수 없는 곳, 즉 이성의 영역 안에 있는 고결한 실체이기 때문이다.

그러나 만약 시인이 인간의 훌륭한 덕을 제대로 알고, 훌륭함을 구현할 수 있는 지혜롭고 용감하며 절제하는 정의로운 영웅을 작품 속에 제대로 형상화할 수 있다면, 그리고 호메로스나 헤시오도스의 서사시에 나오는 것과는 달리, 신들의 모습을 제대로만 그릴 수 있다면 플라톤은 시인을 추방하는 대신 기꺼이 반길 것이다. "시 가운데서도 신들에 대한 찬가들과 훌륭한 사람들에 대한 찬양들만이 이 나라에 받아들여야 할 것들이라는 것을 자네가 알아야 하네"(『국가』 10권 607a). 사실 이런 노래를 지을 줄 아는 시인은 인간의 훌륭함의 참모습을 알고, 그것을 작품 속에 구현할 줄 아는 사람이다. 그리고 신들과 동류라 할 수 있는 모든 존재하는 것들의 참모습을 바라보는 삶을 사는 사람, 즉 철학자와 다를 바 없다. 그렇다면 그는 단순히 감각적인 현상을 모방하는 것이 아니라, 실재와 본질을 작품에 담아낼 것이다. 그를 '철학자-시인'(philosopher-poet)이라 부를 수 있을 것이다.

참된 진리(to alēthes)가 어디에서 이루어지는지를 정확하게 알면서 시를 쓰는 시인이 있다면, 플라톤은 그를 뭐라 부를까? "우선 '지혜로운 자'(sophos)라고 부르는 것은 왠지 너무 거창한 것 같네. 그런 이름은 오직 신(神)에게만 맞는 이름인 것 같네. 대신 '지혜를 사랑하는 자'(=철학자; philosophos) 또는 그 비슷한 이름으로 부른다면 훨씬 더 그 사람에게 잘 어울리고, 또 잘 맞으리라고 보네"(『파이드로스』 278d). 예를 들어 이소크라테스나 뤼시아스(Lysias)와 같은 연설가, 솔론(Solōn)과 같은 정치 지도자뿐 아니라, 호메로스나 헤시오도스와 같은 시인도 존재하는 것들의 참모습을 안다면, 시인이라는 이름 대신 철학자라는 이름이 더 어울린다는 말이다. 그런데 모든 존재하는 것들이 자신의 '참모습'(Idea)을 구현하는 순간, 존재하는 것들은 진정 아름다운 것이 된다. 아름다움은 모든 존재들의 지향점이며, 모든 존재하는 것들이 온전하고 순수하게 자신일 바로 그 순간 비로소 그것들에 '아름다움'이 오롯이 깃들기 때문이다. 따라서 철학자-시인의 시는 모든 존재하는 것들이 제 참모습을 드러내 가장 아름다운 순간으로 빛날 때의 모습을 작품 속에서 그려낼 수 있다.

플라톤이 바로 그랬던 사람이 아닐까? 그는 모든 존재하는 것들의 영원히 변하지 않는 참모습이 무엇이냐는 물음에 진지하게 매달렸고, 그 답을 찾아 다양한 각도에서 탐구하였으며 많은 작품들 속에 그 모색의 흔적을 남겼으니 말이다. 그런데 그가 남긴 작품들은 우리가 흔히 접할 수 있는 철학 논문이나 저술의 형태를 취하지 않는다. 연극의 대본을 보는 것 같다. 아마도 젊은 시절 훌륭한 비극시인이 되어 아름다운 문학 작품을 남기려고 했던 플라톤이 소크라테스를 만나 철학에 매료된 후에도 여전히 문학청년의 꿈을 잃지 않았다는 증거일 수도 있다. 자신의 고뇌와 탐구를 '철학 연극'(philosophical drama)이라는 문학 작품 형태로 담았으니 말이다.

'소크라테스 대화편'(Socratic dialogue)이라 불리는 그의 작품들은 그 어느 문학 작품에 못지않은 탁월한 문학성을 보여준다. 그는 자신의 스승 소크라테스를 주인공으로 내세워 다양한 사람들과 만나 진지한 대화를 나누게 하는 가운데 철학의 여러 난해한 문제들을 능숙하게 다루면서 답을 찾아나간다. 철학자로서 플라톤이 보여준 탐구의 내용도 최고 수준이지만, 작품을 구성하는 기막힌 솜씨는 여타의 극작가들에 못지않은 예술성을 지닌다. 대화자들의 성격과 사상의 특징이 그들 사이에 오가는 대사 속에 녹아 들어가 있고, 대화가 이루어지는 과정이나 진행되는 절차도 정교하게 짜여 있다. 그의 문체와 표현의 기교, 내용을 펼쳐내는 플롯의 구성은 문학 작품이라 해도 좋을 만큼 아름답다. 그리고 그와 같은 예술성 높은 구성을 통해 존재하는 것의 참모습과 인간의 참된 훌륭함을 찾으려고 하였다. 플라톤은 스승인 소크라테스처럼 진리를 향해 끊임없이 묻고 대화하며 답을 찾아나가는 순간이 인간이 인간으로서의 참모습을 드러내는 가장 아름다운 순간임을 깨닫고, 그 순간을 포착하여 자신의 작품 안에 담아냈던 것이다. 다시 말해 인간과 존재하는 모든 것이 참모습을 드러내는 순간 인간의 감각은 물론 이성에 강렬한 빛을 발하는 아름다움을 소크라테스의 모습과 대화 속에서 추구하고 표현하였던 것이다. 그러므로 그를 '철학자-시인'이라고 할 수 있지 않을까? '지혜를 사랑하는 사람'(philosophos)이며 동시에 '아름다움을 사랑하는 사람'(philokalos)이라 부를 수 있으니 말이다.

■ 참고 문헌

김남두, 「플라톤의 예술이해」, 『미학대계 제1권: 미학의 역사』, 서울대 출판
    부, 2007.

김 율, 「플라톤: 아름다움의 이데아와 예술비판」, 『서양고대미학사 강의』,
    한길사, 2010.

남경희, 「에로스와 아름다움의 이데아」, 『플라톤, 서양철학의 기원과 토대』,
    아카넷, 2006.

스튜어트, J. A., 『미적 경험과 플라톤의 이데아론』, 양태범 옮김, 누멘, 2011.

Asmis, E., "Plato on Poetic Creativity", Kraut, R.(ed.), *The Cambridge
    Companion to Plato*, Cambridge Univ. Press, 1992.

Babut, D., "Sur la notion d'"imitation" dans les doctrines esthétiques de la
    Grèce classique", *Revue des Études Grecque* 98, 1985, pp. 72~79.

Belfiore, E., "Plato's Greatest Accusation Against Poetry", *Canadian Journal
    of Philosophy*, suppl. vol. 9, 1983, pp. 39~62.

Denham, A. E.(ed.), *Plato on Art and Beauty*, Palgrave Macmillan, 2012.

Destrée, P. & Hermann, F. G.(eds.), *Plato and the Poets*, Brill, 2011.

Dorter, K., "The *Ion*: Plato's Characterization of Art", *The Journal of
    Aesthetics and Art Criticism* 32, 1973, pp. 65~78.

Else, G. F., *Plato and Aristotle on Poetry*, Univ. of North Carolina Press,
    1986.

Grandjean, T., "The Hymns to the Gods in Plato's Laws", *Mediterranean
    Review*, vol. 4, no. 2, 2011, pp. 143~75.

Halliwell, S., *The Aesthetics of Mimesis: Ancient Texts and Modern
    Problems*, Princeton, 2002.

Hwang, P. H., "Poetry in Plato's Republic", *Apeiron* 15, 1981, pp. 29~37.

Hyland, D. A., *Plato and the Question of Beauty*, Indiana Univ. Press, 2008.

Janaway, C., *Images of Excellence: Plato's Critique of the Arts*, Oxford, 1995.

Keuls, E. C., *Plato and Greek Painting*, Brill, 1978.

Kim, H., "What Place Does the "Hymns to the Gods" Occupy in Plato's
    Republic?", *Mediterranean Review*, vol. 4, no. 2, 2011, pp. 49~65.

Koller, H., *Die Mimesis in der Antike*, Bern, 1954.

Moravcsik J., & Temko, P.(eds.), *Plato on Beauty, Wisdom, and the Arts*, NJ: Totowa, 1982.

Morgan, M., "Plato and the Painters", *Apeiron* 23, 1990, pp. 121~45.

Moss, J., "What is Imitative Poetry and Why is it Bad?", Ferrari, G. R. F.(ed.), *The Cambridge Companion to Plato's Republic*, Cambridge, 2007.

Murray, P.(ed.), *Plato on Poetry*, Cambridge, 1996.

Pappas, N., "Plato's Aesthetics", Zalta, E. N.(ed.), *The Stanford Encyclopedia of Philosophy*, 2008(http//plato.stanford.edu/archives/fall2008/entries/plato-aesthetics/).

Partenie, C.(ed.), *Plato's Myths*, Cambridge, 2009.

Pradeau, J. -F., *Platon, l'imitation de la philosophie*, Paris: Aubier, 2009.

Richardson, L. G., "Plato on Learning to Love Beauty", Santas, G.(ed.), *The Blackwell Guide to Plato's Republic*, Oxford, 2006.

Rosen, S., "The Quarrel between Philosophy and Poetry", *Plato's Republic, A Study*, Yale Univ. Press, 2005.

Rutherford, R. B., *The Art of Plato*, London, 1995.

Schuhl, P. M., *Plato et l'art de son temps*, Paris, 1952.

Schweitzer, B., *Platon und die bildende Kunst der Griechen*, Tübingen, 1953.

Zimbrich, U., *Mimesis bei Platon*, Frankfurt am Main, 1984.

▌전체 참고 문헌 ▐

1. 일차 문헌: 원전과 번역

김인곤 외 옮김, 『소크라테스 이전 철학자들의 단편 선집』, 아카넷, 2005.

아리스토파네스, 「구름」, 『아리스토파네스 희극 전집 1』, 천병희 옮김, 숲, 2010.

아폴로도로스, 『아폴로도로스 신화집』, 강대진 옮김, 민음사, 2005.

크세노폰, 『향연/경영론』, 오유석 옮김, 작은이야기, 2005.

플라톤, 『국가·政體』, 개정증보판, 박종현 역주, 서광사, 2005(초판 1997).

_____, 『티마이오스』, 박종현·김영균 공동 역주, 서광사, 2000.

_____, 『정치가』, 김태경 옮김, 한길사, 2000.

_____, 『소피스테스』, 김태경 옮김, 한길사, 2000.

_____, 『플라톤의 네 대화편: 에우티프론/소크라테스의 변론/크리톤/파이돈』, 박종현 역주, 서광사, 2003.

_____, 『향연』, 박희영 옮김, 문학과지성사, 2003.

_____, 『필레보스』, 박종현 역주, 서광사, 2004.

_____, 『알키비아데스 I·II』, 김주일·정준영 옮김, 정암학당 플라톤 전집, 이제이북스, 2007.

_____, 『크리티아스』, 이정호 옮김, 정암학당 플라톤 전집, 이제이북스, 2007.

_____, 『뤼시스』, 강철웅 옮김, 정암학당 플라톤 전집, 이제이북스, 2007.

_____, 『크라튈로스』, 김인곤·이기백 옮김, 정암학당 플라톤 전집, 이제이북스, 2007.

516

_____, 『메넥세노스』, 이정호 옮김, 정암학당 플라톤 전집, 이제이북스, 2008.

_____, 『에우튀데모스』, 김주일 옮김, 정암학당 플라톤 전집, 이제이북스, 2008.

_____, 『파이드로스』, 조대호 옮김, 문예출판사, 2008.

_____, 『법률』, 박종현 역주, 서광사, 2009.

_____, 『메논』, 이상인 옮김, 정암학당 플라톤 전집, 이제이북스, 2009.

_____, 『편지들』, 강철웅·김주일·이정호 옮김, 정암학당 플라톤 전집, 이제이북스, 2009.

_____, 『크리톤』, 이기백 옮김, 정암학당 플라톤 전집, 이제이북스, 2009.

_____, 『프로타고라스/라케스/메논』, 박종현 역주, 서광사, 2010.

_____, 『향연』, 강철웅 옮김, 정암학당 플라톤 전집, 이제이북스, 2010.

_____, 『고르기아스』, 김인곤 옮김, 정암학당 플라톤 전집, 이제이북스, 2011.

_____, 『프로타고라스』, 강성훈 옮김, 정암학당 플라톤 전집, 이제이북스, 2011.

_____, 『소피스트』, 이창우 옮김, 정암학당 플라톤 전집, 이제이북스, 2011.

_____, 『쉼포지온』, 장경춘 옮김, 안티쿠스, 2011.

_____, 『파이드로스』, 김주일 옮김, 정암학당 플라톤 전집, 이제이북스, 2012.

_____, 『소크라테스의 변론/크리톤/파이돈/향연』, 천병희 옮김, 숲, 2012.

호메로스, 『일리아스』, 천병희 옮김, 숲, 2007.

_____, 『오뒷세이아』, 천병희 옮김, 숲, 2007.

Burnet, J.(ed.), *Platonis Opera*, 5 vols., Oxford Univ. Press, 1900~1907.

Diels, H. & Kranz, W., *Die Fragmente der Vorsokratiker*(=DK), 3 vols., 6th ed., Weidmann, 1952(1903).

Diels, H., *Doxographi Graeci*, 4th ed., Walter de Gruyter, 1965(1879).

Diogenes Laertius, *Vitae philosophorum*, 2 vols., Marcovich, M.(ed.), Walter de Gruyter, 2008; *Vie et doctrine des philosophes illustres*, trad., introduction et notes par Balaudé, J. -F.(et alii), Livres de Poche, 2000.

Duke, E. A. et al.(eds.), *Platonis Opera I*, Oxford Univ. Press, 1995.

Giannantoni, G.(ed.), *Socratis et Socraticorum reliquiae*(=SSR), 4 vols., Bibliopolis, 1990.

Graham, D. W.(ed.), *The Texts of Early Greek Philosophy: The Complete Fragments and Selected Testimonies of the Major Presocratics*, 2 vols., Cambridge Univ. Press, 2010.

Kirk, G. S., Raven, J. E. & Schofield, M., *The Presocratic Philosophers*, 2nd ed., Cambridge Univ. Press, 1983(1957).

Slings, S. R.(ed.), *Platonis Respublica*, Oxford Univ. Press, 2003.

Xénophon, *Mémorables*, 3 vols., texte établi par M. Bandini et traduit par L. -A. Dorion, Les Belles Lettres, 2000~2010.

_____, *Banquet / Apologie de Socrate*, texte établi et traduit par F. Ollier, Les Belles Lettres, 2002.

2. 이차 문헌

강대진, 『그리스 로마 서사시』, 북길드, 2012.

김귀룡, 『플라톤의 파르메니데스편 연구』, 충북대 출판부, 2011.

김내균, 『소크라테스 이전의 그리스철학』, 교보문고, 1996.

김영균, 『국가: 훌륭한 삶에 대한 근원적인 성찰』, 살림, 2008.

김태경, 『플라톤의 후기 인식론』, 성균관대 출판부, 2000.

남경희, 『플라톤』, 아카넷, 2006.

박규철, 『소크라테스와 소피스트』, 동과서, 2009.

박종현, 『헬라스 사상의 심층』, 서광사, 2001.

_____, 『플라톤』, 개정증보판, 서울대 출판부, 2006.

박홍규, 『박홍규 전집』 1~5권, 민음사, 1995~2007.

박희영 외, 『플라톤 철학과 그 영향』, 서광사, 2001.

이상인, 『플라톤과 유럽의 전통』, 이제이북스, 2006.

_____, 『진리와 논박: 플라톤과 파르메니데스』, 도서출판 길, 2011.

조요한 외, 『희랍철학연구』, 종로서적, 1988.

장경춘, 『플라톤과 에로스』, 안티쿠스, 2011.

최 화, 『박홍규의 철학』, 이화여대 출판부, 2011.

한국서양고전철학회, 『서양고대철학의 세계』, 서광사, 1995.

한국철학회, 『문제를 찾아서』, 종로서적, 1980.

거드리, W. K. C., 『희랍철학 입문』, 박종현 옮김, 서광사, 2000.

괴르게만스, H., 『플라톤 철학을 위한 첫걸음』, 임성철 옮김, 한양대 출판부, 2006.

네틀쉽, R. L., 『플라톤의 교육론』, 김안중 옮김, 서광사, 1989.

_____, 『플라톤의 국가론 강의』, 김안중 · 홍윤경 옮김, 교육과학사, 2010.

도리옹, L. -A., 『소크라테스』, 김유석 옮김, 이학사, 2009.

도즈, E., 『그리스인들과 비이성적인 것』, 양호영 · 주은영 옮김, 까치, 2002.

로스, W. D., 『플라톤의 이데아론』, 김진성 옮김, 누멘, 2011.

로이드, G. E. L., 『그리스 과학사상사』, 이광래 옮김, 지성의 샘, 1996.

릭켄, F., 『고대 그리스 철학』, 김성진 옮김, 서광사, 2000.

밤바카스, C., 『철학의 탄생』, 이재영 옮김, 알마, 2008.

베르낭, J. -P., 『그리스인들의 신화와 사유』, 박희영 옮김, 아카넷, 2005.

보나르, A., 『그리스인 이야기』 1~3권, 김희균 · 양영란 옮김, 책과함께, 2011.

보르트, M., 『철학자 플라톤』, 한석환 옮김, 이학사, 2003.

블래스토스, G., 『플라톤의 우주』, 이경직 옮김, 서광사, 1999.

살렘, J., 『고대 원자론』, 양창렬 옮김, 난장, 2009.

세이어즈, S., 『플라톤 국가 해설』, 김요한 옮김, 서광사, 2008.

슐츠, D. J., 『플라톤의 물질 문제』, 이경직 옮김, 서광사, 2000.

스넬, B., 『정신의 발견』, 김재홍 옮김, 까치, 2002.

알버트, K., 『플라톤 철학과 헬라스 종교』, 이강서 옮김, 아카넷, 2011.

체르니스, H., 『플라톤의 이데아론』, 이경직 옮김, 누멘, 2009.

커퍼드, G., 『소피스트 운동』, 김남두 옮김, 아카넷, 2003.

케레니, K., 『그리스 신화』, 장영란 · 강훈 옮김, 궁리, 2002.

콘퍼드, F. M., 『종교에서 철학으로』, 남경희 옮김, 이화여대 출판부, 1995.

쿨랑주, F. de, 『고대도시』, 김응종 옮김, 아카넷, 2000.

테일러, C. C. W., 『소크라테스』, 문창옥 옮김, 시공사, 2001.

프랭켈, H., 『초기 희랍의 문학과 철학』 1~2권, 김남우 · 홍사현 옮김, 아카넷, 2011.

필드, G. C., 『플라톤의 철학』, 양문흠 옮김, 서광사, 1989.

해블록, E., 『플라톤 서설』, 이명훈 옮김, 글항아리, 2011.

Ahbel-Rappe, S. & Kamtekar, R.(eds.), *A Companion to Socrates*, Blackwell, 2006.

Annas, J. & Rowe, C. J.(eds.), *New Perspectives on Plato, Modern and*

Ancient, Harvard Univ. Press, 2002.

Barnes, J., *The Presocratic Philosophers*, 2nd ed., Routledge & Kegan Paul, 1982.

Benson, H. H.(ed.), *Essays on the Philosophy of Socrates*, Oxford Univ. Press, 1992.

_____, *Socratic Wisdom: The Model of Knowledge in Plato's Early Dialogues*, Oxford Univ. Press, 2002.

_____, *A Companion to Plato*, Blackwell, 2006.

Blondell, R., *The Play of Character in Plato's Dialogues*, Cambridge Univ. Press, 2002.

Brickhouse, T. C. & Smith, N. D., *The Trial and Execution of Socrates*, Oxford Univ. Press, 2002.

Caston, V. & Graham, D.(eds.), *Presocratic Philosophy: Essays in Honor of A. P. D. Mourelatos*, Ashgate, 2002.

Cornford, F. M., *Principium Sapientiae: The Origins of Greek Philosophical Thought*, Guthrie, W. K. C.(ed.), Cambridge Univ. Press, 1952.

Curd, P. & Graham, D. H.(eds.), *The Oxford Handbook of Presocratic Philosophy*, Oxford Univ. Press, 2008.

Dover, K. J., *Greek Popular Morality in the Time of Plato and Aristotle*, Hackett, 1974.

Fine, G.(ed.), *The Oxford Handbook of Plato*, Oxford Univ. Press, 2008.

Furley, D. J. & Allen, R. E.(eds.), *Studies in Presocratic Philosophy*, 2 vols., Routledge & Kegan Paul, 1970, 1975.

Furley, D., *Cosmic Problems: Essays on Greek and Roman Philosophy of Nature*, Cambridge Univ. Press, 1989.

Giannantoni, G. & Narcy, M.(eds.), *Lezioni socratiche*, Bibliopolis, 1997.

Gill, M. L. & Pellegrin, P.(eds.), *A Companion to Ancient Philosophy*, Blackwell, 2006.

Gonzalez, F., *Dialectic and Dialogue: Plato's Practice of Philosophical Inquiry*, Northwestern Univ. Press, 1998.

Graham, D. W., *Explaining the Cosmos: The Ionian Tradition of Scientific Philosophy*, Princeton Univ. Press, 2006.

Guthrie, W. K. C., *A History of Greek Philosophy*, vols. I~VI, Cambridge Univ. Press, 1962~1978.

Hadot, P., *Éloge de Socrate*, Allia, 2007.

Heinamann, R.(ed.), *Plato and Aristotle's Ethics*, Ashgate, 2003.

Hussey, E., *The Presocratics*, Duckworth, 1972.

Irwin, T., *Plato's Ethics*, Oxford Univ. Press, 1995.

Kahn, C. H., *Plato and the Socratic Dialogue*, Cambridge Univ. Press, 1996.

Kraut, R., *The Cambridge Companion to Plato*, Cambridge Univ. Press, 1992.

Laks, A. & Louguet, C.(eds.), *Qu'est-ce que la Philosophie présocratique?*, Presses Universitaires du Septentrion, 2002.

Lloyd, G. E. R., *Polarity and Analogy: Two Types of Argumentation in Early Greek Thought*, Cambridge Univ. Press, 1966.

Long, A. A.(ed.), *The Cambridge Companion to Early Greek Philosophy*, Cambridge Univ. Press, 1999.

McKirahan, R. D., *Philosophy Before Socrates: An Introduction with Text and Commentary*, Hackett, 1994.

Morrison, D. R.(ed.), *The Cambridge Companion to Socrates*, Cambridge Univ. Press, 2011.

Mourelatos, A. P. D.(ed.), *The Pre-Socratics*, Doubleday, 1974.

Nails, D., *The People of Plato: A Prosopography of Plato and Other Socratics*, Hackett, 2002.

Romeyer-Dherbey, G. & Gourinat, J. -B.(eds.), *Socrate et les socratiques*, Vrin, 2001.

Rowe, C. J. & Schofield, M., *The Cambridge History of Greek and Roman Political Thought*, Cambridge Univ. Press, 2000.

Rowe, C. J., *Plato and the Art of Philosophical Writing*, Cambridge Univ. Press, 2007.

Schofield, M. & Nussbaum, M.(eds.), *Language and Logos*, Cambridge, 1982.

Sedley, D., *The Cambridge Companion to Greek and Roman Philosophy*, Cambridge Univ. Press, 2003.

Stokes, M., *One and Many in Presocratic Philosophy*, The Center for Hellenic Studies, 1971.

Taylor, C. C. W., *Routledge History of Philosophy*, vol. I: *From the Beginning to Plato*, Routledge, 1997.

Vlastos, G., *Platonic Studies*, 2nd ed., Princeton Univ. Press, 1981.

_____, *Socrates. Ironist and Moral Philosopher*, Cornell Univ. Press, 1991.

_____, *Socratic Studies*, Cambridge Univ. Press, 1994.

_____, *Studies in Greek Philosophy*, 2 vols., Graham, D. W.(ed.), Princeton Univ. Press, 1995.

Waterfield, R., *The First Philosophers*, Oxford Univ. Press, 2000.

West, M. L., *Early Greek Philosophy and the Orient*, Oxford Univ. Press, 1971.

강성훈(姜聖勳)은 1968년 서울에서 태어나 서울대 철학과를 졸업했다. 같은 대학교 대학원에서 석사학위를, 프린스턴 대학에서 *Continuity and Discontinuity between* Protagoras *and* Republic: *A Gradual Development*라는 논문으로 박사학위를 받았다. 논문으로 「『국가』 4권에서 영혼의 세 부분」(2005), 「플라톤의 『국가』에서 선분 비유와 동굴 비유」(2008), 「플라톤의 『프로타고라스』에서 시모니데스의 시 해석 1·2」(2008, /10), 「고대 그리스어 einai에 해당하는 한국어는?」(2012) 등이 있고, 『고대 그리스철학의 감정 이해』(공저, 동과서, 2010)에 「스토아 감정 이론에서 감정의 극본」 장을 집필했다. 정암학당에 연구원으로 참여하면서 플라톤 전집 번역의 일환으로 『프로타고라스』(이제이북스, 2011)를 번역하였다. 현재 인제대 인간환경미래연구원 연구교수로 있다.

강철웅(姜哲雄)은 서울대 철학과를 졸업하고 플라톤 인식론 연구로 석사학위를, 파르메니데스 철학시 단편 연구로 박사학위를 받았으며, 하버드 대학 철학과에서 박사논문을 위한 연구를, 케임브리지 대학 고전학부에서 기원전 1세기 아카데미 철학을 주제로 박사후 연수를 수행했다. 우리말 플라톤 전집을 발간하는 정암학당의 창립 멤버이며, 케임브리지 대학 클레어홀의 종신 멤버이다. 소크라테스, 플라톤을 중심으로 앞으로는 파르메니데스를 비롯한 소크라테스 이전 철학으로, 뒤로는 아리스토텔레스를 비롯하여 헬레니즘 시대 아카데미와 스토아 철학 및 초기 기독교와 신플라톤주의 등으로 시야를 넓혀가고 있으며, 윤리학과 정치사상, 신학, 논변과 담론 전통, 고전 희랍/라틴 어문학과 문헌학 등에도 깊은 관심을 기울이고 있다. 논문으로「철학적 논변의 전통과 크세노파네스」,「메타담론의 측면을 통해 본, 사변과 비판으로서의 파르메니데스 철학」,「플라톤의『변명』에 나오는 소크라테스의 무지 주장의 문제」,「플라톤『크리톤』의 번역과 이해의 문제」,「플라톤의『뤼시스』에서 필리아와 에로스의 관계」,「플라톤『국가』의 민주정 비판과 이상국가 구상」(공저),「기원전 1세기 아카데미의 플라톤주의 수용」, "Socratic Eros and Self-Knowledge in Plato's *Alcibiades*" 등이 있으며, 역서로는『뤼시스』(이제이북스, 2007),『편지들』(공역, 이제이북스, 2009),『향연』(이제이북스, 2010),『국가』6, 7권의 세 비유(『원전으로 읽는 서양철학의 이해』, 서울대학교출판문화원, 2011),『소크라테스의 변명』(이제이북스, 근간),『법률』(공역, 근간) 등 플라톤 대화편과『소크라테스 이전 철학자들의 단편 선집』(공편역, 아카넷, 2005), 존 던(John Dunn)의『인민을 자유롭게 하기: 민주주의 이야기』(공역, 후마니타스, 근간) 등이 있다. 현재 강릉원주대 철학과 교수로 있다.

김대오(金大吾)는 1967년 전남 목포에서 태어나 대전에서 자랐고, 서울대 철학과를 졸업했다. 같은 대학교 대학원에서 석사학위를, 같은 대학원에서「플라톤의 후기변증술 연구」로 박사학위를 받았다. 주로 플라톤과 아리스토텔레스에 관한 논문들을 썼고, 현재 한신대 철학과 교수로 있다.

김유석(金裕錫)은 1970년 서울에서 태어나 숭실대 철학과를 졸업했다. 같은 대학교 대학원에서 석사학위를, 프랑스 파리1대학(팡테옹-소르본)에서 플라톤의 초기 대화편 연구로 박사학위를 받았다. 주로 소크라테스와 소크라테스주의 전통에 관심을 갖고 연구 중이며, 주요 논문으로는「플라톤 초기 대화편에 나타난 소크라테스의 엘렝코스」(2009),「크리톤은 왜 소크라테스의 탈옥을 단념했는가?」(2010),「용기의 두 얼굴: 플라톤의『라케스』연구」(2011) 등이 있으며, 역서로는『소크라테스』(이학사, 2009)가 있다. 현재 정암학당 연구원이자 숭실대 강사로 있다.

김인곤(金寅坤)은 성균관대 철학과를 졸업했으며, 서울대 대학원 철학과에서 플라톤 철학 연구로 석사 및 박사학위를 받았다. 소크라테스 이전 철학과 플라톤 철학에 관한 논문들을 썼고, 역서로는『소크라테스 이전 철학자들의 단편 선집』(공역, 아카넷 2005),『크라튈로스』(공역, 이제이북스, 2007),『고르기아스』(이제이북스, 2011) 등이 있다. 현재 건국대, 방송대, 철학아카데미에 출강하고 있으며, 정암학당 연구원으로 그리스 고전철학 원전 강독과 번역에 매진하고 있다.

김주일(金周一)은 1965년 서울에서 태어나 성균관대 철학과를 졸업했다. 같은 대학교 대학원에서 석사를 마치고,「파르메니데스 철학에 대한 플라톤의 수용과 비판」으로 박사학위를 받았다. 엘레아학파, 플라톤에 관한 논문들을 썼고, 저서로『소크라테스는 악법도 법이라고 말하지 않았다. 그럼 누가?』(프로네시스, 2006)가 있으며, 역서로는『소크라테스 이전 철학자들 단편선집』(공역, 아카넷, 2005),『아이와 함께하는 철학여행』(공역, 인북스, 2006),『알키비아데스 I·II』(공역, 이제이북스, 2007),『에우튀데모스』(이제이북스, 2008),『편지들』(공역, 이제이북스, 2009),『파이드로스』(이제이북스, 2012)가 있다. 현재 성균관대 등에 출강하고 있으며 정암학당 연구원으로 있다.

김헌(金獻)은 1965년 서울에서 태어나 서울대 불어교육과를 졸업했다. 같은 대학교 대학원 철학과에서 플라톤의『파르메니데스』편 연구로 석사학위를, 협동과정 서양고전학과에서 호메로스의『일리아스』연구로 석사학위를 받은 후, 프랑스 스트라스부르 대학에서 아리스토텔레스의『시학』과『수사학』연구로 박사학위를 받았다. 논문으로는「아킬레우스의 분노와 제우스의 뜻」(1997), "L'influence de la légende bouddhique sur le roman de *Barlaam et Josaphat*: un cas de persuasion rhétorique et religieuse"(2009),「아리스토텔레스의『시학』에 나타난 창작의 원리」(2009), "What Place Does the 'Hymns to the Gods' Occupy in Plato's *Republic*?"(2011), "Isocrates' Philosophy in Relation to Education"(2012) 등이 있으며, 저서로『고대 그리스의 시인들』(살림, 2004),『위대한 연설: 아테네 10대 연설가』(인물과사상사, 2008) 등이 있고, 역서로는『일리아스와 오디세이아 이펙트』(세종서적, 2012)가 있다. 현재 서울대 인문학연구원 HK문명연구사업단 HK연구교수로 있다.

박희영(朴喜永)은 1952년 충남 공주에서 태어나 서울대 철학과를 졸업했다. 같은 대학교 대학원에서 석사학위를, 프랑스 파리4대학에서 「플라톤의 존재 개념에 대한 정의: 테아이테토스편과 소피스테스편을 중심으로」로 박사학위를 받았다. 논문으로 「그리스 철학에서의 To on, einai, ousia의 의미」, 「도시국가(Polis)의 탄생과 진리(Alētheia) 개념의 형성」, 「고대 원자론의 형이상학적 사고」, 「엘레우시스 비밀의식의 철학적 의미」, 「메소포타미아의 대지모 여신 신화의 변천에 나타난 철학적 세계관과 종교관」, 「고대 그리스 철학의 수용과 한국철학의 정립」 등이 있다. 저서로 『플라톤 철학과 그 영향』(서광사, 2001)이 있으며, 역서로는 『향연』(문학과지성사, 2003), 『그리스인들의 신화와 사유』(아카넷, 2005), 『사물의 성향』(한울, 2009) 등이 있다. 현재 한국외국어대 철학과 교수로 있다.

손윤락(孫潤洛)은 1963년 경북 경주에서 태어나 한국외대 스페인어과를 졸업했다. 같은 대학교 대학원 철학과에서 플라톤 연구로, 서울대 서양고전학 협동과정에서 아리스토텔레스 연구로 각각 석사학위를 받았으며, 프랑스 파리4대학에서 아리스토텔레스의 존재론과 자연철학에 관한 연구로 박사학위를 받았다. 서양고전학 및 고대철학에 관한 논문들을 발표했으며, 주요 논문으로 「아리스토텔레스의 변화이론에서 휘포케이메논」(2008), 「아리스토텔레스에 있어서 요소들과 제일 질료의 관계」(2009), 「플라톤과 아리스토텔레스의 세계 해석」(2010), 「아리스토텔레스의 수사학에서 성격과 덕 교육」(2012) 등이 있다. 서울대 사회교육연구소 책임연구원으로 서양의 인문정신에 관한 연구를 수행했으며, 현재 동국대 초빙교수로 있다.

유혁(兪爀)은 1970년 서울에서 태어나 서울대 철학과를 졸업했다. 같은 대학교 대학원에서 석사학위를 받았으며, 박사과정 수료 후에 영국 더럼대학으로 건너가 학업을 계속하였다. 그곳에서 「플라톤 『법률』편에서 입법의 원리로 등장하는 설득과 강제」라는 주제로 연구석사학위를 받았으며, 「플라톤 『카르미데스』편에 논의되고 있는 자기 자신에 대한 앎(Self-Knowledge in Plato's *Charmides*)」을 주제로 박사학위 논문을 제출하였고 현재 마무리 절차가 진행 중이다. 논문으로 「플라톤 『법률』편에서 입법의 궁극적인 목표와 원리」(2006), "What Do You Know When You Know Yourself?: Knowing Oneself in Plato's *Charmides*

165a7 ff."(2010)가 있다. 한국외국어대, 경희대, 서울대, 한신대, 명지대에서 학생들을 가르쳤으며, 현재 서울대 철학과와 서양고전학 협동과정, 기초교육원에서 후학들을 가르치고 있다.

이기백(李基伯)은 1958년 서울에서 태어나 성균관대 철학과를 졸업하고 같은 대학교 대학원에서 「『필레보스』편을 통해 본 플라톤의 혼화(混和)사상」으로 박사학위를 받았다. 플라톤, 피타고라스학파, 히포크라테스 관련 논문들을 써왔고, 최근에는 「플라톤의 적도(適度: to metrion) 사상」(2011)과 「히포크라테스학파의 합리적 사고와 신학」(2012)을 발표했다. 저서로 『플라톤 철학과 그 영향』(공저, 서광사, 2001), 『문화, 세상을 콜라주하다』(공저, 웅진지식하우스, 2008), 『인문의학』(공저, 휴머니스트, 2008), 『철학의 전환점』(공저, 프로네시스, 2012)이 있으며, 역서로는 『소크라테스 이전 철학자들의 단편 선집』(공역, 아카넷, 2005), 『크라튈로스』(공역, 이제이북스, 2007), 『크리톤』(이제이북스, 2009), 『히포크라테스 선집』(공역, 나남, 2011)이 있다. 현재 정암학당 학당장으로 있다.

이정호(李政浩)는 1952년 서울에서 태어나 서울대 철학과를 졸업했다. 같은 대학교 대학원에서 석사과정을 마친 후 박사과정을 수료했고, 영국 옥스퍼드 대학 오리엘 칼리지에서 객원교수를 지냈다. 논문으로 「노동과 정치의 형이상학: 플라톤의 『국가』와 『티마이오스』를 중심으로」(1987), 「플라톤과 민주주의」(1989), 「소크라테스는 악법도 법이라고 말한 적이 없다」(1995), 「트라시마코스는 정의(正義)를 정의(定義)하지 않았다」(1996), 「초기 그리스 철학자 데모크리토스 토막글 연구」(2002), 「한국 서양고대철학의 학술사적 전개」(2003), 「서양 고대사상에 있어서 자연학과 윤리학의 관계 및 정치철학적 함의」(2010) 등이 있다. 저서로 『희랍철학입문』(공저, 종로서적, 1988), 『서양고대철학의 세계』(공저, 1995), 『철학의 명저 20』(공저, 새길, 1993), 『철학의 이해』(공저, 방송대, 2000), 『동서양 고전의 이해』(공저, 방송대, 2010), 『행복에 이르는 지혜』(방송대, 2011) 등이 있으며, 역서로는 『소크라테스 이전 철학자들의 단편 선집』(공역, 아카넷, 2005), 『크리티아스』(이제이북스, 2007), 『메넥세노스』(이제이북스, 2008), 『편지들』(공역, 이제이북스, 2009) 등이 있다. 현재 정암학당 이사장, 한국철학사상연구회 이사장을 맡고 있으며, 한국방송통신대 문화교양학과 교수로 있다.

전헌상(田憲尙)은 1969년 서울에서 태어나 서울대 철학과를 졸업했다. 같은 대학교 대학원에서 석사학위를, 하버드 대학에서 *Wish, Deliberation, and Action : A Study of Aristotle's Moral Psychology*로 박사학위를 받았다. 논문으로 「아리스토텔레스의 아크라시아론」(2008), 「아리스토텔레스와 에픽테토스 윤리학에서의 프로하이레시스」(2011), 「플라톤의 『고르기아스』에서의 technē와 dynamis」(2012) 등이 있다. 현재 서강대 철학과 조교수로 있다.

정준영(鄭濬英)은 1964년 서울에서 태어나 성균관대 역사교육과를 졸업했다. 같은 대학교 대학원 철학과에서 석사를 마치고, 「『테아이테토스』편에서 논의된 인식의 문제: 지각·판단·로고스」로 박사학위를 받았다. 호메로스에 관한 논문으로 「『일리아스』에서 영웅적 자아의 aidōs와 행위패턴」(2008) 등이 있고, 비극에 관한 논문으로 「메데이아의 자식살해와 튀모스(thymos)」(2011)가 있으며, 플라톤에 관한 논문으로는 「달래기 힘든 격정(thymos), 그러나 고귀한 격정」(2011) 등이 있다. 저서로 『플라톤 철학과 그 영향』(공저, 서광사, 2001), 『열여덟을 위한 철학캠프』(공저, 알렙, 2012)가 있고, 역서로는 『위대한 철학자들』(공역, 동녘, 1994), 『알키비아데스』(공역, 이제이북스, 2007)와 『테아이테토스』(이제이북스, 2013)가 있다. 현재 정암학당 연구원으로 있다.

최화(崔和)는 1958년 서울에서 태어나 서울대 법학과를 졸업했다. 같은 대학교 대학원 철학과에서 석사학위를, 프랑스 파리4대학에서 「플라톤 『소피스트』편에서의 최고류」라는 논문으로 박사학위를 받았다. 「플라톤의 기초존재론 초」, 「플라톤의 운동론」, 「베르크손의 무이론 분석」, 「순간과 지속」 등 플라톤과 베르크손에 관한 논문들을 주로 썼고, 저서로 『박홍규의 철학』(이화여대 출판부, 2011)과 여러 공저들이 있다. 역서로는 『의식에 직접 주어진 것들에 관한 시론』(아카넷, 2001), 『습관에 대하여』(누멘, 2010) 등이 있다. 현재 경희대 철학과 교수로 있다.